사진과 그림으로 보는
케임브리지 이슬람사

사진과 그림으로 보는
케임브리지 이슬람사

프랜시스 로빈슨 외 지음 | 손주영 외 옮김

시공사

사진과 그림으로 보는
케임브리지 이슬람사

2002년 11월 20일 초판 1쇄 발행
2017년 5월 10일 초판 10쇄 발행

지은이 | 프랜시스 로빈슨 외
옮긴이 | 손주영, 송경근, 황병하
발행인 | 이원주

발행처 | (주)시공사
출판등록 | 1989년 5월 10일(제3-248호)

주소 | 서울특별시 서초구 사임당로 82(우편번호 06641)
전화 | 편집(02)2046-2850·마케팅(02)2046-2800
팩스 | 편집(02)585-1755·마케팅(02)588-0835
홈페이지 | www.sigongsa.com

The Cambridge Illustrated History of Islamic World by Francis Robinson
Copyright © 1994 by Calmann & King Ltd.
Korean translation copyright © 2002 by Sigongsa All rights reserved.
This book was designed and produced by Calmann & King Ltd., London.
The Korean edition published by arrangement with Calmann & King Ltd., London through KCC, Seoul.

ISBN 978-89-527-1648-4 04910
ISBN 978-89-527-1622-4 (세트)

일러두기

1. 이슬람 전문 학술 용어는 현지 발음에 맞게 표기하는 한국이슬람학회의 공식 표기에 따랐다.
   예를 들면 모스렘→무슬림, 칼리프→칼리파, 수니파→순니파, 아바스조→압바스조, 옴니야드→우마이
   야, 시아파→쉬아파이다.
2. 인명은 가능한 한 원음에 가깝게 표기했다.
3. 지명인 경우에는 원음에 맞는 표기보다 우리에게 익숙해져 있는 현행 표기〔문교부 고시 "외래어 표기법"
   (1987년 11월 17일)〕를 따랐다. 예를 들면 마카→메카, 마디나→메디나이다.
4. 본문에서 아랍어 영어 전사 kh와 q의 우리말 표기는 원음에 가깝게 kh는 ㅋ(예 : 칼리파, 카와리지)로, q는
   ㄲ(예 :『꾸란』, 까디)으로 구분해 표기했다. 특히 kh음이 포함된 인명, 지명은 그 고유명사의 출처가 이란
   인 경우에는 ㅎ(예 : 호메이니, 호라산)으로 표기했고, 아랍인 경우에는 ㅋ(예 : 칼리드, 움므 쿨숨)으로 표
   기했음을 밝혀 둔다.
5. 아랍어 전사음이 겹친 경우에는 아랍어에 맞게 두음 모두를 발음했다(예 : 무함마드, 압바스).
6. 본문 괄호 가운데 *표시는 역자 주이다.

추천의 글

이슬람(Islam)은 세계적인 종교이다. 이슬람의 성지가 있는 중동 지역과 아프리카 사하라 사막의 남쪽 지방, 중앙아시아, 남아시아, 동남아시아 등지에 걸쳐 10억이 넘는 무슬림(Muslim, *이슬람교도)들이 살고 있다. 그중에서도 가장 많은 무슬림들이 활동하고 있는 나라로는 인도네시아와 방글라데시, 파키스탄, 그리고 인도 등을 들 수 있다. 오늘날에는 서유럽과 미국에서도 많은 무슬림들이 살고 있다.

흔히 서구인들은 이슬람이——자신들의 문명과는 거리가 먼——동양의 정신을 대표하는 종교라고 생각한다. 따라서 서구인들의 눈에 비친 이슬람은 늘 그들의 경계심을 일깨운다. 종종 그것은 호기심이나 관심, 증오 또는 두려움으로 나타난다. 오랫동안 이슬람은 서구와 경쟁을 해 왔다. 7세기의 아랍 정복자들에서 십자군 전쟁과 오스만 제국(*오늘날의 터키)의 유럽 정복 전쟁을 거쳐 오늘날 반(反) 서구적 테러리즘에 이르기까지 이슬람은 갈등과 전쟁의 진원지였다.

반면 이슬람은 서구 문명을 꽃피워 낸 터전이기도 하다. 중세 시대 무슬림의 지배를 받았던 스페인의 톨레도 지방은 그리스 및 헬레니즘 철학, 그리고 아랍어와 유대어로 쓴 과학 해설서를 유럽으로 흘러 들어가게 했던 근원지였다. 아울러 수학, 천문학, 의학 등에서 이룩한 과학적 진보들이 이슬람의 거센 물결을 타고 서구로 건너왔다. 따라서 무슬림 세계는 극동과 유럽을 잇는 국제 무역의 교량 역할을 해 왔다고 해도 과언이 아니다. 예를 들면 관개 기술과 같은 농업 분야의 혁신뿐 아니라 설탕, 면화, 오렌지를 비롯한 많은 값진 작물들은 모두 동방에 뿌리를 둔 것들이다. 그리고 향료, 염료, 비단, 브로케이드(brocade, *직조할 때 자카드식 직조기를 사용하여 꽃이나 다른 도안의 무늬가 도드라지게 짠 옷감) 및 화려한 옷감과 같은 세련된 제품들과 사치품들 또한 무슬림 세계에서 건너온 것들이다.

서구인들은 여전히 이슬람을 자신들과 동떨어진 '이방인'으로 생각하지만 점차적으로 동양과 서양의 경계는 아주 빠른 속도로 사라지고 있다. 즉 무슬림을 비롯한 여러 다른 종교인들은 점점 서로의 문호 개방을 확대하고 있다. 전자 통신과 여행 수단의 발전은 전 세계를 일일 생활권으로 연결할 수 있었으며, 베일에 가려져 왔던 무슬림 세계에도 다양한 서구 문물이 전파되면서 이제는 고유한 지역 문화를 뛰어넘어 서로 비슷한 생활 수준과 보편적인 가치관을 가지게 되었다. 따라서 오늘날 과학, 기술, 그리고 대중 문화 —— 코카콜라, 영화, 록 음악 등 —— 는 전 세계인이 함께 누리는 인류 공동의 재산이라고 할 수 있다. 이슬람의 신비주의 체계인 수피즘(ṣūfism, *신에 대한 개인의 직접 체험을 통해 신의 진리를 찾으려는 이슬람의 신앙과 의식 형태)은 서구의 신성에 깊은 영향을 미쳤으며 오늘날까지도 많은 종교 지도자들을 매혹시키고 있다. 그 결과 무슬림들과 서구인들은 무역과 정치 분야에서 아주 가까운 동맹 관계를 맺게 되었다. 그리고 많은 무슬림들이 서유럽과 미국에 정착하면서 자신들의 고유한 문화를 지켜 나가고 있다.

무슬림과 다른 종교인들과의 관계는 빠르게 변화하고 있다. 이러한 변화는 이슬람 역사와 문화 유산, 그리고 이슬람 문명의 가치와 업적에 대한 지식을 습득하는 것이 무엇보다 중요하다는 사실을 서구인들에게 일깨워 준다. 비록 짧다면 짧은 글이지만, 이러한 지식과 정보의 흐름을 잔잔하게 보여 주는 책 한 권을 통해 우리는 오랜 세월에 걸쳐 유유히 흘러 온 이슬람 역사에 한 발자국 다가설 수 있게 될 것이다.

이 책은 먼저 농업과 도시 경제 —— 섬세한 수공예 제품들, 시장들, 항구들, 무역 등 —— 에 대해 소개하고 있다. 그리고 여성의 지위와 도덕적, 경제적인 통제를 유지시켜 온 히스바(hisbah, *선을 행하고 악을 금하는 무슬림의 의무) 제도를 비롯한 무슬림 사회의 질서가 가지는 의미를 고찰하고 있다. 그 다음으로 학문과 지식에 관한 글에서는 구원을 위한 올바른 지식의 중요성을 설명하고 있다. 즉 법률, 신학, 신비주의, 철학, 과학에서 이러한 지식이 어떻게 이슬람 문명을 풍요롭게 만들어 왔는지를 강조한다. 그리고 마지막 장에서는 시, 음악, 미술과 같은 예술 분야의 업적들을 살펴봄으로써 우리가 이슬람 문화를 이해하는 데 많은 도움을 주고 있다.

이라 라피두스 (Ira M. Lapidus)

이란 북부에서 발전한 유약으로 이중 덧칠을 한 그림 기법은 다양한 빛깔을 사용해 문학적 주제들을 구체적으로 도기에 담아 내고 있다. 페르다우시(Ferdowsī)의 『샤 나메(Shāh-nāmeh, 왕들의 책)』에 대해 남아 있는 초기 삽화들은 책에는 실려 있지 않지만, 여기서 보는 바와 같이 접시와 그릇에 나타나 있다. 노예 소녀 아자다(Azada)의 류트 연주에 힘을 얻은 전설적인 페르시아의 왕자, 바흐람 구르(Bahram Gur)가 야생 당나귀의 귀와 뒷다리를 단번에 꿰뚫으려 화살을 겨누고 있다.

책 머리에

이 책은 학생들과 일반 독자를 이슬람 문화에 대해 좀더 쉽게 접근할 수 있게 할 목적으로 씌어졌다. 처음 네 장은 7세기 예언자 무함마드(Muḥammad)의 출현에서 아랍의 칼리파제와 오스만 제국, 사파비 왕조, 무굴 제국 아래에서 이슬람 문명이 정점을 이루었던 시기를 거쳐, 19세기와 20세기에 서양의 대외 팽창 정책이 가져온 거대한 변화와 도전에 이르기까지 이슬람 역사를 개괄하고 있다. 제5장에서 제8장까지는 주로 이슬람권의 경제 기반과 사회 질서, 지식 체계의 발전, 그리고 예술 작품에 나타난 가치들을 고찰하고 있다. "글을 시작하며"에서는 이슬람권과 서구 사회의 이해 관계들을 살펴보고, "글을 맺으며"에서는 이슬람권의 현안 문제들, 이를 테면 이슬람의 부흥, 서구에 대한 적대감, 여성의 지위 등을 다루고 있다. 그리고 전체적인 이해를 돕기 위해 부록에 "참고 문헌"을 수록해 놓았다.

　이 책은 무엇보다도 먼저 독자들이 쉽게 이해할 만한 자료들을 소개한다는 것을 편집 원칙으로 삼았다. 따라서 다양한 이슬람 용어들을 로마자로 표현해, 비록 일부 학자들의 마음에 들지 않을 수도 있는 생략, 탈자를 사용해서라도 최대한 간단한 표기 방법을 택했다. 『이슬람 백과사전(*The Encyclopedia of Islam*)』(제2판)의 체계에 따라 모음 기호는 모두 생략했으며 'ain'과 'hamza'의 발음은 무시했고, 'dj'의 발음은 'j'로, 'k'의 발음은 'q'로 표기했다. 그리고 마땅히 밝혀야 할 필요가 있는 이름에 대해서는 영어식으로 표기해 놓았다(*한국어판은 모음 기호를 가능한 한 살렸으며 로마자화하는 데 충실했다). 물론 그냥 지나칠 수 없는 아랍어 표현들에 대해서는 그것이 나올 때마다 해설을 달아 놓았다. 모든 날짜는 서력을 사용했다. 이슬람력으로 바꾸어 보기를 원하는 독자는 프리먼 그렌빌(G. S. P Freeman Grenville)의 『이슬람력과 서력(*The Muslim and Christian Calendar*)』을 참조하기 바란다.

　이러한 성격의 책들이 지닌 어려움들 중의 하나는, 이슬람 역사를 보는 눈을 갖게 하는 데도 도움을 주고 구체적인 사상과 정확한 정보를 제공해 주는 데 이바지했지만 그 정보에 특별한 영향을 미치는 학자들의 저서를 정확히 가려 내기가 어렵다는 것이다. 그러나 다음 저서들은 특별히 소개할 필요가 있다. 호지슨(M. G. S. Hodgson)의 『이슬람의 모험(*The Venture of Islam*)』, 그리고 라피두스의 『이슬람 사회사(*A History of Islamic Societies*)』가 바로 그것이다. 또 책 말미에 있는 "이슬람 세계의 통치자들"에 관한 부분은 보즈워스(E. Bosworth)의 『이슬람 왕조들(*The Islamic Dynasties*)』을 주로 인용하고 있다.

　이 자리를 빌려 다음의 친구들과 동료 학자들의 아낌없는 도움과 충고에 깊이 감사드린다. 버네서 마틴, 아흐메드 사루한, 펠리셔 헤커, 데리크 블런델, 하미드 잘레이포우어, 그레이엄 가드너, 클라우디아 리베스킨트, 버니셔 포터, 사라 안사리, 바르바라 메트캐프, 또 칼먼 앤 킹 출판사의 편집자 미셸 패럼과 캐서린 리들러의 도움에도 감사를 드리는 바이다.

프랜시스 로빈슨(Francis Robinson)

글을 시작하며

7세기 이래로 이슬람교를 믿는 사람의 수는 점점 늘어나고 있다. 이러한 믿음의 세월 동안 하나님이 예언자 무함마드를 통해 사람들에게 보낸 메시지는 무슬림들의 삶에 중요한 의미를 부여했다. 나아가 그들이 살아 가는 세계를 형성하는 데도 도움을 주었다. 오늘날 전 세계 인구의 5분의 1이 스스로를 가리켜 무슬림이라고 부르고 있으며, 앞으로도 점점 그 세력이 확산될 전망이다. 무슬림들은 대서양 북부 해안과 북서 아프리카에서 서부, 중부, 남부아시아를 거쳐 동남아시아의 섬들에 이르기까지 폭넓은 지역에 퍼져 있다. 전 세계 50여 개의 나라에서 이슬람 문화를 주된 흐름으로 받아들이고 있으며, 인도, 서유럽, 북아메리카, 동아시아, 남아프리카에서는 소수 종파 중 가장 뛰어난 세력으로 이슬람 문화를 꼽고 있다. 즉 이슬람 문화는 범세계적이라 할 수 있다.

전 세계 10억이 넘는 무슬림들은 저마다 과거의 영광을 소중히 간직하고 있다. 8세기에서 18세기에 이르는 오랜 세월에 걸쳐 이슬람은 세계 문명의 발전과 창조를 이끌어 왔다. 아라비아 반도에서 뻗어 나온 아랍 부족들이 경쟁 관계에 있던 북쪽의 비잔틴 제국(*동로마 제국)과 사산 왕조[*208년~651년, 아르다시르 1세(Ardashīr I)가 세운 페르시아의 한 왕조]를 정복하면서 이슬람 문명은 본격적으로 싹트기 시작했다. 그 후 거대하고도 새로운 이 문화적, 경제적 공동체는 이슬람 문명의 터전이었던 서아시아에서뿐만 아니라 동쪽의 중국과 인도, 서쪽의 스페인과 아프리카에서 나오는 온갖 유용한 산물들과 지식들을 바탕으로 발전해 갔다. 이 새로운 문명은 세계 주요 도시로 퍼져 나갔고, 농경 문화를 정착시켰다. 이 지역에서는 종교와 법률 사이에 공통된 표현들이 많았다. 사람들은 지리적 경계보다는 문화라는 하나의 폭넓은 체제 속에서 여행을 하거나 장사를 할 수 있었다. 아울러 수준 높은 정신의 영역에서는 모든 사람들이 반응할 수 있는 상징 체계로 자신을 표현하기도 했다. 가장 주목할 만한 이슬람 문명의 중심지는 8세기에서 10세기까지의 다마스쿠스, 바그다드, 코르도바와 같은 아랍 지역의 도시들이다. 그 다음으로는 15세기에서 17세기까지의 콘스탄티노플, 이스파한, 부하라, 사마르칸트, 델리에 이르는 카프카스 산맥 남쪽의 터키 및 이란이다. 이 문명은 학문과 과학, 시와 산문, 인쇄술과 건축술, 그리고 심령술에 이르기까지 인류의 모든 분야에 걸쳐 귀중한 유산을 남겼다.

기원후 인류 역사의 약 절반에 해당하는 시기 동안 무슬림들은 인류 진보의 전위를 이끌었다.

　　하지만 19세기에 접어들면서 이슬람 사회 체제는 자본주의와 산업 혁명, 그리고 계몽주의를 바탕으로 한 서구의 근대 문명에 압도당했다. 나폴레옹 1세(Napo-léon I)가 이집트를 침입한 사건은 바야흐로 세계의 주도권이 서구로 넘어왔음을 상징했다. 이때부터 서구의 군대와 자본이 무슬림들의 땅에 넘쳐났다. 1920년대에는 아프가니스탄, 이란, 터키, 중앙 아라비아, 예멘만이 서구의 지배에서 겨우 벗어나 있을 뿐이었다. 무함마드 시대 이래로 무슬림 공동체 사회의 상징적 권위를 나타내던 칼리파(Khalipha, *이슬람 공동체의 통치자) 체제가 폐지되었고, 나아가 무슬림들은 이슬람 성지 메카와 메디나마저 이교도 손에 넘어갈지 모른다는 두려움에 사로잡히기도 했다. 몇 세기에 걸쳐 풍요로운 권력과 부를 누려 왔던 무슬림들은 이제 역사가 자신들을 버렸다는 느낌을 지우기 어려웠던 것이다.

　　1920년대 초 근대화의 길을 걸은 터키에서 1990년대 구소련에 속해 있던, 무슬림 공동체들의 독립에 이르기까지, 20세기는 무슬림 세계가 서구의 식민지에서 점점 벗어나 자치권을 찾아 가는 시기였다. 그러나 이러한 권리를 되찾을 때까지 엄청난 희생을 치렀지만, 이는 아무 의미 없이 끝난 피로스(Pyrrhos)의 승리(*기원전 279년, 에페이로스의 왕 피로스가 큰 희생 끝에 로마군에게서 얻은 승리)와 같았다. 서구의 자본과 문화가 예전보다 훨씬 더 교묘하게 무슬림의 관습과 가치관을 잠식시켜 갔고 종종 무슬림들은, 서구 중심의 지배 체제가 서구적 가치관을 지닌 새로운 무슬림들의 지배 체제로 바뀌었다는 사실을 깨달았다. 이러한 흐름은 전 세계 무슬림들을 이끌어 가는 이슬람 공동체의 주장, 보편적인 이슬람주의, 무슬림의 미래상을 변화시키기에 충분한 것이었다.

　　이러한 변화가 이슬람 공동체에서 긍정적으로 평가되는 것은 아니었다. 무슬림 지도자들에게는 심각한 위험으로 다가왔다. 그 예로 이러한 위협에 맞서 이슬람의 가치 체계를 지지한 세력들이 권력을 장악한, 이란 혁명을 대표적으로 꼽을 수 있다. 서구에서는 이들을 '원리주의자'로 부르지만 '이슬람주의자'라는 표현이 좀 더 적절할 것이다. 이들의 행동은 여성의 지위와 인권, 또는 현대 생활에서 종교의 역할 등 오늘날 서구에서 가장 소중하게 여기는 가치에 도전하는 것처럼 보였다. 또 이는 도전에 대한 열정이자 몇몇 이슬람주의자들에게는 좀더 멀리 도약하기 위한 전초전이기도 했다. 소련이 무너진 이후에, 서방 국가를 유일한 도전 대상으로 삼은 배경에도 이와 같은 상황이 작용했을 것이다.

　　역사는 이미 일어난 현상에 대해 해결책을 마련해 주지는 못하지만, 그 진상을 바르고 폭넓게 이해하는 데 중요한 실마리를 제시해 준다. 예전에 누렸던 영광과

마드리드 서쪽에 자리한 에스코리알 수도원에는 13세기 『찬송가 모음(*Book of chants*)』을 보존하고 있다. 그 책에는 무슬림과 그리스도교인이 함께 류트를 연주하는 그림이 실려 있다. 중세 유럽은 주로 스페인을 통해 아랍·이슬람 문화의 영향을 깊이 받았다. 음악 이론에 근거한 작품 대부분이 아랍어로 돼 있다. 그중 몇몇은 라틴어와 히브리어로 번역되었지만, 대체로 음유 시인의 노래나 연주와 같은 실제 예술로 퍼져 나갔다. 이를 대변하는 전통 가운데 영국 무어인 댄서들의 춤이 있다. 최근의 음악사에 관한 한 조사에 따르면, 플라멩코 음악이 발달한 배경에는 공연 형식이나 노래의 리듬, 규모에 이르기까지 아랍의 영향이 있었음이 밝혀졌다.

업적을 회복하려는 무슬림을 이해하기 위해서, 또 오늘날 그 후손들이 펼쳐 가고 있는 도전의 의미를 알기 위해서라도 이슬람 역사의 흐름을 주의 깊게 살펴볼 필요가 있다.

이슬람에 대한 서구의 태도

이슬람 역사를 고찰하려면 먼저 몇 세기에 걸쳐 이슬람 사회에 대해 서구인들이 나타낸 적대감부터 살펴보아야 한다. 몇몇 그리스도교인들은 삼위일체설과 그리스도의 십자가 처형을 부인하는 신앙 전부를 거부했다. 따라서 그들은 『성서(*Bible*)』의 권위보다 『꾸란(*Qur'ān*)』의 권위를 우선하는 이슬람을 반대해야 한다는 사명감을 가질 수밖에 없었다. 몇몇 그리스도교 지도자들도 마찬가지였다. 732년 푸아티에까지 진출한 아랍의 돌격에서 1683년 오스만 제국 빈으로의 진격에 이르기까지, 약 1,000년 동안 서구 세계는 그리스도교 사회의 심장부를 침입했던 이슬람 공동체의 군대와 맞서 싸워야 했다. 동부 지중해에서 그리스도교 사회가 이슬람에 맞서 대항했던 시기인 11세기에서 13세기에 이르기까지 십자군들은 유럽 역사상 가장 위대한 세력 가운데 하나였다. 따라서 중세 초기부터 계몽주의 시대까지 이슬람에 대한 유럽인들의 태도가 적의로 가득 차 있었다는 사실은 그리 놀랄 만한 일이 아니었다. 한마디로 말해서 이러한 유럽인들의 거부감은 이슬람에 대한 무지에서 비롯되었다. 그들은 이슬람을 그리스도교 이단의 하나쯤으로 무시하거나 예언자 무함마드를 마술사로 치부해 버렸다. 또 그들은 무함마드를 성적 타락에 신성함을 부여한 덕분에 성공한 인물이라고 폄하했다. 십자군이 출현하면서 최초로 『꾸란』의 라틴어 번역본이 나왔다. 따라서 이를 통해 서구 세력은 이슬람에 대해 순조롭게 접근할 수 있었다. 하지만 그것은 예언자 무함마드를 공격하는 수단으로 악용되기도 했다. 게다가 이는 물리적 폭력을 수반하는 성격을 띠었다. 공격의 초점은 현세에서의 성적 자유를 통해 내세에서의 성적 황홀감을 약속하는 듯한 무함마드의 관점에 맞추어졌다. 그를 공격하기 위한 이러한 기본 노선들은 르네상스 시대에서 시작해 종교 개혁 시대를 거쳐 지속되었다. 그 결과 서구인들은 계몽주의 시대를 눈앞에 둔 중세 말기에 이르러서는 무함마드를 이단에 종교라는 이름을 붙인 사기꾼으로 여겼다.

18세기와 19세기에도 이러한 흐름 속에서 이슬람을 공박하는 일이 지속되었다. 그 일은 유럽의 혜택을 받던 그리스도교 선교사들에 의해 이루어졌는데 그들은 무슬림 세계를 가로질러 가면서 전도해 나갔다. 중세에 주로 이루어졌던 논쟁들은 무함마드의 전기인 『시라(sīrah)』를 중심으로 또다시 되풀이되었다. 하지만 완전히 세속적인 관심에만 몰두해 있던 서구인들이, 공격의 메시지를 널리 알렸다는 사실은 모순되는 일이 아닐 수 없다. 귀스타브 플로베르(Gustave Flaubert)와 제라르 드 네르발(Gérard de Nerval) 같은 작가들, 성과 관능을 무슬림 세계와 연관시켰던 장 오귀스트 도미니크 앵그르(Jean-Auguste-Dominique Ingres)와 장 레옹 제롬(Jean-Léon Gérome) 같은 화가들을 그 대표적인 예로 들 수 있다. 식민지 정부는 자신들에 대항해 지하드[jihād, *무슬림 스스로 분투 노력하여 이슬람을 전파하도록 하는 종교적 의무, 성전(聖戰)]를 벌이는 무슬림들을 '광신자'로 몰아붙였다.

그러나 근대에 접어들면서 이슬람 사회를 바라보는 서구인의 태도와 시각은 폭넓게 변화하기 시작했다. 그리스도교에 대한 비평을 모색하던 계몽주의 학자들이 점점 이슬람의 합리적인 면들을 발견하게 된 것이다. 나아가 이슬람은 자신들의 고대 업적을 서양에 전달한, 문명화된 세력으로 여겨지기 시작했고 예언자 무함마드는 통찰력 있는 사상가이자 합리적인 종교를 창설한 인물로 떠오르게 되었다. 이러한 새로운 정신은 누구보다 나폴레옹 1세를 통해 잘 표현되었다. 나폴레옹 1세의 정치적 동기가 무엇이었는지는 알 수 없지만 그는 다음과 같이 선언함으로써 별 어려움 없이 이집트 땅을 밟을 수 있었다. "나는 하나님과 그의 사자(使者), 그리고

『꾸란』을 존경한다." 그렇지만 오랫동안 유럽에서 이슬람이라는 존재는 그리스도교에 대항하는 '무기' 이상의 위협으로 생각되어 왔다. 종종 그것은 소설 속에서나 나올 법한 이국적이고 색다른 경험들이기도 했다. 이러한 경험들은 1704년 앙투안 갈랑(Antoine Galland)이 많은 칼리파들과 신령들, 그리고 흥미진진한 사건들로 엮인 『천일야화(Alf laylah wa laylah)』를 번역함으로써 쏟아져 나오게 되었다. 창조적인 상상력이 책 속에서 나와 새로운 세계를 마음껏 누비고 다닐 수 있게 되었다. 몽테스키외(Montesquieu)의 『페르시아인의 편지(Lettres persanes)』, 볼프강 아마데우스 모차르트(Wolfang Amadeus Mozart)의 희가극 "후궁으로부터의 유괴(Die Enführung aus dem Serail)," 요한 볼프강 폰 괴테(Johann Wolfgang von Goethe)의 "서동시집(Westöstlicher Divan)"은 그러한 창조적인 정신을 반영한 대표적인 작품이라 할 수 있다. 그 밖에 서구인들은 또 무슬림 사회가 얼마나 자신들의 삶에 가능성을 가지게 해 주었는지 여행을 통해 알고 싶어했다.

레디 메리 워틀리 몬터규(Lady Mary Wortley Montagu), 헤스터 스탠호프(Hester Stanhope) 등과 같은 사람들은 무슬림 여성들의 삶이 서구 여성들의 삶보다 훨씬 더 나은 환경과 다양한 방식들 안에 존재했다는 사실을 깨달았다.

근대 학문의 특징은 폭넓게 열려 있는 다양한 연구 방법들이라고 할 수 있다. 이슬람에 대한 최초의 근대적인 접근은 1539년 콜레주 드 프랑스, 1613년 라이덴 대학, 1634년 케임브리지 대학에 아랍어 강좌가 최초로 개설된 시기로 거슬러 올라간다. 그 후 1734년 세일(Sale)은 『꾸란』에 대한 좀더 정확한 영역본을 펴냈고, 논쟁으로서가 아닌 역사 저술로서 사이먼 오클리(Simon Ockley)가 쓴 『사라센인들의 역사(History of the Saracens)』와 같은 무슬림 과거사를 다룬 저작물이 쏟아져 나왔다. 18세기가 끝날 무렵에는 문학적인 색채를 띤 종교적인 텍스트들이 유럽의 각국 언어로 번역되기 시작했다. 19세기에는 종교 학자와 성서 비평 학자, 비교 철학자들이 이슬람권의 언어들을 통해 무슬림 세계를 연구하기도 했다. 20세기 초에는 헝가리 사람인 이그나츠 골드치어(Igncez Goldziher)와 네덜란드의 학자이며 행정가인 스노우크 휘르흐로녜(Snouck Hurgronje), 영국계 미국 사람인 맥도널드(D. B. MacDonald), 그리고 러시아 사람인 바실리 블라디미로비츠 바르톨트(Vasily Vladimirovich Bartold) 같은 이슬람 전문가들이 나타났다. 그들은 이슬람에 관한 학문과 해석에서 모두 최고 수준을 갖춘 사람들이었다. 이슬람의 영적 차원에 대한 이해를 크게 넓힌 프랑스인 루이 마티뇽(Louis Mgtignon), 이슬람의 역사적인 발전을 쉽게 이해할 수 있는 '인식의 틀'을 제공한 영국인 해밀턴 기브(Hamilton Gibb), 세계사라는 폭넓은 배경 속에서 이슬람 역사를 조명하고자 했던 미국인 마셜 호지슨(Marshall Hodgson) 등의 연구 성과들도 주목할 만하다. 마티농은 로마 가톨릭, 기브는 영국 국교회, 호지슨은 퀘이커교도(*17세기 중반 영국과 식민지 아프리카에서 일어난 그리스도교 집단)이다. 이들은 저마다 뛰어난 통찰력을 가지고 혼신의 노력을 다해 연구에 매진했다.

　　이러한 학문적 전통을 갖춘 학자들은 자신들이 이슬람권에 대해 객관적 연구를 해 왔다고 자부했다. 그러나 최근, 특히 1978년 에드워드 사이드(Edward Said)가 쓴『오리엔탈리즘(Orientalism)』이 출판되면서 이러한 학자들은 진실을 왜곡했다는 비난 또한 받게 되었다. 즉 이들이야말로 '오리엔탈리즘(*근세 유럽의 문학·예술상의 동방 취미 풍조)'을 실천하고 있는 장본인이라는 것이다. 이들은 서구인들의 잣대와 경험에 비추어 이슬람을 분화와 변화의 과정을 거쳤다기보다는 불변하는 본질로 설명해 왔고 또한 서구에서 보편적으로 인정되는 삶을 근거로 무슬림을 분석한 탓에 무슬림의 실제와는 거리가 먼 이슬람 사상을 창조해 냈다. 이로써 이슬람 사회에 대한 서구의 우월성을 설명하고, 지속되는 자신들의 지배를 정당화하기 위한 인식 체계를 창출해 왔다는 것이다. 이러한 비판은 어느 정도 타당하다고 할 수 있으며, 나아가 정치가들과 언론이 펼치는 대중적 담론에서는 더욱 그러했다. 그러나 20세기 이슬람학 연구의 대가들에게 이러한 비판들을 곧이곧대로 적용시킨다는 것은 정당하지 않다. 아울러 최근 몇십 년 동안 이슬람학 연구자들은 인류학에서 심리학에 이르는 모든 학문 분야에 대해 탁월한 식견을 보여 왔고 무슬림들과 협력해 연구하는 사람들, 지금껏 감추어져 왔던 또 무슬림들의 또 다른 세계를 밝혀 내고자 노력을 기울이는 사람들에게도 이러한 비판이 무조건 적용될 수는 없는 것이다.

　　한편 새로운 시대에 접어들었는데도 현대 서구 학자들은 여전히 해묵은 그리스도교식 논쟁을 답습하고 있다. 그리고 그들이 이슬람에 대해 가지는 편견은 몇몇 뜻있는 근대 학자들의 노력에도 불구하고 한결같이 지지를 받고 있다. 대중적인 담론 속에는 낡은 '오리엔탈리즘'의 정신이 살아 있기 때문이다. 따라서 오직 성과 관능에 비난의 초점을 두었던 이슬람에 대한 혐오는 무슬림 여성의 지위에 대한 연민으로 바뀌었다. 그러나 과격한 폭력을 두려워한 서구 사회는 무슬림 국가들의 인권 문제에 대해 침묵할 수밖에 없었다.

　　이슬람주의자들의 부흥이 서구를 긴장시켰던 것처럼 무슬림 세력에 대한 두려움이 다시 나타났다. 실제로 이슬람주의자들이 인간 삶의 모든 것을 이른바 '계시'라는 권위에 종속시키려 하자 대중적으로 가장 강력하게 반발하고 나선 세력은 서구 세속주의자들이었다. 서구인들은, 이슬람주의자들이 계몽주의 운동의 업적을 부정하고, 샐먼 루시디(Salman Rushdie)의 저서『악마의 시(The Satanic Verses)』에서처럼 자신들의 가치 기준을 서구에 강요하려 함으로써 이른바 '이단' 논쟁을

뒤쪽

18세기부터 무슬림 세계는 서구인들에게 성적 환상을 갖게 하는 특별한 곳이었다. 그곳에서 예술가들은 풍부한 영감을 얻을 수 있었다. 오리엔탈리스트 학파의 화가들이 주로 소재로 삼은 것은, 하렘, 술탄의 후궁, 그리고 여인의 목욕탕이었다. 이런 그림들은, 프랑스 화가 장 레옹 제롬(Jean-Léon Gérôme)이 그린 아랍의 무희처럼 관능미를 잘 묘사하고 있다.

무함마드에 대한 서구의 태도

예언자 무함마드에 대해 새로운 견해들을 살펴보면 이슬람에 대한 서구인들의 인식이 변화하고 있음을 알 수 있다. 1,000년 동안 무함마드는 거짓 예언자 또는 사람들을 현혹시키는 협잡꾼으로서 알려져 왔다. 무함마드가 그런 운명을 갖게 된 것은 단테(Dante)의 『신곡(*La divina Commedia*)』 "지옥편(*Inferno*)"으로 거슬러 올라간다. 즉 이븐 시나(Ibn Sina)와 이븐 루슈드(Ibn Rushd) 같은 의사와 철학자들, 중세 기사단의 영웅 살라딘, 많은 무슬림 지식인들은 어느 정도 덕행을 갖춘 이교도로 여겨져 가벼운 형벌로 용서를 받았다. 하지만 무함마드는 사탄의 요새를 둘러싸고 있는 열 개의 캄캄한 수렁들 중 아홉 번째의 수렁에 던져졌다.

그리고 그는 갖가지 추문과 불화를 일으킨 사람이라는 오명과 함께 두 동강이로 몸이 찢겨진 채 그곳에서 언제까지나 고통받아야 하는 끔찍하고 가혹한 운명의 선고를 받았던 것이다. 18세기 이래로 한층 복잡한 상황들이 나타나기 시작했다. 역사가 에드워드 기브는 『로마 제국의 쇠퇴와 멸망(*The History of the Decline and Fall of the Roman Empire*)』에서 그를 빈틈 없는 정치가로서 알려진, 이른바 '메디나 무함마드'의 활동 동기와 그 순수성에는 의문

을 던지는 한편, 도덕적 지도자로서의 '메카 무함마드'의 천재성에 대해서는 경탄해 마지않았다. 약 50년이 지난 뒤, 역사가 토머스 칼라일(Thomas Carlyle)은 『영웅 숭배론(*On Heros, Hero-workship, and the Heroic in History*)』이라는 자신의 강의록에서 무함마드를 예언자적인 영웅으로 새롭게 조명했다.

"그는 결코 진정한 예언자는 아니다. 그러나 나는 정녕 그를 진실하고 위대한 정신을 지닌 인물로 존경하지 않을 수 없다."고 칼라일은 선언했다.

그 후 50년에 걸쳐 무함마드에 대한 새로운 견해가 꾸준히 나타났다. 따라서 빅토리아(Victoria) 여왕 시대에 활동한 사업가인 토머스 할로우웨이(Thomas Holloway)는 별 어려움 없이 자신이 설립한 대학 예배당에 인류의 위대한 스승들과 함께 예언자 무함마드의 위상을 정립시킬 수 있었다. 20세기에 이르러서는 무함마드에 대한 다양한 견해들이 나타났다. 즉 그리스도와 더불어 무함마드를 종교적 광신으로 이끈 인물로 평가하는 사람들이 있는가 하면, 무함마드를 종교적 천재로서 존중함으로써 그를 진정한 예언자로 연구하는 그리스도교 및 로마 가톨릭 학자들도 있었다.

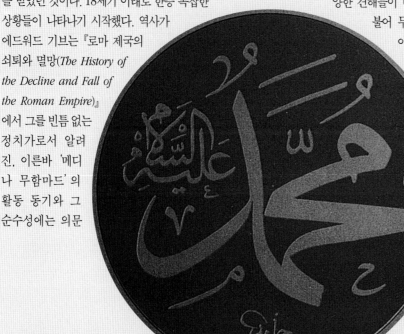

터키에서 발굴된 아랍어로 무함마드라고 쓴 서체. 회화와 같은 미술 양식에서 종교 인물을 다루는 것은 이슬람 문화에서 금기시되어 왔다.

저지르고 있다고 여겼다. 그러나 역설적이게도 루시디가 무함마드를 불경스럽게 표현한 일은, 중세 유럽의 그리스도교 사회가 벌였던 논쟁들과 매우 비슷하며, 바로 그것은 그 시대 그리스도교 성직자들이 신성 모독이라고 개탄하던 것이기도 했다.

세속적이고 유물론적인 세계에서의 교회, 특히 로마 가톨릭 지부는 신앙이 없는 사람들보다는 신앙이 있는 사람들에게 더 많은 공통점이 있다는 사실을 발견했다. 그리고 1960년대 초 제2차 바티칸 회의에서 다음과 같이 선언했다. "교회는 무슬림도 존중한다. 그들은 유일신을 숭배한다. 그분은 살아 계시며, 영속하시며, 자비로우시며, 전능하시고, 하늘과 땅의 창조자이시며, 인간에게 말씀하시는 신이다." 이러한 일을 겪으면서 바티칸은 점점 무슬림 세계와 공동 운동을 벌여야 하는 필요성을 깨닫기 시작했다.

서구에 대한 무슬림의 태도

이슬람 역사를 탐구하려면 먼저 서구에 대해 무슬림들이 보이는 태도의 양상과 그들의 입장이 지금껏 어떻게 변화해 왔는지를 살펴보아야 할 것이다. 서구와 무슬림들은 여러 분야에서 마치 동전의 양면처럼 상반된 태도를 나타내고 있다. 게다가 진실에 대한 왜곡이 계속 이어져 옴으로써 무슬림들 또한 서양의 오리엔탈리즘에 버금가는 '옥시덴탈리즘(Occidentalism, *오리엔탈리즘에 맞선 담론)'적 경향을 띠게 되었다.

1,000년이라는 세월 동안 무슬림들은 유럽에 관심이 없었다. 그들은 유럽의 각국 언어들을 배우려 하지 않았을 뿐 아니라 여행조차 하려 하지 않았다. 그들은 단지 그곳의 지리와 사람들에 대해 막연한 개념만 가지고 있었다. 그러면서 그들은 유럽인들이 자신들에게 가르쳐 줄 것이 전혀 없는 열등한 문명 속에 살고 있다고 확신했다. 무슬림들이 유럽인들에게 조금이나마 관심을 가졌다면, 그것은 유럽인들이 대부분 그리스도교인들이고 아흘 알 키타브(Ahl al-kitāb, *성서의 백성들, 같은 계통의 경전인 성서를 가진 유대교도, 그리스도교도, 무슬림을 가리킨다)이며 하나님이 가르침을 계시한 백성이기 때문일 것이다. 그러나 그들은 하나님의 메시지를 지금껏 잘못 이해해 왔다. 그들은 불신이나 부정한 것을 의미하는 카피르(Kafir, *이교도)들이고 이단자들이다. 따라서 그들은 종종 공식적인 자리에서 유럽인들에 대해 저주에 찬 표현들을 사용하고는 했다. "그들은 더럽다. 그들은 일 년에 두 번 이상 목욕하지 않으며, 그것도 찬물로 닦는다." 또 "한 번 입은 옷은 낡아서 해질 때까지 빨아 입지 않는다."고 말한 어느 무슬림은 중세 프랑크인에 대해 다음과 같이 비난했다. "그리고 그들은 자신들의 여성에게 놀랄 만한 자유를 인정했다. 여성들은 정

숙하지 않다. 오히려 자랑스럽게 남자들과 키스하고 포옹한다. 만일 게임을 하다가 지치거나 피곤하면 낯선 남자 무릎에 앉는다." 이는 1482년 니스를 방문한 오스만 투르크의 왕자인 젬(Jem)의 동료가 한 말이었다. 16세기 이래로 오스만, 사파비, 무굴 궁전의 몇몇 사람들은 서구에 대한 자신들의 견문을 넓혀 갔다. 하지만 그들은 단지 전쟁에 관한 기술에만 특별한 관심을 보였을 뿐, 유럽의 예술이나 건축, 종교에 대해서는 전혀 관심이 없었다. 이는 무슬림들이 고작 모스크(mosque,*이슬람교의 예배당)나 수끄(sūq,*일반적인 시장) 정도만을 눈여겨 보았음을 말해 준다.

그러나 19세기에 들어서면서 무슬림들도 점점 서구 사회를 주목할 수밖에 없었다. 이슬람의 전통이 여전히 지속되는 가운데 새로운 흐름들이 받아들여졌다. 유럽 세력의 지원을 받는 그리스도교 선교사들이 무슬림 땅에 존재한다는 것 자체는 이제 그리스도교인들을 불신자들로 간단히 치부해 버릴 수 없게 되었음을 의미했다. 북부 인도의 무슬림들은 신앙에 관해 선교사들과 열띤 토론을 벌였으며, 그리스도교의 믿기 어려운 삼위일체 교리와 『성서』의 타락에 대한 비판을 체계화시켜 나갔다. 동시에 몇몇 뛰어난 통치자들은 자신들이 서구 군대의 힘과 물질적 성과를 찬양하도록 강요받고 있음을 깨달았다. 1846년 프랑스 군대의 사열을 지켜본 한 서기관은 프랑스 주재 모로코 공사에게 다음과 같이 말했다.

"군인들이 모두 지나갈 때까지, 그들의 가공할 만한 힘과 늠름한 기상을 지켜보는 내내 심장이 불에 다 타버리는 것 같았습니다. 얼마나 자신만만하던지요. 그들 국가는 얼마나 안전하며 인상적이던지! 또 그들은 국가에 얼마나 유능한 일꾼들인지! 법은 또 얼마나 튼튼할 것이며, 전쟁에서는 얼마나 우세할 것인지!"

그러나 이러한 찬양은 그 힘이 곧 서구의 대외 팽창 정책과 결합되어 있음이 드러나면서 분노로 바뀌었다. 1798년 나폴레옹 1세의 이집트 침략을 필두로 제1차 세계 대전 이후 연합군이 콘스탄티노플을 점령하는 등 서구 세력이 이슬람 세계를 뒤흔들기 시작하면서 무슬림들의 영혼은 깊은 상처를 받았다.

20세기에 들어서면서 무슬림들의 서구에 대한 태도는 한결 다양해졌다. 이제 그리스도교는 위협적 존재라기보다는 그들의 동맹자로 바뀌어 갔던 것이다. 무슬림은 그래도 신앙이 없는 사람들보다는 그리스도교인이 그나마 뜻을 같이할 수 있는 대상이라고 생각했으며 내적 신앙 토론을 범인류의 공통된 과제라고 생각하기에 이르렀던 것이다. 예를 들면 1992년 버밍엄(잉글랜드)에서 그리스도교인들과 이란의 쉬아파(*이슬람교의 한 분파로 무함마드의 사촌동생 알리를 정통 후계자로 여김) 신학자들이 모임을 가졌던 예에서 볼 수 있듯이, 서로에게 공통된 근거를 찾는 것이 딱히 어려운 일은 아니었다. 무슬림들은 서구 사회를 찬양할 때는 매우 적극적인 태도를 취했다. 무슬림의 정치 지도자들은 강력한 자주 국가를 만들기 위해 서구의

서구 여성에 대한 무슬림의 이미지

무슬림들이 서구 사회에서 받은 가장 큰 충격은 여러 방면에 걸쳐 나타나는 여성들의 자유분방한 삶이었다. 서구 여성의 자유에 대한 무슬림들의 생각은 그들의 고유한 사회에 내재되어 있는 보편적 질서와, 19세기와 20세기에 걸쳐 나타난 그들의 근대화 의지 사이에 얼마나 큰 차이가 있는지를 뚜렷하게 보여 주고 있다. 동부 지중해 연안으로 진출한 십자군들은 서구 여성들의 삶에 대해 편견 없이 관찰을 할 수 있는 기회들을 무슬림에게 제공해 주었다. 시리아 사람인 우사마는 서유럽 여성들이 지나치게 자유분방하다는 사실에 매우 놀랐다. 게다가 서유럽 남성들은 자신의 여인에 대해 어떠한 집착이나 질투도 없는 것 같았다. 17세기 오스만 제국의 여행가인 에블리야 첼레비(Evliya Chelebi)는 합스부르크 황제조차 여성에게 길을 양보하는 것을 보고 다음과 같이 말했다.

"이것은 정말 뜻밖의 광경이다. 이 나라를 비롯해 이교도 사회 어디에서든 여성들의 발언권이 존중받고 있다." 일반적인 여론에 따르면 여성의 지위를 가장 존중하는 나라는 프랑스였다고 한다. 1826년에서 1831년까지 파리에서 살았던 이집트인 쉐이크 리파아 알 타흐타위는 "프랑스 남성은 여성의 노예들이다. 여성의 미모에 상관없이 남성들은 그녀들의 명령에 복종한다."고 그는 덧붙였다. 인도의 교육 개혁가인 사이드 아흐마드 칸은 서구 여성들이 높은 지위를 누리는 이유로 여성들의 높은 교육 수준을 들고 있다. 1869년에 파리에서 그는 어떻게 점원에 불과한 여성이 4개국 언어를 구사할 수 있는지에 대해 기록하고 있다. 또 그는 런던에서 자신의 하숙집 주인 여동생이 종교 관련 서적을 탐독하고, 사람들과 수준 높은 토론을 벌이는 것을 보고는 깜짝 놀랐다. 나아가 그는 가정부조차도 신문과 잡지들을 읽는다는 사실을 발견하고는 놀라움을 금치 못했다. 하지만 무슬림 남성은 무엇보다도 서구 여성들이 항상 향유하고 있는 자유에 대해 커다란 충격을 받았다. 이러한 자유가 초기 무슬림 비평가들에게는 신선한 충격이었지만 20세기에 이르러 서구의 가치관들이 막상 무슬림 세계로 침투해 오면서 심각한 사회 문제로 떠오르게 되었다. 이러한 자유는 도덕적 타락의 원인이 된다고 판단했던 것이다. 겸손과 정숙에 바탕한 엄격한 규율들이 사회 질서 유지에 필수적이라고 생각했던 인도의 이슬람주의자 마우두디는 "남성은 마음을 끄는 매력을 계발하기 위해 서구 여성을 쫓아다니는 미치광이가 되었다. 남성들은 점점 탐욕스럽게 성적 만족에 빠져들어 가고 있다. 이러한 질병은 서구 국가의 생명력을 빠르게 좀 먹어 가고 있다. 과거 어느 민족도 이러한 질병에 휩쓸리면 살아 남지 못했다. 그것은 인간의 행복과 번영을 위해 신이 인간에게 부여해 준 정신적, 육체적 능력 모두를 파멸시킨다."

무슬림들에게 서구 여성들의 자유는 위협적으로 다가왔지만, 또 다른 한편으로 이는 성적인 호기심을 불러 일으키는 주제이기도 하다. 지난 두 세기에 걸쳐 서구에서는 지속적으로 여성의 사회 참여가 확대되고, 여성들은 공공 장소에서 성적인 매력을 뽐내거나 지나친 노출을 즐겼다. 서구는 무엇보다 성에 대해 개방적인 가치관이 점점 확산되었던 것이다. 이는 더욱더 서구와 무슬림 문명간의 차이를 명백히 구별짓게 했다. 많은 무슬림들, 특히 이슬람주의자들은 서구의 가치관들이 대중 속으로 침투해 온 탓에 여성에 대한 차별적인 정책이 이슬람 사회의 정체성을 결정짓는 기준이 되었다. 이 만화는 『류트(L'Oud)』지에 실린 것으로, 파리드 보우젤라가 프랑스에 거주하는 동포인 뵈르 사람들과 북아프리카 2세들을 위해 그린 것이다. 만화 속 인물은 알제리 출신의 이민 노동자인 카데르이다. 그가 속해 있는 두 문화 사이의 여성에 대한 상반된 견해가 극명하게 나타나 있다.

방식을 받아들였다. 이는 극단적으로 말해서, 서구의 가치 체계를 국가 이념으로 채택할 수도 있다는 뜻이었다. 1927년 터키의 현대화를 이끈 영도자 케말 아타튀르크(Kemal Atatürk)는 민족 의회에서 다음과 같이 말했다.

"여러분, 페즈(fez, *챙 없는 모자)는 없어져야 합니다. 페즈는 무지와 게으름, 광신주의, 진보와 문명화에 대한 증오의 상징으로 우리 민족의 머리에 씌워져 있습니다. 이제는 완전히 문명화된 세계가 사용하는 해트(hat, *테 있는 모자)를 써야 합니다. 그렇게 하면 정신적인 가치를 비롯해 다양한 면에서 터키 민족이 문명 사회에 살고 있다는 사실을 세계 만방에 알릴 수 있을 것입니다."

예상했던 대로 일부 무슬림들은 서구의 발전 방식이 자신들에게 적합한지에 대해 의구심을 갖게 되었다. 케말 아타튀르크와 동시대 인물인 인도의 시인 무함마드 이끄발(Muḥammad Iqbāl)은 다음과 같이

비판했다. "천국에 대한 비전을 잃고 나서 탐욕 속에서 순수한 정신을 찾으려고 하는 사람들이 바로 '서구인들'이다." 그는 또 자본주의와 공산주의는 모두 거짓된 체제라고 덧붙였다. "양쪽 모두 인내하지 못하고 너그럽지 못한 영혼이다. 그들은 모두 신을 알지 못한다. 한쪽은 생산으로, 다른 한쪽은 과세로 살아 간다. 인간은 이 두 돌멩이 틈에 끼인 유리에 불과하다."

이런 태도는 20세기 후반 이슬람주의 운동에서 서구식 발전 모델들을 공격적으로 거부하는 경향으로 나타났다. 이란 혁명의 이론가 알리 샤리아티('Alī Shari-ati)는 다음과 같이 충고했다. "오, 친구들이여! 유럽을 버리시오. 이 구역질나고 원숭이 같은 유럽 흉내는 그만해야 합니다. 늘 휴머니즘을 들먹이는 유럽이, 뒤에서는 인류 전역을 파괴하고 있다는 사실을 깨달아야 합니다." 그는 또 서구가 무슬림들을 못살게 괴롭힌다고 비통해했다. 1964년 이란 의회는 부채 200만 달러를 갚지 않는 대신 미국인들의 치외법권을 승인했다. 그러자 아야톨라 호메이니(Ayatollah Khomeini)는 분노에 찬 목소리로 "그들은 이란인들을 미국의 개보다도 못하게 취급했다."고 외쳤다. 이는 1882년 알렉산드리아 포격에서 1991년 걸프전에 이르기까지 무슬림들을 괴롭힌 서구에 그저 무력할 수밖에 없었던 모든 무슬림들에게 일침을 가하는 고함 소리였다.

무슬림들이 주목한 서구의 두 가치는 물질주의와 여성에 대한 태도였다. 무슬림들은 그것들을 거부했다. 후세인 호스로제르디(Hussein Khosrojerdi)는 이 그림에서 이란 혁명을 이끈 저항 정신을 나타내고 있다. 그는 서구인들을, 세계를 보지 못하는 장님이자 귀머거리이며, 돈과 섹스에 집착하는 인물로 묘사했다. 이 그림에는 "지구의 부패자(Corruptor of the Earth)"라는 제목이 붙었다. 그러나 혁명의 바탕이 된 조직들과 그것을 굳건하게 밀고 나갔던 사람들에게 영향을 준 것은 다름 아닌 서구 사상이었다.

무굴 황제인 아크바르를 위해 만들어진 이 그림은 필사본에 실렸다. 그리고 무슬림과 그리스도교인, 그리고 유대교인이 공유하는 예언자들에 대해 설명하고 있다. 천막 위에는 다음과 같은 페르시아 2행시가 적혀 있다. "야곱의 깊은 연민과 요셉의 침착성이 함께하소서. 그리고 세례 요한(Saint John the Baptist)의 경건함과 솔로몬(Solomon)의 통치력과 함께하소서." 천막 아래에는 솔로몬(술레이만)이 옥좌에 앉아 후투티의 노랫소리를 듣고 있다. 후투티는 시바(Siba) 여왕이 막 도착했음을 알리고 있다. 무슬림들에게 솔로몬은 인간과 동물, 자연과 초자연적 힘을 두루 지배하는 완벽한 왕의 표본이었다.

공존을 위해

이슬람과 서구의 낡고 오랜 분쟁의 역사에서 가장 불행한 일은, 그들이 서로 얼마나 많은 공통점을 가지고 있으며 얼마나 서로에게 많은 빚을 지고 있는지 깨닫지 못했다는 사실이다.

먼저 그들에게는 서로 공유할 수 있는 종교적 뿌리가 있다. 유대교인이나 그리스도교인처럼 무슬림들은 계시와 예언, 그리고 유일신인 하나님을 믿는다. 『꾸란』에 등장하는 28명의 예언자 중 21명은 그리스도교의 『성서』에도 나타난다. 무슬림들은 그리스도교인들과 마찬가지로 야곱(Jacob), 요셉(Joseph), 욥(Job) 이야기에 친숙하다. 『꾸란』은 아브라함(Abraham)의 경전과 모세(Moses) 5경(* "창세기," "출애굽기," "레위기," "민수기," "신명기"), 다윗(David)의 "시편," 그리스도의 복음서 등이 하나님에 의해 씌어졌음을 그들은 인정했다. 또 마리아(Maria)에게 수태 고지한 가브리엘(Gabriel)은 무함마드에게 『꾸란』을 낭독하라고 말했던 바로 그 천사였다. 무슬림과 그리스도교인, 유대교인들은 자신의 종교 기원을 한결같이 자신들에게 계시를 내려 준 첫 예언자인 아브라함으로 거슬러 올라간다. 무슬림들의 계보는 하녀였던 부인 하갈(Hagar)이 낳은 아들 이스마엘(Ishmael)을 통해 아브라함에게로 연결되었고, 그리스도교인과 유대교인은 합법적인 부인 사라(Sarah)의 아들 이사악(Isaac)을 통해 연결되었다. 무슬림들은 그리스도를 예언자로 숭배하고, 마리아를 그의 동정모로 존중했다. 그들은 자신들의 행동에 도덕적인 책임을 지고, 그에 따르는 결과인 천국과 지옥을 가르는 최후 심판의 날을 기다렸다. 그들 사이의 중요한 차이점이 있다면 먼저 무슬림들은, 그리스도의 신성을 인정하지 않았다. 그리고 그들은 유대교인과 그리스도교인들이 인간의 이성을 개입시켜 왜곡한 예언의 전승을 자신들의 『꾸란』을 통해서 완성시켰다고 생각한다는 것이다.

또한 그들은 지성적 근원들도 공유하고 있었다. 서구에서처럼 이슬람 지식인 사회에서도 위대한 헬레니즘 문명이 많이 다루어졌지만, 이는 그다지 알려져 있지 않았다. 무슬림들은 아리스토텔레스(Aristoteles), 플라톤(Platon), 그리고 그들을 계승한 철학자들——스토아학파, 피타고라스학파, 신플라톤주의——에게 열광했다. 이들은 무슬림의 신학적, 신비주의적, 정치적 사상에 중요한 영향을 끼쳤다. 플라톤의 영향은 20세기까지 이어져 내려오는 이슬람의 정치 사상에서 뚜렷이 나타난다. 최근까지 몇몇 전통 무슬림 학교에서는 아리스토텔레스를 '제1의 스승'으로 가르쳤다. 그리스인들이 수학, 천문학, 광학 분야에서 쌓은 업적은 무슬림들을 통해 폭넓게 발전되었다. 유클리드(Euclid), 아르키메데스(Archimedes), 클라우디우스 프톨레마이오스(Claudus Ptolemaeos) 과학 업적은 서구에서뿐만 아니라 무슬림 세계에서도 인정해 주었다. 나아가 무슬림들은 오늘날 남아시아에까지 영향을 미친 '유나니 팁(Unani Tibb, *의학정전)' 또는 '그리스 의학'으로 불리는 클라우디오스 갈레노스(Claudios Galenos)의 의학 체계를 발전시켰다.

무슬림들은 고대 문명의 훌륭한 유산들을 받아들여, 그 가운데 자신들에게 유용한 것들을 소중히 간직했다. 따라서 자신들이 창조한 많은 것들과 함께 좀더 발전된 문명을 서구에 전해 줄 수 있었다. 자세히 들여다보면 논쟁의 여지가 전혀 없지는 않겠지만, 중세 유럽이 아랍을 비롯한 이슬람 세계에서 커다란 영향을 받았다는 사실은 부인할 수 없다. 그 중요한 통로는 이슬람 치하의 스페인과 시칠리아, 비잔틴 제국 등이었다. 그리고 지중해 무역망과 유럽의 십자군이 발전시킨 국제적 연계들도 빼놓을 수 없다. 가장 집중적으로 영향을 받은 시기는 11세기에서 13세기까지였다. 이때 아랍어 경전들을 번역하기 위한 연구소가 시칠리아, 바르셀로나, 톨레도, 세비야 등지에 세워졌다. 이를 통해 헬레니즘 문명의 유산과 수학, 천문학, 광학, 점성술, 화학, 자연사, 자연 과학, 신학, 신비주의에 걸친 무슬림들의 다양한 공적들이 서구 세계로 유입되었다. 특히 그것들은 중세 그리스도교 사상에 많은 영향을 주었다. 무슬림 중 가장 뛰어난 업적을 남긴 두 명의 무슬림이 있었다. 이븐 시나(Ibn Sīnā)와 이븐 루슈드(Ibn Rushd)가 바로 그들이었다. 이븐 시나의 신플라톤주의는 그리스도교 신비주의자들의 마음을 사로잡았고 성 토마스 아퀴나스

(Saint Thomas Aquinas)에서 둔스 스코투스(Duns Scotus)로 이어지는 스콜라 철학자들이 그의 기술적 도구를 그대로 받아들였다. 그리고 이븐 루슈드의 아리스토텔레스에 관한 연구는 16세기 말까지 많은 논쟁과 학문의 바탕이 되었다. 이슬람 사회의 물질 문명 또한 서구에 영향을 끼쳤다. 직물과 카펫, 금속 공예, 유리 제조, 세밀 화법, 제본술에 관한 무슬림들의 업적은 중세와 근대 초기의 유럽 세계를 뒤흔들어 놓기에 충분했다. 비단과 종이를 서구에 전한 것도 무슬림들이었다. 또 설탕, 면화, 감귤류 재배법 등도 마찬가지였다. 나아가 영어의 매거진(magazine) 또는 프랑스어의 마가쟁[magazin, 저장 창고, 아랍어로는 마카진(makhazin)]에서 트래픽[traffic, 아랍어로는 타프리끄(tafriq)]에 이르기까지 무역에 관한 다양한 아랍어 표현들이 유럽의 언어 속으로 들어왔다.

그중에서 가장 영향을 많이 받은 지역은 스페인이었다. 지명에서 가톨릭 신비주의 색채를 띤 스페인이 누렸던 모든 발전은 700년에 걸친 무슬림 지배기에 이루어졌다. 또한 오늘날 스콜라 철학 연구자들이 중세 스콜라학파와 대학의 발전을 무슬림의 영향에서 찾고 있다는 점도 주목할 만하다. 심지어 르네상스의 인문주의, 즉 휴머니즘의 뿌리도 이슬람의 인문주의에 바탕을 두었다. 조반니 피코 델라 미란

서구의 무슬림들. 무슬림 소작농들이 영국의 셰필드에서 자신들이 이룬 노동의 결실을 들어 보이고 있다. 1950년대와 1960년대에 많은 무슬림들이 영국으로 이주했다. 이제 그들은 많은 분야에서 영국인 생활에 공헌하고 있다고 인정받고 있다. 이와 같은 발전이 프랑스와 독일, 미국을 비롯한 다른 서구 사회에서도 이루어졌으며 서구의 무슬림은 바야흐로 2,000만 명을 넘어서고 있다.

사우디아라비아의 왕 파흐드(Fahd)와 걸프 지역 미군 사령관 노먼 슈워츠코프(Norman Schwarzkopf)가 1991년 16개국 출신의 지상군을 사열하고 있다. 1990년 이라크군이 쿠웨이트를 점령하자 서구의 석유 공급원들과 걸프 연안국 정부는 모두 커다란 위협을 느꼈다. 이는 서구와 이 지역 무슬림 세계와의 상호 협력의 중요성을 일깨워 주는 극적인 계기가 되었다.

돌라(Giovanni Pico della Mirandola)는 15세기 후반에 완성한 『인간의 존엄성에 대한 연설(De hominis dignitate oratio)』에서 다음과 같이 말했다. "나는 읽었습니다. 주교들이여, 사라센인 압드 알라('Abd Allāh)는 세계 무대에서 그가 가장 경탄하는 것이 무엇이냐는 질문에 '인간보다 더 경이로운 것은 본 일이 없다.'고 대답했습니다."

반면에 지난 2세기가 넘게 이슬람 사회는 서구의 침입을 받아 왔고, 또 서구의 관점에 의해 왜곡되어 왔다. 그것은 다른 어떤 외세에서 받은 영향보다 훨씬 더 큰 것이었다. 서구 세력은 무슬림 국가들의 국경을 수시로 변경했으며, 근대화라는 명목하에 자신들의 입맛에 맞도록 그들을 변화시켰다. 나아가 무슬림 경제를 새로운 서구 주도적 질서 속에 융합시켰다. 그러한 과정에서 서구 세력은 수공업 생산과 시장, 무슬림들이 키워 온 공공 연대들과 1,000년 이상 유지시켜 온 이슬람의 제도들을 무대 뒤편 어둠 속에 던져 넣고는 새로운 생산과 교환 체계를 창조해 냈다. 이제 무슬림들은 넓은 거리와 반짝거리는 통유리로 된 상점, 자동차 소음, 변두리 아파트, 빌라, 그리고 빈민가가 있는 서구 양식의 새로운 도시 환경에서 살게 되었다. 그들의 일상은 서구에서 들어온 산물들——볼펜과 자전거, 테이블, 의자 등——로 채워졌다. 남자들은 서구식 복장을 입고 다녔다. 그들의 마음과 머리도 서구의 지식들로 가득 차게 되었다. 오늘날 민족 국가가 탄생시킨 새로운 학교 제도들도, 서구가 가진 힘의 비밀을 다루는 지식을 전달하는 데 비중을 두고 있다. 무슬림의 지도자 계층은 영어와 프랑스어, 그리고 러시아어를 배우는 데 주력했다. 이처럼 전통적인 학문의 유산과 결별하고, 무엇보다 먼저 서구의 문물들을 통해 학문을 이해하고자 하는 경향은 비단 몇몇 지식인들에게만 국한된 것은 아니었다. 서구에 대해 문화적 저항을 이끌던 사람들조차 자신들의 주장을 뒷받침하기 위해 서구의 가치를 끌어들일 정도였던 것이다.

샤리아티가 장 폴 사르트르(Jean Paul Sartre)와 프란츠 오마르 파농(Frantz Omar Fanon), 마티농의 사상을 계승한 것처럼 이끄발은 프리드리히 니체(Friedrich Nietzsche)와 앙리 베르그송(Henri Bergson), 조제프 에르네스트 르낭(Joseph-Ernest Renan)의 사상에서 깊은 영향을 받았다. 1992년 이란 신학자들이 그리스도교인들과 실질적인 공통 분모를 찾기 위해 버밍엄에 간 것도 바로 그들이 서구의 지적 전통에 흠뻑 빠져 있었기 때문이다. 그들은 고대 그리스 철학자들뿐 아니라 카를 프리드리히 바르트(Carl Friedrich Barth), 파울 요한 틸리히(Paul Johannes Tillich), 루돌프 카를 불트만(Rudolf Karl Bultmann)과 같은 그리스도교 신학자들과 르네 데카르트(Rene Descartes), 이마누엘 칸트(Immanuel Kant), 게오르크 빌헬름 프리드리히 헤겔(Georg Wilhelm Friedrich Hegel), 마르틴 하이데거(Martin Heidegger)에 대해서도 조예가 깊었다.

이슬람과 서구 세계는 밀접한 관계에 있을 뿐만 아니라 점점 더 서로 의존하고 돕는 관계로 바뀌어 가고 있다. 하지만 뜻밖에도 서구에 살고 있는 2,000만 명이 넘는 무슬림들은, 자신들의 사회가 자신들의 문화와 가치를 존중해야 한다는 데 대해 그다지 관심이 없다. 반면에 사담 후세인(Saddam Hussein)이 쿠웨이트를 침공했을 때 서구가 곧바로 맞서 싸울 태세를 갖추었던 것에서도 알 수 있듯이 서구는 이슬람 사회에 대한 실질적인 경제 이익과 전략상의 가치에 깊은 관심을 갖고 있다. 그러나 상호 의존의 방향이 서구의 일방적인 정책으로 변질되어서는 안 된다. 서구보다 훨씬 많은 인구를 가진 중국은 자신들의 사회 안에 존재하는 무슬림 공동체의 견해를 존중하고자 많은 노력을 기울였다. 1990년대 초 일본은 곧바로 외교 현장에 투입할 수 있는 아랍 전문가를 약 100명이나 보유하고 있을 정도로 중동의 가치를 매우 중요하게 여겼다. 게다가 오늘날 상호 의존의 중요성이 점점 커져 가는 흐름 속에서, 언론 매체와 정보 통신의 급속한 세계화는 전 인류를 좀더 가까운 관계로 연결시켰다. 이제 우리는 예전과는 달리 다양한 세계에 관심을 가질 수 있게 되었다. 이러한 힘은 우리가 휴머니즘이라는 공통된 가치를 추구하기 위해 편견과 문화적 차이를 극복할 수 있는 결정적인 토대를 마련해 주고 있다.

1부

이슬람 역사의 발자취

1 이슬람의 발흥

이슬람 이전의 중동

600년 무렵 중동에 새로운 흐름이 나타난 것은 확실하다. 그러나 아무도 새로운 종교로 무장한 아랍 부족민들이 중동을 정복할 것이라고는 생각하지 못했다. 이슬람은 전혀 뜻밖의 상황에서 세상의 빛을 보게 되었다. 오늘날 이슬람의 출현 배경에는 어떤 요소들이 있었는지 추측만 가능할 뿐, 명확하게 알려진 바는 없다.

이슬람을 탄생시킨 중동은 이란의 사산 왕조와 비잔틴 제국(그리스·로마)이라는 두 강대국의 틈바구니에 놓여 있었다. 당시까지 약 900년 동안 중동의 경쟁자였던 이란인과 그리스(비잔틴)인은 서로 싸움을 벌여 왔다. 따라서 전쟁에 따른 긴장 상태는 여전히 지속되었지만 서로를 완전하게 멸망시키겠다는 의도는 엿보이지 않았다.

비잔틴 제국은 독실하게 그리스도교를 숭상하는 나라였다. 사산 왕조가 통치 이념으로 삼은 조로아스터교(Zoroastrianism, *이슬람 이전의 고대 이란 종교, 배화교라고도 한다)는 대부분의 이란인이 믿고 따르는 종교였다. 몇몇 이란인은 그리스도교나 마니교(manichaeism, *3세기에 마니(Mani)가 페르시아에 창시한 이원론적 종교 운동), 불교(이란 동부에서)와 같은 종교를 믿었다. 그리고 이란인 이외에 조로아스터교를 믿는 사람은 거의 없었다.

이라크에서는 유대교와 그리스도교가 우세했다. 그리스도교는 당시 서아시아에서 가장 빠르게 성장하는 종교였다. 사산 왕조의 그리스도교인들은 자신들의 황제가 하루 아침에 콘스탄티누스(Constantinus) 대제의 뒤를 따르기를 바라는 것은 아니었다. 4세기에 콘스탄티누스 대제가 그리스도교로 개종함으로써 그리스도교는 그리스와 로마 세계에서 공인받은 종교로 등극했다. 나아가 그리스도교는 두 제국의 국경을 넘어 아라비아로 퍼져 나갔다. 결국 중동 전역이 그리스도교화될 것이라고 쉽게 예측할 수 있다.

한낱 침략자에 불과했던 아랍인들

그러나 아라비아 반도 및 그 북부 지역, 시리아 사막('아라비아'에 이어져 있는)을 포함하는 중동은, 땅덩어리는 넓지만 아랍의 주민 수가 적었던 탓에 중동 전역이 그리스도교화될 것이라는 예견은 수포로 돌아갔다.

이 지역은 매우 건조했다. 농업은 남부 아라비아와 오만, 그리고 뿔뿔이 흩어져 있는 오아시스 지역에서나 가능했다. 그나마 오아시스 지역의 가장 중요한 농경지도 중부와 동부 아라비아 지역에 한정되어 있었다. 그 밖의 지역은 유목 생활에나 적합한 초원 지대였을 뿐이었다. 낙타들은 사막에서 자라는 식물들을 먹여 키웠으며, 양과 염소들은 사막 주변의 초지에서 사육되었다. 게다가 대개 가난하고 적은 수의 유목민만이 살고 있었기 때문에 복잡한 사회적, 정치적 조직을 형성할 수가 없었다.

하지만 예외는 있었다. 대략 기원전 500년 무렵부터 고대 남부 아라비아에서는 여러 왕국이 발전해 나갔다. 그러나 6세기 무렵에는 거의 모든 왕국이 자취를 감춰 버리고 말았다. 당시 남부 아라비아는 처음에는 에티오피아인들의 지배를 받았다가 점점 이란인들에게로 옮겨 갔다. 종종 북부 아라비아에서 소왕국들이 출현하기도 했다. 페트라(요르단 고대 도시)의 나바테아인(*고대 아라비아 종족)들이 무역을 통해 발전하면서 소왕국을 세웠고, 팔미라(시리아 고대 도시)는 대상(隊商) 도시로 발전했다. 그들은 273년 제노비아(Zenobia) 여왕의 반란 이후 로마인들에 의해 진압되었다. 6세기에 이르러 시리아 사막을 지배하던 갓산 왕국(*6세기 비잔틴 연맹국 중 하나인 아라비아 소왕국)과 라흠 왕조(*이슬람 이전 북아라비아의 소왕국으로 페르시아 사산조의 위성국이었음)의 왕들은 비잔틴인과 사산인들에게 병역을 제공해 주면서 근근이 나라를 지탱해 나갔다. 비잔틴 제국이나 사산 왕조의 신민으로 산 아랍인들도 있었다. 그중에는 쿠데타를 일으켜 244년에서 249년까지 로마 황제를 역임한 필리푸스(Philippus)도 있었다. 그러나 아랍인들은 대부분 국적 없이 떠돌며 살았다.

정착민이든 유목민이든 모든 아랍인들은 이른바 '부족(部族)'을 형성하고 있었다. 아랍인들은 나라가 아니라 부족들에게서 보호를 받았다. 또 그들은 혈족들을 통해 보호를 받을 수 있었다. 혈족들은 어려움에 처한 자신들의 가문을 도왔다. 만일 혈족 가운데 누군가가 죽거나 부상을 당하면 그 사람을 대신해 복수하거나 보상을 요구할 의무가 있었다. 보상을 요구할 수 있는 제도를 마련한 것은, 복수를 허용함으로써 누군가를 해치기 전에 한 번 더 생각해 보도록 하기 위함이었다. 물론 복수나 보상을 해야 하는 사람도 다른 사람을 위해 복수나 보상의 주체가 될 수 있었다. 나아가 여자들도 혈족의 보호를 받았다. 그러나 여자들은 피부양자였다. 아랍

기원전 1세기 장례식에 쓰인 남부 아라비아 남성의 입상.

종종 작은 왕국들이 북부 아라비아에 출현했다. 오늘날 요르단에 있는 페트라의 나바테아 왕국은 기원전 4세기에서 기원후 106년까지 무역에 의존했다. 그곳이 얼마나 부유했는지는 지금까지 남아 있는, 돌을 잘라 세운 장엄한 사원들과 무덤들이 뚜렷하게 증명해 준다. 이는 사막에 있는 인류 문명의 보고(寶庫)로 알려져 있다.

부족들은 대부분 노예와 자유 시민, 기술자, 행상인 등과 같은 다른 부족 출신의 사람들을 거느리고 있었다. 그 가운데 아라비아 출신이 아닌 사람들도 있었는데 그들을 보호할 의무는 다른 인종에게 있었기 때문에 그들은 비아랍계인들로 여겼다.

　　부족 남자들은 자신과 피부양자들을 보호할 수 있는 자신들의 능력에 커다란 자부심을 가지고 있었다. 그들은 시(詩)를 통해 자신들의 힘을 과시하며 자긍심을 가졌다. 또 그들은 주변의 약탈자들에게 경고하기도 했다. 타부족인의 낙타를 탈취한다거나 여자들을 유괴하며, 남자들을 죽이고, 무방비 상태에 있는 노예들의 코를 베는 등 가치가 있는 것들을 빼앗으면 빼앗을수록 높은 평가를 받았다. 그 무렵에는 다른 부족에게 지배를 당한다는 것은 수치스러운 일이었다. 어느 시인은 다음과 같이 노래하기도 했다. "인간에게 일어날 수 있는 최악의 상황이란, 바로 남에게 고개를 숙이는 일이다."

또 다른 시인은 다음과 같이 타임 가문(*예언자 무함마드가 태어날 무렵 메카를 지배하던 부족인 꾸라이쉬족의 한 가문)을 비웃었다. "울크족은 타임 가문의 노예들이다. 타임 가문은 그 성격 자체가 노예이다. 만약 누군가가 '물통 내놔.' 하면 그들은 내놓는다. 부족 사회의 약자이든 또는 일반 시민 중 열등한 사람이든 스스로의 힘으로 서지 못하면 '노예'라는 경멸의 대상이 되기 마련이다."

기원전 1000년 무렵 아라비아에 낙타 사육자들이 있었다는 사실은 『성서』에 처음 나타났다. 기원전 8세기 이후 아시리아의 기록에서 그들은 아랍인이라는 이름으로 등장했고, 그 후 기록에서는 다른 이름으로 나타났다. 그들은 한결같은 독특한 기질을 가진 사람들로 묘사되었다. 그들은 약탈을 일삼았다. 『성서』는 기원전 1000년 무렵에 일어난 일을 다음과 같이 설명했다. "이스라엘이 생겨날 때 미디안족(*이스마엘의 자손이라고도 함)들이 쳐들어와서 그 땅에 살고 있던 자들과 그 자손들의 목숨을 빼앗아 갔다. 그들은 가축과 천막을 가지고 마치 수많은 메뚜기떼처럼 몰려 왔다. 그들과 그들이 타고 온 낙타들은 헤아릴 수 없을 만큼 많았다." 그리고 약 1,350여 년이 흐른 다음 로마군 사령관은 다음과 같이 말했다. "우리는 사라센인들에게서 친구로서나 적으로서나 어느 면에서도 좋은 점을 찾을 수 없었다. 그들이 지나간 자리는 모두 폐허가 되었다. 그들은 마치 솔개처럼 높은 곳에서 먹이를 본 순간 쏜살같이 날아와 먹이를 낚아채 가지고 곧 사라진다." 그들에게는 통치자가 없었다. 사르곤 2세(Sargon II, 기원전 722년-기원전 705년)는 다음과 같이 지적했다. "감독관도 관리도 먼 사막에 살고 있는 아랍인들에 대해 전혀 알지 못한다." 또 로마군 사령관은 다음과 같이 덧붙였다. "모두 엇비슷한 계급의 전사들이 반은 벗은 채로 날쌘 말과 홀쭉한 낙타를 타고 드넓은 지역을 누비고 있다." 아랍인들 또한 무슬림 정복 이후에 수집한 부족의 시에서 자신들을 이와 비슷하게 묘사했다. "우리는 포로로 잡힌 다른 부족 여자들을 뒤에 태우고, 다른 낙타에는 노획물을 싣고 고향으로 돌아왔다." 한 시인은 한껏 뽐내며 노래했다. "우리 편 사람을 살해한 수만큼 그들을 살해하고 셀 수 없이 많은 포로를 데려왔다." 다른 사람도 같은 말을 되풀이하고 있는데 하나같이 다른 부족을 급습한 이야기였다. "히마시(Himasi)는,

네게브의 네사나 지방에 살고 있던 아랍인들은 그들의 이름에서나 민족성을 알 수 있을 뿐 완전히 비잔틴 제국 사람과 다름없었다. 그들은 그리스도교였고 그들이 쓴 비문과 문서는 모두 그리스어로 작성되었다. 그중 하나가 6세기에 두 성자들을 보호하기 위해 그리스도교인 이븐 사우드(Ibn Saʿūd)가 작성한 청원서였다. 이 아랍인들은 로마 문화에 심취했으며, '플라비우스 알 우바이(Flavius al-Ubayy)' 같은 이름을 사용하기도 했다. 네사나에서 발굴된 그리스·라틴어 소사전에서 볼 수 있듯 그들은 원전으로 된 베르길리우스의 서사시 "아이네이스(Aeneis)"까지 다루고 있었다. 이런 성격의 아랍인들이 이슬람 정복을 이끌었더라면 후기 고대 문명도 전기와 같이 오래 지속되었을지도 모른다.

메디나 북방 약 153킬로미터 지점에 있는 오아시스인 카이바르. 메카가 척박한 황무지로 유명한 반면, 이슬람 이전의 메디나(야스리브)는 이처럼 비옥했을 것이다. 이슬람이 일어나기 전에 유대교인이 살던 카이바르는 628년 무함마드의 수중으로 들어갔다.

명예는 못 지키면서도 누군가의 노예가 되면, 마치 '비옥한 초승달 지역' 원주민처럼 끈질기게도 참는다." 이러한 정황으로 보아 아랍인들이 세계를 휩쓰는, 새로운 종교의 전달자가 될 것 같지는 않았다.

그들은 과격한 호전성과 빠른 기동력을 갖추었지만 세계 정복자가 되기에는 부족해 보였다. 그러기엔 그들의 수가 너무도 적었고, 그 정도의 사람으로는 대규모 정치 조직을 만들거나 유지할 수도 없을 것 같았다. 따라서 그들은 훌륭한 정치 조직과 정복의 역사를 가진 것으로 유명했던 훈족(*370년쯤 유럽 남동부와 중부에 거대한 제국을 세운 유목 민족)이나 투르크족(*투르크 유목민의 한 부족), 아바르족(*6세기-9세기 동유럽에서 중요한 역할을 한 종족), 그리고 중앙아시아의 다른 부족들처럼 비잔틴인이나 이란인들을 크게 위협하지는 못했다. 비잔틴인이나 이란인들에게 아랍인들은 단지 침략자일 뿐이었다. 7세기 무렵까지 아랍인들은 이렇다 할 정복을 단 한 번도 이루지 못한 채 약 1,600년에 걸쳐 아라비아에 존재해 왔다. 따라서 그들이 세계를 정복할 것이라고는 더욱더 생각할 수 없었다.

그런데 630년대에 들어서면서 아랍인들은 갑자기 비잔틴 제국과 사산 왕조를 침략해 들어가기 시작했다. 그들은 비잔틴 제국을 무자비하게 유린하고, 사산 왕조를 완전히 멸망시켰다. 그리고 하나님이 자신들에게 진리를 계시했다고 주장했다. 이로써 그들의 신앙은 존속의 근거를 얻었을 뿐 아니라 널리 퍼져 나갈 수 있었다. 그리고 그들은 새로운 제도와 사고 방식, 생활 양식, 다시 말해 새로운 문명을 빠르게 탄생시켰다. 800년 무렵에 이르렀을 때 이러한 갑작스러운 난리와 소동은 가라앉았고, 중동은 어느 정도 옛 모습을 되찾을 만큼 안정되었다.

이슬람의 기원

알라의 메신저, 무함마드

이러한 모든 발전의 중심에는 위대한 예언자가 한 명 있었다. 오늘날까지 전해지는 기록에 따르면, 570년쯤 무함마드는 꾸라이쉬족이 거주하던 서부 아라비아의 상업 도시인 메카에서 태어났다. 메카는 순례지였다고 전해진다[그곳의 성소는 카바(Ka'b-ah)로 알려져 있다]. 여섯 살에 고아가 된 무함마드를 양육한 사람은 할아버지와 삼촌이었다. 무함마드는 장성해 무역상이 되었고, 자신을 고용한 과부 카디자(Khadījah)와 결혼했다. 그녀는 아이들을 여러 명 낳았다. 마흔 살에 이르러 그는 자신의 인생을 바꾸어 놓을 만한 체험을 하게 되었다. 동굴 속에서 기도와 명상을 지속하던 그는 어느날 한 줄기 빛과도 같은 너무나 분명한 목소리를 들었다. "무함마드야, 너는

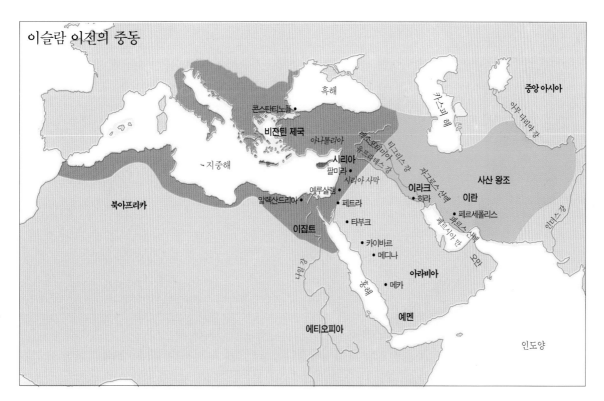

신의 사자이니라." 무함마드는 깜짝 놀랐다. 목소리의 주인공이 자신이 누구인지를 밝혔을 때 그는 너무도 당황한 나머지 산에서 뛰어내리려고 했다. "무함마드야, 나는 가브리엘이니라. 다시 말하지만 너는 신의 사자이니라. 그러니 암송하라!"

"무엇을 암송하라는 말씀입니까?"

그는 자포자기한 채 대답했다. 가브리엘은 무함마드가 거의 숨이 막힐 지경이 될 때까지 『꾸란』의 96수라(sūrah, *『꾸란』의 장)의 첫 구절을 암송하라고 명령했다. 무함마드는 자신이 헛것을 본 것이 틀림없다고 생각했으나 곧 자신이 보았던 그 환영이 신성한 존재라는 사실을 받아들일 수밖에 없었다. 그 후 가브리엘은 무함마드가 죽을 때까지 계속해서 『꾸란』의 구절들을 주기적으로 전해 주었다고 한다.

무함마드는 처음에는 자신의 친구들과 친척들에게 설교했다. 그런 다음 대중 앞에서 설교를 시작했고, 곧이어 그를 믿고 개종하겠다는 몇몇 사람들을 끌어모을 수 있었다. 그러나 대부분 다신교도였던 메카인들은 무함마드가 설파하는 일신교적인 메시지에 반발했다. 그리고 다신교도들은 무함마드를 따르는 추종자들을 박해하기 시작했다. 따라서 무함마드는 몇몇 추종자들을 에티오피아로 피신시켜야 했다. 그리고 아라비아에 자신들의 공동체를 세울 장소를 물색해야만 했다. 마침내 무함마드는 메카에서 북쪽으로 약 322킬로미터 떨어진 야스리브 출신의 몇몇 아랍 부족을 만났다. 야스리브에는 유대교인과 아랍인 주민이 오랫동안 갈등을 빚으며 살고 있었다. 유대교인 이웃 덕분에 일신교에 친숙해져 있던 이 아랍인들은 무함마드의 메시지가 알기 쉽고 명료하다는 것을 알았다. 그들은 무함마드가 오아시스 지역의 질서를 회복시켜 주기를 바라는 마음에서 그를 야스리브로 초대했다. 오랜 논의 끝에 622년 무함마드와 추종자들은 메카를 떠났다. 이것이 곧 이슬람력의 출발점이 되었다. 그리고 야스리브는 예언자의 도시를 뜻하는 메디나(이슬람교 제2의 성지)로 널리 알려지게 되었다.

히즈라(hijrah, *무함마드가 박해를 피해 메카에서 메디나로 이주한 사건)는 큰 전환점이 되었다. 왜냐하면 무슬림들에게 공동체 조직을 갖게 해 주었기 때문이다. 메카의 다신교도로서 정체성이 모호했던 그들은 이제 "순수한 공동체 사람들로만 이루어져 있다."는 무함마드의 선언을 따르게 되었다. 무함마드는 흔히 '메디나의 헌장'으로 알려져 있는 이 선언문에서 "새로운 움마(ummah, 이슬람 공동체)를 이루는 두 세력〔무하지룬(muhājirūn, *이주자들)과 안사르(anṣār, *메디나 원주민들)〕 사이에서 원만한 합의를 보지 못한 대외 정책들은 신과 무함마드에게 맡겨야 한다."고 규정했다. 궁극적으로 그는 최종 결정권자 역할을 자처했던 것이다. 이슬람교는 국가라는 실체가 없는 환경에서 태어난 종교였다. 따라서 예배를 드리기 위해 신도들을 조직화하는 일은 결코 쉽지 않았다. 게다가 움마는 신도들을 보호해야 할 의무

가 있었다. 즉 움마는 종교적 집회의 주체인 동시에 국가의 의무를 지니고 있어야
했다. 결과적으로 무함마드가 메디나에서 창설한 공동체는 곧 국가의 모태가 된 것
이었다.

공동체가 수립되고 나서 몇 년간은 내부와 외부의 적에 대항하는 폭력 사태가
넘쳐났다. 내부의 적은 대부분 유대교인들이었다. 처음에 메디나의 유대교인들과
무함마드의 관계는 우호적이었다. 무슬림들은 유대교의 중심 성지인 예루살렘을
향해 예배를 드렸고, 유대교인들은 '메디나의 헌장' 아래 무슬림들과 함께 움마를
형성했다. 그러나 히즈라 2년 후, 무슬림과 유대교인 사이의 불미스러운 사건으로
무함마드는 끼블라(qiblah, *예배 방향)를 메카로 바꾸었다. 이슬람은 이제 자체의
중심 성지를 갖게 되었다. 무함마드는 다신교도들이 살고 있는 메카를 정복할 필요
성을 느꼈다. 그렇게 하려면 먼저 유대교인들을 추방시켜야 했다(*끼블라 방향을 예
루살렘에서 메카로 옮긴 그해부터 무슬림과 유대교인 사이에는 미묘한 불꽃이 튀었다. 이
둘 사이의 적대감은 바드르 전투 때 유대교인인 한 시인이 메카로 투항하면서 첨예화되었
다). 624년 그는 바드르에서 메카의 꾸라이쉬족과 벌인 첫 전투에서 승리한 후 메
디나의 한 유대 부족을 추방했다. 625년에는 메카인들이 우후드에서 무함마드과
맞선 싸움에서 승리로 이끌었다. 그런데도 무함마드의 사기는 조금도 꺾이지 않았
다. 그 후 무함마드는 또 다른 유대 부족을 계속 추방시켰다. 그리고 627년 메카인
들은 다시 메디나를 공격해 왔는데 이때 마지막 남은 유대 부족까지 전멸시킬 수
있었다. 유대교인 남자들은 학살당하고 여자와 어린이들은 노예가 되었다. 이제 무
슬림들이 메카를 차지하는 것은 시간 문제였다. 628년 메카인들은 그 동안 무함마
드에게 격렬히 대항했지만 결국 휴전에 동의할 수밖에 없었다. 그리고 630년에는
결국 스스로 항복하기에 이르렀다. 무함마드는 다신교도가 판을 치던 카바(*메카에
있는 이슬람 대사원 중앙 가까이에 자리 잡은 작은 성소)를 정화한 후 일신교도의 신성
한 장소로 만들었다. 무슬림들은 자신들의 입장에 따라 그곳을 바꾸어 놓았던 것이
다. 무슬림들은 그곳을 아브라함과 그의 아들 이스마엘이 세웠다고 생각했다. 나아
가 그들은 아브라함과 이스마엘을 최초의 일신교도이자 아랍인들의 조상으로 여겼
다. 그리고 메디나는 정치적 수도로 남았다.

메카인들에게만 군사적 행동이 집중된 것은 아니었다. 여러 차례 소규모 전투
가 있었고, 메카를 정복하기 이전에도 몇몇 눈에 띄는 정복 행위가 이루어졌다. 그
들은 잇따라 다른 곳을 정복해 나갔다. 632년 메디나에서 무함마드가 사망할 무렵
에는 거의 모든 아랍 부족들이 움마의 구성원이 되겠다는 협정을 체결했다. 629년
무함마드는 비잔틴 제국의 시리아에 원정대를 보냈다. 그리고 630년에 원정대가
타부크에 도착했을 때 무함마드는 귀환하라는 명령을 내렸지만, 군대는 계속해서

진군했다. 그리고 무함마드가 사망했을 당시에도, 그에게는 원대한 원정 계획이 세워져 있었던 것으로 기록은 전하고 있다.

아랍인이 일궈 낸 정복

무함마드는 공동체를 이끌어 갈 자신의 후계자를 정해 놓지 못한 채 사망했다. 그의 아들들은 요절했으며, 공동체 사람들에 의해 선출된 계승자도 없었다. 그리고 그는 누가 자신을 대신해야 하는지에 대해서도 전혀 암시한 일이 없었다. 그는 왕들과 사제들, 재판관들과 중재자, 그 누가 자신을 대리할 것인지를 밝히지 않은 채 세상을 떠난 것이다. 무슬림들은 고심 끝에 무함마드와 함께 메디나로 이주해 온 꾸라이쉬족의 일원인 아부 바크르(Abū Bakr, 632년-634년 재위)를, '칼리파(kha-lifah)'라는 직함을 가진 공동체의 이맘(imām, *예배 인도자)으로 받아들임으로써 왕정(王政)이 아닌 신권적 군주제를 택했다.

아부 바크르는 무함마드의 정복 계획에 따라 시리아로 원정대를 파견했다. 그것은 그가 처음으로 본 국정 사업이었다. 이는 대담한 행위가 아닐 수 없었다. 왜냐하면 무함마드가 구성했던 종래의 정치 조직이 분열의 조짐을 보였기 때문이다. 대부분의 부족들은 무함마드가 사망하자 움마 구성원으로서 의무가 끝난 것으로 생각했다. 어떤 부족들은 자신들만의 예언자들을 내세우면서 더 이상 움마 구성원으로 남아 있기를 원치 않았다. 그러한 부족 지도자들 중 가장 중요한 인물은 무사일리마(Musaylima)였다. 아부 바크르는 아라비아 남부 오아시스 지역(오늘날의 리야드)에 있는, 하니파의 반란을 성공적으로 진압하고, 아라비아에서 메디나의 통치 기반을 굳게 다져 나갔다. 이 무렵 이라크 사막 주변의 한 부족장이 이 메디나의 모험에 동참했다. 633년 무슬림 사령관인 칼리드 이븐 알 왈리드(Khālid ibn al-Walīd)가 이라크로 파견되었는데 그는 부족장과 함께 이라크를 급습해 히라(*이라크 고대 도시)를 정복했던 것이다. 수적으로도 매우 적고 불안정하게 조직된 무슬림들이 이제 두 강대국의 변방에서 전쟁을 시작한 것이다.

만약 강대국들(비잔틴 제국, 사산 왕조)이 그때 서로 교전중에 있지 않았거나 적어도 자신의 적이 누구인지를 깨닫고 있었다면, 아마도 무슬림들은 궤멸되고 말았을 것이다. 629년 무함마드가 시리아에 처음으로 원정대를 보냈을 때, 사산 왕조는 비잔틴 제국에 15년 후 지배권을 돌려 준다는 조건으로 시리아에서 군대를 철수할 것을 종용했다. 하지만 무함마드의 원정대는 결국 비잔틴인들에게 패배하고 말았다. 634년에는 사산인들이 이라크에서 아랍인들을 물리쳤다. 비잔틴인과 사산인들에게 아랍 침략자들은 너무나 성가신 존재였으므로 그들은 경계를 소홀히 할 수 없었다. 그러던 중 뜻밖에도 아랍인들이 귀환을 서두르자 사산인들은 깜짝 놀랐다.

634년 칼리드 이븐 알 왈리드가 군대를 이끌고 비잔틴 전선에 있는 아랍인들과 합류하기 위해 시리아 사막을 건넜던 것이다. 이는 아랍인들의 뛰어난 기동성을 보여준 기념비적인 승리라고 할 수 있었다. 그 후 아랍인들은 634년 아즈나다인에서 벌인 전투를 비롯해 637년 그리스군과 야르무크 강에서 벌인 결정적인 전투를 거치면서 시리아를 비잔틴 제국에서 떼어 놓는 데 성공했다.

한편 637년 메디나의 지도부는 이라크에 파견할 새로운 군대를 모집했다. 그리고 사산인들을 카디시야에서 참패시켰다. 결국 사산인들은 이라크에서 내몰리고 말았다. 사산 왕조의 수도 크테시폰이 이라크에 있었기 때문에 이란인들은 자신들의 근거지를 잃게 된 셈이었고 아랍인들은 예상치 못한 소득을 얻게 된 셈이었다. 642년 야즈데게르드 3세(Yazdegerd III, *사산 왕조의 최후 통치자)는 자그로스 산맥의 나하반드에서 무슬림들과 싸울 군대를 소집하는 데는 성공했으나 전투에서는 패배하고 말았다. 그 후 무슬림들은 이란에서 몇몇 작은 저항에만 부딪혔을 뿐 별 어려움을 겪지 않고 사산 왕조를 멸망시킬 수 있었다.

그들은 639년에서 641년까지 자지라(오늘날의 시리아와 이라크의 북부)를 점령함으로써 시리아에 성공적으로 입성했고, 642년에는 이집트를 점령했다. 656년 내

이란 고원은 아랍인들이 살기에는 적당하지 않았다. 그래서 그곳으로 이주한 아랍인들은 거의 없었다. 이는 곧 이란이 아랍화되지 않은 중요한 이유 가운데 하나이기도 하다. 이 사진은 아케메네스 왕조와 사산 왕조의 발상지인 이란의 남서쪽에 있는 파르스 산맥을 보여 주고 있다. 그리스인들은 아케메네스 왕조인을 '페르시아인'이라고 불렀다. 그 후 사산인이 지배한 나라는 페르시아라는 이름으로 널리 알려지게 되었다. 그러나 오늘날의 공식적 이름은 아리아 말로 '이란'이다. 이란인들은 그들의 언어를 뜻할 때만 '파르시(페르시아)'라는 단어를 사용한다.

란이 일어나는 바람에 원정의 모험을 중단할 때까지, 그들은 서쪽으로는 북아프리카, 동쪽으로는 호라산(*오늘날 투르크메니스탄)에 이르기까지 세력을 넓혀 나갔다. 무슬림들은 불과 20년이라는 짧은 기간에 강대국들을 차례로 무너뜨렸던 것이다.

두 강대국 사이에서 피어난 이슬람

어떻게 하면 이 모든 것을 이해할 수 있을까? 무함마드가 분명히 역사의 장을 새롭게 열어젖힌 인물이기는 하지만 어떻게 그렇게 할 수 있었을까? 불행히도 우리는 그에 관한 이야기가 얼마나 진실에 근거하고 있는지 알지 못한다. 대략 800년 이전에 문자로 된 이슬람 자료라고는 오로지 『꾸란』뿐인데, 오늘날 이슬람주의자들은 『꾸란』을 무함마드 자신의 입을 통해 전해진 '신의 말씀'의 결집으로 여기고 있다. 그런데 『꾸란』은 무함마드뿐 아니라 모세와 아브라함을 비롯한 다른 예언자에 대해서도 이야기하고 있다. 『꾸란』은 당대 사건들에 대해 암시하여 가르치고 있으며, 800년 무렵부터 기록된 후대의 전승(*예언자 무함마드의 언행록)은 『꾸란』의 의미를 이해 가능하게 설명하고 있다. 무함마드에 대해 기준으로 삼을 수 있는 전기는 이븐 이스하끄(Ibn Isḥāq)의 작품을 이븐 히샴(Ibn Hishām)이 묶어 낸 것이다. 이븐 이스하끄의 할아버지는 그리스도교인이었고, 무함마드가 사망한 뒤 이라크에서 붙잡힌 전쟁 포로였다. 포로 상태에서 탈출한 그리스도교인들은 일찍이 630년대부터 이슬람에 대해 쓰기 시작했다. 하지만 이븐 이스하끄가 묘사한 무함마드는 객관적 사실과는 다소 거리가 있었다. 그 밖의 다른 증거들은 히즈라 이후 4세대에 걸쳐 몇몇 사람들의 주관이 개입된 기록들이 전부였다.

특히 이슬람교는 스스로 인정하고 있는 것보다 더 오랜 세월 유대교와 밀착되어 있었는지도 모른다. 무함마드 자신이 끼블라를 예루살렘에서 메카로 바꾼 일은 그의 사후에 큰 반향을 일으킬 만한 여지가 있었다. 반면에 메카에서 치른 전투에서 유대교인 세력을 제거한 사건은 이슬람 교리를 개정한 듯한 냄새를 풍긴다. 만일 무함마드 생전에 예루살렘이 최고의 성지였다면, 그는 메카가 아닌 예루살렘을 점령했을 것이다(메카를 정복하는 일 또한 중요하다는 것을 잘 알고 있었을 터이지만). 전통적인 시각에서 보면 무함마드가 세운 최고의 공적은 메카를 정복한 일이고, 그 후 일어난 위대한 정복들은 단지 부차적인 성과에 지나지 않는다. 그러나 무함마드가 팔레스타인을 정복할 요량으로 무슬림들에게 설교했다면, 사람들은 그가 시리아(팔레스타인을 포함한 넓은 의미)를 점령하려 한다는 취지를 좀더 잘 이해하고 따랐을 것이다.

어쨌든 무함마드는 비타협적인 유대교(삼위일체설에 반대하는 것 같은)의 다양성에 대한 유일신론을 설교했던 것일 수 있고 조상 대대로 내려온 신앙을 제시한 것일 수도 있다. 이 문제에 대해서는 학자들 사이의 합의가 어느 정도 이루어져 있다. 그의 유일신론은 부족의 통합을 유지할 수 있는 바탕이 되었다. 이는 아랍인들에게 하나의 공동체로 통합해야 하며, 똑같은 하나님께 예배하고, 똑같은 법률에 따르며, 똑같은 지하드를 수행할 것을 요구했다. 고대인의 생활에 익숙한 아랍인들은 부족 사회가 형성하기 힘든 문화적 동질성을 갖고 있었다. 무함마드의 유일신론은 그들에게 무조건적 통합을 위한 종교적 일체감뿐만 아니라 정치 조직과 공통 목표를 제시했다. 무함마드가 행한 설교가 하나의 국가를 만든 셈이었다.

　무엇이 아랍인들로 하여금 무함마드의 메시지를 그토록 충실하게 따르도록 만들었을까? 어쩌면 유일신의 이름으로 통합될 가능성을 항상 지니고 있던 그들에게 필요했던 것은 단지 무함마드라는 매개자였을 뿐이었는지도 모른다. 그러나 더욱 그럴 듯한 가설은 무함마드의 메시지를 아랍인들이 그대로 받아들인 것은 점점 세력을 확장해 가는 초강대국들 때문이었다는 것이다. 비잔틴 제국과 사산 왕조는 인도와 무역을 하기 위해서는 아라비아 해안을 따라 항해해야 했고 따라서 중동 지역에 관심이 많을 수밖에 없었다. 대체로 비잔틴인들은 자신들의 속국인 에티오피아나 갓산 왕조를 통해 간접적으로 그곳에 사는 부족을 조종했고, 사산인들은 동부를 직접 통치하다가 남부와 중앙아라비아까지 지배했다. 두 초강대국의 압력은 아랍인들로 하여금 정치적인 재부장을 촉구하게 만들었다. 그러나 어느 한 설교자(*무함마드)의 영향으로 드넓은 반도에 엄청난 변화가 일어나리라고는 아무도 예상하지 못했다.

왕관의 의미는 이교도적인 왕권을 상징하는 것이있다. 따라서 아랍인들은 왕관을 거부했다. 하지만 스페인 정복자의 아들 레세스윈스(Resseswinth)는 왕관을 쓰고 말았다. "왕관을 쓰지 않으면 왕권도 갖지 못한다."면서 아내가 왕관을 만들어 주었기 때문이라고 한다. 왕관을 쓴 그는 그리스도교로 개종했다는 비난을 받고 피살되었다. 이 이야기는 무슬림들이 원주민의 관습에 빠져들지 않고 얼마나 유혹을 잘 물리쳤는지를 보여 준다.

정복 사회

무슬림들에게는 정복한다는 일이 자신들의 기분을 북돋아 주는 놀라운 경험이었다. 한 무슬림 시인은 믿을 수 없다는 듯 다음과 같이 외쳤다. "오, 사람들이여, 당신들은 페르시아가 어떻게 멸망했는지, 페르시아인들이 느끼는 굴욕감이 무엇인지 보았는가? 그들의 왕국이 물거품이 되어 버렸듯 그들은 당신들의 양을 키우는 노예가 되었다." 후대의 한 작가는 승리를 기뻐하며 다음과 같이 자축했다. "우리는, 가장 강성한 왕국, 막강한 힘, 엄청난 수의 백성을 거느리고 다른 국가들을 지배하고 있는 초강대국 페르시아와 비잔틴 제국에 맞섰다. 그것도 무기도 장비도 식량도 없이 우리는 맨몸으로 나가 싸웠다. 신은 우리에게 승리를 주셨다. 우리가 그들의 나라들을 정복해 그들의 땅과 집에 살게 하시고, 그들의 재산을 빼앗게 허락해 주셨다. 우리에게 이러한 진리보다 더 강하고 더 나은 것은 없었다." 그러나 희생자들에게 그것은 쓰디쓴 경험이었다. 아랍인들은 부유해졌고, 인구도 많아졌다. 하지만 그들은 더 많은 것을 약탈하기 위해 계속해서 진격해 나갔다. 그리스도교인들은 절망에 빠져 "신께서는 왜 이런 일이 일어나도록 허락하셨을까?"하고 기도를 올렸다. 그리스도교인은 신께서 자신들에게 죄값을 치르도록 벌을 내리고 있다고 믿었다. 그러나 무슬림들은 이슬람이 진리의 방향으로 나가고 있기 때문에 신께서 도우시는 것이라고 생각했다. 그리스도교인들은 이에 대해 반론을 제기하기가 너무나 힘겨웠다.

첫번째 내전(656년-661년)

그러나 그들이 노획한 엄청난 전리품 때문에 여러 가지 문제가 발생했다. 먼저 그것을 어떻게 분배해야 할지가 관건이었다. 무슬림 국가가 생존하기 위해서는 중앙 정부가 이를 확실히 통제할 필요가 있었다. 제2대 칼리파인 우마르 1세('Umar I, 634년-644년 재위)는 무력으로 차지한 땅들을 정복자들끼리 분배하는 대신 국가 소유로 전환시키는 데 성공했다. 정복자들은 막사(궁극적으로는 수비대 병영 도시)에 거주하라는 명령을 받았다. 그들은 군복무에 대한 대가로 점령지에서 나오는 수입을 급료로 받았다. 농사를 짓는 일은 전면 금지되었다. 이는 탁월한 결정이었다. 그렇지 않았으면 아랍인들은 피정복민들 틈에서 지주가 되거나 농민이 되어 뿔뿔이 흩어졌을 것이다. 그러나 이는 동시에 부족민들을 국가에 의존하게 만들었다. 부족

680년 무함마드의 손자인 알 후사인 이븐 알리는 우마이야 왕조에 도전하기 위해 메카를 떠났다. 100명이 채 안 되는 추종자를 거느린 채 길을 나선 후사인은 이라크의 카르발라에서 야지드의 군대에 포위되고 말았다. 그는 우마이야군 병사 셰므르에게 피살되었다. 매년 이슬람력 1월 10일에 열리는 그의 순교 기념 행사는 쉬아파 무슬림의 중요한 의식 중 하나이다. 카르발라 참극 사건은 20세기 초 타브리즈의 사이드 후사인이 그린 그림에서도 잘 나타난다. 중앙에 말을 타고 있는 인물이 바로 이맘 후사인이다.

민들은 얼마 지나지 않아 국가가 경제권을 장악하고 있다고 불평하기 시작했다. 점령지에서의 불공정한 분배는 8세기 내내 이들에게 정부를 비난하는 원인이 되었다.

이슬람교로 개종함에 따라 권력을 장악한 족장들과 부유한 메카인들이, 이슬람 초기부터 무함마드의 전도에 참여하여 지도권을 얻은 이들 부족민과 군인들의 지위를 위협하게 되면서 이러한 논란은 더욱 거세졌다. 부족장을 추종하는 자들도 수비대 병영 도시에서 이런 다툼을 확대시켜 나갔다. 아무런 반응이 없는 정부와 열정적인 신참병들 사이에 끼어 이라크와 이집트에 정착했던 고참병들은 제3대 칼리파인 우스만 이븐 아판('Uthmān ibn 'Affān, 644년-656년 재위)에게 불평을 토로하기 위해 메디나로 갔다. 그러나 아무런 대답을 듣지 못한 그들은 우스만 이븐 아판을 살해하고 첫번째 내란을 일으키고 말았다.

우스만 이븐 아판의 죽음은 메디나가 더 이상 무슬림 국가의 수도로 남을 수 없다는 것을 뜻하기도 했다. 아랍인들의 세력과 재정적 수입이 집중되는 곳은 이라크와 시리아, 이집트였다. 내란이 발생한 이 세 지역 모두 아라비아 외부에 있는 중심 도시였다. 예언자 무함마드의 사촌이자 사위인 제4대 칼리파 알리 이븐 아비 탈리브('Alī ibn Abī Tāblib)는 이라크의 두 병영 도시 중 하나인 쿠파에 터전을 잡았다. 무함마드의 가장 나이 어린 미망인인 아이샤('Ā'ishah)로부터 지원을 받던 두 명의 초기 무슬림인 탈하(Talha)와 알 주바이르(al-Zubayr)는 이라크의 두 번째 병영 도시 바스라에 진을 쳤다. 우스만 이븐 아판과 같이 메카의 우마이야가(*주로 메카에 모여 살던 꾸라이쉬족의 상인 가문) 출신으로 뒤늦게 무슬림이 된 무아위야(Mu'ā-wiyah)는 시리아 총독이었다(이때 이집트는 후보자를 내지 않았다). 탈하와 알 주바이르는 알리 이븐 아비 탈리브에게(*656년 낙타 전투에서) 곧 제거당했다. 657년 알리 이븐 아비 탈리브는 시핀에서 무아위야와 싸움을 벌였다. 시리아인들은 이 전투에서 승리했다고 주장했다. 하지만 이라크인들은 시리아인들이 휴전을 요청해 전쟁을 멈추었던 것일 뿐 자신들이 분명 유리한 전세였다고 주장했다. 이 논쟁은 알리 이븐 아비 탈리브가 카와리지파의 손에 살해당할 때까지 지속되었다. 카와리지파는 원래 알리 이븐 아비 탈리브의 추종자들이었다. 하지만 알리 이븐 아비 탈리브가 휴전 요구를 받아들인 것에 대해 분노한 나머지 그의 진영을 떠나 '나간 자'들이라고 전해진다. 무아위야는, 알리 이븐 아비 탈리브가 살해되던 해에 공동체의 만장일치로 칼리파 무아위야 1세로서 인정받았다. 그 후 그는 수도를 시리아(다마스쿠스)로 옮겼다.

무슬림들이 서로 싸움을 벌이던 때뿐만 아니라 그들이 벌인 제2차, 제3차 내전 동안에도 비잔틴인들과 사산인들은 재정복을 위한 전쟁을 진지하게 고려하지 않았다. 즉 무슬림들과의 치명적인 충돌을 미연에 방지한 셈이었다. 그러나 특히 첫번

왼쪽의 주화는 표면에 호스로우 2세(Khosrow II)를, 그 뒷면에는 조로아스터교의 '불의 사원'에서 일하는 사람들을 새겨 놓았다. 만일 파흘라비어로 '야지드 1년(추측하건대 야지드 1세)'이라는 연도가 적혀 있지 않았다면 사산 왕조나 비잔틴 제국의 주화로 착각할 수도 있었을 것이다. 그러나 칼리파 아브드 알 말리크는 새로운 양식의 주화를 만들었다. 오른쪽 주화처럼 전통적인 해법을 찾아냈던 것이다. 이 주화는 문자로만 되어 있다. 그리고 이는 파흘라비어나 그리스어가 아닌 아랍어로 씌어져 있는데, 매우 이슬람적이라고 할 수 있다. 그것은 하나님 외에는 어떤 신도 없으며 무함마드는 그의 사자이고 "그분은 복음과 진리의 종교를 예언자에게 보내 불신자들이 좋아하든 싫어하든 그것을 모든 종교 위에 두셨도다(『꾸란』9장 33절)."라고 선언하고 있다. 무슬림들은 중동이 자신들에게 변화를 가져다 준 만큼 중동을 변화시켜 나갔다.

째 내란은 무슬림들에게 깊은 영향을 끼쳤다. 이 첫번째 내란을 어떻게 보느냐에 따라 주요 무슬림 종파들은 독자적인 견해를 갖게 되었던 것이다.

우마이야 왕조 초기(661년-683년)

무아위야 1세(661년-680년 재위)는 정치 체제를 새롭게 재편해야 했다. 정복된 주민들은 세금을 내는 대가로 반자치적인 딤미(dhimmi, *무슬림의 보호를 받는 비무슬림)들로 살아 가는 것이 허용되어 있었다. 그들을 통치하는 것은 뜻밖에도 쉽게 이루어졌다. 그러나 지배 부족민(*아랍인)들의 상황은 이와는 전혀 달랐다.

가장 효과적인 해결책은 그곳에 있는 아랍인들을 군사적인 효용 가치가 있는 동안만 정치권 밖에 두면서 간접적으로 지배하는 것이었다. 무아위야 1세는 제국을 크게 몇몇 지방으로 나누고 자신의 친족들을 그곳의 총독으로 임명했다. 칼리파의 가족과 밀접하게 연결되어 있는 극소수의 총독들은 아랍 부족과 갈등을 빚지 않기 위해 노력했다. 총독들은 세금 징수를 위해 토착 문인들로 하여금 중앙과 지방 관청의 일들을 맡게 했다. 따라서 아랍 부족민들은 재무 행정에서 오랫동안 소외될 수밖에 없었다. 부족민들 사이의 법과 질서 유지는, 전시에는 그들에게 명령을 내리고 평상시에는 그들을 책임지는 부족장에게 맡겨졌다. 부족민이 잘못을 하면 부족장이 대신 벌을 받았던 것이다. 부족장들은 부족민들과 정부를 연결하는 역할을 하는 대가로 충분한 보상을 받았다. 그리고 오직 부족장 집안에만 정치적 권력을 나누어 주었다. 무아위야 1세는 시리아 내 주요 연합 세력인 쿠파족에서 지도층이라 할 수 있는 칼브(*남부 아랍 부족) 족장의 딸과 결혼했다. 그리고 그 가문에 시리아 지배권을 나누어 줌으로써 동맹을 맺었다. 이 부족 내에서, 그리고 넓게는 쿠파족 안에서 무아위야 1세의 힘은 안정을 찾을 수 있었다. 그의 간접 통치 체계는 무슬림 영토 전체에 매우 효과적으로 적용되었다. 그리고 내전이 끝나자 시리아 외부 세력인 쿠파족을 이용할 필요가 없어졌다.

무아위야 1세는 사망하기 전에 그의 아들 야지드 1세(Yazid I, 680년-683년 재위)를 후계자로 지명했다. 이는 비난받을 만한 행동이었다. 전통적인 칼리파 제도에 따르면, 후계자는 제1대와 제2대 칼리파들처럼 비공식적인 방법을 통해서가 아

니라 제3대 칼리파 우스만 이븐 아판과 같이 슈라(shūrā, *계승자를 선출하기 위해 구성한 협의 위원회)를 통해 선출되어야 했다. 다시 말해 이는 어느 누구도, 어느 가계도 칼리파제를 독점해서는 안 된다는 것을 의미했다. 메디나에서는 선거가 잘 이루어지는 편이었지만 그 외 지역에서는 세습으로 왕권이 교체되고 있었다. 이제 아랍인들은 심각하게 분열된 제국을 갖게 되었다. 따라서 칼리파의 사망과 동시에 권력이 자동적으로 이양되는 세습 체제가 관행화되었다.

이러한 세습 체제는 정복 후 아랍인들간의 첨예한 갈등을 야기시킨 원인이 되었다. 아랍 부족민들은 정복을 자신들의 모든 문제를 해결해 줄 수 있는 기적적인 사건이라고 생각했다. 하지만 그들은 부의 획득과 사회적, 정치적인 계층화, 생존을 위해 제국 형태의 국가를 만들어 가면서 자신들의 가치관과 전통들을 과감히 내던졌다. 우마르 시대의 부족민들은 국가가 정복지를 장악하는 것을 인정하면서 뜻하지 않게 자신들의 자유까지 양도했다. 이제 그들은 세습 칼리파제의 병폐를 알면서도 별 다른 대안 없이 받아들여야만 했던 것이다. 그들은 100년도 채 안 되어 그렇게도 혐오하던 비잔틴 제국과 사산 왕조 사람들처럼 정책 결정에서 철저히 따돌림을 당했다. 따라서 그들은 거세게 저항하며 우마이야 왕조(정통 칼리파 제국을 이은 첫번째 이슬람 칼리파제 왕조)가 "신의 종들을 노예로 만들었고, 신의 재산을 부유한 자들이 차지했으며 신의 종교를 부패의 온상으로 만들었다."고 주장했다. 그들은, 무아위야 1세와 그의 후계자들이 칼리파제를 사산인들이나 비잔틴인처럼 단순한 왕제(王制)로 바꾸었다고 비난하며 반란을 일으켰다. 그리고 가장 뒤늦게 이슬람에 입문한 가문(*우마이야 가문을 의미함)이, 하나님께서 보상으로 내리신 모든 권력과 부를 관장하게 내버려 둔다는 것은 그들로서는 비통한 일이 아닐 수 없었다. 그러면서 알리 이븐 아비 탈리브의 자손들이 우마이야 왕조를 대신했다면 모든 일이 순조로웠을 것이라고 생각했다. 그러나 실상 우마이야 왕조가 이끈 변화들은 그들의 독창적인 능력 때문이 아니라 정복 때문에 비롯된 것이었다.

우마이야 왕조는 매우 뛰어난 지도력을 발휘했다. 그들은 100년 동안 무슬림을 정치적으로 통합했으며, 이슬람 문명이 탄생하는 것을 도왔고, 이슬람 영토를 크게 확장했다. 내전이 끝나자 무아위야 1세는 북아프리카에서 다시 전쟁을 일으켰고 711년에는 스페인을 정복했다. 732년 푸아티에에서 한숨을 돌릴 때까지 그들은 프랑스로 진군을 계속했다. 우마이야 왕조는 인도와 중앙아시아 대부분을 정복했다. 우마이야 왕조가 몰락하고 얼마 지나지 않은 751년, 무슬림들은 중앙아시아의 탈라스에서 중국인들을 물리쳤다.

그러나 이러한 위대한 정복도 점점 심해져 가는 우마이야 왕조의 독재 통치를 눈감아 주지는 못했다. 우마이야 왕조는 이슬람 역사에서 가장 신앙심이 없는 세속적인 세력으로 많은 사람에게 증오의 대상이 되었다.

두 번째 내전(683년-692년)

683년 야지드 1세는 너무 일찍 사망했다. 따라서 그의 아버지가 그를 후계자로 지명함으로써 그토록 막아 보려 했던 내란이 재발되고 말았다.

우마이야 왕조 통치에 대항해 일어난 사건은 그들의 경쟁자였던 앗 주바이르의 아들인 압드 알라 이븐 앗 주바이르('Abd Allāh ibn az-Zubayr)로부터 터져 나왔다. 첫번째 내전을 보아 왔던 그는 메카에서 무슬림 세계를 지배하고 싶어했다. 그러나 그것은 현실성이 없는 생각이었다. 만일 그가 이 내란에서 승리했다고 하더라도 그는 명목상의 지배자일 뿐, 이라크에 있는 그의 부관이 실질적 권력을 행사했을 것이기 때문이다.

압드 알라 이븐 앗 주바이르는 결코 시리아와 이집트를 장악해 본 일이 없었다. 이곳의 지배권은 쿠파족에 의해 선출된 우마이야 출신인 마르완 1세 이븐 알 하캄(Marwān I ibn al-Hakam, 684년-685년 재위)에게 넘어갔다. 그러나 전쟁이 끝날 무렵까지도 바스라의 카와리지파들은 칼리파를 앞세워 아라비아와 이란 서부를 마음대로 주무르고 있었다. 하지만 압드 알라 이븐 앗 주바이르는 바스라가 자신의 수중으로 넘어오자 이라크에서 정권을 세우게 되었다.

680년 알리 이븐 아비 탈리브의 아들인 알 후사인 이븐 알리(Al-Husayn ibn 'Alī)가 일으킨 반란이 실패함으로써 알 후사인 이븐 알리와 가족들은 카르발라에서 학살당했다. 쿠파인들은 또다시 반란을 일으킨 알 무크타르(al-Mukhtar)를 따랐다. 알 무크타르는 자신이 마흐디(mahdī, *이슬람 종말론에 나오는 메시아적 구세주)의 대리인이라고 주장했다. 그는 쿠파에서 많은 비아랍인 노예들과 해방된 자유민들을 끌어모아 자신의 아랍 군대를 지원하게 만들었다.

이로써 군대가 아랍 부족민으로만 구성되던 관례가 무너졌다. 그러나 그는 687년 압드 알라 이븐 앗 주바이르 형제에게 패했고, 앗 주바이르 가문이 691년까지 이라크를 통치해 나갔다. 그리고 같은 해에 마르완 1세 이븐 알 하캄의 아들이자 후계자인 압드 알 말리크 이븐 마르완('Abd al-Malik ibn Marwān, 685년-705년 재위)이 이라크를 재정복했다. 그리고 692년 그는 어쩔 수 없이 메카의 성소를 공격해 압드 알라 이븐 앗 주바이르 군대를 격파하고 그를 살해했다. 그러나 메카 성소를 파손시킨 행위로 인해 우마이야 왕조의 권위는 깊은 타격을 받았다. 그리고 이슬람 안에서 함께 생성된 신성과 권력(*교회와 국가 개념을 의미함)은 아무런 희망도 보여주지 못한 채 서로 다투기만 했다.

오른쪽
692년에 완성된 예루살렘에 있는 '바위의 돔'은 이슬람 역사에서 가장 중요한 기념물이다. 칼리파 압드 알 말리크에 의해 예루살렘 옛 유대교 사원 부지에 세워졌기 때문에, 지금껏 유대교인들은 무슬림들이 자신들의 지위를 빼앗았다고 주장하고 있다. 비문에는 그리스도교인들이 논쟁을 삼을 만한 문제점도 들어 있다. 둘레에 두 개의 팔각 회랑이 있는 이 바위의 돔은 전통적으로 무함마드가 여행을 하다가 하늘로 승천한 바로 그 지점에 자리한 것으로 확인되고 있다. 그러나 그것은 아마도 압드 알 말리크 시절의 아브라함과 관련이 있을 것이다. 몇몇 자료들은 압드 알 말리크가 무슬림들이 순례해야 할 중심 성지를 카바가 아니라 바위의 돔으로 대체할 생각이었다고 주장한다. 그러나 오늘날 학자들은 이를 믿기 어려운 이야기로 받아들인다.

후기 우마이야 왕조(684년-750년)

후기 우마이야 왕조 시대는 사회, 문화가 풍요롭게 발전한 시기였으며 새로운 부족 질서와 괄목할 만한 이슬람 문화가 출현하기 시작한 시대였다.

이슬람으로 개종한 노예들

두 번째 내란 이후 비아랍인 자유민들이 개종하는 일이 눈에 띄게 늘었다. 그때까지 무슬림 공동체에서는 비아랍계인들의 수가 아랍인보다 많아졌던 것은 틀림없는 사실이다. 하지만 이는 대부분 무슬림 사회에 유입된 노예들이었다. 아랍의 영토가 팽창하는 시기 동안 수많은 전쟁 포로들이 노예로 팔려 나갔다. 주로 역내에서 매매된 노예들은 무슬림 가정에 퍼져 아랍어를 배우고, 이슬람에 귀의했으며 나중에는 대부분 자유민이 되었다. 그 무렵에는 노예들이 주요 군사 자원이었지만 정복된 지역의 주민들은 스스로 개종했다.

압드 알 말리크 통치 시대 이후부터는 마을 사람들이 병영 도시로 이주해 특권을 가진 정복자 계층에 끼기 위해서 개종했다는 이야기도 있었다. 패배한 비아랍계 사람들은 자신들을 정복한 지역 주민들의 생활을 위해 세금을 내고 있었다. 따라서 점점 이슬람화되어 가는 그들은 아랍 사회의 재정적, 민족적 기초에 위협이 되었다. 그러자 당국은 그들을 그대로 두거나 개종을 장려하기는커녕 더 이상 받아들이지 않고 마을로 돌려 보냈다. 인정받은 마왈리(mawāli, 비아랍계 무슬림)에 대한 재정적인 차별은 없었다. 그러나 우마이야 왕조의 이슬람 개화 정책은 지나치게 독단적이었다. 따라서 이 정책은 비아랍인들뿐만 아니라 우마이야 왕조에 불만을 품고 있던 종교 지도자들의 원성을 많이 샀다.

이교도들이 토지를 버리고 떠나자 무슬림들이 그 토지를 차지했다. 따라서 토지세는 토지 소유주의 신앙과 관계없이 부과되도록 재조정되어야만 했다. 세금 조정은 우마이야 왕조 말기에 이르러 완성되었다. 그 당시만 해도 옛 부족민들은 토지세가 그다지 치욕적인 것이라고 생각하지 않았다. 단지 그들은 보호받는 비무슬림들이 지불하는 인두세(人頭稅)만이 불명예스러운 것이라고 믿었다 '세금을 인정하는 자는 치욕을 인정하는 자'라는 개념도 여전히 남아 있었다. 납세자로의 전환은 그들이 자유스러운 신의 대리인으로서 누렸던 영광의 날에 종지부를 찍는 일이었다. 그러나 이러한 납세자로의 전환은 이슬람이 곳곳으로 퍼져 나가는 밑거름이 되었다.

무슬림 사회

후기 우마이야 왕조 시대에 이르러 무슬림 사회의 성격은 일대 변혁을 맞이하게 된다. 원래 수비대 병영 도시 안에 살던 부족민들은 모두 병사였고, 정복당한 사람들은 모두 신민이었다. 그러나 세월이 흐르면서 사람들은 반란이나 이단자들과 맞서기 위해 원정을 떠나는 것을 꺼려했다. 이처럼 사람들이 안락한 가정을 떠나기를 싫어하자 압드 알 말리크 시대 이후로는 아랍과 비아랍인들로 이루어진 직업 군인들이 나타나기 시작했다. 시리아에서 모병된 주요 군대는 분쟁이 있는 곳으로 파병되거나 각 지방의 수비대에 지원되었다. 또한 북아프리카와 자지라, 아제르바이잔, 호라산에서 시리아인들과 협력해 변방을 지키는 지방 군대도 있었다. 이집트와 이라크에 있는 지방 군대들은 자치적인 역할만을 수행했다.

군대가 전문화되자 민간 무슬림 사회가 형성되었으며 다인종 문화가 생겨났다. 직업 군인의 길을 포기한 일부 아랍인들은 농민이 되었다. 관습이 바뀌면서 농업의 미덕이 칭송받자 농민의 지위 또한 올라가게 되었다. 어떤 예언자는 "그대는 땅의 경작자가 될 것이다. 또 그대는 암소의 꼬리를 따르며 지하드를 싫어할 것이다."라고 예언했다고 전해진다. 그러나 직업 군인이기를 포기한 사람들은 대부분 수비대 병영 도시에 정착해 살면서 옛 피정복민들을 따라 무역이나 수공업에 종사했다. 또는 새로운 형식을 추구하는 종교 지도자나 학자가 되었다.

울라마('ulamā, *이슬람 사회의 신학자, 법학자의 총칭)들은 오랫동안 이슬람의 가치를 수호하는 자들로 여겨져 왔다. "무슬림은 토지세를 내야 하는가?" "여자는 전쟁에 나갈 수 있는가?" "산아 제한은 인정되는가?"와 같은 질문들은 모두 이슬람법의 질서 아래 토론되었다. 예언자와 초기 칼리파들, 존경할 만한 선조들의 행적을 살핀 후에 거기에서 해답을 얻었다. 무슬림들은 울라마의 견해가 절대적인 것이라고 믿었다. 또 예언자 무함마드의 언행을 담은 『하디스(Hadīth, *예언자 언행록)』를 참고로 삼기도 했다. 『하디스』는 무함마드의 한마디 한마디를 각각의 항목으로 다루고 있다. 그것은 일반적으로는 '전승(tradition)'으로 일컬어지기도 한다. 『하디스』는 울라마의 독특한 해석이 뒷받침되어야 했다. 이는 그 무렵 나타났던 칼람(kalām, *이슬람의 사변 신학) 수행자, 또는 9세기에 나타났던 철학자와 같은 지식인들, 울라마를 구별짓는 기준이 되었다. 전승주의는 모든 이슬람법을 규정하는 본질적인 개념으로 이슬람 학자들의 마음속에 깊숙이 자리 잡았다.

이러한 전승주의는 초기 이슬람의 역사에 대한 해석을 어렵게 만들기도 했다. 왜냐하면 절대적인 견해라는 것은 예전의 인물들에게서 비롯된 것이며, 그들은 전통적인 대변자로 여겨져 왔기 때문이다. 예언자와 초기 칼리파들은 좀더 특별한 권위가 있었다. 따라서 후대 학자들은 사실상 그들에게서 해답을 구할 수 없는 사안들까지 적용시키면서, 마치 그들이 설명했던 것처럼 기록했다. 순진한 독자들은 이슬람 문명 전부가 마치 히즈라와 첫번째 내란 사이인 30년 안에 이루어졌다고 추측

우마이야 왕조의 왕자들이 시리아 사막에 세운 궁전들은 비잔틴 제국과 사산 왕조의 예술 양식을 조화시킨 것이다. 키르바트 알 마프자르에서 나온 이 조각상은 사산 군주로서의 칼리파(알 왈리드 2세로 추측)를 표현하고 있다. 다마스쿠스 대모스크의 모자이크는 비잔틴 양식을 받아들였음을 나타내고 있다. 분리된 타문명의 요소들을 조화시키는 아랍의 능력은 이슬람 문명이 형성되는 과정에서 가장 두드러지는 현상이었다.

할 것이다. 그러나 이는 잘못된 생각이다. 권위 있는 것으로 여겨지는 수많은 전승들을 어떤 기준으로, 어떻게 정하고, 어떤 방식으로 연대를 추정했는지에 대해서는 여전히 논쟁의 불씨가 남아 있다.

여러 종파로 나뉜 이슬람

후기 우마이야 왕조 시대의 주요한 특징 중 하나는 과거와 현재의 칼리파들의 지위에 대해 격렬한 논쟁이 있었다는 것이다. 논쟁은 특히 첫번째 내란 때 가장 뜨거웠다. 초기 이슬람 시대에 형성된 쉬아파는, 알리 이븐 아비 탈리브가 무슬림 공동체를 지배하는 것을 지지한 정치적 당파로, 그들은 알리 이븐 아비 탈리브의 자손만이 칼리파로 적법하다고 주장했다. 이는 세 명의 초기 칼리파들은 찬탈자들에 불과하며, 알리 이븐 아비 탈리브의 후손들이야말로 정당한 칼리파의 자격을 갖춘 사람들이라는 것이다. 카와리지파(*자격을 갖춘 무슬림이라면 누구나 칼리파가 될 수 있다고 주장한, 과격한 청교도적 집단)는 두 명의 초기 칼리파들에게는 정통성을 부여했으나 우스만 이븐 아판과 알리 이븐 아비 탈리브, 그리고 후대의 모든 칼리파들의 정통성은 부인했다. 또 다른 사람들은 아부 바크르와 우마르 1세, 우스만 이븐 아판을 인정하고, 특히 우스만 이븐 아판은 부당하게 살해당했다고 주장했다. 이러한 주장을 한 이들은 우스마니파(*우스만 이븐 아판의 추종자)들이었다. 그 후 순니파(*이슬람의 주요 2파 중 하나, 무슬림의 다수를 점하는 정통파로 쉬아파와 구별된다)들은 알리 이븐 아비 탈리브뿐만 아니라 아부 바크르, 우마르 1세, 우스만 이븐 아판을 정통 칼리파로서 인정하고 알리를 우스마니 계열에 포함시켰다. 순니파들은 첫번째 내전 동안 어느 편도 들지 않은 사람들이었다. 그들은 무함마드 일족인 꾸라이쉬 부족 출신이 칼리파가 되어야 한다고 주장하면서도 공동체가 필요로 했던 통치자라면 누구든지 칼리파로서의 자격을 부여했다. 따라서 알리 이븐 아비 탈리브 이후의 모든 칼리파들도 그 정통성을 인정하고 있었다.

종파를 형성하는 기준이 모호해 보이지만 칼리파제나 종교적 맥락에서 같은 의미로 쓰이는 이맘제는 구원에 결정적인 영향을 미쳤다. 먼저 합법적인 지도자가 없는 공동체는 존재하지 못하는 것으로 여겼다. 자신의 이맘을 선택한다는 것은 구원을 책임지는 조직을 결정한다는 뜻이었다. 그리고 이맘들을 안내자로 생각했다. 『꾸란』에는 "이들이 바로 하나님께서 올바르게 인도하신 자들이니 그들을 따르라(6장 90절)."고 씌어져 있다. 그렇다면 "하나님이 인도했던 자는 누구인가?" 이 질문에 대한 대답 또한 자신의 공동체를 정하는 데 선택하는 잣대가 될 수 있었다. 아랍인들은 자신의 공동체를 조상들을 기준으로 구분지었기 때문에 논쟁은 과거의 일에 한정될 수밖에 없었다. 그리고 움마의 가계에서 갈라져 나온 이맘들을 뽑아

『하디스』

이븐 우마르(Ibn 'Umar)로부터 나피(Nafi)에게, 나피로부터 아이유브(Ayyūb)에게, 아이유브로부터 마마르(Mamar)에게, 마마르로부터 압드 알 라자끄('Abd al-Razzaq)에게로 이야기가 전해졌다.

예언자(신이시여, 그에게 축복과 평화를 내리소서)께서는 적의 손에 『꾸란』이 들어가는 것을 막기 위하여, 『꾸란』을 소지한 채 적의 진영으로 들어가는 것을 금하셨다.

『하디스』는 두 개의 부분으로 이루어져 있다. 즉 『하디스』의 권위를 보장하도록 한 일련의 권위자들(이스나드)과 내용 자체(마튼)로 구성되었다. 『하디스』는 대체로 짧은 편이다. 『하디스』는 그 내용이 확실하거나 『꾸란』 또는 다른 전승에 의해 수정되거나 폐지되지 않는 한, 일정한 권위와 구속력을 갖고 있다. 그것은 『하디스』에 기초하여 일종의 법을 결정하기 위해 학자들(울라마), 특히 법학자들(푸카하)에게 유용하다. 비록 오늘날의 역사가들은 그다지 확신하고 있지는 않았지만 『하디스』에 남긴 내용은 일반적으로 받아들여진다. 왜냐하면 예언자가 사망한 후 그의 계시가 책으로 모아졌지만 예언자는 여기서 『꾸란』을 실체를 갖춘 책으로 상상하기 때문이다.

자신의 종파에 포함시켰던 까닭에 아랍인들은 초기의 칼리파들도 자신의 조상으로 생각해 왔던 것이다. 이러한 논쟁은 오늘날의 통치자들과도 관계가 있다. 만일 우마이야 가문이 공동체 지도권을 쥐고 있는 상황인데, 그들이 합법적 칼리파들이 아니라면 어디에서 하나님이 인도한 자를 찾아야 한다는 말인가? 쉬아파는 종교 공동체 지도자에서 찾아야 한다고 단언했다. 그들에게 필요한 것은 단지 세대 교체와 같은 일이었다. 그러나 카와리지파는 이에 동의하지 않았다. 나아가 순니파의 기치

우마이야 왕조 사막 궁전에서 나온 치장 벽토로 만들어진 두상들. 전통적으로 이슬람법은 동물과 인간을 표현하는 것을 금지한다. 이는 바위의 돔과 다마스쿠스의 대모스크에서도 철저히 지켰다는 것을 엿볼 수 있다. 우리가 앞서 살펴본 개량 주화에도 우상과 같은 것은 없었다. 하지만 이러한 금기는 종교적으로 비난받을 만한 상황이 발생했을 때만 효력을 발휘했다. 왜냐하면 우마이야 왕조 시대의 일반 예술은 그런 것들을 금지하지 않았기 때문이다. 실제로는 이슬람 예술에서 동물이나 인간 조각상들을 쉽게 찾아볼 수 있었다.

하심 가문

하심 가문은 '예언자의 가문'을 의미한다. 예언자 무함마드는 아들이 없었다. 하지만 그의 가문은 사촌이었던 압드 알라 이븐 압바스와 알리 이븐 아비 탈리브에 의해 유지될 수 있었다. 알리는 예언자의 딸 파티마와 결혼하여 하산과 후사인이라는 두 아들이 두었으며, 그들의 자손은 오늘날까지 상당수에 이르고 있다.

처음에는 하심 가문을 중심으로 종파가 생겨났지만 이는 체계적이지 못했다. 그 후 압바스 시대에 이르러서야 비로소 쉬아파가 면모를 드러내기 시작했다. 정통 쉬아파는 압바스 가문이 칼리파 지위를 독점한 일에 반발하면서 형성되었다. 정통 쉬아파는 하심 가문 중에서도 특히 알리 가계에 관심을 가졌다. 그들은 알리의 후손만이 특별한 정치적 권력을 가질 수 있으며 지역 사회를 이끌수 있는, 특별한 정신적인 능력을 부여받았다고 생각했다. 그들의 견해에 따르면, 알리와 파티마 사이의 후손만

이 진정한 이맘이라는 것이다. 그러나 그들은 그 밖의 사실에 대해서는 견해를 달리했다.

12이맘파(오늘날 이란과 그 주변 지역에서 발견되는)는 열두 명의 이맘을 인정한다. 그들의 이름은 오른쪽에 번호가 부여된다. 열두 이맘은 873년 이래로 자취를 감추었지만 결국 마흐디(메시아)로서 재림할 것이라고 12이맘파는 믿고 있다. 열두 이맘은 모든 인도의 원천이나, 그들이 숨어 있는 동안 지역 사회는 순니파와 같이 학자들에 의해 인도되어진다. 이른바 극단주의자들(거의 자취를 감추었지만 시리아의 알라위나 드루즈, 이란의 아흘리 하크 등에서 찾을 수 있다)은 이맘들에게 법보다는 구원에 비중을 두도록 요구했다. 그들은 자신들의 이맘을 신성한 것으로 여겼다. 그러나 740년 쿠파에서 반란을 일으켰지만 결국 실패하고 말았던 자이디야는 이맘들에 대해 규정지어진 원칙이 없었다. 알리, 파티마, 하산, 후사인의 자손이라면

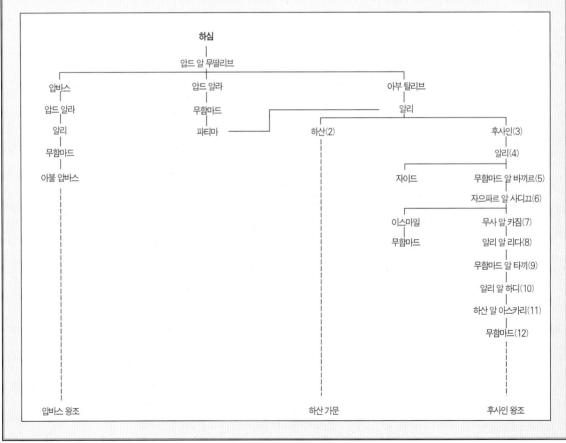

누구나 이맘이 될 수 있는 권리를 가지며, 그와 같은 권리를 주장하기 위하여 반란을 일으킬 수도 있다. 오늘날 그들의 세력은 예멘에만 남아 있다.

이스마일파는 비록 자신들의 이맘을 신성화하지는 않았지만 본질적으로 극단주의자들이었다. 9세기 말 그들은 무함마드 이븐 이스마일(Muḥammad ibn Ismāʿil)이 마지막 이맘이며, 이슬람법의 훼손된 가치를 바로잡기 위해 그를 곧 돌아올 메시아라고 주장하면서 무슬림 사회

에 나타났다. 처음 이스마일파는 그의 재림을 절실하게 바라는 믿음에 의해 단합되었으나 900년에 이르러서는 파티마 왕조의 시조가 자신을 예정된 사람이라고 주장하면서 오랫동안 분열이 계속되었다. 이스마일파는 시리아, 예멘, 특히 인도에 그 세력이 뚜렷이 남아 있다. 그리고 많은 사람들이 동부 아프리카로 건너 갔다. 그들은 오늘날 전 세계에서 사라져 버린 상태이다. 단지 한 분파가 아가 칸(Agha Khan)에 의해 인도되고 있다.

아래 결속한 세력들은 칼리파가 단지 공동체의 정치적 안내자일 뿐 정신적 지도자는 아니라는 견해에 동의했다. 무슬림 사회로 널리 퍼져 나간 이러한 '올바른 인도'라는 개념은 학자들(결국에는 이들 또한 이맘으로 알려져 있다) 사이에서 가장 먼저 나타났다.

그러나 분명한 사실은 인도란 과거의 현상일 뿐, 쉬아파의 주장처럼 현재 진행형은 아니라는 점이다. 그것은 예언자와 초기 시대 인물에 국한될 뿐 오늘날의 누군가에게 있는 것이 아니었다. 과거에 있었던 올바른 인도를 자유로이 연구할 때만 권위를 갖춘 무슬림이 될 수 있는 것이다.

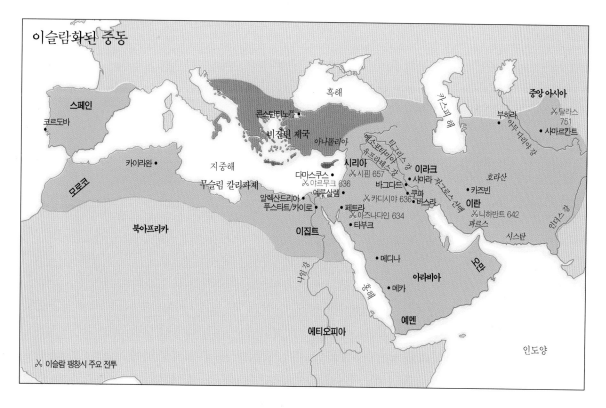

키르바트 알 마프자르의 후기 우마이야 궁전에서 나온 이 소녀는 아마도 노예였을 것으로 추정된다. 무슬림 세계는 압바스 왕조 시대에도 노예 소녀들을 계속 공급했다. 그들은 고대 그리스의 헤타이라(hetaira, *최고급 창부)나 일본의 게이샤(藝子, *일본의 전통적인 접대부)들에 해당하는 것 같다. 그들은 대부분 가수가 되었는데, 몇몇은 수준 높은 교육을 받기도 했다. 9세기나 10세기 무렵 젊은이들의 성적 욕구의 대상은 대개 노예 소녀들이었다.

우마이야 왕조의 멸망(744년-750년)

744년 시리아군이 칼리파 알 왈리드 2세(al-Walīd II)를 죽이고, 후보자 야지드 3세(Yazid III)를 옥좌에 앉히는 사건이 일어나면서 제3차 내란이 발생했다. 새 정권을 인정하지 않은 우마이야 왕조 총독 마르완 3세(Marwān III)는 군대를 이끌고 시리아로 들어가 경쟁 세력들을 물리치고 스스로 칼리파임을 선언하고 나섰다. 그는 이라크를 정복해야 했고, 곳곳에서 반란을 일으키는 카와리지파를 진압해야 했다. 748년 카와리지파를 지지하는 아랍인들은 비옥한 초승달 지대로 쫓겨났다. 747년 호라산에서도 쉬아파의 반란이 일어났는데, 이를 지휘한 사람은 아부 무슬림(Abū Muslim)이었다. 오래 전부터 계획되었던 이 반란은 카와리지파처럼 그리 쉽게 진압되지는 않았다. 750년에 호라산인들은 이라크에서 마르완 2세(Marwān II)에게 결정적인 패배를 안겼다. 그리고 그들은 하심 가문(*예언자 무함마드의 직계 또는 방계의 아랍인 후손들), 즉 예언자 가계의 일원을 옥좌에 앉히려고 했다. 그러나 사람들의 기대와 달리 그들은 알리 가문(*알리 이븐 아비 탈리브 혈통의 후예들)의 사람을 선택하지 않고 호라산 반란을 배후 조정한 것으로 전해지는 압바스 가문(*예언자 무함마드의 숙부인 알 압바스의 후예들로 압바스 왕조를 이룬다)의 사람을 선택했다.

압바스 왕조

압바스 왕조의 딜레마

압바스 왕조는, 처음 몇 년 동안은 제국의 평화를 회복하고, 아부 무슬림과 혁명 주동자들을 숙청하는 데 시간을 보냈다. 일단 권력을 손에 쥔 그들은 자신들이 일어서는 데 힘이 되어 준 사람들에게 보답해야 했다. 나아가 함께 제국을 유지해 갈 뛰어난 인물들을 찾기 위해 고심해야만 했다. 따라서 그들은 다시금 새로운 정치 조직을 고안했는데 이것이 바로 황제정이었다. 그리고 이제부터는 옛 중동의 민족적, 사회적, 문화적 다양성이 무슬림 사회를 상징하게 되었다. 제국의 통일은 이슬람에 의해 형성된, 다양한 민족 출신의 몇몇 지도자들에게 맡겨야 했다. 따라서 이슬람 국가는 이제 초기 무슬림들이 무너뜨리려 했던 황제 체제에 정당성을 부여할 수밖에 없었다.

압바스 왕조의 군사, 정치 지도자들은 시리아인들을 대신해 이제 막 제국의 군대가 된 호라산 혁명 세력이었다. 압바스 왕조가 이라크 심장부에 자리 잡았고 지도자들 중의 나머지는 제국 전역으로 파견되어 주요 총독 자리를 차지했다. 행정부 수뇌들은 이라크에서 관료층을 구성했다. 그들은 대부분 이란인이었지만 아랍인일지라도 자신들의 민족적 기원과는 관계없이 사산 왕조의 통치를 배워야 했다. 그런데 압바스 왕조는 종교 지도자들을 어디서 찾아야 했을까?

우마이야 왕조 통치 때 있어 왔던 종교학자들은 압바스 왕조의 정책에 기꺼이 협조했다. 그들은 대부분 움마를 통합하고 질서를 유지한 통치자들에게 호감을 나타냈으며 반란을 금지하는 정책을 지지했다.

그러나 그들의 전통적인 종교 유산으로는 압바스 왕조의 진취적인 정신을 정당화시킬 수 없었다. 왜냐하면 학자들은 예언자와 메디나 초기 칼리파들이 이상으로 삼았던 정부에서 이슬람의 미래를 찾아 냈기 때문이다. 이제 이상적인 지도자상은 귀족이 아니라 평범한 무슬림이었다. 초기 시대 무슬림은 압제가 아닌 진리의 이름으로 통치했다. 지배 민족이든 신민이든 상관없이 성인 남자라면 원정과 정치적 결정에 참여할 수 있었고 통치는 협의에 따라 이루어졌다. 오직 신앙심과 공적에 대해서만 차등을 두었다. 왜냐하면 정해진 사회 계급이나 세습 귀족제가 없었기 때문이다. 이러한 통찰력은 바로 대중의 정치 참여와 오늘날 인류 평등주의에 꼭 맞는 것이었다. 그러나 이는 압바스 왕조가 추구하고자 한 정치 조직 형태이자 거대 정치 조직들이 공존할 수 있는 최상의 방법인 제국형 조직(황제정)과는 완전히 정반대가 되는 것이었다.

학자들은 압바스 왕조에 이슬람적 정통성을 부여해 줄 수 없었다. 실제로 그들은 이슬람 규범을 위반하는 통치자들을 허드렛일이나 하는 하인 정도로 취급했다. 따라서 학자들은 윤리적 오염을 두려워한 나머지 통치자들을 멀리했다. "최고의 통치자는 학자들과 교류하는 왕이고, 최악의 학자는 왕들과의 교류를 추구하는 학자이다."라고 어떤 유명한 학자는 말했다.

압바스 왕조는 모스크를 세우고, 순례자들에게 편의를 제공하고, 지하드를 수행하고, 학자들(엄격주의자들임에도 불구하고)을 후원하면서 자신들의 도덕적 위상을 제고시켰다. 그렇다고 해서 압바스 왕조가 초기 칼리파들처럼 무슬림 공동체의 대표격이 될 수 있는 것은 아니었다. 학자들이 우마이야 왕조 사람들보다는 압바스 왕조 사람들에게 좀더 호감을 가졌던 것은 사실이다. 하지만 (후일 1인) 칼리파제를 폐지하는 데 동의한 이후로 학자들은 그저 명목상 왕의 자리에 남게 된 압바스 왕조의 통치자들을 무조건 비난했다. 많은 학자들은 "칼리파제는 내가 죽은 뒤 30년간 지속될 것이다."라는 예언자의 말을 즐겨 인용했다. 후기 압바스 왕조 칼리파들은 자신들이 하인이라는 사실을 받아들이거나, 아니면 학자들 대신 자신들의 유산을 새로운 모습으로 고쳐 줄 종교 지도자들을 찾아야 했다. 하지만 학자들은 이러한 이슬람에 대한 양자택일적인 시각을 불온하고 이단적인 것으로 보기 시작하던 무렵부터 영향력을 가지기 시작했다. 따라서 장기적인 안목에서 보면 힘의 우위를 가진 쪽은 학자들이었다.

후기 우마이야 궁전인 까스르 알 하이르 알 가르비에서 출토된 이 프레스코(Presco, *석회 그림)는 이란의 기수가 사냥하는 모습을 묘사하고 있다. 초기 무슬림 세계에서 궁수들은 대부분 보병이었지만, 달리는 말 위에서 활을 쏘는 궁수의 솜씨는 높이 평가받았다. 그것에는 이란인 기수들의 실력이 유명했다. 그러나 알 무으타심 시대 이래 용병으로 온 터키 군인들은 궁술과 마술(馬術)의 조화를 보여 줌으로써 이란인들보다 더 큰 명성을 얻었다.

슈우비야 운동

압바스 왕조는 수도를 이라크로 옮겼으며, 제2대 칼리파 아부 자이파르 압드 알라 알 만수르 이븐 무함마드(Abū Jáfar ʿAbd Allāh al-Manṣūr ibn Muḥammad, 754년 -775년 재위)는 그곳에 바그다드를 건설했다. 그리고 그는 제국의 위상에 걸맞은 이라크 관료제를 복구시킨 다음 사산 왕조의 전통에 새로운 특성을 가미했다. 알 만수르 시대에 처형당한 유명한 저술가인 이븐 알 무까파(Ibn al-Muqaffa)는——그는 조로아스터교에서 이슬람교로 개종했다——파흘라비어로 된 작품들 중 왕들과 치세에 대한 책들 모두를 번역해 놓았다. 압바스 왕조는 칼람뿐만 아니라 인도 과학, 그리스 철학, 궁정 예법에 관한 학문에도 관심을 기울였다. 종교학자들은 이러한 발전을 미심쩍은 눈으로 바라보았다. 왜냐하면 칼람과 철학은 그들이 공들여 계승한 『하디스』를 필요로 하지 않았기 때문이다. 또 그들은 외국의 지식에 대해 깊은 불신감을 나타냈다. 그들은 궁중에서 함께 활약했던 평신도들과 경쟁 관계에 놓이게 되는데 그것은 교육 수준이 높은 평신도들과 앞다투어 문화적 경향과 기풍을 세우기 위함이었다. 이러한 경쟁은 슈우비야 운동(Shuʿubiyyah, *아랍족 지상주의에 대한 비아랍계, 특히 이란 무슬림들의 저항 운동)에서 표면화되었다.

슈우비야 운동은 대체로 비아랍 문화, 특히 이란의 문화를 지지했다. 그들은 나무랄 데 없이 훌륭한 무슬림들이었고(그들의 적들은 인정하지 않았지만) 아랍어도 좋아했지만 이슬람을 아랍 종교의 전유물로 여기는 견해에는 반대했다. 결국 이슬람 문명이 꽃핀 것은 아랍 외부 지역이었다. "지구상의 모든 왕들은 우리에게 속한다. 파라오들, 니므롯인들(*노아의 자손들), 아말렉인들(*유목 생활을 하던 고대 부족), 페르시아인들, 비잔틴 제국의 황제 등……" 슈우비인들은 다음과 같이 지적했다. "후드(Hūd)와 살리흐(ṣāliḥ), 이스마엘, 무함마드 이외의 모든 예언자는 아랍인들이 아니었다." 아랍 정복자들은 피정복자들을 지나치게 업신여기는 경향이 있었다. 따라서 슈우비인들은 도마뱀을 먹고, 약탈을 일삼으며, 품위 있는 신하를 냉대하는 등 섬뜩한 부족적인 특성을 지닌 아랍 관련 이야기들을 다루는 데 깊이 빠져들었다. 그들이 이야기하고 싶었던 것은, 이슬람교는 그 기원이 어떻든 가치 있는 문화와 잘 어울리는 신앙이라는 것이었다. 아람 종교학자들은 다음과 같은 예언자의 말을 빌려 이에 응수했다. "하나님은 아랍인을 선택하셨고 어떤 신자도 아랍인을 미워하지 않는다. 아랍인에 대한 사랑은 신앙의 일부이다. 나는 아랍인이므로 아랍인들을 사랑한다. 왜냐하면 『꾸란』이 아랍어로 되어 있고 천국의 언어가 바로 아랍어이기 때문이다."

이 논쟁은 몇 세기를 끌었지만 곧 슈우비야 운동이 실패한 것으로 판명이 났다. 몇몇 이란 문화는 주류 이슬람 문화로 받아들여졌지만, 이슬람은 어떤 문화에 동화될 수 없었으며, 울라마 또한 종교를 정의하는 독점권을 유지했다. 어느날 하룬 알 라쉬드(Hārūn ar-Rashīd, 786년-809년 재위) 궁정에서 어떤 학자가 낙타에 관해 이야기를 했다. 그러자 한 이란인 대신이 그것은 생각할 가치도 없는 것이라고 불평했다. 그 말을 들은 하룬 알 라쉬드는 불현듯 다음과 같이 말했다. "그대를 집과 궁전으로 태워다 주고 그대에게 영광을 가져다 준 것이 바로 낙타이다. 만약 당장 낙타가 죽는다면, 너희 이란인들이 가장 먼저 맛보게 되는 것은 낙타 가죽으로 만든 채찍맛이다." 이 말은 슈우비인들의 문제를 단적으로 보여 주고 있다. 이는 곧 이슬람 문명이 존재할 수 있게 했고 또 이슬람 문명이 아랍에 지대한 영향을 미칠 수 있도록 기회를 마련해 준 '정복'에 감사하라는 뜻이었다. 이슬람 문화는 오늘날까지 아랍의 것이라는 인식이 그대로 남아 있다. 오늘날 아랍인들은 대부분 정복 이전의 시리아와 이라크, 이집트에 살던 주민의 후손들이다. 하지만 정복 이전에 이 지역에 널리 퍼져 있던 문화가 아랍화되어 발전한 것이 이슬람 문화라는 의견은 슈우비인들의 비위를 거슬리게 한다. 그들이 보는 이슬람 문화는 그것이 무(無)에서가 아닌 아랍에서 기원했다는 정도이다.

편견 없는 통치자, 알 마아문

만약 슈우비인들이 이겼다면 칼리파들에게 이득이 되었을 것이다. 그러나 슈우비인들은 너무 우려했던 나머지, 알 마아문(al-Ma'mūn, 810년-833년 재위)을 위해 활약했던 경우를 제외하고는, 공공연히 울라마들과 손을 잡았던 까닭에 울라마들의 동의를 얻지 못했다. 알 마아문은 정통주의 울라마를 내쫓으려 했던 유일한 칼리파였고, 그 과정에서 슈우비인들과 칼람 학자들, 쉬아파 및 초기 순니파 학자들의 적대 세력과 동맹을 맺었다.

알 마아문은 이른바 제4차 내란을 거치면서 권력을 잡았다. 하룬 알 라쉬드는 아들 알 아민(al-Amin, 809년-813년 재위)을 자신의 후계자로 임명하고, 또 다른

바그다드인들의 눈에 스페인의 안달루시아는 고립된 탓에 활기가 없고 미개발된 지방으로만 비쳐졌다. 그래서 일상적 사회 규범을 거부했던 이븐 하즘(Ibn Hazm)이라는 스페인 사상가는 "가장 큰 불운은 내가 서양에서 출세했다는 것이다. 내가 만약 동방에서 출세했다면 내 명성은 아무도 따를 자가 없었을 것이다."라고 불평했다. 하지만 스페인의 무슬림 문화는 그들의 선조인 서코트족의 문화보다 더욱 폭넓고 세련된 것이었다. 이 정교한 상아로 된 상자는 코르도바에서 대략 1100년 무렵에 만들어진 것이다. 그리고 1126년 이곳에서 가장 유명한 스페인의 무슬림 철학자 이븐 루슈드가 태어났다.

아들 알 마아문에게는 알 아민의 뒤를 잇게 해 주겠다는 조건과 더불어 호라산 통치권을 약속했다. 하지만 그때까지 압바스 왕가의 어떤 왕자도 호라산 총독으로 봉직한 일이 없었다. 따라서 두 형제간의 갈등은 날로 깊어져 마침내 전쟁으로까지 번졌다. 알 마아문은 그 전쟁에서 승리했지만, 선조들이 세워 놓은 정치 체제를 형제인 알 아민이 대표하고 있었기 때문에 통치에 필요했던 그의 조직까지도 신빙성을 잃었다. 알 마아문은 필사적으로 대안을 찾기 시작했다.

그는 호라산에 머물면서 지방의 통치자들 및 귀족들과 직접 동맹을 맺었다. 즉 새로운 인물들이 등장하게 된 것이다. 816년 그는 쉬아파 열두 이맘 중 여덟 번째 이맘인 알리 알 리다('Alī ar-Ridā)를 후계자로 임명하고 압바스 왕조의 상징인 흑색을 녹색으로 바꿈으로써 새로운 질서가 시작되었음을 선포했다. 이에 대해 이라크 사람들은 알리 알 리다를 임명한 것은 조로아스터교의 음모라고 비난하면서 반란을 일으켰고, 다른 압바스 왕조 가문의 사람을 옥좌에 앉히고자 했다. 다른 지방들도 혼란스러워지자 818년 결국 알 마아문은 굴복하고 말았다. 그는 자신의 후계자인 알리 가문의 사람을 죽이고는 이라크로 돌아갔다.

알 마아문이 쉬아파를 선호한 것은 사실이지만 궁극적으로 그는 쉬아파 이맘에게 기존의 종교적 권위를 부여함으로써 자신의 영향력을 발휘하려고 했던 것이다. 임종을 눈앞에 둔 그는 833년 미흐나(miḥnah, 신앙심을 심사하는 종교 재판소)를 열었다. 그의 영향력 아래에 있는 울라마는 『꾸란』에 대한 한 교리(『꾸란』의 "창조론," 무으타질라파 교리의 하나)를 받아들인다는 서명을 해야 했다. 칼람 수행자는 창조론의 수용을 찬성했지만 학자들은 몹시 못마땅하게 생각했다. 이는 칼리파와 그

예멘 고지의 카우카반. 서아시아에는 내륙형 산악 공동체가 뿔뿔이 흩어져 있다. 이들은 이슬람의 표준에서 벗어난 변형들을 채택해 왔다. 따라서 예멘의 고지대에 살고 있던 사람들 중에는 9세기 이래로 쉬아파의 자이디야파와 이스마일파가 있다. 반면에 8세기 이래로 오만의 고지대에 살고 있던 사람들은 카와리지파의 이바디파들이었다. 양쪽 다 저지대에는 순니파들이 살고 있다. 시리아의 고지대에 살던 사람들은 그리스도교인이 아니라면 이스마일파, 알라위파, 드루즈파 가운데 하나에 속했다.

의 궁정 신학자(*무으타질라파 울라마)들이 "이슬람이 무엇인가"를 학자(*정통파 순니 산학파) 자신들보다 더 잘 알고 있다는 것을 시인하는 셈이 되었다. 미흐나는 알 무타와킬(al-Mutawakkil, 847년-861년 재위) 통치 시대에도 지속되었으나 결코 성공적으로 운영되지 못했다. 칼리파로서는 학자들을 집단적으로 굴복시킬 수 있는 기구가 없다는 문제점을 안고 있었다. 학자들은 추종자들의 묵시적인 승인하에 종교적 지도력을 행사했다. 이는 아래로부터 나온 것이어서 칼리파의 권한으로는 빼앗을 수 없는 것이었다.

노예 병사들

알 마아문의 후계자인 알 무으타심(al-Mu'taṣim, 833년-842년 재위)은 내정 문제를 해결하려고 새로운 시도를 했다. 그는 말을 타고 활을 쏘는 기술이 뛰어난 중앙아시아의 투르크족 출신들로 정예 군대를 구성했다. 정예 군대 구성원들은 기술을 전수할 수 있는 나이가 될 때까지는 노예로 지냈다. 그리고 그들은 이라크로 보내져 새로운 수도인 사마라의 환경에 적응한 다음 이슬람교로 개종할 것을 요구받았다. 그리고 나서 해방된 신분(노예 상태로 계속 남아 있기도 했지만)을 얻으면 군인이나 장군, 총독으로 고용되었다. 그런데 오래지 않아 그들은 중동의 자유민 태생인 무슬림들을 중앙 정부에서 밀어내기에 이르렀다.

그들은 국내의 노예들(병영 내 노예들은 말할 것도 없고)과는 사뭇 성격이 달랐다. 부유하고 강했던 그들은 억압받지 않았다. 또 그들은 외국인 신분이었기 때문에 중동의 무슬림보다 지방의 이해 관계와 공공 질서의 구속에서 훨씬 자유로웠다. 하지만 그들은 분명 자유민 용병이 아닌 노예로서 지배자(또는 그의 장군들)의 종속물이었다. 지배자는 그들의 전부를 소유한 자로서 특별한 권리를 가졌다. 그들은 자신들의 주인으로 지배자를 섬겼고 충성을 바쳤다.

투르크인들이 쓸모없어지자 노예 병사들(맘루크들)은 슬라브인과 아프리카인들처럼 다양한 세력들로 충원되었다. 14세기 이래로는 오스만인들조차 자신이 소유한 발칸 반도의 소작농으로 노예 군인들을 모집했다. 물론 그 일은 이슬람법에 어긋나는 것이었다. 그리고 그들에게 높은 신분을 마련해 주기도 했다. 이 제도는 20세기까지도 유지되었다.

압바스 왕조의 붕괴

새로운 군대는 비록 알 무으타심에 의해 최고 역량을 갖추게 되었지만 압바스 왕조가 붕괴되는 것까지 막지는 못했다. 사실 압바스 왕조가 무슬림 세계 전역을 통치한 일은 없었다. 왜냐하면 그들에게 지배권이 처음 주어졌을 때 이 전에 스페인으

우마이야 시대의 코르도바

10세기 스페인 우마이야 왕조의 수도 코르도바 —— 바그다드 무슬림들은 그렇게 생각하지 않는다 할지라도 —— 는, 이슬람 세계는 물론 서구 그리스도 사회에서도 문명의 부와 예술을 이끄는 도시였다. 코르도바는 안달루시아 지방과 달키비르의 북쪽 기슭에 자리 잡은 이래로 비옥한 토지를 배경으로 발전했으며, 711년에 서고트족을 멸망시킨 무슬림들에 의해 오랫동안 통치되었다. 무슬림들은 코르도바에 살고 있던 그리스도인들과 유대교인들에게 자신들의 통치에 저항하지 않는 한 관대한 포용 정책을 실시했다.

756년에 압바스 왕조의 대학살을 피해 탈출했던 우마이야 왕자인 압드 알 라흐만 이븐 무아위야('Abd al-Rahman ibn Mu'āwiyah)는 안달루시아를 다스리게 되었고, 수도 코르도바를 건설했다. 8세기 말 그는 코르도바에 대모스크를 건축하기 시작했다. 그가 서쪽의 카바라고 불렀던 이 모스크는 코르도바의 모든 시민이 합동 예배를 올릴 수 있을 정도로 거대했다. 그 후 많은 공공 장소에는 모스크, 궁전, 정원, 다리, 목욕탕, 그리고 분수들이 세워졌다. 그의 서정시 속에 나오는 야자나무를 비롯한 시리아의 유실수들이 그의 정원에서 재배되었다.

루사파에서 나는 야자나무를 만났네.
여기 서쪽 땅에서는 진귀한 광경이라네.
나는 읊조렸네.
너도 나처럼 고향으로부터 떨어져 홀로 서 있구나.
너는 그곳의 사람들과 우리의 사랑하는 것들을 잃어
버렸지.
너는 조국의 땅에서 자라지 못했지.
너처럼 나 또한 이국의 공기를 마셔야 한단다.

코르도바는 압드 알 라흐만 3세('Abd al-Rahman III, 912년-961년 재위) 시대에 이르러 전성기를 맞이했다. 그의 치세 동안 스페인에서 이슬람은 가장 폭넓게 확장되었다. 해마다 5월이 되면 그리스도교 사회에 대한 일련의 군사적 행동이 이루어졌다. 그의 함대는 아마도 당대 최고의 위용을 자랑했을 것이며 이슬람 세계에서도 그에게 필적할 만한 경쟁자는 아무도 없었다. 929년에 그는 스스로를 칼리파라 선언했다. 코르도바의 번영은 1013년 베르베르족에 의해 약탈될 때까지 압드 알 라흐만의 뛰어난 후계자들, 즉 알 하캄 2세, 찬탈자 알 만수르에 이르기까지 지속되었다.

코르도바는 종종 아랍 역사가들에 의해 찬양되었다. 코르도바는 흐르는 물과 깨끗하게 포장된 도로와 같이, 거대한 시민 문화 시설의 기반 위에서 발전한 것이었다. 또한 코르도바는 70개에 이르는 도서관을 보유하고 있었다. 약 40만 권의 책을 소장하고 있는 알 하캄 2세의 도서관은 이슬람 세계에서 가장 큰 도서관 중의 하나였다. 실로 코르도바는 엄청나게 많은 장서는 물론, 책을 사랑하는 시민들이 많은 것으로 널리 알려졌다. 여성들은 필경사에 매우 뛰어났다. 그리고 『꾸란』에 대한 다양하고 전

면적이 178×127미터에 달하는 코르도바의 대모스크는 우마이야 시대의 영광을 가장 잘 대변하는 건물이다. 이 사진은 알 하캄 2세의 예배실 천장에 있는 돔인데 지금은 카필라 데 빌라비시오사로 알려져 있다. 모자이크와 미흐라브는 1,575킬로그램의 황금 모자이크 조각을 들여 탄생시킨 작품으로서, 알 하캄의 요청으로 비잔틴 제국의 황제 니케포루스 2세가 보내 온 비잔틴 최고 장인의 지도하에 지어졌다.

코르도바 북서쪽 3.2킬로미터 떨어진 곳에 위치한 압드 알 라흐만 3세 시절의 수도, 마디나 알 자흐라의 유적지. 1910년에 시작된 발굴 작업이 현재까지 계속되고 있다. 사가(史家)에 따르면 칼리파의 궁전과 정부 시설, 2만 명에 달하는 막료의 집이 있었던 곳이라고 한다. 더 상세한 기록에는, 이곳에서 외교 사절을 위한 수많은 대연회가 열렸다고 한다. 그 사절들 중에는 신성로마제국 오토 대제가 보낸 사람과 비잔틴 황제가 보낸 두 명의 사절도 있었다. 비잔틴으로부터 온 두 사절은 엄청난 양의 선물을 가지고 왔는데 그중에는 디오스코리데스의 『약물에 대하여(De materiaa medica)』도 들어 있었다.

문적인 필사가 책을 거래하는 곳에서 이루어졌다. 그들은 또한 교사, 도서관 사서, 의사, 변호사와 같은 전문적인 직업 체계를 발전시켜 나갔다. 코르도바의 학문은 정통 이슬람에서 그리스 문화 유산에 이르기까지 모든 분야를 총망라하고 있었다. 또한 공예를 비롯한 예술 분야도 크게 번영했다. 수정 제품의 생산은 지방을 중심으로 이루어졌으며, 보석과 상아의 조각품이 폭넓게 수출되었다. 코르도바의 번영에는 이교도들도 일정한 역할을 했다. 그리스도교인은 주로 정부와 예술 분야에, 유대교인은 학문 연구에 우선적으로 참여했다. 유대 문화는 칼리파 지배하에서 뚜렷한 부흥을 이룩했다. 코르도바에는 우마이야 왕조의 영광을 되새기게 하는 두 가지 유산이 있다. 그중 하나는 마디나 알 자흐라인데, 그것은 압드 알 라흐만 3세가 가장 사랑했던 아내의 이름을 본떠 건축한 것으로 코르도바 외곽의 궁전 복합물이다. 또 다른 하나는 이슬람 세계의 4대 불가사의 중의 하나로서 중세 유럽에서 찬사를 받았던 대모스크이다.

알 하캄 2세의 예배실에서 대모스크의 꽃인 미흐라브를 바라본 모습. 미흐라브로 향하는 통로는 다양한 둥근 돌출부 모양을 가진, 짜임새 있는 아치들과 기둥들로 이루어져 있다. 이 아치들은 압드 알 라흐만 1세가 건설한 모스크와 비교해 보았을 때 새로운 예술 양식을 보여 주고 있다. 마흐라브의 장식은 화려하고 강렬하며, 가장자리에는 알 하캄 2세의 업적과 『꾸란』의 문구가 새겨져 있다.

로 간 우마이야 왕조의 왕자가 스페인을 분리시켰기 때문이다. 오늘날 모로코의 대부분도 이드리스 왕조(789년-926년 통치) 아래로 분리되었다. 또 800년 하룬 알 라쉬드가 북아프리카 지역의 총독에게 연조(年租)의 대가로 자치권을 부여함으로써 아글라브 왕조(800년-909년 통치)가 생겨났다. 알 마아문은 이라크로 돌아온 직후 호라산에 새로운 세습 왕조인 타히르 왕조(821년-873년 통치)가 들어서는 것에 동의했다. 아글라브와 타히르 두 왕조는 바그다드에 협조적이기는 했지만 그 후 압바스 칼리파제가 멸망하는 데는 별 도움이 되지 못했다.

861년 투르크족 군인들은 사마라에서 알 무타와킬을 살해했다. 그리고 잠시 회복기가 있었지만, 그 무렵 시작된 무정부 상태는 945년까지 지속되었다. 제2세대 투르크족 군인인 아흐마드 이븐 툴룬(Aḥmad ibn Ṭūlūn)은 868년 이집트의 부유한 주(州)를 자신의 독립국으로 만들었다. 이와 비슷한 시기에 시스탄(이란 남동부)에 있던 도시 빈민가의 지도자이자 구리 세공인인 야꿉 이븐 라이스 앗 사파르(Ya'qūb ibn Laith aṣ-ṣaffār)가 시스탄을 정복하면서 사파르 왕조를 세웠고 호라산의 타히르 왕조를 흔들었다. 그리고 야꿉 이븐 라이스 앗 사파르는 876년 싸움에서 패배했을 때도 이라크 정복에 나섰다. 그는 879년에 사망했고 그의 형제는 곧 사만 왕조(819년-1005년 통치)에 의해 쫓겨났다. 사만 왕조는 압바스 칼리파의 동의를 얻어 1005년까지 호라산과 트란속사니아를 지배했다. 869년에서 883년까지 이라크 남부에서는 대규모의 노예 반란이 일어났다. 이라크 남부에서는 아프리카 노예들이 초석(硝石, *질산칼륨)을 골라내고 염분이 많은 땅을 경작지로 개간하는 일에 오랜 기간 동원되었다. 신화적인 투르크족 출신 기병은 쓸모없게도 늪지에 주둔해 있었기 때문에 반란을 진압하기가 어려웠다. 반란은 구리 세공인 야꿉 이븐 라이스 앗 사파르를 패배시키고 섭정 자리에 올라 있던 칼리파의 형제, 알 무와파끄(al-Muwaffaq)에 의해 진압되었다.

알 무와파끄에 의해 시작된 지배권 회복은 지속적으로 이루어져 마침내 905년에는 이집트를 되찾기에 이르렀다. 그러나 908년 바그다드의 관료들은 미성년자인 알 무끄타디르(Al-Muqtadir)를 옥좌에 앉혔다. 그러나 그가 옥좌에 앉은 후 고작 어른처럼 행동한 일이라곤 돈을 헤프게 쓰는 것뿐이었다. 쇠퇴는 피할 수 없는 길이었으며 곧 이집트를 다시 잃게 되었다. 이집트는 처음에는 노예 출신 군인들에게, 그리고는 파티마 왕조(969년-1171년 통치)에게 넘어갔다. 909년 파티마 왕조는 이스마일파로 알려진 극단적인 쉬아파 운동을 이끌며 북아프리카를 정복했다. 부유한 반(反) 자치 지배자들이나 군벌들이 비옥한 초승달 지대 곳곳에서 들고일어났다. 945년 이라크는 카스피 해 출신 이란 용병들인 부이 왕조인들에게 정복되었다. 부이 왕조는 그 다음 100년 동안 칼리파를 허수아비로 만들며 이라크와 페르시아

서부를 지배했다. 1055년 바그다드는 중앙아시아에서 침입해 온 터키인들의 지도 자격인 셀주크족에게 점령되었다. 그 후 1918년까지 중앙 이슬람 땅은(분화의 정도를 달리하면서) 투르크족들의 지배를 받았다.

10세기와 11세기

이란의 부활

투르크족의 침입이 있기 이전, 약 2세기 동안 대부분의 무슬림은 이슬람 시대가 끝나 가고 있는 것이 아닌지 하는 의구심을 가졌다. 969년 비잔틴 제국이 북시리아의 일부 지역을 다시 점령함으로써 무슬림들은 이단자들에게 영토를 빼앗기는 쓰라린 경험을 겪어야 했으며, 나아가 더 많은 땅을 잃을지도 모른다는 두려움에 휩싸이게 되었다. 또한 이란인들은 타히르 왕조 이후 다시 자신들이 이란을 다스리게 될 것으로 기대했다. 당시 무슬림들은 비통한 심정으로 이슬람이 쇠퇴하고 비잔틴 제국이 무슬림에게 승리하고, 순례가 중단되고 지하드가 사라졌으며, 도로가 불안전할 뿐만 아니라 붕괴되고, 각 지방 지도자들이 자주적인 권력을 확립하는 것을 지켜볼 수밖에 없었다. 그리고 항간에는 "조로아스터교가 다시금 지배할 것이고 아랍의 지배에 종지부를 찍게 되리라."라는 예언이 무성했다. 그러나 비록 비잔틴인들이 십자군 전사들의 뒤를 잇게 되었지만 지중해 동부에는 무슬림들이 계속해서 터전을 일구며 살고 있었고 이란은 이슬람 외부보다는 오히려 이슬람 안에서 부상하고 있었다.

　조로아스터교는 소수파 종교로서 대중에게 널리 퍼지지도 않았고 세력을 키울 만한 힘도 없었다. 카스피 해 지역에는 부이 왕조와 다른 모험가들 출신인 반이슬람적인 사람들이 일부 존재했다. 아스파르(Asfar)라는 사람은 카즈빈에 있는 모스크들을 무너뜨리고 예배를 보지 못하게 했으며 사원 첨탑에 있는 무에진(mu'ezin, 예배 시간을 알리는 사람)을 지상으로 밀쳐 버렸다. 전해지는 기록에 따르면 또 다른 카스피 해 지방 사람인 마르다비즈(Mardavij)도 이스마일파를 받아들였다고 한다. 그러나 이러한 급진주의는 곧 사라졌다. 그리고 부이 왕조 또한 쉬아파였으나 이란 사람들은 조직적으로 이슬람의 비공인 종파를 받아들이지 않았다.

　그러나 순니파의 생각은 이와 달랐다. 9세기 알 마아문이 알리 가문의 후계자를 임명한 배후에는 조로아스터교도의 음모가 있었다는 것을 깨달은 순니파는 10세기에 이르러 이스마일파가 부활한 배후에도 무엇이 있는 것은 아닐까 의심했다. 그들은 이스마일파를 피정복민들, 특히 이란 사람들이 내부적으로 이슬람을 타파하기 위해 만든 옛 신앙의 혼합체로 여겼다. 사실 이스마일파는 정복 이전의 중동에

있었던 것으로 입증되는 종교 개념들이 이슬람 교리에 따라 다시 성명(聲明)된 것이었다. 그런 식으로 생각한다면 이슬람 그 자체도 이와 비슷하게 특징지을 수 있었다. 그렇지만 이스마일파의 시각은 이슬람에 대한 순니파의 개념과는 너무도 달라서, 학자들은 그것을 이슬람으로 간주할 수가 없었다. 특히 이스마일파는 법과 의식이 전혀 없는, 새로운 이슬람교를 열어갈 메시아를 원했고, 이를 통해 모든 사람에게 메시아의 영적 의미가 명료하게 새겨질 것을 기대했다. 930년 새로운 이슬람교의 탄생이 임박했음을 나타내기 위해 무장한 아랍의 이스마일파는 순례자들을 살해하고 메카의 카바에서 신성한 흑석을 탈취해 갔다. 이란의 왕정제와 종교의 부활을 예언하는 점성가들, '외형적인'

이슬람의 종말을 예언하는 이스마일파에 대해 적의와 두려움을 가진 사람들에게 이스마일주의는 확실히 이란의 부활을 가장한 음모로밖에 생각되지 않았다. 그러나 사실은 전혀 그렇지 않았다. 이스마일파의 주요 세력들은 이란에 기반을 두고 있었다. 그리고 주변 지역에도 이스마일파 추종자들이 넓게 퍼져 있다. 예를 들면 파티마 왕조를 위해 북아프리카와 이집트를 정복했던 군대는 베르베르 부족민들이었다. 그들 가운데 일부는 지속적으로 이스마일파 교리를 신봉했다. 하지만 이란이 부흥한 이유가 종교 때문만은 아니었다.

또한 이는 이란 제국의 정체성을 회복시킨 것도 아니었다. 아스파르와 마르다비즈는 모두 이란 제국을 재건할 꿈을 가졌던 자로 여겨지고 있으며, 945년 바그다드를 점령한 부이 왕조는 실제로 '왕 중의 왕'이라는 옛 제국 지배자의 명성을 되찾았다. 이는 무슬림들에게는 모욕적인 말로 들렸다. 그러나 부이 왕조는 칼리파제를 폐지하지 않았으며 지리적, 제도적인 면에서 사산 왕조를 부활시키려고 하지도 않았다. 오늘날까지 칼리파제를 받아들였던 어떤 국가도 칼리파제를 이란 제국의 이슬람적인 변형으로 생각하지는 않는다.

이슬람 이전의 이란으로 회복될 수 있었던 것은 언어와 문화 덕분이었다. 이슬람에 귀의한 후 아랍으로 여겨 왔던 시리아와 이집트, 이라크는 아랍어를 채택했지만, 이란에서는 아랍인이라 할지라도 페르시아어를 사용했다. 10세기에 이르러 페르시아어는 아랍어 활자로 쓰이게 됨에 따라 아랍어와 동등한 문화 전파 수단으로 인정되었다. 1010년 이란인들은, 페르다우시가 불후의 명작 『샤 나메』를 완성함으로써 민족적 대서사시를 갖게 되었다. 이는 이란의 신화적, 반역사적인 과거에 대한 기록이 정치가들은 물론, 일반 이란인들에게도 그 정체성을 인정받고 있음을 확신시켜 준다. 이란의 언어와 문화의 부활은 사만 왕조에서 시작되어 순니파의 보호 아래 본격적으로 시작되었다. 그리고 순니파였던 투르크인들 또한 이란의 문화를 아나톨리아까지 전했다.

문화의 전성기

10세기와 11세기는 정치적으로는 무질서했지만 문화적으로는 찬란했던 시기이다. 이슬람의 철학과 과학 분야에서 명성을 날린 인물은 대부분 이 두 세기에 걸쳐 존재한 사람들이다. 철학자이자 의사인 이븐 시나, 수학자이며 물리학자인 이븐 알 하이삼(Ibn al-Haytham), 그리고 가장 위대한 종교 사상가들 중의 한 사람인 알 가잘리(al-Ghazālī)가 바로 그들이다. 서구화된 무슬림들의 마음속에 심어 놓은 이슬람 문명은 중세 유럽보다 훨씬 세련되고 찬란했다. 거기에는 삶의 또 다른 양식을 받아들이는 주목할 만한 개방성이 내재되어 있었다. 박식한 인물인 알 비루니(al-Bīrūnī)는 인도인의 우상 숭배에 바탕한 이교도 신앙의 본질을 탐구했다. 그리고 시인들은 저승 세계의 삶을 상세히 그려 냈으며, 이스마일파 사상가들은 동물들의 생활(동물들은 인간들을 위해 존속한다기보다는 오히려 인간에게 저항하는 자신을 위해 존속한다는 유명한 우화들)을 탐구했다. 수피즘이 명성을 얻기 시작한 것도 바로 이 무렵이었다. 이 모든 것에 대해서 독자들은 다음 장에서 좀더 많은 것을 알게 될 것이다.

왼쪽

카이로에 있는 알 아즈하르 사원의 안뜰. 파티마 왕조 사람들은 전 무슬림 세계를 정복하고 갱생시키기 위해 헌신한 이스마일파 쉬아 운동의 지도자들이었다. 909년 그들은 북아프리카를 정복했고 969년에는 이집트를 정복했다. 1171년 살라흐 앗 딘 유수프 이븐 아이유브(ṣalāḥ ad-Dīn Yūsuf ibn Ayyūb)가 그들을 멸망시키기 전까지 그들은 그곳에 머물렀다. 그들이 남긴 불멸의 유산은 알 아즈하르 대학과 사원이다. 그들은 970년에서 972년까지 이스마일파의 위대한 영광을 위해 알 아즈하르 대학과 사원을 설립했고, 1286년에는 순니파의 위대한 영광을 위해 다시 문을 열었다. 알 아즈하르 대학은 실로 지금까지 현존하는 가장 유명한 순니파 무슬림 교육 기관이다.

패트리샤 크로운(Patricia Crone)

그는 곤빌과 카이우스 대학의 특별 회원으로서 케임브리지 대학교에서 이슬람 역사를 가르치고 있다. 저서로는 『메카인 무역과 이슬람의 출현(Maccan Trade and the Rise of Islam)』과 『로마법, 지방민의 법 그리고 이슬람법(Roman, Provincial and Islamic Law)』이 있다.

2 이슬람 세계 체제의 출현

(1000년-1500년)

11세기 초, 이라크 바스라 시의 법관 알 마와르디(al-Mawardi)는 『아흐캄 알 술타니야(*Ahkam al-Sultaniyya*)』라는 정치 이론서를 출간했다(중세 이슬람 시대에는 사원의 강독용으로 책들이 출간되었다). 『아흐캄 알 술타니야』는 무슬림 공동체를 통해 선출된 이맘이나 칼리파의 통치 철학과 그들에게 어떠한 권한이 위임되었는지를 다루고 있다. 칼리파와 그의 하급 관리는 순니파의 정통 이론을 수호하고 이슬람의 교리를 따랐으며 지하드를 수행해야 했다. 그러나 알 마와르디의 논문은 당시의 정치 상황을 있는 그대로 반영하지 못했다. 무슬림 공동체를 이끌어 가는 바그다드의 압바스 왕조 칼리파의 권위는 카이로의 쉬아파 파티마 왕조 칼리파와 곧잘 비교되었지만, 코르도바의 순니파 우마이야 왕조 칼리파에 의해서는 완전히 무시당하고 있었다.

압바스의 칼리파 제도는 규율이 확고히 정해져 있었지만 점점 세습 체제로 변질되어 갔다. 그리고 압바스 왕조의 칼리파는 오랫동안 비잔틴 제국과 직접적으로 맞서 왔던 군대의 지휘권을 포기했다. 지하드 정신은 아랍에서만 유지되었으며, 투

르크족과 변방의 지원군 사이에서 겨우 명맥을 유지하고 있었다.

압바스 왕조의 칼리파에 순종하는 지역조차도 통치 체제에 대해 의견이 분분했다. 칼리파들은 카스피 해 연안에서 침략해 온 부이 왕조 군대의 꼭두각시에 지나지 않았다. 하지만 부이 왕조 군지도자들은 자신의 종파인 쉬아파 교리를 바그다드인에게 강요하지는 않았지만 부이 왕조 아미르들은 자신이 마치 칼리파인 양 통치권을 행사했다. 그러나 11세기 초 호라산 너머까지 뻗쳐 있던 그들의 지배력은 맘루크 출신이 세운 동부 아프가니스탄 가즈나의 가즈나비 왕조(977년-1186년 통치)의 위협을 받았다. 이란과 이라크 변방을 장악하고 있던 부이 왕조 아미르들은 새로운 지방 정권에 권력을 넘겨 주어야 했다.

당시 이 지역 민중은 "예언권과 칼리파제는 아랍인에게 있지만 왕권은 페르시아인에게 있다."고 주장했다. 가즈나비 왕조의 마흐무드(Maḥmūd, 998년-1030년 재위)에게 헌정한 페르다우시의 『샤 나메』는, 이슬람 이전 사산 왕조의 정치적 관행을 다루고 있다. 이는 『아흐캄 알 술타니아』보다 좀더 현실적인 정치상(像)을 제시하고 있었다. 페르다우시는 비록 제왕이 잘못을 저지르기는 해도 왕권은 없어서는 안 될 필요악이라고 강조했다. 왜냐하면 왕권에서 나오는 힘이 외부의 침입자로부터 자신을 보호해 준다고 믿었기 때문이다. 페르다우시와 다른 페르시아인의 작품은 중세 이슬람 군주의 정치 철학과 의례에 지대한 영향을 미쳤던, 통치와 합법성의 모범을 제시했다. 페르다우시의 시들은 이슬람 세계 심장부에서 빚어지는 인종간의 갈등을 잘 묘사하고 있다. 그의 초기 작품은 대부분 페르시아 영웅들이 1,000년 동안 존재했던 악마, 아랍 식인종인 자하크(Zahhak)와 벌인 싸움을 다룬 것이다. 그러나 그의 후기 페르다우시의 역사에서 페르시아인이 터키인의 조상으로 나오는 투란인들과 전투를 벌이는 장면을 담고 있다. 흥미로운 것은 그가 투란인들을 적대적으로 묘사했는데도, 그의 서사시는 페르시아인들에게뿐만 아니라 터키인들에게도 많은 호응을 얻었다는 사실이다.

파티마 왕조

14세기 북아프리카의 철학자이자 역사가인 이븐 칼둔(Ibn Khaldūn)은 "이슬람을 따르는 모든 사람들이 한결같이 주장한 것…… 세상 끝에서 신앙을 지키고 정의를 분명하게 보여 줄 사람이 예언자 가문에서 나타날 것이라는 사실을 의심하지 마라. 무슬림들은 그를 따를 것이며 그는 이슬람 왕국을 지배할 것이다. 그는 '마흐디'라고 불릴 것이다."라고 기록했다. 10세기 북아프리카의 파티마 왕조 초기의 칼리파들은 이슬람 교리를 세상에 전파하도록 계시된 신성한 인물들로 여겨졌다. 그러나

왼쪽
왕자들이 신하들에게 영예로운 의복을 하사함으로써 호의를 나타내는 것은 오랜 전통이었다. 이런 값비싼 의복은 또 외교적인 선물이기도 했다. 여기서는 가즈나비 왕조의 마흐무드가 압바스 왕조의 칼리파에게서 받은 영예로운 예복을 입어 보고 있다. 마흐무드는 자신이 칼리파의 신하임을 자랑스럽게 여겼던 순니파 무슬림 군주였다. 이 그림은 14세기 초 몽골 일 칸국의 재상이었던 라쉬드 앗 딘(Rashīd ad-Dīn)이 쓴 『세계의 역사(World History)』에 실려 있다. 1306년와 1307년 사이 타브리즈에서 만들어진 이 특별한 사본의 삽화들은 중국 화풍에서 영향을 받았다는 사실을 보여 주고 있다.

11세기에 이르러 그러한 종말론적 주장은 수그러졌고, 파티마 왕조는 주변국과 그 다지 다를 것 없는 하나의 지역 정권으로 전락하고 말았다. 11세기 중반 이집트의 쉬아파를 연구한 페르시아인 나시리 후스라우(Nāṣir-i Khusraw)는 파티마 왕조의 사치 풍조에 대해 다음과 같이 생생하게 묘사했다.

"아름다움을 이루 다 형용할 수 없는 옥좌를, 황금 격자로 세공한 난간이 에워 싸고 있었다. 옥좌 뒤에는 은으로 만든 계단이 있었다. 오렌지나무의 것으로 보이 는 나뭇가지와 나뭇잎, 그리고 열매는 설탕으로 만들어져 있었다. 그 밖에도 설탕 으로 만든 1,000개의 조각상들이 있었다."

칼리파가 존속할 수 있었던 것은 그 어떤 이데올로기보다 상업과 농업의 번영 과, 다양한 인종으로 이루어진 막강한 군대 덕분이었다.

변덕스럽고 괴팍하기로 악명이 높은 파티마 왕조의 칼리파 알 하킴(al-Ḥākim, 996년-1021년 재위)은 어떤 신하에게는 부를, 또 어떤 신하에게는 죽음이라는 형벌 을 내렸다. 그는 그리스도교인과 유대교인들을 박해했고, 개를 기르거나 체스를 두 면 안 되며, 해가 지면 가게를 닫아야 한다는 기이한 법을 제정했다. 신발 제조업자 들에게는 여성의 신발을 만들지 못하게 했고, 여성들에게는 공중 목욕탕에도 가지 못하게 했다. 목욕탕에 있다가 발각된 여인들은 그 자리에서 벽돌 속에 매장되었

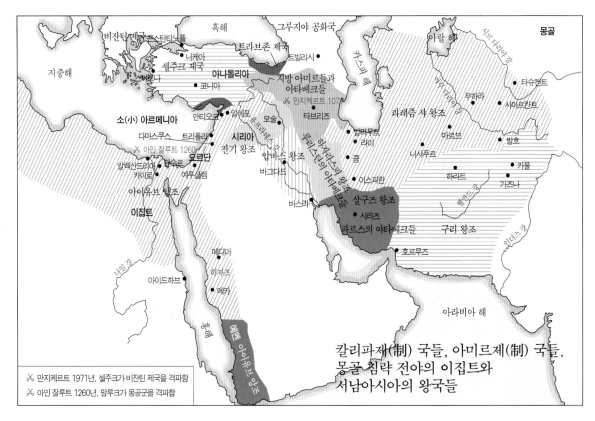

칼리파제(制) 국들, 아미르제(制) 국들,
몽골 침략 전야의 이집트와
서남아시아의 왕국들

⚔ 만지케르트 1971년, 셀주크가 비잔틴 제국을 격파함
⚔ 아인 잘루트 1260년, 맘루크가 몽골군을 격파함

이븐 칼둔

이븐 칼둔은 아랍에서 가장 중요한 역사가였을 뿐만 아니라, 세계에서 가장 위대하고, 가장 영향력 있는 역사 철학자로서도 명성을 얻었다. 여러 권으로 묶은 세계사인 『교훈의 책』은 제쳐 두고서라도 그는 알 이바르에 대한 개론을 담은 『역사서설』을 저술했다. 『역사서설』에서 그는 왕조와 문명의 주기적 흥망에 대한 자신의 이론을 깊이 발전시켰다.

이븐 칼둔에 따르면 문명은 미리 정해져 있는 운명의 주기를 가지고 있다는 것이다. 문명이 부패하면, 사회적 결속력을 상징하는 아사비야의 끈이 약화되고, 결국 그 문명은 변경 출신의 용감한 유목민의 먹이로 전락되고 만다. 강력한 사회적 결속력을 바탕으로 승리한 유목민은 새로운 정권을 세운다. 그러나 그 정권 또한 언젠가는 역사적 쇠퇴를 지배하는 법칙의 희생자로 전락할 것이다.

이븐 칼둔은 1375년에 입문했던 정계에서 은퇴한 후 3년 동안 서부 알제리의 변경에서 위대한 작업을 착수했다. 그는 초기 이슬람 정복사는 물론, 당시 북아프리카 역사에 대해 수집한 자료를 바탕으로, 유목 민족과 새로운 정권 창출에 관한 자신의 이론을 펴 나갔다. 그의 논거를 형성하는 데에 중요한 역할을 했던 북아프리카는 베르베르족인들, 알 모라비인들, 알모하인들, 그리고 마린 왕조가 연속적으로 휩쓸고 지나갔던 격동의 역사를 가지고 있었다.

그러나 그는 부모와 스승, 그리고 친구들이 흑사병으로 운명을 달리하자 큰 충격에 휩싸이게 되었다. 급기야 그는 비극적인 역사관을 갖기에 이르렀다. "14세기 중반 동서 문명에서는 흑사병이 창궐했고 그것은 나라를 황폐시켰으며, 주민들을 사라지게 만들었으며, 문명의 뛰어

이븐 칼둔은 마그리브에서 『역사서설』를 쓰기 시작했으나 1382년 이후로는 카이로로 건너 와 작업을 완성시켰다. 북아프리카를 비롯해 많은 지역의 사람들처럼 그는 맘루크 술탄들이 종교학자들에게 제공하는 후원에 이끌렸다. 전통적인 이집트 학자들의 질투에 찬 경계심에도 불구하고 이븐 칼둔은 이 사진에 나오는 아미르 사르기트미쉬야의 마드라사, 마우솔레움과 카이로의 여러 종교 재단에서 강의를 했다. 그는 대도시에서 발견되는 다양한 기술, 서비스, 오락 시설을 보고 놀라움을 금치 못했다. 하지만 그는 이 같은 풍요로운 물질 문명은 머지않아 곧 기울어 갈 것이라고 생각했다.

난 혜택들을 남김없이 쓸어 버렸다. 한계에 다다른 노쇠한 왕조는 흑사병으로 무참하게 무너져 갔다. 흑사병은 그들의 힘을 쇠퇴시켰고 그들의 영향력이 약하게 만들었다."고 그는 적었다.

다. 이는 파티마 왕조의 구체화된 권위를 제도적으로 보여 주는 것이었다. 이들은 계속 번성하면서 영토를 넓혀 갔다. 파티마 왕조는 칼리파들이 임명한 총독들을 내세워 이집트, 키레나이카, 히자즈, 다마스쿠스 북쪽 시리아까지도 지배했다. 시칠리아의 아랍 지배자를 비롯해 트리폴리타니아와 튀니지 사람들도 자신이 파티마 왕조의 충실한 신하라고 고백했다. 파티마 왕조는 이라크의 부이 왕조가 붕괴하는 상황에 편승해 이득을 얻고자 했다. 1010년 쿠파 총독은 파티마 왕조의 지원 아래 바그다드에 대항하는 반란을 일으켰다. 나아가 다른 지방 군주들과 연합해 군사적 원정을 감행한 자들도 있었다. 1058년 투르크족의 장군 알 바사시리(al-Basasiri)는 압바스 왕조의 칼리파에게 파티마 왕조의 칼리파인 알 무스탄시르(al-Mustanṣir, 1036년-1094년 재위)의 우위를 인정하라고 강요했을 정도였다. 이는 중세 시대에 쉬아파 파티마 왕조가 정치적으로 얼마나 득세했는지를 단적으로 보여 주는 예이다.

　　파티마 왕조는 압바스 왕조에 맞서 이른바 '검(劍)과 언어'의 전쟁을 일으켰다. 실제로 그들은 압바스 왕조의 백성에게 설교하고 개종시키는 다이(dai, 선교사)를 파견하는 일에 열중했다. 그리고 '일곱 이맘' 쉬아파는 단지 이집트에서 엘리트 분파의 신앙으로 남게 되었고 쉬아파는 순니파 무슬림, 콥트(*이집트 정교, 이집트에서 압도적으로 많은 그리스도교의 주요 분파) 그리스도교인, 유대교인들에게 수적으로 압도당했다. 파티마 왕조는 동부 이슬람권에 선교단과 밀정들을 지속적으로 파견했지만 별다른 결실을 맺지 못했다. 이미 순니파로 개종한 투르크계 오구즈족(*오스만 제국이 이라크를 정복하기 이전에 동부 아나톨리아로 이주한 투르크족)들이, 트란속사니아로부터 비옥한 초승달 지역으로 들어온 것은 11세기 후반 무슬림 순니파가 부활했음을 단적으로 보여 주고 있다. 이라크에서 파티마 왕조가 잠시 승리한 것은 불행한 결과를 가져 왔다. 알 바사시리는 곧 바그다드를 떠나도록 강요당했고, 종족 단위로 나누어진 군대들은 이집트군에 맞서 싸웠다. 북아프리카는 파티마 왕조 치하의 종속적 위치로 남게 되고, 시칠리아는 노르만인이 통치하게 되었으며, 시리아 해안 대부분은 비잔틴 제국의 영향력 아래에 있다가 훗날 십자군의 지배를 받게 되었다.

스페인과 마그리브

모로코는 파티마 왕조의 일부가 될 일이 없었다. 11세기 초 이 지역은 세 개의 베르베르 부족 동맹인 자나타, 마스무다(*아틀라스 산맥과 대서양 사이의 평야 지대에 살던 씨족), 산하자족으로 나누어져 있었다. 저마다 폭넓게 퍼져 있었지만, 특히 산하자족은 아틀라스 산맥과 세네갈, 니제르 강 사이의 사하라 사막을 지배했다. 그들은 비록 독실한 무슬림들은 아니었지만 희미하게 '빛나는 산'을 숭배했고, 나무와 바위에 깃들여 있는 정령들을 위로하고자 노력했다. 코르도바에서 말리키 이슬람법[*『꾸란』과 순나(sunnah, 공동체의 규범적 관행)를 엄격하게 준수하는 법]을 공부한 산하자족 압드 알라 이븐 야신('Abd Allāh ibn Yasin)은 자신의 부족민을 올바르게 이끌고 싶어한 산하자족 추장의 초청을 받았다. 압드 알라 이븐 야신과 그의 추종자들은 말리키 이슬람법에 어긋나는 행위――『꾸란』에서는 허용되지 않은 세금을 부과하거나 유대교인들과 그리스도교인들을 고위 행정직에 고용하는 것――의 위배성을 피력했다. 압드 알라 이븐 야신과 알 모라비조(*베르베르인 부족들의 연합체)하에 있던 그의 추종자들은 검으로써 자신들의 정통성을 강화했다. '알 모라비조'는 아랍어 알 무라비툰(al-Murābitūn, *요새화된 수도원인 리바트에 거주했던 지하드의 지원자)에서 유래했다. 알 모라비인들은 전투에서와 똑같이 예배 절차에 대해서도 일정한 훈련을 받았다. 이븐 칼둔은 이들이 이룬 성공을 회고하면서 다음과 같이 설명했다. "마그리브에는 수적인 면이나 아사비야(asabiyyah, *집단 연대 의식)에서 이들과 동등하거나 오히려 이들을 능가하는 여러 부족들이 있었다. 그러나 알 모라비인의 종교 조직은 올바른 통찰력을 지닌 자들의 의식과, 죽음을 두려워하지 않는 의지를 통해 집단적인 힘을 배가시켰다. ……따라서 그 누구도 이들에게 저항할 수 없었다."

스페인의 무슬림 군주들이, 그리스도교인들의 영토 회복 운동(reconquista, *780년에 걸쳐 스페인의 그리스도교인들이 무슬림에 대항하여 벌인 영토 회복 운동)을 저지하기 위해 알 모라비인을 도운 것은 당연한 일이었다. 11세기 초 코르도바의 우마이야 칼리파제는 파티마 칼리파제가 겪었던 것과 똑같이 심각한 고통을 받기 시작했다. 1013년에 이르러 반역자들로 이루어진 베르베르 군대가 코르도바를 약탈했던 것이다. 안달루시아의 시인 이븐 슈하이드(Ibn Shuhayd)는 폐허가 된 도시를 바라보며 비통한 마음으로 다음과 같이 노래했다.

죽어 가는 노파, 그러나 내 마음속에 있는 그녀는
아름다운 소녀라네.
그녀는 남자들에게 희롱당했지만,
얼마나 사랑스러운가!

꼭두각시 칼리파들이 이끌던 체제는 이 내란 기간 동안에도 지속되었다. 그러나 히샴 이븐 압드 알 말리크 3세(Hishām ibn 'Abd al-Malik III)가 사망한 후인 1031년에는 그 체제마저도 무너지고 말았다. 실질적인 지배 세력은 타이파(tā'ifa, *군소 군주 혹은 도당을 이룬 소왕들)였다. 그들은 세비야, 그라나다, 사라고사 또는 그 밖의 지역 소왕조들과 싸움을 계속해 나갔다. 이처럼 분열된 여러 소왕국들 사이에는 전쟁이 끊일 날이 없었다. 경쟁자인 무슬림 왕들과 대항하기 위해 서슴지 않고 그리스도교인의 지원을 요청하는 소군주가 있는가 하면, 반대로 그리스도교 군주들과 싸울 수 있도록 북아프리카의 왕국들에게 원조를 청하는 소군주도 있었다. 타이파 공국들은 이처럼 통일성과 일관성이 부족했던 탓에 국토 수복을 도모하기 위해 세력을 확장해 가고 있는 그리스도교인에게 좋은 표적이 되었다. 얼마 후에는 바다호스, 톨레도, 사라고사, 세비야 등도 그리스도교인들이 세운 왕국인 레온 및 카스티야의 알폰소 6세(Alfonso VI)에게 조공을 바치게 되었다. 그들은 압바스 왕조의 칼리파로부터 이름을 빌려 왔는데, 한 시인은 "안달루시아에서 나를 괴롭히는 것 중 하나는 알 무으타디드(al-Mu'tadid), 알 무으타미드(al-Mu'tamid)와 같은 이름들이다."라고 불평했다. 이들에게는 무슬림들간의 충돌을 틈타 침략을 노리고 있는 그리스도교인으로부터 신민을 보호해 줄 여력이 없었다. 몇몇 타이파 공국의 왕들은 자신의 적인 그리스도교인보다 알 모라비인들을 지원하는 일을 더 두려워했다. 그러나 세비야의 지배자 알 무으타미드는 그리스도교인의 지배 아래에서 돼지를 기르는 자가 되기보다는 북아프리카에서 낙타를 기르는 편이 훨씬 낫겠다고 선언했다. 그리고 그는 알 모라비조의 장군 유수프 이븐 타슈핀(Yūsuf ibn Tāshufīn)에게 "레온의 알폰소 6세가 우리에게 설교단, 첨탑, 미흐라브[mihrāb, *모스크의 안벽에 끼블라로 만들어져 있는 아치형 벽감(壁龕)]와 모스크를 내놓으라고 요구했다. 그리고 이곳에 십자가를 세우더니 이제는 수도사들을 보내 이것들을 파괴하려 한다."고 주장하며 지원을 요청했다. 알폰소 6세가 톨레도를 점령한 후인 1086년, 유수프 이븐 타슈핀이 지휘하는 알 모라비조 군대가 타이파 공국의 호소를 받아들여 스페인으로 진격했다. 알 모라비조 군대는 잘라카의 전투에서 그리스도교인들을 물리쳤다. 그러나 그들은 전투뿐 아니라 지하드의 선전을 성공하며 타이파 공국을 도왔지만, 알 모라비조는 그리스도교가 확산되어 가는 일을 막기보다는 타이파 공국들을 굴복시키는 데 주력했다. 이러한 알 모라비인들의 열정은 이내 사라지고, 스페인과 북아프리카의 드넓은 지역을 지배하는, 알 모라비조의 이해 관계 아래 타협이 이루어졌다.

　　12세기 북아프리카의 베르베르족들 사이에서 영적인 부흥 운동이 일어났다. 그 운동으로 힘을 과시한 한 왕조가 알 모라비조를 대체하며 들어섰다. 알 무와히둔(al-Muwaḥḥidūn, 신의 일체성을 주장하는 자들)에서 그 이름이 유래하는 알 모하인들은 베르베르인의 한 갈래인 마스무다족에서 추종자들을 모집했다. 건국자인 이븐 투마르트(Ibn Tūmart)는 알 가잘리의 수피즘 교리를 따르는 열정적인 금욕주의자였다. 이븐 투마르트의 설교에 관해서는 온갖 소문이 떠돌았다. 그는 모래 위에 나타난 무늬를 가지고 미래를 예언하고, 죽은 자와 대화를 하는 능력으로 명성을 얻었다. 그에게 거부감을 가진 반대 세력은 그가 지하 묘지에 공모자를 숨겨 놓았다고 비난했다. 1125년 그는 스스로를 마흐디로 선언하면서 "마흐디의 신앙에 따르는 것은 종교적 의무이며 이를 의심하는 자는 불신자이다. ……마흐디에게는 그 어떤 오류도 있을 수 없다. 그는 경쟁과 반대, 저항이나 반박, 싸움의 대상이 될 수 없는 자이며…… 그의 말을 믿어야 한다. 그는 압제자들과 협잡꾼들을 갈라놓았으며 동서 세계를 정복할 것이다. 그는 불의로 만연한 세상을 정의로 가득 채울 것이며, 그의 지배는 세상이 끝날 때까지 지속될 것이다."라고 주장했다. 알 모하인들은 이븐 투마르트의 부하 장군인 압드 알 무으민('Abd al-Mu'min)의 지휘 아래 북아프리카의 알 모라비조 영토를 공격하고, 1151년에는 모로코에서 승리했다. 또 1157년에 그는 스페인으로 건너가 알메리아와 그라나다를 점령했다. 1195년에는 알라르코스에

서 그리스도교인들을 격파했다. 하지만 이는 그 반도에서 저항하던 그리스도교인들에게서 얻은 승리였을 뿐, 더 이상의 성공은 거둘 수 없었다. 1212년 알 모하인들은 라스 나바스 데 톨로사 전투에서 패배한 후 스페인에서 철수했고, 이들이 소유하고 있던 영토는 자나타 베르베르의 왕조인 마린 왕조인들에게 넘어갔다.

투르크족의 출현

앞서 이야기했듯이, 동부 지역에서 순니파가 부활할 수 있었던 것은 오구즈 투르크들이 그 지역으로 대거 들어 왔기 때문이다. 그 다음 이유는, 처음에는 가즈나비 왕조(*이란 북동부의 호라산, 아프가니스탄, 인도 북부를 다스렸던 투르크족 왕조, 977년-1186년 통치), 그 다음에는 부이 왕조와의 싸움에서 이긴 셀주크 투르크족——트란속사니아의 가장 큰 오구즈 부족——덕분이었다. 전성기를 구가한 가즈나비 왕조는 오늘날의 이란과 호라산, 아프가니스탄, 인도 북서쪽과 파키스탄의 대부분을 차지하고 있었다. 1016년과 1037년 사이에 트란속사니아를 지배한 가즈나비인들의 권력은 완전한 것이 아니었다. 왜냐하면 그들은 많은 부분을 오구즈족 기병대에

이 무슬림 전투 군기는 1212년 라스 나바스 데 톨로사 전투에서 그리스도교인들이 알 모하인들에게서 빼앗은 것으로 알려져 있었다. 하지만 훗날 스페인 무슬림과의 전투에서 그리스도교인들이 빼앗은 것으로 밝혀졌다. 여기에 쒸어져 있는 명각들은 예언자에 대한 축복과 『꾸란』의 인용문이다. 안달루시아는 비단의 질이 매우 좋기로 유명했다.

예배중인 토그릴 베그. 그는 동생 차그리 베그(Chaghri Beg)와 함께 서아시아에서 셀주크족이 승리하는 데 기여한 사람이었다. 그들의 이미지는 점점 순니파 이슬람의 대변인이자 수호자로 바뀌었다.

의존하면서 통치했기 때문이다. 아무 다리야 강 건너의 땅은 적어도 9세기 이래로 투르크 용병과 맘루크를 차출할 수 있는 주요 지역이었다. 이 무렵 활동한 페르시아 출신의 수필가인 알 자히즈(al-Jaḥiẓ)는 "투르크인들은 기술이나 상업, 의학, 기하학, 과일 농장 경영, 건설, 운하 채굴, 세금 징수 따위에는 관심이 없었다. 그들은 단지 습격하고, 사냥하고, 경쟁 부족의 족장들과 싸우고, 약탈하며, 다른 나라를 침입하는 일에만 관심을 쏟았다."고 기록하고 있다.

11세기에 이르러 투르크인들은 무슬림 심장부에 있는 정부 조직과 병력을 지휘하는 자리에 올랐으며, 그 지위는 대략 오스만 제국이 붕괴의 움직임을 보이던 제1차 세계 대전이 끝날 무렵까지 유지되었다. 1025년 가즈나비 왕조의 지배자인 마흐무드는 셀주크인들에게 자신의 지휘를 받는 호라산의 용병이 될 것을 요청했다. 그러자 1036년 셀주크 투르크족은 이에 반란을 일으켰고 1038년에는 호라산의 중심 도시인 니샤푸르를 차지했다.

투르크인은 가즈나비 왕조와의 싸움뿐만 아니라 후일에 벌인 파티마 왕조, 비잔틴 제국, 그리고 그 밖의 나라들과의 전쟁에서 정규전보다는 지속적인 소규모 국지전을 택했다. 전쟁 기간 동안 가즈나비 왕조의 술탄 마스우드(Masʿud)와 가졌던 한 화합에서 그들은 "우리는 스텝 거주자들이니까 혹독한 더위와 추위를 견딜 수 있지만, 마스우드와 그의 군대는 결코 이를 견딜 수 없을 것이다. 결국 그들은 후퇴할 수밖에 없다."고 했다. 11세기 중반 그들과 함께 투르크족의 지휘권을 나누어 가지고 있던 셀주크인들은 트란속사니아와 호라산, 이란에 있는 가즈나비 왕조의 영토를 정복했다. 1050년 토그릴 베그(Toghrïl Beg)는 바그다드의 압바스 왕조 칼리파에게서 술탄 칭호를 받았다. 그는 이러한 호칭으로 불린 최초의 무슬림 지배자였다. 그 후 1055년 토그릴 베그는 셀주크인들이 유순한 족속이라는 것을 칼리파로 하여금 깨닫게 한 후 바그다드에서 쉬아파 부이 왕조를 몰아냈다. 칼리파들의 새로운 배후 세력이 된 이들은 순니파 무슬림이었다. 하지만 그들은 정작 바그다드에는 한 번도 가지 않았다. 그들은 처음에는 니샤푸르에서, 훗날에는 이스파한에서 통치했으며, 때로는 이동중인 캠프에서 통치하기도 했다. 장기적인 안목으로 보면 미개한 투르크 유목민들이 중동으로 들어온 것은 매우 유익한 일이었다. 투르크족 기병들은 상인들에게 안전을 보장해 주었고, 부족은 도시인들과 거래되던 육류, 피혁, 직물들을 생산했다. 셀주크 제국의 술탄 산자르(Sanjar, 1118년-1157년 재위)의 칙령은 "이익은 유목민들의 제품과 상품에서 나온다. 이는 정착민들로 하여금 번영과 만족, 그리고 높은 소득을 가져다 준다."고 밝히고 있다.

셀주크인들은 10세기 말 이슬람으로 개종했다. 이는 터키의 스텝 지역을 떠돌던 수피 선교사들을 통해 가능했을 것이다. 탁발 수피들은 대부분 순니들이었다.

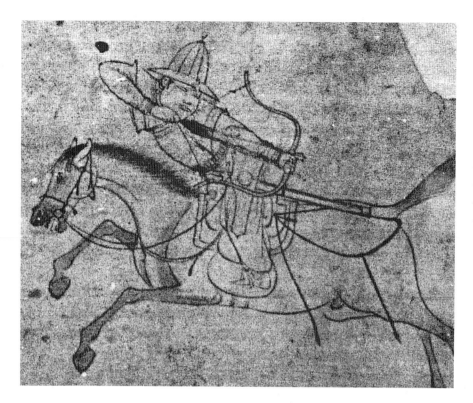

투르크족 궁기병은 전략적인 후퇴에 뛰어났고 안장에 앉아 뒤로 돌아 화살을 쏘는 파르티아식 궁술의 전문가들이었다. 이 그림은 궁기병이 뿔, 힘줄, 나무를 혼합한 재료로 만든 휘어진 활을 사용했음을 보여 준다. 투르크족이 즐겨 쓰던 활은 중세에 유명했던 영국의 장거리용 활보다도 사거리가 훨씬 길었다.

　　셀주크인들은 자신들이 세계를 지배하도록 선택된 종족이라고 굳게 믿었다. 왜냐하면 셀주크 제국의 시조(始祖)가 불길에 휘말려 있는 세계에 소변을 봄으로써 세계를 평정했다는 꿈이 전설적으로 전해지고 있기 때문이다. 11세기에 활동한 사전 편집자 카슈가르의 마흐무드는 한 터키 사전의 "서문"에 다음과 같이 기록했다. "나는 신께서 제국의 태양을 투르크족의 집 위에서 떠오를 수 있도록 만드시는 것을 보았다."

　　이처럼 셀주크족은 '지배 종족'이라는 자부심을 가졌지만 정작 관료들과 조신들은 페르시아어를 사용했다. 재상 중 가장 특출한 인물은 페르시아 출신 니잠 알 물크(Nizām al-Mulk)였다. 그는 술탄 알프 아르슬란(Alp-Arslan, 1063년-1072년 재위)으로부터 말리크 샤(Malik-Shāh, 1072년-1092년 재위)에 이르기까지 2대에 걸쳐 재상을 지낸 인물이었다. 1080년대 말 니잠 알 물크는 『시야사트 나메(*Siyāsat-nāmeh*, 정부의 서)』를 썼다. 이는 셀주크 제국의 술탄 통치와 예전 페르시아 왕조들의 웅장하고 화려한 궁정 의례에 대한 묘사, 훈련중인 시동들과 궁정 관리에게 주는 교훈, 투르크족 전사들과 힘의 균형을 유지하기 위해서는 다양한 종족의 노예병을 고용해야 한다는 것, 국가 관료에게 세금 징수 업무를 위임하는 내용 등을 다루고 있었다. 여기에서 눈길을 끄는 것은 니잠 알 물크가 압바스 왕조의 칼리파 제도를 정치적으로 중요하게 생각하지 않았다는 것이다. 또 그는 사회를 잘 통치하기 위해서는 정통교의 수호자이자 이슬람법을 해설할 수 있는 특권을 가진 울라마에게 더 이상 어떤 역할도 부여하지 말아야 한다고 덧붙였다.

울라마의 부상

일반적으로 술탄은 울라마에게 권력을 주는 대신 그들을 후원해 주었다. 그 대신 울라마는 술탄에게 합법성을 부여해 주었다. 1067년 니잠 알 물크는 처음으로 바그다드에 마드라사(Madrasah, *이슬람 신학교)를 건립했다. 가즈나비 왕조 통치 당시 호라산에 처음으로 세워진 마드라사는 교육과 순니 교리 전도에 많은 기여를 했다. 셀주크 제국 시대에 이르러 마드라사와 같은 교육 기관은 이란과 서쪽으로 퍼져 나갔다. 흔히 이슬람교에는 성직자들이 없다고 한다. 여기서 말하는 성직자는 서품을 받거나 인간과 신을 중재하는 사제를 뜻한다. 그러나 이를 '교회지기'라는 넓은 의미로 해석한다면 중세 이슬람교에도 성직자들이 존재했다고 할 수 있다. 왜냐하면 많은 사람들이 모스크에 봉사함으로써 일정한 생계를 꾸려 갔기 때문이다. 이맘은 예배를 인도했고, 카티브(khatīb, *설교사)는 설교를 했으며, 무끄리(muqri)들은 『꾸란』을 낭송했다. 무에진은 예배를 위해 신도들을 불러 모았고, 무프티〔muftī, *파트와(fatwa, 법 판단)를 내놓는 법 결정의 최고 권위자〕는 법적인 세부 개선안을 내놓았다. 그 밖에도 여러 경우가 있었다. 11세기 이래로는 마드라사가 확산되고 교수와 암송가, 사서가들이 터번을 두른 성직자 대열에 합류함으로써 내부적으로 이슬람교 성직자의 수가 크게 늘어났다. 셀주크 제국과 그 뒤를 이은 국가들에서는 『꾸란』과 이슬람법의 전문가들인 울라마의 위상이 눈에 띄게 높아졌다. 그러나 마드라사는 대부분 술탄과 아미르(amīr, *최고 통치자 창호), 정치가의 이해 관계에 의해 세워졌기 때문에, 엄격한 종교 법률학자들이 볼 때 그곳에서 일하는 울라마는 기회주의자로 여겨졌다.

쉬아파 부이 왕조 시대의 학자들은 그리스와 로마의 철학과 문학을 연구함으로써 좀더 개방적인 생각을 가졌다. 따라서 이들의 학문 태도는 완고한 사고를 가진 무슬림에게 이교도적이라는 비난을 받았다. 그러나 셀주크 제국이 승리하면서 이러한 인본주의의 르네상스는 물거품처럼 사라지고 말았다. 대체로 마드라사는 정통 종교를 바탕으로 한 아주 편협한 정규 교과 과정만을 고집하는 경향을 띠었다. 그러한 교육은, 순니파 울라마에게 전문적인 활동 영역을 마련해 주는 일은 물론 쉬아파 교리와 맞서 싸우는 데도 효과적이었다.

니잠 알 물크의 『시야사트 나메』에서는 여러 장에 걸쳐서 쉬아파 사람들이 주장하는 정치적 위협을 다루고 있다. 이븐 투마르트에게 영향을 준 신학자이자 철학자인 알 가잘리는, 1091년 바그다드에 자리한 니자미야 학원의 본원 교수로 임명되어 이스마일파를 반박하는 논문을 썼다. 또 그는 저서 중 가장 유명한『종교학의 부활(Ihya ulum ad-din)』이라는 저서를 남겼다. 이 책에서 그는 수피즘과 순니파 정통주의의 조화를 지지하는 전통적인 견해를 계승하여 발전시켰다. 알 가잘리와 초기 수피들〔알 주나이드(al-Junayd)와 알 할라즈(al-Hallāj)〕의 교리는 수피 숙소와 대규모 수피 종단들이 생겨나면서 폭넓은 인기를 얻을 수 있었다.

수피들

원래 방랑하는 수피를 위한 임시 거주지인 칸까(khānqāh, 수피 수행자들의 숙소)와 자위야(zāwiyah, *이슬람 수도원 단지, 특히 수피 수도자들의 거처)를 위한 기부금 제도는, 세속인들이 종교에 귀의한 사람들을 도울 수 있는 방법이었다. 12세기 후반 시리아를 방문한 스페인 출신 아랍 순례자 이븐 앗 주바이르는 다마스쿠스에 대해 다음과 같이 기록했다. "여기에는, 칸까라는 이름 아래 운영되는 리바트(Ribat, *수피 숙소)들이 아주 많다. ……이런 유형의 수피들은 실제로 이 분야에서는 왕이나 다름없었다. 왜냐하면 신은 그들에게 물질 이상의 가치 있는 삶을 살게 하셨으며, 그들이 자신을 신께 봉사하는 데 헌신할 수 있도록 생계에 얽매이지 않게 하셨기 때문이다."

초기의 칸까들은 종파적 기초 위에 조직되지 않았으며 개인적인 기부금도 특정 단체나 종단을 위해 조성된 것이 아니었다. 그러나 칸까는 따리까(tarīqah, 수피들이 걷는 영적 도정의 길)가 형성되면서 점차 그 성격이 변해 갔다. 따리까의 위계 체제가 조직화될 수 있었던 것은, 쉐이크와 그 추종자와의 긴밀한 관계를 소중히 여겼고 또 입회 의식 절차를 확실히 규정했기에 가능한 일이었다. 그 긴밀한 관계는 관례상 예언자의 사촌인 알리 이븐 아비 탈리브와 예언자 자신에게로 거슬러 올라간다. 따리까는 13세기에 나타난 것으로 알려져 있는데, 종종 그들이 주장하는 것과 달리 따리까를 건설한 자는 따리까를 발전시키는 데 아무런 역할도 하지 않은 듯했다. 예를 들어 까디리야(*이슬람 최초의 수피즘 종단의 하나) 종단은 그 이름을 12세기의 금욕주의자이며 설교가인 압드 알 까디르 알 질라니(Abd al-Qādir al-Jilānī)의 이름에서 본떠 왔다. 그러나 14세기까지 까디리야 종단은 뚜렷한 활동 흔적을 찾아볼 수 없었다. 마찬가지로 아흐마드 알 리파이(Ahmad al-Rifai)가 활동한 시대는 12세기였지만, 요란스럽고 헌신적인 예배 때문에 '울부짖는 데르비쉬(수피 수도자, 페르시아어임)'로 알려진 리파이야 따리까는 그 이름이 훨씬 나중에서야 알려졌다.

아부 하프스 우마르 앗 수라와르디('Abu Hafs Umar as-Suhrawardī)가 1230년

대에 바그다드에 세운 수흐라와르디야 종단은 첫번째 수피 따리까로 여겨진다. 13
세기 말엽 아불 하산 앗 샤질리(Abul-Hasan ash-Shādhilī)는 알렉산드리아에서
샤질리야 종단을 세웠다. 샤질리파의 지부는 점점 북아프리카를 가로질러 퍼져 나
갔다. 인도에서 쿠브라위 종단의 계보는 나즘 앗 딘 쿠브라(Najm ad-Dīn Kubra)
에게로 거슬러 올라간다. 인도의 치쉬티야 종단도 그들의 정신적 혈통을 무인 앗
딘 무함마드 알 치쉬티(Muin ad-Dīn Muḥammad al-Chishtī)에게서 찾을 수
있다.

따리까의 사회적, 문화적 중요성이 과소평가될 수는 없다. 수피들은 전도자로
서 이단의 땅으로 갔다. 벵골에서는 13세기 이래로 수피가 이슬람 국경을 넓히는
데 큰 공을 세웠고, 그러한 과정을 거쳐 오늘날 무슬림 사회에서 가장 큰 인종 집단
을 형성하는 데 주도적인 역할을 했다. 아흐마드 이븐 이브라힘 알 야사비(Aḥmad
ibn Ibrahim al-Yasavi) 이후 야사비야로도 알려진, 방랑하는 데르비쉬와 연결된
따리까는 중앙아시아의 이교도들인 투르크인과 몽골인을 이슬람교로 개종시키는
데 결정적인 역할을 했다. 오스만 제국의 훌륭한 시인들 가운데 몇몇은 '마울라비,'
이른바 '빙빙 도는 데르비쉬' 따리까에 가입했을 뿐만 아니라, 마울라비 쉐이크
(Shaykh, 수피 지도자, 스승)들은 오스만 제국 술탄들의 정신적, 정치적인 조언자가
되어 그들에게 봉사했다. 낙쉬반디야 종단은 중앙아시아에 널리 퍼져 정치적 영향
력을 행사하기도 했다. 예를 들면 낙쉬반디 하와자 아흐라르(Nadshbandi Khwaja
Ahrar)는 15세기 후반에 사마르칸트와 부하라에서 정치 지도자로서 활동한 인물이
었다. 베크타시 데르비쉬들은 이단적인 성격을 갖고 있었지만 오스만 제국 술탄의
후원을 얻었으며, 베크타시 바바(baba, 수피 지도자)들은 예니체리(Yeniçeri, *14세
기 말부터 1826년까지 오스만 제국의 상비군에서 정예 군단을 구성했던 군인)의 군목이
되었다. 수피가 눈에 띌 만큼 정치에 관여한 것은 아제르바이잔의 사파비 왕조
(1501년-1732년 통치) 때였다. 14세기 사파비 왕조의 쉐이크는 순니파계 수피로서
아르다빌 성소를 지키는 사람이었다. 15세기에 이르러 그들은 카프카스의 그리스
도교인에 대항하는 지하드의 첫번째 지도자가 되었다. 그리고 점점 그들은 쉬아파
운동의 군사적인 지도자이자 구세주적인 지도자가 되었다(순니파에서 쉬아파로 바뀐
사파비 왕조를 살펴보면 중세에는 이 둘의 구분이 그다지 명확하지도 않았으며 큰 의미도
없었음을 알 수 있다).

이븐 타이미야(Ibn Taymīyah)나 이븐 까이임 알 자우지야(Ibn Qāyyin al-
Jāwwziyah)와 같이 한발리 법학파 소속의 엄격한 울라마들은 성인의 무덤을 순례
하거나 하나님과 교류하기 위한 신비주의적인 모임에서 춤추고, 노래하고, 연애시
를 짓는 행위에 반대해 왔다. 이븐 타이미야는 리파이야 수피들이 성스러운 불꽃놀

이에 앞서 발등에 개구리 기름과 오렌지 껍질로 만든 보호용 연고를 바르는 행위 등 그들이 하는 '불가사의한 행위'를 비난했다. 그렇지만 이븐 타이미야와 이븐 까 이임 알 자우지야가 모든 수피즘에 반대한 것은 아니었다. 오히려 그들은 모두 까 디리야 종단에 소속되어 있었다. 몇몇 수피 종단들이 지역적, 종족적인 문제에 매 달려 있는 동안 다른 수피 종단들은 이슬람권으로 퍼져 나갔다. 예를 들어 까디리 야 지부는 모로코에서 인도네시아에 걸쳐 세력을 형성했다. 그 가운데 순니파 무슬 림이 압도적으로 차지하고 있었다. 수피즘이 베크타시 의식이나 근행 등과 같은, 비난받을 만한 특징이 있었지만, 수피즘에 대한 인기는 순니파가 부활하는 데 큰 힘이 되었다.

비잔틴 제국과 제1차 십자군

11세기와 12세기에 걸쳐 순니 무슬림들은 파티마 왕조의 시리아 땅과 비잔틴 제국 을 희생시켜 얻은 아르메니아와 아나톨리아의 땅을 차지하게 되었다. 그들이 이 지 역으로 진출할 수 있었던 것은 셀주크 제국 술탄의 통제를 받지 않는 투르크족의 전사와 모험가 덕분이었다. 셀주크 제국이 이란의 심장부를 정복한 사건은 오구즈 투르크인들에게 새로운 이주의 기회를 열어 준 셈이 되었다. 그러나 이 유목민들은 이슬람권 전역에 두루 세력을 형성할 수는 없었다. 그들은 대부분 아제르바이잔과 아나톨리아의 목초지를 향해 서쪽으로 몰려들었던 것이다. 하지만 곧 그들은 자신 들이 전쟁 지역(*dar harb, 비이슬람의 땅)의 변경과 가지(ghazi, *이교도와 맞서서 이 슬람 신앙을 지키는 성 전사)의 영토 안에 있다는 사실을 깨달았다. 가지란 전리품이 나 순교자로서의 죽음을 택한, 이교도와 그리스도교인을 공격하는 무슬림군(軍) 자원자들이다. 비잔틴 제국의 변경에서 가지에 합류한 투르크 부족민들의 이동은 지하드의 성격을 띠었다기보다는 완전한 이주에 가까웠다. 하지만 그들은 자신들 을 가지로 묘사했다.

가지들과 부족민들이 습격하자 비잔틴 제국의 황제 로마누스 4세 디오게네스 (Romanus IV Diogenes, 1068년-1071년 재위)는 셀주크인들을 공격하기 위해 대 대적으로 군사를 이끌고 콘스탄티노플의 동쪽으로 진격했다. 뛰어난 군인이었던 로마누스 4세 디오게네스는 군사적 수단으로 국경 문제를 원만히 해결함으로써 곧 바로 황제의 자리에 등극할 수 있었다. 그러나 로마누스 4세 디오게네스의 원정은 오해에서 비롯된 것이었다. 왜냐하면 셀주크 제국의 술탄 알프 아르슬란은 시리아 의 파티마 왕조를 표적으로 삼았을 뿐, 비잔틴 제국까지 공격할 생각은 아니었기 때문이다. 하지만 1071년 비잔틴 제국의 군대는 셀주크군과의 싸움을 위해 반 호

12세기 시리아에 있던 샤이자르의 이 성(城)은 바누 문끼즈라는 아랍 가문의 영지였다. 이 가문의 가장 대표적인 인물은 우사마 이븐 문끼드(Usama ibn Munqidh)인데, 그는 뛰어난 사냥꾼이자 시인이었다. 그는 십자군과의 접전(늘 적대적인 것은 아니지만)에 대한 흥분을 기록해 놓았다. 이 성곽은 무슬림들과 십자군과의 싸움이 일어난 최일선에 자리하고 있었다.

수 근처 만지케르트로 전진해 오고 있었다. 전하는 기록에 따르면, 로마누스 4세 디오게네스는 "이 야만인들이 정말로 평화를 원한다면 내 캠프로 와 라이에 있는 그들의 궁전을 나에게 정식으로 넘겨야 한다."고 선언했다고 한다.

만지케르트에서 비잔틴군과 맞서는 것은 알프 아르슬란이 바라던 일이 아니었다. 그는 전투에 앞서 수의를 입었다고 전해진다. 하지만 비잔틴 제국이 패배하고 말았다. 게다가 로마 제국에서는 내란까지 발생했다. 따라서 좀더 많은 투르크 부족민들과 전사들이 아나톨리아로 이주해 올 수 있게 되었다. 알프 아르슬란은 만지케르트 전투를 통해 국경 주변에 작은 영토를 얻었다. 하지만 여전히 그는 아나톨리아를 정복하는 일에는 관심이 없었다. 그 대신 옛 비잔틴 영토 안에 두 개의 투르크 왕조가 들어서게 되었다. 셀주크 왕조의 경쟁적 분파 가운데 하나가 코니아에 술탄국을 세웠고, 가지 계열의 다니슈멘드 왕조(1071년-1178년 통치)가 100여 년에 걸쳐 중앙과 동부 아나톨리아를 지배하게 되었다. 셀주크 투르크족의 아나톨리아 정복과 헬레니즘이 쇠퇴한 일은 중세에 일어난 가장 중요한 인구학적, 문화적 변화 중 하나였다.

제1차 십자군 원정은 셀주크 투르크족이 보스포루스 해협을 향해 전진한 일에서 비롯되었다. 또 다른 군인 출신 황제인 알렉시우스 1세 콤네누스(Alexius I Comnenus, 1081년-1182년 재위)는 교황 우르바누스 2세(Urbanus II)에게 셀주크 투르크족의 침입을 물리칠 수 있도록 서구의 원군(아마도 그가 통제할 수 있는 소규모의 용병)을 보내 달라고 요청했다. 그러나 콘스탄티노플에 도착한 제1차 십자군 지휘관은 황제에게 어떤 지시나 충고도 받으려 하지 않았다. 왜냐하면 그들은 아나톨리아에서 비잔틴 제국을 돕는 일을 하는 것보다 훨씬 더 큰 야망을 품고 있었기 때문이다. 십자군은 셀주크 제국과 다니슈멘드 왕조와 싸워 손쉽게 승리했다. 그들은 목적지인 예루살렘으로 가기 위해 먼저 시리아로 진격했다. 북부 시리아에 도착한 제1차 십자군은 왕자와 태수들(서로 대립 관계에 있는)이 지배하는 작은 국가들의 미미한 저항에만 부딪혔을 뿐 그다지 어려움을 겪지 않았다. 셀주크인들의 전통에서는 장자 상속권이라는 개념이 없었다. 따라서 1092년 셀주크 제국의 술탄 말리크 샤가 사망하자 술탄국에서는 후계자 선정을 놓고 셀주크인들간의 불화가 생겨났고, 이내 붕괴되고 말았다. 시리아의 태수들은 서로 힘을 합쳐도 십자군에 대항할 수 없다는 것을 깨달았다. 1097년 십자군은 안티오키아를 굴복시킨 다음 팔레스타인으로 들어왔다. 그리고 마침내 십자군은 1099년에 파티마 왕조가 지배하던 예루살렘을 장악했다.

13세기 모술의 역사가 이븐 알 아시르(Ibn al-Athīr)는 제1차 십자군에 대해 자세하게 소개하고 있다.

> 이슬람력 478년(1085년 무렵)에 프랑크 왕국의 군대가 이슬람 세계에 처음 나타나 강력한 힘으로 이슬람 지역을 점령했다. 이와 동시에 그들은 안달루시아의 여러 소도시들과 톨레도를 손에 넣을 수 있었다. ……이슬람력 484년(1091년 무렵)에 그들은 시칠리아 섬을 정복했고…… 아프리카 해안까지 공격해 몇몇 지역을 차지했다가 이내 다시 빼앗겼다. 그러나 그들은 다른 지역들을 점령했다. 이슬람력 490년(1097년 무렵), 그들은 시리아를 침입했던 것이다.

시리아·팔레스타인 해안에 십자군의 여러 공국들이 세워졌을 때조차도, 예루살렘을 정복당한 일은 그다지 주목받지 못했다.

바그다드의 까디(gāḍi, 재판관)인 알 하라위(al-Harawi)는 궁전으로 달려가 칼리파를 다짜고짜 비난했다. "시리아에 사는 당신 형제들은 살 곳이 없어 낙타 안장 위에 앉은 채 헤매고 있는데, 당신은 어떻게 정원의 꽃과 같은 하찮은 생명이나 돌보면서 꾸벅꾸벅 졸고 있단 말입니까?"

압바스 왕조의 칼리파나 셀주크 제국의 술탄은 십자군에 맞서는 지하드를 수행하는 데 별 관심이 없었다. 십자군에 대항할 작전을 세우는 일은 점령당한 지역에 살고 있는 이웃 무슬림들의 몫이었다. 1140년대에 이르러 모술과 알레포에 잔기 왕조(*잔기에 의해 창건된 투르크 왕조)가 집권하면서 비로소 지하드를 수행하려는 조짐이 나타나기 시작했다.

1127년 술탄 마흐무드에 의해 모술의 아타베그(atabeg, *총독)로 임명된 잔기는 거칠고 정력적인 투르크족 장교였다. 지독한 애주가였지만 그는 엄격한 규율로 군대를 통솔했다. 전하는 기록에 따르면, "농경지를 지나가는 아타베그의 병사들은 마치 두 밧줄 사이를 지나가는 것처럼 질서정연했다."고 한다. 십자군 공국과 맞서 싸우는 잔기의 병사들은 대부분 자유인이거나 맘루크 출신의 투르크족이었다. 하지만 잔기는 신병을 가능한 한 쿠르드인(*자그로스 산맥에 사는 민족) 전사로 대거 끌어들이려 했다. 1150년대 이래로 파티마 칼리파제는 점점 힘을 잃기 시작했다. 이 무렵 잔기의 아들이자 상속자이며 다마스쿠스와 알레포의 지배자인 누르 앗 딘 마흐무드(Nūr ad-Dīn Maḥmūd, *일명 누레딘)는 이집트를 정복하기 위해 예루살렘의 십자군 공국과 경쟁하기 시작했다.

누르 앗 딘 마흐무드가 이집트로 파견한 고위 장교들은 대부분 쿠르드인들이었다. 1171년 파티마 칼리파제를 종식시킨 것도 아이유브 왕조(*이집트에 세워진 순니파 이슬람 왕조, 1169년-15세기 말 존속)를 세운 쿠르드인 살라흐 앗 딘 유수프 이븐 아이유브(ṣalāḥ ad-Dīn Yūsuf ibn Ayyūb, 1169년-1193년 재위, 일명 살라딘)였다.

살라흐 앗 딘 유수프 이븐 아이유브와 그의 친족들은 주군인 누르 앗 딘 마흐무드를 대신해 자신들이 이집트를 통치하고 있다고 주장했다. 하지만 이는 그저 허울뿐이었다. 1174년 누르 앗 딘 마흐무드가 사망하면서 살라흐 앗 딘 유수프 이븐 아이유브는 이집트를 떠나 주군의 땅인 다마스쿠스와 시리아의 마을들을 점령했다. 처음에 시리아인들에게 살라흐 앗 딘 유수프 이븐 아이유브는 단지 찬탈자에 불과했다. 하지만 살라흐 앗 딘 유수프 이븐 아이유브와 그의 후계자들은 십자군의 여러 공국들과 지하드를 치름으로써 자신들이 시리아와 이집트를 지배하는 것을 정당화하려 했다. 그러나 중세의 술탄들 중에 가장 카리스마적인 인물이었던 살라흐 앗 딘 유수프 이븐 아이유브는 무슬림뿐만 아니라 그의 적대 세력인 프랑크인에게서도 칭송을 받은 인물이었다. 심지어는 알 모하조의 충성스러운 신하인 이븐 앗 주바이르조차도 세속적인 문제와 종교 문제에 관한 살라흐 앗 딘 유수프 이븐 아이유브의 행동과, 지하드를 수행하는 그의 열정을 칭송하며 다음과 같이 쓸 정도였다.

"이 땅(다마스쿠스)의 북부는 이슬람에 소속된 바가 없는데…… 신께서는 이곳의 무슬림들에게 진정한 술탄을 보내셨다. 살라흐 앗 딘 유수프 이븐 아이유브는 절대 한 곳에 머무르지 않으며 안장 위를 회의실로 삼아 일한 사람이었다."

1187년 살라흐 앗 딘 유수프 이븐 아이유브는 하틴 전투의 승리를 통해 예루살렘 왕국을 패배시키고 그리스도교인으로부터 예루살렘을 되찾았다. 이는 피로 얼룩진 희생을 치른 승리였다. 하지만 살라흐 앗 딘 유수프 이븐 아이유브와 그의 동맹자들은 어리석은 열정을 지닌 제3차 십자군(1189년-1192년)과 13세기 초에 다시 맞서게 되는 운명을 맞이했다. 그리고 마침내 1291년 맘루크국(*이집트와 시리아에 맘루크들이 세운 왕조, *1250년-1517년 통치)의 술탄인 알 아슈라프 칼릴(al-Ashraf Khalīl)은 십자군의 요새를 모두 탈환할 수 있었다.

셀주크 계승국

이란과 이라크의 셀주크 제국 술탄들은 시리아에서 벌어진 반십자군 운동에서 미미한 역할만 했을 뿐이었다. 정작 그들의 관심은 온통 동쪽에 쏠려 있었다. 셀주크 제국이 오구즈 부족의 이주를 막을 수 없다는 결론을 내자 호라산은 12세기 중반부터 셀주크 제국의 지배에서 벗어날 수 있었다. 이 오구즈 투르크는 이슬람 심장부에 자리한 셀주크 왕조를 무너뜨려야 한다는 사명을 가지고 있었다. 그러나 정작 대부분의 투르크족은, 잔기 왕조와 예전에 셀주크 술탄에게 봉사한 지방 호족이나 병사가 세운 작은 국가 밑에서 군대와 관련된 일을 하는 데 만족했다. 동쪽의 콰레즘 샤 왕조는 가장 위대한 셀주크 계승 국가였다. 1148년 콰레즘 샤 왕조의 투르크족 장수 아트시즈(Atsiz)는 트란속사니아에서 셀주크 제국으로부터 독립해 나갔다. 1193년에 이르러 콰레즘 샤 왕조는 킵차크(*11세기 중반까지 유라시아 초원 지역에서 광대하게 뻗은 영토를 지배했던 부족 연합체)에서 차출한 궁기병을 앞세워 호라산을 정복하기 시작했다. 콰레즘 샤 왕조의 알라 앗 딘 무함마드(Allāh ad-Dīn Muḥammad, 1200년-1220년 재위)는 이라크의 북동부에서 투르키스탄까지, 가즈나를 넘어 인도의 일부 지방에까지 이르는 영토를 지배했다. 코니아의 소(小) 셀주크 제국, 잔기 왕조, 아이유브 왕조, 그리고 훗날 맘루크국와 같이 콰레즘 샤 왕조도 이란의 대(大) 셀주크 제국으로부터 칭호와 의례, 양식을 빌려 왔다. 그러나 광대한 영토에 비해 왕조의 실체는 이상하리만큼 모호했다. 콰레즘 샤 왕조도 몽골과 같이 피정복민에 대해 강경책을 썼기 때문에 그들로부터 충성심을 얻어 내기란 여간 어려운 일이 아니었다. 특히 콰레즘 샤 왕조가 벌인 바그다드의 압바스 왕조 칼리파와의 싸움과, 그의 울라마와 수피를 다루는 거친 방식 때문에 시민 행정을 맡고 있던 이란인들과 첨예하게 대립하게 되었다. 즉 통치자가 자신의 가족을 중심으로 정치를 펴나가기에는 역부족이었다. 결국 몽골이 공격해 왔을 때 그들은 속수무책으로 당할수밖에 없었다.

몽골족

몽골 부족들은 통합되기 이전에는 바이칼 호와 알타이 산맥의 틈바구니에서 유목 생활을 했다. 일부 몽골족은 불교나 네스토리우스교로 개종하기는 했지만 원래 오구즈나 킵차크와 마찬가지로 그들 대부분이 샤머니즘의 신봉자였다. 몽골 제국의 창시자 칭기즈 칸[成吉思汗]은 1167년에 태어난 것으로 추정된다. 전설에 따르면 칭기즈 칸은 핏덩이를 손에 움켜쥐고 태어났다고 한다. 전 생애 동안 칭기즈 칸은 '운명을 지배하는 사람'으로서의 역할을 충실히 이행했다. 국가간의 외교나 전쟁에서 잔인하고 무자비했던 칭기즈 칸은 맨 처음에는 아주 사소한 분란이나 일으키는 패거리의 지도자로 출발했다. 하지만 그는 눈부신 활약으로 몽골족의 우두머리로 등극했다. 1206년 무렵 그는 스텝 지역의 모든 몽골 부족들에게 서로 손을 잡을 것을 강요했다. 그해 그는 쿠릴타이(*북방 유목민 사이에서 관행으로 이어져 온 합의 제도)를 열어 정식으로 칭기즈 칸이라는 칭호를 받았다. 1218년 콰레즘 샤 왕조가 몽골의 보호 아래 활동하던 상인을 대량 학살한 사건은 몽골에게 전쟁의 빌미를 제공한 셈이 되었다. 콰레즘 샤 왕조의 군대는 수비 도시에 흩어져 있었기 때문에 상황에 맞게 대처할 수가 없었다. 군대를 통치하는 방법보다 이슬람법을 더 해박하게 알고 있었던 콰레즘 샤는 결국 카스피 해의 외딴 섬에서 숨을 거두었다.

험난한 지역을 오랫동안 돌아다닌 여행자들은 무슬림의 마을이나 도시까지 다다르지 못하고 험준한 지역에 고립되는 경우가 종종 있었다. 그래서 통치자와 지방 유지들은 여행자, 특히 무역업자들, 학자들, 순례자가 밤 늦은 시각에 동물과 함께 안전하게 쉴 수 있는 카라반사라이(*대상 숙소)를 마련해 주었다. 술탄 한(Han, *터키어로 대상 숙소)의 이 위대한 문은 13세기에 알라 앗 딘 카이 꾸바드(Allāh ad-Dīn Kay qubad)에 의해 코니아 외곽에 세워졌다. 셀주크 예술의 특징인 벌집 모양의 둥근 천장은 중앙아시아의 전통적인 천막을 연상시킨다.

몽골족은 트란속사니아와 호라산을 여러 차례 공격했으며 약탈을 일삼았다. 몽골군이 서아시아를 비롯한 여러 곳에서 성공을 거둘 수 있었던 것은 몽골 기병대의 기동성과 우수한 장비, 효과적인 병참 관리, 치밀하게 세운 작전 계획 덕분이었다. 그리고 저마다의 공로에 따라 승진이 이루어졌다. 칭기즈 칸은 매우 뛰어난 장군 제베〔哲別〕와 수부타이〔速不臺〕의 헌신적인 도움으로 천하를 얻을 수 있었다. 그들이 함께 싸워 승리한 전투는 오늘날까지도 중요한 전술적 연구의 대상으로 남아 있다.

또한 몽골족은 대대적인 잔학 행위를 일삼았기 때문에 적들을 공포의 도가니로 몰아넣었다. 칭기즈 칸은 페르시아 도시를 향해 다음과 같이 경고했다. "모든 도시들은 파괴되어야 한다. 이는 전 세계를 거대한 초원 지대로 만들기 위해서이며, 그리고 그 안에서 몽골의 어머니들이 아이들을 자유롭고 행복하게 기를 수 있게 하기 위해서이다."

이븐 알 아시르에 따르면 "몽골족은 지구상에서 가장 인구 밀도가 높고, 가장 아름다우며, 가장 문명화된 지역을 단 일 년 만에 장악했다. 그들의 야만적인 행동은 문명화된 도시권에서는 더욱 두드러졌다. 아직 몽골족들이 휩쓸고 지나가지 않은 지역 주민들은 언제 나타날지 모르는 두려운 존재 때문에 뜬 눈으로 밤을 새우기가 일쑤였다."고 한다.

1221년 니샤푸르에서 일어난 몽골족의 약탈은 끔찍 그 자체였다. 몽골족은 어른, 아이 할 것 없이 그들의 머리를 잘라 피라미드를 만들었으며 개와 고양이도 사냥했다. 그들이 모스크와 『꾸란』에 대해 자행한 모독은 유례를 찾기 힘들 정도로 잔인하기 이를 데 없는 것이었다. 몽골에 봉사했던 페르시아 역사가인 알 주와이니(al-Juwayni)에 따르면 "호라산과 이라크의 모든 도시와 마을들은 약탈과 대량 학살의 제물이 되었으며, 이러한 고통은 몇 년간이나 지속되었다. 시간이 흐르면서 안정을 되찾는다 해도 주민의 수는 예전의 10분의 1에도 미치지 못할 것이다."라고 했다. 공포에 질린 또 다른 이는 약탈과 학살만큼이나 학문 체계가 파괴된 것에 대해서 슬픔을 감추지 못했다. 무슬림 정통 신앙과 학문의 중심지인 사마르칸트와 니샤푸르 할 것 없이 몽골인들은 모든 도시에 있는 책들을 불살라 버렸다.

이러한 몽골족의 극악무도한 행위에 의해 무슬림의 문화와 경제가 순식간에 무너지고 말았다. 1219년 이후 이란의 도자기는 약 40년 동안 거의 생산되지 않았다. 1258년, 몽골족이 도자기의 중심지인 유프라테스 강에 있는 라카(시리아 도시)를 약탈하자 그 도시에서는 그 이후 도자기 생산이 끊겨 버렸다. 금속 세공의 중심지인 모술도 1260년대 이후 그 기능이 마비되었다.

무슬림 역사가들은 칭기즈 칸이 제정신이 아닌 상태에서 악마와 접촉했다고 주장하기까지 했다──14세기 투르크 몽골의 정복자 티무르(帖木兒)에 대해서도 이와 비슷한 소문이 있었다──또 무슬림 역사가들은 몽골족 앞에 끌려 나온 무슬림 왕자들을 그저 벌벌 떨기만 하는 겁쟁이로 묘사했다. 1227년 칭기즈 칸이 사망한 이후에도 몽골 군대는 북부 이란을 자주 침입했다. 1243년 몽골족 장군 바이주(Baiju)는 코세 다그 전투에서 코니아의 셀주크 술탄국 군대를 무찔렀다. 따라서 셀주크 술탄국은 몽골의 속국이 되었다. 그러나 몽골이 이란과 이라크를 본격적으로 정복하기 시작한 것은 1250년대부터였다.

1253년 몽골의 대칸 몽케(蒙哥)는 자신의 형제 훌라구(旭烈元)가 이끄는 군대를 이슬람 지역에 파견했다. 훌라구의 첫번째 임무는 북부 이란의 이스마일파 암살단인 아사신파(*11세기부터 13세기에 활동한 과격 이스마일 쉬아파의 한 분파)의 성채와 알라무트에 있는 그들의 본부를 점령하는 것이었다. 1256년에 알라무트는 완전

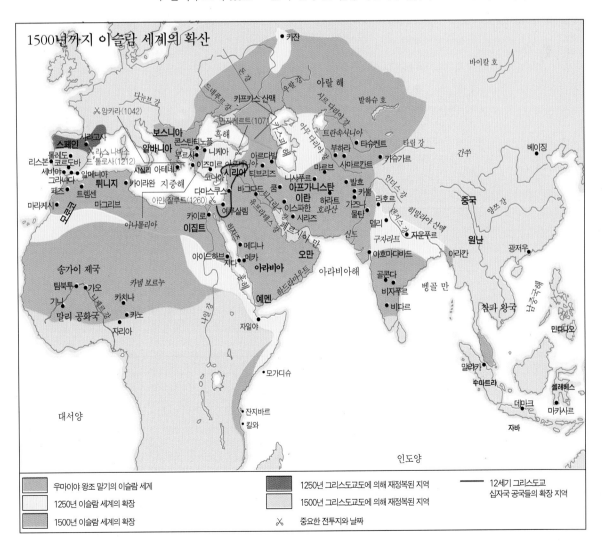

히 붕괴되었다. 마지막까지 살아 있던 대(大) 장로가 몽골군에게 죽임을 당했고 그 성에 있던 도서관도 형체를 알아 볼 수 없을 정도로 파괴되었다. 자연히 이 과격 종파는 지역적인 기반이 무너졌을 뿐만 아니라 교의 또한 그 권위를 잃고 말았다. 1271년에는 맘루크국 술탄 바이바르스 1세(Baybars I)가 북부 시리아에 있는 이 파의 마지막 기지를 점령했다.

홀라구는 중동에 있는 이스마일 쉬아파의 핵심부를 물리친 후 순니들의 수도 인 바그다드를 향해 진격했다. 바그다드는 무자비하게 약탈당했고 결국 1258년에 마지막 압바스 왕조 칼리파가 최후를 맞이하게 되었다. 홀라구가 칭기즈 칸에게서 속국을 세우라는 위임을 받았는지에 대해서는 불확실하다. 홀라구가 주장하는 영 토의 지배권 문제에 대해 한 친족이 이의를 제기하는 바람에 그는 카프카스에서 남 러시아에 세워진 킵차크 칸국(*몽골 4칸국의 하나. 금장칸국)의 몽골 칸들과 오랜 기 간 전투를 벌여야만 했다. 홀라구가 중국 송나라와 위그르에서 관료들을 데리고 왔 지만, 그와 그의 계승자들은 이란의 지식인 계층에 크게 의존할 수밖에 없었다. 이 는 몽골족에게 봉사하던 한 송나라 대신이 "말을 타고 제국을 정복하기는 했으나 말 잔등에서 제국을 꾸려 나갈 수는 없다."고 주지시켰던 것에서도 알 수 있다. 이 란 관료와 학자는 정복 이후 몇십 년 동안 아랍 무슬람들과 어떠한 교류도 하지 않 았다. 따라서 이란에서는 토착 문화가 점점 강화되었다.

중국과 이슬람 세계의 관계가 얼마나 중요했는지는 15세기 중반 투르크멘 화풍을 반영한 이 세밀화 속에 잘 나타나고 있다. 중국인 신부가 바르바르인(*여기에서는 투르크인) 신랑과 결혼하기 위해 길을 나서고 있다. 이슬람권에서는 중국산 청백의 도자기 세공품(신부의 지참금으로 보임)을 소중히 여겼다.

1265년 마침내 훌라구가 세상을 떠났다. 그의 장례식에서는 인간이 제물로 바쳐졌다. 따라서 훌라구는 분명 무슬림이 아닌 불교도였던 듯하다. 1282년에서 1284년까지 일 칸(몽골 칸의 대리인)이었던 훌라구의 아들인 테구데르 아흐메드(Teguder Aḥmed)가 이슬람교로 개종하자 몽골 부하들은 그를 존경하지 않았다. 이란에 있던 몽골인들은 일 칸국 마흐무드 가잔(Maḥmūd Ghāzān, 1295년–1304년 재위)을 따라 순니파 이슬람교로 개종했다. 중세 이란에는 순니파가 압도적으로 많았다. 이 시기에는 순니파와 쉬아파를 구분하는 것이 쉽지 않았다. 그 외 몽골 지배 지역에서도 이슬람교로 개종하는 사람들이 점차 늘어나고 있었다.

킵차크 칸국의 베르케[鈴痩]는 1260년에 무슬림이 되었고, 그 후 14세기 초 우즈베크[月卽別] 칸에 의해 이슬람교가 장려되면서 무슬림으로 개종하는 사람들이 눈에 띄게 늘어났다. 트란속사니아에서 주도적인 입지를 차지했던 차가타이 칸국인들은 1260년대에 개종을 했으며 군 장교 사이에 이슬람교가 널리 퍼지기 시작한 것은 14세기에 이르러서였다. 야사비야 데르비쉬들은 몽골족과 투르크인 보조 병사들을 이슬람교로 개종시키는 데 중요한 역할을 했다.

몽골 제국의 지도자들은 자신들을 '하늘 아래 유일한 태양, 세계의 유일한 군주'라 칭하면서 세계를 정복하고 통치하는 것은 신의 계시라고 주장했다. 그 근거는 1269년, 일 칸국 아바까(Abaqa)가 술탄 바이바르스에게 쓴 서신에서 엿볼 수 있다.

아바까 칸은 동방에서 출발하자마자 세계를 정복했다. 우리에게 반대하는 자는 살아 남지 못했다. 그대가 하늘로 올라갔다가 땅으로 내려온다 해도 우리는 그대를 구원할 수 없다. 그대가 구원받을 수 있는 유일한 길은 우리와 타협하는 것이다. 그대는 시바스(*터키 동부)에서 사 온 노예에 불과하다. 그대가 어떻게 감히 이 땅의 왕에 맞서 반란을 일으킬 수 있는가?

맘루크국인

그런데도 맘루크국인들은 시리아와 이집트를 정복하려는 몽골인들을 계속 물리쳤다. 비로소 그들은 1260년 북부 팔레스타인의 아인 잘루트에서 일어

이슬람법은 지나친 의복비의 지출을 금지했다. 하지만 이 사진들은 왕자나 신하들이 정교하고도 화려한 복장을 선호했음을 암시하고 있다. 이집트에서 티라즈(tiraz, *화려한 천) 생산은 지배층의 독점 사업이었다.

난 몽골족과의 싸움에서 첫 승리를 얻을 수 있었다. 그 후 그들은 몽골족과 끊임없이 싸움을 해 나갔고 첫 승리 이후 50년 동안 유프라테스 강 유역의 국경을 사수할 수 있었다. 또한 이 시기 그들은 십자군과의 싸움에서도 대부분 승리를 거두었다. 사실, 1249년 이집트와 싸우고 있던 프랑스 십자군은 맘루크국의 관리를 꾀어 내어 아이유브 왕조의 마지막 술탄인 투란샤(Turanshah)를 살해했고 이집트까지 차지했다. 그리고 1260년에는 시리아로 나아갔다. 일찍이 살라흐 앗 딘 유수프 이븐 아이유브가 다마스쿠스를 차지했을 때 그러했던 것처럼 맘루크국 술탄들도 지하드의 이념을 빌려 무력을 사용한 왕위 찬탈을 정당화했다. 이 일은 무슬림들에게 매우 인상적인 것이었다. 그 시기의 수많은 이슬람 정권들인 알 모라비조, 알 모하조, 구리 왕조(*약 1000년-1215년, 아프가니스탄 북부 인도를 통치한 왕조), 아나톨리아의 베이들은 저마다 지하드의 지도자로 자처하며 자신들의 역할을 강조했다.

맘루크는 병술과 전술, 장비 면에서 몽골족과 매우 비슷했다. 시리아의 역사가인 아부 샤마(Abū Shama)에 따르면 "몽골인들은 자신과 똑같은 종류의 해충에게 지고 말았다." 맘루크는 처음에는 아이유브 왕조가, 1250년부터 1517년까지는 맘루크국 술탄들이 들여온 노예 군인이었다. 젊은 투르크족 노예들은 군사 훈련뿐 아니라 이슬람 교리와 아랍어를 읽고 쓸 수 있도록 교육받았다. 아울러 맘루크들은 정부 업무에 관한 훈련도 받았다. 이슬람화된 맘루크들은 개종하는 데 적극적이었다. 맘루크의 술탄과 아미르들은 마드라사와 칸까를 세웠고, 셀주크 제국과 아이유브 왕조의 예를 본받아 그곳에 자금을 지원했다. 그들은 시민 지도층을 또 다른 방법으로 후원했다. 왕립 재판소와 재무 담당 부서를 대폭 늘렸으며 또 대(大) 아미르는 아랍인 비서와 재정 관리인을 개인적으로 채용할 수 있었다.

동남아시아와 동아시아의 이슬람

1261년 바이바르스 1세는 마지막 압바스 왕조의 인척 가운데 한 사람을 칼리파로 추대했다. 그 이래 맘루크국의 술탄들은 압바스의 칼리파제와, 신성한 성도인 메카와 메디나를 보호하겠다는 신심을 사방에 널리 알렸다. 사실상 그들의 카이로 지배권은 술탄국 밖에서는 산발적으로만 인정되었다. 13세기 페르시아인 역사가 알 주즈자니(al-Juzjani)는 "몽골 제국의 바그다드 지배 이후부터 델리 술탄국은 이슬람의 중심이 되었다."고 말했다.

북인도의 구리 왕조는 신드에서 무슬림 이단자들과 싸움을 하고 있긴 했지만 시리아에서 아이유브 왕조가 그러했던 것처럼 지하드를 꾸준히 수행하고 있었다.

이집트의 술탄 아이유브가 갑작스럽게 사망하면서 맘루크가 권력을 잡은 것처

럼, 1206년 구리 왕조의 무함마드가 암살당하자 맘루크 관리인인 꾸틉 웃 딘 아이바크(Qutb-ud-Dīn Aybak)가 술탄이 되었다. 1206년에서 1555년에 걸쳐 델리는 투르크 왕조와 아프가니스탄 여러 왕조들의 지배를 받았다. 손에 꼽힐 정도로 출중한 술탄들이 지닌 전략은 노예 병사를 폭넓게 이용하는 것이었다. 1335년에 이르러서는 델리 술탄들의 활약으로 무슬림 영토가 인도 대륙 대부분을 포함할 정도로 크게 확장되었다. 그런데도 그들은 오랫동안 성격이 다른 소수 세력으로 존재할 수밖에 없었다. 따라서 그들은 정치적으로 수피의 도움을 받아야만 했다. 그중에서도 특히 치쉬티야와 수흐라와르디야 종단은 왕실에 커다란 영향력을 행사했을 뿐 아니라 수많은 인도 대륙의 사람들을 이슬람교로 개종시키는 데도 한몫 했다.

투르크족의 인도 정복과 수피들의 설교로 인도가 이슬람화되기 전, 아랍인과 페르시아 상인은 인도의 해안을 따라 마을을 이루며 살고 있었다. 사실, 인도와 동아프리카 사이에 있는 아라비아 해는 무슬림의 소유였다. 1498년 바스코 다 가마가 남아프리카의 희망봉을 돌기 전까지 이슬람은 인도의 항구에서 출발하여 무역로를 따라 동쪽으로 뻗어 나갔다. 인도 구자라트 출신 무슬림 상인들은 말레이 반도와 수마트라에서 무역을 했다. 15세기 초 말라카의 지배자가 이슬람교로 개종하자 수마트라인들이 하나 둘씩 그 뒤를 따랐다. 인도와 말라카 해협 항구들은 향신료 산지인 섬들과 명나라에 이르는 무역로의 중간 정박지였다.

중국의 발달된 문명과 거대한 도시들은 무슬림 세계에 아주 중요한 영향을 끼쳤다. 무슬림 국가는 중국과 상업적, 문화적 교류가 늘어나면서 상대적으로 그리스도교 국가들과의 교류는 줄어들었다. 중국이 무슬림 세계에 수출한 주요 품목은 비단과 도자기였다. 9세기 광저우에는 아랍 상인들만 해도 10만 명이 있었다. 1250년대까지 무슬림으로 개종한 중국인들과 아랍인 무슬림, 그리고 페르시아인 무슬림들은 항구 지역에 몰려 있었다. 그 후 1252년부터 1279년까지 몽골(원)의 정복자들은 애써 무슬림이 되지 않았다. 하지만 많은 무슬림 관리와 군인, 상인을 북부 중국으로 데려갔다. 아랍과 페르시아는 중국의 도자기와 직물을 모방하려 했다. 그들은 연꽃무늬와 구름띠, 용, 봉황새와 같은 주제를 다룰 정도로 중국 문화에 대한 경외감을 가졌다. 두채 기법(*푸른색 안료로 윤곽을 그리고 그 위에 녹색 등으로 무늬를 세부 묘사한 기법, 명나라 도자기에 쓰임), 비취 조각, 폭죽 제조술, 염색, 칠기, 제지술 등 중국의 탁월한 기술은 무슬림들에게는 경이로움 그 자체였다. 11세기 페르시아의 학자 알 탈리비(al-Thalibi)는 다음과 같이 말했다. "멋지게 만들어진 물건들은 대부분 중국 특산품이었다. 따라서 아랍인들은 우아하고 신기한 그릇들을 무조건 '중국 것'이라고 불렀다."

왼쪽
델리에 있는 꾸와트 알 이슬람(이슬람의 힘) 모스크. 이 그림은 모스크의 아치형 칸막이 벽을 통해 꾸틉 미나레트 쪽을 본 전경이다. 거대한 꾸틉 미나레트 이슬람의 권위를 상징하는 승리의 탑으로서 노예 술탄 왕조의 꾸틉 웃 딘 아이바크(Qutb-ud-Dīn-Aybak)가 1199년에 세운 것이다.

티무르의 등장

몽골 제국에 이어 티무르 통치 말기, 그의 후계자 시대에 걸쳐 중동에는 중국의 것에 정통한 아랍인과 페르시아인들이 증가되고 있었으며 또한 중국 출신과 중국의 영향을 받은 투르크족 출신의 고문, 기술 전문가, 장인(匠人)들의 수가 점차 늘어났다. 1337년 이란을 지배하던 몽골인 아부 사이드(Abū Saīd)가 사망하자 정치 당파들은 일 칸국을 지배하기 위해 치열하게 싸웠다. 몽골 장군들은 그들의 야심을 좌절시키기 위해 칸들을 꼭두각시로 이용했다. 14세기 몽골인 세력이, 투르크족이 지배했던 페르시아를 중심으로 다시 들고일어났을 때 몽골의 관심은 이미 그보다 훨씬 동쪽인 트란속사니아로 옮겨 간 상태였다. 차가타이 칸국은 트란속사니아와 투르키스탄을 정복하기 위해 기회를 엿보고 있었다. 전통을 중요시한 차가타이 칸국은 일 칸국의 몽골족보다 이슬람교로 개종하는 데 더 오랜 시간이 걸렸다. 이슬람교로 개종한 후에도 이들은 전통 의상을 그대로 입었다. 그러자 신앙심이 두터운 무슬림들은 차가타이 칸국의 제후들을 가리켜 "이슬람의 성법보다 칭기즈 칸의 법령을 더 존중한다."고 비난했다.

차가타이 칸국의 정복자 티무르에 대한 자료는 그다지 많지 않다. 그나마 남아 있는 티무르에 대한 기록은 의심스러울 정도로 칭기즈 칸과 비슷한 면이 많았다. 소수 부족 출신인 티무르는 자신의 혈통에 대해 내세우지 않았다. 오히려 그의 추종자들이 티무르가 어떻게 자신의 능력만으로 성공할 수 있었는지를 항상 강조했다. 그는 스스로를 '운명을 지배하는 사람,' 즉 터키어로 '재능과 운이 따르는 사

중국의 발달된 문명은 무슬림 세계에 큰 영향을 주었다. 중국과 무슬림의 교류는 그리스도교 세계와 무슬림의 접촉보다 훨씬 중요한 가치를 지녔다. 몽골 제국이 무슬림을 정복할 때까지, 중국인 개종자뿐만 아니라 아랍인과 페르시아인들도 항구에 몰려 살았다. 그 후 그들은 중국 전역으로 퍼져 나갔다. 이것은 1362년 베이징에 세워진 니우지에(牛街) 이슬람 사원이다. 아랍어 서체와 중국의 장식적인 한자어의 결합을 살펴볼 필요가 있다.

람'이라고 불렀다. 그는 하늘이 내린 운명과 전장에서의 승리, 전리품 덕분에 군대를 통제할 수 있었다. 티무르는, 약탈은 신앙을 위해 싸우는 무슬림들에게 주어지는 모유와 같은 것이라고 생각했다. 그의 추종자들은 이와 같은 티무르의 신념 때문에 자신의 약탈 행위에 대해 죄책감을 갖지 않았다. 티무르는 처음에는 양이나 훔치는 좀도둑에 불과했지만 점점 군사적인 활동으로 힘을 키워 나갔고, 1370년에는 차가타이 칸국을 지배하기에 이르렀다. 그는 칸을 옥좌에 허수아비로 앉혀 둔채 아미르로서 실질적인 힘을 행사했다. 티무르는 투르크인이었지만 몽골 제국의 이념을 따른 사람이었다.

그리고 나서 티무르는 투르키스탄과 러시아, 이란, 카프카스, 이라크로 원정을 나갔다. 그는 몽골족처럼 적과 피정복민을 굴복시키기 위해 극악무도한 행위를 자행했다. 1387년 이스파한에서 일어난 반란을 진압하면서 그가 저지른 대량 학살은 너무도 끔찍했다. 차가타이는 눈에 띄는 대로 시민들의 목을 베고는, 그 두개골로 첨탑을 쌓았다. 티무르 왕조의 역사가이며 비겁한 아첨꾼인 니잠 앗 딘 알 샤미(Nizam ad-Dīn al-Shami)는 중세 울라마들의 말을 인용하여 다음과 같이 설명했다. "이틀간 벌어진 대량 학살보다 그 어떤 왕이 저지른 100년간의 독재가 더 낫다." 1398년 티무르와 그의 군대는 힌두쿠시 산맥을 가로질러 델리 술탄국의 군대를 쳐부수고 델리를 점령했다. 1400년 그는 시리아를 침입했고 알레포를 점령했다. 1401년 1월 티무르의 군대는 맘루크가 방어하던 다마스쿠스에 무혈 입성할 수 있었다. 물론 여기서도 약탈은 계속되었으며 조공을 바치라는 강요 또한 계속 이어졌다. 티무르는 자신의 요구에 대해 그곳 유지들이 회의적인 태도를 보이자 다음과 같이 그들을 나무랐다. "나는 너희를 응징하기 위해 임명된 하나님의 채찍이다. 나 이외에는 아무도 너희들이 저지른 부정을 치료할 수 없다. 너희는 사악하다. 그러나 나는 너희보다 더 사악하니 조용하라!"

1402년 티무르는 아나톨리아와 발칸 지역으로 눈을 돌려 오스만 술탄 바예지드 1세(Bayezid I, 1389년-1402년 재위)를 앙카라 전투에서 물리쳤다. 1405년 티무르는 중국 원정에 나섰지만 도중에 사망하고 말았다.

티무르의 원정은 13세기 몽골 제국의 영화를 재현시키는 데 지대한 역할을 했다. 하지만 그의 사망 이후 제국은 혼란에 휩싸였다. 후계자 자리를 두고 네 아들간에 분쟁이 일어났다. 그의 후계자들은 투르크·몽골 전사 문화를 계승하기보다는 이슬람 문화에 깊이 빠져드는 쪽을 선택했다. 예를 들어 1429년 트란속사니아와 호라산을 지배하고 있던 티무르의 아들 샤 루흐(Shāh Rukh)는 정통 하디스집인 부카리(Bukhari)의 『하디스(kitab aṣ-ṣahīb)』의 사본과, 종교학자 이븐 하자르와 알 마끄리지(al-Maqrizi)의 작품을 얻기 위해 이집트의 맘루크국 술탄에게 편지를 보

티무르의 위업

역사상 티무르만큼 개인적 성취에 대한 열망으로 피에 굶주렸던 인물은 거의 찾아볼 수 없다. 그는 세계적으로 몽골족의 우월 의식을 심는 데 헌신했다. 몽골의 힘을 상징하는 대표자로서 그는 세계를 홀로 지배할 권한만큼 군사적 원정에 성공했다. 아울러 그는 이슬람과 동맹을 맺었다. 그는 울라마와 수피 모두에게서 강력한 지지를 얻었다. 나아가 그는 혼란스러운 지방의 질서를 다스리기 위해 도시의 부를 축적해 갔다. 그는 특히 무역을 장려하고 부패한 무역 관행을 척결하는 데에 관심을 기울였다.

반면에 자신의 적을 다루는 데에는 철저하게 냉혹했다. 그의 위대함에 저항했던 도시들은 대학살에 직면해야 했으며, 반대자들은 절벽에서 던져지거나 불태워졌으며, 젊은 여성들은 죽어 가는 어린 자식들을 내버려 둔 채 끌려 가야 했다.

1387년에는 이스파한에서 대학살이 자행되었으며 7만 개의 머리로 탑을 쌓았다. 티무르가 천재적인 군인이었다면, 그의 많은 후손들은 다른 면에서 그 천재성을 물려 받았다. 티무르의 아들 울루그 베그는 과학에, 무굴 황제 바부르는 문학에, 바부르의 손자 아크바르는 뛰어난 통치 능력을 선보였다.

티무르가 사망한 뒤에도 여러 세대에 걸쳐 그의 업적뿐 아니라 그만의 독특한 정치 스타일

1941년 사마르칸트에 있는 티무르 묘지는 구소련 고고학 위원회의 학자들에 의해 개방되었다. 게라시모프(Gerasimov)는 티무르의 얼굴을 생전의 모습과 거의 똑같이 재현했다.

은 무슬림과 이교도 사이에서 칭송받았다. 무굴 제국 회화의 주요 주제 중 하나는, 당대의 지배자들과 티무르의 위대성을 연결할 수 있는 단서를 소재로 삼아, 티무르와 그의 후계자들을 묘사하는 것이었다. 오늘날 우즈베크를 비롯한 중앙아시아의 여러 지역에서는 신생 국가들이 티무르의 영광을 재현하기 위해 기틀을 확고히 다지고 있다.

15세기 티무르 제국 내에 자리한 쿤룬 산맥은, 귀중한 보석의 하나인 옥(玉)의 산출지로서 중국 명나라의 국경과 맞닿아 있었다. 옥은 중국인들이 선호한 중앙아시아 수출품들 중 하나였지만 티무르 왕조의 지배 세력들도 옥제품을 신성하게 여긴 듯하다. 당시 정교하게 만들어진 술잔들이 오늘날까지 전해져 온다. 이 술잔들은 차가타이 전사 계급의 제례 의식에 사용된 것으로 추정된다. 왜냐하면 완전하게 이슬람화되지 못한 차가타이 부족들이 아직 폭음을 즐기는 몽골의 오래된 관습을 고수하고 있었기 때문이다. 티무르 제국을 방문했던 스페인 사절단은 "아주 자유롭게 마시고, 술잔에 가득 찬 포도주를 단숨에 들이킬 수 있는

사람은 영웅이다."라고 말했다.

티무르는 수피 쉐이크들 및 그의 추종자들과 늘 우호적인 관계를 맺기 위해 세심한 주의를 기울였다. 12세기에 수피 사절단의 일원이자 시인이었던 쉐이크 아흐마드 야사비는 중앙아시아 유목민들 사이에서 숭배를 받는 인물이었다. 야사비는 그의 고향 마을인 야시에 묻혔다. 1397년 야시 순례를 다녀온 후 티무르는 그를 위해 대영묘를 건립했다. 그는 이처럼 경건한 건축물을 남김으로써 야사비를 사람들의 기억 속에 성인으로 각인되기를 바랐던 것이다.

내기까지 했다. 15세기에 티무르 왕조 치하의 사마르칸트와 부하라는 이슬람 문화의 중심지로 카이로의 경쟁 도시로 거듭났다. 문학 작품은 티무르 왕조의 후원 아래 위상이 높아진 터키어로 씌어졌으며, 터키 문학은 맘루크국와 오스만 제국에서 두루 발전했다.

오스만 제국의 등장

오스만 제국(*14세기 비잔틴 제국의 쇠퇴로부터 1922년 터키 공화국이 건설될 때까지 지속되었던 아나톨리아의 투르크족이 세운 제국, 서구에서는 오토만 제국이라고도 함)이 어떻게 시작되었는지는 여전히 베일에 가려져 있다. 오스만가가 속했던 투르크 씨족은 매우 뛰어났다. 14세기 초만 해도 그들은 소아시아 반도 북동쪽 부르사 주변의 순찰자 또는 습격자에 지나지 않았다. 오스만인들은 원래 몽골 대군주의 종속민이거나 신하였지만 14세기 초에는 몽골인들이 아나톨리아에서 지배력을 잃자 오스만인들이 비잔틴 제국의 마을과 도시들을 습격한 적도 있었다. 오스만인들은 1326년에 부르사를, 1331년에는 니케아를 차지했다. 비잔틴 제국은 화폐 평가 절하 정책에도 불구하고 재정 궁핍이 끝내 나아지지 않았으며 백성들은 높은 세금과 물가고 및 기근에 시달렸다. 비잔틴인은, 오스만인과 다른 투르크족들이 복잡한 내부 상황을 벗어나기 위해 다르다넬스 해협을 건너는 것을 물끄러미 지켜볼 수밖에 없었다. 그리고 1354년에는 지진이 일어나는 바람에 그들은 투르크 용병대가 해협을 건너 갈라폴리를 차지하는 데 속수무책이었다. 소아시아에 이웃한 무슬림 베이국들은 즉각 오스만의 공격에 맞섰다. 술탄들은 법학자들의 지지를 바탕으로 한 파트와를 통해 전쟁에 정당성을 부여하고자 노력했다. 오스만 제국의 바예지드 1세는 1402년 티무르──아나톨리아에 티무르 왕조의 완충지를 재건설했던──에게 점령당하기 전까지 소아시아 대부분을 합병하고 있었다.

 포로가 된 바예지드 1세가 사망하자 그의 아들들 사이에 분쟁이 일어났다. 그 후 메흐메드 1세(Mehmed I, 1413년-1421년 재위)가 집권하면서 제국은 예전의 국경을 회복할 수 있었다. 오스만인들은 발칸까지 영토를 확장했고, 1453년 메흐메드 2세(Mehmed II, 1451년-1481년 재위) 통치 시기에는 오랜 전투 끝에 콘스탄티노플을 점령하게 되었다. 훗날 이슬람볼(Islambol, 이슬람이 풍족한 도시) 또는 이스탄불이라고 불린 콘스탄티노플의 점령은 7세기 이래로 무슬림의 숙원이 이루어지는 대사건이었다. 왜냐하면 668년에 처음으로 무슬림들은 그 도시를 포위(*우마이야 왕조를 연 무아위야의 콘스탄티노플 공략은 결국 실패했음)했기 때문이다. 유럽과 아시아 사이에 오스만 제국의 새 수도를 둔 것은 양 대륙에 걸쳐 있는 술탄의 야망을

알함브라

스페인 무슬림이 마침내 그리스도교 군대에게 길을 내어 주기까지는 두 세기가 걸렸다. 그라나다 왕국 시대에는 약 300년 전 우마이야 황금 시대에 버금가는 전성기를 구가했다. 이 전성기에 가장 주목할 만한 유산은 알함브라 궁전이다.

약 10세기에서 11세기까지 코르도바의 우마이야 칼리파가 수도의 외곽인 마디나 알 자흐라에 살기를 원했던 것처럼, 14세기에 이르러 그라나다의 나시리 왕조인들은 자신들의 궁전을 도시가 내려다 보이는 언덕으로 옮겼다. 많은 이슬람 궁전(그중에는 사마라의 압바스 왕조, 카이로의 맘루크국때의 것들)처럼 알함브라는 한 개의 궁전이 아니라 넓은 담장으로 둘러싸인 여러 개의 작은 궁전으로 이루어져 있다.

한때 사비카 언덕의 꼭대기를 둘러싼 성벽 안에는 일곱 개에 이르는 궁전들이 있었지만 오늘날에는 오직 두 개의 복합 궁전만이 보존되고 있다. 그것은 멀틀(*도금양, 상록 관목의 일종)이 심어져 있는 뜰과 사자가 노니는 정원으로 둘러싸여 있다.

1370년대 무함마드 5세를 위해 세워진 사자 정원 주변의 건물들은 기하학적 도형, 식물, 서예 도안으로 화려하게 장식되었다. 몇몇 서예 조각품은 『구란』의 인용문들이다. 그러나 다른 작품들은 무함마드 5세의 자비로움과, 1369년 알게시라스에서 그리스도교인들과 싸워 얻은 승리를 경축하기 위해 궁정 신하 이븐 잠라크(Ibn Zamrak)가 지은 시들을 새겨 넣은 것이다(위).

알함브라는 아랍어로 '붉은색'을 뜻하는 '알 함라'에서 그 이름의 유래를 찾을 수 있다. 그리스도교인들이 세비야의 알카자르를 본떠 만든 알함브라는 신기한 마력을 가진 건축물이다. 더욱이 보는 사람을 하여금 상상의 세계로 이끌게 하는 마력은 20세기 내내 축복의 세례를 받았다.

1411년 티무르의 손자들 가운데 한 명인 이스칸다르 무다(Iskandar Muda) 술탄이 이란의 시라즈에 그린 천궁도. 티무르 왕조의 왕자들, 특히 이스칸다르 술탄과 울루그 베그(Ulügh Beg)는 천문학자와 점성가들의 든든한 후원자였다. 그는 자신을 시기하는 친척들의 음모에도 불구하고 그의 천궁도는 이스칸다르의 성공과 행복을 예언한다. 그러나 몇 년 후 실제로 그 왕자는 샤 루흐에 의해 맹인이 되었으며 곧 죽음을 맞이했다.

상징하는 것이기도 했다. 콘스탄티노플을 차지했다는 사실은 메흐메드 2세와 그의 후계자들에게 자신들이 가지 왕조의 후손일 뿐만 아니라 블라디미르 공작 알렉산드르 네프스키(Aleksandr Nevsky)와 율리우스 카이사르(Julius Caesar)의 상속자라는 주장을 뒷받침해 주기에 충분했다.

메흐메드 2세는 뛰어난 법률 제정자이기도 했다. 몇몇 무슬림 왕조들처럼 오스만인들도 종교법의 법규와 규정에 대해서는 믿기 어려울 정도로 무관심했다. 그들이 제정한 법규와 전통적으로 이어져 온 이슬람법은 상충되는 부분이 많았다. 메흐메드 2세가 제정한 법규 중 '형제 살해법'이라는 것이 눈길을 끌었는데 이는 계승의 안전을 위해 왕위 계승자에게 자신의 형제를 살해할 권한을 주는 법이었다. 그리고 궁전이나 예니체리 군단에 복무하기에 앞서, 개종을 강요당했던 그리스도교 소년들을 징집하는 제도인 데브쉬르메(devshirme, *그리스도교도인 남자 아동을 궁정으로 징용하는 제도)가 있었는데 그 법은 전통적으로 보호되어 오던 그리스도교인의 지위를 떨어뜨리는 결과를 초래했다. 그 후 오스만 제국의 까디들은 전통적으로 인정되지 않았던 것들에 대해 조사하고 탄핵할 권한을 갖게 되었다.

오스만 제국은 갈리폴리와 콘스탄티노플을 정복함으로써 주요 조선소들을 손에 넣을 수 있었다. 그리고 파티마 왕조가 쇠퇴한 이래 처음으로 무슬림 함대가 지중해 동부를 장악했다. 15세기 오스만 제국이 발칸 반도와 에게 해에서 성공을 거둔 것은——불가리아와 마케도니아를 처음 정복한 데 이어 그리스, 보스니아·헤르체고비나, 알바니아를 아울러 복속한 것은——스페인에서 잃어버렸던 과거를 되찾으려는 보상 심리에서 비롯된 것일 수도 있었다.

1230년 이래로 나시리 왕조(*스페인의 이슬람 최후의 왕조)가 지배하던 그라나다는 카스티야의 그리스도교 공국에 조공을 바치면서 근근히 명맥을 유지하고 있었다. 1469년 카스티야와 아라곤이 합병됨과 더불어 서구의 포병술이 발달하면서 나시리 왕조는 위협을 받기 시작했다. 위기를 느낀 나시리 왕조는 마린 왕조와 맘루크국, 오스만 제국에게 도움을 청했으나 모두 거절당했다. 결국 1492년 나시리 왕조의 마지막 왕 보아브딜(Boabdil, *무함마드 11세)은 '가톨릭 부부왕'인 페르난도 2세(Fernando II)와 이사벨 1세(Isabel I)에게 마지막 남은 요새인 그라나다를 넘겨주고 말았다. 가톨릭 부부왕은 나시리 왕조 정복 초기에는 그곳에 있는 무슬림에

맘루크국의 영토와 베네치아, 제노아간의 향료와 비단 무역은 매우 중요했다. 15세기 후반 베네치아 대사들이 다마스쿠스에서 영접받는 것을 보면 어느 정도 그것을 짐작할 수 있다. 베네치아인들은 맘루크 시리아의 행정 수도에 폰다코(*商館) 또는 무역 거류지를 운영했다. 이 사진을 보면 낮은 단상에 앉은 다마스쿠스의 주지사는 자신의 높은 신분을 나타내기 위해 이상한 모자를 쓰고 있다. 건물 벽에 나타나 있는 눈부신 맘루크의 문장(紋章)들을 볼 수 있다.

대해 포용 정책을 펼쳤지만 무슬림 대부분은 북아프리카로 이주했다. 그리고 지중해 유역의 무슬림 땅에서 번성하던 유대교인들도 그곳을 떠났다.

서아프리카의 이슬람

이슬람 지역인 그라나다를 잃자 무슬림은 한동안 전율에 휩싸였다. 그러나 그것도 잠시 무슬림은 발칸 반도뿐만 아니라 아시아와 사하라 이남의 아프리카 땅에서 세력을 계속 확장시켜 나갔다. 인도와 같이 동아프리카에 있는 항구 아이드하브, 자일란, 모가디슈, 킬와(오늘날 탄자니아) 등을 중심으로 무슬림 지역 사회가 형성되었다. 지하드는 킬와에서 조직화되었음에 불구하고 아프리카 내륙까지는 이슬람이 거의 알려지지 않은 상태였다. 게다가 북부 수단에서는 이슬람화라는 말은 아랍 정복과 같은 뜻으로 쓰이기도 했다. 11세기에 서아프리카 타크루르의 무슬림 정권, 알 모라비조, 그 밖의 세력들이 산발적으로 이교도와 맞서 지하드를 수행해 나갔다. 하지만 세네갈과 말리 같은 지역에서 이슬람이 승리한 데는 또 다른 이유가 있었다. 사하라 남부에서 이슬람 세력이 커질 수 있었던 것은 베르베르 무역상이 한몫 했기 때문이다. 그들은 소금을 싣고는 사하라 사막을 가로질러 남쪽 지방으로 운반했고, 그곳에서 향신료와 염료를 싣고 노예들을 이끌고 북쪽으로 돌아왔다. 마그리브와 블랙 아프리카(*아프리카 중남부 지방을 가리키는 말) 사이의 중간 기지였던 팀북투는 마드라사를 바탕으로 한, 종교와 학문의 중심지였다. 팀북투를 방문했던 16세기의 여행가 레오 아프리카누스(Leo Africanus)는 "여기에는 어떤 상품보다 더 비싼 값으로 팔리는 필사본이나 수기본들이 있다."고 언급한 바가 있다.

무슬림 상인들과 정치 자문가들은 아프리카라고 하는 황금의 왕국에서 많은 특권을 누렸다. 아랍어를 쓸 줄 아는 사람들은 그 덕에 각 행정 분야에 진출할 수 있었고 후한 보상 또한 뒤따랐다. 몇몇 아프리카 왕들은 자신들의 지배 이념에 정통성을 부여하기 위해 이슬람교로 개종하는 경우가 많았다. 하지만 이슬람 규정에는 별 관심이 없었다. 종종 이슬람 이념에 이교도적인 의례가 결합되기도 했다. 즉 아프리카 종속민들은 남녀를 구분하는 경우가 드물었고 옷도 거의 입지 않았다. 아랍 여행가들은 이러한 문화 충격을 받기 일쑤였다.

사하라 이남의 대부분 지역에서는 이슬람교가 소수 지배층을 위한 종교로 남아 있었다. 1324년 말리 제국의 지배자인 만사 무사(Mansa Mūsā)는 메카로 성지순례를 하면서 엄청난 황금을 뿌렸다. 말리로 돌아오는 그의 곁에는 아랍족과 베르베르족 시종들이 따르고 있었다. 그러나 순디아타(Sundiata, *수단 서부의 말리 제국을 창건한 서아프리카의 군주)를 따르던 사람들은 대부분 이교도로 남아 있었다. 순디

아타가 무슬림이 되기로 맹세했을 때도 그와 그의 동료들 관계는 더욱 소원해졌다. 서아프리카 송가이의 무슬림 지배자인 손니 알리(Sonni Alī)는 자신이 독수리로 변신할 수 있으며 자신의 군대를 눈에 보이지 않게 만들 수 있다고 주장했다. 그러자 팀북투의 울라마들이 그의 이단적인 성향을 비판하고 나섰다. 이에 맞서 손니 알리는 그들을 잔인하게 탄압하기 시작했다.

이집트의 학자 잘랄 알 딘 앗 수유티(Jalal al-Dīn As-Suyūṭī)는 자신의 책이 시리아와 히자즈, 예멘, 인도, 마그리브, 타크루르로 퍼져 나가는 것을 자랑스러워했다. 이는 맘루크 지배하의 이집트 학자들의 위신과 이슬람 세계의 지적 결합력을 보여 주는 것이다. 그러나 모든 것이 순탄하지만은 않았다. 잘랄 알 딘 앗 수유티는 자신의 많은 저서에서 이슬람 세계를 괴롭히는 커다란 재앙들에 대해 적어 놓았다. 그 가운데 가장 큰 불행은 그리스도교 세계가 그라나다를 정복한 일이었다. 두 번째로는 송가이에서 손니 알리가 출현해 선량한 무슬림을 박해하는 것은 티무르의 박해와 비슷하다는 것이었다. 그리고 세 번째로는 뛰어난 무슬림 학자들을 잃었다는 것이었다. 잘랄 알 딘 앗 수유티가 본 당시의 이슬람 세계는 정신적, 지적 쇄신이 절실히 요구되는 위기에 처해 있었다. 그는 이븐 칼둔과는 달리 경제와 사회에는 관심이 없었다. 따라서 그는 1340년대 이후 아랍을 휩쓴 가장 큰 재난인 페스트의 재발을 기록하지 않았다. 잘랄 알 딘 앗 수유티는 맘루크와 16세기 초 오스만 제국의 영토 확장에도 관심이 없었다. 그는 사파비 왕조가 군사적인 힘을 동원해 쉬아파를 부활시킨 것과 동쪽에서 포르투갈인들이 일으킨 해상 위협을 예견하지도 못했다. 하지만 잘랄 알 딘 앗 수유티 이래로 카이로에서 그보다 뛰어난 학자들이 나오지 않은 것만은 사실인 듯하다. 그러나 16세기에 이슬람 문명은 오스만 제국, 사파비 왕조, 무굴 제국의 후원 아래 보다 넓은 곳으로 퍼져 나갔다.

로버트 어윈(Robert Irwin)

그는 성 앤드루스 대학교에서 중세사를 가르치고 있다. 저서로는 『중세기의 중동(*The Middle East in the Middle Ages*)』과 『아라비안 나이트— 말동무(*The Arabian Nights : A Companion*)』가 있다.

3 유럽 팽창 시대의 이슬람권
(1500년-1800년)

성장과 쇠퇴

16세기와 18세기에 걸쳐 이슬람 세계는 크게 두 지역으로 나뉘었다. 한 곳은 16세기 초 투르크·몽골 세력이 네 개의 주요 국가(오스만 제국, 사파비 왕조, 무굴 제국, 서투르키스탄의 우즈베크 칸국)를 세운 근동과 인도, 중앙아시아이고, 또 다른 한 곳은 북아프리카와 수단 등 아프리카의 폭넓은 지역과 동남아시아이다. 그곳에는 왕조를 세우거나 토착 지배층을 이슬람교로 개종시키는 데 영향을 끼친 무슬림 상인과 울라마, 수피가 있었다. 두 지역은 문화적, 정치적 차이가 있었는데도 이슬람 학문과 메카 순례라는 공통 분모를 가지고 있어서 깊은 유대 관계를 맺을 수 있었다. 그리고 운송 수단이 점점 발전하면서 무슬림의 왕래가 매우 빈번하게 이루어졌다.

1500년 무슬림들은 그들 앞에 가로놓인 걸림돌들을 모두 날려 버릴 수 있을 정도로 세력이 막강했다. 오스만 제국의 군대는 동유럽으로 쳐들어 갔고 다른 무슬림들은 아프리카와 동남아시아에 새로운 국가들을 세웠다. 전 세계적으로 이슬람교가 점점 확산되어 갔다. 위대한 오스만 제국과 사파비 왕조, 무굴 제국의 수도들은 저마다 정복자의 권위와 부, 그리고 이슬람 문명의 빛나는 예술적, 건축적 창조력을 과시하기라도 하듯 웅장한 자태를 뽐내고 있었다. 그러나 1800년이 되면서 이슬람 세계는, 그들에게는 상대도 되지 않았던 유럽에게서 경제적, 정치적, 문화적 도전을 받았다. 그 후 투르크·몽골 국가들은 서서히 몰락의 길로 치닫기 시작했다. 동남아시아의 독립된 무슬림 국가는 자취를 감추거나 유럽에 종속되었으며 아프리카 무슬림 국가들도 이와 비슷한 고통을 받았다. 많은 사람들이 국가의 군사적, 정치적 붕괴와 서구의 경제적, 군사적, 기술적인 도전에 대한 해결책을 내놓았다. 그들은 좀더 활동적이고 믿을 만한 무슬림 사회를 건설하기 위해 국가에 압력을 가했다. 그리고 그들의 신앙을 새롭게 정비하여 발전시키고자 했다. 그러나 울라마와 행정 관리, 정치가들의 노력에도 불구하고 서유럽의 세력은 빠른 속도로 이슬람 세계를 장악해 갔다.

투르크 · 몽골 제국

오스만 제국, 사파비 왕조, 우즈베크 칸국, 무굴 제국의 존립은 투르크족의 정치, 군사력의 승리를 의미하는 것이기도 했다. 네 나라를 지배하는 가문은 터키어를 모국어로 사용했으며 지지 세력을 얻기 위해서 투르크족이나 투르크 · 몽골 부족의 군사적인 면에 의존하기도 했다. 그러나 문화적 측면에서는 터키가 지배적인 영향력을 행사했다. 터키어는 바로크 궁정에서 사용되었으며 네 나라에서 모두 지배층의 행정적, 역사적, 문화적 언어로 쓰였다. 그러나 아랍어 또한 전 지역의 종교와 신학 연구뿐만 아니라 오스만 제국 내 아랍 지역의 문학적, 역사적, 상업적 언어로서 사용되고 있었다. 페르시아어도 사파비 왕조와 무굴 제국, 이란에서 교육받은 무슬림들이 즐겨 사용하는 언어였다. 나아가 그것은 콘스탄티노플, 아나톨리아, 이란, 투르키스탄, 북부 인도에서 쓰이는 아름다운 언어가 되었다. 이 시기 초까지만 해도 오스만인, 이란인, 우즈베크 칸국인, 인도 무슬림들은 교양 있는 지배층이 되기 위해서는 페르시아어로 시를 쓸 수 있어야 했다. 따라서 오스만 제국의 관리이자 지성인인 무스타파 알리(Mustafa ʿAlī)는 1596년과 1597년에 걸쳐 자신이 페르시아어와 터키어로 시집을 네 권 지었다고 밝히고 있다.

　　오스만 제국, 우즈베크 칸국, 무굴 제국은 투르크족의 정체성이 기본적으로 깔려 있다. 이슬람법 중 하나피 법전을 보면 쉽게 짐작할 수 있다. 하지만 사파비 왕조는 호전적인 복음주의를 강조하는 쉬아파 신비주의를 따랐으며, 오스만 제국과 우즈베크 칸국이 혈전을 벌이고 있는 페르시아 고원 지대에 사는 사람들에게 자신의 종교를 믿으라고 강요했다. 사파비 왕조의 지배자들은 오스만의 아나톨리아 국경을 위협했다. 왜냐하면 사파비 왕조의 투르크족 지지자 대부분이 아나톨리아 토착민들이었기 때문이다. 사파비 왕조는 그 지역을 발판으로 추종자들을 모집했다. 따라서 오스만 제국은 쉬아파에 심취해 있는 그곳 주민들을 잠재적 제5열(*진격해 오는 정규군에 호응하여 적국 내에서 각종 모략 활동을 하는 조직적인 무력 집단)로 여겼다. 호라산 내에서 사파비 왕조와 우즈베

16세기와 17세기에 걸쳐 무슬림의 군대들은 매우 막강했다. 오스만 제국은 세계에서 가장 훌륭한 군대를 가지고 있었다. 이 그림은 1529년 빈으로 입성하는 술레이만 2세의 군대를 보여 주고 있다.

크 칸국과 전쟁이 지속되는 동안 호전적인 쉬아파 무슬림은 자신들의 교리를 전파했다. 이 분쟁은 이란과 투르키스탄간의 대립 관계를 재개하는 결과를 초래했다. 이는 이란의 왕위를 존엄하게 유지하는 데 갖추어야 할 요건이기도 했다. 순니파와 쉬아파의 접점 지역에서는, 우즈베크 칸국의 특정 지역에 거주하는 투르크족이 호라산 전투에서 잡혀 온 페르시아 무슬림을 노예로 만드는 것을 허용했다. 그러나 이러한 종교 분쟁은 사파비 왕조와 무굴 제국의 우호 관계에 아무런 영향을 주지 않았다. 그들이 군사를 대치시키고 있었던 것은 전략적 요충지이자 부유한 농업 지대, 상업 중심지인 아프가니스탄의 칸다하르를 지배하기 위함이었다. 16세기 중반 무굴 제국의 황제가 권력을 회복하기 위해 사파비 왕조에 원조를 요청한 일이나 페르시아 쉬아파 무슬림과 힌두교도를 행정 관리로 고용하고, 압도적으로 다수를 차지하는 이교도를 개종시키지 않고 지배했다는 사실을 고려해 보면 초기부터 무굴 제국의 지배자들은 종교 정체성으로 왕조에 대한 충성심을 평가하지 않았다는 것을 알 수 있다.

정치, 종교 면에서 서로간의 불화가 있었지만 궁극적으로 그들 네 제국이 원하는 것은 상업의 장려였다. 그들은 바자, 대상, 도로, 다리 등의 산업 기반을 닦는 데 적극적으로 힘썼으며 무역이 활발히 이루어질 수 있도록 전 지역에 안전을 보장해 주었다. 17세기 말 위그노 교도(*프랑스의 프로테스탄트)였던 보석상 장 샤르댕(Jean Chardin)은 오스만 제국, 이란, 무굴 제국을 여행한 후 다음과 같이 언급한 바가 있다.

"그곳의 무역업자들은 훌륭한 사람들이었다. ……그들은 자신의 신용을 걸고 아시아 전 지역의 정박지를 안전하게 마련해 주었다. 특히 페르시아가 인상 깊었다."

이러한 조건들은, 순례자와 시인, 역사가, 울라마, 수피가 편안히 여행하는 데 큰 역할을 했다. 상인들은 물품 값의 3퍼센트만을 관세로 지불하면 무역을 자유롭게 할 수 있었다. 16세기 말쯤 오스만 제국과 사파비 왕조, 무굴 제국, 우즈베크 칸국, 투르키스탄에서는 엄청나게 거대한 무역 지대가 형성되었다. 이 지대는 안정성이 보장되었을 뿐 아니라 저관세로 무역이 원활히 이루어지게 되었다. 또 유럽인들이 아시아 제품, 특히 터키산 또는 페르시아산 비단과 인도의 옷감, 쪽빛 염료, 향신료의 값을 은으로 지불하자 무역이 더 활기를 띠었다.

은 대부분이 오스만 제국과 페르시아로 유입되었지만 결과적으로 볼 때 은은 투르크 · 몽골 제국 중 가장 경제 강대국인 무굴 제국으로 흘러 들어갔다. 1600년 아라비아 해 북부에서 펀자브 지방까지, 그리고 그곳에서 벵골 만까지 내려오는 인도 갠지스 강 삼각주가 비옥한 옥토로 유지될 수 있었던 것은 6,000만 명에서 1억 명에 이르는 농민들 덕분에 가능한 일이었다. 이 지역에서 생산된 환금 작물과 면

16세기 말 오스만 제국과 사파비 왕조, 무굴 제국에서는 안정성이 보장되고 저관세로 무역을 자유롭게 할 수 있는 상업 중심지가 생겨났다. 소도시 비셰그라드에 있는 이 다리(드리나 강 중류에 위치)는 보스니아 농부의 아들이자 오스만 제국의 지배자인 무함마드 소콜루(Muḥammad Sokollu)에 의해 1565년에 세워졌다. 그는 1579년 죽을 때까지 오스만 제국을 다스렸다. 300년이 넘는 이 다리의 역사는 위대한 소설 『드리나 강의 다리(Na Drini ćuprija)』에 잘 묘사되어 있는데, 1961년 이 소설의 작가 이보 안드리치(Ivo Andrić)는 이 작품으로 노벨 문학상을 받았다.

직물들이 유럽으로 수출되었다. 이러한 거대한 규모의 무역은 무굴 제국을 비롯하여 남부 아시아 여러 국가들에게 막대한 경제적 이익을 가져다 주었다. 반면 오스만 제국과 사파비 왕조, 우즈베크 칸국은 기반이 취약한 기업체에 지나지 않았다. 그들은 농경 자원도 매우 부족했으며 생산력을 갖춘 인구도 많지 않았다. 16세기 말 이 세 국가를 합친 주민의 수는 무굴 제국 인구의 절반을 조금 넘는 정도였다. 오스만 제국은 2,200만 명, 사파비 왕조는 600만 명에서 800만 명, 우즈베크 칸국은 500만 명 정도였다.

　　사파비 왕조는 페르시아 고원의 유목민이 말을 기르고 있었는데도 외국과의 교역 물품을 비단으로 내세웠다. 오히려 우즈베크 칸국 유목민이 대량의 말을 중국, 러시아, 인도 등지로 수출했다. 말은 우즈베크 칸국의 최고 수출품이었다. 오스만 제국의 술탄은 실제로 사파비 왕조나 우즈베크 칸국 지배자들보다 더 많은 자원을 확보하고 있었다. 그들은 비옥한 초승달 지대(*팔레스타나 지방에서 이라크로 이어져 페르시아 만에 이르는 지역)의 농업과 부르사의 비단 산업 같은 제조업, 그리고 국제 무역을 통해 높은 수입을 올렸다. 또한 정교한 상업 단지가 건설되면서 무역은 탄력을 받기 시작했다. 지붕이 있는 바자로 잘 알려진 베데스탄이 그 단지의 대표적인 예이다. 그러나 16세기 중반에 접어들면서 콘스탄티노플을 건설하는 데 드는 초과 비용을 그 자원으로 충당하기에는 턱없이 부족했지만 군대 출정이나 인도산 제품의 수입은 계속 이루어졌다.

오스만 제국

오스만 제국은 투르크 · 몽골 제국 중 가장 오랫동안 지속된 국가였다. 오스만 제국

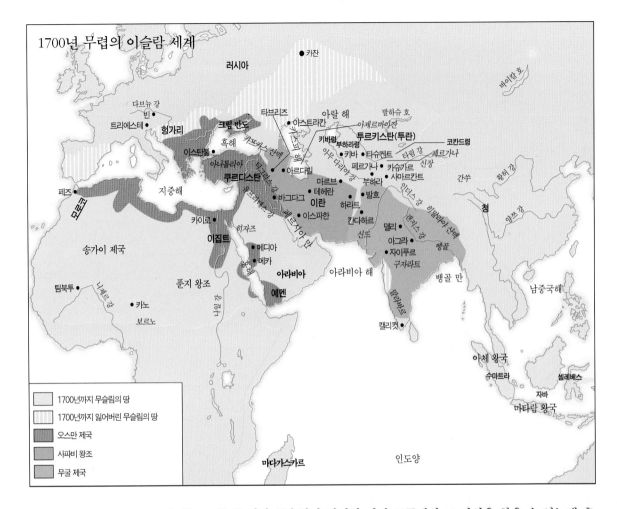

1700년 무렵의 이슬람 세계

	1700년까지 무슬림의 땅
	1700년까지 잃어버린 무슬림의 땅
	오스만 제국
	사파비 왕조
	무굴 제국

은 투르크족 중 가장 통솔력이 뛰어난 가지 공국에서 그 기원을 찾을 수 있는데 혼란스러웠던 후기 몽골 집권기 때 비잔틴 제국의 동부 아나톨리아의 국경 지대에서 첫 선을 보였다. 1453년 콘스탄티노플을 점령한 후 오스만 제국의 황제들인 정복자 메흐메드 2세와 바예지드 2세(1481년-1412년 재위), 셀림 1세(Selim I, 1512년-1520년 재위), 술레이만 2세(Suleyman II, 1520년-1566년 재위)는 비옥한 초승달지대, 이집트, 히자즈를 정복한 덕분에 메카와 메디나를 관리할 수 있었다. 그리고 그들은 예멘과 북아프리카에서 모로코까지 세력을 확장해 나갔다. 술레이만 2세는 에게 해 지방에서 그리스도교인들을 몰아냈고, 16세기 중반에는 서부 지중해의 입구라고 할 수 있는 몰타를 차지하려고 두 차례에 걸쳐 공격을 감행하기도 했다. 1571년 그들은 레판토에서 베네치아인(*이탈리아 북부 베네토 지방과 베네치아의 부족)에게 패배했는데도 여전히 기세등등했다. 그들이 발칸 반도에서 보여 준 행보는 더욱 놀라운 것이었다. 1521년 그들은 베오그라드를 점령했고, 1529년에는 합스부르크 왕가의 수도인 빈을 포위했다. 술레이만 2세가 사망할 당시 그들은 세계에서

가장 강력하고 커다란 제국을 건설한 상태였다.

　　이 놀랄 만한 정복을 이룩한 오스만 제국 술탄은 권위의 정당성을 고양시킬 수 있는 제국의 이데올로기를 주창했다. 셀림 1세는 페르시아적 이슬람에 입각하여 자신을 '신의 그림자' 또는 '지구를 지배하는 자'를 뜻하는 '사히브 끼란(Sāhīb-qiran)'으로 묘사하면서 종교의 정통성과 대초원 지대라는 지역의 특수성을 강조했다. '사히브 끼란'이란 원래 티무르식의 호칭인데, 티무르계인 인도 무굴 제국의 황제 샤 자한(Shāh Jahān, 1628년~1657년 재위)이 자신의 권위에 정당성을 부여하기 위해 붙인 명칭이다. 연대기 기록자와 신학자들은 '사히브 끼란'에 메시아적인 요소를 집어 넣었다. 하지만 1550년대 술레이만 2세가 60세에 이를 무렵 이란에서 쓰이는 표현인 '파드샤(padshāh, 왕)'를 들여옴으로써 지배자에 대한 정의를 더욱 전통적인 것으로 만들어 냈다. 이러한 진전은 오스만 제국 내부의 변화를 반영한 것이었다. 술레이만 2세는 까눈(Qānūn, *오스만 제국에서 샤리아와 술탄의 독단적인 권위를 보완하기 위해 시행하는 행정 법규)을 체계화하는 데 힘썼으며 자신이 하나피야의 추종자임을 강조했다.

16세기 중반에 세워진 술레이만 모스크 복합 단지는, 술레이만 대제가 이끄는 오스만 제국의 권력과 신뢰를 상징했다. 이스탄불의 옛 시가지와 금각을 내려다보고 있는 이 단지는 위대한 오스만 제국의 예술가 미마르 시난(Mimar Sinan)의 걸작품이다. 『꾸란』을 암기하고 전승을 가르치는 학교들과 네 개의 마드라사, 의과 대학, 병원, 술레이만과 그의 애비(愛婢) 러시아 왕비 하세키 후렘(Haseki Hurrem)의 무덤들이 서로 조화를 이루고 있다.

술레이만 2세는 1520년에서 1566년까지 오스만 제국을 지배했다. 그는 창조적이고 역동적인 힘을 바탕으로 제국의 황금기를 열었다. 그는 많은 전투에서 몸소 군대를 지휘하여 승리로 이끌었다. 또 그는 점점 왕권과 정치를 분리시킴으로써 관료 국가의 기틀을 다져 나갔다. 또 법의 제정자로 알려진 그는 샤리아가 미처 제시하지 못한 일상의 지침들을 보완한 법규(*까눈)를 세웠다. 멜치오르 로리치스(Melchior Lorichs)의 판화는 오스만 술탄이 가지고 있는 마력을 느끼게 해 준다.

술레이만 2세 통치 시기 말엽에 제국의 명칭이 바뀐 것은 오스만 제국의 역사에서 가장 창조적이고 역동적인 한 시대가 끝났음을 상징하는 것으로 볼 수 있다. 1402년 앙카라 전투에서 티무르에게 패하고 황제 바예지드 1세가 포로로 잡히는 등 온갖 시련을 겪은 후 제국은 놀랄 만한 성장을 이루었다. 정열적인 술탄들은 아나톨리아 귀족과 예니체리 군단까지 지휘하면서 전투를 성공적으로 이끌었다. 술레이만 2세는 오스만 제국 역사의 절정기와 전환기를 두루 거쳤다. 군대가 전리품을 제국의 소유물로 확고히 하는 동안 그는 더욱 보수 관료 체제로 국가의 기틀을 다졌다. 그는 정치에서 발을 서서히 빼기 시작했으며 1595년에는 왕실이 정치에 전혀 관여하지 않는 것을 관례화했다. 그 후 오스만 제국의 상속자들은 군사적, 종교적 업무에 신경 쓰지 않도록 궁전의 하렘에 갇혀 양육되었다. 사파비 왕조의 군주들은 17세기까지 이러한 관습을 따랐으나 무굴 제국의 지배자들은 절대 따라하지 않았다.

그 결과 아무리 지적이고 역동적인 인물이 왕위를 계승받았다고 해도 통치 경험이 전혀 없는 왕이라면 적자생존의 정치 원리보다는 자신의 생명을 연장하는 데에만 관심을 둔 것이 어쩌면 당연한 일이었는지도 모른다. 오스만 제국의 지도력은 데르비쉬와 몇몇 이교도 노예 출신의 유능한 사관들이 세력을 얻음에 따라 분열되기 시작했다. 16세기 말 예니체리는 터키인 귀족보다도 우세했다. 하지만 그들의 승리가 술탄의 역할을 소생시키지는 못했다. 오히려 그들은 파당적인 위협을 통해 왕의 권위를 약화시키는 데 한몫을 했을 뿐이다. 쾨프륄뤼 메흐메드 파샤(Köprülü Mehmed Paşa) 수상과 같은 관료들이 중앙 집권 체제를 복구하려 했지만 왕조의 권위와 활기는 이미 땅에 떨어진 상태였다. 아울러 행정적 효율성도 날로 쇠퇴되어 가고 있었다.

오스만 제국은 활기뿐만 아니라 방향 감각까지 잃은 상태여서 그저 술레이만 2세의 전성기를 회고할 뿐이었다. 그러했던 오스만 제국이 어떻게 사파비 왕조나 무굴 제국보다 150년이나 더 오래 유지될 수 있었으며 제1차 세계 대전에 이르기까지 살아 남을 수 있었는가 하는 의문이 드는 것은 당연한 일일 것이다. 하지만 이 모든 것들이 가능할 수 있었던 것은 강력한 관료제와 비활동적인 군대 덕분이었다.

그리고 16세기와 17세기에 오스만 정권이 이란과 러시아, 헝가리, 신성 로마 제국과 같은 주변 주요 국가들의 관심 대상이 아니었다는 점도 간과할 수 없다.

사파비 왕조는 샤 압바스 1세(Shāh ʿAbbās I, 1587년-1629년 재위) 집권 때에만 국제 정세에 관심을 갖고 위협적인 태도를 취했다. 샤 압바스 1세는 서부 이란 고원을 되찾았으며, 바그다드와 메소포타미아를 일시적으로 지배하기도 했다. 모스크바 공국은 의외로 영향력을 행사하지 못했다. 그리고 헝가리와 남부 슬라브 지역은 무너지기 쉬운 봉건제를 채택하고 있었다. 17세기 말과 18세기 초에 러시아와 오스트리아·헝가리, 스페인, 프랑스의 군주들이 연합 세력을 이루자 오스만 제국은 만만찮은 적수를 대하게 되었다. 그때부터 그들은 늘 수세에 몰렸으며, 점점 합스부르크 왕가와 러시아 군주들에게 정복지를 양도할 수밖에 없었다. 18세기 말에 이르러서 오스만 제국과 유럽간의 힘의 균형이 깨지기 시작했다. 이는 1774년 러시아와 오스만 제국간에 맺은 '쿠추크 카이나르지' 조약에 잘 나타나 있다. 이 조약에 따라 오스만 제국은 처음으로 유럽에 영토를 양보해야 했고, 제국 내 소수 그리스도교인에 대해서는 러시아가 정책에 관여할 수 있음을 암묵적으로 동의했다.

오스만 제국이 정치적, 군사적으로 쇠퇴해 가는 가운데 그들은 활성화되어 있는 일미예(ilmiye, *이슬람 지식을 배운 자) 조직에 더욱 의존할 수밖에 없었다. 울라마가 독립 조직으로 발전한 사파비 왕조나, 종교 계급이 자치권을 가진 무굴 제국과는 달리 오스만 제국의 지배자는 울라마를 국가 관료제에 편입시켰다. 울라마는 종교 학자들과 지배 계급의 구성원들을 훈련시킬 수 있는 종교 기관을 계급 체제로 발전시켰다. 정복자 메흐메드 2세가 여덟 개의 마드라사를 설립하자 이 체제는 절정에 달했으며 행정을 담당하는 종교인, 교사, 까디, 유능한 서기를 훈련시켰다. 종교법과 까눈을 시행하게 되면서 까디들이 고위 관리직에 오르게 되었다. 그들은 지방 시장을 감독하고 세금을 관리해야 할 의무가 있었다. 까디들은 무슬림이 압도적으로 많은 지방에서 행정을 담당했다. 중앙의 통제력이 약화되면서 그들은 더욱 큰 권한을 행사하게 되었고, 몇몇은 지방의 주지사가 되기도 했다.

또 이 체제를 통해 위대한 오스만 제국 작가와 사상가들이 훈련을 받았으며 공직에 임명되기도 했다. 이들 가운데 백과사전 편집자 타스코프룰루 자데 아흐메트 후사뭇딘 에펜디(Taskoprulu Zade Ahmet Husamuddin Effendi)는 울라마와 과학자, 수학자, 수피들의 일대기를 비롯해 종교학과 세속학의 개론서들을 출간했다. 그러나 널리 확산된 일미예의 외곬적인 영향에도 불구하고 과학, 철학, 심지어 신학을 받아들이기에는 역부족이었다. 이런 경향은 이미 16세기 말에도 나타났다. 예를 들어 1580년 오스만 제국의 최고 종교 관료인 쉐이크 알 이슬람은 이스탄불에

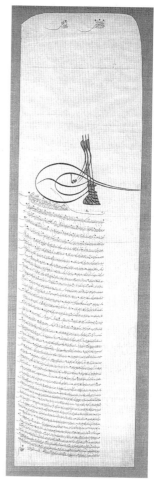

오스만 제국의 관료는 16세기 말에 터키 귀족보다 우세한 위치에 있었다. 그것은 제국이 제1차 세계 대전 막바지에 무너진 원인 중의 하나로 추측된다. 위 그림은 술탄 무라드 3세(Murad III)의 칙령이다. 서류 전면에 있는 이름과 제목은 투그라체로 씌어져 있다. 술탄은 저마다 기품 있고 독창적인 투그라체를 즐겨 사용하고 있었다. 그리고 본문은 오스만 관료들이 즐겨 사용했던 디와니체로 씌어진 것을 볼 수 있다.

천문대 설립을 반대하면서 15세기 티무르 왕조 지배자인 울루그 베그에 관한 사마르칸트 천문대 기록을 정정하려 했다. 예니체리는 거의 절반을 완성한 건물을 파괴하라는 명령을 받았다. 이는 근대 초기 이슬람 네 제국들의 수학적, 과학적, 기술적 발명을 무력화시키는 징후였다. 역설적이게도 무굴 제국의 힌두교 라즈푸트 조신 중 한 사람은, 울루그 베그가 지휘했던 천문학자의 영향을 받아서 자이푸르와 델리에 천문대를 건설했다.

오스만 제국은 국가가 관리하는 종교 체제를 확립했을 뿐만 아니라 또한 이를 철저하게 관리했다. 또 제국 내에서 가장 대중화된 수피즘을 박해하기도 했다. 그들은 경건하며 신비주의적인 이슬람을 상징적으로 보여 주는 깔란다리파를 억압했다. 초기 오스만 제국 시절 아나톨리아에서 세력을 키워 나가던 깔란다리파는 1496년 한 추종자가 바예지드 2세를 암살하려 했다. 그러자 술탄은 벡타시야(*투르크인의 데르비쉬 수피 종단)를 정통적인 종단으로 인가하되 최소의 인원만 받아들이도록 했다. 16세기에 이 종단은 실로 궁정의 종교 지도자로 활동하면서 예니체리와 밀접한 관계를 맺었다. 무굴 제국 지배자들의 후원을 받던 치쉬티처럼 벡타시야는 이교도적인 의식을 거리낌없이 받아들였다. 그리하여 그들은 동부 아나톨리아에서는 유목민들을, 남부 유럽에서는 그리스도교도인 농민들을 개종시켰다. 16세기 중반 벡타시야 데르비쉬에 대한 묘사를 다음과 같이 정통 울라마와의 대조를 통해서 생생하게 보여 준다.

> 한 청년이 상념에 가득 차 있네.
> 한 손에는 미늘창을 들고
> 허리에는 방울과 깃털로 장식된 양가죽 치마를 두르고 있네.
> 허리춤에는 사랑이 적힌 책과 팔렝석이
> 머리 위에는 물항아리가 삐딱하게 얹혀 있네.
> 아무것도 걸치지 않은, 상처 입은 가슴……
> 미칠 듯한 광란에 휩싸인 가슴.
> 머리카락도, 신발도, 모자도 없고
> 사슴을 닮은 눈동자에는 눈물이 가득하네.

벡타시야보다 더 금욕적이고 지적인 마울라비 수피는 품위 있고 경건한 춤을 추고 다녀서 일명 '선회(旋回)하는 탁발승'으로 불렸다. 13세기에 페르시아어를 사용한 시인인 잘랄 앗 딘 알 루미가 세운 이 교단은 지적인 도시민들의 관심을 끌었는데, 대부분이 정부 관료였다. 마울라비는 오스만 제국의 속주에서 페르시아 문학

오스만 제국 제독이자 지도 제작자인 피리 라이스

오스만 제국의 정복 활동으로 인해 대륙 탐험이 고무되었던 16세기에는 지도 제작법이 발전되었다. 그것은 오스만 제국에서 꽃피웠던 과학 중의 하나였다. 최초의 지도 제작자 중 한 사람이었던 피리 라이스(Piri Reis)는 케말 라이스(Kemal Reis)의 조카였다. 피리 라이스는 1490년대에 오스만 제국의 지중해 함대에서 삼촌과 함께 근무하기 시작했고, 훗날 1499년과 1502년 사이에 벌어진 오스만 제국과 베네치아의 전쟁에서는 지휘관으로 일했다. 또한 1516년과 1517년 사이에 알렉산드리아를 점령했던 함대에서 근무했으며 카이로에 있는 동안에는 나일 강 유역 삼각주 지대의 지도를 작성했다. 1547년 그는 홍해, 페르시아 만, 인도양에서 포르투갈 함대에 맞섰던 함대 사령관 힌드 베이레르베이리기로 임명되었다. 그는 페르시아 만 전투에서 패배한 후 비록 왕실의 변호가 있었지만 결국 이집트로 소환되었고, 1554년 처형되었다.

　　피리 라이스의 작품 중 세 개는 아직까지 남아 있다. 그것은 두 개의 지도 일부분과 그의 주요 항해 문서라고 할 수 있는 『해상여행서(Kitab-i bahriye)』이다. 그의 최초의 작품은 세계 지도이다. 그는 그 세계 지도를 1517년 이집트를 정복한 술탄 셀림 1세에게 바쳤다. 그는 이 작품을 만들면서 크리스토퍼 콜럼버스(Christopher Columbus)에 의해 그려진 사본을 포함한 것은 물론 아랍, 포르투갈, 스페인의 도표들과 지도들을 이용했다. 현존하지는 않지만 완성된 지도에는 인도, 중국, 콜럼버스가 발견한 대륙인 아메리카까지 포함되었을 것이다. 그는 『해상여행서』에서 다음과 같이 썼다. "나는 지금까지 오스만 제국인 중 어떤 누구도 알지 못했던 중국과 인도양에 대한 새 지도를 만들었다. 나는 그것들을 술탄 셀림 1세가 이집트에 있을 때 그에게 바쳤다." 그가 1528년과 1529년 사이에 완성한 두 번째 지도에는 북대서양과 북아메리카의 해안이 그려져 있었다. 그러나 그의 작품 중 가장 뛰어난 것은 『해상여행서』였다. 이 책은 지중해와 페르시아 만을 항해하는 데 필요한 항해 지침과 도표, 즉 포르투갈인들이 발견한 것들에 대한 설명, 나침반을 가지고 항해하는 사람을 위한 정보, 풍향, 저자만의 고유한 항

오스만 제국의 정복, 특히 15세기 말에서 16세기 초까지 지속된 오스만 해군의 팽창은 지도 제작을 활성화시켰다. 피리 라이스의 『해상여행서』에 실린 이 지도는 베네치아와 랑군을 소개하고 있다.

해 도표들을 총망라하고 있다. 1521년 그는 지도 초안에서 잘못된 부분을 바로잡은 뒤 술레이만 대제에게 바쳤다. 피리 라이스는 정교한 지도와 『해상여행서』는 지도 제작법과 항해 기술의 표본이 되었다. 그러나 이 책은, 격리된 군대 병영처럼 서로에 대해 잘 알지 못하는, 지중해 연안의 두 종교 공동체가 안고 있는 지식의 한계를 일깨웠으며, 자신의 정보와 포르투갈 지도의 사본, 그리고 콜럼버스가 발견한 것들로 공동체간의 지식 보급 속도를 알게 했다. 그리고 그 책에서는, 이슬람과 그리스도교는 확실한 형태의 지식이 교류될 때만 서로에 대해 잘 알 수 있다고 주장했다. 그러나 지식 정보를 흡수하는 강도는 각 문명에 따라 다르다. 오스만 제국의 경우에는, 지도 제작의 보급과 의학뿐만 아니라 천문학과 인쇄술의 확산까지 이끌었다.

이 유지되도록 도왔다. 왜냐하면 그들이 잘랄 앗 딘 알 루미의 경건한 시를 이해하고 싶어했기 때문이다.

사파비 왕조

대중적으로 호응을 얻든 이단적인 색채로 냉대를 받든 수피즘 자체가 오스만 제국에게서 곱지 않은 시선을 받았던 것은 사파비 왕조의 부흥과 무관하지 않다. 13세기에서 14세기까지 몽골이 이란을 지배하는 동안 사파비인들은 아르다빌에서 수피즘을 이끄는 데 선봉장 역할을 톡톡히 해 왔다. 처음에는 쉐이크가 유대교인과 그리스도교인을 아우름과 동시에 절충적이고 준메시아적 메시지를 주장하면서 사파비야 종단을 이끌어 갔지만 15세기에 이르러서 사파비인들은 점점 쉬아파로 기우는 경향을 나타냈다. 15세기 후반 그들은 오스만 제국의 동쪽 아나톨리아 국경 분쟁을 계기로 아제르바이잔과 동부 아나톨리아를 장악하고 있는 투르크족에게 자신들의 종교를 지지해 줄 것을 요구했다. 그러고 나서 사파비야는 유목민의 성격을 가진 순니파 정권들, 1450년대 이래로 서부 이란을 지배하던 아끄 꼬윤루(Aq qoyunlu, *동부 아나톨리아를 지배한 투르크멘 부족 연맹, '백양조' 라고도 함)와 까라 꼬윤루(qara qoyunlu, *아제르바이잔과 이라크를 지배한 투르크멘 부족 연맹, '흑양조' 이라고도 함)에 대항하면서 점차 군사화되어 갔다. 1500년에 들어서면서 사파비야 종단은 응집력이 뛰어난 군대로 발전했다. 종단을 무장화한 샤 이스마일 1세(Ismāīl I, 1501년-1514년 재위)는 1501년 타브리즈를 점령하면서 사파비 왕조를 선설했다.

16세기 초 사파비 왕조의 출현과 그로부터 200년 후 사파비 왕조의 갑작스러

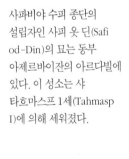

사파비야 수피 종단의 설립자인 사피 옷 딘(Safi od-Din)의 묘는 동부 아제르바이잔의 아르다빌에 있다. 이 성소는 샤 타흐마스프 1세(Tahmasp I)에 의해 세워졌다.

운 분열 양상은, 이미 15세기에 이븐 칼둔이 북부 아프리카 국가들의 역사를 설명하기 위해 제시했던 가설과 비슷했다. 이븐 칼둔은, 북부 아프리카 왕조는 오로지 유목민 사회의 응집력과 군사적 역량에 의지한다고 가정했다. 그는 무함마드가 7세기에 히자즈에서 그러했던 것처럼, 유목민 부족은 카리스마적인 종교 지도자에 따라 통일을 이루어야 비로소 강력해진다고 믿었다. 그의 논리에 따르면, 이 왕조들은 늘 3, 4세대 안에 쇠퇴하게 된다. 왜냐하면 그것은 관료 체제가 자리를 잡아

가면서 그들을 지탱해 오던 힘이 쇠약해지기 때문이다. 그러한 환경 속에서 그들의 고유한 특성과 사회적 단결력은 다른 부족 연합에 의해 무너지면서 같이 사그라져 갔다.

이븐 칼둔의 말처럼 초기 사파비 왕조의 쉐이크들은 성격이 전혀 다른 부족도 통합해 낼 수 있는, 지도력을 갖춘 인물들이었다. 그들은 추종자들의 정신 생활을 지배하는 수피 쉐이크로서, 쉬아적 견지에서 이슬람의 합법적 지도자로서, 일곱 이맘파의 자손들로서, 또 수피즘과 쉬아파의 이중적인 이데올로기로 추종자들의 마음을 사로잡았다. 이스마일 1세는 이 이데올로기를 가지고 연합할 것 같지 않는 아제르바이잔인과 동부 아나톨리아 투르크족을 통합시킬 수 있었다. 그는 터키어로 쓴 초기 시에서 다음과 같이 노래했다.

> 내세 이전 세계에 샤는 우리의 술탄, 우리의 피르(pir, 정신적 지도자), 무르시드(murshid, 선생), 우리의 영(靈)이네.…… 우리는 진실한 이맘들의 노예들이네. 우리의 꿈은 순교자와 가지(*성전사)가 되는 것이라네.

이 부족들은 독특한 머리 장식 때문에 끼질바쉬(Qizilbash, 붉은 머리)로 알려져 왔다. 이스마일 1세는 이 연합 세력을 이용했다. 부족민 대부분은 재임 첫 10년 동안 북부 이란 고원을 점령한 그를 거의 신적인 존재로 여겼다. 1510년에 그는 서부 투르키스탄 메르브에서 우즈베크 칸국의 칸 샤이바니(Shaybānī)를 처형함으로써 오랜 전쟁에 종지부를 찍었다.

이 기간 동안 이스마일 1세는 사람들에게 열두 이맘 쉬아파를 강요함으로써 이란의 종교적 색채를 변화시키기 시작했다. 그는 고집 센 순니파 학자들을 탄압하거나 처형한 반면 쉬아파의 성묘와 교육 기관, 종교 예술을 국가적으로 후원했으며 시리아와 이라크의 쉬아파 학자들을 초대했다(순니파가 압도적으로 많던 이란에는 쉬아파 울라마가 거의 살지 않았다). 역설적이게도 사파비 왕조가 탄압하던 주된 대상은 수피즘 종단들이었다. 사파비 왕조인들은 종교의 무과오성을 주장하는 수피들에

사파비 왕조의 샤들 가운데 가장 위대한 인물은 압바스 1세이다. 그는 1612년 아르다빌에 있는 그의 가족묘에 1,215점의 중국 도자기, 여섯 점의 비취와 함께 묻혔다. 아르다빌의 모든 유품에는 압바스 1세의 인감이 새겨져 있었다. 어느 비취에는 다음과 같이 쓰여져 있다. "거룩한 왕(알리)의 노예, 압바스는 샤 사피의 묘에 유품을 만들어 넣었다."

1704년 코르넬리우스 르 브루인(Cornelius le Bruyn)이 새긴 이 판화는 마이다니 나끄쉬 자한(Maydan-i Naqsh Jahan, 세계의 표본 광장)을 묘사했다. 이는 이스파한의 특징적인 광장 모습 가운데 하나인데 샤 압바스 1세는 이스파한을 국가의 수도이자 경제적 중심지로 만들었다. 탁 트인 공간 오른쪽에 있는 루트풀라흐 모스크는 사파비 왕조 예술의 걸작품 중 하나이다. 왼쪽에 있는 알리 까푸 궁전과 마이단(*광장)에서 행해지는 의식들을 볼 수 있는 누각의 입구였다. 멀리 18평방 킬로미터에 이르는 곳에는 바자의 입구가 있다. 밤이면 마이단은 공연 예술인과 이야기꾼, 창녀, 성자들의 휴식처가 되었다. 이곳은 낮에는 시장의 역할을 했다.

게, 잠재적 이데올로기적 대안을 제시했기 때문이다. 그러자 수많은 수피와 수피즘의 영향을 받은 시인들은 이란을 떠나 무굴 제국으로 갔다. 왜냐하면 수피즘에 대한 후원이 끊기거나 박해를 받아 내몰렸던 것이다. 사파비 왕조의 시인 카브사리(Kawsari)는 사파비 왕조에 대해 다음과 같이 기록하고 있다. "이제 이곳에는 나의 말을 들을 사람이 없다. …… 이제 나는 인도로 가야만 한다."

오늘날의 한 이란 작가가 이러한 문학의 흐름을 '인도의 대상(The Caravan of India)'으로 설명했는데 이것은 이 역사적 배경에서 기인한 것이다. 인도로 간 이들은 '사브끼 힌디(sabk-i Hindi, *문어적으로 인도 스타일을 뜻함)'로 알려진 인도·페르시아 문학 학교를 설립하는 데 한몫 했다.

1514년 샤 이스마일 1세가 오스만 제국에 패배하자 끼질바쉬 추종자들도 엄청난 타격을 입었다. 사파비 왕조는 동부 아나톨리아에서 많은 부족들을 징집하면서 생겨난 사회적, 정치적 상처를 치유하기 위해 군대를 동부 국경으로 파견했다. 샤의 성스러운 전쟁에서 보여 주었던 부족들의 활약은 이미 사라진 지 오래였다. 결국 이스마일 1세는 사파비 왕조로 철수해야만 했다. 16세기 동안에 걸쳐 그의 후계자들은 끼질바쉬의 독립에 반대하는 투쟁을 해야 했다. 하지만 1587년 샤 압바스 1세가 왕좌에 오르기 전에 부족들은 이미 사파비 왕조의 대부분 영역을 지배하고 있었으며 사파비 왕조의 힘을 빼앗고 있었다.

사파비인들은 몇 차례에 걸쳐 자신들의 권위를 회복하려고 애썼다. 샤 압바스 1세의 지배 기간(*1587년-1629년) 동안에는 체계적으로 오스만 제국 내 데르비쉬들에게 힘을 실어 주는 정책을 폈다. 압바스 1세는 끼질바쉬가 차지하고 있던 것을 그루지야 출신 노예군과 관료로 대체함으로써 끼질바쉬족의 군사적, 정치적 힘을 축소시켜 나갔다. 결과적으로 샤 압바스 1세는 자신의 가문을 성스러운 수피와 부족 연합 쉬아 지도자에서 대표하는 관료 국가의 전통적인 이란 귀족으로 변화시킨 셈이 되었다. 이 정책들은 이븐 칼둔의 예상대로 사파비 왕조와 부족 지지자들의 유대 관계에 틈이 생기게 했고 마침내 왕조가 붕괴하는 결과를 낳았다.

샤 압바스 1세는 사파비 왕조의 번영을 되찾기 위해 중상주의 정책을 펼쳤다. 그는 통화 유출을 억제하고 지방 산업을 지원했다. 특히 압바스 1세는 발전을 막 시작한 이란의 비단 산업을 부가가치가 높은 국영 사업으로 전환하고, 영향력 있는 아르메니아 상인들을 비단 판매 중개상으로 활용하기 위해 강제 협동조합을 만들어 냈다. 압바스 1세는 군사 구조와 국가 경제를 성공적으로 변모시킴으로써 16세기 오스만 제국에게 잃었던 영토를 되찾을 수 있었다. 이처럼 한층 확장되고 강화된 사파비 왕조는 거의 모든 지역을 지배하게 되었다. 17세기 초 이스파한을 새로운 수도이자 경제 중심지로 복구한 사실을 통해 압바스 1세의 권력이 얼마나 강력했는지 엿볼 수 있다. 이스탄불과 마찬가지로 이스파한에도 종교적 색채를 띤 건물과 왕가의 건물이 절묘한 조화를 이루고 있었으며, 정교한 시장과 대상 숙소들도 마련되어 있었다. 또 압바스 1세는 아르메니아 상인들을 위한 교외 지역을 별도로 보호하고 있었다. 아르메니아 상인들은 이란과 아시아 및 유럽 시장을 연결시켜 주는 촉매 역할을 했다.

그러나 1722년 사파비 왕조가 붕괴한 원인 또한 샤 압바스 1세의 지배 시기에서 찾을 수 있다. 그중 한 가지는 오스만 제국이 폈던 정책으로, 왕위 계승자를 하렘에 가둠으로써 왕위 쟁탈의 여지를 막으려 했던 것인데 결과적으로 봤을 때 그것은 하렘의 영향력 강화와 동시에 왕위 계승자의 군사적, 정치적 통찰력과 경험의 부재라는 부작용을 낳았다. 이와 동시에 샤 압바스 1세는, 이란의 쉬아파 울라마――그의 조상들이 이라크와 시리아 출신 쉬아파 학자들을 초청하여 영향력을 강화시킨――에 대한 통제권을 상실했다. 울라마들은 공공연하게 초기 쉬아파 교리

후기 사파비 왕조 시대에는 울라마들이 샤들에게 맞서 자신들의 권위를 주장했다. 물라 무함마드 바끼르 알 마즐리시는 이 시대의 가장 유력한 종교 인물이었다. 60여 권의 책을 남긴 그는 1687년에 쉐이크 알 이슬람으로 임명되었고, 1694년에는 물라바쉬의 자리에 올랐다. 1694년 새 술탄 샤 후사인은 대관식에서 자신의 편을 들어 준 알 마즐리시에게 어떤 보상을 원하는지 물었다. 그러자 그는 음주와 비둘기 날리기 금지, 이스파한에서 모든 수피들을 축출하는 왕국법을 요구했다.

를 주장하고 나섰다. 이 교리에 따르면, 알리의 자손들, 즉 이맘들만이 『꾸란』의 뜻을 이해할 수 있기 때문에 울라마 자신들만이 이슬람 공동체를 합법적으로 지배할 수 있다는 것이다. 1722년이 되자 울라마들은 사실상 왕조의 종교권을 장악했고 자신들이 이맘의 현세 대리인 나이브 이맘(naib imam)의 환생이라고 주장했다(이는 1980년대에 호메이니를 지지하는 이란의 쉬아파 울라마들이 공공연하게 제기했던 주장이기도 하다).

돌이켜 보면 이란의 쉬아파 울라마는 17세기 사회에 몇 가지 안정적인 흐름을 제공할 수도 있었다. 울라마들이 득세하던 때는 샤 압바스가 사망한 이후 정권이 쇠퇴하던 시기였다. 17세기 말에는 유럽 열강들도 압바스 정권이 매우 허약해져 있다는 사실을 알아차릴 정도였다. 압바스의 군대는 힘을 잃었으며 실용주의는 방종으로 변질되었다.

또 하렘에서 교육받은 왕자들은 사치스러운 소비를 일삼으며 이란의 국가 재정을 고갈시켰다. 1722년 아프가니스탄인들은 사파비 왕조의 그루지야 출신인 칸다하르 주지사에 맞서 반란을 일으켰다. 그들은 사파비 왕조가 자신들의 부족 연합군에 맞설 만한 전력을 갖추지 못했다는 사실을 이미 알고 있었다. 아프가니스탄인들은 지지부진한 싸움 끝에 이스파한을 차지했다. 그러나 이들에게는 거대한 관료 국가를 다스릴 만한 능력이 없었다. 몇 년 후 그들은 이란을 권력의 진공 상태로 남겨 두게 되었으며, 이는 18세기에 이르러서야 비로소 끼질바쉬의 귀족들에 의해 채워졌다. 처음에는 아프샤르족의 엄격한 나디르 샤(Nādir Shāh)가 사파비 왕조를 통치했다. 나디르 샤는 인도의 델리를 공격해, 쇠퇴기에 접어 든 무굴 제국에 무자비한 일격을 가했다. 그러고 나서 18세기 말에는 또 다른 끼질바쉬 부족인 까자르족이 지배하고 있던 이란 고원에 대한 통치권을 넘겨 받았으며, 이슬람 시대에 이란을 지배했던 투르크족의 마지막 왕조를 세웠다. 까자르족은 엘부르즈 산맥의 남부에 있는 평범한 도시 테헤란을 수도로 삼았다.

우즈베크인들

사파비 왕조의 합법성에 대해 쉬아파 울라마들이 들고일어났던 데 비해 우즈베크 투란이나 무굴 인도에서는 그런 일이 일어나지 않았다. 우즈베크 칸과 무굴 제국의 황제들은, 오스만 제국의 연대기 기록자들이 칭송했던 칭기즈 칸과 티무르가의 혈통이었다. 우즈베크 연합국의 창립자인 샤이바니 칸 우즈베크(1500년-1510년 재위)의 추종자들은 대부분 투르크인이었지만 정작 그는 정통 칭기즈 칸의 혈통이었다. 처음에 우즈베크 칸국 칸들은 부족 연합의 지배자로서 출발했다. 샤이바니 칸의 후손 가운데 압드 알라 칸 2세(Abd Allāh Khan II, 1583년-1598년 재위)는 연합국을 이란풍의 제국 정부로 바꾸려고 시도했으나 성공하지는 못했다. 그 후 그의 후계자들 중에서도 그런 시도를 한 사람은 아무도 없었다. 17세기에서 18세기 초까지 자니 조(朝)인들만이 진지하게 그에게 도전하려는 조짐을 보였다. 우즈베크 칸들은 정치적으로는 분열되었고 군사적으로도 취약했다. 하지만 그들은 전략상 중요하고 풍부한 자원을 가진 호라산을 지배하기 위해 사파비 왕조와 싸워야 했다. 그들은 또한 조상들의 고향인 힌두쿠시 산맥 북쪽을 되찾기 위해 무굴 제국의 통치자들과도 충돌했다. 우즈베크 칸국들은 서투르키스탄과 주로 부하라, 타슈켄트, 사마르칸트, 키바령의 도시들, 아무 다리야 강과 제라프샨 강 사이의 기름진 충적지와 비옥한 페르가나 계곡과 같은 지역에서 3세기 이상 지배력을 행사했다.

최고의 권위를 가졌던 부하라의 우즈베크 칸은 실속 있는 도시 국가들을 지배했다. 그 도시 국가에는 1512년에 세워진 키바와 1700년에 세워진 페르가나 계곡의 코칸드 독립 왕조(*코칸드 칸이 세운 왕조)가 포함되었다. 부하라는 또한 그 지역에서 신학적 중심지가 되었는데 그것은 부하라의 마드라사들이 보수적인 하나피 순니 울라마들을 배출한 곳으로 유명했기 때문이다. 이란과 남아시아, 중국의 영향력에서 멀리 벗어나 있던 이러한 도시 국가들은 19세기 후반 러시아 군대가 침입해 올 때까지 존속해 왔다. 16세기 중반 러시아 군대는 카잔과 볼가 강 중하류의 아스트라한을 손에 넣었고, 1783년에는 크리미아 칸국을 정복했다. 우즈베크 칸국의 페르가나 계곡 동쪽 변방인 투르키스탄에 있던 칭기즈 칸의 손자 차가타이의 후예들은 북동쪽에 있던 몽골에 의해 위협받고 남쪽에 있던 낙쉬반디야 수피들의 혈통에 의해 대체되었던 때인 16세기 중반까지 그 지역을 지배하고 있었다.

16세기 중앙아시아의 낙쉬반디야에서는 몽골인을 위한 선교 활동을 펼친 수피가 중추적인 세력으로 떠올랐다. 낙쉬반디야와 꾸브라이, 까디리야 종단은 다신교도나 이슬람교에 감화된 부족들을 이슬람 도시 문화로 끌어들이는 데 중요한 역할을 했다. 이와 같은 수피와 부족민의 밀착 관계를 통해 우리는 수피 쉐이크들이 어떻게 정치에 연루되었으며, 심지어 그 가운데 몇몇은 어떻게 지배자까지 될 수 있었는지에 대한 해답의 실마리를 얻을 수 있다. 이와 같은 유대가 가능할 수 있었던 것은 낙쉬반디야의 쉐이크 호와자 우바이드 알라 아흐라르(Shaykh Khwaja ʿUbayd Allāh Ahrar)와 그의 혈연적, 정신적 후예들이 서투르키스탄의 지배자이자 우즈베크 칸국의 전임자였던 티무르가와 연합한 덕분이었다. 이 연합 관계는 특히 낙쉬반디야가 귀족 숭배 형태로 변질되던 무렵 남아시아의 티무르 왕조와 무굴 제국 치하의 북부 인도에서 뚜렷하게 나타났다.

낙쉬반디야가 카프카스에서 러시아에 저항했을 때처럼, 18세기와 19세기에 낙쉬반디야는 무슬림 정치 세력이 약하거나 효율적으로 영향력이 미치지 못했던 지

16세기에서 19세기까지 우즈베크 칸들의 도시 국가들의 무슬림들은 엄격한 정통 순니들로 널리 알려져 왔다. 당대의 가장 특징적인 건물이었던 마드라사는 키바와 사마르칸트, 코칸드에 있었다. 그리고 부하라는 학문의 중심 터전이었다. 대(大) 레지스탄 광장 왼쪽의 울루그 베그 마드라사와 오른쪽의 쉬르 다르 마드라사, 정면에 자리한 틸라 카라 마드라사는 당대의 정신을 상징한다. "거대한 단순함과 우아함에 사로잡힌 나는 더 이상 동쪽에서 아무것도 알 수 없었다."고 영국의 정치가이자 여행가인 커즌은 말했다.

역에서 정치적 입지를 다져 갔다. 다른 쉐이크들은 초기 낙쉬반디야가 그러했듯이 카슈카르에서 커다란 영향력을 행사했다. 낙쉬반디야의 영감을 받은, 중국 간쑤 지방의 무슬림들은 개혁주의를 펼쳐 나갔다. 결국 그것은 18세기 후반 무슬림들이 만주인들의 지배에 대항해 일으킨 반란의 씨앗이 되었다. 낙쉬반디야 쉐이크들은 이슬람권의 변방에서 얻은 성과만큼은 아니었지만 오스만 제국에까지 영향력을 미쳤다. 이로써 오늘날까지 터키와 이라크의 쿠르디스탄에 낙쉬반디야가 미약하게나마 폭넓게 존재하게 된 것이다.

티무르계 무굴인들

서투르키스탄에서 우즈베크의 공격으로 가장 큰 타격을 받은 희생자들은 티무르 왕조 사람들이었다. 1510년 무렵 샤이바니 칸이 티무르 왕조의 세력을 사실상 근절시켰지만, 남아시아에서는 여전히 티무르 왕조가 제2의 부흥을 누리고 있었다. 인종적, 언어적 견지에서 보면, 1526년 바부르(Bābur)가 세웠던 티무르 · 무굴 왕조는 터키적인 성격이 강했다. 이 왕조는 동시대 왕조들과는 모습이 사뭇 달랐다. 자신들에게 힘을 실어 준 특정 부족에게 의존했던 오스만 제국인과 사파비 왕조인, 우즈베크 칸국인들과는 달리 무굴 제국의 군사들은 여러 부족 집단들로 이루어져 있었다. 따라서 그들에게는 민족적, 사회적 정체성이 결여되어 있었다. 왜냐하면

14세기에 티무르가 서투르키스탄의 지배권을 획득하기 위해 싸우는 동안 부족간의 단결력이 약화되고 파괴되었기 때문이다. 게다가 그들의 지지자들에게는 이란의 끼질바쉬나 오스만 제국의 시파히(sipahi, 기사들)와 같은 응집력과 독립심이 없었다. 무굴 제국의 통치자들은 부족들간의 힘의 균형을 도모하거나 그 힘을 약화시키기 위해 노예 병사제나 노예 관료제를 도입할 필요성조차 느끼지 못했다. 또 무굴인들은, 하렘이 왕위 계승자들의 정치 교육 기관으로 변질되는 일을 억제했다. 무굴 왕자들은 노련한 행정가들과 주지사들, 군 지도자들 사이에서 당당한 경쟁을 통해 왕위에 올랐다. 오스만 제국과 사파비 왕조의 지배자들이 답답한 궁 안에만 머무르고 있었던 반면에, 17세기 말 무굴 제국의 통치자 아우랑제브(Aurangzeb)는 장군 출신으로 왕성한 활동을 펼쳤다. 비록 그러한 기질이 왕조의 수명을 단축시켰는지는 모르겠지만 말이다.

    바부르나 그의 아들 후마윤(Humāyūn) 그 누구도 갠지스·줌나 유역에 무굴 제국을 세우지는 못했다. 바부르는 그곳에 군대를 주둔시키기는 했으나 죽음을 앞둔 1530년에 이르러서도 가장 전략적 요충지인 갠지스 강 유역을 평정하지는 못했다. 그리고 1540년 후마윤은 아프가니스탄군에게 패배함으로써 이란으로 추방당했다. 그는 죽기 일 년 전까지 왕좌를 되찾지 못했다. 그러나 그의 망명은 무굴 인도에 오랫동안 영향이 미쳤다. 왜냐하면 추방당한 그가 귀환하는 데 수많은 이란인을 대동했던 것처럼 무굴 왕조 내내 이러한 이주 형태가 지속되었기 때문이다. 초기 티무르 무굴국을 무굴 제국으로 바꾼 사람은 바부르의 손자 아부 울 파스 잘랄 웃 딘 무함마드 아크바르(Abū-ul-Fath Jalāl-ud-Dīn Muḥammad Akbar, 1556년-1605년 재위)였다. 아크바르는 30년 동안 북부와 북서부 인도에서 눈부신 활약을 펼쳤다. 그는 자치적으로 형성된 토착 세력을 무굴 체제 안으로 흡수했으며 아프간 전임자에 의해 시작된 토지 수익 체제를 분석, 조사함으로써 토지 세제에 심혈을 기울였다. 경제적 기반인 왕실의 수입과 군사 봉토가 무굴 제국을 강력하게 만드는 원천적인 토대가 되었다.

    아크바르의 과시적인 종교적 관용과 실용적 정책에만 초점이 모아진 역사 해석에서는, 그가 몇십 년의 전쟁을 치르고 나서야 비로소 무굴 제국을 안정시켰다는 사실을 간과할 때가 많다. 그의 가장 중요한 업적은 아그라 서쪽 라자스탄 사막에 자리한 라즈푸트 공국들을 정복한 일이었다. 왜냐하면 그 당시에는 이러한 힌두교 전사 씨족들이 북부 인도에서 최고의 군대를 지휘하고

아크바르는 발아기 티무르 무굴국을 무굴 제국으로 발전시켰다. 그는 힌두교인들의 협력이 있어야만 제국을 지배할 수 있다는 것을 깨달았다. 그는 울라마의 압력을 물리치고 이교도들에게 관용을 베풀었으며 모든 종교적 토론을 즐겼다. 따라서 많은 사람들이 그의 죽음을 슬퍼했다는 사실은 그리 놀랄 만한 일이 아니었다. 어떤 이는 그의 시대를 '안내자라는 태양이 오류라는 베일 뒤에 숨겨진' 시간으로 비유했다. 이러한 아크바르에 대한 호의적인 연구는 무굴 궁전에서 번성했던 인문주의를 보여준다.

있었기 때문에 정복은 손쉬운 일이 아니었다. 티무르 왕조의 잔인한 전술에 따라 무굴 제국의 장군들은 아크바르 집권 초기, 전투에서 저항하다가 숨진 라지푸트족 군인들의 해골로 탑들을 세웠다. 무굴인의 잔혹한 행위에 질린 라즈푸트 왕조들은 스스로 항복할 수밖에 없었다. 몇몇 왕들은 자신의 딸을 무굴 제국의 하렘에 바치기도 했다. 아크바르의 정복 사업 중 가장 눈길을 끄는 일은 그와 결혼한 라즈푸트의 공주들에게 이슬람교로 개종하도록 강요하지 않았다는 것이다. 아크바르는 이런 식으로 라즈푸트 제후들과 타협하고 나서 그들의 영토 일부를 무굴 제국의 특별 군사 봉토라는 명목으로 내 주었다. 그의 정책은 라즈푸트의 제후들을 무굴 제국에 충성하는 자들로 만들었다. 16세기 후반 이래로 라즈푸트의 분견대들은 무굴 제국 군대 안에서 가장 막강하고 믿을 만한 존재가 되었다.

아크바르와 라즈푸트간의 관계가 원만할 수 있었던 것은 아크바르가 정치적인 상황을 기민하게 파악한 결과였다. 무굴 제국 인구의 80퍼센트에서 90퍼센트는 이교도였으며 그중에는 힌두교도가 압도적으로 많았다. 그 밖에 자이나교도, 애니미스트, 그리스도교인, 유대교인, 조로아스터교인도 명맥을 유지하고 있었다. 무굴 제국에는, 투르크계 몽골족으로 이루어진 수비대가 도시 중심지와 인도 갠지스 강 유역의 비옥한 지대를 관리하고 있었다. 무굴 제국의 황제들은, 라지푸트족, 아프가니스탄인, 중서부 인도의 마라타인(*펀자브에 살고 있는 종족)과 같이 다양한 힌두교도와 무슬림 지배자들이 지방에 깊숙이 뿌리를 내리고 있었기 때문에 늘 위협을 받아야만 했다. 무굴 제국의 티무르인은 자신의 정체성을 남아시아 거주민에게 납득시킬 수 있는 방법을 찾지 못했으며 그들의 신앙인 이슬람으로도 아프간족을 동화시키기에 역부족이었다.

상황이 이러하자 아크바르는 울라마의 세력을 억제하고, 종교적 관용을 확대시키는 정책을 택했다. 그의 공공연한 정책은 종파를 초월한 영성에서 비롯된 것 같다. 한 쪽으로 치우치지 않는 그의 신심은, 종종 그가 수피들과 연계하고 있다는 의혹을 불러 일으켰다. 이는 나중에 치쉬티야 종단을 기리기 위해 파테흐푸르 시크리에 세운 새 궁전에서 그가 공개 종교 토론을 주관한 일에서도 엿볼 수 있다. 그의 아들인 황제 자한기르(Jahāngīr)는 부친에 대한 존경을 다음과 같이 표현했다. "그는 모든 인종, 신앙, 종파를 다 받아들였다.…… 다양한 신앙 공동체들은 아크바르의 너그러운 통치권 아래에서 자신들만의 공간을 가질 수 있었다. 이는 다른 나라의 정책과 현격히 달랐다. 페르시아에서는 오직 쉬아파만을 신봉했고 터키와 인도(비무굴), 투르키스탄에서는 오직 순니파만을 신봉했다." 힘든 유년 시절 탓에 교육을 제대로 받지 못한 그는 문맹에 가까웠다. 그 덕에 그는 형식에 얽매이지 않고 관용적인 종교 정책을 펼칠 수 있었다.

아그라의 바로 서쪽에 위치한 파테흐푸르 시크리는, 수피와의 관계는 젖혀 두고서라도 무굴 제국의 지배자들과 귀족들이 타타에서 벵골에 이르기까지 세웠던 예술적 복합물 중의 하나로, 남아시아의 속국에서 얻어 낸 무굴 제국의 부가 얼마만큼이었는지 수와 규모에서 알 수 있다. 무굴 제국의 수입 대부분은 인도의 엄청난 농업 경제에서 얻은 것이었다. 특별한 건축물은 이웃 마을의 소득으로 모아진 아우까프(aw-qaf, 이슬람 자선 기금)로 지어졌다. 이것이, 곧 타지마할(1632년-1647년 건축)과 다른 왕릉들, 모스크, 초기 근대 이슬람 건축물들에 직접적인 영향을 미쳤다. 한편 무굴 제국의 황제들은 환금 작물과 다양한 종류의 면사를 수출해 엄청난 이득을 챙겼다. 국가는 해외 무역을 통해서 얻은 수익 중 2퍼센트에서 4퍼센트 정도만을 관세와 화폐 주조세로 징수했다. 하지만 국가의 화폐 주조세 정책은 결과적으로 봤을 때 부차적인 성과에 불과했다. 왜냐하면 통화가 널리 유통되자

화폐 주조 기술이 한층 발전하는 결과를 낳았기 때문이다. 이러한 세입 가운데 특히 농업세는 주로 제국 군대의 기병과 포병을 유지하는 재원이 되었다. 자기르다르 제도(jāgīrdār, *무슬림이 지배하던 시기, 인도의 토지 소작 제도)에 따라 무굴 제국의 장교들은 건물이나 토지 소유주인 자기르다르로 임명되었다. 그들이 농업에서 얻는 수입은 기병대를 유지하기 위해 쓰였는데, 이는 정확히 말하자면 이끄타다르(iqtāʾdār, *이슬람 토지 제도)를 충실히 따른 것이었다. 사파비 왕조의 샤들에게 군인들을 제공했던 이끄타(iqtāʾ, 봉토)의 소유주는 오스만 제국의 술탄에게 기사를 제공했던 티마르(timar, *오스만 제국에서 술탄이 충성에 대한 보답으로 어느 개인에게 토지나 조세 수입을 하사하는 것) 소유주와 마찬가지였다.

　타지마할에서도 느낄 수 있듯 부와 화려함의 상징이었던 무굴 제국은 1707년 아우랑제브가 사망한 이후 20년간 분열의 길을 걸었다. 그러한 분열은 유럽의 압력과는 상관없는 일이었고, 또 1722년 사파비 왕조가 갑자기 소멸한 이유보다도 훨씬 더 복잡한 배경을 가지고 있었다. 분열의 책임은 자신의 증조부인 아크바르만큼이나 오랫동안 제국을 통치한 아우랑제브 자신에게 있었다. 어떤 사람들은, 제국이 붕괴된 것이 황제의 엄격한 성격과 금욕을 추구한 이슬람 때문이라고 생각했다. 정통 순니파의 지배 방식이 점점 세력을 얻게 되었지만 라즈푸트 제후들은 이를 받아

데칸의 아우랑가바드 근처 쿨다바드에 있는 아우랑제브의 작은 묘. 초기의 무굴 제국인들은 자신의 힘을 과시하듯 장식이 화려한 대규모 복합 묘지에 잠들었다. 하지만 아우랑제브는 엄격한 무슬림으로서 평범한 묘지를 선택했다. 초기의 무굴 제국인들은 모두 예술을 지원한 후원자였다. 아우랑제브는 울라마를 후원했으며 그들을 위해 전쟁도 불사했다. 그는 스스로 필사한 『꾸란』을 팔아 마련한 305루피를 임송하는 날 성인들에게 나누어 주고 법령까지 만들어 발표했다.

중앙아시아의 르네상스 왕자, 바부르

1526년 바부르는 무굴 제국을 건설했다. 하지만 그는 군사적 업적보다는 작가로서 명성이 더 높았다. 『바부르 나메』로 알려진 그의 자서전과 시편들은 중앙아시아, 아프가니스탄, 인도의 이슬람 문화와 사회를 폭넓게 다루면서 초기 근대 무슬림 왕자의 개성과 삶에 대한 독특한 통찰력을 제시하고 있다. 그의 작품에서는 다양한 성격의 사람들이 등장한다. 무슬림의 정형화를 특징으로 하고 있는 무슬림 문학에서 그처럼 다양한 개인의 특성을 제시한다는 것은 좀처럼 쉬운 일이 아니다.

바부르가 여느 자서전 작가들처럼 자기 자신을 유리한 입장에서만 나타내려고 했다면 그는 이탈리아 르네상스 시대의 벤베누토 첼리니(Bevenuto Cellini)처럼 자신의 사회를 적나라하게 풍자했을 것이다. 그는 이탈리아의 문화적 폭력을 중앙아시아 세계의 특징으로 규정지었으며 메디치나 카스틸리오네를 이탈리아 르네상스 시대의 일상적인 인간형으로 제시했다.

그는 자서전 속에서 군사적 행동이나 적의 목을 베는 장면을 묘사하고는 곧장 오스만 제국이나 페르시아의 유명한 시작법(詩作法) 쪽으로 관심을 돌린다. 그는 인간과 자연에 대한 사실적 관찰을 바탕으로 솔직하고 가식 없는 문체로 기술해 나간다. 군대에서 그의 동료를 묘사한 것을 보자.

술탄 아부 사이드 미르자 시대, 줄루 아르군(zulnun Arghun)은 언월도(偃月刀)를 사용하는 여느 젊은 전사들과는 다르게 행동했다. 시간이 흐를수록 그는 모든 면에서 독립적인 행동을 취했다. 그는 용감했지만 확실히 이해력이 부족했다. 그는 정해진 예배 시간만큼은 절대 빠진 적이 없는 독실한 신자였다. 그리고 그는 종종 자신에게 주어진 종교적 의무 이상의 일을 하고는 했다. 그는 체스를 광적으로 좋아했다. 그는 다른 사람보다 두 배 이상을 체스에 열중했다. 그는 어떤 기술도 없이 단지 자신의 상상

력에 따라 체스를 했다. 그는 허영과 열등함에 사로잡힌 노예였다.

여기에 바부르가 19세에 쓴 초기 시 경향에 대한 묘사가 있는데 타슈켄트의 몽골 칸인 그의 삼촌에 대한 평가도 아울러서 기술하고 있다.

나는 평범한 운율의 4행시를 썼다. 그러나 나는 그 당시에는 시적 관용구를 공부한 적이 없었기 때문에 약간의 의문점을 가지고 있었다. 칸은 좋은 성격의 소유자였고 시인이었지만, 나는 그의 시가 송시의 필요조건을 다 갖춘 것은 아니라고 생각했다. 나는 그에게 내가 쓴 4행시를 제시하고 의문을 내비쳤지만 명쾌한 해답은 듣지 못했다. 그는 시적 관용구에 대해서는 어느 정도 부족한 면이 있는 듯했다.

좋은 성격의 소유자 몽골 칸의 시에 대해 의심을 품은 젊은 티무르 무슬림의 생각만을 놓고 우리가 이슬람 세계에 대해 편견을 갖게 된다면 그것은 지나친 오리엔탈리스트의 억측이라 하지 않을 수 없다. 바부르의 자서전에서 제시되고 있는 내용과 그의 독특한 문학적 취향은 이슬람 문화의 역동성과 창조성을 나타낸다.

바부르는 자신의 조상인 칭기즈 칸이나 또는 티무르가 일궈 냈던 그런 제국을 얻기 위해 30년 이상을 노력했다. 바부르의 자서전은 19세기 초에 영어로 번역되었고, 그 번역본들은 많은 서구인으로부터 찬양을 받았다. "바부르를 알게 된 것은 얼마나 행복한 일인가!"라고 소설가 포스터(Forster)는 감탄하면서 다음과 같이 말했다. "그는 한 친구에게서 바랄 수 있는 모든 것을 갖추고 있었다. 그의 에너지와 야망은 감성에 의해 지켜졌다. 그는 행동하고, 관찰하고, 기억할 수 있었다. 비록 그는, 비평적인 감각은 없었지만 감각들의 작용을 잘 이해하고 있었기 때문에 사람의 본성을 충만하게 할 수 있었다."

들일 수가 없었다. 그러나 무엇보다 아우랑제브가 마하라슈트라 산맥과 정글에 사는 마라타인들을 잔인하게 파멸시킨 20년 전쟁이, 제국의 재정적, 행정적 악화를 불러 온 직접적인 원인이었다. 무굴 제국 군대를 직접 지휘한 아우랑제브는 늘 수도에서 멀리 떨어져 지냈기 때문에 국가 행정을 감독할 수 없었던 것이다.

그리고 아우랑제브가 장수했다는 사실 또한 무굴 제국을 붕괴시키는 데 결정적인 역할을 했다. 그의 후계자인 바하두르 샤 1세(Bahādur Shāh)가 왕위에 올랐을 때 그는 이미 나이 지긋한 평범한 노인에 지나지 않았다. 바하두르 샤는 1712년 사망하기 전까지 5년 동안만 왕위에 머물렀던 탓에 국가를 제대로 관리했다고는 볼 수 없었다. 마라타인들과 펀자브의 새로운 분파적 세력인 시크교(*이슬람적 요소와 힌두교적 요소가 결합된 인도 종교)인들이 제국의 심장을 위협하면서, 제국은 다시 한 번 전란에 휩싸이게 되었다. 따라서 1739년 사파비 왕조의 후계자인 나디르 샤 아프샤르가 인도에 쳐들어오면서 마주친 것은 단지 지방에 흩어져 있던 무굴 제국 군뿐이었다. 나디르 샤가 델리를 약탈하고 무굴 제국의 보고를 차지해 나갔다. 무굴 제국의 지배자들은 새로운 군대를 양성할 재원을 마련할 길이 없었다. 무굴 제국은 델리·아그라 지역에서 겨우 명맥을 유지했을 뿐 사실상 멸망한 것이나 다름없었다. 그러나 토착 세력이나 무굴 제국의 지방 호족들도 권력의 공백 상태를 메울 수는 없었다. 1764년, 세력을 천천히 넓혀 가던 영국의 동인도 회사(East India

1631년 무굴 제국 황제 샤 자한은 사랑하는 아내 뭄타즈 마할(Mumtāz Mahal)을 애도하기 위해 타지마할을 세웠다. 사랑의 가치를 상징하는 타지마할은 동부 이슬람 세계의 숙련된 장인들을 끌어모을 수 있는 무굴 제국의 능력을 입증하는 것이기도 했다. 시라즈에서는 도안공과 서예가들이, 칸다하르에서는 현장 감독이, 사마르칸트에서는 제조업자가 각각 불려 왔다. 또 돔 건설자는 오스만 투르크에서, 석공들은 부하라에서 부름을 받았다. 이들은 물탄에서 무슬림 벽돌공과 함께 일했다. 인도 상감공들은 물탄 출신이며, 인도 정원 설계의 전문가는 카슈미르 출신이었다.

Company. *영국이 인도 및 극동 지역과의 무역 촉진을 위해 설립한 회사)는 마침내 벵골을 통제하게 되었고, 19세기 내내 무굴 제국뿐 아니라 남아시아의 드넓은 지역에 걸쳐 그 영향력을 행사하기에 이르렀다.

아프리카와 동남아시아의 이슬람

모로코

투르크·몽골 제국들과, 동시대의 아프리카 및 동남아시아 왕조들과 주민들은 아랍어를 사용하거나 아랍 문화의 영향을 받으며 살았다. 유럽과 이슬람권이 처음 만나게 되었을 때 주목할 만한 주요 국가로는 모로코, 말라카 해협의 말레이와 수마트라 술탄국들, 그리고 아체가 있었다. 모로코는 초기에 북아프리카 왕국들에 속해 있었다. 그러다가 15세기에 이르러 오랫동안 정치적, 경제적 위기에 휩싸였고, 포르투갈이 팽창하면서 위협을 받았다. 15세기 말부터는 무함마드의 손자인 하산의 직계 후손들이 세운 사아디(Sādī) 왕조가 부활되었다. 그들은 자신들의 신성한 혈통에 호소했다. 처음에는 수피들이 포르투갈에 효과적으로 대항할 수 있도록 군사 행동을 지원했다. 1550년 사아디 왕조의 지배자인 앗 쉐이크 알 마흐디는 페즈를 공격함으로써 칼리파와 '마흐디' 칭호를 획득했다. 1557년 그가 전투에서 승리하고 종교적인 권리를 주장하자 오스만 지배자들은 그를 암살했다. 만약 그를 죽이지 않았다면 그는 동쪽의 오스만 제국 안으로 세력을 넓혀 갔을 것이다. 사아디 왕조의 지배자들은 근대적 군대가 창설된 1600년 이전에는 주로 베르베르 부족들로 이루어진 군사력에 의존했다. 근대화된 군대는 가공한 화력을 갖춘 화포와 유럽에서 들여온 근대적인 무기들로 무장한 덕택에 1591년 니제르 강 중류의 사하라 남쪽 중심지인 송가이의 수단국을 정복할 수 있었다.

사하라 이남 아프리카

아프리카 송가이는 당대의 작은 수단국들이나 사하라 이남의 지역 국가 집단을 상징했다. 무슬림 상인들과 울라마들의 요구로 토착 지배층들이 이슬람교로 개종함으로써 이 소국가들은 명목상으로나마 이슬람 문명의 세례를 받은 셈이었다. 그들은 자신들의 정권을 합법화하고 효율적으로 행정을 관리하기 위해 아랍어를 사용하는 무슬림 학자들과 종교인들을 초빙했다. 그러나 보르노와 카노의 중앙 수단 국가들의 사정은 조금 달랐다. 오늘날 수단 영토 안에 있는 푼즈 왕국은 동아프리카의 사정과 비슷했다. 상(上) 이집트 누비아의 이슬람화된 사회들을 통하거나 아라비아와의 직접적인 상업 교류는 이런 지역들의 울라마들과 수피들을 매혹시켰다.

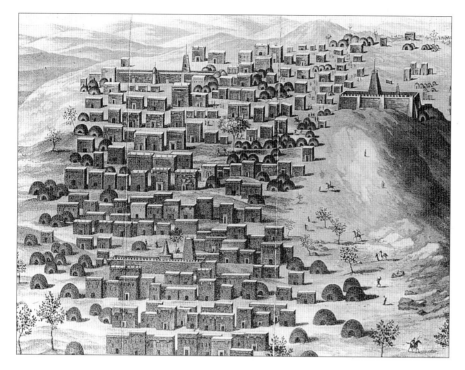

1828년 르네 아우구스트 카일리예(René Auguste Caillié)가, 영광의 날이 저문 후의 팀북투를 그린 것이다. 16세기 팀북투는 서아프리카에서 가장 큰 도시였다. 이는 또 송가이 제국의 수도로서 런던과 대등한 무역을 자랑하던 곳이며 나아가 학문의 중심지였다. 팀북투는 사하라 사막 깊숙이 흐르는 니제르의 거대한 계곡에 자리한 덕분에 지정학적으로 매우 중요한 가치를 지녔다. 사바나 수단 주민들의 원시적 농경 세계와 사막 유목민 세계가 이곳에서 처음 교류의 물꼬를 텄다.

팀북투는 이러한 트랜스 사하라의 교류를 잘 보여 주고 있는 전형이라 할 수 있다. 14세기 말리 공화국하의 한 오아시스의 시장 마을인 이곳은 이슬람을 전파하기 위한 구심점이 되었다. 그곳은 정치적 소용돌이가 격심했지만 18세기에 들어서도 문화의 중심지로 계속 남아 있었다.

이슬람은 상인들과 울라마, 수피 개개인을 통해 수단 남부로 확산되었다. 장엄한 지하드의 물결은 16세기 서아프리카에서 날로 비중이 높아 가는 이슬람의 존재를 가장 상징적으로 보여 준 것이었다. 이러한 움직임들은 무슬림 지배 국가를 세우려는 거대한 흐름과 합류했다. 그들이 종종 내 보이는 수많은 개혁 운동들은 이슬람 교리에서 표출되는 정치적, 사회적 저항이었다. 아프리카인들은 순례 기간 동안 메카와 메디나에서 공부하면서 지하드의 참된 취지와 순수한 이슬람 국가의 이념을 받아들였다. 1690년대 둔두에 무슬림이 지배하는 국가 건설을 유도한 세네감비아의 지하드는 그 단적인 예라고 할 수 있다. 또한 1770년대 하우사 랜드에서 군사적 소명을 시작했던 우스만 단 포디오(Usman dan Fodio)가 이런 지하드들과 아라비아 학파들의 『하디스』 가르침에 영향을 받았다는 것은 의심할 여지가 없다. 그는 메카와 메디나에서 공부하고 엄격한 개인적 이슬람과 신권 정치 국가 건설을 설교하기 위해 아프리카로 돌아간 자브릴 이븐 우마르(Jaʾbril ibn ʿUmar)의 제자였다. 대중들의 열광적인 지지를 받은 우스만 단 포디오의 지하드는 사실 그보다 훨씬 더 잘 알려진 아라비아의 와하비야(*이슬람의 청교도적 운동을 주장한 와하비파에 속한 사

1500년와 1800년에 걸쳐 두 왕조에 의해 모로코인의 국가가 세워졌다. 17세기 중반까지 마라케시에서 통치했던 사아디 왕조와 훗날 메크네스에서 통치했던 알라위 왕조가 바로 그것이다. 마라케시의 엘 바디(el Badi)와 메크네스의 마울라비 이스마일 궁전 건축에서 위대한 왕의 권위를 엿볼 수 있다.

람들을 일컫는 말) 운동의 변형이라고 할 수 있다.

무함마드 이븐 압드 알 와하브(Muḥammad ibn ʿAbd al-Wahhāb)는 수피즘과 전통적인 관행, 아라비아의 민간 신앙을 거부하는 엄격한 교의를 설파했다. 소(小) 제후였던 이븐 사우드가 이븐 압드 알 와하브에 가세하자 그 운동은, 마치 이븐 칼 둔이 생각한 예언자적 사명으로 충전된 부족 연합처럼 이상이 곧 현실로 나타나는 것 같았다.

1773년 사우디아라비아·와하비 동맹이 수도 리야드에서 결성되었다. 이 동맹은 1803년에는 메카에서, 1805년에는 메디나에서 더욱 굳건해졌다. 예언자 무함마드의 것을 비롯한 각종 묘지와 성지가 잇따라 파괴되었다. 그러나 이러한 도전적인 정부는 오래 가지 못했다. 1818년 마침내 이 정권은 오스만 제국의 이집트 주지사 무함마드 알리(Muḥammad ʿAlī)의 손에 의해 무너졌다. 와하비야 운동은 개혁주의의 흐름을 이끌었고, 그 밖의 이슬람권 지역에서 일어나는 이슬람주의와 금욕주의 운동의 모태가 되었다. 그러나 이러한 현상은 무슬림들이 유럽인들과 원주민들간에 빚어진 상업적, 정치적 갈등이 많았던 남부와 동남아시아에서는 흔한 일이었다.

하드라미 사이드

16세기, 하드라마우트로 알려진 남부 아라비아 지역에 정착하는 아랍인들의 수가 점점 늘어나면서 인도양의 무역로를 따라 상인들이 퍼져 나갔다. 그들은 동부 아프리카, 남부 및 동남아시아의 해안 상업 도시에 일시적 또는 영구적으로 정착했다. 이들 중 많은 상인들이 '사이드'로 불렸는데, 그들은 자신들이 10세기에 바스라에서 하드라마우트로 이주한 아흐마드 이븐 이사 알 무하지룬(Ahmad ibn lsa al-Muhajir)의 후손들로, 그를 통해 자신의 계보가 예언자 무함마드의 사위인 알리의 자손이라고 주장했다. 그들은 사이드로서 고향의 아랍 부족들에게 정신적인 영향력을 행사했다. 어떤 사이드 가문은 특정한 부족의 종교 중재자로서 역할을 하거나 그렇지 못한 경우에는 이와 비슷한 역할을 하기 위해 인도양 주변의 무슬림 사회로 이주했다. 티비의 아이다루스, 타림의 알라위, 두안과 쉬흐르의 바파키와 같은 가문들은 인도양의 항구 도시에서 지방 울라마의 지도자 역할을 톡톡히 했다. 말라바르 해안에 자리한, 향신료 무역의 중심지인 캘리컷에서는 거의 모든 지도층의 울라마가 스스로 사이드라고 자처했으며, 탱갈들로서 알려져 있다. 무슬림들이 압도적인 우위를 점하고 있는 북부 수마트라의 아체에서 그들은 테웅쿠로 알려져 있다. 탱갈과 테웅쿠로는 모두 영광스런 의미로 높은 종교적 위상이나 업적을 상징적으로 표현하는 것이다. 사이드들은 대부분 상인에 불과했다. 그러나 이들은 종교적 역할과는 상관없이 아프리카와 아시아 무슬림들 사이에서 특별한 존경을 받았다. 하드라미 사이드는 아프리카 팀북투 지방을 둘러싼 상업과 이슬람 확산의 관계를 뚜렷하게 보여 주고 있다. 그들은 아라비아에서의 가르침과 연결된 『꾸란』과 전승에 바탕한 정통 신앙을 나타내는 경향이 있었다. 그들의 디아스포라는 캘리컷의 알라위가 소유한 것처럼 가계를 문서화했다. 그것은 한 알라위가 캘리컷에 정착했고, 다른 이들은 아체나 다른 항구로 떠난 것을 보여 준다. 이렇게 보존이 잘 된 가계도는 주목할 만한 민족과 혈연 조직의 존재를 입증하고 초기 근대 무슬림 세계의 상업과 종교적 목적을 뒷받침했다.

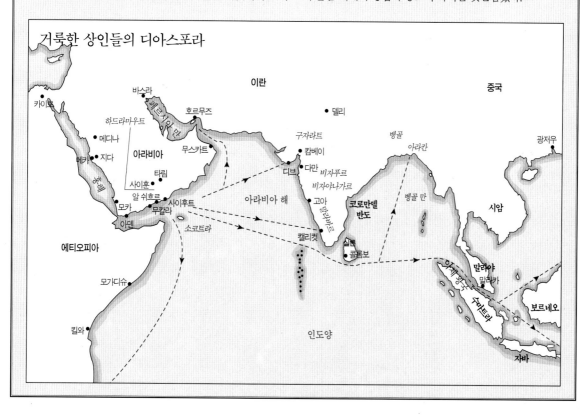

거룩한 상인들의 디아스포라

동남아시아

동남아시아는, 침략에 가까운 유럽의 대외 팽창을 경험한 두 번째 이슬람권 지역이었다. 16세기에 이르러 중세 그리스도교 십자군과 비슷한 이데올로기를 앞세운 포르투갈인들과 스페인 사람들이 그곳에 도착했다. 포르투갈인들은 남아라비아와, 바스코 다 가마가 1498년 말라바르의 캘리컷에 도착했던 장소인 서인도 해안, 동남아시아, 특히 말라카 해협을 따라 무슬림 사회의 전략적 요충지를 공격했다. 1565년 무렵 스페인들은 남아메리카 기지를 떠나 필리핀에 도착했다. 이베리아 반도의 두 강국은 자신들이 욕심냈던 향신료를 무슬림 상인들이 이미 독점했다는 것과, 그 지역에 오랜 세월 동안 무슬림 상인들이 존속하면서 무슬림 주민들과 국가를 발전시켜 왔다는 사실을 깨달았다. 스페인 군대는 오늘날의 마닐라에 도착해 초기 무슬림 공국이 급속히 팽창하는 현상을 목격했다. 필리핀 사람들은 무슬림이 되고 싶어했을 뿐만 아니라 술탄국도 여럿 세웠는데 스페인 사람들은 그에 대해 딱히 간섭할 수는 없었다.

그 후 전쟁과 식민지 개척으로 점철된 300년의 세월 동안 무슬림의 영향력은 민다나오 남서 지방에만 한정될 수밖에 없었다. 하지만 무슬림들은 산발적이나마 지속적인 방어적 지하드를 통해 20세기 초까지 스페인에 대항했다. 이런 지하드들은, 처음에는 포르투갈인들과 그 다음에는 네덜란드인들에 대항한 아체의 투쟁들과 비슷했다. 이는 1880년대 초부터 30년 이상 팽창했던 네덜란드의 정복 사업에서 그 절정을 이루었다. 필리핀과 아체에서 아직까지 벌어지고 있는 투쟁에서, 이

1500년에서 1800년에 이르기까지 이슬람은 부분적으로 인도, 페르시아 만, 그리고 아라비아 남부 해안과의 활발한 무역 거래를 통해 동남아시아로 진일보할 수 있었다. 북부 수마트라의 아체는 무슬림 요새로 널리 알려진 곳이었다. 이곳은 다른 무슬림 세계와 학문적, 외교적으로 긴밀히 연결되어 있었다. 1596년 만들어진 이 네덜란드 판화에서는 메카에서 온 외교 사절(정장을 한 인물)과 서부 자바의 반탐 총독을 볼 수 있다.

지역의 이슬람 문화를 특징지을 수 있는 종교적 투쟁 정신이 아직까지 정통으로 전해져 왔음을 알 수 있다. 아체인 무슬림들은 인도네시아의 무슬림 국가에 공식적으로 통합되었다. 그러나 민다나오의 무슬림들은 20세기 말까지 남부 필리핀에서 독립된 국가를 세우기 위해 산발적인 투쟁을 지속하고 있다.

개종

동남아시아에 이슬람이 정착되고 고유의 무슬림 사회가 성장할 수 있던 상황은 아프리카에 이슬람이 전도된 상황과 비슷하다. 사하라 남부에서 이슬람이 세력을 넓혔던 전례는 동남아시아의 본보기가 되었다. 여기에서 두 가지 원칙을 찾을 수 있다. 하나는 이슬람이 무슬림 상인들과 더불어 무역로를 통해서 퍼져 나갔는데 그 상인들은 대부분 아랍인이거나 아랍어를 사용하는 사람들이었다는 것이다. 즉 동남아시아의 상인들은 남아라비아와 페르시아 만, 또는 구자라트나 말라바르의 아랍화된 상업 사회 출신들이었다. 또 하나는 인도 해안과 무슬림 사회가 있는 동남아시아에 『샤피이 법전(*Shafiiyah legal code*)』(*정통 순니 4대 법학파의 하나인 샤피이 이슬람법)이 유행했다는 것에서도 이를 알 수 있다. 이는 카이로와 동아프리카 해안, 아라비아 반도, 페르시아 만에서 우세한 학파였던 것이다. 이슬람교를 동남아시아로 들여온 무슬림들 가운데 일부는 구자라트 또는 말라얄리 인도인들이었을 것으로 추측된다. 그러나 그들의 '이슬람적' 언어는 보통 무굴 제국의 변방에서 사용하던 터키어나 페르시아어가 아닌 아랍어였다.

동남아시아에서는 개종이 점진적으로 이루어졌으나 아프리카 수단에서처럼 공식적인 문서를 통해 이루어진 것은 아니었다. 최초로 개종을 담당한 사람은 수피들이었다. 7세기 무렵 시작된 이슬람화는 매우 복잡한 일이었다. 무엇보다도 울라마와 상인, 수피들은 특별한 개인들이었던 것처럼 보인다. 사이드들(*아랍어로 주인 또는 경칭 미스터라는 뜻. 무함마드의 사촌동생이자 사위 알리의 후예들을 가르키기도 함)인 남아라비아의 하드라마우트 출신 상인들은 세 가지 개인적인 자격을 동시에 가졌다. 하드라미 사이드 가문의 경우는 특별했다. 왜냐하면 그들은 근대 초까지 동아프리카에서 필리핀에 이르기까지 인도양을 가로질러 폭넓게 흩어져 있었기 때문이다.

하드라미 사이드 가문의 상인들은 단지 자신들이 신성한 혈통이라는 이유만으로 동아프리카와 인도 해안, 동남아시아에서 중요한 울라마가 되었다. 지방의 무슬림들은 신성한 혈통이 모로코의 사아디 왕조처럼 자신들에게도 영적인 힘을 부여할 것이라고 믿었다. 하드라미 사이드의 상인이라는 직업은 그들의 영적인 정체성을 희석시키기보다는 강화시켰을 것이다. 알라위 혈통 또한 그 영향력과 조직이 제한적이었지만 수피 종단을 발전시켰다. 하드라미 사이드에서는 금욕적이고 청교도적인 특징을 지닌, 이슬람교의 중심지 하드라마우트 및 히자즈와 밀접하게 연결짓는 조직망을 형성했다. 1500년 이후 많은 하드라미 사이드 사람들이 인도 서남부와 동남아시아에서 무슬림 공동체의 정치적, 군사적 지도자가 되었다. 그들의 후손들은 20세기 초 아체와 네덜란드 사이의 전쟁이 막바지에 이를 무렵 아체의 군대를 이끌었다.

무슬림들이 상업 기지를 건설한 후 동남아시아인들은 다양한 이해 관계에 따라 이슬람교로 개종했다. 사회적 지위나 계급 면에서 상대적으로 평등했던 부유층이 이슬람교에 대한 관심이 가장 두드러졌는데, 특히 이들은 항구 도시 거주자들이었다. 또 지방의 제후들은 정치적인 이유 때문에 이슬람교에 매료되었을 것이다. 그 제후들은 이전의 제후들이 초기 그리스도교 시대에 힌두교에서 찾았던 것과 같은 이데올로기적 효용을 이슬람의 정신 안에서도 발견했을 것이다. 제후들은 자신들의 독립 요구를 정당화하고 대외 팽창을 합리화하는 데 신앙을 이용했다. 통치자들은, 이슬람의 정체성이 중상주의를 앞세운 유럽의 세력에 대항해 자신들을 보호할 수 있다고 확신했을 것이다. 이러한 이데올로기 때문에 통치자들은 인도양 주변의 다른 무슬림 국가들, 심지어 오스만 제국과도 동맹을 맺었다. 이러한 이유로 인해 아체의 술탄들은 포르투갈과 전쟁을 벌인 오스만 제국의 통치자에게 충성했던 것이다.

1511년 말라카에서, 1522년 파사이 근처에서 포르투갈은 승리를 거두었다. 그러나 몇몇 무슬림 국가들은 16세기에 접어들면서 포르투갈에 맞서 선전할 수 있었다. 당시 무슬림 사회는 자바의 옛 힌두 지역에서 급성장하고 있었다. 16세기와 17세기 초 아체인들은 포르투갈을 비롯한 유럽 강국들조차 두려워할 만큼 세력이 막강했다. 그들은 아체가 모든 비유럽 상인들의 중요한 터전인 동시에 이슬람을 보호해야 한다는 사명을 띠고 있었다. 아체의 술탄들은 열정적으로 이슬람의 예배와 교육을 장려했다. 또한 그들은 포르투갈과 네덜란드, 영국 군대에게 공격당한 말라바르 해안 사람들을 비롯한 인도양 공동체, 히자즈, 다른 무슬림 국가들과 긴밀히 접촉했다. 아체의 술탄들은 울라마와 수피들에 대해 모호하고 적대적인 입장을 취했던 마타람의 자바 왕국(*네덜란드가 인도네시아를 장악한 16세기 후반부터 18세기까지 자바에 있던 대왕국)의 무슬림 통치자들과는 달리 그들과 협력했다. 그러나 두 나라 모두 18세기 말에 이르러 독립의 꿈을 버려야 했다. 1660년대에 네덜란드는 아체 해안을 점령했다. 그 후 17세기 후반에 이르러 마타람의 술탄들은 자신들의 권력을 계속 유지하기 위해 결국 네덜란드에 의존할 수밖에 없었다. 19세기 무렵 독립된 무슬림 국가들은 거의 찾아볼 수 없었다. 이슬람은 이처럼 쇠퇴의 길을 걸었지만 동남아시아로 파고들어 수마트라와 자바, 말라야에 뿌리를 내렸으며 북으로는 타이와 보르네오, 필리핀 남부까지 뻗어 나갔다.

중국

중국은 상인과 수피를 앞세운 이슬람이 대규모로 침투한 지역이었다. 그들은 실크로드를 따라 중국의 북서쪽과 동남쪽 항구에 도착했다. 중국의 무슬림 인구는 독립적인 두 세력, 즉 주로 신강 지방을 기반으로 하는 투르크족과 후이족으로 나뉜다. 후이족은 무슬림들과 결혼함으로써 이슬람교로 개종한 중국인의 후손들이다. 명 왕조가 저물고 새롭게 청 왕조가 들어선 근대 초기에 신강은 행정 구역상으로는 중국에 속했다. 그러나 신강은 문화적으로나 지리적으로 중국이라기보다는 중앙아시아의 일부였다. 그런데 후이족은 무슬림 상인을 따라 개종을 했거나 그들의 영향을 받았던 중국 서부 지방에 기반을 두고 있었다. 명 왕조(1368년-1655년)와 청 왕조(1644년-1911년)의 지배하에서도 이슬람은 번영해 나갔다. 처음에는 명 황제들의 너그러운 포용 정책에 힘입어 이슬람교가 장려되기까지 했다. 이 시기에는 많은 모

오늘날 중국 신강성의 타림 분지에 있는 카슈가르 모스크. 카슈가르는 16세기와 17세기에 차가타이 칸국의 수도였다. 이 기간 동안 칸들은 호자(Khoja)라는 지도자가 이끄는 수피즘 형제단의 거센 저항 탓에 고전을 면치 못했다. 1678년에는 카슈가르에서 마지막 차가타이 칸이 호자에게 패배하면서 무너지고 말았다. 그 지역 오아시스 도시들인 야르칸드와 코탄, 아쿠수는 호자 밑에서 다른 도시 국가들과 경쟁하고 있었다. 만주인들은 1758년에서 1759년이라는 짧은 시간에 그 지역을 중국의 영토로 만들었다.

스크가 세워졌고, 명조 후기에는 최초로 중국의 무슬림 문학 작품들이 쓰여졌다. 하지만 중국계 무슬림 문학의 진정한 전통은 만주인의 영향력 아래에서 나타났다. 중국의 무슬림 문학에서 가장 뛰어난 인물은 류즈(劉峙)였다. 그는 난징 출신으로 1650년대와 1720년대에 걸쳐 이슬람 철학과 법률, 그리고 예언자 무함마드의 전기들을 남겼다. 그러나 동남아시아에서와는 달리 중국에서 이슬람은 결코 중화주의와 그 지배권을 위협하지 못했다. 중국에서 이슬람은, 유럽인들이 인도양과 중앙아시아를 지배하기에 앞서, 상업적 교류의 진수를 보여 주는 문화적 가공품을 많이 남겼다.

반응과 개혁

18세기 말 무슬림 국가들은 정치적으로 위기를 맞이했다. 1798년 나폴레옹 1세가 이집트를 침공한 것이다. 이 무렵 무슬림 학자들은 이슬람 사회의 도덕적, 신앙적 위기 해결에 몰두해 있었다. 이 때문에 지방의 유능한 인물들은 우스만 단 포디오의 지하드나 1803년 인도네시아 미낭카바우에서 시작된 청교도적 파드리(Padri, *이슬람 초기의 순수한 가르침으로 돌아가자는 개혁 운동)처럼 유동적이고 토착적인 문화적 저항에 관심을 가지게 되었다. 이 두 경우에서처럼 개혁의 필요성은 바로 메카와 메디나에 있던 신학자들의 가르침과 직결되어 있었다. 18세기 중반에 히자즈에서 가르쳤던 쉐이크 아부 타히르 무함마드 알 쿠르디(Abū Ṭāhīr Muḥammad al-Kurdī)와 타즈 앗 딘 알 하나피(Taj al-din al-Ḥanafī) 같은 사람들은 수피즘의 교리를 비판했다. 그리고 『꾸란』과 『하디스』를 통해 더욱 완전한 사회를 이룩하기 위해 성인 숭배를 받아들였다. 이러한 지적 경향을 구체화시킨 사람은 델리의 샤 왈리 알라(Shāh walī Allāh)였다. 그는 아프리카와 남아시아, 그리고 동남아시아에 이르기까지 울라마와 연결된 히자즈 성지 참배를 실현시켰고, 히자즈에서의 교육을 체계적으로 재정비했다.

1703년에 태어난 샤 왈리 알라는 무굴 제국의 뛰어난 법률학자의 아들이었으며 무잣디디 낙쉬반디야 회원으로서, 17세기 초에는 인도의 쉐이크 아흐마드 시르힌디(Shaykh Ahmad Sirhindī)의 뒤를 이은 인물이었다. 그는 인도에서 페르시아적 이슬람 교육을 받은 후 메디나에서는 알 쿠르디와, 메카에서는 알 하나피와 함께 『하디스』를 연구했다. 그는 알 와하브와 같은 시대에 활약한 사람이었다. 그는 예언자의 모범적 행신에 초점을 맞추고 도덕과 법적 제도에 기초한 전승에 수피즘을 종속시키려 했던 메디나 학파에 빠져들었다. 그러나 샤 왈리 알라는 사회의 진화 단계를 따라 법을 해석하면서 이즈티하드(*ijtihād, 개인적 법 판단을 위한 추론 행위)의 중요성을 강조했다. 그런데도 그는 전통적인 통치자들이야말로 쇠퇴해 가는 무슬림 국가들의 정치적 생명력을 회복시킬 수 있다고 믿은 당대 무슬림 사상가의 전형이었다. 도시적인 감각을 갖춘 지식인이었던 그는 아프가니스탄의 통치 세력들을 혐오했다. 하지만 아프가니스탄 사람들로 하여금 북인도를 침입해 무굴 제국 심장부에서 무슬림을 지배하고 있는 이교도들을 물리칠 것을 권유했다.

　　격동의 시대라고 할 수 있는 18세기에 이르러 많은 울라마들은 자신들의 공동체를 부흥시키기 위해 필사적으로 노력했다. 샤 왈리 알라가 지닌 지적 발산은 전통적인 타성에 젖은 무슬림 국가들을 비롯한 이슬람권의 기술적, 과학적 쇠퇴와 뚜렷한 대조를 보여 주었다. 울라마들의 노력으로 종교적 개혁이 제도화되기도 했다. 북인도에서는, 샤 왈리 알라의 사상은 식민 통치에 대한 무슬림의 견해 정립에 도움을 주었다. 그는, 이슬람권의 변방에서 활동한 울라마들이 정치적 한계를 뛰어넘어 아랍어로 된 전승으로 맺어져 있었다는 것을 보여 주었다. 그는 비록 무슬림들이 문화적, 언어적, 정치적인 차이에 따라 다르게 표현되었지만 본질적으로는 같은 학문을 공유했다고 피력했으며 또 무슬림들이 18세기의 종교 문제에 어떤 방식으로 접근했는지를 잘 설명해 주었다.

스티븐 데일(Stephen F. Dale)

그는 오하이오 주립 대학교에서 이슬람 역사와 남아시아 역사를 강의하고 있다. 저서로는 『남아시아 국경의 이슬람 사회— 말라바르의 마필라인들 1498년–1922년(Islamic Society on the South Asian Frontier : The Mappilas of Malabar 1498–1922)』와 『인도 상인들과 유라시아인 무역 1600년–1750년(Indian Merchants and Eurasian Trade 1600–1750)』 등이 있다.

4

서구 지배 시대의 이슬람 세계
(1800년-현재까지)

1800년 이래로 서구의 도전이 점점 거세지기 시작하면서 무슬림 세계의 내부적인 갈등도 깊어만 갔다. 17세기와 18세기에 걸친 유럽의 발전으로 인해 그리스도교 세계는 무슬림 세계와 경쟁할 수 있을 만큼 성장했다. 이러한 경쟁이 더욱 치열해지면서 무슬림과 이교도들이 공존할 것이라는 희망은 좌절되었다. 19세기와 20세기 초에 이르러 무슬림 지역 대부분이 유럽 제국에 흡수됨으로써 무슬림 세력은 현저하게 약해져 갔다. 이슬람 세계는 유럽의 지배를 받는 다른 국가들처럼 무슬림 또한 서구가 지배하는 세계에서 어떻게 살아 남을 것인지, 어떻게 하면 근대적 독립 국가로 거듭날 수 있을 것인지의 문제에 직면했다.

정치적 독립이 위협받는 상황은 제쳐 두더라도 1800년 이래로 무슬림은 언제 어디서나 서구 제국주의와 근대화가 빚어 낸 변화에 맞닥뜨릴 수밖에 없었다. 따라서 유럽의 식민지 국가나 무슬림 국가들은 유럽의 대외 팽창과 근대화 과정을 지켜보며 커다란 충격을 받아야만 했다. 이러한 경험은, 새로운 정부 기구와 생산 체제를 받아들이기 위해 노력하고 있는 무슬림들에게 다양한 기회를 주는 촉진제 역할을 했다. 서구와의 상호 교류가 확대되면서 자연스럽게 생겨난 변화를 유럽 식민지 국가나 무슬림 국가가 공통적으로 겪어야 하는 경험이라고 한다면, 이 무렵 기술과 통신이 이룩한 진보는 무슬림에게 세계의 발전을 피부로 느끼게 만들었던 것이다. 교통망이 발달하고, 메카 순례자가 늘어나고, 사상이 다양해지고, 이를 바탕으로 인쇄술이 발전하면서 신지식인들이 나타난 일 등은 무슬림들이 예전보다 좀더 자주 접촉할 수 있게 되었음을 의미했다.

유럽 팽창 전야의 무슬림 세계

서구의 팽창은 마침내 무슬림 세계를 혼란에 빠뜨렸다. 그러나 유럽의 공격이 본격적으로 시작되기 이전에도 무슬림들은 그에 대처하기 위한 다양한 노력을 기울여왔다. 그러한 과정을 겪으며 무슬림들은 점점 자신들의 정체성을 깨닫게 되었다.

몇몇 무슬림들은 정치적 불운을 '신의 형벌'로서 받아들인 반면, 또 다른 무슬림들은 '자신들을 습격한 악마를 제거하는' 방법을 찾기 시작했다. 18세기와 19세기는 이슬람 정치의 취약성과는 대조적으로 종교적 생명력이 증가하면서, 다시금 종교적 개혁 의지가 한껏 드높아진 시기였다. 울라마와 수피 같은 종교 지도자들은 내적 부흥뿐만 아니라 외적 실천이라는 개혁 운동을 통해 주도권을 장악했다. 그들은 이슬람 정화라는 사명에 바탕을 두고 새로운 세계관을 수립하려고 애썼다. 이슬람의 청교도적 운동을 이끌었던, 와하비의 주장에 동조하는 사람이 있는가 하면 어떤 이들은 개혁적인 성격의 수피 종단들에게 새로운 흐름을 이끌도록 요구하기도 했다. 따라서 이 모든 흐름은 서로의 가치관이 혼합된 양상으로 나타났다.

　이슬람 부흥은 이슬람의 지식을 부활시키려는 지식인들을 통해 확산되었다. 이슬람 성지를 순례하는 무슬림들이 점점 늘어났으며, 곳곳에서 일어난 개혁 운동은 여러 사상과 결합함으로써 아라비아 반도를 전체적으로 발전시켰다. 특히 메디

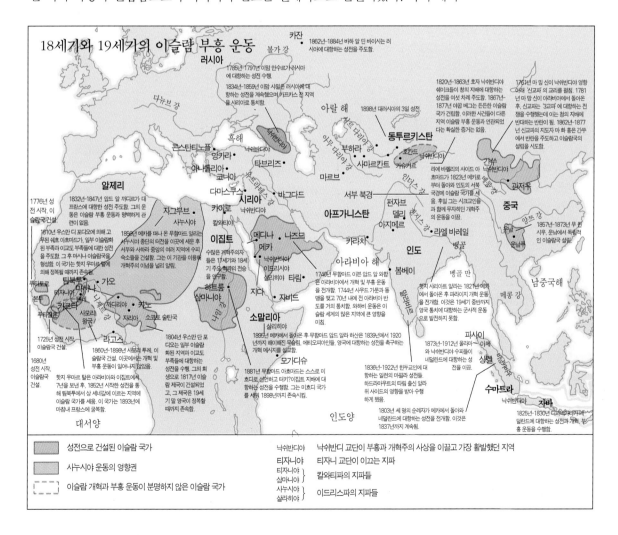

나의 전승학파 울라마들은 자신들과 뜻을 같이하는 학자나 순례자들과 함께 개혁의 꿈을 안고 고향으로 돌아갔다. 18세기 중반 이와 같은 무슬림들은 또한 중앙 아라비아에 있는 나지드에서 무함마드 이븐 압드 알 와하브(Muḥammad ibn 'Abd al-wahhāb)가 이끄는 정화와 부흥을 위한 이슬람 운동에 깊은 영향을 받았다. 1803년 인도네시아 미낭카바우(수마트라)에서 시작된 개혁 운동은, 와하비의 메카 점령을 경험한 세 명의 순례자가 이끈 것이었다. 파드리로 알려진 이 개혁 운동은 미낭카바우 지방을 이슬람의 세력으로 만들었다. 하지만 이 과정에서 파드리 세력은 팽창을 지속하던 네덜란드의 지원을 받는 지방 우두머리들과 무력 충돌을 빚기도 했다.

마치 자신들이 지켜 왔던 세계가 무너지는 듯하다고 느낀 개혁가들은 마침내 행동할 때가 왔다고 느꼈다. 무슬림들은 더 이상 변화를 기다리고만 있을 수가 없었던 것이다. 그들은 자신들이 직접 변화를 일으키고 믿음을 지키기 위해서라면 언제든 싸워야 한다고 생각했다. 그것이 무슬림들의 숭고한 사명이었다. 따라서 이 시기에는 개혁을 위한 지하드 운동이 곳곳에서 벌어졌고 유럽 제국주의자들의 팽창에 맞선 투쟁을 통해 이러한 운동이 구체화되었다. 영국인으로부터 '미친 율법학자'라고 불렸던 무함마드 압드 알라 하산(Muḥammad 'Abd Allāh Ḥasan)은 이드리시야 종단의 한 중요한 분파인 살리히야를 이끌었는데, 그는 소말리아에서 청교도적이고 금욕의 실천을 내세운 개혁주의를 지지하고 나섰다. 1900년 무렵 그는 소말리아에서 두 세력——에티오피아와 영국——에 대항하는 지하드를 지속할 것을 강조했다. 그는 에티오피아와 영국 사람들을 '타락한' 이교도로 간주했다. 그 밖에 다른 수피 종단들도 아프리카에서 대외 투쟁 지침을 마련했다.

그러나 지하드로 인해 생겨난 수많은 무력 충돌은 단순히 종교적 차원의 대립이 아니었다. 그들은 서구의 침략에 대항할 수 있는 이슬람 사회를 건설하기 위해 우선 내부적인 갈등을 해결해야 했다. 이슬람 개혁가는 이러한 어려움이 생긴 것을 무슬림 통치자들이 지역적인 종교 관습들을 조정하기 위해 벌였던 타협 때문이라고 비난하면서, 이슬람적인 삶과 사회에 대한 순수한 비전을 강조했다. 그들은 신앙과 실천의 제1의 원칙인 『꾸란』과 『하디스』로 돌아가고 싶어했고, 그 회귀의 여정을 가장 잘 이끌 수 있는 안내자로 예언자 무함마드를 꼽았다. 그 예가 1820년대에 지도자 핫지 샤리아트 알라(Hajji Shariat Allāh)가 순례를 마치면서 벵골에서 일으킨 파라이지 운동이다. 예언자의 모범을 강조한 개혁 프로그램인 이 운동은 샤리아와 갈등을 빚고 있는 무슬림의 관행들을 비난했다. 일반적으로 이러한 이슬람의 부흥 운동은 신의 유일성에 도전하는, 대중 종교의 모든 양상을 공격했는데 특히 수피 전통들과 연관된 이단적인 관습을 공격했다. 즉 성자의 무덤을 숭배하는 행위나, 이슬람으로 개종한 사람들이 보다 쉽게 동화될 수 있도록 도입한 이븐 알 아라비(Ibn al-ʿArabī)의 범신론적 견해마저 거부했던 것이다. 그러나 수피즘에 대한 이러한 공격도 몇몇 개혁적인 수피들의 신념까지 꺾지는 못했다. 그 결과 아시아의 낙쉬반디야, 아프리카의 칼와티야파와 이드리스파 같은 개혁적인 수피 종단들은 서구 그리스도교가 전파되는 것을 막기 위한 폭넓은 시도로서, 자신들의 관습과 믿음을 새롭게 정비했다.

유럽의 대외 팽창

이슬람을 개혁하려는 움직임이 1798년 나폴레옹 1세의 군대가 이집트를 점령하면서 더욱 활발해졌다. 그 후 점점 유럽의 지배 강도가 세어지자 무슬림의 독립 의지는 무너져 갔다. 유럽의 강국들은 무슬림 지배하에 있던 서아프리카에서 동남아시

1798년 프랑스는 카이로에서 일어난 무슬림들의 폭동을 진압했다. 이는 프랑스가 이집트에 상륙한 지 4개월이 지난 무렵, 그들의 조세 정책과 이슬람 전통에 대한 간섭에 분노한 카이로 시민들이 일으킨 것이었다. 하지만 반란 지도부가 카이로 시민들의 전폭적인 지지를 받지 못해 실패로 끝났다. 이를 목격한 알 자바르티 (al-Jabarti)는 "프랑스군은 마치 거센 파도와 같이 도시로 밀려들어 갔다."고 증언했다.

아까지, 그리고 중앙아시아의 스텝에서 인도 반도의 코모린 곶에 이르는 폭넓은 지역을 차지해 나갔다. 무슬림 세계는 제1차 세계 대전 무렵까지 유럽의 식민지로 전락해 버렸다.

유럽 내에서 생겨난 치열한 경쟁 심리는 제국주의라고 하는 거대한 기계를 활발하게 작동시키는 윤활유가 되었다. 이집트를 점령한 프랑스는 동부에서 영국의 패권을 무너뜨리고 제국주의의 경쟁에서 우위를 차지하려 했다. 이미 오스만 제국은 쇠퇴의 길로 접어들었으며, 이집트의 맘루크 통치자들은 이 틈을 타 형식적인 지배자에 불과한 오스만 제국에게서 벗어나려 했다. 이런 움직임은 프랑스에게는 커다란 행운이었다. 오스만 제국의 뒤를 이어 무슬림 지역으로 들어온 다른 유럽 열강들은 한결같이 주민들이 종교 문제에 매우 민감하다는 사실을 깨달았다. 따라서 프랑스는 재빨리 다음과 같은 성명서를 발표했다. "쉐이크, 까디, 이맘, 관료들이여, 프랑스는 무슬림의 진정한 친구라는 것을 국민들에게 알리시오." 이는 나폴레옹 1세가 울라마를 비롯한 토착 지배 세력의 도움을 받아 안정적인 정책을 펼치려고 했던 것이다. 다시 말해 프랑스의 목표는 이슬람이 아니라 맘루크의 과두 정치를 해체하는 것이었다.

유럽 각국의 이해 관계가 얽힌 이러한 특별한 상황은 곧 판가름이 났다. 아울러 나폴레옹 1세의 이집트 점령도 1801년 프랑스 군대가 영국 원정군에게 굴복하게 되면서 막을 내렸다. 그러나 19세기 중반 '유럽의 환자'라고 불릴 정도로 오스만 제국이 끝없이 쇠퇴한 것은, 중동의 지배 세력이 공백 상태에 놓여 있다는 사실과 이를 바탕으로 유럽의 지배가 지속될 것임을 의미했다. 1869년 이집트는 수에즈 운하를 소유함으로써 잠시나마 국가적 위상을 드높일 수 있었다. 무함마드 알리가 통치하는 이집트는 이미 이스탄불로부터 독립된 상태였다. 그러나 1882년 영국이 이집트 내란에 개입하면서 이집트는 완전한 독립을 이룰 수가 없었다. 형식적으로나마 오스만 제국의 권위를 회복시켜 준 셈이었다. 결국 이집트는 영국의 식민지로 전락하게 되었다. 1914년 영국의 공식적인 보호령이 되기 이전에도 이집트는 식민 협정 체재하의 색채가 농후했다. 제1차 세계 대전 무렵 북아프리카는 이미 유럽의 식민지였다. 1830년과 1890년 사이에 알제리를 정복한 프랑스는 1881년에는 튀니지를 속국으로 만들었고, 1912년에는 모로코를 점령했다. 1912년 이탈리아는 리비아를 정복했다. 1920년대 오스만 제국은 아랍과 아시아에서 점점 세력이 축소되었다. 1912년과 1913년에 걸쳐 발칸 전쟁이 일어나면서 오스만 제국은 아나톨리아와 에게 해의 섬들, 그 외의 유럽 지역들도 잃고 말았다.

1800년에는 무슬림이 퍼져 있는 광대한 지역에서 유럽 강대국에 저항하는 움직임이 일어났다. 일찍부터 이슬람에 심취해 있던 동아시아 섬 주민들은 포르투갈과 네덜란드에 대항하여 싸움을 일으켰다. 하지만 19세기에 무슬림 세계의 정치적 통치권은 이미 유럽 수중에 들어온 상태였다. 네덜란드 동인도 회사는 200년 가까이 자바에서 활동했으며, 100년 이상 정치적 영향력을 행사해 왔다. 그때부터 네덜란드 정부는 직접 통치를 채택했으며 인도네시아 군도까지 영향력을 행사하는 등 세력을 확장시켜 나갔다. 이러한 지배는 1912년 아체에서 일어난 맹렬한 저항에 부딪히면서 마무리되었다. 스페인 치하의 필리핀에서는 단지 민다나오 섬 남부에만 이슬람의 흔적이 남아 있을 뿐이었다. 그리고 1898년 미국·스페인과의 전쟁에서 미국에 권력이 넘어갔을 때도 상황은 그다지 변하지 않았다. 그 동안 영국은 1874년 팡코르 협정(*말레이 반도에 대한 영국의 지배권을 확립한 첫 협정)에 따라, 말레이 반도 국가들과의 관계를 개선시켜 나갔다. 1819년 싱가포르 해안에 스탬퍼드 래플스(Stamford Raffles)가 첫 발을 내디딘 이래로 영국은 결국 1914년에 싱가포르를 속국으로 만들기에 이르렀다.

　　말레이 반도에서 보여 준 영국 제국주의의 식민 정책은, 19세기 내내 영국이 꾸준히 확대시켜 나간 인도에서의 수탈 전략과 비슷했다. 1800년 무렵 무굴 제국은 궁정에 정치적 파벌주의가 만연하고 지방에 대한 중앙 정부의 영향력이 약화되면서 이미 붕괴된 상황이나 다름없었다. 영국은 무굴 제국의 쇠퇴를 틈타 동인도 회사를 내세워 정치에 간섭하려는 움직임을 보였다. 이는 처음에는 벵골에서 시작해 점점 무굴 제국의 다른 지방으로 확대되었다. 1765년 힘 없는 무굴 황제는 통치권과 더불어 벵골의 세입 관리권을 영국에 넘겨 줄 수밖에 없었다. 1818년에 이르러 영국은 최강으로 전성기를 구가했으며, 19세기 중반에는 인도의 대부분 지역을

북부 수마트라의 아체 술탄국은 1820년대까지 세계 후추의 절반 이상을 생산하고 있었다. 1873년에서 1912년까지 식민주의 야욕에 찬 네덜란드는 아체인들에게 계속 싸움을 걸었다. 이에 아체인은 지하드를 수행해야 했다. 하지만 싸움은, "울라마들은 대화가 아니라 격파의 대상일 뿐"이라는 스노우크 휘르흐노녜의 충고를 받아들인 네덜란드 쪽으로 유리하게 진행되었다. 결국 전쟁의 막바지에 이르러 아체의 주요 군사 지도자였던 팡리마 폴렘 무함마드 다우드는 1903년 아체의 네덜란드 총독 요하네스 베네딕투스 반 회츠에게 항복했다. 그 대가로 그는 네덜란드 통치하에서 공식적인 아체의 지도자가 되었다.

이맘 샤밀(Shāmil).
러시아의 영토 확장에
대항해 종교 개혁 운동이 두
차례 일어났다. 이 운동은
다기스탄 주민들의 전폭적인
지지를 받았다. 첫번째
운동은 1785년에서
1791년까지 지하드를
일으켰던 이맘 만수르가
이끌었다. 두 번째 운동은
1834년에서 1859년까지
낙쉬반디야의 쉐이크 이맘
샤밀이 지휘한 운동이었다.
샤밀은 그의 군대가
보호막으로 삼던 숲을
러시아인들이 없애고 나서야
저항을 포기했다.

지배하기에 이르렀다. 나아가 1857년 북인도를 중심으로 '세포이 항쟁'이 일어나면서 인도는 형식적으로나마 존재했던 독립권마저 빼앗기게 되었다. 항쟁에 가담한 군인들과 불만 세력들은 마지막 황제의 지지를 얻었는데, 이는 결국 무굴 제국의 잔존 세력을 완전히 제거하고 황제 자신마저 버마로 추방시키는 데 촉진제 역할을 했다. 그 무렵 동인도 회사는 폐지되었고, 1858년부터는 영국 왕이 영국령 인도를 직접 통치했다.

중동에서와 같이 인도에서 영국의 영향력이 상대적으로 강화된 것은 앞다투어 식민지를 확보하려는 유럽 열강의 제국주의자들 때문이었다. 영국은 프랑스와 러시아라는 존재에 위협을 느끼고 있었다. 러시아는 동쪽으로 제국주의를 팽창시키고 있었으며, 18세기에는 크림, 카자흐스탄, 다기스탄 등을 정복한 다음 무슬림이 지배해 오던 카프카스와 중앙아시아 지역으로 들어왔다. 러시아는 19세기 초에 카프카스에서 북부 아제르바이잔을 정복했고, 1864년 무렵에는 전 지역을 차지했다. 1854년에서 1856년에 걸친 크림 전쟁의 막이 내리자 제정 러시아인들이 중앙아시아로 물 밀듯이 밀려 들어오기 시작했다. 1868년 부하라의 아미르는 결국 제국주의의 위협에 무릎을 꿇고 자신의 땅을 러시아의 보호령으로 하는 조약에 서명했다. 1873년 아무 다리야 강 전투에서 러시아에게 패한 키바의 경우와 같이 다른 무슬림 지역도 비슷한 운명을 맞았다. 키바과 부하라는 모두 1920년 소련 체제로 흡수될 때까지 러시아의 보호령으로 남아 있었다. 20세기에 들어서면서 아프가니스탄, 이란, 투르크의 무슬림 지역들은 자취를 감춰 버렸다. 즉 12세기 중앙아시아에 존재하던 이슬람 문명의 주요 터전들은 러시아의 식민지로 전락해 버렸으며, 그 밖의 다른 무슬림 지역도 유럽 열강의 제물이 되었다.

19세기 후반 유럽 국가들은 아프리카에서 치열한 싸움을 벌였다. 유럽이 아프리카의 무슬림 지역을 침입한 것은 15세기였다. 그러한 세력 다툼은 1884년 베를린과 서아프리카 회담 이후 더욱 치열해졌다. 그 회담은 강대국들이 아프리카 대륙을 분할 점령하려는 야욕을 반영한 것이었다. 20세기로 접어들면서 영국과 프랑스는 본격적인 식민지 확장에 나섰다. 프랑스는 서아프리카에서 영국이 차지한 영토의 세 배를 차지했다. 하지만 영국은 프랑스 식민지 인구의 두 배에 해당하는 사람들을 지배했다. 동아프리카에서는 영국과 독일이 이탈리아의 자취를 좇아 얼마 남지 않은 이권을 나누어 가졌다. 그러나 이러한 정치적 독립권의 상실은 아프리카 전역에 걸쳐 이슬람의 세력 확장이라는 역설적인 결과를 일으켰다. 즉 유럽이 이곳을 통치하자 아프리카인들은 그리스도교로 개종한 수만큼이나 이슬람교로 개종했던 것이다. 무슬림들은 서아프리카에서는 해안 쪽으로 몰려들었다. 동아프리카에서는 내륙으로 밀려들었다. 유럽 제국이 팽창할수록 전체 무슬림의 수 또한 극적으로 증가했다.

　　20세기 초 세계는 유럽의 손아귀에 놓여 있었다. 1918년 제1차 세계 대전에서 오스만 제국이 패배했다는 사실은 무슬림들의 자존심에 커다란 상처를 주었다. 하지만 실제로 무슬림이 최악의 운명을 맞이한 것은 제1차 세계 대전이 끝나고 세계 질서가 재편되면서였다. 오스만 제국은 1914년 10월 연합국들의 희망과는 달리 중립을 포기하고 이른바 '주축국(Central Power)'에 가입했다. 그러자 전쟁 기간 동안 영국과 프랑스, 이탈리아, 러시아는 연합국이 승리할 경우 오스만 제국의 남은 부분을 분할 통치하자는 비밀 협정을 체결했다. 그러나 그 협정은 영국의 이중적인 행동 때문에 복잡해지고 말았다. 왜냐하면 영국은 프랑스와 사이크스·피코 협정(*아랍 땅의 분할을 결정한 비밀 협정)을 맺음으로써 오스만 제국령 아랍에게 독립을 약속한 듯 보였고 한편 유대교인에게는 오스만 제국과의 전쟁을 지지하는 대가로 민족 국가 건설을 약속했기 때문이다.

　　오스만 제국의 굴욕적인 패배를 지켜본 무슬림들은, 여전히 자신들의 칼리파이자 영적인 지도자인 오스만 제국의 술탄이 연합국의 전후 요구 사항을 무조건 받아들이지는 아닐까 두려움에 떨어야 했다. 궁극적으로 파리 평화 회담이 낳은 1920년의 세브르 조약(*오스만 제국이 아시아의 아랍 지역과 북아프리카 땅의 모든 권리를 포기한 조약)과 1923년의 로잔 조약(*세브르 조약을 거부한 터키가 연합국에게서 부분적인 권리를 되찾은 조약)은 무슬림들의 불안을 진정시키거나 아랍의 열망을 만족시키는

1918년 11월 22일 프랑스령 아시아 지역 총사령관인 프랑셰 데스프레(Franchet d'Esperey) 장군은 이스탄불에 있는 술탄들의 옛 궁전인 토프카피 성벽 아래 상륙했다. 그는 대영 제국의 제임스 해럴드 윌슨(James Harold Willson) 장군의 환영을 받았다. 윌슨의 뒤에는 터키의 근대화를 위해 투쟁했던 케말 아타튀르크가 서 있다. 오스만 제국의 패배는 강력한 무슬림 국가의 종말을 예고했다. 그것은 또 유럽인들이 무슬림 세계의 심장부를 자유자재로 조종할 수 있다는 것을 의미했다.

정치 만화

서구와 마찬가지로 만화는 정치적, 사회적 비평을 확산시키는 유력한 운반 수단이 되어 왔다. 만화의 형식은 신문의 발전사와 맥락을 같이했으며, 무슬림 사회에서는 19세기 초에 비로소 나타나기 시작했다. 20세기 초에는 이집트에서 150개, 중앙아시아에서는 160개, 이란에서는 370개를 자랑하기에 이르렀으며, 인도에서 우르두어로만 700개 이상이 만들어졌으며, 중국에서조차 1930년대에 약 100개 가까이 제작되었다. 그들은 부분적으로 서구의 모델을 통해 영감을 받았다. 예를 들어 『아와드 펀치(Awadh Punch)』는 1870년대부터 1930년대까지 인도 무슬림의 풍자적 저널을 이끌었다. 그것은 빅토리아 여왕 시대의 유머러스한 잡지 『펀치(Punch)』에서 그 영감을 받았다.

그러나 그것은 또한 부분적으로 토착적인 모델 『카라고즈(karagoz)』의 영향을 받았다. 『카라고즈』는 청년 투르크당 시대에 이스탄불의 시사 저널이며, 예부터 터키 마을에 전해 내려오는 그림자 인형에 관한 전승에서 그 영감을 이끌어 냈다. 20세기 말에 이르러 만화는 삶의 모든 면——애정, 기지, 분노 등——을 반영하는 비평의 원천으로서 활기를 띠고 있다. 예를 들면 아랍 세계에서 만화는 대중 문화의 중요한 부분으로서 역할을 하며, 때로는 국가가 제시하는 이념에 맞서 싸우는 진보적인 지식인 계급의 의사 전달 수단이 되기도 했다.

만화의 지적 가치를 인정하지 않는 이슬람주의의 발흥은 전승의 미래라는 차원에서 심각한 문제를 일으킨다. 이란에서 이슬람 혁명이 존속할 수 있었던 것은 열두 이맘파에 의한 도상 주의를 채택한 결과였음은 의미심장하다. 순니 세계에서는 전승의 미래에 대한 어떤 지침도 없었다.

데에는 역부족이었다. 단지 터키만 그 조약으로 자국 지역의 분할을 모면했으며 또 군사적, 재정적으로 연합국의 간섭으로부터 벗어날 수 있었다. 중동의 대부분은 새롭게 생겨난 국제 연맹에 의해 독립적인 정치 단위나 영국과 프랑스에 맡겨진 신탁 통치령으로 분할되었다. 위대한 무슬림 제국의 최후는 이렇듯 갑작스럽게 다가왔다.

유럽 도전의 본질

정치적인 면에서 볼 때, 무슬림들은 19세기와 20세기 초에 맞이한 유럽의 도전을 극복할 수 없었다. 이는 단순히 무슬림의 정치력을 약화시키기 위한 시도가 아니었다. 독립 상태로 남아 있던 곳이든 '패배의 충격'과 '이단 세력에 의한 통치'를 경험해 본 곳이든, 무슬림들은 자신의 세계가 물질적으로나 기술적으로, 또는 지적으로나 정치적으로 유럽에 뒤처졌음을 깨달았다. 이슬람은 서구의 철학과 과학 이론으로부터 심한 충격을 받았다. 서구의 철학적, 과학적 이론들은 무슬림으로 하여금, 그들의 전통적인 신앙이 이성과 물질에 바탕한 새로운 '종교'와 얼마나 조화될

『똑똑한 자키야(Zakiyya al-Dhakiyya)』는 아랍 세계에서 가장 성공적인 코믹 연재 잡지로서 지혜의 샘이라고도 불린다. 어린이를 위해 디자인된 이 주간지는 1979년 이래로 아부 다비에서 발간되었으며, 시리아를 제외한 아랍 세계 전역에서 폭넓은 독자층을 확보하고 있다. 『똑똑한 자키야』는 정치, 과학, 일반 상식, 심지어는 종교에 대한 논평을 담고 있다. 여성과 어린이도 동등한 대우를 받아야 한다는 것은 아랍 무슬림 사회에서는 진정 혁명에 가깝다고 하지 않을 수 없다.

『물라 나스레딘(Mulla Nasreddin)』은 부하라 지역을 착취하는 러시아 자본가와 야합한 아미르를 비판하고 있다. 『물라 나스레딘』은 티플리스의 알제리 지성인 그룹에 의해 발간된 지적인 활기가 넘치는 비타협적인 주간지였다. 주간지의 제목은 유머와 지혜를 반영한 터키 민요로부터 나왔다. 이 주간지는 모든 형태의 보수주의와 속임수, 그리고 러시아인과 타협을 준비하는 사람들을 격렬하게 비판했다. 반면에 개혁자 가스프린스키에 대해서는 적극적인 지지 의사를 표했다.

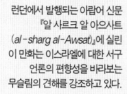

런던에서 발행되는 아랍어 신문 『알 사르크 알 아우사트(al-sharg al-Awsat)』에 실린 이 만화는 이스라엘에 대한 서구 언론의 편향성을 바라보는 무슬림의 견해를 강조하고 있다.

수 있는지 깊이 생각하게 만들었다. 이와 마찬가지로 무슬림 사회의 전통적인 신념들은 유럽 열강간의 헤게모니 싸움에서 심한 타격을 받았다. 유럽은 알라의 가호가 없이도 최신 무기로 무장한 근대적 국가로 발전하고 있었던 것이다. 근대 국가의 식민지 상태에 있든, 그들과 무역을 하는 입장에 있든, 무슬림들은 어차피 유럽과의 접촉을 피할 수 없는 운명이었다. 그리고 무슬림들은 근대화된 국가가 갖춘 무서운 능력을 인정했다. 근대 국가는 하나님을 섬기기보다는 인간을 존중하는 사회였다. 무슬림들은 서서히 근대 국가의 존재를 인정했고, 더 이상 성스러운 하나님의 계시에만 의존하지 않았다. 그들은 그 여건에 맞는 정치적 기틀을 다져 나갔다. 사실 하나님의 위엄에 도전하는 이러한 국민 주권주의는 이슬람이 제 살을 깎아먹는 것이기도 했다. 하지만 일부 무슬림은 근대 국가의 특성 중에는 민족 국가적인 성격도 있으므로 종교 공동체보다는 오히려 세속적인 민족주의 체제가 사람들을 단결시키는 데 효과적일 수 있다고 생각했다.

지식인들은 서구 지배를 통해 얻은 이점과, 사람들의 관심에서 점점 멀어져만 가는 자신의 고유 문화를 대비시켜서 사람들에게 설명해 주었다. 무슬림은 자신과

1885년 베이루트에서의
쉐이크 무함마드 압두.
이집트의 개혁 지도자인
압두(앞줄 가운데)는 뜻을
같이하는 동지들과 함께
무슬림 세계에서 폭넓게
활약한 인물이다. 그는 삶의
목적을 다음과 같이
정의했다. "삶의 목적은
모방(타끌리드, 샤리아에
맹목적으로 추종함)의
쇠사슬에서 사고를
해방시키는 것이며, 교리를
깨닫고, 원천으로 돌아가는
것이다. 또 인간이 종교에서
이탈하거나 변절하는 것을
막기 위해 신이 인간 이성에
짐을 지운 것이며, 종교가
과학의 동반자임을 알고,
인간 존재의 비밀을 알아
내도록 부추기며, 진실을
이끌어 내는 사람을
존경하는 것이다."

자신의 종교, 종교와 근대화된 세계의 관계에 대해 다시 생각하게 되었고, 특히 서구의 사상과 관념에 대해 새롭게 인식하기 시작했다. 서구의 힘과 합리성, 효율성을 배우고 싶어한 무슬림들이 이러한 흐름을 이끌었다. 서구의 합리성과 효율성은 무슬림들에게 지적 능력을 확립하기 위한 수단이자 독립을 주장하기 위해 필요한 것이었다. 개혁 또는 급진적 경향 때문에 모더니스트라 불린 지식인들은 서구 식민 통치에 정면으로 맞서 문화적인 정체성과 단일성을 유지하고자 했다.

이러한 운동을 이끌었던 중요한 인물 중 하나인 자말 앗 딘 알 아프가니(Jamāl ad-Dīn al-Afghānī)의 활약으로 무슬림들의 염원이 하나로 모아지게 되었다. 중동 지역에서 활발하게 활동한 그는 서구를 단지 이슬람의 적대적인 정복자로만 생각하지 않고, 자유와 강력한 공동체 설립을 가능케 하는 모델로 여겼다. 다른 모더니스트들처럼 그도 다양한 무슬림의 미래는 무슬림이 책임져야 한다고 강조한 『꾸란』 구절을 인용했다. "사람들이 환경을 바꾸지 않는 한 하나님도 환경을 바꾸지 않으신다." 무슬림은 먼저 보수적인 울라마의 영향에서 벗어나야 했다. 울라마들은 근대 과학과 기술을 금지함으로써 새로운 '이슬람의 적'이 되고 말았다.

카이로에 있는 알 아즈하르 대학은 근대주의 운동의 지적 터전이 되었다. 알 아즈하르 대학의 총장인 무함마드 압두(Muḥammad ʿAbduh)는 종교적 차원에서 자신의 사상과 신념을 발전시킨 자말 앗 딘 알 아프가니의 제자였다. 이슬람 모더니즘 운동의 또 다른 창시자로 여겨졌던 무함마드 압두는 샤리아를 인간의 이성을 바탕으로 재해석했다. 그는 강력하게 이즈티하드(ijtihād, *『꾸란』 및 『하디스』에서 정확하게 취급하지 않은 문제를 독창적으로 해석함), 다시 말해 이슬람의 규범 안에서 무엇이 가장 최선의 방법인지를 자유롭게 탐구할 수 있도록 했다. 이러한 접근은 만일 무슬림이 원하기만 한다면 근대 과학과 기술을 신의 계시의 한 부분으로 수용할 수 있었고, 나아가 이슬람과 근대 유럽 사상이 조화를 이루게도 할 수 있었다.

무함마드 압두와 카이로에 있는 그의 동료 집단은 아랍 무슬림 세계에 이러한 관념을 널리 확산시켰다. 알 아즈하르 대학에서 공부한 인도네시아인들은 이러한 흐름에서 커다란 영향을 받았다. 아울러 고국에 있는 인도네시아인들도 인쇄술의 발달로 빠르게 보급된 무슬림의 책을 읽게 됨으로써 신지식을 접할 수 있었다. 그들은 개혁주의 사상을 선전하기 위해 학교와 병원을 설립하고 1912년에는 무함마디야(*인도네시아의 사회 종교적 개혁 운동 조직)를 형성했다. 이러한 개혁주의 사상은, 인도네시아의 거대한 근대 정치 조직이 제기한 첫번째 시도였다. 이는 1912년 창설된 사례카트 이슬람(*최초의 이슬람 민족주의 정당)의 원천이 되었다. 말레이 반도에서는 개혁주의 사상들이 1906년에 창간된 『알 이맘(al-Imām)』과 같은 신문을 통해 대중들에게 널리 알려지게 되었다. 말레이시아 개혁주의자들은 기사를 통해 무슬림들을 위한 교육과 근대화의 중요성, 그리고 자신들의 삶 속에서 이교도적인 양식들을 제거해야 할 필요성을 절감했다.

그 무렵 가장 급진적인 이론가는 아랍인도 인도네시아인도 아니었다. 바로 알 아즈하르 대학에서 독자적인 이론을 발전시킨 인도 무슬림이었다. 무굴 제국의 발전에 공헌한 가문 출신이면서도 영국 통치하의 충성스러운 관료였던 사이드 아흐마드 칸(Sayyid Ahmad Khan)은 이슬람이 근대 과학과 조화를 이룬다고 믿었다. 무엇보다도 정치력이 쇠퇴하고 있던 인도 북부에서 무슬림들의 마음에 깊은 호소를 던지는 것만큼 뜻 깊은 일은 없었다. 아흐마드 칸은 정치적, 교육적 공로를 인정받아 영국에서 작위를 받았다. 그리고 1877년 그는 무슬림들이 자신의 종교적 뿌리를 간직한 채 서구의 지식을 교육받을 수 있도록 하기 위해 알리가르 지방에 '무하메단 앵글로 오리엔탈 칼리지'를 설립했다. 이처럼 인도 이슬람 모더니즘이 낳은 산물은, 영국이 만든 새로운 체제 속에서 이교도 힌두교인들과 공정하게 경쟁할 수 있는 밑거름이 되었다. 이어 수반되는 모더니스트의 정치적 활동은 무슬림들에게 다양한 길을 열어 주었지만, 그들은 점점 무슬림 분리주의를 표방한 정치가들과 손을 잡게 되었다. 1906년 많은 사람들은 인도 사회에서 무슬림들의 권리를 보호하기 위해 설립된 인도 무슬림 총연맹을 적극적으로 지지했다. 심지어 영국 정부도 인도 무슬림 연맹을 지지하고 나섰는데, 이는 아마도 자신들이 인도의 정치적 상황에 대해 중립적인 자세를 가지고 있음을 나타내고자 했던 것 같다. 한편 독립의 발판을 다져 나가기 위한 파키스탄인들의 운동은 다양한 성격의 무슬림들에게 좌지우지되고 있었다. 대표적인 인물이 시인 무함마드 이끄발이었다. 그는 모더니즘 사상을 통해 무슬림 원리를 재조명하려는 야심 찬 시도를 했다. 무함마드 이끄발은 모든 무슬림들이 하나의 '조국'에 속해 있는데 그것이 바로 이슬람이라고 주장했다. 그리고 그는 인도의 무슬림들에게 현실적으로 추구해야 할 목표로서 국가의 분리를 제시했다.

형제애가 산산조각 나누어져 버린 지금

공동체 대신에

국가가 자만의 자리를 주었네.

사람들의 충성과 건설적인 작업 속에서……

　서구의 것을 받아들이자는 자각이 비단 종교 사상가나 시인들에게만 국한된 것은 아니었다. 몰락의 나락으로 떨어져 버린 오스만 제국은, 개혁주의자들이 서구를 견제할 실질적인 수단을 내세우리라는 것을 재빨리 알아차렸다. 마흐무드 2세(Mahmud II)와 압드 알 마지드 1세(Abd al-Mgjid I)는 국가 법령을 정비 또는 근대화시키기 위해 다양한 대책을 마련했다. 그들은 특히 중앙 집권 체제를 강화했으며, 세금도 좀더 효율적으로 징수하려 했다. 군대가 개혁되는 데는 꽤 오랜 기간이 걸렸다. 1826년 그들은 전통적인 군대 예니체리를 해체시키고, 프로이센식으로 훈련된 근대화된 군대를 창설했다. 새로운 군대는 적들을 견제하면서 탄지마트(Tanzimat, *1839-1876년에 걸쳐 오스만 제국에서 공표된 개혁 조치)를 활발하게 수행해 나갔다. 프랑스의 영향을 받은 오스만 제국의 법규에서 알 수 있듯이 오스만 제국은 더 이상 샤리아의 권위를 빌리지 않겠다는 의지가 확고했다.

　이집트에서는 반란에 성공한 무함마드 알리가 강력한 중앙 집권 체제를 구축했으며, 이에 따른 결과로 나타난 '새로운 질서'가 향후 100년에 걸쳐 국가를 근대화시키는 데 기본적인 틀이 되었다. 이러한 개혁은 무함마드 알리가 울라마와 전통적인 군부 세력인 맘루크를 제거하고 그들의 속박에 놓여 있던 인적, 물적 자원을 효과적으로 이용하면서 일어났다. 하지만 무함마드 알리의 명성도 오래가지 않았다. 그는 차츰 이름뿐이던 오스만 제국의 대군주와 같은 길을 걷게 되었다. 동방의 이슬람 지역과는 달리 카이로는 점점 서구형 도시로 성장해 나갔다. 이는 외부에서 들어온 새로운 사상(대부분 프랑스의 것)이 전통적인 신념들과 나란히 발전할 수 있는 길을 제시해 준 셈이었다. 예전에는 국가의 법과 교육 기관을 관할해 왔던 울라마들이 이제는 정부를 철저히 감시하고 비판하는 중심 세력이 되었다. 언론은 이집트의 미래에 관한 토론을 벌였다. 오스만 제국에서도 이집트와 같은 개혁 운동을 펼침으로써 무슬림들이 직면한 문제를 오스만 제국 통치 아래에서보다는 좀더 자유롭게 표현하고 근대화의 과정을 분명하게 이해할 수 있도록 노력했다. 오스만 제국과 이집트의 개혁은 다른 무슬림 통치자들에게 귀감이 되었다. 이란에서는 나시르 알 딘(Nāṣir al-dīn) 샤에 의해 근대화 운동이 시작되었다. 그와 그의 후계자들은 군대와 관료제를 개혁함으로써 울라마와 부족, 상인에 맞서는 중앙 집권 정부를 세우고자 했다. 울라마 같은 이들에게 이 개혁은 너무 급진적인 것으로 비쳤지만 서구식 교육을 받은 이란의 급진 개혁주의자들에게는 이 개혁이 너무도 미흡하게 느껴졌다. 20세기로 막 들어선 뒤 10년 동안 까자르 왕조의 샤들은 영국과 러시아에게서 착취당하는 이란인들에 대해 수수방관하는 듯 보였다. 이에 반정부 세력들은 입헌 군주제의 도입을 위해 뜻을 모았다. 그러나 이러한 헌법이 자신들의 기대에 어긋나자 울라마들은 지지를 철회했다.

이란의 이웃인 중앙아시아의 국가들도 근대화라는 개혁을 몸소 체험하게 되었다. 당시 유럽인들은 부하라를 '낙후된 무슬림 국가'의 표본으로 생각했다. 1911년 어느 여행자는 '인구를 비롯한 부하라의 특징이 티무르 왕조 때와 비슷하다는 것'에 대해 놀라움을 금치 못했다. 그러나 중앙 권력이 강화되던 무렵인 아미르 나스르 알라(Amīr Naṣr Allāh)의 통치하에서 개혁의 바람이 불기 시작했다. 차르를 중심으로 전제적 정치 체제를 펼치고 있는 러시아에서는 1868년 이후 권력과 번영에 힘을 실을 수 있는 사상들이 쏟아져 나왔다. 동시에 그리스정교회는 러시아 제국의 무슬림들과 이교도들 사이에서 교세를 확장하고 있었다. 이러한 도전에 가장 강렬히 반응한 사람이자 중앙아시아 무슬림들에게 개혁 사상을 소개한 사람이 바로 타타르족(*볼가 강 중류와 카마 강 동쪽 우랄 산맥에 이르는 지역에 사는 종족)이었다. 무함마드 압두 사상을 계승한 타타르족의 시하브 앗 딘 마르자니(Shihāb ad-Dīn Marjani)는 이즈티하드의 문이 닫혀 있었다는 것을 부인했다. 그는 『꾸란』과 과학의 양립을 선언했다. 그리고 그는 마드라사에서 과학과 러시아어를 가르쳐야 한다고 주장했다. 서구 교육을 받은 투르크의 언론인이자 교사인 이스마일 가스프린스키(Ismail Gasprinski)는 자신이 발행하는 신문 『타르주만(*Tarjuman*)』을 통해 종교 교육을 개혁할 필요가 있다고 주장했다. 1884년 그는 최초로 우술 자디드(usul jadid, 새로운 방식)라는 교육 방법에 입각한 학교를 설립했다. 이 교육 방식을 채택한

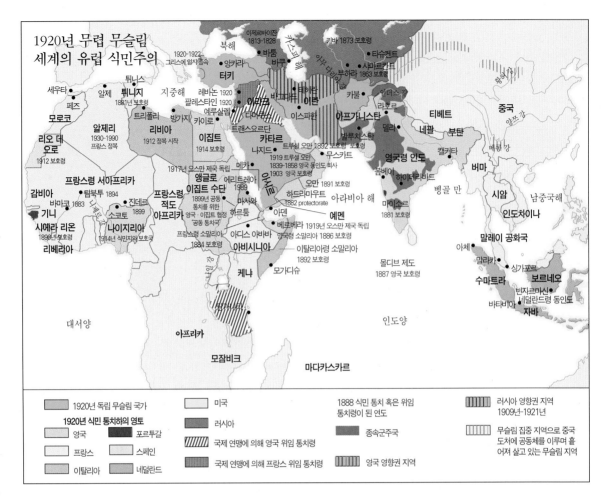

학교는 1910년까지 러시아에 자리한 이슬람 지역에서 모습을 드러냈다.

　이러한 운동은 차르 군주제에 반대하는 무슬림들을 배출하는 결과를 낳았다. 블라디미르 일리치 레닌(Vladimir Ilich Lenin)의 지휘하에 있던 볼셰비키들은 반이슬람 정책 때문에 이른바 무슬림 공산주의자들 ── 마르크스주의에 『꾸란』을 결합시킨 ── 을 소원하게 했다는 사실을 뒤늦게 깨달았다. 그래서 그들은 이슬람을 다루는 데 신중을 기했다. 울라마 사이에서 나타난 새로운 모스크 세력들은 개혁을 옹호하며 볼셰비키 정권과 협조할 것을 촉구했다. 그들은 이슬람과 공산주의의 공통점을 규명해 내는 글을 썼고, 사회주의 시각에서 이슬람을 재해석했다. 그러나 1920년대 중반에 이르자 소련의 태도가 돌변해 버렸다. 즉 사회주의 정부가 무슬림 기관들을 철저하게 통제하고 탄압했던 것이다. 러시아의 간섭에 맞섰던 미르 술탄 갈리에브(Mīr Sultan Galiev)와 같은 무슬림 공산주의자들은 국내 민족주의를 선동하는 위험한 자들로 내몰렸다. 그리고 우술 자디드를 채택한 학교들은 오랫동안 반이슬람 운동의 주요 공격 대상이 되었다. 소련에 남아 있던 무슬림들은 대부분 지하로 잠적했다.

무슬림 민족 국가의 등장

서구의 정치 지배와 서구 사상의 유입으로 정체성을 잃었던 무슬림은 마침내 20세기에 무슬림 민족 국가들을 부활시켰다. 그 과정에서 서구 세력은 종종 민족주의자의 활동 기반을 제공했다. 서구와의 상호 교류는, 속국의 신분에서 벗어나고자 하는 무슬림들이 기본 원칙과 정치 용어를 새롭게 만드는 데 많은 도움을 주었다. 이제 무슬림 신생 국가들이 민족 정체성을 어떠한 방법으로 균형을 이루게 할 것인지가 관건이었다. 통치자들은 저마다 민족성과 언어, 그리고 정치 기구를 정비한 일등 현안 문제에서 세속주의를 받아들였던 반면 종교의 권위는 거부했다.

오스만 제국은 19세기 내내 세속 국가의 틀을 짜기 시작했다. 1908년 '이슬람 제국이 오스만 제국의 자치국인가 아니면 새로운 투르크족의 산물인가' 라는 이슬람 정체성에 대해 논의 자체를 거부했던 청년 투르크당이 무엇을 정체성으로 삼을 것인가 하는 문제를 제기하고 나섰다. 이러한 정체성에 대한 딜레마는 1918년 이후 오스만 제국의 잔재가 사라지자 새롭게 태동하는 터키 민족 국가에 긍정적인 영향을 끼쳤다. 훗날 아타튀르크(Atatürk, *투르크인의 아버지라는 뜻)로 알려진 무스타파 케말(Mustafa Kemal)이 이끄는 새로운 터키 정부는 근대 민족 국가를 목표로 한 개혁 사업을 밀어붙였다. 정부는 1923년에서 1938년에 이르는 15년 동안 각종 민생 법안을 정비함으로써 대중 생활에 변화를 가져다 주었다. 1923년에 출범한

터키 공화국의 건국자 아타튀르크. 휴가를 돌마바체 궁전에서 보내기 위해 이스탄불로 도착한 그의 모습에서 세련된 자태를 엿볼 수 있다. 그와 그의 수행원들은 서구식 정장을 하고 있으며, 군대 제복 또한 서구의 유행을 따랐고, 여성들은 베일을 벗어 버렸다.

터키 공화국은 1924년 칼리파제를 폐지했다. 정부는 유럽을 모델로 한 성문법을 마련하고, 낡은 이슬람법 체계를 새로운 법률 규약으로 대체했다. 이제 더 이상 이슬람교는 국교의 의미를 가질 수 없었다. 나아가 이러한 서구화의 물결은 계속해서 페즈모 금지령, 성(姓) 사용의 의무화, 아랍 문자 대신 로마자 채용 등으로 이어졌다. 시간이 흐를수록 대중의 압력이 거세지자 정부는 지나친 근대화를 억제하고, 이슬람교가 대중 속으로 복귀하는 것을 허용했다. 하지만 터키는 예전에는 상상도 할 수 없었던 종교적 색채를 배제한 세속적 정체성을 유지해 나갔다.

19세기 동안 아랍 피지배인들은 오스만 제국의 통치에 대한 적대감을 키워 나가고 있었다. 그들은 점차 정치 참여 의식을 보였다. 그것은 1850년대와 1860년대에 새롭게 아랍 역사와 문학, 문화를 연구하기 위해 사회 조직을 설립한 시리아의 문예 부흥과 연관된다. 대부분 그리스도교인이었던 아랍 민족주의의 선구자들은 오스만 제국 통치의 쓰라린 경험을 안고 사는 무슬림들에게 민족주의야말로 정치적 해방으로 이끌 수 있는 유일한 돌파구임을 깨닫게 했다. 따라서 종교를 중심으로 국가를 통치하고 있던 오스만 칼리파를 더 이상 자신들의 정신적 지도자로 인정하지 않았다. 특히 술탄 압드 알 하미드 2세(ʾAbd al-Hâmid II)의 독재 정치는 민족주의자들의 의지를 더 확고하게 했다. 그 저항의 목소리는 1908년 청년 투르크당이 일으킨 혁명에 끝나질 않고 제1차 세계 대전 내내 울려 퍼졌다.

1916년에서 1917년 사이에 일어난 아랍인들의 반란은 오스만 제국을 무너뜨리는 데 기여했다. 또 이는 제1차 세계 대전 막바지에 이르러 다마스쿠스 주변의 아랍 국가들에게 독립의 꿈을 심어 주었다. 그러나 시리아와 이라크의 왕 파이잘(Faysal)과 같은 지도자들의 주장——"우리는 무슬림이기에 앞서 아랍인이며, 무함마드는 예언자이기에 앞서 아랍인이다."——에도 불구하고 국제 정세는 제1차 세계 대전의 결과에 좌지우지되었다. 이집트는 1922년 법적으로는 독립했지만 1936년에 맺은 앵글로·이집트 협정으로 이집트가 반식민지 국가임이 명백히 드러났다. 이집트의 독립은 1952년 가말 압드 안 나세르(Jamal ʾAbd an-Nâṣer)에 이르러서야 완전해질 수 있었다. 가말 압드 안 나세르는 1954년 영국에게 수에즈 운하에서 손을 뗄 것을 요구했다. 2년 후 이집트의 무기 수입건에 대해 미국이 거부하자 이집트는 소련에서 무기를 수입해 서구의 비난을 사기도 했다. 하지만 끝까지 서구의 공격을 잘 막아 냈고 결국 수에즈 운하를 국유화하는 데 성공했다. 여기에서 얻은 이집트인들의 자신감은 이웃의 아랍 국가들에게도 큰 영향을 미쳤다. 1956년 요르단의 왕 후세인 이븐 탈랄(Hussein ibn Talal)은 그의 군대를 지휘하던 영국 장교인 존 바곳 글러브(John Bagot Glubb)를 해고했으며, 1958년에는 군사 쿠데타가 일어났는데 이는 하심가 출신 이라크의 통치자를 쓰러뜨렸다. 그 결과 1932년 이 지

역에서 공식적으로 철수한 후에도 이라크의 내정을 간섭하던 영국은 더 이상 내정에 끼어들지 못하게 되었다. 그 동안에 프랑스는 1946년 시리아와 레바논의 독립을 승인했다.

　　19세기 후반 팔레스타인에 유대 국가를 세우려는 시온주의 운동이 시작되어 1882년 최초로 시온주의자들의 정착촌이 세워졌으며 1917년 영국은 벨푸어 선언을 통해 유대교인 국가 건설을 지지했다. 영국이 1918년 팔레스타인을 점령하고 1922년 국제 연맹으로부터 위임 통치를 승인받아 정치적 책임을 떠맡게 된 후 이 정책은 중요성을 띠게 되었다.

　　1930년대에서 1940년대 초 히틀러의 박해로 유대교인의 팔레스타인 이주가 늘어나면서 아랍인과 유대교인의 관계는 악화되었다. 이에 유대교인 지역과 아랍인 지역을 분할하자는 제안도 있었으나 거부되었다. 1939년 아랍인들은 유대교인의 팔레스타인 이주를 제한하고자 하는 자신들의 뜻을 영국에 관철시켰다. 그러나 홀로코스트의 공포는 영국으로 하여금 그 결정을 철회하게 하기에 충분했다. 점점 고조되는 정치적 긴장은 결국 1948년 영국이 팔레스타인 분할 문제를 국제 연합(UN)에 넘기는 것으로 막을 내렸다. 1948년과 1949년에 걸쳐 이스라엘과 아랍은 전쟁을 벌였다. 이는 이스라엘이 독립국으로서 정치적 비전을 확보하는 결과를 가져왔다. 그러나 이는 또 몇십만 명에 이르는 팔레스타인 무슬림 난민을 낳았다. 그리고 정처할 나라가 없는 그들의 상황을 지켜본 아랍 국가들은 새로운 이웃인 이스라엘을 향해 강도 높은 비난을 하고 나섰다.

아랍 국수주의는 1950년대와 1960년대에 절정에 이르렀다. 그리고 이러한 국수주의는 그 당시 힘을 얻은 급진적인 아랍 정당의 정치적 신조가 되었다. 하지만 그들은 아랍 통일과 이슬람, 또는 서로 경쟁하는 국가 주체들을 어떻게 조화시킬 수 있을지 선뜻 결정할 수가 없었다. 1958년에서 1961년까지 이집트와 시리아는 아랍 연합 공화국(UAR)을 설립했고, 나중에는 예멘도 여기에 합류했다. 이러한 독창적인 움직임은 아랍 통일의 첫 걸음으로 여겨졌지만, 곧 국가 이익의 불균형으로 말미암아 붕괴되고 말았다. 아랍 연합 공화국은 독단적인 이집트에 반발한 시리아 군사의 쿠데타로 최후의 운명을 맞았다. 아랍 연합 공화국을 경계한 요르단과 이라크의 하심 왕조는 아랍 연방을 만들어 세력을 규합했다. 하지만 1958년에 일어난 이라크의 군사 혁명으로 이라크 군주정이 무너지는 바람에 이 또한 실패로 돌아갔다. 새로운 이라크 공화국은 즉각 이집트와 긴밀한 제휴를 선언했다. 사회주의적 경향을 띤 시리아와 이라크 군사 정권은 급진 민족주의자들의 바트당(Ba'th Party, 단일 아랍 사회주의 국가 건설을 목표로 하는 당)에게 자리를 내 주었고, 나중에는 이집트와 통합할 계획을 세웠다. 이는 나세르주의(*이집트 대통령 나세르가 주창하는 아랍 민족주의)와 아랍 사회주의의 분위기가 점점 고조되면서 서구와 보수적인 아랍 국가들의 적대감을 불러 왔다. 1967년 이스라엘과의 6일 전쟁에서 패배, 시나이 상실, 수에즈 운하의 폐쇄 등을 비롯한 이집트의 대팔레스타인 정책 실패와 함께 '1956년 아랍 민족주의의 영웅은 1967년에 그 희생양이 되었다.'

민족주의자들의 목소리는 이스라엘에 대한 거부감으로 계속 격앙되어 갔다. 하지만 1967년 전쟁에서 커다란 피해를 입은 아랍은 점차 분열되기 시작했다. 민족주의는 아랍을 통일시키겠다는 원대한 꿈을 이루지 못한 채 점점 추진력을 잃어 갔다. 경쟁 국가의 이해 관계가 얽힌 상황에서 민족주의의 선언은, 아랍은 결속해야 한다는 단순한 외침 정도로밖에 들리지 않았다. 바트당은 이슬람 움마를 아랍 국가에 종속시키고자 했다. 바트당의 공동 설립자이며 민족주의자인 미첼 아플라끄(Michel 'Aflaq)는 그리스 정교를 믿는 가문 출신이었다. 그는 아랍의 정체성이야말로 분파주의와 민족 분열을 극복할 수 있는 공통 분모라고 주장했다. 실제로 시리아와 이라크를 집권한 바트당은 어떤 범아랍주의적 사상보다도 민족적인 것을 우선시했으며 또한 시리아는 강력한 알라위 군부 세력의 지배를 받기에 이르렀다.

북아프리카 해안의 서쪽 지역에서는 아랍 통일이 그다지 절실하지 않았다. 그러나 프랑스 지배하에 있는 튀니지와 모로코에서는 민족주의가 싹트고 있었다. 하지만 제2차 세계 대전 이후 경제 여건도 안 좋은 데다가 인도차이나 협정으로 식민지 상황에서 쉽게 벗어날 수가 없었다. 1954년까지 계속되는 이 두 나라의 저항으로 프랑스는 결국 물러서고 말았다. 1953년에는 국외로 추방되었던 이스티끌랄당의 지도자인 모로코의 술탄이 돌아왔고 1956년에 이르면서 모로코가 완전한 독립을 이룰 수 있었다. 같은 해에 초대 대통령으로 하비브 이븐 알리 부르기바(Habib ibn ali Bourguiba)가 선출되면서 튀니지도 독립 공화국으로 거듭 났다. 그는 1934년에 출범한 신(新) 데스투르당(Neo Destour, *데스투르당 일부가 탈당해 새로 결성한 정당으로 민족주의 노선을 추구함)의 사업을 계속 추진해 나갔다. 알제리의 무슬림들은 그들의 지위가 오랫동안 지속될 것이라고 생각했다. 프랑스는 그들에게 프랑스 국회 내에 대표단을 두는 이러한 개혁에도 불구하고 프랑스 식민지 정착자들은, 알제리 무슬림들이 프랑스로부터 완전한 독립을 이루는 데 지원을 아끼지 않았다. 결국 프랑스 식민지 정착자들과 그들의 동맹자의 노력 덕분에 독립의 조짐이 가시화되었다. 즉 프랑스가 알제리의 독립에 대해 고려하기 시작한 것은 샤를 드 골(Charles de Gaulle)이 정권을 잡고 나서부터였다. 알제리의 독립은 프랑스 당국이 암암리에 펼쳐지는 군사 반란을 진압하고 1962년 평화 협정이 이루어진 후에야 가능한 일이었다. 이렇게 원대한 꿈이 이루어질 수 있었던 것은 도저히 돈으로 따질 수 없는 몇십만 무슬림의 희생이 뒤따랐기 때문이다. 알제리의 초대 대통령 아흐메드 벤 벨라(Ahmed Ben Bella)는 사회주의 체제를 추구했고 이슬람에 대해서는 그저 형식적으로만 배려했을 뿐이었다. 그 후 후아리 부메디엔(Houari Boumedienne)은 서구의 발전 모델을 도입해 알제리를 급진적이면서도 엄청난 산업화의 발판으로 삼았다.

　아라비아 반도의 사우드 가문은 제1차 세계 대전까지 북부와 동부 아라비아에서 오스만 제국의 군대를 가까스로 몰아냈다. 와하비 이크완(Wahhabi Ikhwan, *종

1954년에서 1962년까지 알제리의 독립 전쟁은 무슬림 세계에서 일어난 반식민지화 움직임 중 가장 끔직한 유혈 사태를 불러 왔다. 이 전쟁이 1960년대부터 1970년까지 혁명적 변화를 추구하는 사람들이 가장 탐독했던 파농의 『자가 땅에서 유배당한 사람들(Les Damnés de lateme)』의 출간 배경이 되었다는 사실은 놀라운 일이 아니다. 1957년 초 남부 알제리에서 유전이 발견되면서 상황은 악화되었다. 1957년 7월 프랑스 공수 부대가 알제리에서 시민들을 불시 검문하고 있다.

교상의 형제들이라는 뜻으로 아라비아 반도 통일에 많은 공헌을 한 종교적 무장 형제 단원들)의 기치 아래 이븐 사우드(Ibn Saūd)의 군대는 지속적으로 영토를 넓혀 나갔다. 1926년 1월 이븐 사우드는 스스로를 히자즈의 왕으로 선언하고 1920년대 말 새로운 국가의 면모를 갖추었다. 1932년 히자즈와 나지드 왕국의 통합으로 출발한 사우디아라비아는 중동의 무슬림 국가들과는 달리 샤리아에 바탕한 법 체제를 만들었다. 하지만 사우디아라비아 또한 근대화의 틈바구니 속에서 그것을 고수하기가 역부족이었으며 자신도 그 전부를 소화해 내는 데 한계를 느꼈다. 결국 사우디아라비아는 신성한 법 테두리 안에서 근대화 작업들을 선별했다. 사실상 종교적 이상주의, 자동차, 전화기와 같은 근대 서구의 산물에 대한 와하비 이크완의 저항은, 새로운 근대화 발판을 다지고 있는 사우디아라비아에 많은 부담으로 작용했다. 급기야는 1929년에 와하비 이크완이 반란을 일으켰고 결국 와해되고 말았다. 비록 왕은 마즐리스 앗 슈라(국가자문의회)를 출범시켰지만, 이는 한 번도 실행되지 못한 채 흐지부지되었다.

아라비아 반도의 해안 지역은 전환의 시대인 20세기에 이르기까지 영국의 보호를 받아 왔다. 그들이 완전한 독립을 위해 움직이자, 영국은 그들의 이웃인 사우디아라비아에서와 같이 보수 정권을 앞세워 이를 돕고자 했다. 서구는 그곳에서 자신들의 정치적 이해 관계에 걸맞은 근대 국가들을 세우고 싶어했던 것이다. 그럼에도 불구하고 쿠웨이트는 1961년 독립국이 되었고, 1971년 영국이 걸프 지역에서 완전히 철수하면서 아랍 토후국 연방을 만들었다. 하지만 오만과 카타르, 바레인은 그 연방에서 제외되었다. 1968년 영국이 철수한 아덴에서는 친소련 예멘 인민 공화국(남예멘)을 세웠던 민족주의자들이 지방의 토착 지배 세력들을 축출했다.

이란에서 출현한 근대 민족국가는 철저하게 이슬람 출현 이전에 무슬림 사회를 경시하는 세속주의적인 흐름을 나타냈다. 1921년 코사크 여단의 대령이며, 케말 아타튀르크와 동시대 사람인 레자 샤 팔라비(Reza Shah Pahlavi)는 권력을 장악하는 데 성공했다. 1925년 그는 스스로 샤가 되어 페르시아 유산의 영광을 누린 팔라비 왕조(*근대 국가의 기초를 세운 왕조)를 이란에 세웠다. 군사 독재 정권이었던 팔라비 왕조는 중앙 집권 체제를 강화하기 위해 원유

1951년 7월 이란의 수상 무함마드 모사데크는 국회에서 열린 앵글로·이란 석유 회사의 국유화에 관한 토론에서 지지를 호소하고 있다. 1951년 초 샤는 이란을 근대화할 수 있는 산업을 육성하기 위해 국회를 통해 앵글로·이란 석유 회사의 국유화를 추진하고자 했다. 이는 궁극적으로 이란의 독립과 샤의 권력을 통합할 목적에 의해 이루어졌다. 1951년 3월 20일 국회는 석유 산업을 국유화하는 데 동의했다. 그해 3월 성실함으로 정평이 나 있는 모사데크는 수상이 되었으며, 동시에 국회에서 국유화 정책에 따른 세부적인 사항들을 보고하고 있다.

수출을 늘리고, 근대 사회의 기틀을 다져 나갔다. 그
러나 이러한 개혁에도 불구하고 국민들은 자신들에게
어떤 이득이 있는지 실감하지 못했다. 영국과 러시아
가 그의 친나치 경향을 문제 삼자 결국 레쟈 샤 팔라
비는 1941년 자리에서 물러났고 자신의 어린 아들에
게 극도로 중앙 집권화된 국가를 넘겨 주었다. 서구가
이란의 석유 자원을 관리하는 가운데 일어난 전쟁은
민족주의자의 원한과 감정을 고조시켰다. 1951년 수
상 무함마드 모사데크(Muḥammad Mosaddeq)는
이란의 통일과 독립을 강화하기 위해 석유 산업을 국
유화했다. 그러나 이란 석유 수입을 국제 사회가 거
부하고 나서자 그의 폭넓은 지지 기반은 무너지고 말
았다. 그는 외세의 개입 속에서 더 이상 버틸 힘이 없
었다. 샤는 외국에서 돌아와 예전보다 더욱 확고하게
서구와 이란의 유대를 다져 나갔다. 근대 국가로의
행진은 혹독할 정도였다. 그 여파로 이웃 나라인 아

프가니스탄은 1960년대에 이르러 입헌 군주국으로 변모했다. 아프가니스탄의 옛
지배자인 아만 알라 칸(Aman Allāh Khan)의 전철을 밟은 무함마드 자히르 샤
(Muḥammad Zahir Shah)는 행정적, 교육적, 사회적 변화를 구체화한 국가의 청사
진을 제시했다. 그러나 계속되는 보수적이고 종교적인 견해의 공격으로 개혁은 오
랫동안 제자리 걸음을 할 수밖에 없었다.

인도 무슬림들을 위해 세워진 파키스탄은 1920년 이래 출현한 대표적인 무슬
림 민족 국가 중의 하나였다. 19세기 중엽부터 100년간 영국이 인도 반도를 지배하
여 영국령 인도 제국을 만들었을 때 파키스탄은 그 일부였다. 1906년 영국 통치에
서 전 인도 무슬림 연맹이 조직되면서 인도에서는 무슬림의 이익 옹호와 무슬림의
나라를 건설하려고 하는 '파키스탄' 운동이 일어났다. 인도가 독립하려는 조짐이
보이자 무슬림들은 힌두교 지배 체제 아래 있는 인도 공화국 안에서 영원한 소수가
되지 않을까 하는 우려의 목소리를 냈다. 그들은 독립된 국가를 확보하기 위해 무
슬림 연맹이 벌이는 운동에 적극적인 지지를 보냈다. 제2차 세계 대전 당시 무슬림
들이 많이 살고 있는 지역에서는 무슬림 연맹이 절대적인 지지를 받았으며, 그 위
상 또한 높아져 갔다. 이 지역들은 인도 공화국에 의해 인도를 중심으로 동서로 나
뉘었는데 이 두 곳은 1,600킬로미터 이상 떨어져 있었지만 1947년 새로운 '이슬람
국가'를 세우기에는 충분했다(*오늘날 서파키스탄은 파키스탄으로, 동파키스탄은 방글

파키스탄을 거의 혼자의
힘으로 일으킨 무함마드
알리 진나가, 개국 첫 날인
1947년 8월 15일 카라치의
제헌 의회 건물 앞에서
인도의 총독 루이스
마운트배튼(Louis
Mountbatten) 경과 함께 서
있다. 알리 진나의
오른쪽에는 그의 여동생
파티마가, 마운트배튼의
왼쪽에는 그의 처 애슐리
여사가 서 있다. 알리 진나는
방금 전 의회에서,
파키스탄에서 종교는
개개인의 문제에 지나지
않는다고 연설했다.
대중들은 일 년 내에
파키스탄의 지도자들에게
정책의 방향을 바꾸라고
요구했다. 이슬람은 정치적
당면 과제인 공공의 삶을
위해 새로운 역할을 해야만
했다.

1920년대 이래 인도네시아 민족주의 운동의 지도자였으며, 1950년에서 1966년까지는 대통령을 지낸 수카르노가 자화상이 그려진 거대한 그림 밑에서 자카르타의 인도네시아당 대표자들에게 연설하고 있다. 인도네시아는 세계에서 가장 많은 무슬림을 보유하고 있는 국가이다. 비록 무슬림 기구들이 1965년 쿠데타 이후 몇만 명의 공산주의자를 살육한 행위와 1970년대 말 이후 발생한 테러 행위에 연루되기는 했으나, 인도네시아의 이슬람은 본연의 온건함과 관대한 태도를 보임으로써 새롭게 태어났다.

라데시로 됨). 그들의 종교적 열망은 무함마드 알리 진나(Muḥammed ʿAlī Jinnah)를 인도 무슬림들의 대통령으로 선출시킴으로써 극대화되었다. 하지만 파키스탄의 초기 지도자들은 근대화를 추구할 수 있는 세속 국가를 원했다. 1956년에 반포된 파키스탄의 첫 헌법에서는 종교가 상징적인 역할밖에 하지 않았다. 무함마드 아유브 칸(Muḥammad Ayub Khan) 장군의 근대화 정책은 이슬람을 등한시했으며, 파키스탄은 1958년과 1963년 사이에 비록 일시적이지만 '이슬람 국가'라는 꼬리표를 떼어 버리기도 했다. 무슬림간의 통합을 추구했던 이슬람의 이상은, 1971년 파키스탄의 동쪽 날개가 떨어져 나와 방글라데시가 된 것에서 볼 수 있듯 완전히 실패로 돌아갔다. 왜냐하면 종교를 공유했을지라도 민족과 언어, 문화의 차이를 극복할 수 없었고, 또 동서 파키스탄의 정치적, 경제적 힘의 불균형을 메울 수가 없었기 때문이다.

말레이시아는 여러 민족으로 이루어진 탓에 무슬림 국가로 거듭나는 데 많은 어려움을 겪었다. 민족에 따라 종교가 분화되었고 그것을 하나의 종교로 묶는 데는 역부족이었다. 또한 20세기 내내 '말레이' 민족들이 요구 사항을 들고 거세게 반발하자 이슬람 개혁주의는 저지되었다. 말레이 반도의 무슬림들은 중국인들을 가장 위험한 이교도로 꼽았다. 왜냐하면 말레이 반도의 거주자를 위한 정치를 펴는 데 종교보다는 민족성이 더 좌우되었기 때문이다. 말레이 민족 기구 연합(UMNO)은 독립 운동의 중추적 역할을 담당했다. 그들의 주된 관심은 다른 민족들로부터 말레이 민족의 이익을 안전하게 지키는 것이었다. 말레이 민족은 이슬람에 의존한 정책을 펴는 데 제한적이었으며 이슬람 국가를 설립하는 데 반대했다. 여기서 주목할 만한 점은, 이는 사회 공동체들을 함께 이끌겠다는 목표를 택하고 있다는 것이다.

인도네시아의 집권당도 근대화 정책을 밀고 나갔다. 그들은 이웃에서 나타난 민족 분열에 직면하지 않고 대다수 무슬림 사이에서 이슬람을 고수하기 위해 고군분투해야 했다. 세속적 성향을 띤 개혁 세력들은 1945년과 1949년 사이에 네덜란드인을 추방하기 위해 시위를 벌였으며, 독립을 주도한 지도자는 나라 안에서 이슬람의 합법성을 애써 드러내려 하지 않았다. 스스로를 가리켜 민족주의자이자 무슬림이며 마르크스주의자라고 부른 인도네시아의 초대 대통령인 수카르노(Suka-

rno)는 아타튀르크와 같이 이슬람교는 그저 개인적인 신앙 차원에서 유지되어야 한다고 주장했다. 수카르노와 그의 후계자 수하르토(Suharto)는 이슬람에 대해 상당히 우려하는 바가 컸지만 그들은 인도네시아를, 종교계의 정치 활동을 엄격하게 제한하는 국가로 만들려고 노력했다. 따라서 도시의 울라마와 개혁주의자, 그리고 모더니스트들은 인도네시아의 무슬림에게 다양한 이슬람적 견해와 관례를 제시할 수 있었지만 무슬림의 정치적 야망은 극도로 제한받았다.

　　모든 무슬림이 민족 국가로 독립할 수 있었던 것은 아니었다. 1920년대에 소련 체제가 출범되자 중앙아시아의 무슬림은 민족 자결을 이룰 수 있을 것이라는 바람을 가지게 되었다. 지엽적이기보다는 중앙의 이해 관계를 우선시한 요시프 스탈린(Iosif Stalin)의 정책과 소련의 통제에서 벗어나려는 무슬림들의 열망이 서로 충돌했다. 소련은 범무슬림, 범터키의 민족 운동을 미리 제압하기 위해 중앙아시아를 언어적, 민족적 특성에 따른 공화국으로 제각기 분리시켰다. 이 무슬림 사회는 소련이 경제 발전과 토지 개혁, 교육의 의무화와 문맹 퇴치 운동에 비중을 둔 시기와 맞물려서 발전해 나갔다. 그러나 소련은 민족 문화 촉진이라는 허울 좋은 명목하에 이슬람을 훼손시키려는 방법을 모두 동원했다. 1953년 스탈린이 사망하자 종교와 문화에 대한 정책이 약간 완화되었을 때조차도, 소련은 종교 억압을 통해 무슬림을 정치적, 경제적으로 흡수하는 것을 최우선 과제로 삼았다. 관료주의적인 이슬람 지도자들은, 소련이 무슬림 기구를 유지할 수 있도록 눈감아 주는 대신에 소련 체제를 받아들이는 것을 수락했다. 1970년대 내내 소련 성직자들이 이슬람 세계와의 접촉을 더 확장하려 했던 시도는 국가 후원의 종교 활동을 활성화시키는 결과를 낳

1993년 12월 하르툼에서 이슬람 회의가 개최되는 동안 수단의 여군들이 독특하게 행군하고 있다. 1980년대 수단 정부는 하산 앗 투라비(Ḥasan ad-Turabi) 박사가 이끄는 무슬림 형제단의 압력으로 인해 재빨리 이슬람 쪽으로 전향했다. 『꾸란』이 내리는 징벌이 대중에게 소개되었으며 알코올에 대한 전면적인 금지를 선포하면서 몇천 병의 맥주와 포도주 등을 나일 강에 쏟아 버리기까지 했다. 이슬람주의는 여인들이 대중적인 활동에 참여하는 일을 문제 삼지 않았다. 여군의 출범은 20세기 후반 이슬람주의자들의 특징적인 양상 가운데 하나가 되었다.

았다. 종교 의례가 공식적으로 대중화되기 시작한 것은 글라스노스트(glasnost, *개방) 이후에나 가능한 일이었다. 1980년대 말 독재 체제 소련이 붕괴되면서 무슬림 국가는 반독립 체제로 발전할 수 있었다. 민족의 차이라는 것은 외형을 구분짓는 것에 지나지 않았다. 하지만 이슬람은 정치 이념으로서의 역할을 톡톡히 했던 것이다.

보스니아의 무슬림들은 유고슬라비아 연방에 참여함으로써 '민족적' 정체성을 확립했다. 그들은 발칸 반도에서 오스만 제국의 500년 동안의 집권기에 이슬람교로 개종한 슬로베니아와 크로아티아, 그리고 세르비아 출신의 무슬림들이었다. 그들은 민족이 아니라 계급과 종교로 결합된 보스니아의 귀족 지주라는 정체성을 가지고 있었다. 제2차 세계 대전 이후 유고슬라비아 무슬림들은 자신이 속해 있는 사회에 잘 융화되는 구성원으로 남아 있었다. 1961년 티토(Tito)가 이끄는 공산주의 정부는 '민족적 개념의 무슬림'이라는 새로운 범주를 공식적으로 발표했다. 이는 무슬림 사회의 분열을 막기 위함이었다. 그러나 이와 같은 바람과는 달리 정치색이 짙은 몇몇 보스니아 무슬림들은 "우리는 유고슬라비아라는 다인종 국가 내에 특수성을 지닌 한 민족이다."라는 1972년 정부의 인정에 역설적으로 고무되어 자신들의 정치적 정체성에 대한 새로운 선언을 하기에 이르렀다. 그러나 가톨릭을 믿는 크로아티아와 그리스 정교를 믿는 세르비아를 싸잡았던, 강력한 보스니아의 정체성은 머지않아 세르비아와 크로아티아의 갈등으로 인해 색이 바래져 갔다. 1990년대에 유고슬라비아 연방이 해체되는 과정에서 일어난 유혈 사태는 보스니아 내부의 오랜 갈등에 종지부를 찍는 결과를 가져왔고 이는 보스니아 무슬림 사회에서 각각의 민족 정체성을 확인하는 계기가 되었다.

이슬람주의

20세기 말엽에 접어들면서 무슬림 세계에 스며든 서구화 정책은 서구 세력에 정면으로 도전하는, 소위 이슬람 원리주의자로 일컫는 이들에 의해 무색해져 갔다. 이슬람의 군사적 행동은 이러한 정치적 단면을 보여 주는 것이기도 했다. 예를 들어 무슬림이 압도적으로 많은 사하라 이남의 신생 독립국에서 이슬람교는 통일하는 데 없어서는 안 될 중요한 원동력이었다. 반면에 다종교 국가인 나이지리아에서 이슬람교는 혼란의 근원이었다. 1980년대에 들어 무슬림 의식이 고조되고 오일 붐이 일어나자 사회적 혼란은 걷잡을 수 없을 정도로 악화되었다. 이는 또 북부 지방의 원리주의자들에게 무슬림 부흥주의를 부추겼는데, 이를 가리켜 그들은 '샤리아의 입문'이라고 불렀다.

그러나 원리주의라는 말은 이슬람에만 적용되는 것도 아니고 특별히 새로운 것에만 적용되는 것도 아니었다. 그러나 이슬람 원리주의는 급진적이거나 보수적인 사상의 학파, 또는 서구의 부적절한 행보에 도전하는 무슬림의 행동주의에 붙여진 용어가 되었다. 이슬람 원리주의보다 좀더 정확한 표현은 아마도 '이슬람주의'일 것이다. 이슬람주의의 핵심은 전통적인 종교 관습을 보존하는 데 있지만 사실 이슬람주의는 전통 가치를 회복하자는 주장이라기보다는 이슬람의 전통에 대한 재해석을 호소하는 것이다. '이슬람주의'는 한마디로 말해 정치적 공백에서 발전한 것이 아니라 단지 20세기에 나타난 현상일 뿐이었다. 무슬림 사회에서 일어난 극적인 변화는, 일부 무슬림들이 서구의 자본주의와 사회주의에 대항하는 이슬람 체제를 마련하는 데 원동력이 되었다. 그러나 정부가 제시하는 전통적인 견해를 가지고는 이슬람을 번영시키는 데 한계가 있었다. 한편 이슬람주의자들은 서구처럼 근대 국가로 거듭나기 위해서는 세속적 정부가 국민을 위해 이슬람적 의무를 철저히 수행해야 한다고 주장했다. 이러한 의견 차이는 이슬람과 국가 사이의 관계에서 앞으로의 활로를 엿볼 수 있게 한다.

중동의 이슬람주의를 이끌어 가는 이집트의 '무슬림 형제단'은 1928년 하산 알 반나(Ḥasan al-Bannāʾ)에 의해 세워졌다. 그들은 정통파와 근대화에 대한 의견이 달랐다. 그들은 근대화를 받아들이는 것도 아니고 거부하는 것도 아니었다. 단지 그들은 이슬람의 기틀을 확고히 하기 위해 이슬람에 대한 재해석이 필요했다. 관료주의적 이슬람 지도자들은 어떤 것에도 간섭받지 않는 '설교단 위의 앵무새'에 불과했다. 이슬람 부흥주의는 현 정부의 통치자들에 의해 강요된 사회적, 경제적 부당함을 극복하는 하나의 수단이었다. 하산 알 반나는 이슬람주의 운동의 많은 지도자들처럼 울라마가 아니라 이스마일리아에서 아주 적은 월급을 받는 교사였다.

1981년 이집트의 사다트 대통령은, 이스라엘에 맞서 싸운 10월 전쟁을 기념하기 위한 군사 행진을 사열하다가 암살당했다. 이 사건은 이슬람주의가 정부에 도전한 가장 대표적인 예라고 할 수 있다. 1978년 이스라엘과 맺은 캠프 데이비드 협정은 팔레스타인 사람들의 분노를 불러 왔다. 캠프 데이비드 협정의 실패와 이집트가 서구 자본주의의 힘 앞에 완전히 굴복한 경제 정책은 이슬람주의자들의 저항 정신을 일깨웠다. 이에 대해 사다트는 1,500명 이상을 체포하고, 무슬림 형제단과 가까운 200명의 장교를 축출하는 것으로써 대응했다. 1981년 사건은, 체포된 자들 가운데 한 사람인 칼레드 이슬람보울리(Khaled Islambouli) 중위가 이끌었던 이슬람주의자들이 불타오르는 분노를 사열대에 터뜨린 것이었다.

그를 지지하는 세력은 그의 출신 배경과 비슷한 하위 계급이거나 카이로 같은 중동의 대도시들이 급성장하는 데 중추적인 역할을 한 도시 이주자들이 대부분이었다. 1948년 말 이집트 정부는 수상 안 누끄라쉬 파샤(An Nuqrashi Pasha) 살해 사건에 연루되었다는 이유로 무슬림 형제단을 해체시켰으며, 얼마 안 가서 하산 알 반나도 암살당했다. 터전을 잃은 무슬림 형제단은 이웃 아랍 국가들로 이주했고 그곳에 자신의 메시지를 공표했다. 무슬림 형제단과 추구하는 바가 같은 집단들은 팔레스타인과 트랜스요르단의 전폭적인 지지를 받으면서 시리아와 예멘에서 힘을 키웠다. 1950년대 초, 무슬림 형제단은 반영 운동을 전개했는데도 1954년 새롭게 등장한 자유 장교단 정권의 탄압으로 10년 동안 제도권 밖으로 밀려나 있어야 했다. 1965년 나세르를 쓰러뜨리려 했다는 조작된 음모에 의해 무슬림 형제단 당원들은 다시 한번 추방되었다. 무슬림 형제단의 지도자 사이드 꾸틉(Sayyid Quṭb) 또한 당국에 의해 처형된 단원들과 운명을 같이했다.

무슬림 형제단은, 이슬람의 색채를 찾으려고 애쓰던, 좀더 우호적인 상황이었던 1970년대, 나세르의 뒤를 이은 무함마드 안와르 엘 사다트(Muḥammad Anwar el-Sādāt)가 사회주의와 나세르의 추종자에 대항할 수 있는 지지 기반을 마련하기 위해 이슬람적인 상징을 이용하게 되면서 다시 한 번 출현했다. 1967년 전쟁에서 이집트가 이스라엘에 패한 일은 무슬림 형제단에게 엄청난 파장을 일으켰다. 그것은 무슬림 형제단이 세속적인 민족주의에 대한 불만을 첨예하게 표출함과 동시에 이슬람을 소생시킬 수 있는 계기를 마련해 주었다. 비록 무함마드 안와르 엘 사다트가 온건한 무슬림 형제단에 박수를 보냈지만 이러한 극단적이고 과격한 단원들의 행동은 무장 반란과 폭동을 야기시키는 결과만 낳았다. 1980년대 초엽까지 무슬림 형제단과 사다트는 이스라엘과의 평화 협정에 반대 의사를 표명했다. 1981년 9월, 사다트는 평화 협정에 반대하는 반정주의자들을 수색하기 위해 나섰으며 무장한 이슬람 전사와 이에 동조하는 군장교를 체포하는 데 촉각을 곤두세웠다. 그러나 한 달 후 사다트는 무슬림 형제단의 분파 타크피르 왈 히즈라(Takfir wal Hijra)에서 활동하고 있는 군인들에게 암살되고 말았다. 호스니 무바라크(Hosnī Mubā-rak) 정권이 들어서자 무슬림 형제단은 이집트가 이슬람화되어야 한다고 주장했다. 1984년과 1987년의 총선거가 이를 입증해 주고 있다. 이제 무슬림 무장 세력은 직접적으로는 정부를 공격하는 한편, 간접적으로는 서구 방문객들에 대한 산발적인 테러를 벌이는 등 정부를 비판하는 중심 세력으로 자리 잡았다.

1980년대 시리아에서 무슬림 형제단은 1970년 말 권력을 잡은 바트당의 하피즈 알 아사드(Ḥafiz al-Assad) 정권에 맞서기 위해 하마 시를 대량 파괴하는 등 야만적인 행동을 일삼던 무슬림 집단과 행동을 같이했다. 1988년 북예멘에서는 국가

자문위원회의 의석 중 4분의 1을 무슬림 형제단이 차지했으며 1956년 독립한 이후 『꾸란』과 순나에 기초한 영구 헌법을 만들기 위해 캠페인을 벌였던 수단에서도 무슬림 형제단의 활약이 대단했다. 이와 같은 소모전은 1983년 9월 가아파르 무함마드 엘 니메이리(Gaafar Muḥamed el-Nimeiri) 대통령의 결단을 촉구하게 만들었다. 그렇지 않아도 허약한 정치 기반 위에 경제적 위기까지 겹치게 되자 그는 이슬람법을 선포할 수밖에 없는 상황이었다. 1980년대 말 알제리에 있는 이슬람주의자들은 이에 적극적인 대응을 하기 시작했다. 1991년 이슬람주의자들은 일시적이기는 하지만, 선거에서 집권 세력을 누르면서 정치 판도를 뒤흔드는 데 성공했다. 한편 리비아에서는 이와는 다른 양상이 나타났다. 1969년 무암마르 알 까다피(Muammar al-Qaddafi)는 쿠데타를 일으켜 이드리스 1세를 무너뜨린 후 '이슬람 사회주의'라는 제3의 길을 제시하면서 아랍 사회주의와 이슬람적 실천을 결합시키고자 했다. 무암마르 알 카다피는 『꾸란』만이 합법성을 판단할 수 있는 유일한 수단이라고 고집하면서 『하디스』의 권위를 부정했다. 이러한 이유 때문에 알 카다피는 사우디아라비아와 같이 이슬람의 정통성을 있는 그대로 지향하는 무슬림 국가의 분노를 사게 되었다.

　　인도 대륙에서는 인도의 고유성을 살린 이슬람주의가 등장했다. 1941년 파키스탄에서는 마울라나 아불 알라 마우두디(Mawlana Abul Ala Mawdudi)의 주도 아래 자마아트 알 이슬라미(Jamaat al-Islami, *이슬람 사회라는 뜻으로 인도 이슬람 원리주의 조직)가 설립되었다. 자마아트 알 이슬라미는 초기 견해——인도 무슬림을 위해 민족 국가를 분리시켜 설립하는 것에 반대했던——를 뒤집었으며 이슬람 정부와 은행, 경제 협회로 이루어진 진정한 이슬람 사회 건설을 요구했다. 마울라나 아불 알라 마우두디는 이집트의 사이드 꾸틉처럼 전체주의적인 입장에서 하나님의 권위를 부정하는, 서구의 정치 통치권을 비난했다. 무슬림 형제단처럼 급성장한 도시(대부분 인도에서 이주한 무슬림들이 거주)로부터 지지를 얻은 자마아트 알 이슬라미는 새롭게 정립된 파키스탄 정부에 환멸을 느꼈다. 대중적인 인기를 끌었던 파키스탄 인민당(PPP) 당수 줄피카르 알리 부토(Zulfikar Ali Bhutto)는 파키스탄을 1973년에 '이슬람 사회주의 공화국'이라고 선언했다. 이는 오히려 이슬람주의를 멀리하고 그의 정책을 펴가는 노선이었다. 이에 반대하는 사람들은 1977년 무함마드 지아 울 하끄(Muhammad Zia-ul-Haq) 장군이 정권을 장악하자 무함마드 지아 울 하끄를 지지하고 나섰다.

　　자마아트 알 이슬라미의 영향을 많이 받은 무함마드 지아 울 하끄는 샤리아를 지상 최고의 법률로 떠받드는 이슬람화에 착수했다. 그는 확고한 종교적 견해를 가지고 있었지만, 자신의 그러한 이슬람 정책에 정치적 동기가 숨어 있음을 굳이 감

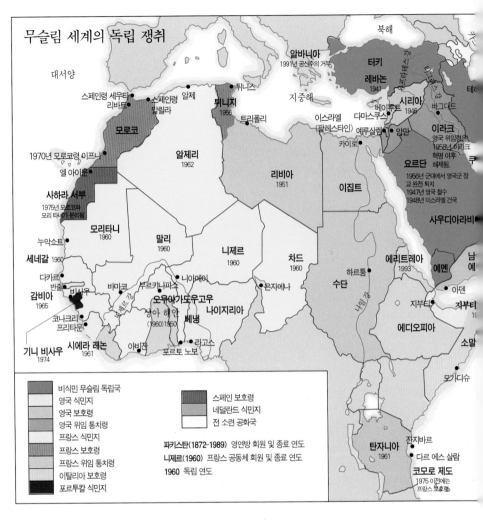

무슬림 세계의 독립 쟁취

추려 하지 않았다. 그는 외형적인 국가 통일을 위해서는 이슬람화가 필수적이라고 믿었다. 그 목표는 아프가니스탄에서 일어난 사태로 쉽게 이루어졌다. 아프가니스탄에서는 무자히딘(mujahidin, 투쟁자)들이, 1979년 이후 소련의 지지를 받고 있던 카불 정부에 반기를 들고 나서자 무함마드 지아 울 하끄도 이에 동참했다. 그 덕에 그는 서구의 지원을 받을 수 있었다. 이 무렵 줄곧 이슬람화 정책을 펴 나갔지만 자마아트 알 이슬라미 같은 종교적·정치적 정당들은 선거에서는 큰 성과를 거두지 못했다. 하지만 보편적인 종교적 견해는 이슬람 현상(現狀)을 개선하고자 했던, 세계 최초의 여성 무슬림 수상인 베나지르 부토(Benazir Bhutto)가 이끄는 후임 정권에까지 영향을 미쳤으며, 더 나아가 수긍시키기에 이르렀다.

1970년대 말 모든 무슬림 사회는 이슬람주의 진영을 포용하기에 이르렀다. 무슬림이라면 누구나 서구화라는 타락의 늪에서 벗어나 공동체를 정화시키기 바랐으며 그곳에 이슬람 정신이 다시 새롭게 뿌리내리기를 열망했다. 1990년대에는 사우

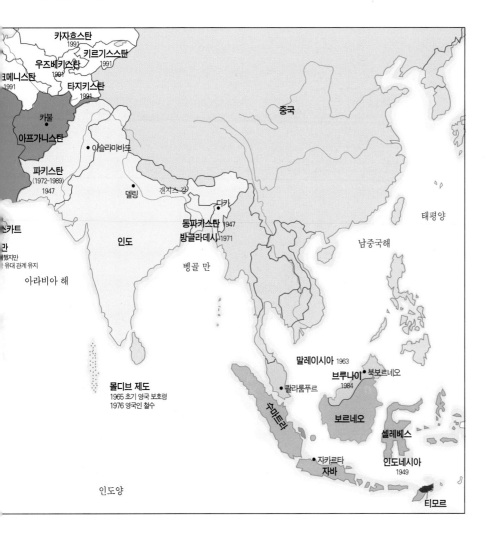

디아라비아에서조차 보수적인 지배 세력을 비판하고, 현존하는 질서에 도전하기 위한 움직임이 나타났다. 그러나 서구의 세속적인 가치가 놀라울 정도로 급격하게 무너진 곳은 바로 이란이었다. 1978년과 1979년에 걸쳐 일어난 이란 혁명은 서구적 양상으로 근대화되는 것을 거부하는 무슬림들이 분노를 드러낸 일대 사건이었다. 혁명 후 이란 정부에서 이슬람주의를 전면적으로 받아들였다는 것은 두 가지 의미를 가진다. 첫번째는 이란이 이슬람주의를 표방하는 국가들에 본보기 역할을 했다는 것과 순니파든 쉬아파든 종파와 상관없이 무슬림에게 이슬람 정치의 틀을 마련해 주었다는 것이다.

　　이란 혁명은, 새로운 국가의 성격을 규정하는 데 중요한 역할을 한 쉬아파 지도자와, 샤 정권을 반대하던 좌익 세력이 함께 참가했다는 점에서 큰 의의를 갖는다. 샤의 세속화 정책에 완강하게 비판했던 사람은 아야톨라 호메이니였다. 그는 레자 샤 팔라비 정권을 반박하면서 침묵하는 동료 울라마들을 다음과 같이 비난했다.

164

파키스탄 중북부에 있는 펀자브 지방에서 벌어진 베나지르 부토의 선거 운동. 여성 정치 지도자에 반대하는 이슬람주의가 부흥하던 시기에 여성 무슬림 수상이 배출되었다는 점은 매우 흥미롭다. 1989년 베나지르 부토는 첫번째 여성 무슬림 수상이 되었으며, 방글라데시의 할리다 지아(Khalida Zia), 터키의 탄수 칠레(Tansu Ciller)가 그 뒤를 이었다.

"무식한 병사(레쟈 샤 팔라비)의 머리에서 나온 이념적 단어들은 모두 썩었다. …… 오로지 하나님의 교리만이…… 남을 것이다." 1963년 이란인을 위해 일으킨 호메이니의 운동은 그를 이라크로 추방시키는 결과를 낳았다. 하지만 호메이니의 저항은 거기서 끝나지 않았다. 그의 호소력 있는 목소리는 녹음기와 전화 등 통신 매체를 타고 이란으로 울려 퍼졌다.

샤의 정책에 대한 국민의 불만은 근대화의 발전 속도에 견줄 수 있을 만큼 눈덩이처럼 불어났다. 석유 수출에 따른 이익에도 불구하고 경제 여건은 날로 악화되어 갔으며 무계획적으로 팽창하는 도시 환경 속에서 이란인은 정권에 대한 환멸을 느낄 수밖에 없었다. 이 가운데는 서구식 교육을 받은 사람들도 많았는데 이들은 알리 샤리아티의 글에 영향을 받은 자들로서 샤의 극악스러운 정책으로 말미암아 사회 정의에 위배되는 근본적인 문제를 이슬람의 원리와 교리로 회복하고자 했다. 1979년 마침내 샤는 도주했고 호메이니는 개선 장군처럼 돌아왔다. 이 일을 계기로 호메이니의 추종자들은 정치 노선에서 중도탈락했으며 울라마가 완전한 권력을 장악하게 되었다. "정부는 하나님의 교리를 따라야 한다."는 호메이니의 주장은 "종교 지도자와 그 외 사람들은 국사(國事)에 종사해야 한다."는 조항을 근거한 것이었다. 그 견해가 받아들여졌다는 것은, 샤리아가 국가의 법이 되었다는 것을 의미했다. 이슬람 특유의 규범이 대중의 지지를 받으면서 여성에게 차도르를 씌우는 등 기타 사회 제도적인 규제로 이어졌다. 1980년에서 이란이 1988년까지 이라크와 벌인 유혈 전쟁을 통해서 국가가 정치적으로 통일되었지만 막대한 물적, 인적 자원의 손실로 통치 과업은 더욱 어렵게 되었다.

　　호메이니가 사망하자 이란은 외부 세계와의 관계에 좀더 유연하게 대처했다. 하지만 테헤란 정부는 세계 어디에서든 유사한 목적을 지닌 무슬림들과, 그들이 벌인 운동에 대해 암묵적으로 인정했다. 이는 『악마의 시』의 저자 살만 루시디를 사형하라는 선고를 내린 호메이니의 파트와에 무슬림이 동조하게 만든 것과 같은 맥락이라고 볼 수 있다(*『꾸란』의 구절은 알라의 의지에 의한 것이 아니라 실은 악마의 말이었다."는 『악마의 시』의 구절에 대해 무슬림이 항의할 수 있도록 권리를 부여한 것). 좀더 구체적으로 말하자면 그들은 정치적 입지, 특히 중동 지역에서 정치적인 투쟁 공간을 획득하려는 이슬람주의 단체를 도운 셈이었다. 레바논에서는 히즈발라(Hizballah, *신의 당)와 같은 군사 기구에 대한 기사가 늘 대서특필되었던 반면 이란에서는 팔레스타인인 중 세속주의자와 무슬림 행동주의자의 관계를 적대적으로 표현하곤 했다. 이슬람의 지하드와 하마스(Hamas, *이슬람 저항 운동)는 이란인들의 전폭적인 지지를 받았다. 이것이 이란인들의 지지 세력임이 현저히 드러난 것은 1987년 팔레스타인 청년들이 일으킨 인티파다(intifadah, *팔레스타인 민중 봉기)에서였다. 이란 혁명이 북아메리카와 영국, 유고슬라비아, 나이지리아, 인도, 필리핀 등 각지로 흩어져 있는 이슬람주의자에게 영향을 미쳤던 것처럼 이 운동도 실무적인 면에서나 윤리적인 면에서 이란 혁명으로부터 상당한 영향을 받았다.

당대에 현존하는 이슬람

이슬람 세계를 돌아보면 1800년 이래 두 세기를 거치면서 중요한 것들을 많이 잃었다. 한때 한 시대를 풍미했던 제국들이 이제는 지도상에서조차 자취를 찾을 수 없게 돼 버렸던 것이다. 그리고 수많은 이교도를 거느렸던 무슬림들이 이제는 이교도들에게 지배를 받게 되었던 것이다. 서구 제국주의가 쇠퇴하면서 무슬림들은 앞다투어 정치적 독립을 요구했다. 하지만 이러한 정치적 독립은 단지 분리된 지역들을 짜 맞춘 것에 불과했다. 이런 과정을 통해서 독립한 국가들은 저마다 종교적 정체성과 민족적 정체성 사이에서 균형을 이루기 위해 남다른 노력을 기울여야 했다. 어떤 국가들은 종교적 생활과 정치적 생활이 뒤엉켜 있는가 하면, 또 어떤 국가들은 국민들이 새롭게 무슬림으로 개종하기도 했다. 이러한 과정에서 국가는 종교적인 문제를 다룰 때 가급적 중립을 유지하려고 했다. 세습 군주제와 민주주의, 신정, 독재, 군정, 급진주의적 혁명 등 1800년 이래 이슬람 세계는 모든 체제를 다 경험한 것이었다.

　　오늘날의 무슬림 세계의 특성을 한마디로 적절하게 표현하면 '다양성'이라고

할 수 있다. 통계를 살펴보면 오늘날 10억 명 이상이 되는 무슬림들 중 4분의 1 가량만이 중동에 살고 있다. 특히 인도네시아는 세계에서 가장 많은 무슬림 인구를 보유하고 있는 나라이다. 그리고 중동 지역보다 남부아시아에 무슬림이 더 많이 분포되어 있다. 심지어 구소련도 터키를 제외한 중동의 어느 국가보다도 더 많은 무슬림 인구를 가지고 있었다. 하지만 오늘날의 무슬림은 다양한 민족으로 이루어진 퍼즐의 한 조각에 불과하다. 제2차 세계 대전 이래 무슬림 국가에 자치권이 부여되고 세계 각지로의 무슬림 이주가 일반화된 덕분에, 보다 많은 무슬림이 유럽에 유입되었고, 또 서구의 사회 구조에서도 무슬림 공동체가 고유의 색을 유지하면서 존속할 수 있었다. 이렇게 무슬림들이 새로운 곳에 둥지를 틀게 되면서 영국의 무슬림 의회나 북미이슬람사회(ISNA) 같은 기구들은 무슬림의 요구들을 반영하고 그들의 주장을 대변하게 되었다. 또한 그들은 국가나 사회와 불가분의 관계에 있는 이슬람 교육 같은 문제에 더욱 강력한 입장을 보였다.

중동이 지속적으로 이슬람과 무슬림 사회를 주도한다고 해도 과언은 아니다. 종교가 아랍에서 출현하고 발전했다는 사실은 제쳐 두더라도, 이슬람과 『꾸란』에서 쓰인 아랍어가 종교 안에 폭넓게 사용되고 있으며, 성스러운 언어로서 여전히 무슬림들의 정신을 장악하고 있다. 중동은 유럽이 처음으로 이슬람과 조우한 장소이기도 하다. 중동이 석유 수출로 벌어들인 막대한 부는 예전보다 훨씬 막강한 국력을 축적할 수 있게 했고, 그 결과 무슬림의 중심지로서 다시 발돋움할 수 있었다. 하지만 20세기 후반에 접어들자 이슬람 내 무슬림의 정체성과 신념은 또 다른 장애에 부딪쳤다. 세계 도처에서 범이슬람주의가 되살아났고 중동과 무슬림 사이의 관계 변화를 반영하는 국제 기구가 출현했던 것이다.

1962년 종교 기구로 결성된 라베타트 알 알람 알 이슬라미(Rabetat al-alam al-Islami, 세계 무슬림 연맹)와 1969년 영구적인 정치 기구로 발족한 이슬람 회의(사우디아라비아의 파이잘 왕이 설립)는 중동의 심장부에 본부를 두고 유지되고 있다. 이 영향력은 중동 국가 이외에 무슬림 세계로까지 뻗어 갔으며 그 주변국에게 회원국의 자격까지 부여하기도 했다. 이슬람 회의는 40개국 이상의 회원국을 관할하고 있는데 그 회원국 중에는 말레이시아와 세네갈같이 중동과 멀리 떨어져 있는 국가도 포함되었다. 심지어 1970년대 중반 석유수출국기구(OECD)에 가입한 13개 회원국 중 11개국이 범이슬람적 연대를 부활하는 데 합의를 보았다. 그 11개국에는 아랍 계열이 아닌 나이지리아, 가봉, 인도네시아까지 포함되었다. 이와 마찬가지로 테헤란 정부는 이란이 석유 자원 보유국이라는 이점 덕분에 국제 이슬람 기구를 발족할 수 있었고 더 나아가 그 기구는 사우디아라비아의 기구와 견줄 만큼 영향력을 행사하게 되었다.

왼쪽
호메이니는 1979년 이란 혁명에서 1989년 임종을 눈앞에 둘 때까지 초기 혁명 정부를 지지한 많은 사람들의 사랑을 받았다. 이는 젊은 예술가인 무스타파 구다르지(Mostafa Goodarzi)의 작품에서도 뚜렷이 암시되고 있다. 쉬아파는 늘 강한 상징 이미지로 그려졌으며, 이는 혁명이라는 목적을 위한 것이었다.

서구 속의 이슬람

이슬람교의 확산을 막기 위해 1,000년이라는 세월 동안 무슬림을 유럽에서 내몬 것도 서구의 그리스도교인이었고 19세기와 20세기에 무슬림을 물심양면으로 도와 준 이들도 바로 서구의 그리스도교인이었다. 무슬림들은 제2차 세계 대전 이후 일자리를 찾아 영국과 프랑스, 독일로 몰려들었다. 미국과 캐나다에서도 세계 최고의 인재와 기업을 끌어들이기 위해 무슬림들을 받아들였다. 특히 많은 무슬림이 살고 있는 곳은 알바니아와 불가리아, 옛 유고 연방이 자리한 발칸 반도인데 이는 무슬림이 한때 이곳을 정복했던 탓도 컸을 것이다. 아울러 발칸 반도의 토착민들이 이슬람교로 개종하기도 했다. 사실 이슬람이 존재하는 사회라면 무슬림을 따르는 무리들이 생겨나기 마련이었다.

이러한 특징이 가장 뚜렷하게 나타난 곳이 미국이었다. 1970년 이래 미국의 무슬림 인구는 세계에서 여섯 번째로 많아졌다. 미국 흑인들은 대부분 자신들의 잃어버린 고향인 아프리카의 정체성을 되찾기 위해 무슬림이 되었다. 이러한 행동은 흑인들의 인권 투쟁과도 밀접한 관련이 있었다. 이들의 기대를 한몸에 받았던 단체는 1930년에 엘리자 무함마드(Elijah Muḥammad)와 맬컴 엑스(Malcolm X)가 발족한 이슬람 연합이었다. 오늘날 루이스 파라칸(Louis Farakhan)이 이끄는 이 기구는 백인 우월주의를 공격하고 흑인의 독립적인 권리를 쟁취하기 위한 방법을 모색했다.

무슬림이 서구에서 자리를 잡아가자 최근에 그들은 자신들의 '생활 공간에 대한 고유성을 인정해 달라.'는 움직임을 벌이기 시작했다. 1972년 독립 국가로 승인된 유고슬라비아에서는 1980년대에 들어서자 무슬림들이 정치 자치권을 요구해 왔으며, 또 그 일은 결국 보스니아·헤르체고비나가 독립하는 데 큰 영향을 미쳤다. 또한 영국과 프랑스에 있는 무슬림들도 자신들의 권리를 존중해 줄 것을 요구했다. 먼저 그리스도교인이 아닌 이들에게 신성 모독을 일삼는 것인지 또는 무슬림 소녀가 학교에서 히잡을 쓰는 것을 허용해야 하는지에 대한 문제를 제기하면서 자신들의 권리를 되찾고자 했으며 더

유럽에 있는 무슬림은 국가가 허용하는 범위 내에서만 활동할 수 있다는 사안에 대해 강력하게 불만을 표시했다. 이 문제가 표면화된 것은 프랑스에서였는데 그것은 무슬림 소녀가 히잡을쓰고 학교에 와도 되는지에 관한 논쟁이었다. 1993년 교장 장 데메스토이(Jean Demestoy)는 무슬림 학생인 포우지아 아우킬리(Fouzia Aoukili)가 프랑스 동부 낭트에 있는 자비에 비샤 고등학교에 입학하는 것을 금지했다.

서구의 주요 무슬림 인구 국가 총 인구 대비(%)					
유럽			미주		
알바니아	2,275,000	70.0%	아르헨티나	370,000	1.1%
벨기에	250,000	2.5%	브라질	500,000	0.3%
불가리아	1,200,000	13.0%	캐나다	350,000	1.3%
프랑스	2/3,500,000	4.4/6.1%	가이아나	130,000	13.0%
독일	1,700,000	2.1%	수리남	150,000	30.0%
그리스	120,000	1.2%	미국	6,000,000	2.4%
이탈리아	150,000	0.3%			
네덜란드	350,000	2.3%			
스페인	300,000	0.8%			
영국	1,500,000	2.7%			
구 유고슬라비아	4,500,000	21.1%			
보스니아	2,000,000				
코소보	2,000,000				
기타	500,000				

나아가서는 무슬림 사회의 가치와 미래상에 대한 논쟁을 벌였다. 이러한 논의들의 중요성은 비단 이들의 사회에만 한정된 것은 아니었다. 무슬림들은 일반적으로 세계에서 유럽인들이 대우받는 것처럼 자신들도 서구 국가로부터 대우받기를 원했다.

하지만 범이슬람주의를 표방하는 것은 쉬운 일이지만 그것을 일관되게 행동에 옮기는 것은 그리 쉬운 일이 아니었다. 심지어 최근에는 이집트가 이끄는 대로 중동의 정치 세력들이 이스라엘과도 타협하려는 조짐까지 보이자 결국 정통적인 종교 연대는 유지되기가 어려웠다. 1990년에서 1991년까지 이라크가 서구의 연합국들과 벌인 걸프전은 무슬림 세계를 더욱 파괴시키는 결과를 불러 왔다. 걸프 위기는, 최근 첨예하게 대립된 세계 위기와 마찬가지로 유대감이 투철한 연대에도 불구하고 무슬림 세계 내에는 아직 분열이 존재해 있다는 사실을 여실히 드러나게 해준다. 이러한 다양성과 단일성은 보스니아 무슬림 등이 심한 고통 속에 있는 1990년 초에 두드러지게 나타난다. 그들은 조국을 갈갈이 찢어 놓은 내란 때문에 세계를 반 바퀴나 돌아서 말레이시아와 같은 무슬림 국가들로 피난하는 것 이외의 달리 다른 방법을 선택할 여지가 없었다. 문화적으로 보자면 보스니아와 말레이시아는 엄청난 차이를 보였지만 무슬림의 전통이라는 공통분모를 가지고 있는 덕분에 긴밀하게 연결되어 있었다.

사라 안사리(Sarah Ansari)

그는 런던 대학교 내 로열 할러웨이에서 역사학을 가르치고 있다. 저서로는 『수피 성인과 국가 권력─신드의 쉐이크들 1843년-1947년(Sufi Saints and State Power : Pirs of Sind, 1848-1947)』이 있다.

2부

이슬람 문명의 정수를 찾아서

5

무슬림 사회의 경제

대양 횡단의 무역 경제

사람들은 흔히 이슬람이 7세기에 시리아, 이라크, 이집트 등 오아시스가 있는 사막 등지에서 생겨난 종교라고 생각한다. 하지만 예언자 무함마드가 활동했던 메카와 메디나는 사막이 있거나 베두인족(*사막의 유목민)이 유목 생활을 하는 도시가 아니었다. 632년 무함마드가 사망하고 얼마 안 있어 우마이야 왕조는 이집트, 이라크, 시리아를 정복했고 그 일을 통해서 위대한 업적을 이루어 냈다. 그중에서 가장 주목할 것이, 바로 홍해와 페르시아 만을 통해서 대륙을 횡단할 수 있는 두 무역로를 통합한 일이었다. 무슬림 세계가 8세기에 경제적 토대를 마련할 수 있었던 것 또한 우마이야 왕조와 압바스 왕조 덕분이었는데 그 왕조들은 농업을 정착화했고 도시화를 추구했으며 장거리 무역을 장려했다. 아라비아의 베두인족은 유목 생활을 계속해 나갔다. 그리고 초기 아랍인들이 영토를 넓히는 데 발판이 되어 준 유목 생활과 이를 통한 경제 제반 활동이 이슬람의 근대화를 퇴보시키는 것은 아니었다. 사막과 낙타는 여전히 이슬람을 대표하는 상징이었고, 이슬람 세계의 정황을 짐작할 수 있는 판단 기준이었다. 이슬람의 뿌리는 8세기 정통 아랍 기하학 원리를 이용해서 세워진 코르도바 대사원의 미흐라브(*메카를 향해 있는 예배 벽감)에서 잘 알 수 있는 것처럼 우마이야 왕조와 압바스 왕조 때 이미 다져진 상태였다. 하지만 도시화 생활을 추구하기 위해 구도시와 신도시에서 이주해 온 정치 지도자와 그들의 추종자들은, 로마와 페르시아가 쇠퇴하면서 사라져 버린 경제 체제를 다시 부활시키고자 했다.

종교적, 정신적 측면에서뿐만 아니라 사회적, 문화적 측면에서 이슬람이 사람들에게 미친 영향은 이루 말할 수가 없었다. 이슬람의 보급으로 이슬람 세계는 그전보다 음식, 의류, 건축, 예술품 등 물질적으로 풍요로울 수 있었다. 물론 이러한 물질적인 요소들은 이슬람의 경제 기반 위에서 생성된 것들이었다. 이렇게 물질적인 것과 경제적 기반이 떼려야 뗄 수 없는 것은, 지역이 가지고 있는 특수성을 감안

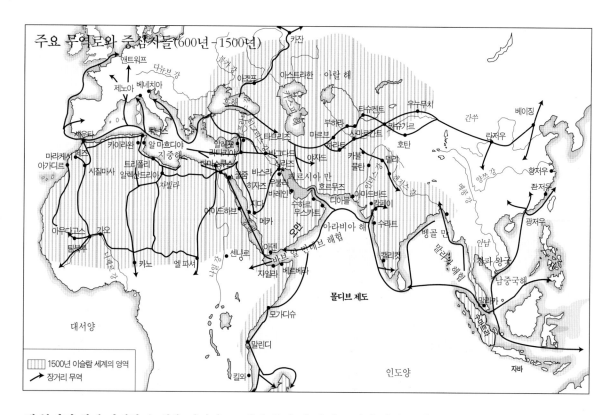

해 본다면 쉽게 이해할 수 있을 것이다. 15세기 중반 전 시대를 걸쳐 가장 유명했던 항해자인 아흐마드 이븐 마지드 알 사지디는 두 번째로 쓴 과학 논문에서 "홍해는 세계의 바다 중 가장 위험한 바다임에도 불구하고 사람들은 여전히 홍해를 이용하고 있다."고 기술했다. 이븐 마지드가 이야기했던 대로 사람들은 홍해를 즐겨 애용했다. 왜냐하면 그곳에 고대 성지인 무함마드의 순례지가 있었던 것은 물론이고, 그곳은 히자즈에 살고 있는 사람들과 매년 메카를 순례하는 대상들에게 음식물과 생필품을 제공하는 통로로 이용되었기 때문이다. 홍해 부근에 자리한 히자즈는 거의 불모지나 다름없었다. 농사짓기에 적합한 기후를 만드는 남서 계절풍이 예멘과 오만에만 미칠 뿐 히자즈까지 도달하지 못했다. 나일 강의 선물을 싣고 오가는 이집트 곡물 상선과 인도양의 다른 지역에서 홍해로 찾아드는 선박들은, 이슬람의 '기적'을 건설하는 데 사회·경제적으로 결정적인 역할을 했다. 메카와 메디나에 대한 무슬림의 믿음이 영원한 한, 각지에 있는 순례자들은 홍해로 모여들었다. 수백 명의 승객을 태울 수 있는 대양 항해들, 낙타 대상들, 상적들, 무역 시장 덕분에 수많은 사람들이 윤택한 삶을 살 수 있었다. 아랍인들은 사막을 도시 계획 사업의 일환으로 관리하는 데 탁월한 능력을 지녔다. 그리고 정치적으로나 경제적으로 그들의 영향력이 확대되자 이들은 대양까지 장악하기에 이르렀다.

　　지형과 기후, 이슬람의 사회 관습이 맞물리면서 홍해가 역사적으로 중요한 입이슬람 체제가 광활한 지역으로 퍼져 나갔으며, 그곳을 넘나드는 폭넓은 무역망은 한 연구 과제로서 지리학의 출현을 촉진시켰다. 이슬람 세계를 과학적 방법을 도입해서 연구한 첫번째 학자는 아랍인 앗 샤리프 이븐 알 이드리시(ash-Sharīf al-Idrīsī)였다. 그는 모로코 세우타에서 태어났으며 코르도바에서 공부했다. 성년이 된 그는 대부분의 시간을 시칠리아의 팔레르모에 있던 노르만 왕 루지에로 2세(Ruggiero II)에게 봉사하면서 지냈다. 이 세계 지도는, 루지에로 2세의 후원을 통해 그가 만들어 낸 작품인 『루지에로 왕의 책(*Kitāb Rujāri*)』에 실려 있다.

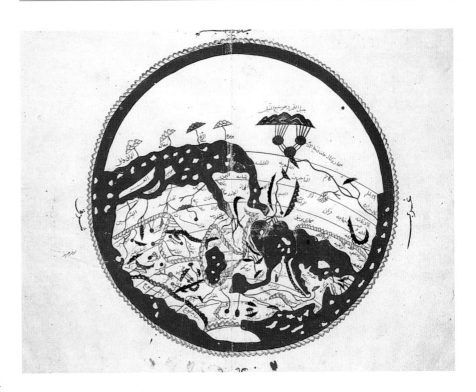

지로 떠오른 것은 명백한 사실이다. 하지만 그것만으로 홍해의 역할을 다 설명한 것은 아니다. 이븐 마지드가 이미 언급했던 바와 같이 홍해와 페르시아 만에서 이루어진 항해와 무역은 네푸드 사막이나 시리아와 이라크의 돌사막을 횡단하는 대상 무역에만 국한된 것이 아니라 인도양과 지중해까지 횡단해야 하는, 보다 폭넓은 교역이었다.

역사적으로 볼 때 이슬람 세계는 동서양 문명을 모두 포함하고 있었다. 이슬람권은 이란 제국이 그랬던 것처럼 비잔틴 제국과 로마 제국이 지중해 연안에 펼쳤던 정책 그대로를 받아들였다. 아라비아 반도 외부에 있는, 초기 이슬람 도시들 중의 하나인 바스라가 급성장한 것은 유목민이 증가한 것도 있었지만 황량한 사막의 방목지와 메소포타미아의 비옥한 토지에 관개 용수를 제공했기에 가능한 일이었다. 아랍인이 페르시아 만, 홍해, 지중해 동부를 지배하게 되자 바레인과 오만 선원들의 항해술은 물론 이집트의 콥트 조선업자까지 칼리파 통치 체제의 재량하에 놓이게 되었다. 무슬림 함대는 지중해에 모습을 드러내면서 비잔틴 제국이라는 막강한 세력에 도전장을 내밀었다. 674년 아랍의 포위 공격하에 있던 콘스탄티노플은 바다를 방어벽으로 삼았다. 콘스탄티노플은 무슬림의 공격을 철저하게 막았지만 무슬림은 1453년까지 계속 공격을 펴 나갔다.

660년 무렵 다마스쿠스가 아랍 제국의 새로운 수도로 떠올랐을 때 이라크와 시리아는 무역 중심지로서 경제적인 큰 이득을 보았으며, 이러한 혜택은 바스라를 비롯한 이라크의 다른 도시들로 퍼져 나갔다. 766년 압바스 왕조의 칼리파 알 만수르가 바그다드를 건설하면서 페르시아 만의 무역은 더욱 활성화되었다. 오늘날에 이르기까지 아랍의 칼리파제는 인도 신드의 해안 지방과 이란의 대부분 지역, 이라크, 시리아, 이집트, 북아프리카, 모로코와 접해 있는 대서양 연안까지 지배했다. 또한 무슬림은 안달루시아와 이베리아 지역의 대부분을 정복함으로써 그리스도교인과 가까워졌으며 사회 사상이나 기술 교류에 지속적인 영향을 주었던 그리스도교와 프랑크족 유럽인에 좀더 가까이 다가갔다.

　　우마이야 왕조가 집권하는 동안 통치자들이 새로 정복한 지역에서 해야 할 일은, 통화와 화폐 개혁에 따라 토지세 체계를 확립시키는 일이었다. 14세기 이븐 칼둔에 따르면 초기 아랍 통치자들은, "국왕의 권위는 군대에 달려 있고, 군대는 금전에, 금전은 세금에, 세금은 경작에 달려 있으며, 경작은 관리들과 정치적 조언의 수준에 달려 있다."는 사산 왕조의 왕 호스로우 1세(Khursaw I)의 말을 입각하여 정책을 펼쳤다고 한다. 그리고 무슬림 세계의 시장 경제가 활성화될 수 있었던 것은 세 가지 이유에서였다. 첫째는 이슬람으로 귀의한 피정복민 덕분이었다. 그들은 부분적으로나마 종교, 도덕, 법 체제가 같았기 때문에 통치자들이 다루는 데 수월했다. 둘째는 군대와 행정 체제가 아랍화되어 호전적인 초원 지대 사람들을 통합시켜 놓거나 지방민들을 모병함으로써 인종, 민족, 국가적 장벽을 허물 수 있었던 것이다. 마지막으로 통신, 교육, 문화적인 표현, 행정 분야에서 아랍어를 보편적인 언어로 채택함으로써 셈족화하는 과정이 완성되었다. 피정복민들이 아랍어를 습득했다는 것 특히 칼리파제 중에서 문화적 주체성이 가장 뛰어난 사산 왕조에서도 그러했다는 것은 무슬림이 거둔 쾌거였다.

　　무슬림 통일이 갖는 지리학적, 상업적 중요성을 동시대 작가들은 간과하지 않았다. 이슬람 세계에 대해 폭넓은 지식을 가진 아랍의 지리학자 알 무깟다시(Al-Muqaddasi)는, 980년 태양이 지상의 서쪽 끝인 대서양 쪽으로 진다는 사실을 관측했다. 동쪽에서는 아라비아 반도가, 아랍 지리학자들이 인도양이라고 불렀던 중국해에 둘러싸여 있었다. 그들은 또 지중해를 로마 해라고 표현했다. 무슬림 조선업자들, 선원들, 항해자들, 상인들, 지질학자들은, 지중해가 대서양으로 가는 고속 길이듯, 수에즈와 바스라에 상륙하는 부두들에 접해 있는 바로 그 바다가 태평양으로 나가는 해양 고속 뱃길이라고 생각했으

먼 거리를 넘나들며 상품들이 거래되었다. 오랜 기간을 거쳐 거래되었던 유명한 상품 중의 하나는 중국의 자기였다. 무슬림 토기들은 중국의 기술과 양식을 따랐다. 19세기 이라크산 사발은 받침 부분이 낮고 넓게 움푹 파이고 구연부가 밖으로 젖혀져 있다는 점에서 중국의 영향을 받은 것으로 추정된다. 그리고 사발 안 한쪽 면에 '축복'이라는 의미를 지닌 고대 아라비아 문자가 새겨져 있는데 그것은 청색을 띠고 있다.

며 그것이 중국에까지 뻗어 있다는 사실을 알았다. 그렇기 때문에 아랍인의 마음속에 더 큰 뱃길로 자리 잡은 것은 인도나 자바, 수마트라의 섬들이 아니라 중국이었다. 사실 바그다드가 건설되었을 무렵에 아랍 상인과 선원들은 이미 중국과 인도에 이르기까지 항해를 해 오고 있었다. 꽤 많은 아랍 거류민들과 이란 상인들이 항구 도시 광둥에서 무역을 하면서 살았고 해마다 아랍 상인들뿐만 아니라 서유럽에서 온 상인들이 수에즈, 지다, 바스라에서 인도를 향해 동쪽으로 항해해 갔다. 중국에서 시작해 서유럽에서 끝나는 대륙 횡단 무역은 고대부터 이미 존속해 왔다. 기원전 4세기 알렉산드리아의 그리스인들은 인도양을 횡단하는 항해 루트를 이미 알고 있었다. 무슬림 선원들은 홍해에 정박할 때마다 선박에 치명적인 손상이 입혀진다는 사실을 알고 있었다. 그것은 오랫동안 해안선을 따라 제멋대로 뒤엉켜 있는 산호초로 인해 생겨난 것이었다. 이러한 암초와 물고기떼를 피해 안전한 항로를 발견하고, 갑자기 돌풍과 스콜 폭풍으로 자주 바뀌는 지역풍의 변화를 극복하며 선박과 선원, 화물이 안전하게 항구에 도착하기 위해서는 대단한 용기와 함께 바다를 올바르게 다룰 줄 아는 항해 기술이 필요했다. 페르시아 만은 홍해보다는 덜 위험했지만 그 나름대로 위험 요소를 안고 있었다. 고대 메소포타미아의 도시들에 물을 대는 티그리스 강과 유프라테스 강 입구에는 광대한 늪지대가 있었고 안전성이 보장되는 항구와 식수가 부족하다는 것이 바로 그 요소였다. 대상 무역은 아덴의 급경사 지대부터 예멘의 계곡에 이르기까지 또는 시리아 사막을 가로질러 지중해 항구에 다다르기까지, 험준한 지역을 왕래해야 했기 때문에 무엇보다도 치밀한 계획이 필요했다. 즉 식수와 음식 조달, 보상금의 답례 등 대상들을 보호해 주는 유목민들의 협조가 선행되어야 대상 무역이 원활히 이루어질 수 있었다.

이러한 위험과 어려움에도 불구하고 해상 무역은 대상들에 의해 보완된 지역에서 2,000년 동안 계속되었다. 왜 그랬을까? 어쨌든 모든 세대를 통해 비단과 도자기, 향신료, 향, 좋은 말, 모든 유의 귀한 물품들과 곡물, 연료, 목재, 식용유를 비롯한 생필품들 같은 문명의 위대한 산물들은 촌락과 도시들을 유지시켰을 뿐 아니라 순수 지리학과 경제학의 원리대로 도시들이 존재할 수 있게 했던 것이다.

18세기까지의 해상 무역

로마의 박물학자이며 지리학자인 플리니 타키투스 고더드(Pliny Tacitus Goddard)는, 로마 제국이 인도, 중국, 아라비아와의 무역을 통해 해마다 지나치게 많은 사치품을 수입한 탓에 적어도 1억 세스테르세스를 낭비하고 있다고 비난했다. 남부 아라비아 산맥과 에티오피아 등지에서 생산된 유향과 몰약 등 고대 무역에 관한 그의 기록들은, 장거리 무역의 상품 하나가 로마 제국 전체의 종교적이고 사회적인 삶에 얼마나 큰 역할을 할 수 있는지를 보여 주고 있다. 향은 인도와 중국의 종교 의식에 필수품이었으며, 인도양과 지중해의 무역을 성장시켰던 진기하면서도 인기가 높은 물품이었다. 17세기 이슬람의 기반이 다져질 무렵 이러한 남아라비아의 횡단 무역에는 유럽, 아시아, 아프리카간에 귀금속 거래도 포함되어 있었다. 예언자가 속했던 꾸라이쉬 부족의 대상들은 동서 무역의 인기 품목이었던 금과 은을 어떻게 거래해야 하는지 잘 알고 있었다.

스페인, 이탈리아, 북아프리카의 무역업자는 사하라 사막을 횡단하면서 금을 거래했다. 그들이 인도와 중국의 무역업자와 거래할 때는 아라비아, 시리아, 이집트에 있는 고대 도시의 상업 건물에서 주로 이루어졌다.

이슬람이 출현한 후 수세기 동안 바스라, 지다, 수에즈를 통과했던 상업로는 페트라, 제라시 등과 같이 폐허가 된 지 이미 오래되었다. 하지만 후세 사람들은 고대부터 존재해 왔다고 생각되는 그 대상의 길을 따라 무역 활동을 벌였다. 상품들은 홍해의 상류 끝에 있는 쿨줌에서 하역된 다음 낙타에 실려 푸스타트(옛 카이로)와 알렉산드리아로 운송되었다. 페르시아 만에서는 대양을 운항하는 선박이 우불라나 바스라의 항만에 먼저 가 화물을 작은 보트에 실었다. 메소포타미아의 여러 도시들은 인도와 자바, 수마트라와 중국산 상품을 수입했는데 그것들은 지중해 시장에서 대상이 납품을 받아서, 유프라테스 강 상류 지역에서 알레포와 다마스쿠스로 유통시켰다. 무역이 성행되는 동안 알렉산드리아와 시리아의 항구들——안티오키아, 라타키야, 트리폴리, 비블로스, 시돈, 튀루스, 아카 등——에서는 북아프리카의 무슬림들과 그리스, 이탈리아 상인들이 타고 온 선박들로 늘 북적거렸다. 이집트와 시리아, 이라크와 더불어 아라비아 반도는 종교 면에서뿐만 아니라 경제 면에서 이슬람 세계의 핵심 지구였다. 북동 아프리카, 아나톨리아의 몇몇 지방, 인도와 중앙 아시아는 역사적으로 중요하기는 하지만 단지 주변국에 지나지 않았다. 또한 동남아시아의 섬들은 15세기에 이르러서야 무슬림 세계에 합병되었는데, 그 당시에도 이슬람교로 주민 모두가 완벽히 개종하는 일은 그리 흔치 않았다.

지중해에서는 무슬림과 그리스도교인이 공존하며 각자 무역을 해 나갔지만 인도양에서는 아랍인과 페르시아인 선장들이 운송업자로 자리를 굳혀 나갔다. 남중국해의 해상 개척에 관한 이야기는 부주르그 이븐 샤리야르(Buzurg ibn shāhrīyar)가 쓴 기록에 잘 나타나 있다. 그는 17세기 말 아랍 무역의 특징을 환상적인 여행기로 집필했다. 호르무즈 해협이나 홍해의 바브 알 만데브에서 온 무슬림 선박들은 중국으로 들어가 비단, 도자기, 비취 등 중동 시장에서 매우 가치가 높은 상품들을 싣고 오는 데, 약 2년에서 3년 남짓 걸렸다. 이러한 항해는 매우 위험했지만 막대한

항구

이슬람 팽창 초창기부터 항구는 무슬림 경제와 문명의 핵심 기지였다. 홍해에서 메카로 이어지는 해상 관문인 지다는 핫즈가 활성화되면서 널리 알려지게 되었다. 핫즈는 이집트, 아프리카, 인도, 그리고 훗날에는 말레이 군도에서 온 독실한 무슬림에 의해 이루어졌다. 번영과 고난 시기 내내 지다는 늘 순례와 무역의 중심지 역할을 해 왔다. 해마다 이집트, 이란, 인도로부터 배가 도착했으며, 국내 상인들과 외국 상인들은 가치 있는 상품들을 거래했다. 예를 들면 다미에타의 린네, 구자라트의 면직물, 호화로운 사산 왕조의 카펫, 그리고 아프리카, 동남아시아, 유럽에서 온 다양한 상품들이 거래되었다. 7세기 중반 아랍군(軍) 지도자들이 이라크로 이동하면서 무슬림 세계에서 두 번째로 커다란 항구인 바스라가 세워졌다.

처음에 바스라는 사막 통행로와 베두인족의 낙타를 위한 목초지에 쉽게 접근할 수 있었던 까닭에 군의 수비대가 주둔하고 있었다. 그 도시는 유프라테스와 티그리스강의 어귀이자 바다로 쉽게 이를 수 있는 통로에 자리하고 있었기 때문에 오만, 예멘, 인도와 교역하는 많은 상인들을 끌어들일 수 있었다. 바스라를 비롯해 인접한 이란 해안에 자리하고 있는 시라프 항구의 선장들은 멀리 말라카 해협과 인도네시아 군도의 순다까지 항해했고, 심지어는 남중국 해의 항구들에까지 이르렀다. 지중해의 무역항으로서의 힘과 역량을 축적해 온 알렉산드리아는 인도와 로마 해상 무역의 경제적 통합과 번영을 재현할 수 있었다. 무슬림의 항구는, 지배자들의 간섭에서 어느 정도 자유로울 수 있는 도시가 자연 발생적으로 생겨나는 데 일조했다. 그러나 곧 외국 상인들은 자신들의 신변 안전과 상품의 보안을 보장할 수 있는 특별한 형태의 보호가 필요하다는 것을 깨달았다. 이것은 무역에 부과되는 관세의 비율을 최소화하고, 해상 계약을 위한 엄격한 법률을 적용함으로써 이루어졌다. 항구들은 조선소, 창고, 상품 판매소를 관리하는 하급 관리들과 함께 고위 국가 관리에 의해 다스려졌다. 그곳에는 규정화된 화폐, 은행 편의 시설, 표준화된 무게와 치수를 다루는 곳 등 세분화된 하부 조직이 있었다.

아덴 항을 제외한다면 무스카트 항이 아라비아에서 가장 훌륭한 천연 항구이다. 인도양 무역망에 가담했던 무역업자들은 이곳을 왕래했다. 1507년 알폰소 드 알부케르케(Afonso de Aluquerque)에 의해 정복되면서 불길에 휩싸였던 무스카트 항은 150년 걸쳐 포르투갈인들의 지배를 받았다. 항구를 지키던 요새는 지금도 보이는데, 왼쪽은 마린 요새이고, 오른쪽은 잘린 요새이다. 이 항구를 방문한 사람이면 너나 할 것 없이 이곳의 뜨거운 열기에 불평을 늘어놓을 것이다. 15세기의 한 이란인은 하늘을 날던 새가 구워져 떨어지고 삶아진 물고기가 바다에서 낚인 이야기를 했다. 반면에 어떤 사람들은 이곳 주민들의 겸손함과 예의바른 행동을 떠올리곤 한다.

무슬림들은 지중해에서
중국해에 이르는 바다에서
무역을 했다. 8세기에서
16세기까지 아랍인들과
페르시아인들은 인도양
무역로를 지배했다.
알 하리리(al-Ḥarīrī)의
『마까마트(Maqāmāt)』에
실려 있는 이 삽화는
오만에서 바스라의 대항구로
항해중인 배이다. 선원은
분명 인도인인데, 선객은
아랍인이라는 사실이 눈길을
끈다.

이익을 남기는 일이었다. 일부 무슬림 상인들은 동남아시아의 항구에서 극동 지역의 상인들과 교역함으로써 항해의 위험을 줄여 나갔다. 916년 무렵 인도양 주변의 여러 나라를 여행한 아랍의 백과사전 편집자인 알 마스우디(al-Masʿūdī)는, 서쪽이나 시라프, 오만에서 오는 배들과 극동 지역을 출발한 배들이 말레이시아 군도에 있는 칼라바르라고 불리는 항구에서 거래했다는 사실을 기록했으며 또 그는 오만이나 시라프, 바스라, 바그다드에서 오는 상인들이 그곳 주민과 결혼해 인도의 항구에 정착한다는 사실을 적었다.

상인들은 아라비아에서 중국으로 항해할 때 계절풍의 방향이 바뀔 경우에도 안전한 항구에서 장기간 체류해야 했다. 따라서 화물과 수익 면에서 많은 손실을 천문에 관한 지식은 뱃길에서 방향키를 잡은 무슬림 상인들에게는 가장 기본적인 능력이라 할 수 있다. 안전한 항해를 위해 하늘을 살피는 데 주로 이용한 기구는 천체 관측의였다. 이 평면 천체 도판은 사파비 왕조 시기에 야즈드 출신의 두 장인에 의해 만들어졌다. 전면에 달려 있는 까치발은 『꾸란』 36장, 38절-40절을 인용한 것이다.

태양은 그의 궤도를 따르니
그것은 권능과 야심으로 충만하신
그분의 명령이리라.
또한 달을 두어 그의 궤도를
운행케 하니
오래된 메마른 나를 나뭇가지처럼
다시 돌아오게 하도다.
태양이 달을 잡을 수 없으며,
밤이 낮을 추월하지 못하니,
저마다 각자의 궤도를 법칙에 따라
운행할 뿐이다.

가져올 수밖에 없었다. 지중해뿐만 아니라 인도양에 정박하고 있는 대부분의 선박들은 값어치 나가는 품목으로 가득 채워져 있기 때문에 화물을 보호하거나 선박을 안전하게 유지시키기 위해서는 무거운 바닷짐이 필요했다. 푸스타트, 지다, 아덴, 수하르, 시라프의 부유한 상인들은 더 이상 항저우나 광저우와 직접 교역하지 않았다. 그 대신 그들은 퀼론과 캘리컷, 혹은 조호르, 수마트라, 자바, 안남 등과 같은 항구 도시에 머무르면서 중개 무역을 했다. 그러나 대륙 횡단 무역은 페르시아 만과 홍해 주변 국가의 정치적, 사회적인 영향을 받았다.

868년과 883년에 걸쳐 이라크 저지대의 사탕수수 농장에서 일하던 아프리카 노예가 일으킨 무장 반란은 바스라의 상업적인 거래에 큰 걸림돌이 되었다. 10세기 전반 압바스 왕조는 종교 불화와 내부의 유혈 폭동 같은 사회적 정체성의 위기에 직면했다. 969년 북아프리카의 파티마 왕조가 이집트를 정복한 일이나 자신들이 이슬람의 정신적 지배자라는 주장은, 압바스 칼리파제의 세력을 더욱 약화시켰다. 홍해 항로가 주목받기 시작하자 인도양에서 주로 활동하던 상인들이 홍해에 위치한 아덴, 지다, 아이다합, 쿨줌, 알렉산드리아 항구에까지 들어와 경제적 혜택을 받기도 했다. 또한 이 덕분에 카이로가 새로운 무역 중심지로 자리 잡게 되었다. 그들의 주도권은 이집트와 베네치아가 교역하던 때뿐만 아니라 1498년 캘리컷에 포르투갈인들이 상륙할 때까지도 지속되었다. 그렇지만 페르시아의 주요 항만들은 여전히 해안에서부터 트란속사니아의 오아시스 도시까지 넘나드는 대상 무역에 많은 도움을 주었다.

홍해와 페르시아 만을 통하는 항로가 늘어나고 항해술이 발전하면서 이곳에만 집중되었던 무역 중심지가 이 두 해협 밖으로 옮겨져 갔다. 또 바스라와 지다는 무역항으로서는 많은 결함을 가지고 있었다. 험난하기로 악명 높은 해협과 지역풍 때문에 인도양 다른 쪽에서 들어오는 선박들은 지다와 바스라에 오랫동안 머물지 못했다. 선장이나 선주들은 늘 계절풍(*특히 인도양에서 여름은 남서, 겨울은 북동에서 부는 계절풍)의 위험을 고려하여 이에 대비하는 데 최선을 다해야 했다. 또한 샤트 알 아랍이라는 위험한 해협도 골칫거리였다. 따라서 대규모 원양 상선들은 시라프나 아덴에 그들의 뱃짐을 부리는 것이 훨씬 유리했다. 페르시아 만이나 아라비아 해안에서는 서서히 새로운 무역의 중심지가 생겨났다. 즉 시라프를 이은 키시, 호르무즈, 오만에 있는 수하르가 바로 그것이었다. 바레인에서는 아라비아 해안에서 페르시아 만에 있는, 지역간의 무역을 관장했다. 아덴의 교역은 하드라마

10세기 또는 11세기의 것으로 보이는 이란의
사자 모양의 향로. 금속 제품들은 이 시절
무슬림들에게는 집 안팎에서 가장 중요한
물건이었다. 따라서 금속 제품은 가치 있는
무역 품목이었으며, 향도 마찬가지였다.

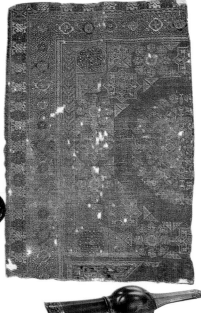

훌륭한 카펫도 중요 무역
거래품 중 하나였다. 이
맘루크 시대의 카펫 조각은
15세기 후반에 만들어진
것이다. 뛰어난 생산력을
갖추고 있던 카이로
상점들은 15세기에서
17세기까지 무슬림
세계뿐만 아니라 유럽에도
카펫을 수출했다. 맘루크
시대의 카펫은 섬세한
기하학적 무늬로 유명했다.

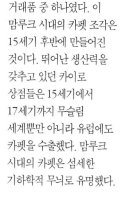

18세기 인도에서 출토된
다마스쿠스 양식의 검.
이는 다마스쿠스에서
발달된 금속 장식의 형태를
잘 보여 주고 있다.

우트에 있는 라이수트와 아프리카에 자리한 두 항구인 자일라와 베르베라가 활발한 거래를 할 수 있도록 원동력 역할을 해 주었으며 더 나아가 모가디슈, 킬와, 말란디에까지 영향을 미쳤다.

　　10세기 중엽부터 15세기에 이르기까지 인도양과 남중국해에서 이루어진 이슬람 무역은 아덴과 호르무즈, 캄베이와 캘리컷, 말라카와 광저우을 기초로 크게 세 지역으로 재편되었다. 아덴과 호르무즈 지역 중에서도 특히 메카와 지다, 수하르, 바레인은 이미 980년대 알 무깟다시의 시대까지 지역 특산물과 수입품 등 다양한 상품을 다루는 큰 무역 도시들이었다. 15세기, 동양의 가장 큰 두 도시인 인도의 캄베이와 동남아시아의 말라카는 아덴과 호르무즈의 대규모 상점 무역에 달려 있었다. 이 도시들이 번영함으로써 홍해와 페르시아 만의 크고 작은 도시들까지 혜택을 누릴 수 있었다. 유황과 몰약, 장미 향수(*아타르, 장미 꽃잎에서 추출한 향수)와 순종의 말, 화려하게 수놓은 비단 카펫, 고품질의 칼과 개인 병기 같은 호화 수출품들, 제법 무게와 부피가 나가는 물건들인 대추야자, 신선하거나 건조된 과일들, 가죽, 커피, 호르무즈에서 캔 암염, 건어물 등이 선박들의 선하 증권상의 목록으로 등장했다. 지중해와 인도, 동아프리카와 동남아시아, 중국의 수입상들은 이런 상품들과 자신들의 수출품을 교환했다. 유럽의 수출품은 금, 은, 좋은 양모, 금속 제품이었고 동아프리카는 금, 상아, 목재, 식료품들, 인도는 면직물, 보석, 밀, 쌀, 설탕, 그리고 말라카와 자바, 수마트라 섬은 향신료와 후추, 백단향, 거북이 등껍질, 금, 중국은

중국 동해안에 자리한 광저우의 모스크. 1310년에 세워졌으며, 중국에서 현존하는 모스크 중에 가장 오래된 것으로 여겨진다. 아치 양식은 인도 이슬람 예술을 생각나게 한다. 그 당시에 이 모스크는 무슬림에 의해 세워졌다. 그 무슬림들은 5세기 이상을 아라비아와 인도에서 동남아시아 바다를 통해 중국과 무역을 벌여 왔다.

도자기와 비단 피륙, 차, 장뇌삼 등이 수출품이었다. 중동의 수출품 규모는 수출 대상 지역 안팎의 특화된 경제적인 환경에 따라 결정되었다. 이집트의 아마포 직공과 인도의 면직공들은 무슬림 시장에 질 좋은 고급옷 또는 평상복을 대량으로 유통했다. 1430년대에서 1730년대에 이르기까지 인도의 아흐메다바드의 비단 생산업자들은 해마다 메카의 거룩한 모스크 안 카바 신전에 덮을 비단 브로케이드(*아름다운 무늬를 넣어 짠 직물)를 주문받았다. 중동에서 비단을 짜는 곳들은 선의의 경쟁을 해야 했다. 무슬림의 도시 생활에 끼친 해상 무역의 발전상은, 처음에는 튀니지에서 카이로로 이주했다가 그 다음에는 서인도양의 주요 항만으로 이주해 갔던 지중해 상인들의 문서에 잘 나타나 있다. 카이로 게니자(Genizah)로 유명한 문서와 또 다른 자료들에서는 상업 조합이나 카림이라고 일컫던 조직을 자주 언급하고 있다. 카림이 정확히 어떤 조직인지 규명돼 있지 않았지만 일종의 어떤 무역상 호위대 조직이었을 것으로 짐작된다. 상인들은 인도양에서 약탈을 일삼는 해적 집단들과 마주치는 일이 종종 있었으며 합법적으로 상인의 부를 착취해도 무리가 없는 정치 당국과 관료들로부터 재정적 요구를 지속적으로 받아 왔다. 만약 카림이 인도와 함께 교역하는 연례 무역 호위단이었다면, 여기에 참여했던 상인들은 정치적 지원과 해군의 보호를 받을 수 있었을 것이다. 14세기 중반까지 이집트의 카림 가입 상인들은 매우 강력한 세력을 형성하여, 인도양에서의 향신료 거래를 거의 독점했다. 이집트와 예멘을 지배한 아이유브 왕조는 인도양에서 이루어지는 무역을 확고히 하는 정책을 펼쳤으며 홍해와 푸스타트로 활동 무대를 넓혀 나가게 했다. 13세기 말 한 원로 시민 관리는 1280년 무렵의 한 정책 문서를 인용하여 다음과 같이 말했다. "한 법령이 공포되었으니 신이시여, 부디 술탄의 고매한 뜻을 드높이소서. …… 술탄은 이라크, 페르시아, 소아시아, 히자즈, 인도, 중국 등지에서 에덴 동산으로 비유되는 자신의 왕국으로 들어오는 사람들을 진심으로 환대했다. 이는 그들이 유명한 상인들이든, 중요한 임무를 띤 사람이든, 평범한 무역인이든 주민들이 먹고 살 일을 걱정하지 않는 그런 나라에 들어오게 하는 것을 의미했다. 카림 상인들을 통해서 향료와 같은 수입품을 들여온 사람이라면 누구나 불공평한 세금이나 어떠한 귀찮은 요구도 받지 않았다."

이집트 맘루크 술탄인 바르스바이(Barsbay)가 1429년까지 왕국의 후추 무역을 독점하는 동안 인도와 이집트의 통치자들은 아시아와 유럽의 모든 무역 도시──캘리컷, 캄베이, 말라카, 광저우에서, 베니스, 제노아, 세비야, 프랑크푸르트, 앤트워프──에서 향료를 거래하면서 많은 부를 축적했다. 실제로 1433년 광저우를 출발한 중국의 대형 함대가 예멘에 상륙했을 때 맨 먼저 한 일은 지다에서의 무역 허가──핫즈(hajj, *성도 메카를 순례해야 하는 의무)에 참여하는 무슬림들에게 물건을 팔기 위해──를 신청한 것이었다. 그러나 이것이 중국에서 온 마지막 배였다. 왜냐하면 중국의 명 왕조가 경제적으로 자급자족 경제 체제를 표방하면서 해외 무역을 억제했기 때문이다.

알폰소 드 알부케르케 (Alfonso de Albuquerque). 남부 아라비아 해안 출신의 한 연대기 작가는 그 당시(이슬람력 900년/1502-1503년)를 이렇게 기록하고 있다. "인도로 가는 길, 호르무즈와 그 주변의 바다에 프랑크족의 선박이 출현했다. 그들은 가장 먼저 일곱 척의 선박을 나포했고, 많은 뱃사람들을 죽였으며, 몇몇은 포로로 잡았다. 신이시여, 그들을 저주하소서." 포르투갈의 뛰어난 해군 전략가이며 인도의 지방 태수였던 알폰소 드 알부케르케는 이러한 해상 폭력을 강력하게 지지한 사람이었다. 그는 무스카트를 그대로 봐 둘 것을 약속했으면서도, 항복을 받아 낸 후, 그 도시를 불살라 버렸다. 따라서 수입 목재와 회벽돌로 세워진 아름다운 모스크는 파괴되고 말았다.

포르투갈인, 영국인, 네덜란드인

지중해와 인도양에서 향료 무역의 이권을 놓고 경쟁한 사람들은, 대서양 한쪽에 자리한 작은 유럽 국가들의 왕실이나 법률가, 해군 사령관이었다. 포르투갈이 무역을 하게 된 것은 포르투갈이 무슬림에 맞서 경제적인 공세를 퍼부은 끝에 마침내 모로코의 세우타에 있는 캐러밴 마을을 정복하면서 시작되었다. 15세기 말엽에는 바르톨로메우 디아스(Bartolomeu Dias)가 1487년과 1488년 사이에 희망봉을 등정하고, 바스코 다 가마가 1498년 캘리컷 항에 닻을 내릴 때까지 포르투갈의 탐험가들은 아프리카 서쪽 해안으로 계속해서 밀고 내려갔다. 포르투갈인들은 새로운 기종의 무기를 보유했는데, 그것이 바로 대포가 동시에 발사될 수 있도록 화약을 포구 안에 장착한 것이었다. 화약 혁명의 파급 효과는 대규모 해양 무역의 판도를 뒤흔들어 놓을 만큼 대단했고 홍해와 페르시아 만의 무슬림 상인들에게 많은 영향을 미쳤다. 하드라마우트 출신의 한 연대기 작가는 바다에서 그들이 받은 충격을 '프랑크족'이 거둔 업적이라고 기록했다. "프랑크족이 인도에 처음으로 출현한 것은 900년대 초 캘리컷, 말라바르, 고아에서였다. 그리고 또 한 번은 이 무렵(1502년-1503년) 알 쉬흐르 근처 후슨 알 구라브에서인데 그곳은 아라비아 해안에서 떨어진 곳이었다."

포르투갈인들은 해군력과 정치력으로 상업 중심지와 항구를 지배하지 않고서는 향료 무역을 독점할 수 없다는 사실을 이내 깨달았다. 그들은 무슬림이 인도로 가서 물건을 실어 나르는 것을 막기 위해서는 호르무즈 해협이나 바브 알 만데브를 봉쇄할 필요가 있다고 절감했다. 포르투갈인들은 아라비아 상인들과의 전쟁을 선포했고, 1507년에는 아덴 만과 오만을 자유롭게 항해했다. 나아가 1515년에는 호르무즈를 정복했다. 그들은 인도에 세운 새로운 수도 고아를 발판으로 삼아 호르무즈를 지배하고 해군을 동원해 바브 알 만데브를 봉쇄함으로써 해상 무역의 독점적 위치를 차지했다.

16세기에 이르러 상황은 다른 양상을 띠기 시작했다. 첫번째, 인도를 관리한 포르투갈인과 민간 거주자들은 아시아와의 해상 무역으로 막대한 수익을 올리자 자신들에게 불리한 리스본의 무역 정책은 잘 따르지도 않았다. 두 번째 1517년 오스만 제국의 이집트 정복과 1534년 술레이만 시대에 이루어졌던 바그다드 점령을 계기로, 오스만 제국은 홍해와 페르시아 만 가까이에 강력한 군사력을 집중시킬 수 있었다. 1522년 오스만 제국의 해군 제독 피리 라이스의 기념비적인 정복은 인도양에서 서구의 힘을 제압하려는 많은 시도들 가운데 하나였다. 세 번째로, 인도와 말레이 상인들은 화포로 중무장하는 등 전투력을 갖추기 시작했다. 캄베이와 수마트라 항구 도시 아체는 포르투갈과 무력 충돌을 감수하면서까지 향료 무역을 재개

서부와 중앙아시아의 황량한 풍경 속에서 낙타는 도로의 왕으로 불렸다. 반면에 남아시아 도시에서는 짐 나르는 동물들이 바퀴 달린 운송 수단에 함께 쓰였다. 특히 거세된 수소로 짐마차를 끄는 경우가 많았다. 이러한 모습은 벵골의 무르시다바드에서 출토된 이 18세기 중엽의 그림에서도 나타나 있다.

했다. 16세기 말 후추와 향료가 다시 중동을 통해 알렉산드리아와 베이루트로 흘러 들어 왔으나, 인도양의 포르투갈 제국은 영국과 네덜란드라는 떠오르는 해양 세력에 위기 의식을 느꼈다.

영국과 네덜란드의 동인도 회사는 1600년과 1602년에 스페인과 그 동맹국인 포르투갈과의 전쟁에 대비하기 위해 설립되었다. 두 회사가 인도양의 포르투갈국과 벌였던 치열한 전쟁은 아시아인들을 해방시켰는데, 특히 무슬림들이 바브 알 만데브와 호르무즈 해협을 자유롭게 통과하는 데 기여할 수 있었다. 따라서 그들은 포르투갈인보다 훨씬 더 효과적이고 다양한 방법으로 희망봉을 통과할 수 있었고 유라시아의 대양 무역을 유지해 갈 수 있었다. 1622년 영국과 페르시아 연합군은 100년 가까이 지속된 포르투갈인의 걸프 만 지배를 마침내 종식시켰다. 포르투갈 함대는 인도양에서 네덜란드군에게 완패했으며, 오만의 통치자는 1649년과 1650년 사이에 무스카트를 포위했고, 포르투갈 수비대 또한 항복을 해야만 하는 처지에 놓이게 되었다. 이로써 역사의 바퀴는 완전한 원을 그리게 되었다. 바야흐로 무스카트의 포르투갈 교회가 다시 모스크로 바뀔 차례가 되었던 것이다.

인도양에서 루시타니아(*포르투갈과 서부 스페인의 일부) 제국이 붕괴한 사건은 중동의 상업 기지들을 중심으로 형성된 무역에 새로운 동기를 부여했다. 또한 무슬림들로 하여금 인도의 수라트와 자바의 반탐, 그리고 심지어는 중국의 광저우까지 다시 진출하게 만들었다. 인도항에서 비롯되는 순례 교통로와 더불어 수마트라와 자바의 무슬림 마을들은 예전의 활기를 되찾았다. 서쪽에서는 이집트와 히자즈가 곡물 거래를 꾸준히 지속해 나갔고 이탈리아, 네덜란드, 영국, 독일산 물건들이 모카에 도착했다. 그것들은 국제적인 무역상들로 발돋움하던 아르메니아인들을 통해서 인도양의 나머지 지역에 재분배되었다. 이들은 이스파한 근교인 신 줄파에서 시작해 대륙을 횡단하는 대상 무역과 지방 선박의 화물 수송을 전문적으로 담당했다. 북유럽의 여러 회사들도 모카와 곰브룬의 해상 무역을 지배하면서, 이들은 각각 아덴과 호르무즈의 중계 무역을 대신하기에 이르렀다. 1700년 무렵 홍해와 페르시아 만을 경유하는 대양 횡단 무역은 아랍이 등장하면서 자취를 감추게 되었다. 왜냐하면 희망봉 항로가 아시아 상품들을 대량으로 유럽으로 실어 나르는 데 이용되었기 때문이다. 그러나 중동은 이란의 카스피 해 지역에서 수출된 커피나 생사, 16세기 중반 이래 점점 동쪽으로 거래되기 시작한 스페인·아메리카 은제품을 중개 무역함으로써 새로운 돌파구를 찾았다.

18세기는 서아시아에서 경제적으로나 정치적으로 매우 중대한 변화가 일어난 시기였다. 이란의 사파비 왕조가 몰락했고 토착민이 재기했으며 서인도와 중앙아시아, 시리아 국경 지역, 메소포타미아 지역을 유목민이 통치함으로써 대상 무역과 경제 생활이 붕괴되었던 시기가 바로 그때였다. 서인도양에서 영국과 네덜란드가 해상 무역의 주도권을 쥐면서 아시아 지역에서 무역을 하는 무슬림 상인들의 힘을 약화시켰다.

대륙 횡단 무역

낙타 행렬은 무슬림 세계에서는 친근한 풍경이었다. 이 행렬은 몽골 지배 시대 이란의 접시에 그려진 그림에서처럼 예술에서도 자주 다루어졌다. 옷감과 세라믹, 귀중한 금속들이 먼 거리를 거쳐 운송되었다. 이와 마찬가지로 곡식과 음식 재료, 천연 재료들, 즉 무거운 목재, 석재, 지붕용 타일, 철, 납, 주석, 구리, 각종의 염색 재료, 쪽과 적목, 짐승의 가죽과 껍질 등의 생산지들도 내륙 곳곳에 흩어져 있었기 때문에 각 품목들을 한 장소로 모아야 할 필요가 있었다.

해상 무역과 대륙 횡단 무역이 공존했다는 사실은 종교와 도시화, 농경 생활, 유목 생활의 상호 관련성을 잘 보여 준다. 이러한 공존은 무슬림 세계의 지정학적 특징에 따라 생겨났으며 인도양과 지중해, 대서양에 걸쳐 있었다. 이슬람 세계가 시작될 때부터 18세기까지의 대륙 횡단 무역은 다음과 같은 세 가지 조건의 지배를 받았다. 첫째, 해상 무역에 관계된 해안 도시들은 실제로는 생산과 소비의 주체가 아니었다. 생산과 소비의 주체가 되는 도시들은 바다에서 멀리 떨어져 있었기 때문에, 상품이 항구에서부터 도시에 도착하기 위해서는 대륙 횡단 무역이 반드시 필요했다. 인도와 이라크, 이집트같이 수로를 이용할 수 있는 경우는 큰 강이 원시적인 고속도로의 역할을 한 셈이었고 육로는 그 다음의 차선책이었다. 그러나 다른 이슬람 지역은 대부분 육로를 통해 상품을 수송할 수밖에 없었다. 둘째, 매우 품질이 우수한 상품이나 대량의 값싼 물건들을 공급하는 장소는 대륙 내에 널리 퍼져 있었다. 직물이나 도자기, 귀금속, 대량의 원료가 중국의 만리장성에서 콘스탄티노플에 이르는 매우 먼 거리를 거쳐 운송되었다. 알 아마르야 이슬람 사원과 예멘의 라드다에 있는 마드라사는 북(北) 구자라트에서 채취한 석재로 건축되었다. 이 돌들은 배의 밑바닥에 실려 아덴까지 간 다음 낙타나 노새에 의해 산을 넘어 운송된 것이었다. 셋째, 바퀴가 달린 운송 수단은 점점 더 사용하지 않게 되었다. 로마 시대 후기에 이르러서는 근동과 중동에서 바퀴 달린 운송 수단을 거의 찾아볼 수가 없게 되었다. 바퀴를 대신해 짐을 싣는 동물, 특히 낙타나 노새, 당나귀나 황소 등이 이용되었다. 특히 낙타는 효용 가치가 높고 매우 경제적인 운송 수단이었다. 낙타를 이용한 장거리 수송은 매우 경제적이었으므로 바퀴가 달린 교통 수단에 적합한 도로를 마련하기 위해 비용을 들일 필요가 없었다. 따라서 한때 이집트나 메소포타미아, 그리고 페르시아에서 성행하던 전차나 사륜 마차 등은 자취를 감추고 말았다.

어떤 한 여행가는 버려진 돌더미와 황폐한 산들로 이루어진 황량한 풍경과, 짐을 나르는 동물, 식물의 빠른 성장과 풍부한 물, 그와 더불어 바퀴 달린 운송 수단을 사용하는 모습들이 기묘한 대조를 이루고 있다고 묘사했다. 1677년 인도 서부 해안의 수라트에 있는 한 잉글리시 팩터리의 의사인 존 프라이어(John Fryer)는 페르시아를 방문했다. 그는 곰브룬까지 항해한 다음, 사막을 통해 옛 캐러밴 통로를 따라 이스파한까지 여행했다. 인도에 돌아와 있던 그는 수라트에서 80킬로미터 정도 떨어진 곳에 살고 있는 동료의 병문안 요청을 받고 도로를 이용해 자신이 직접 말을 탄 채, 마차를 거느리고 여행길에 나섰다. 그는 이란 사막을 비롯해 서부 구자라트의 활발한 농업과 공업 지역의 대조적인 풍경을 보고 깊은 인상을 받았다. 항구와 내륙의 상점, 도시, 마을들 사이로 나 있는 도로는 이 두 지역에 공통된 특징이었다. 그러나 프라이어는 인도에서와는 달리 이란의 도로에서는 이륜 짐마차나 사륜 역마차, 농장용 짐마차 등은 전혀 보지 못했다. 그런데 여기 인도에서는 소와 낙타들로 이루어진 대상 행렬로 도로 곳곳이 정체를 빚었던 것이다. 왜냐하면 인도의 대상들이, 거세된 수소 여덟 마리, 열두 마리, 열여섯 마리가 하나의 대열을 이루며 물건을 가득 실은 짐차를 끌고 다녔기 때문이다. 이란에서 대상들이 직면하는 위험 중의 하나는 산길에 숨어 있는 산적들이었다. 반면에 인도의 도로들에서는 지방 호족들이나 심지어는 중앙 정부에 소속된 비정규 기병대가 떼지어 몰려 다니며 노략질을 했다.

17세기부터는 무슬림 세계를 경유하는 대상 무역이 활발해지면서 많은 유럽인들이 무슬림 지역 안에 들어 와 있었다. 그들과 함께 이븐 주바이르와 이븐 바투타(Ibn Baṭṭūṭah) 같은 초기 무슬림 작가들의 이야기를 비교해 보면 문명화된 무슬림 생활은 대상 무역과 필수 불가결한 관계가 있음을 알 수 있다. 공공 당국과 재력가들은 가장 많이 사용하는 루트를 따라 도로와 대상들의 숙박 시설과 물탱크를 건설했고, 시장에 지붕을 씌웠으며, 나무를 심었다. 더욱이 대상들은 몇천 마리의 짐 싣는 동물과, 그것들을 소유한 주인들과 평범한 장사치들로 구성되어 있었기 때문에 안전하게 여행하기 위해서는 길 주위에 살고 있는 사람들의 조직적인 도움이 필요했다. 사막과 초원에 살고 있는 유목민들은 여행객들을 위한 음식이나 동물 사료 등을 제공하고, 무엇보다도 강도로부터 안전을 보장해 주었으며 그 대가로 그들은 대상들이 나르고 있던 약간의 상품을 얻었다.

중동, 아프리카, 인도, 중앙아시아의 육로 무역의 중심지 역할을 했던 무슬림 도시로는, 메카와 다마스쿠스, 바그다드, 카이로를 꼽을 수 있다. 1453년 오스만 제국의 침공 이후에는 콘스탄티노플도 무역의 중심지 역할을 했다. 이 도시는 키예프, 사마르칸트, 카슈가르, 투루판, 우루무치 등과 같은 아시아의 여러 오아시스들을 연결하는 북쪽 통로의 기착지였다. 물론 그 밖에도 유명한 대상 도시들이 있었다. 무슬림 세계의 주변 지역인 북아프리카에는 우마이야 왕조에서 압바스 왕조 시기까지 아랍 이주자들과 개종한 베르베르족 사람들을 끌어 모은 대상 도시들이 있

었다. 사막에서 성지를 찾고자 했던 카와리즈파들은 757년 무렵 서부 사하라 사막 끝언저리에 시질마사를 세웠다. 마그리브 중앙에서는 776년 무렵 타헤르트라는 도시가 이란에서 건너 온 루스타미드 가문 덕분에 빠르게 명성을 얻기 시작했다. 9세기와 10세기에 타헤르트와 자윌라, 시질마사는 바스라와 쿠파, 호라산에서 온 상인들이 붐비는 바람에 사하라의 거대한 대상 무역의 요충지가 되었다. 연대기 편자 이븐 사기르(Ibn Ṣaghīr)가 이야기했듯이, 이들 도시의 번성과 시민의 삶과 재산을 지키려는 종교 지도자의 신성한 보호 아래, 무슬림과 유대교인은 타헤르트에서 막대한 이익을 얻었다. 결과적으로 수단과 사하라 사막을 동서로 가로지르는 도로는 다양한 물건들을 실어 나르는 데 분주했다. 아프리카의 금과 노예들이 거대한 사막을 가로질러 페즈, 틀렘센, 카이라완, 트리폴리의 바자에서 거래되었다. 알렉산드리아의 시장들은 길고 긴 대상 행로를 통해 수단과 교역하기를 원하는 여러 도시들과 연결되었다. 트리폴리, 알 마흐디야, 카이라완, 틀렘센, 세우타, 페즈는 정통 무슬림 도시로 전통의 면모를 갖추고 있었지만, 여전히 그들의 경제적인 생활은 대부분 아프리카인들이 겪은 경험을 답습할 수밖에 없었다. 인도양의 몰디브 섬에서는 직물과 자개, 인도의 캄베이에서는 유리 구슬과 청동 제품들이 대상들을 통해 오늘날 가나에 있는 아우다구스트와 니제르의 도시로 운반되었다. 인도에서 대서양을 거쳐 아프리카에 이르는 이러한 교역들은 선사 시대 이래로 육로를 통한 대상 무역이 해상로와는 달리 비교적 안정되어 있었음을 보여 주고 있다.

핫즈의 조직화

지중해를 따라서, 그리고 차드에서 사하라 사막을 가로지르는 북아프리카 대상로는, 그리스도교인과 무슬림간 무역의 양대 축이라 할 수 있는 알렉산드리아와 카이로를 중심으로 발달했다. 카이로에서는 다마스쿠스, 바그다드와 더불어 3년마다 메카로 떠나는 핫즈 대상을 서열 순으로 조직화하는 움직임이 있었다. 메카를 방문하고 카바를 순례하는 것은 모든 무슬림의 종교적 의무였다. 이렇게 많은 사람들이 이동하는 것은 대상 무역 상인들에게나 유목민들에게 많은 이익을 가져다 주었다. 하지만 무슬림 초기의 다마스쿠스나 카이로에서 오는 순례 대상 무역에 대해서는 그다지 알려진 바가 없는 반면 압바스 왕조의 바그다드 길은 전해지는 자료에 상세하게 기록되어 있다. 이 길은 '주바이다의 길' 이라고도 불렀는데, 압바스 왕조 제5대 칼리파 하룬 알 라쉬드(Hārūn ar-Rashīd)의 왕비 이븐 주바이다의 이름을 본뜬 것이다. 이 길은 이라크 사막과 네푸드를 거쳐 1,540킬로미터에 이르는 메디나와 메카까지 이르고 있다. 그 길에는 매 24킬로미터 또는 하루 정도의 행군 거리마다

왼쪽

해마다 메카로 몰려드는 순례 대상 행렬들은 과거 무슬림 세계의 위대함을 엿볼 수 있는 풍경이자 대단한 체험이었다. 아마도 캐러밴은 알 하리리의 『마까마트』에 실려 있는 이 삽화처럼 인도되었을 것이다. 그 수는 매우 엄청난 규모였을 것으로 짐작된다. 1184년 이븐 주바이르는 다음과 같이 썼다. "넓은 평원 너머로 당신은 고통과 놀라움, 온갖 혼란에 부딪히며 우왕좌왕하는 군중들을 볼 수 있다. 하지만 이러한 상황을 자신의 눈으로 한 번도 본 적이 없었던 이라크의 대상은 세계의 진정한 경이를 경험하지 못한 것이다."

인공으로 조성된 물탱크와 대상 숙소, 음식점 등이 있었다. 간간이 내리는 비 덕분에 사막에서는 잔디가 자랄 수도 있었으며, 유목민들의 경제는 번성하기 시작했다. 식수 저장에는 물론 한계가 있었지만 황량한 평원을 지나는 여행자들에게 물을 공급하는 데는 별 무리가 없었다. 이는 '주바이다의 길'에 수로 건설을 했기에 가능한 일이었다.

주바이다의 길은 주로 하룬 알 라쉬드보다 앞선 알 마흐디 시대에 건설된 듯하다. 역사가인 앗 타바리(aṭ-Ṭabarī)에 따르면, 알 마흐디는 알 까디시야에서 주바이다에 이르는 길을 근원적으로 개선할 것을 명하면서 모든 역에 식수대와 우물을 설치하게 했다. 하룬 알 라쉬드와 주바이다는 도보로 성지 순례를 했고 이를 통해 메카와 쿠파 사이의 도로 사정을 꿰뚫고 있었다. 역사가 알 야꾸비(al-Yaʿqūbī)에 따르면 주바이다는 사소한 것에서 중요한 것에 이르기까지 자신의 남편을 능가하고자 하는 욕망이 강했던 인물로, 그녀는 이슬람이라는 이름하에 공공 사업을 펴나갔다고 한다. 주바이다의 사막 도로 건설 사업에 대해 가장 아낌없는 찬사를 보낸 사람은 1184년 바그다드 대상 행렬에 참여했던 이븐 주바이르였다. 한 번은 탈라비아에 있는 역(驛)에 도착한 순례자들이 몰려들었을 때의 일이었다. 갈증으로 미칠 것 같은 순례자들이 필사적으로 식수대에 다가가려고 싸우다가 일곱 명이나 압사했다.

핫즈와 같은 연례 행사에 참가하는 사람들은 아주 많았다. 16세기 후반에 카이로에서 메카까지 가는 성지 순례에 참가한 어느 영국 상인은 전체 인원을 20만 명 정도로 추산했다. 이 같은 규모의 사람들이 사막을 횡단하려면 충분한 음식과 물을 공급해야 하는 것은 물론 여행자들 사이의 질서를 책임질 대규모 조직체가 필요했다. 조직체를 책임질 사람은 대규모 병력을 거느린 군 고위 장교였다. 영국 상인을 비롯해서 성지 순례에 참가한 대상들은 유목민들의 공격에 맞서기 위해 대포 여섯 문을 싣고 다녔다. 일단 대상 행렬이 사막 한가운데로 들어가면 부족의 족장들이 보호해 주었고, 베두인 사람들은 축산물과 직물을 다른 수입품들과 교환하기 위해 중간 정착지로 찾아왔다.

대륙간의 대상 무역

중동에서 성지 순례 대상 행렬에 필요한 물품을 조달하는, 상인들과 무역 중개업자들은 인도와 중앙아시아, 중국간의 무역에도 관여했다. 성지 순례 대상들은 지방의 시장에 물품을 공급하고 인도나 페르시아 만, 홍해의 중심 항구에서 나오는 해산물들을 재분배하는 역할을 담당했다. 마찬가지로 이란의 이스파한, 야즈드, 키르만,

그리고 트란속사니아의 초원에 있는 사마르칸트, 부하라 등지의 큰 사막 도시민들도 육로를 통해 인도의 도시들을 오가며 무역을 했다.

초기의 무슬림 기록에는 육로 무역상들이 선호하는 장소로 신드의 데이불과 라호아리, 그리고 서부 펀자브의 물탄을 꼽고 있다. 이 도시들은 다양한 면직물을 수출하는 곳이었으며, 물탄은 대규모 금융 거래를 담당했다. 즉 물탄은 중앙아시아에서 들어오는 귀중품과 외환 어음 거래소 역할을 한 것이다. 훗날 이슬람화된 인도 제국의 도시로 발전한 라호르와 델리, 그리고 아그라도 이에 속했다.

해마다 투르크멘과 우즈베키스탄, 심지어는 중국 상인들까지 도자기, 문직과 능직, 비취, 고급 종이, 순수 혈통의 말과 같은 상품들을 거래하기 위해 인도 시장으로 모여 들었다. 700년에 걸친 술탄들 통치와 무굴 제국의 지배 기간 동안 터키 유목민의 전법을 바탕으로 한 기병대를 대규모로 운영하려면 많은 말이 필요했다. 중앙아시아는 갑옷을 착용한 군인들이 사용하기에 적합한 말을 공급했고, 이란과 아랍에서는 승마나 위엄을 위해 쓰이는 말을 조달했다.

이슬람 역사를 살펴볼 때 중동과 인도에서 중국과 중앙아시아의 물품을 수입해서 사용했다는 것은 무역하는 데 필요한 조직력이 탄탄했으며 그에 걸맞은 이익이 뒷받침되었다는 사실을 반증하는 것이다. 고비나 이란의 소금 사막 지대를 경유하기 위해서는 매우 특별한 운송용 동물들과 여행법이 필요했다. 고비와 히말라야 원정 길에 사용된 쌍봉 낙타는 왕복 2년 정도가 소요되는 여행에 걸맞은 동물이었다. 왜냐하면 성정이 온순하여 다루기도 쉬웠기 때문이다. 대륙을 횡단하는 무역상들에게는 여행의 속도보다는 안전이 우선이었다.

아프리카와 아시아를 가로지르는 대상로는 간혹 중앙 정부의 보호와 관리를 받지 못하는 영토나 호전적인 부족의 목초지를 통과할 수밖에 없었다. 따라서 강도를 만난다든가 대규모의 공격을 받을 위험률이 상당히 컸다. 외진 곳에 있는 칸(Khan), 사라이(Sarai), 그리고 와켈라(Wakelah) 등으로 알려진 대상 숙소들은 높은 담과 능보를 가진 성처럼 건축되었다. 여행자들의 신변이나 상품을 보호하기 위해 거대한 문을 닫아 버리면, 좀도둑뿐 아니라 유목민들의 갑작스런 침입도 막아 낼 수 있었다. 또한 조직화된 산적들에게 정기적으로 금품을 상납함으로써 보호를 받는 대상들도 있었는가 하면, 상인 스스로가 군대를 고용하기도 했다.

무굴 제국에서는, 귀중품을 실은 200여 대의 마차를 거느린 대상 행렬을 보면 마차마다 두 명의 병사들이 호위하고 있었다. 중앙 정부의 기마병들은 종종 지방 족장들이 고용한 사병들이나 산적을 진압하기 위해 출동했다. 1670년대에 프랑스 보석상인 장 밥티스트 타베르니에(Jean Baptiste Tavernier)는 수라트에서 아그라로 가는 도중, 체포된 산적들의 머리가 잘려 있는 것을 보았으며, 심지어는 무굴 제국의 원정이 성공적으로 수행된 후에 지방의 라자(raja, 인도의 왕, 수장, 귀족)의 머리가 도시 성벽에 걸려 있는 것도 보았다. 이는, 곧 제국이 단지 영토만을 지키는 것이 아니라 상인들로 하여금 공공 도로를 안전하게 통과할 수 있도록 보호하는 역할도 수행해야 한다는 이슬람 제국의 통치 원칙을 잘 보여 주는 것이었다.

이슬람 세계의 도시 생활

후대 아랍의 역사가들은 이슬람의 토대 위에 형성된 정착 사회에서 이합집산을 거듭하는 베두인족의 모순된 상황을 기록하고 있다. 즉 우마이야 왕조와 초기 칼리파들의 통치를 받았던 다마스쿠스와 알렉산드리아의 유목민들은 사막 생활에 대한 열정을 유지함과 동시에 도시 생활의 안락함과 가치를 선호하기도 했던 것이다. 유목민 태생이라는 기억이 점점 사라지면서, 도시의 안락함을 동경하는 사람들이 점점 아랍으로 들어오기 시작했는데, 이들의 사치와 허영, 그리고 부에 대한 열망은 개종한 무슬림들을 능가할 정도였다. 유목 생활의 자취가 차츰 사라져 가면서 도시 생활을 선호하는 풍조가 특히 아랍으로 이주해 온 사람들 사이에서 많이 나타났다.

　　사치와 부를 과시하는 차원에서 이들은 개종한 무슬림들을 능가할 정도로 소

예멘의 와디 하드라마우트 안에 있는 벽으로 둘러싸인 고대 도시 시밤. 와디는 자갈 평원과 300미터 깊이의 협곡 형태를 가지고 있다. 어떤 방문객의 말처럼 그것은 "심판의 날을 기다리는 파라다이스의 한 조각"이다. 시밤의 높은 집들은 방어를 위해 아주 촘촘히 지어져 있으며, 유리창이 없는 아래층들은 종종 도시의 외벽을 형성한다.

비 지향적인 성격을 띠었다. 시리아 출신 지리학자인 알 무깟다시의 이슬람 도시들 (대략 980년)에 관한 기록을 살펴보면, 지식인 계층의 무슬림들은 유목민의 존재에 대해서는 거의 관심을 기울이지 않았으며, 나아가 그들은 베두인족을 이슬람 역사 발전의 걸림돌로 여겼음을 알 수 있다. 유목민들은 주기적으로 정착민들과 수도를 침입했는데, 그들의 공격을 받은 도시는 모두 황폐화되었다. 이븐 칼둔은 이러한 관점을 가장 극명하게 표현했는데, 그는 8세기에서 14세기에 이르기까지 번영을 누렸던 도시들에 사막의 유목민들이 정착하면서 결국 폐허가 되었다고 선언했다.

종교적, 경제적, 사회적 체계로서의 이슬람 문명은 농촌의 잉여 생산물을 끌어 올려 그것이 효과적으로 기능할 수 있게 하는 도시 중심 체제를 유지했다. 음식물 과 산업 원자재와 연료들은 매우 먼 곳에서 도시들로 수송되어 왔다. 도시 공산품 들이 대규모로 제조되고 이것들의 분배는 아주 먼 거리에 있는 상인들과 무역인들, 농민들, 지방 토착민, 부족민들이 자연스럽게 만나는 도시 시장들에서 이루어졌다. 유목민들은 이슬람 도시의 실물 경제에는 그다지 기여하지 못했지만 운송 동물들 을 공급하는 유일한 원천이었다.

다마스쿠스에 있는 대사원의 모자이크와 목가적인 전경. 이런 것들은 중앙 현관 위에 새겨진 것이다. 이렇게 묘사한 이유가 무엇인지는 알려져 있지 않다. 아마도 천국을 대표하거나 세계가 이슬람에 종속된다는 암시일지도 모른다. 목적이 무엇이든지 간에 이는 8세기의 도시의 모습을 엿볼 수 있게 해 준다.

오른쪽

709년과 715년 사이에 우마이야 왕조 칼리파 알 왈리드 1세에 의해 세워진 다마스쿠스의 대모스크는 무슬림 세계 초기에 만들어져, 지금까지 전해지는 기념비적인 건축물이다. 이 모스크는 도시의 전 무슬림 공동체가 예배를 볼 수 있도록 설계되었다.

당대의 역사가들은, 쿠파나 바스라, 카이로와 같은 많은 주요 이슬람 도시들이 임시적인 군대 수비대를 기반으로 형성되었다고 지적하고 있다. 이러한 군대 수비대는 아랍 부족의 전사들을 정복당한 주민들과 분리하고, 갑작스런 폭동에 대비해 파견된 군대를 지원하는 임무를 맡았다. 이라크를 정복한 후 몇십 년에 걸쳐 쿠파는 약 10만 명의 시민을 거느린 도시로 성장했는데, 바스라는 그보다 두 배 정도 컸다. 이러한 사막과 강변에 새롭게 생겨난 두 도시의 급성장은, 비록 아랍인들이 유목 생활을 잊지 못했지만 도시 생활에도 잘 적응했음을 나타내고 있다. 메카와 메디나는 이슬람 이전에도 중요한 가치를 지니는 도시였고, 예멘의 높은 고원 지대와 히자즈를 거쳐 고대 대상 무역이 이루어졌다는 사실에서 그 일대에 무슬림 세기에서 중요한 종교적, 경제적 요충지였던 도시들이 존재했음을 알 수 있다. 라드다와 지블라, 사나, 술라, 시밤과 같은 도시들이 아덴에서 타이프와 메카, 메디나까지의 길, 거기에서부터 동쪽 지중해 항구들의 큰 주요 도로들과 연결되는 서부 네푸드 사막 근처 와디 시르한의 오아시스 도시들까지 불규칙하게 퍼져 있었다.

무슬림 도시들은 경제적인 특성과, 문화와 교육적인 역할, 행정적인 기능 등에 따라 제각기 그 성격이 달랐다. 알 무깟다시가 분류한 방식에 따르면, 바그다드와 카이로, 다마스쿠스 등의 수도를 왕족에 비유한다면 지방 도시는 장관급에 해당하고, 보통 마을은 기병이나 보병에 해당되었다. 또한 아랍의 도시들은 법학자들과 언어학자들, 일반 평민들의 관점에 따라 제각기 다르게 묘사되었다. 법률적이고 종교적인 정의에 따르면, 이슬람 도시는 법정과 행정 관청이 설치되어 있었는데 그곳은 도시에서 발생하는 여러 일들을 처리하는 만큼 충분한 수입이 있는 곳이었다. 언어적 관용법 기준에서 볼 때 도시는 알 바스라와 알 라카, 그리고 아라잔과 같이 두 지역으로 나눌 수 있는 기준으로 도시의 경계를 정한다. 일반인들은 역할에 관계없이 그저 규모가 크고 중요한 도시면 대도시라고 부른다. 알 무깟다시는 매우 신중하게 도시에 대한 정의를 내렸다. 실제로 무슬림 세계의 수도는 국가의 최고 통치자가 살고 있고 국가 관청들이 자리하고 있으며 지방 통치자들에 대한 서임이 일어나는 곳이다. 그가 방문한 여러 도시들을 서로 비교한 기록을 보면, 그의 분류가 전적으로 상상에서 나온 것이 아니고, 많은 부분이 실제 경험에서 나온 것임을 알 수 있다.

무슬림 역사에서 도시화는 두 가지 특징적인 요소를 띤다. 첫번째로는, 비록 농민들과 베두인족들도 도시인들과 같이 신앙심을 가지고 있었지만 종교적이고 문화적인 이슬람 의식들은 주로 도시에서 행해졌다.

두 번째로는, 이슬람 도시들은 서구나 인도, 중국의 도시들에 비해 사회 구성이 매우 복잡했다. 사실 점령군은 아랍의 다른 부족들뿐만 아니라 그리스도교인과

196

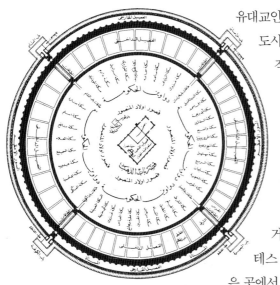

원형으로 건설된 도시 바그다드를 "세계와 단절된 벽으로 쌓인 이념의 한 조각"이라고 묘사한 것은 매우 적절하다. 이 계획은 고대 아랍 작가들의 고증에 따라 건설되었다. 중앙에는 칼리파의 "녹색 돔을 가진 금빛나는 궁전"이 있었다. 칼리파의 아들들은 첫번째 원형에 살았다. 두 번째에는 정부의 부서가 있었다. 도시 계획은 하나님 공동체의 지도자라 할 수 있는 예언자의 후계자(*칼리파를 의미)에 근접해 있을수록 가치 있는 것으로 설계되었다.

유대교인, 터키인, 페르시아인, 인도인들로 구분된 지역을 가진 도시에 주둔했다. 이렇게 분리한 데는 경제적, 사회적, 정치적인 목적이 있었다. 다마스쿠스와 카이로, 바그다드는 역사적으로 이런 점들을 잘 대변해 준다. 다마스쿠스는 헬레니즘 문명의 정착지로 성장한 고대 아람어의 도시로서, 처음에는 무슬림들의 지배를 받는 비잔틴 제국에 속했다. 이 도시는 사막과 서시리아의 비옥한 산 계곡들 사이에 자리하고 있어 매우 이상적인 지형 조건을 갖추고 있었다. 그래서 다마스쿠스는 주변의 오아시스 거주민과 북쪽과 서쪽의 높은 계곡에 사는 원주민, 유프라테스 강과 중앙아라비아 반도의 경계를 이루고 있는 사막 같은 곳에서 온 유목민을 받아들였다. 훗날 이슬람 이전 메카의 대상 지도자들은 정기적으로 다마스쿠스를 방문하는 전통을 확립했다. 이 도시는 비잔틴 제국 시대에는 경제적으로 큰 힘과 영향력을 가지고 있었다. 이슬람 정복자들은 가장 먼저 그리스도교 교회들이 많은 이 도시에다 무슬림 신앙을 위한 예배 장소를 설계했다.

칼리파 알 왈리드 1세(al-Walīd I) 통치 시기부터 시작된 이슬람 대사원의 건축은 7년간 지방세 모두를 쏟아부어 지었다고 알려졌다. 그뿐만 아니라 그는 수도관 시설과 시장들, 새로운 주변 도시의 건설 같은 부대 사업 계획들을 촉진시켰다. 이 도시는 749년과 750년 사이에 일어난 압바스 혁명에 따라 바그다드가 왕조의 수도로 건설되면서 정치적인 입지는 쇠퇴되었지만, 여전히 이슬람 교육의 중심지 역할을 톡톡히 하고 있었다. 또한 이 도시는 고품질의 비단 수제품과 모슬린(*평직으로 직조한 면직물), 물결 무늬를 새겨 넣은 유명한 대머신(damascene, *다마스쿠스의 금속 상감) 칼과 갑옷, 투구 등을 생산하는 산업 도시로 성장했다. 비잔틴 양식의 모자이크들과, 수많은 기둥이 늘어서 있는 예배실을 가진 대모스크는 예루살렘의 알 아크사 사원과 함께 무슬림 통치자들의 정치적 야망을 반영한 도시적 상징이 되었다.

카이로에는 이 같은 상징물이 없었다. 하지만 10세기 이래로 무슬림 세계에서 카이로는 어떤 다른 도시보다도 영향력이 컸다. 641년에 아므르('Amr)가 이끄는 아랍 침입자들이, 콥트 마을 근처에 군사 기지를 건설했다. 푸스타트로 알려진 이 도시는 북아프리카 도시들로 가는 길을 통제하는 역할을 했으며 홍해를 따라 수에즈와 아이드하브 항구로 가는 대상의 기착지 역할 또한 했다. 카이로의 힘이 실제로 팽창한 것은, 튀니지의 파티마 왕조가 이집트에 자신들의 정권을 수립한 때인

바자

도시의 중심에는 반드시 바자(*시장) 형성되어 있다. 이슬람 도시도 예외가 아니다. 아랍인과 개종한 무슬림들은 고대 사산인, 그리스인, 로마인으로부터 활동적이고 번영하는 도시의 전통을 물려받았고, 7세기부터 10세기까지 특별한 활력을 도시에 쏟아부었다. 아랍어로 수끄, 페르시아어로 까이사리야라고 불리는 바자는 무슬림 도시 발전의 필수적인 구성 요소가 되었다.

　　무슬림 시장의 가장 두드러지는 특징은, 바자가 주거 지역과 분리되어 있다는 점이다. 개인 주택은 부유하고 넓은 집이든지, 가난한 사람들이 사는 공동 주택 단지라든지 간에 주택은 외벽으로 둘러싸여 있었다. 이는 무엇보다 개인의 사생활을 중요시했기 때문이다.

　　이와는 대조적으로 많은 가게와 노점을 갖춘 수끄는 고객들과 물건 공급자들이 좀더 쉽게 접근할 수 있어야 했다. 그 결과 시장은 도로와 골목이 서로 촘촘하게 연결되어 있고 여름에는 따가운 햇살, 겨울에는 차가운 비로부터 가게를 보호하기 위해 진흙으로 된 돔의 천장으로 덮여 있었다.

　　각 거리는 어떤 특정한 상품의 거래와 품목에 따라 저마다 특성화되었다. 이렇게 해서 바스라, 다마스쿠스, 카이로, 바그다드의 수끄는 양념, 음식, 면과 견직물, 피혁 제품, 금속, 보석, 환전, 향수를 파는 구역을 갖추게 되었다.

　　가게들 뒤편──시장 오른쪽 모퉁이──에는 일반적으로 울타리가 쳐져 있는 마당이 있는데, 그 안에는 창고를 비롯해 대상이나 무역업자들의 임시 숙소로 쓰이는 건물이 자리하고 있다. 시장은, 무역업자들이 표준화된 치수를 사용하는지를 살피고, 상품의 질을 편법을 통해 떨어뜨리지 않도록 감시하는 관리에 의해 엄격하게 감독되었다.

　　기근 때에는 음식을 파는 사람과 곡물 상인들이, 소비자에게 불이익을 입히지 않도록 하기 위해 법규를 통해 가격을 일정하게 조절했다. 시장은 상품 거래뿐 아니라 만남의 장소 역할도 했다.

　　식당이나 레스토랑들이 늘 수끄 안에 자리하고 있었으며, 집 안에서 요리할 시간이나 시설이 없는 많은 사람

19세기 이스탄불에 있는 덮개가 씌워진 시장이다. 당시 그곳에는 모스크들과 분수, 창고뿐만 아니라 4,000개 이상의 상점, 2,000개의 작업장, 500개의 매점 등이 성황을 이루고 있었다. 중심가를 형성하고 있는 베데스텐의 역사는 오스만 제국에 의해 정복당했던 당시로 거슬러 올라간다. 이곳으로 들어가는 문들 중 한 곳에는 무서운 새가 새겨져 있다. 17세기 작가 에울리야 첼레비는 그 새의 의미를 다음과 같이 설명했다. "사고 파는 일은 한 마리의 야생 새와 같다. 만약 예의와 인사로 공손하게 길들여진다면 베데스텐에서도 그렇게 될 것이다."

들이 즐겨 찾곤 했다. 카이로에서 공동 취사에 종사하는 요리사의 수는 1만 2,000명으로 추정되었다. 커피와 담배가 발견되면서 카페는 16세기 이래로 시장에서 흔히 볼 수 있는 명소가 되었다.

완벽히 계획된 원형 도시 바그다드는 예외의 경우였다. 대부분의 무슬림 도시들은 공공 건물들과, 공간들이 다닥다닥 붙은 주택으로 둘러싸이게 하는 도시 계획을 세웠다. 이런 모습은 이란의 야즈드의 지붕 꼭대기 너머에서 잘 볼 수 있다. 이것은 좁고 휘어진 골목, 편편하고 높은 벽, 막다른 좁은 길을 가진 세계였다. 종종 이는 공통된 종교와 인종, 또는 직업적 유대에 의해 규정되는 구역으로 나누어졌다. 이런 구역들은 그 자체로 행정 단위가 될 수 있었으며 밤에는 굳게 닫아 걸을 수 있는 출입문까지 설치되어 있었다.

10세기 말엽부터였다.

푸스타트에 인접한 새로운 도시 알 카히라의 건설과, 훗날 종교의 중심지가 되는 알 아즈하르 사원 및 부설 마드라사의 건설은 중동에서 힘의 균형이 무너지고 있음을 알리는 신호가 되었다. 대양 무역의 중심이 페르시아 만에서 홍해 쪽으로 이동하면서 카이로와 알렉산드리아가 번영하게 되었고, 점점 몰려드는 상인들을 위해 수많은 숙박 시설들이 건설되었다.

14세기 초반에는 상업이 매우 발달한 덕분에 카이로의 항구 지역 불라크에는 몇백 개의 시장이 생겨나 성황을 이루었다. 1340년대에는 전국을 휩쓴 대규모 전염병 탓에 엄청나게 많은 사람들이 사망했다. 하지만 그 전까지 카이로의 인구는 질병이나 화재, 전쟁 등을 거치면서도 그다지 줄어들지 않았다.

이러한 재난은 '평화의 도시'라는 별칭을 가진 바그다드에서도 발생했다. 그러나 바그다드는 766년 알 만수르 왕에 의해 건설된 이래, 1258년 몽골의 침입으로 폐허가 될 때까지 500년 동안 유명한 원형 도시로서 이슬람의 정신적, 물질적인 상징이 되었다. 바그다드의 문화적, 정치적 위상은 확고했지만, 투르크족 용병들이 자주 소요를 일으키자 836년 칼리파 알 무으타심은 바그다드 북쪽에 사마라를 건설해 새로운 수도로 삼고자 했다. 결국 사마라는 889년까지 실질적인 수도 역할을

했지만 그 후 바그다드가 다시 행정 중심지가 되었다. 압바스 칼리파제의 힘은 바그다드의 문화적, 경제적 역량과 밀접하게 연결되어 있었다. 바그다드의 수많은 모스크와 마드라사들 주변에는 훌륭한 면직물과 금사를 생산하는 장인들이 모여 살았다. 도시와 교외에 있는 시장들과 상인의 상점은 북쪽의 알레포와 모술, 동쪽의 호라산, 지중해로부터 거대한 사막을 가로질러 오는 대상들에게 매우 필요한 상업 거점들이었다.

안달루시아에서 인도에 이르기까지 이슬람이 전파된 어느곳에서든지, 그곳의 도시들은 일반적으로 고유한 특징이 있었다. 다마스쿠스, 카이로, 바그다드의 주택들은 햇볕에 말린 벽돌로 세워진 탓에 외형이 부스러지기 쉬웠다. 외국인 방문객들에게는 도시가 항상 낡은 것처럼 보였다.

가마에서 구워 만든 벽돌과 다듬은 석재를 이용해 건설된 모스크와 궁전, 성곽, 도시의 담벽 등은 예술적인 아름다움을 영구히 유지할 수 있었다. 그러나 예멘과 이란 지역의 부유한 도시의 집들은 단단한 돌로 건축되었다. 거친 환경이나 기후 조건에 맞추어 선별한 재료로 지어진 건물에서 무슬림의 건축가들과 건물 건설업자들의 기술을 엿볼 수 있다. 건물에 쓰인 기하학적인 선과 예술적 모티프는 하얀

무슬림 세계가 열린 초기 몇 세기 동안, 농업 기술이 발달되고 쌀과 면화에서 사탕수수, 감귤류에 이르기까지 새로운 작물들이 보급되었다. 아랍어로 된 프세우도 갈레노스(Pseudo Galenos)의 『해독의 서(Book of Antidos)』 좌측 상단에서는 노동자들이 점심 식사가 오자 즐거워하는 모습과 파종, 추수, 타작, 키질하는 풍경을 엿볼 수 있다.

회반죽에서 창조되었고, 화려하게 채색된 목재로 꾸며진 천장 내부는 모스크 입구에 새겨 넣은 『꾸란』 문장처럼 명백하고 섬세하게 표현되었다. 공공 건물들은 신중한 도시 계획을 통해 세워졌지만, 나머지 건축물들은 거의 무계획적으로 지어졌다. 그러나 옛 바그다드의 원형 도시 내부만은 그렇지 않았다. 대부분의 다른 이슬람 도시들은 아주 좁은 공간과 기다란 구조물 때문에 구불구불한 골목이 많다는 특징을 가지고 있었다. 가게가 줄지어 있는 주 도로들은 여름의 맹렬한 더위와 겨울의 비를 피하기 위해 보호대로 덮여 있었다. 요새처럼 지어진 궁전과 금요 예배를 드리는 모스크 앞의 노천 광장은 공공 오락이나 순례, 그리고 마술(馬術) 시위에 이용되었다. 이는 밀집되고 딱딱한 도시의 전경을 다소나마 정겹게 해 주었다.

사회적 환경도 고유한 특색이 있었다. 기술자들의 작업장이나 모임 장소 같은 건물들은 시장이나 금요 예배를 드리는 모스크 주위에 집중되어 있었다. 노동자들은 대부분 다양한 모임을 가졌다. 장인들과 귀금속 세공인, 제화공, 캐비닛 제조업자, 목수, 제지업자, 제본업자, 서예가, 출판업자, 제빵공, 도축업자, 제혁업자 등은 장기간에 걸친 견습 생활과 내부 규약에 따라 서열이 엄격히 이루어져 있었다. 장인 조합(길드)은 구성원들의 경제적 이익을 보호하고자 노력했던 반면에, 도시의 시장들은 공권력의 통제를 받았다. 도시의 행정 책임자나 치안 책임자, 재판관들이 중앙 정부의 공권력을 대표하기는 했지만, 시장을 감독하는 관리도 따로 있어 소비자를 속이고 부당 이득을 챙기는 상인들을 감시했다. 이슬람 도시들의 초기 형성기부터 오늘날에 이르기까지 오랜 역사를 살펴보면 주기적인 사회적 혼란이나 기근, 그 밖의 여러 재난들도 도시의 경제적인 기반이나 조직을 근본적으로 변화시키지는 못했음을 알 수 있다.

농촌 경제

이슬람 도시가 부유해진 것은 농민들이나 유목민들 덕분이기도 했다. 농민은 종종 탐욕스러운 세무 관리들과 유목민 우두머리들 모두에게 달갑지 않은 대상이었다. 하지만 여전히 도시들은 이들이 공급하는 밀, 보리, 수수, 사탕수수, 식용유, 원예 작물, 대추야자, 유제품과 가축에 의존해야 했다. 면, 양모, 염색 재료, 가죽과 외피, 목재, 땔감, 원료, 유리 가공용 모래, 그리고 공업용 원료의 대부분은 전문화된 생산자들과 상인들, 유목 부족만을 통해 도시에 공급되었다.

소작농들은 정치적으로 억압을 받았지만 도시와 농촌간의 교역은 시장 거래나 농민과 상인간의 자발적인 계약을 통해 자유롭게 이루어졌다. 농민은 교역을 통해서 가족들의 부양과 재산 증식에 필요한 수입을 충분히 확보했다. 인도양이나 지중해 지역의 농업과 마찬가지로 중동의 노동력도 농가 규모에 의존했다.

오랜 정착 농경의 경험으로 이룩된 농업 관련 지식들은 크고 작은 규모의 토지를 효과적으로 이용하고 동물을 이용해 쟁기질을 하고 비료를 사용하거나 관개 시설 등을 효율적으로 이루는 데 밑거름이 되었다. 메소포타미아, 이집트, 시리아 일부 지역, 이란 등의 농경 기술은 무함마드 이전 몇천 년에 걸쳐 발전해 왔다. 이들 지역이 '비옥하다'는 명성은 무슬림 침입자들도 익히 알고 있었다. 일부 부족의 지도자들은 정복왕이나 다름없었던 칼리파 우마르에게, 점령한 토지를 아랍인들에게 재분배해야 한다고 제안했다. 그러나 무슬림 국가들이 광대한 탓도 있지만 무엇보다 실소유주들과 경작자들이 따로따로 구분되어 있었기 때문에 그 제안은 거부되었다. 따라서 초기 아랍의 토지에 대한 과세와 관리는 여전히 사산, 비잔틴, 콥트 체제에 근거하고 있었다.

중동의 중앙 정부와 개인 지주의 수입은 대부분 경작지에서 나온 잉여금에서 산출되었다. 그리고 연간 작물 생산고와 농민에게 부과할 지대나 세금 계산을 위한 효율적인 관리 체계가 지속적으로 개발되었다. 잉여 농산물의 가치는 현금으로 매겨지거나 물납 지대로 내게 되는 양식 곡물의 비율로 측정되었다. 농촌의 특용 작물이나 수요에 따라 발생한 농산물의 거래는 시장에서 현금 거래로 이루어졌다. 이런 형태는 메소포타미아 농업 경제의 매우 효율적인 사례를 보여 주고 있다.

이라크 정복 후 우마르의 관료는 현장 조사를 통해 토지와 작물의 등급을 세분화했다. 유프라테스 강물을 이용한 관개 시설이 있는 지역에는 밀이 촘촘하게 심어졌는데 자리브(jarib)마다 1.3디르함(화폐 단위)의 가치가 매겨졌다. 반면에 듬성듬성한 밀밭은 단지 0.6디르함의 평가를 받았다. 평균적인 생산은 1디르함을 받았다. 정원에 심어진 귀중한 환금 작물에는 높은 가격이 매겨졌다. 대규모 대추야자 재배 농장은 자리브마다 10디르함의 비율로 과세되었는데, 이는 대추야자가 상업 작물 중 가장 귀중하게 여겨졌기 때문이다.

다양한 농경 문화

또 다른 이슬람 문명 지역인 이집트와 예멘, 이란에서 사용된 농경 서적에 따르면, 곡물과 사탕수수, 면화, 유량 종자, 채소, 과일 등은 단지 자급자족의 수준에 그치지 않고, 경쟁 시장에서 가격 변동을 감안한 잉여 농산물까지 포함돼서 재배되었다고 한다. 7세기에서 18세기에 이르기까지 아랍이 북아프리카와 스페인, 시칠리아 섬, 이란, 인도로 세력을 확장하고 군사적인 정복으로 시장이 확대되었다. 또 아랍인들은 그 지역에 아랍어와 법 제도뿐 아니라 작물과 농업 기술도 보급시켰다.

사탕수수, 오렌지, 가지, 멜론, 다양한 품종의 벼 종자가 인도와 동남아시아에서 중동의 새로운 경작지로 전파되었고, 나중에는 북아프리카와 스페인에까지 알려지게 되었다. 튀니지와 모로코의 카스바(*아랍인 거주 지역) 경제는 사실상 대추야자 플랜테이션과, 야채와 과일 재배를 결합한 이슬람 경제 체제의 연장선상에 있었다.

당시 북아프리카는 밀, 보리, 올리브유의 주산지였다. 아랍에게 정복당한 후 농업은 좀더 복합적인 성격을 띠었다. 아랍과 베르베르족의 경제력과 유목을 위해 계절마다 이동하는 목축에 주로 의존하게 된 것이다. 사하라 사막 부근 계곡의 대추야자 플랜테이션은 아프리카에서 온 노예가 경작했다.

시리아 오론테스의 하마에 있는 물레방아. 이러한 물레방아는 로마 시대부터 나타났는데 이란에서부터 스페인에 이르는 지역에서 볼 수 있었다. 수력 기술을 지배하고 물을 관리하면서 무슬림들은 새로운 땅을 경작할 수 있었다.

관개

초기 무슬림 세계에 작물이 널리 재배되고 농경 혁신이 일어나게 된 주요 원인은 관개 시설의 발달과 더불어, 다른 작물을 재배하는 기술과 연계된 양수 기술 덕분이었다. 북부 인도와 메소포타미아, 이집트 계곡에서의 집약 농업으로 연간 재배되는 작물의 파종 시기가 통일되었다. 밀, 보리, 다양한 콩류, 유량 종자 등 겨울 작물을 먼저 재배한 후에 쌀, 수수, 옥수수(아메리카의 발견 후 들여옴), 면화, 사탕수수, 쪽(인디고), 가지, 피망, 멜론과 같은 여름 작물을 재배했다. 기후 조건이 좋으면 여름 작물을 추수하고 겨울 작물을 파종하기에 앞서 제3의 곡물인 벼와 채소를 재배

했다. 여름 작물과 겨울 작물 재배가 모두 성공을 거두려면 용수를 철저히 관리해야 했다.

6월과 9월 사이에 충분한 강수량을 확보하고 있는 동남 계절풍 지대인 인도의 일부 지역과 예멘은 여름 작물 재배에는 그다지 큰 문제가 없었다. 하지만 이러한 계절풍의 영향을 받는 아시아의 건조 지역은 겨울 작물을 재배하기에는 강수량이 턱없이 부족했다. 건조 작물인 밀과 보리는 쌀이나 사탕수수에 비해 적은 노동력으로도 대량 재배가 가능했다. 이때 적절한 시기에 물을 공급하는 것이 무엇보다 중요한 일이었다. 겨울에 비가 거의 내리지 않는 지역에서는 우물이나 저수지, 수로를 만들어 산악 지대의 자연 대수층에서 끌어온 물로 농사를 지었다.

따라서 가장 필수적인 사업은 우물, 저수지, 수로 시설을 건설하는 것이었다. 서아시아와 지중해는 인도양과 정반대의 어려움을 겪었다. 이들 지역은 가을과 겨울에는 강수량이 충분했지만 여름에는 매우 건조하고 무더웠다. 북아프리카, 스페인, 시칠리아에서 여름 작물을 성공적으로 재배하기 위해서는 충분한 물을 공급할 수 있는 관개 사업이 필수적이었다.

이란의 타바스에서 까나트를 수리하고 있다. 까나트는 이란과 북아프리카, 스페인에서 사용하는 관개 기술이다. 사람들은 까나트를 따라 필요한 지역으로 물을 공급했다. 물의 이동 경로는 위의 그림에 나타난 수직 샤프트에 의해 결정된다. 이 그림에서는 수직 샤프트에 의해 형성된 흙무덤들이 보인다.

수력 기술

유프라테스 강, 티그리스 강, 인더스 강, 나일 강의 물을 이용하는 기술을 습득한 아랍인들은 사막에 있는 기존 와디[wadi, *반건조 지역 또는 사막에서 볼 수 있는 물이 말라 버린 하도(河道)]의 관개에 바탕을 두고 그들 나름대로 독자적 기술을 발전시켜 나갔다. 새로 정복된 지중해 지역에 아랍인이 인공 관개 사업을 실시함으로써 농업 생산성이 떨어지거나 이모작이 불가능하던 지역에 획기적인 발전을 가져왔다. 양식 작물이나 상업 작물 재배의 핵심적인 문제는 계절 용수를 공급하고 보존하며 배분하는 일이었다. 한 지면 수준에서 다른 지면 수준으로 물을 끌어올리는 장치와 밭에 물을 직접 공급할 수 있는 수로가 필요했다. 도르래, 차동 기어, 캔틸레버(외팔보) 등이 집약 농업의 여러 방법들과 함께 발달했다. 동시에 토목 공학은 돌쌓기 및 석조 기술을 개발시켜 유속과 유량을 통제할 수준에까지 올라섰다. 부족한 수자원의 분배와 관련된 사회적 권리 체계는 서유럽에서와 마찬가지로 사하라 남부 아프리카에서도 아직 형성되지 못한 소유권의 주체 문제를 두고 복잡하게 얽혀 있었다. 왜냐하면 경작지의 가치는 비옥한 정도뿐만 아니라 가용한 수자원이 얼마나 가까이 있는지에 따라 평가되었기 때문이다. 관습법에서는 곡물의 종자가 뿌려져 있거나 대추야자를 심은 소구획의 경작지에 대해 일정한 허용 수량을 규정하고 있었다. 송수관 파이프에 달린 밸브가 대추야자 재배지에 드리워지는 나무 그림자 길이에 따라 개폐되거나, 야자잎 줄기로 만든 표시 장치 측정 막대가 물이 흐르는 것을 제어하는 물관 속에 삽입되었다.

벽돌 건축이나 돌로 된 우물은 지하 수면이 낮은 지역에서는 45미터나 파 내려가야 하는 것을 제외하면 큰 문제가 없었다. 그러나 그렇게 깊은 우물에서 물을 끌어올리는 일은 인간은 물론 가축에게도 지나친 노동량을 요구하는 것이었다.

인도에서는 특별히 힘이 센 소를 선별해서 수원이 있는 경사로에서 사육했다. 소들은 밭까지 연결된 석조 수로에서 가죽으로 된 큰 양동이에 물을 담아 저수 탱크로 날랐다. 중부 아라비아의 비옥한 오아시스 지대와 유프라테스 강 주변의 사막, 그리고 대추야자, 석류, 야채, 레몬, 오렌지 등을 생산하는 요새화된 마을들에서는 소 대신 낙타를 이용해 우물에서 물을 끌어올렸다. 수위가 그리 높지 않으면, 이슬람 세계의 가장 유명하고 대표적 수력 장치인 노리아(noria), 즉 물레방아를 견인용 동물로 하여금 끌게 했다. 물레방아에는 기어 전동(傳動) 장치에 의해 작동하는 두 개의 인공 바퀴가 달려 있었다. 토기 단지들을 달고 있는 큰 바퀴는 수직으로 물 쪽으로 내려가고 그것의 톱니바퀴가 낙타, 당나귀, 소에 의해 회전되는 작은 바퀴의 톱니와 맞물려 돌아간다. 큰 바퀴가 회전하면 저절로 단지에 물이 채워지고, 그 다음에는 단지의 물이 수조로 쏟아지게 되어 있었다.

큰 물레방아는 유속이 빠른 하천이나 강에서도 사용되었다. 북부 시리아의 오론테스 계곡에서는 직경 9미터 이상의 바퀴를 지닌 거대한 물레방아가 오늘날까지도 이용되고 있다. 그러나 이미 1세기에 마르쿠스 비트루비우스 폴리오(Marcus Vitruvius Pollio)가 밝혔듯이, 이와 비슷한 바퀴가 로마 시대에도 사용되었다. 유프라테스 강과 티그리스 강, 나일 강에서 사용된 장치는, 거대한 바퀴들의 홈이 파인 테두리가 물의 흐름에 따라 회전하게끔 되어 있었다. 그 기술은 이들 세 강의 자연적 특성 — 수위의 계절적 변동과 유속 — 을 효과적으로 활용한 것이었다.

티그리스 강과 나일 강은 해마다 홍수가 극심했던 까닭에 농경 기술자들은 무

함마드 시대보다도 거의 1,000여 년 전부터 그들의 잠재력을 깨닫고 있었다. 그들은 강에서 멀리 떨어진 지역으로 관개 용수를 보내기 위해 보조 운하 등을 정교하게 만들었다. 압바스 왕조 때 개발된 유명한 나하르완 운하는 사마라 근처의 티그리스 강에서 물을 끌어왔고, 불모지를 드넓은 충적 평야로 경작할 수 있도록 좀더 작은 운하들을 연결시켰다.

푸스타트와 카이로 사이 작은 섬의 봄철 강 수위는 그 유명한 나일로미터(나일 강의 수위계)로 측정되었다. 강 수위가 16아름(arm)일 때 농민들은 밭에 파종할 수량을 정하고 쟁기질을 할 수 있었다. 20아름 정도면 경작 기간 외에도 토지에 수분이 가득했던 것으로 추정된다. 16아름 미만의 수량은 정상적으로 추수하기에는 부족했던 것이다. 홍수가 범람하는 기간 동안에는 날마다 나일로미터의 수위를 기록해 히자즈와 중동 대부분의 곡창 지대에 피해가 가지 않도록 대비책을 마련하기도 했다. 이는 결과적으로 카이로 시장에서 이집트 경제를 미리 전망하는 일을 한 셈이었다.

비록 메소포타미아나 나일 강 유역이 홍수의 위험과 가뭄에서 완전히 자유로

아이트 하디도로 불리는 베르베르족 유목민들이 모로코 북부 아틀라스 산맥의 이밀레히 시장에 양을 몰고 왔다.

이 그림은 1913년 바그다드
철도의 확장 계획을 보여
주고 있다. 영국과 독일은
오스만 제국 지역의 철도
건설에 많은 돈을 투자했다.
1888년 비엔나·이스탄불
철도가 완공되면서
투자가들은 특히 유럽의
수도에 흥미를 가졌다.
1899년과 1909년 사이에
오스만 제국에서 운영되었던
철도 회사들은 수도에서
연간 수입의 5퍼센트를
얻었다.

워진 것은 아니지만, 그 지역의 농업은 이란의 대부분 지역과 오만의 몇몇 지역, 아 프가니스탄, 사하라 외곽의 북아프리카에 비하면 한결 나은 여건이었다. 이 지역은 산악 지방에 있는 천연 저수지에 건설한 지하 수로를 연결함으로써 물을 관리했다. 이 천연 대수층(*지하수를 함유한 다공질 삼투성 지층)에서 구운 점토 도관들을 이어 터널들을 만들었고 그 터널을, 우물을 담은 통풍구와 연결시켰다.

이란과 북아프리카 일부 지역에는 지하 수로가 64킬로미터 이상 뻗어 있었다. 기술자들이 해결해야 할 과제는 물의 낙하와 유속의 세기를 정확히 가늠하는 일이 었다. 그들은 유리로 만든 측정 튜브를 이용해 이 문제를 해결했다.

관개 제도와 기술로 많은 도시와 농촌에서 대추야자 플랜테이션을 비롯한 농

업의 발전이 촉진되었으며 산업과 상업 중심지들이 충실하게 뒷받침되었다.

유목 중심주의

비옥한 오아시스에 사는 주민들은 높은 농업 생산성 때문에 사막 주변이나 외진 곳에 사는 전투적인 유목민들에게 끊임없는 시달림을 받아야만 했다. 유목 경제를 발전시킨 건조지의 생태학적 요소로 다음과 같이 두 가지 특징을 들 수 있다.

첫째, 곡물 생산과 관개 농업은 가축의 낙농품, 양모, 가죽 외에도 가축이 가진 견인력을 필요로 했다. 둘째, 강수량이 낮은 기후에서는 정착 농업뿐만 아니라 가축 사육도 불가능했다. 그렇지만 비가 오는 겨울과 봄철에도 영양분이 있는 풀과 식물이 무성했으므로, 경작은 가능하지 않더라도 목축에는 그리 큰 문제가 없었다. 목축업은 선사 시대 이래로 정착 농업과 함께 유라시아의 스텝 지역과 중동의 사막 지대, 북아프리카에서 발달되었다. 사막 지역에 사는 아랍인들이 이슬람 역사에 끼

1869년 수에즈 운하 개통 당시 배의 행렬. 수에즈 운하가 개통되면서 무슬림 세계에 대한 유럽의 경제적 압력이 증대되었다. 따라서 1956년 영국과 이집트가 수에즈 운하의 통제권을 놓고 전쟁을 벌인 것은 어쩌면 당연한 결과라고 할 수 있다. 영국은 수에즈 운하를 동쪽으로 나아가는 경제적, 정치적 이익의 교두보로 보았고, 이집트는 이를 식민 지배의 상징으로 여겼다.

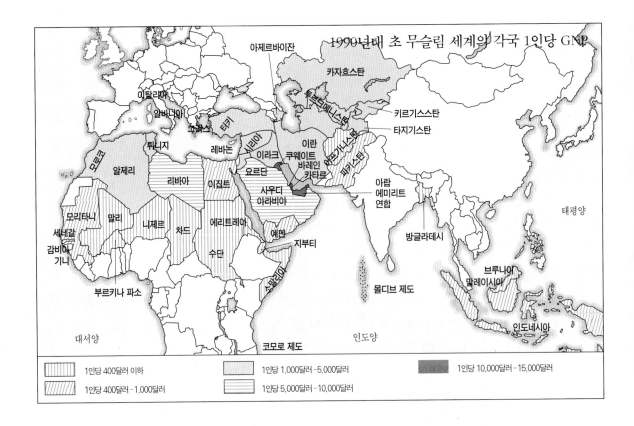

친 영향을 감안한다면, 유목 중심주의는 많은 사회 불안을 가져왔지만 이 또한 중요한 역할을 차지한 것이었다. 유목민의 경제적 기여가 정착민의 복지에 필수적이었다. 하지만 중앙 정부는 유목민의 군사 시설 구축에 대해서는 매우 경계했다. 중앙 집권 체제의 제국이 강력했을 때는 주변의 호전적인 유목 부족을 포용하거나 그들의 세력을 일정한 지역 내에 한정시킬 수 있었다. 하지만 제국이 정치적으로나 군사적으로 쇠약할 때는 유목민의 공격에 무력할 수밖에 없었다. 사막 주변의 마을과 대추야자 재배 농장은 평화로운 시기에도 보호받지 못했고, 거주민들은 보호라는 명목하에 힘 있는 부족에게 주기적으로 농작물 등을 바쳐야 했다.

이슬람에 관련된 목축 경제와 사회는 몇 세기에 걸쳐 발달해 오는 동안 매우 다양한 형태를 띠었다. 예언자 무함마드의 부족인 꾸라이쉬족은 메카에 튼튼한 기반을 두고, 사막을 가로질러 지중해 항구까지 대상 무역이 확장시키는 데 기여했다. 그러나 이슬람의 확장 시기에 꾸라이쉬족의 후계자들이 택한 정치적, 군사적 방법은 주로 베두인족의 성격을 띠고 있었다.

부족 내부의 정치적, 경제적 역학 관계는——이동 계획, 식수의 확보, 관개 시설을 갖춘 오아시스 지역 주민의 협약에 의해 구분지어진——사막에서 목초지 방목권 체계와 밀접한 관련이 있다. 군사력과 기마 전투 능력은 경제적 산물의 분배를 최종적으로 결정짓는 잣대가 되었다. 이러한 정기적인 습격은 부족 전사의 전투와 매복 공격 기술을 시험하는 장이 되었다. 습격의 성공 여부는 보상으로 주어지는 낙타의 수와 품종으로 가늠할 수 있었다. 사막 내부에 사는 베두인족이 사육한 순종 낙타는 순종 아랍 말과 동등하게 평가받았다. 이러한 낙타나 말들은 상업적으로 거래된 경우는 드물었고, 주로 습격에 성공한 자들에게 내려지거나 혹은 소유주들간의 상호 선물용으로 쓰였다. 그러나 아랍, 터키, 베르베르 지역의 유목민에 의해 대량 사육된 낙타와 말, 당나귀, 양들은 각종 가축의 범주에 포함되어 농민과 직업적인 운송인, 도시민들에게 현금을 받고 팔려 나갔다.

해마다 주요 부족 연맹은 직물과 곡물, 커피, 설탕, 차, 도구, 무기 등을 보충 구입하기 위해 사막을 가로질러 다마스쿠스나 쿠파, 바그다드, 오만의 도시를 방문했다. 모로코 북부 아틀라스의 산악 지대에서 아나톨리아, 자그로스, 아프가니스탄의 파미르에 이르기까지 여름과 겨울 목축을 주기로 가축 이동이 이루어졌다. 유목민의 사회 구성은 늘 유동적이었다. 19세기에서 20세기에 걸쳐 루왈라나 샴마르 같은 거대한 베두인 부족 연맹은 다른 혈통을 가진 여러 부족들로 구성되었다.

이란의 바흐티아리와 까슈까이족은 아랍어, 페르시아어, 터키어를 구사하는 집단을 거느리고 있었다. 양떼와 소떼를 몰고 이동하는 생활 방식은 집단의 결속을 강화시킬 수 있는 사회적 접착제 역할을 했다. 전쟁과 자연 재해, 가축 전염병은 유목 공동체 전역에 재앙을 몰고 왔으며, 결국 농업 노동력을 극도로 감소시키는 결과로 이어지기도 했다. 대체로 자유로운 유목민은 농민에 비해 훨씬 부유했다. 가축의 현금 가치는 매우 높았으며 고정적인 세금과 지대가 없었던 유목민이 농민보다 훨씬 부러움을 사는 지위에 있었다.

근대적 발달과 석유의 영향

16세기와 17세기에 걸쳐 유럽인이 인도양에 들어옴으로써 대양간 교역 구조가 급격히 변모했다. 아라비아 해에서 영국 해군이 주도권을 장악한 이래로 몇 세기 동안 영국은 인도에 식민 제국을 건설했다. 그로 인해 살라딘 이후 수에즈의 동쪽까지 뻗쳐 있던 이슬람의 정치력은 물론, 경제적 자립에도 심각한 타격을 입었다. 수에즈 운하는 1869년 이후 고대 무역 통로를 다시 열어 가려는 목적으로 건설되었다. 그러나 영국은 아덴을 비롯해 이집트를 점령한 데 이어 사실상 페르시아 만 연안의 아랍 국가들도 지배했다. 이로써 서구의 경제가 무슬림 세계를 지배할 수 있는 토대가 마련되었으며, 오늘날까지 혁명적인 변화와 격동의 세월을 거쳐 오게 된 것이다. 이란과 이라크, 걸프만 연안의 국가들, 그리고 1920년대와 1930년대 북부 아프리카 일부에서 석유가 발견된 일은 지역 경제를 활성화시킬 수 있는 또 다른 원동력이 되었고, 1960년대와 1970년대의 폭넓은 경제적 번영을 이끌었다. 오늘날 중동에 있는 많은 무슬림들은 수준 높은 생활을 향유하고 있으며, 역사상 유례를 찾기 힘든 번영을 누리고 있다. 경제적인 부가 석유 소비자에게서 석유 생산 국가들로 이동하면서, 이란, 이라크, 사우디아라비아, 쿠웨이트, 아랍 에미리트 연합 등과 같은 나라는 국민들의 삶의 질적 향상은 물론, 경제와 사회 구조 전반을 재정비할 수 있는 기회를 맞이했다.

제2차 세계 대전 이후 오일 붐에 의해 발생한 변화와 사회적 요구는 나라마다 각기 다른 양상을 낳았다. 그러나 모두가 공통적으로 느낀 것은 경제적 근대화가 전통적 사회 행동 양식의 변화를 가져온다는 깨달음이었다. 종교적으로나 사회적으로나 이슬람의 역할이 재해석되어야 한다는 견해가 지배적이었다. 부의 증가에 따라 발생한 문제들을 조정해야만 하는 이슬람 산유국과는 반대로, 파키스탄, 방글라데시, 인도네시아, 이집트, 튀니지, 모로코 등과 같은 이슬람 국가들은 급격한 인구 팽창과 더딘 과학 기술의 진보 때문에 역경에 처해 있었다. 그들에게는 무엇보다 사회 빈곤을 극복하는 일이 급선무였다.

유럽을 따라잡지 못한 무슬림 경제

비록 이 가설을 구체화하는 데 정확한 통계학상의 자료는 부족하지만, 1500년에서 1800년에 걸친 세월은 쇠퇴와 침체의 시대라고 할 수 있다. 그 이유는 급속한 과학 기술의 진보에 의해 성장한 서구 경제를 따라잡지 못한 인도와 중국, 그리고 무슬림 국가들의 무능력에서 찾을 수 있다.

1550년대까지 아랍 국가들은 대부분 직접적으로나 간접적으로나 콘스탄티노플과 아나톨리아를 중심으로 한 오스만 제국의 정치적 통제를 받고 있었다. 오스만인들에 의해 세워진 행정 조직이 제1차 세계 대전 때까지 아랍 지역을 본래대로 통치하긴 했으나, 이집트는 사실상 1920년대에 독립국이 되었고, 이라크는 손에 잡힐 듯 잡히지 않는 나라임이 입증되었다. 물론 이란은 오스만 제국의 영향권 밖에 있었고, 점차로 북아프리카는 정치, 경제에서 모두 유럽의 지배권 안에 놓이게 되었다. 북아프리카 지역을 택했던 유럽 국민, 주로 프랑스인과 이탈리아인들이 이주 또는 정착하면서, 서구 자본이 나머지 중동 지역으로도 유입되어 근대 은행 업무 체제와 금융 제도를 선보였으며, 선로를 건설하고 산업을 성장시켰다. 따라서 1800년에서 1914년까지 경제 성장을 위한 자극은 거의 대부분 외부의 압력에서 비롯된 것이었다.

뒤얽힌 인구와 경제

반복되는 천재지변과 파괴적인 전쟁이 불러 온 재난을 겪고 몇 세기가 지난 19세기와 20세기에 이르러 비로소 중동의 인구가 증가하기 시작했다. 중동의 순조로운 경제 상황을 이슬람 이전 시대의 인구 밀도와 비교하는 것만큼 정확한 것은 없다. 2세기에 중동에는 약 4,000만 명에서 4,500만 명, 즉 전 세계 인구 5분의 1의 주민이 있었던 것으로 추정된다. 1346년에서 1348년 사이에 있었던 끔찍한 전염병과 뒤이은 폭동들로 인해 인구가 약 3분의 1로 감소했고, 1830년쯤에 북아프리카와 중동의 전 인구는 아마도 3,500만 명을 넘지 못한 것으로 추정된다. 1914년까지 6,800만 명으로 증가한 인구는, 1930년에는 총 7,900만 명으로 세계 인구의 4퍼센트를 조금 넘는 수준이었다. 이 지역의 인구 성장률은 지역에 따라 일정하지 않았다. 이집트에서는 경작지가 증가함으로써 노동의 수요도 늘어났다. 1870년 이후 북아프리카에서도 농업의 발전과 함께 인구 팽창이 지속되었다. 유럽 경제의 산업화의 결과로 중동의 상업적 농작물들의 대외적 수요가 19세기 내내 증가했다. 이 기간 동안 농업 생산량이 높아질 수 있었던 것은 인구 통계학상·재정상의 중앙 집권화, 통화의 근대화와 같은 국내 활동과 수출 수요 덕분이었다.

　　중동의 인구 증가와 대외 무역의 발전은 괄목할 만했지만, 기계화된 유럽의 상품과 도저히 경쟁할 수 없었던 전통 산업은 쇠퇴할 수밖에 없었다. 이와 유사하게 영국령인 인도에서도 손으로 짜는 면방직이 19세기 전반까지 쇠퇴의 길을 걸어야 했다. 세계에서 손꼽히는 산업 국가들 가운데 하나였던 인도는 주로 농산물과 천연 자원을 수출하는 국가로 전락하게 되었다.

　　이집트의 일부와 시리아, 이라크의 곡물 경제에서는 농업의 확장과 증대, 발전을 위해 노동력을 집약시킴과 동시에 경작 가능한 새로운 토지 개발을 위해 과학 기술을 도입했다. 부유한 지주와 유복한 농민들에게는 농경 기술과 개혁에 필요한 재정적 경비가 별 부담이 되지 않았다. 그러나 또 다른 지역에서는 감귤류의 과일, 비단, 담배, 유지 작물 종자와 같이 농업 생산성의 증대와 성장을 꾀해야 했으므로 진보된 기술과 관개 부분에 대한 상당한 투자가 필요했다.

전통과 변화

전통적인 경제 체제는 소작농과 수공업, 유목을 통한 가축 사육, 그리고 훗날 중동의 도시화된 시장을 바탕으로 형성되었다. 대외적인 경제 변화는 수출과 수입의 규모와 구도에서 계속 신장되고 발전했을 뿐만 아니라, 또 다른 사회 집단에 의한 무역의 관리와 통제에도 영향을 주었다. 오스만 제국의 해군이 동부 지중해를 지배하는 것에 서구가 반대했던 탓에 16세기와 17세기에 서구와 무슬림간의 무역은 급격히 감소했다. 그러나 같은 때에 예멘의 커피와 이란의 카스피 해 지역에서 생산되는 비단실은 중동 경제에 새로운 활력소가 되었다. 그리고 홍해와 페르시아 만을 통해 보급된 미국의 은제품은 300여 년에 걸쳐 아시아의 나머지 지역에 재정적 유동성을 가져다 주었다. 중동의 주요 수출 시장은 인도와 동남아시아, 그리고 중국이었다.

그러나 18세기는 유럽 상인들이 레반트(*동부 지중해 연안 지역)에서 무역을 새롭게 활동한 시기였다. 전통적인 건포도 수입은 가공하지 않은 상태의 비단, 양모, 옷감, 피혁, 짐승의 생가죽 수입과 함께 더욱 증가했다. 유럽의 유리, 도자기, 모직물, 그리고 금속 제품들의 수출은 이집트와 시리아, 홍해에서 주로 이루어졌다.

20세기 초까지 서구 산업 국가와의 무역에서는 메소포타미아의 일부와 이란, 아프가니스탄, 인도가 가치 있고 중요한 시장으로 손꼽혔다. 하지만 중동도 선도 지역으로 부상했다. 새로운 교역이 확장됨으로써 대상로에 위치한 옛 도시들을 제치고 근해 도시들이 이익을 창출하게 되었다.

시미르나(이즈미르), 베이루트, 알렉산드리아, 바스라가 부르사, 알레포, 바그다드, 이스파한을 능가하는 새로운 경제 지역으로 등장했다. 유럽인과 미국인, 유대교인 상인들은 수에즈 운하의 건설과, 바그다드와 히자즈를 잇는 선로 건설 같은 대규모 사업들을 유치하는 데 제반 비용을 지원해 주었던 서구 은행가들의 활동을 뒷받침해 주었다.

석유

1920년대부터 이란과 이라크를 비롯해 북아프리카와 페르시아 만에서도 석유의 발견과 개발이 이루어졌는데 이 석유 개발로 인해 유럽인 사업체들의 중동 경제에 대한 간섭이 한층 심화되었다. 석유 탐사와 발굴 사업의 골격은 영국, 미국, 그리고 프랑스의 공동 주식회사에 의해 짜여졌고, 사업은 예기(豫期)되는 유전 지대에 대한 영토권을 가진 국가로부터 획득한 상업적이고 정치적인 특허 제도를 바탕으로 추진되었다.

이러한 특허권은 일반적으로 1960년에서 1970년까지, 이란, 이라크, 사우디아라비아의 방대한 지역과 쿠웨이트, 바레인, 카타르, 무스카트, 오만의 모든 영토에서 행사되었다. 사업권을 승인받은 보답으로 석유 회사는 주인국 정부에게 특허권 사용료와 세금을 지불하고, 유전 지대에 살고 있는 사람들을 고용하며, 석유 산출물을 내수 시장에는 국제 가격보다 싸게 공급해야 했다.

하지만 이러한 협정은 탐사에 드는 저비용과 전문적 작업 덕분에 외국 회사에게 아주 유리한 조건이었다. 이 협정은 1950년대에서 1960년대에 이르기까지 지속되었다. 중동의 석유 생산 경제는 무슬림 국가들이 서구 국가들——특히 영국, 프랑스, 미국——과 갖는 정치적인 의존도와 연관이 있었다.

따라서 제2차 세계 대전 후 외국 석유 회사들의 입지를 변화시키기 위해 생산자들은 중동 전체 국가와 그 밖의 국가간의 힘의 균형을 이루는 데 앞장섰다. 중동 원유가의 이점은 석탄을 버리고 석유를 선호한 산업 연료 소비의 기술적 변화에 상응한다. 석유 산출물에 대한 국제적 요구가 증가할수록 전 세계 석유의 50퍼센트를 넘게 보유한 아랍과 이란 지역의 경제적 우위도 높아졌다.

변화하는 정세를 처음으로 이용한 것은 이란이었다. 이란은 1951년에 영국과 정치적 위기에 이르게 했던 거대한 아바단 유전 지대를 국영화했다. 10년 안에 중동에서 운영되던 외국 석유 회사들은 대부분의 석유 순수입을 산유국 정부와 함께 공동으로 나누도록 강요당했다.

1961년 석유수출국기구(OPEC)가 설립되었고 1973년 아랍·이스라엘 전쟁 이후, 석유 소비국에서 생산자에게로 대규모의 구매력 양도가 일어났다. 사우디아라비아, 걸프만 연안 국가들(쿠웨이트, 아부다비와 두바이, 바레인, 그리고 오만까지도 포함하는 아랍 에미리트 연합)과 알제리같이 아랍어를 사용하는 국가들에게 천연 자원의 양도는 더 나은 주택 공급, 교육 시설, 의료 시설, 그리고 공공 시설 보급을 의미

뒤쪽

쿠웨이트는 석유 생산으로 풍요로운 혜택을 누린 최초의 페르시아 만 연안 국가였다. 진주 채취업과 해상 무역에 초점을 두었던 경제는 이제 주로 석유 수출에 의존하게 되었다. 1860년대 말 고용 인력의 70퍼센트가 석유 생산에 종사했다. 1970년대 페르시아 만의 연안에 세워진 쿠웨이트 기념 타워는 석유로 쌓은 부를 상징화한 것이다. 이러한 국가의 부는 이주 노동자들의 본국으로의 송금, 보조금, 투자, 아랍 경제 발전을 위한 쿠웨이트 기금에서 이슬람 세계 개발 은행에 이르기까지, 그리고 각종 차관의 형태로 또 다른 무슬림 국가의 경제 환경으로 흘러 들어가 재순환되었다.

1990년대 초, 무슬림 세계의 석유 매장량과 생산량

세계 석유 매장량의 백분율		1993년도 1,000단위 배럴의 일일 석유 생산량	
알제리	0.92%	알제리	750
아제르바이잔	0.13%	아제르바이잔	240
브루나이	0.14%	브루나이	165
이집트	0.62%	이집트	880
인도네시아	0.58%	인도네시아	1,323
이란	9.30%	이란	3,540
이라크	10.01%	이라크	436
카자흐스탄	8.56%	카자흐스탄	540
쿠웨이트	9.66%	쿠웨이트	1,873
리비아	2.28%	리비아	1,367
말레이시아	0.37%	말레이시아	649
나이지리아	1.79%	나이지리아	1,896
오만	0.45%	오만	775
카타르	0.37%	카타르	428
사우디아라비아	26.06%	사우디아라비아	8,161
시리아	0.17%	시리아	531
아랍 에미리트	9.82%	아랍 에미리트	2,189
예멘	0.40%	예멘	450

82% 무슬림 국가들 원유 매장량의 백분율　**18%** 나머지 국가들의 보유율

소규모 석유 산유국		OPEC 회원국	
알바니아	타지키스탄	알제리	리비아
바레인	튀니지아	인도네시아	나이지리아
키르기스스탄	터키	이란	카다르
파키스탄	투르크메니스탄	이라크	사우디아라비아
수단	우즈베키스탄	쿠웨이트	

했으므로 대중은 높은 수준의 생활을 누리게 되었다.

대규모 투자로 이러한 국가들의 경제적인 기초가 개선되고 향상되었다. 대규모 인구(이라크, 이란, 나이지리아, 인도네시아)를 가진 다른 국가들 역시 경제 형편이 윤택하지 못했지만 오일 붐이 일어난 후 눈에 띄는 번영을 누릴 수 있었다.

오늘날 석유에 대한 국제적 수요는 잠재적 공급의 수준에 미치지 못하고, 1980년대에 보았던 것처럼 무슬림 석유 생산자의 경제적 전망은 그렇게 낙관적일 수만은 없다. 그러나 놀랄 만한 가능성을 지닌 중동 내부의 석유에 대한 이야기는 국제적인 초미의 관심사로 여전히 남아 있다.

차우드후리(K. N. Chaudhuri)

그는 피렌체에 있는 유럽 대학 학회에서 '유럽 팽창에 대한 바스코 다 가마' 연구 교수로 활동하고 있다. 저서로는 『인도양에서의 무역과 문명— 이슬람의 출현에서 1750년까지의 경제사(*Trade and Civilization in the Indian Ocean : An Economic History from the Rise of Islam to 1750)*』, 『유럽 이전의 아시아—이슬람의 출현에서부터 1750년까지 인도양의 경제와 문명(*Asia before Europe : The Economy and Civilization of the Indian Ocean from the Rise of Islam to 1750)*』 등 아시아 경제사에 관한 저서들을 많이 저술했다.

6

무슬림 사회의 질서

무슬림의 전통적인 생활 방식은 이슬람권의 도시를 중심으로 발전했다. 무슬림들은 이슬람법 질서 아래에서 공동체 생활을 유지해 나갔다. 또한 공공의 도덕적 의무와 개개인이 바라는 자유와의 조화를 도모함으로써 인간의 약점과 특이점을 포용할 수 있는 체제가 마련된 것이다. 우리는 이러한 환경 속에서 여성들의 삶이 어떠했는지 짐작할 수 있다. 또한 유럽 열강이 무슬림의 생활 방식에 얼마나 큰 영향을 미쳤는지 알 수 있다.

공동체와 도시

아랍어로 '공동체'를 의미하는 움마는 이슬람권 도시의 각 시민 단체는 물론, 전 세계적 무슬림 공동체를 지칭할 때도 사용되는 단어이다. 모든 무슬림 사회에는 개별적 시민과 도시 공동체를 구속할 수 있는, 공통된 법과 제도가 마련되어 있었다. 따라서 진정 움마는 대서양에서 중국에 걸친 이슬람의 중심 도시들을 결합한, 이른 바 무슬림들의 '우주적 사회'라고 부를 수 있을 것이다. 이는 정치적, 문화적으로 나누어져 있는 광활한 대륙 변방의 농민들과 부족들을 서로 이어 주는 결합의 공도(公道)라고 할 수 있다. 중세의 무슬림들은 "무슬림 사회에서는 금요 예배가 열리는 모스크와 시장이라고 하는 두 개의 구심점이 있었다."고 말하고 있다. 모로코 출신의 이븐 바투타는 14세기 중국에 있는 무슬림 지역을 방문한 뒤, 그곳의 시장이 무슬림 중심 도시에 있는 시장의 형태와 아주 똑같다는 사실을 알게 되었다.

모스크에서 매주 금요일에 열리는 예배에 무슬림 모두가 참석하는 것은 공동체의 결속력을 가장 뚜렷하게 보여 주는 일이다. 전 무슬림 사회에서 이와 동등한 가치를 지니는 것은 메카 순례를 의미하는 핫즈이다. 핫즈는 분명 무슬림들로 하여금 순례를 통해 자신들의 정체성을 깨닫게 만드는 기회를 마련해 주었다. 모스크 방문이 상업 거래를 자연스럽게 촉진시켰듯이 핫즈는 무슬림 사회가 서로간의 교류와 교역을 통해 새롭게 발전할 수 있는 기회를 만들어 준 셈이 되었다. 다마스쿠스와 카이로, 모로코의 페즈와 같은 도시에서 해마다 대상들은 상품을 가득 싣고 순례에 나섰다. 16세기 레오 아프리카누스와 같은 가난한 순례자들은 서기나 물건을 관리하는 일을 자청하면서 이 행렬에 참가했다.

여행자들은 중세 무슬림 도시의 모습을 생생하게 전해 주었다. 그들은 모두 학력 수준이 높은 울라마였다. 울라마는 코르도바에서 페즈, 페즈에서 카이로, 카이로에서 다마스쿠스 등지로 여행할 수 있었다. 그것은 그들이 지도층이었고 아랍어가 종교와 법률, 과학, 그리고 학문의 교류 수단으로 사용되었기 때문이다. 울라마는 어디에서나 존경과 환대를 받았으며, 원한다면 일자리를 얻을 수도 있었다.

역사학자 이븐 칼둔은 1332년 튀니스에서 태어났지만 페즈에 있는 마린 왕조에서, 처음에는 알라마(alama, *통치자의 공식 서명) 작성자로서, 나중에는 술탄 아부 이스하끄가 이끄는 문학 단체의 공식 회원으로서 오랫동안 활동했다. 그는 1362년에는 스페인의 그라나다 법원에서 근무하기도 했다. 그로부터 20년의 세월이 흐른 후, 그는 맘루크국의 수도인 카이로에 정착하게 되었다. 그는 곧 알 아즈하르 대학에 있는 마드라사에서 강의를 맡게 되었는데, 그의 명성을 들은 수많은 학생들이 모여들었다. 그는 나중에 카이로 말리키파 법정의 수석 까디로 임명되었다.

누구보다도 이븐 바투타가 가장 흥미로운 인생을 살았다. 그는 원래 탕헤르 출신이었지만 30년에 걸친 여행을 통해 중국에서 스페인과 니제르까지 방문했으며, 마지막으로 페즈에 정착해 많은 기행문을 남겼다. 그가 인도 술탄의 비위를 잘 맞추었기 때문에 한때 델리에서 수석 까디에 임명되었으며, 나중에는 중국 대사로까지 파견되었다는 것은 널리 알려진 사실이다. 그러나 고향에서 무려 1만 1,265킬로미터나 떨어진 곳에서 살게 된 이븐 바투타가 아무런 문화적 장벽도 느끼지 않았을 것이라고 생각하기는 어렵다.

무슬림 사회를 전통적인 도시 사회로만 이해하는 것은 진부하다. 그러나 중동의 역사가 곧 도시들의 역사이며, 그곳에서 상업과 학문, 산업과 예술, 정치, 종교가 번창한 것은 사실이다. 도시의 배후 지역에는 잘 알려지지 않은 지주 계급들이 정착해 살았다. 물론 권력의 기반은 본질적으로 도시에 있었다. 따라서 종종 사막과 산악 지역의 부족장들은 군사를 일으켜 도시를 정복하려 했다. 그러나 일단 권력 기반을 수립하고 나면 그들은 다시 안정되고 번영하는 도시 생활에 관심을 기울였다.

이러한 도시들——바그다드와 카이로, 카이라완——이 실제로 무슬림들에 의해 세워졌다. 설령 무슬림들이 건설하지 않은 도시가 있다 하더라도, 이 또한 궁극적으로는 그들이 발전시키고 세력을 확장시킨 도시였다. 로마와 비잔틴 제국, 사산 왕조의 잔재를 청산하는 대신 무슬림들은 오히려 과거 제국들이 누렸던 영광을 재

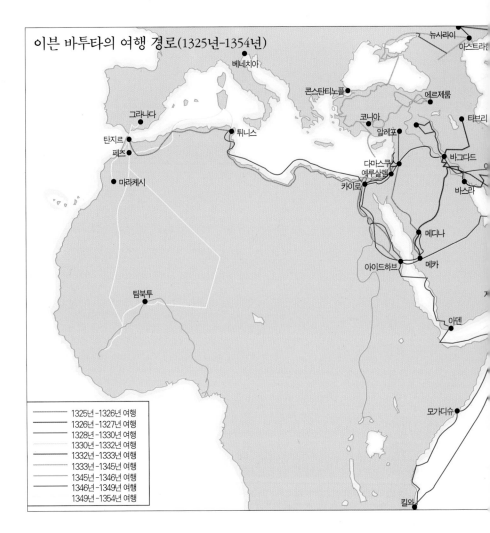

이븐 바투타의 여행 경로(1325년-1354년)

- ——— 1325년-1326년 여행
- ——— 1326년-1327년 여행
- ——— 1328년-1330년 여행
- ——— 1330년-1332년 여행
- ——— 1332년-1333년 여행
- ——— 1333년-1345년 여행
- ——— 1345년-1346년 여행
- ——— 1346년-1349년 여행
- ——— 1349년-1354년 여행

현하려는 계획을 세웠다. 무함마드의 사망(632년) 이후 60년 동안 무슬림들은 폐허가 된 예루살렘의 가장 성스러운 장소에 '바위의 돔'을 건설함으로써 자신들이 세계 무대에 등장할 것을 예고했다. 그들은 20년 후 다마스쿠스에 우마이야 모스크를 건설했다. 오늘날까지 이 모스크는 세계에서 가장 아름다운 건축물 가운데 하나로 남아 있다. 그로부터 50년이 흐른 762년, 무슬림 세계 역사상 최초로 완벽하게 설계된, 무슬림의 수도 바그다드가 건설되기에 이르렀다.

　북아프리카에서는 카이라완이 건설되고 아랍의 모스크들 중 가장 전통적인 형태가 처음으로 나타났다. 동쪽으로는 640년 이래 이집트 무슬림의 주요 터전이었던 푸스타트가 주요 도시로 성장하더니 969년에 이르러, 파티마 왕조에 의해 오늘날의 카이로인 알 카히라로 확장되었다. 서쪽으로는 8세기 무슬림이 스페인을 정복한 이후 바그다드 전투에서 가까스로 피신한 왕자 이드리스 이븐 압드 알라(Idris ibn ʻAbd Allāh)가 한숨을 돌린 곳이 바로 아틀라스 산맥 자락이었는데 그곳에는

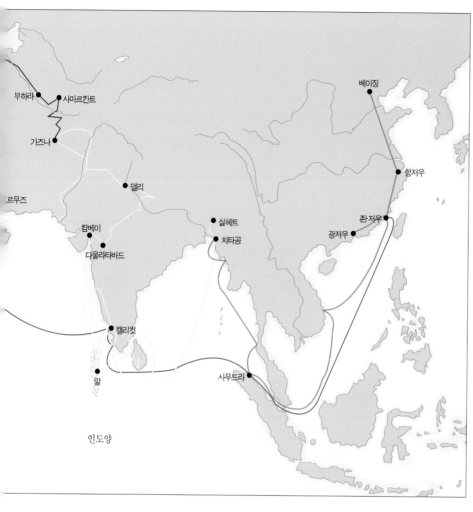

베이징

부하라
사마르칸트

기즈나

르무즈

델리

실헤트

치타공

졘저우

광저우

항저우

캄베이

다울라타바드

캘리컷

말

사무드라

인도양

아틀라스 산맥을 따라 관개
시설이 잘 발달되어 있는
계곡에 자리한 페즈 시.

수량이 풍부한 계곡이 있을 뿐 아니라 스페인으로 곧장 통하는 길이 나 있었다. 그곳에는 788년과 789년에 걸쳐 페즈(*오늘날의 페스)라는 도시가 건설되었다.

낮은 구릉에서 페즈를 내려다보면 완만한 경사를 이루고 있는 계곡의 능선을 따라 가옥들이 촘촘하게 들어서 있음을 알 수 있다. 가옥들의 지붕은 밋밋한 정육면체 모양으로 무질서하게 늘어서 있다. 한눈에 보기에도 페즈는 효율적으로 지어진 도시가 아님을 알 수 있다. 탁 트인 전망과 넓은 가로수 길, 부두, 세련된 도시 외관 같은 것이 오히려 없는 것이 특징이다. 1526년 레오 아프리카누스는 자신의 책 『아프리카에 대한 서술(*Wasf Ifriqiya*)』에서 다음과 같이 기술했다. "세상은 이 도시가 얼마나 크며, 사람은 또 얼마나 많은지, 그리고 성벽이 얼마나 단단하게 요새화되어 있는지 알게 될 것이다." 그는 요새화된 성벽과 수많은 도시민을 보면 이 말이 무엇을 의미하는지 알 것이라고 한 마디 덧붙였다.

아프리카 출신으로서 레오 아프리카누스만큼이나 유럽에 널리 알려져 있는 인물은 하산 알 왓잔(Ḥasan al-Wazzan)이다. 그는 그라나다에서 태어났지만 페즈에서 성장한 인물이다. 페즈는 앞에서 보았듯이 훌륭한 건물들이 조화를 이루고 있는 공간이 아니라 복잡하기 그지없는 인구 밀집 지대였다. 부자이든 가난한 자이든, 그들의 집은 정원과 테라스를 가지고 있었다. 그러나 집을 이루고 있는 사방의 벽 중 세 개는 다른 집들의 벽들과 맞닿아 있고, 또 하나의 벽은 거리를 가로막고 있었다. 이처럼 페즈에 있는 집들은 다닥다닥 붙어 있었다. 이를 보면 "서로에게 믿음을 주는 사람은 서로의 벽을 지탱해 주는 건물의 일부분과 같다."는 예언자의 말이 떠오른다.

페즈를 위에서 내려다보면 무엇보다 먼저 이 도시가 사람들로 꽉 차 있다는 느낌을 받게 된다. 집이 다닥다닥 붙어 있었던 탓에 서로의 사생활을 존중하는 일은 공동 생활을 하는 데 기본 원칙으로 자리 잡은 지 오래되었다. 출입, 경계 담, 물 공급, 동물들의 취급 등 이웃들과 빚어지는 분쟁은 이러한 환경에서는 피할 수 없는 일이다. 알 가잘리는, 무슬림들은 이러한 상황에서 빚어지는 자신의 문제를 매우 지혜롭게 해결해 간다고 기술한 바가 있다.

가옥

이슬람권의 가옥은 이슬람 문화와 풍토, 지리, 건물 소재, 건축 기법 등에 따라 다양한 양식을 보여 준다. 하지만 가옥의 기본 개념은, 무슬림이 공유하고 있는 다음 두 가지 사항에 큰 영향을 받고 있다.

잘못을 저지르지 않는 한 가족은 이웃이나 국가의 간섭을 받지 않을 권리가 있다는 것과, 여성은 이슬람법의 보호 아래 특혜를 받을 수 있다는 것이 바로 그것이다.

페즈에 있는 주택은 겉모습으로 보아서는 내부를 짐작할 수가 없다. 높은 벽이 집을 외부와 차단하고 있고, 창문이 있는 경우에도 그 크기가 작고 쇠창살이 쳐져 있을 뿐만 아니라 행인들이 들여다보지 못할 정도로 높은 곳에 위치해 있다.

더 높은 쪽에 큰 창문이 있긴 하지만 그것을 통해 이웃의 정원을 엿보는 일은 금지되어 있다. 따라서 가옥마다 내부 생활이 어떠한지에 대해서는 전혀 알 길이 없다.

더욱이 남자들은 자신들의 여자를 이웃의 눈길을 받지 못하도록 깊숙이 감추었으며, 정부에게 자신들이 어느 정도 윤택한 생활을 하는지 드러내지 않았다. 사실상 주택은 내부를 위주로 지어져 있다. 그들은 타일과 회벽 칠을 한 장식, 나무 등을 이용해 실내를 아름답게 꾸미는 데 돈을 많이 들였다. 가족들은 나무와 무성한 식물들이 시원한 그늘을 마련해 주는 정원을 중심으로 생활하고, 연못과 분수로 물이 풍족하다는 것을 자랑했다.

『꾸란』은 신도들에게 주인이 허락하고 축원해 주기 전까지는 다른 이의 거주지에 들어가지 말라고 가르치고 있다. 허락을 받고 남의 집에 들어갔다 해도 응접실 이외의 공간에 들어가는 것은 금지되어 있다.

여성의 공간인 하렘은 장막으로 분리되어 있는데, 응접실과 멀리 떨어져 있는 경우가 많았다. 그리고 여성은 장막을 통해 남성들의 모임을 엿보기도 했다.

집의 중심부는 안뜰이다. 거기에는 타일로 장식된 바닥과 분수, 작은 연못에 어울리는 식량 창고가 있다.

집 주인의 아내가 한 명 이상일 경우 하렘은 동등하게 아파트식으로 지어졌으며 그곳에 신앙적 색채가 독특하게 가미되기도 한다.

거리에는 진흙벽이 길게 이어져 있지만, 무거운 문을 여닫기 위해 일정한 공간이 확보되어 있다. 문을 열면 구부러진 좁은 통로가 나오는데, 그 막다른 끝에는 아주 색다른 공간이 마련되어 있었다. 집의 한가운데에 자리한 그 특별한 공간은 연못이나 인공 풀로 가득한 안뜰로서 세 면이 회랑으로 둘러싸여 있었다. 안뜰은 포장되었고 회랑을 지탱해 주는 벽과 기둥은 파양스 타일에 문양이 조각되어 있거나 벽토로 치장되어 있었다. 이곳은 사적인 여유를 즐기기에 아주 맞춤한 장소이자 우아한 성소였다.

가옥의 안뜰과 같은 공간은 도시 중심에 있는 공공 장소에서도 볼 수 있다. 그것이 바로 모스크이다. 높은 곳에서 내려다보면 미로 같은 도시의 중심에 정갈한 모양을 한 건물이 눈에 들어온다. 그 건물이 까라위인 모스크(*모로코 페즈에 있는 가장 오래된 모스크)로서 유명한 이슬람 사원 중의 하나로 손꼽히고 있다. 페즈에는 수십 개의 모스크가 있지만, 다른 무슬림 도시들과 마찬가지로 이곳에서도 대규모 자미 모스크와 소규모 모스크로 구분되어 있다. 이븐 칼둔은 다음과 같이 기록해 놓았다. "도시의 모스크에는 두 종류가 있는데, 그 하나는 휴일 예배를 위한 거대한 모스크이며, 또 다른 하나는 몇몇 시민들이나 도시 일부에 제한되어 있는 소규모 모스크이다." 거대한 자미 모스크(*아랍어로 마스지드 자미라고 함)는 전체 도시민을 위한 신앙의 중심지였다. 이 모스크는 모든 시민을 수용할 수 있을 정도로 규모가 커야 했다. 아잔(adhān, *예배 시간을 알리는 소리)은 하루에 다섯 번 울렸다. 아잔은 도시의 맥박이기도 했다. 도시 순환 체계상에서 볼 때 모스크는 그 심장의 역할을 하고 있는 셈이었다. 사람들의 주된 집회 장소였던 모스크는 로마의 회의장이나 유럽의 시장과 같은 역할을 했다. 하지만 그것들과는 한 가지 중요한 차이점을 갖고 있었다. 즉 이슬람 도시에서 공동체를 모일 수 있게 한 것은 정치나 정부의 권위가 아니라 종교적 힘이었다는 사실이다.

모스크는 예배 장소 이상의 가치를 지니고 있었다. 까라위인 모스크는 카이로의 알 아즈하르 모스크와 알 아즈하르 대학과 같이 20세기까지 페즈의 최고 교육기관이었다. 지방의 마드라사를 졸업한 뛰어난 학생들이 이곳에서 고등 교육을 받았다. 학생들은 까라위인 모스크에서 자신이 선택한 교수를 통해 이슬람의 여러 학문을 배워 나갔다. 학생들은 『꾸란』과 『하디스』에 대한 교수의 가르침에 귀 기울이고, 이슬람 과학과 아랍 미술을 탐구하며, 무엇보다도 이슬람법의 본질에 대해 토론했다. 이런 과정을 거치면서 학생들은 울라마 또는 무슬림 사회의 학식과 명망을 갖춘 인물로 성장해 갔다.

까라위인 모스크 주위에는 많은 마드라사들이 있었다. 하지만 도시의 서쪽 끝에 있는 유명한 부 이나니야 마드라사를 제외한다면 페즈의 마드라사들은 교육 기

관이라기보다는 학생들의 기숙사에 좀더 가까웠다. 마드라사들 중에는 예배실뿐
아니라 첨탑까지 갖춘 곳이 더러 있었다. 하지만 본질적으로 마드라사는 교육 기관
역할을 했지만 모스크 근처에 자리한 떠돌이 상인을 위한 여관과 비슷한 역할을 했
다. 레오 아프리카누스에 따르면, 나중에 페즈에 세워진 건물들 가운데 200채 가량
이 여관이었다고 한다. 튀니지와 이집트에서부터 스페인과 대서양 연안에 이르는
긴 동서 무역로, 팀북투와 니제르 상류 지역에서 지중해에 이르는 사하라 횡단 무
역로의 교차 지역에 페즈의 숙박업소들이 자리 잡았던 까닭에 그곳은 날로 번창해
갔다. 전 무슬림 세계에서 생산되는 사치품들이 사방의 무역로를 통해 페즈로 흘러
들어왔는데 그것들은 보석과 인도산 백단, 중앙아시아산 모피, 예멘의 향, 페르시아
만 지역의 진주, 샤프란(saffran, *자주색 꽃이 피는 트로커스의 한 종류), 인디고(*건염
성분의 염료로 주로 면직물 염색에 쓰인다), 이란산 카펫, 서아프리카의 금 등이었다.
한편 상인들은 페즈에서 공산품과 비단, 실, 직물, 마구류, 신발을 구입해 갔다.

　　까라위인 모스크 옆에는 이 도시의 상업 중심지였던 까이사리야가 있었다. 이
좁고 막다른 골목에는 보석상과 신발을 포함한 가죽 제품 도매상, 향신료 상인, 직
물 상인들이 모여서 활동했으며 이곳에는 또 소매상에게 경매에 부쳐질 물건을 쌓
아 놓는 무역 상인들의 푼드크(funduqs, *창고)들도 있었다. 페즈에서 열리는 소규
모 지방 시장들은 음식물과 생필품들을 취급했으나 까이사리야는 주로 장거리 무

페즈 중심부에 자리한
까라위인 모스크의
안뜰이다.
이 모스크는 859년
알 모라비조 통치하에서
건설되기 시작하였으며,
10세기와 12세기, 그리고
17세기에 걸쳐 확장되었다.
이곳은 이 도시에서 가장
우수한 학생들이 울라마의
지위에 오르기 위해
공부하던 장소였다. 또한
20세기에 이르기까지 이
도시에서 행해지는 교육의
중심지였다.

페즈 시의 피혁 공장.
여기서는 무두질한 가죽을
염색하는 작업을 했다.
기름과 광물, 천연 염료 등을
사용하고 빨강, 갈색, 파랑,
올리브 그린, 검정 등의
아름다운 채색으로 공정을
마감했다. 모로코는 독특한
형태의 가죽 제품으로
유명했다.

역으로 유명한 곳이었다.

풍부한 지하수맥이 발견되면서 와디 페즈가 만들어졌고 그곳에 도시가 형성되었다. 페즈가 번영하고 발전할 수 있었던 것은 산에서 흘러나오는 풍부하고 맑은 물 덕분이었다. 페즈의 기술자들은 유리한 지리적 조건과 정교하게 지어진 수로를 이용해 모스크와 지방의 마드라사, 푼드크, 공동 우물, 공중 목욕탕, 각 가정으로 물을 공급시켰다. 물은 수세식 배수 장치를 효과적으로 운용할 수 있을 정도로 넉넉히 공급되었다.

도시 중심으로 흐르는 하천을 따라 농업과 공업이 발달했다. 중세의 도시들은 대부분 비옥한 방목지와 경작지를 갖추고 있었다. 페즈의 외곽 지역에서는 과일과 채소가 풍부하게 재배되었다. 더욱이 산등성이에 자리 잡은 목장과 올리브 숲, 그리고 해안 평야는 고기와 올리브, 곡식을 공급하며 시민들의 식생활을 풍요롭게 만들어 주는 원천이었다. 페즈는 도시로서 성장하는 데 필요한 조건을 다 갖추고 있었다. 그러나 결과적으로 페즈는 지속적인 부의 창출을 위해 공업으로 관심을 돌렸다.

모로코에서 생산된 가죽 제품은 영국과 프랑스에서 특히 인기를 끌었다. 도시

와 고대 수도였던 지방이 모두 가죽 특산물을 생산하는 도시로서 유명해졌다. 안달
루시아 출신의 장인이 페즈를 수공예품 생산 도시로 널리 알렸다. 게다가 스페인에
서 무슬림의 지배가 종식되어 가자 무슬림 난민들이 코르도바와 세비야, 그라나다
에서 페즈로 몰려들었다. 그 가운데 예술적이고 산업적 기질을 지닌 사람들이 기술
을 들여와 우아한 모스크들을 페즈에 세웠다. 그들은 더 나아가 장식 벽돌, 세공술,
모자이크 기술 등을 후대에 잇는 견인차 역할을 했다.

귀금속 세공(*유대교인 사회의 중요한 전문업. 1492년 유대교인들도 스페인에서 추
방되었다), 직조, 가죽 가공과 같은 수공업(手工業)은 물이 필요 없었기 때문에 도시
한복판에서도 번창할 수 있었다. 그러나 도자기와 제분, 염색과 무두질 등을 주로
하는 공장들은 많은 양의 물이 필요했던 까닭에 거주지와 상업 지역의 하류에 자리
잡았다. 따라서 도시 계획이 점차 광범위하게 진행되었다. 레오 아프리카누스에 따
르면 "염색공들은 강변에 거처를 정했으며, 공장은 늘 직물을 씻을 수 있는 맑은 샘
이나 저수 탱크를 끼고 있었다."고 한다. 가죽을 다루는 피혁 공장 또한 하류에 자
리 잡아야 했다.

근대 이전에는 노동력을 조직화하는 방법이 뜨거운 논쟁의 대상이 되었다. 예
를 들어 피혁 공장의 무두질 노동자들이 속한 조직이 '길드'에 속하는지의 여부와
같은 문제들이었다. 그러나 그러한 조직이 페즈에서 중요한 역할을 한 것은 부인할
수 없는 사실이었다. 그들은 아민(amin)의 지휘하에 활동했다. 아민은 거래마다 순
번을 정하고, 우선권 제도를 운영함으로써 조직 내부에서 일어나는 분쟁을 해결했
다. 또한 그는 조직에 가입되어 있는 회원을 위해 기본적인 사회 복지 제도를 운영

했다. 길드는 저마다 특정 모스크를 후원했고 특정 수피 종단의 형제 공동체와 뜻을 같이했다. 또한 길드는 무흐타시브(muḥtasib, * 시장 감독관)에게 각 무역업계 내의 여론과 무역 관행에 대해 전문적인 조언도 해 주었다.

무흐타시브는 공중 도덕을 수호할 의무와 함께 많은 책임을 지고 있었다. 그는 금요 예배와 단식을 준수했으며, 목욕탕과 여관에서는 공중 도덕을 지키라고 명령했다. 거리와 모스크를 깨끗이하는 일말고도 사람들이 아이들과 노예들, 그리고 동물들을 비인간적으로 대우하지 않도록 교육하는 것도 그가 맡은 임무 중에 하나였다. 그러나 그의 주된 역할은 시장을 감독하고 중재하는 일이었다. 그는 물품의 무게를 잴 때 속이지 못하도록 감시하는 일을 맡았다. 그는 저울 눈금을 표시한 대리석 판을 까이사리야 시장의 표준 잣대로 삼았다. 그는 가격을 확인하고, 품질을 관리하며, 사기 행각을 벌이는 상인들을 처벌했다. 무흐타시브의 지위가 어디까지나 종교적 제도권 내에 있다는 사실은 중요한 의미를 갖는다. 그는 신자들에게 선을 따르라고 훈계하고 악을 멀리하라고 설교하는 것과 같은 기본적인 종교적 임무를 수행했다. 그는 이슬람이 일상 생활에 깊숙이 뿌리 박혀 있는지와 무슬림 사회의 결속을 다지는 데 중요한 역할을 하는 존재였다.

히스바의 의무

이슬람법이 무슬림 공동체의 사회 제도에서 중요한 권위를 갖고 있다는 사실을 잊어서는 안 된다. 이슬람법의 성격을 잘 나타내 주고 있는 규정들로는 결혼이나 유산 상속에 관한 것들을 들 수 있다. 샤리아(이슬람법)는 이상적인 사회 윤리 체계로서 무슬림 사회에 지속적인 영향력을 행사해 왔다. 그러나 샤리아는 법적 규정 이상의 신성한 힘을 갖고 있었다. 샤리아는 일반적인 생활 태도나 사고 방식을 구체화하고, 신이 내려 준 진리가 개인의 삶을 인도해야만 한다는 확신을 담고 있으며, 나아가 올바른 행위란 주로 개인의 양심과 샤리아를 따르려는 참된 욕구를 통해 나타난다는 사실을 강조하고 있기 때문이다. 우리는 샤리아가 개인의 윤리 의식을 중요하게 여긴다는 점을 쉽게 알 수 있다. 알베르트 호우라니(Albert Hourani)는 "개인은 나름대로 현세와 더불어 내세에서도 선을 구하고자 했고, 뜻하는 대로 그 선을 통제할 수 있는 자유를 강조했다."고 말했다. 중세 무슬림 사회는, 정부가 신앙 문제에 직접적인 압박을 가하거나 관여하는 데 매우 민감하게 반응했다. 무슬림 사회의 윤리 체계는 이슬람의 원리에 충실했으며 인간의 약점과 다양한 가치를 분명히 인정했다. 알 가잘리는 중용 또는 균형을 '씨라트 알 무스타낌(sirāṭ al-musta-qim, *올바른 길, 『꾸란』이 지시하는 선의 길)'과 동일시했다.

11세기 말엽(*1090년-1100년) 『종교학의 부활(Iḥyāʾ ʿulūm ad-din)』을 저술한 알 가잘리는 이미 무슬림 주요 도시인 바그다드와 다마스쿠스, 예루살렘 등지에서 활동하고 있었다. 그의 저서는 이슬람에 관한 저작들 중 가장 영향력을 가진 책으로 손꼽힌다. 그는 자신의 저서에 한 항(項)을 할애해 거리와 모스크, 시장, 공중목욕탕, 개인 주택 등에서 흔히 일어나는 위법 행위에 대해 비난했다. 이는 사회 윤리에 대해 갖는 울라마의 주장과 샤리아의 견해를 엿볼 수 있는 좋은 예라고 할 수 있다.

길거리에서는 다음과 같은 위법 행위가 일어나기 마련이었다. 주택 발코니를 밖으로 튀어나오게 만들거나 벤치를 설치하는 행위, 거리에 나무나 곡식더미를 쌓아올려 통행을 방해하는 행위(나무와 곡식은 가정에서 소비할 만큼의 양만 허용되었다), 도축업자가 아닌 사람이 도살을 하는 행위, 거리를 피로 물들이는 행위, 함부로 물을 버려 거리를 미끄럽게 만드는 행위, 타고 다니는 동물의 끈을 필요 이상으로 길게 늘어뜨리는 행위(이는 공공 통행을 방해하고 거리를 오염시켰다), 짐을 가득 실은 동물을 좁은 거리에 끌고 들어와 행인들의 옷을 손상시키는 행위(좀더 넓은 길을 이용하도록 했다), 그리고 청소년들이 여자 공중 목욕탕 주위를 어슬렁거리며 추파를 던지는 행위가 바로 그것이다. 알 가잘리는 이러한 행위들이야말로 거리의 공중 도덕을 해치는 주요 범죄라고 설명했다. 또한 행상인들은 영업의 자유와 신변의 안전을 보장받으면서 합법적으로 거래할 권리가 있다고 덧붙였다. 거리는 공중 보건과 안전, 그리고 일정한 미관을 유지해야 하기 때문에 이러한 행위들은 마땅히 통제할 수 있어야 했다. 그는 또 "인간은 본능적으로 불결한 것을 싫어한다."고 단호히 주장했다.

또한 알 가잘리는 자만에 차 있고 맹목에 가까운 광신적인 종교 의식을 비난했다. 그는, 무에진이 과장되게 아잔을 내거나 다른 사람이 있는 데서 소란스럽게 예배를 드리는 행위는 신앙 의식의 참된 본질에서 벗어난 것이라 여겼다. 그는 이러한 지나친 열정은 "예배의 질서를 어지럽히고 사람들의 귀를 혼란스럽게 만든다."고 주장했다. 또한 그의 견해에 따르면, 동틀녘에 새벽 예배를 알리는 부름 소리를 같은 모스크에서 계속 반복하는 관행은 쓸모없는 행위라는 것이다. 왜냐하면 첫번째 아잔이 있은 후 그 부름 소리가 들리는 곳 내에서는 아무도 잠을 계속 잘 수 없기 때문이다. 그는 더러운 옷차림으로 모스크에 들어오거나 예배 방향을 잘못 택해 앉는 일, 그리고 『꾸란』을 틀리게 암송하는 등의 행위로 다른 사람의 예배를 방해하는 신자들이 많다고 지적했다. 마지막으로 알 가잘리는 『꾸란』을 잘못 독경하는 경우가 허다하다고 말하면서 올바르게 암송하는 방법을 가르쳐야 한다고 덧붙였다. 아무튼 무슬림들은 음성을 낮추고 공손하게 예배드리는 법을 배워야 한다고 그는 피력했다.

특히 금요일에는 모스크 주변에 상인들이 잔뜩 모여들어 약품과 음식, 부적 등을 팔았다. 돌팔이 의사들과 부적을 파는 사람들은 사기꾼으로 취급되어 모스크 근처에는 얼씬거리지도 못하게 했다. 그러나 상인들이 예배를 방해하거나 모스크를 시장통으로 만들어 버리지만 않는다면, 그 안에서 옷감이나 약, 책, 음식 등을 파는 일은 허용되었다.

오른쪽
16세기 이란의 필사본에 들어 있는 통치자와 그의 추종자들이 모스크 예배를 드리기 위해서 참석한 모습이다. 모스크는 공동체 집회가 열리는 가장 큰 장소였다. 이곳에서는 상대방을 배려하면서 여성들의 예배실이 격리되어 있는 것은 주목할 필요가 있다. 신중하게 행동해야 했다. 이슬람 초기에 여성들에게는 모스크에서 예배를 드릴 수 있는 권리가 있었다. 하지만 이는 모든 무슬림 사회에서 점차 금지되었다.

마찬가지로 모스크 어디에서나 아이들 역시 자유롭게 놀 수는 있었지만 모스크를 놀이터로 만들어서는 안 되었다. 고함을 지르거나 외설스러운 행동만 하지 않는다면 정신병자들도 모스크에 출입할 수 있었다. 주정뱅이도 구토를 하거나 난폭하고 부당한 일을 하지 않는 한 출입이 허용되었다. 알 가잘리는, 주정뱅이를 때리거나 그들을 내쫓으려는 사람들에 대해 비난했다. 그는 주정뱅이가 제정신으로 돌아올 때까지 모스크에 머무르도록 허용한 후, 금주를 하라고 충고하는 것이 더욱 옳다고 생각했다. 그러나 그는 사람들 앞에서 비틀거리며 악을 쓰는 주정뱅이는 엄중한 처벌을 가하도록 했다. 또한 남몰래 범죄를 저지르는 교활한 자는 옆에 있게 해서도 안 된다고 했다. 왜냐하면 남의 집에 몰래 들어가 남의 사생활을 감시하는 것과 같은 행위는 음주보다 더 나쁜 죄악이라고 생각했기 때문이다.

위법 행위와 범죄에 대한 알 가잘리의 이러한 견해들을 살펴보면 '옳은 일을 행하고 그릇된 일을 금지하라(Al-amr bī al-maʿruf we al-nahy an al-munkar).'는 무슬림들이 지켜야 할 가장 중요한 의무인 히스바의 성격을 잘 반영하고 있다고 할 수 있다. 무흐타시브는 이와 같은 히스바의 보편적 의무를 수행하는 지위였다. 무흐타시브는 히스바를 실천하는 전문인을 뜻했다. 알 가잘리에게는 히스바의 의무가 '종교의 중심축이자 예언자를 지상에 보낸 신의 숭고한 목적'이라고 생각했다. 그러나 남성과 여성, 자유인과 노예, 정직한 사람과 상습적으로 범죄를 저지르는 사람과는 상관없이 무슬림이라면 누구나 히스바가 당연한 권리이자 의무라는 알 가잘리의 주장에는 다소 문제가 있었다. 정신병자와 미성년자, 장애인, 비신도만은 예외로 치부했다. 그는, 통치자(이맘 또는 왈리)의 허가를 받은 경우를 제외하고는 어느 누구도 히스바에 대한 권리를 가질 수 없다는 견해에 대해서는 명백히 반대하면서 이는 종교적 근거에 기초한 견해가 아님을 강조했다. 오히려 그는 같은 종교를 믿는다고 해서 신자가 저지른 잘못에 대해 무조건적으로 찬성할 의무는 없으며 남자든 여자든 행동하는 데 누구의 허락을 받을 필요가 없음을 가르쳤다.

처음 두 세기 동안 발아기의 무슬림 정치는 칼리파와 울라마 중 누가 입법과 사법 문제에서 절대 권력을 갖느냐의 문제를 두고 심각한 갈등을 빚었다. 9세기 초엽, 이 갈등은 절정에 이르렀다. 알 가잘리가 살던 시대에 이르러서는 울라마의 힘이 우세하게 되었다. 이러한 갈등 구조를 먼저 파악한 사람은 칼리파 알 마아문이었다. 그는 교리와 관련된 문제를 다룰 때 최고의 절대적 권한은 칼리파에게 있다는 결정을 내렸던 것이다. 알 마아문은, 칼리파제의 국가가 종교적, 세속적인 제반 문제에 대해 절대적인 권한을 행사할 수 없다면 살아 남지 못한다는 사실을 절실히 깨달았다. 심지어 그는 『하디스』를 전달하는 사람의 자격을 심사할 때도 칼리파의 뜻에 따라야 한다고 주장했다. 통치 말기에 이르러 알 마아문은 칼리파보다도 종교 지도자들이 옳고 그름을 더 명확하게 심판할 수 있다고 주장하며, 스스로를 독립적인 종교 지도자로 여겼던 울라마들을 처벌하고 복종시키기 위해 미흐나(mihna, *종교 재판소, 이단자 규문소)를 설치했다.

울라마들은 『꾸란』과 순나가 칼리파보다 더 우위에 있다고 주장했다. 이들은 신께 바치는 자신들의 충성이 그 어떤 경배보다도 신성하며, 공동체의 울라마들이야말로 신의 명령을 해석할 책임이 있다고 주장했다. 따라서 이를 따르지 않는 칼리파는 공동체에 복종을 명령할 수 없다고 덧붙였다. 종교 재판의 대상이었던 울라마가 '선을 권장한다(Al-amr bi al-ma'ruf).'는 기치 아래 칼리파에 대항하며 바그다드에서 시민 공동체를 동원한 사건은 매우 의미심장한 일이었다. 이들은 무슬림 하나 하나가 공동체를 대표한다고 주장했다.

히스바의 혁명적 잠재력을 통제하기 위한 알 마아문 초기 때의 교묘한 전략은 종교 재판으로 인해 무용지물이 되었다. 알 마아문은 예전에 시장 감독관 지위에 무흐타시브라는 명칭을 부여하고 무흐타시브를 국가 공무원으로 승격시킨 장본인이다. 그는 오직 자신이 임명한 무흐타시브만이 '선의 권장과 악의 금지' 임무를 수

공동체의 감정을 대변하는 대규모 축제 행사에는 단식의 달인 라마단의 마지막 날에 행하는 축제도 포함되어 있다. 무슬림들은 새 옷을 지어 입었으며, 모스크의 대중 집회는 사람들로 넘쳤다. 사람들은 이러한 축제를 통해 평안함과 즐거움, 성취감 등을 함께 나누었다. 그림에서 보는 바와 같이 축제를 기념하기 위한 기마 행렬도 등장했다. 종교적인 문구가 담긴 깃발을 주목해 볼 필요가 있다.

13세기 한 작은 마을에 도착한 여행객들. 이 그림에서 나타나는 인간적이고 유쾌한 장면은 우리를 당시의 도시를 짐작하게 해 준다. 물론 모스크와 첨탑이 가장 눈에 띄지만 시장으로 보이는 건물의 돔에는 닭들도 보인다. 한 여자가 마을 입구 축대 곁에 앉아 있고 문지기가 긴 창을 들고 서 있다. 한 남자와 여자가 싸움을 하고 있고, 여러 종류의 동물이 오가고, 여행객들은 환대를 받고 있다. 옷과 낙타의 안장은 티라즈(tiraz)라는 띠로 장식되어 있다.

행할 자격이 있다고 주장했다. 왜냐하면 권력자들에게는 히스바의 혁명적 잠재력을 무기력하게 만들 필요가 있으며 명확하게 할 일이 규정되어 있는 그런 직무는 정부에서 임명한 관리에게 맡기는 것이 효과적이라고 이해했기 때문이다. 따라서 이 제도는 곧 이슬람권 전역으로 확산되었다. 히스바의 본뜻과 히스바의 뜻깊은 '구조적' 함의를 생각해 볼 때 무흐타시브를 시장 감독관 이상으로 대우하기란 쉽지 않은 일이었다.

두 세기가 지난 후 알 마와르디가 쓴 최초의 이슬람 정치 이론서인 『정부의 법령집』은 무흐타시브 제도가 성공적이었다는 평가를 내렸다. 하지만 한 세대가 지난 후 알 가잘리는 이 직위를 전혀 언급하지 않은 채 본질적인 문제로만 파고들었다. 그는 초기의 울라마들이 영웅적으로 히스바 업무를 수행하는 과정에서 보여 주었던 잔혹한 행위들을 들추어 냄으로써 히스바에 대한 구조적 투쟁을 일으켰다. 그는 특히 무아위야에서 알 마아문에 이르기까지 이슬람 역사에 나타난 모든 칼리파에 저항하는 선동적인 문구인 "저승에는 신이 독재를 자행하는 이맘(*칼리파와 동의어로 쓰임)들을 위해 특별히 준비한 하브하브라는 계곡이 있다."를 소리 높이 외쳤다.

그는 이 문제를 다음과 같이 명쾌하게 정리했다. "이맘이 압제를 했다고 해서 그를 비난하는 일이 옳다고 한다면 어떻게 이맘의 허가를 요구하는 일이 정당화될 수 있겠는가? 만일 왈리가 어떤 사람이 '선을 권장하는 일'을 행하는 것을 승인한다면 문제는 달라질 것이다. 하지만 만약 그가 불만족스러워한다면 왈리의 행위는 마땅히 비난받아야 할 범죄인 것이다."

어느날 한 무흐타시브가 알 마아문 앞으로 끌려 왔다. 알 마아문은 다음과 같이 말했다. "나는 네가 우리의 허락도 없이 선을 권장하고 악을 금지할 자격이 있는 사람처럼 행동했다는 이야기를 들었다. 그러나 신은 나에게 너를 심판할 권리를 부여하셨다." 그러자 그 무흐타시브는 다음과 같이 대답했다. "당신은 세상을 지배할 권리를 부여받았습니다. 그러나 『꾸란』과 예언자가 우리에게 보여 주신 본보기가 있습니다.…… 만일 당신이 『꾸란』과 예언자의 뜻에 따르고자 한다면 먼저 신성함을 보호하며 당신을 돕고 있는 사람들에게 감사해야 합니다."

또 다른 이야기도 있다. 한 남자가 칼리파 알 무으타디드에게 바쳐질 최고급 포도주를 실은 뱃짐을 박살내 버린 죄로 끌려 왔다. "너는 누구냐?"라고 알 무으타디드가 물었다. 그러자 사내가 대답했다. "무흐타시브입니다." 칼리파가 다시 물었다. "누가 감히 히스바를 행하라고 허락했느냐?" 그러자 남자가 대답했다. "당신을 이맘으로 임명한 바로 그분(*하나님)께서 제게 히스바를 행해도 좋다고 하셨습니다."

이처럼 칼리파의 권위는 알 마아문의 계승자들이 사망한 후 그리 오래 가지 못했다. 한편 압바스 왕조 칼리파들은 확고한 권력의 기반을 다지기 위해 필사적으로 노력했다. 칼리파 알 무으타심(833년-842년 재위)이 바그다드 시민을 뒤로 한 채 자신의 목적을 위해 건설한 수도 사마라로 이동하고, 이슬람 세계의 국경을 넘어 터키 노예 군인들을 징집하기로 결정하자 국가는 무슬림 사회로부터 고립당할 수밖에 없는 운명에 처하게 되었다. 그것은 압바스 왕조를 쇠퇴기로 몰아넣는 데 도화선 역할을 했다. 11세기 스페인을 지지하는 글을 쓴 이븐 하즘(Ibn Ḥazm)은 알 무으타심의 정책을 전혀 의심하지 않았다.

"알 무으타심은 자신의 형 알 마아문의 뒤를 이어 칼리파가 되었다. 그는 바그다드를 떠나 사마라에 새로운 수도를 건설했다. 그는 부친의 군인들인 호라산인들의 지위를 강등시키고, 터키 용병들을 이용해 힘을 키워 나갔다. 그때부터 진정한 의미의 이슬람 국가는 사라졌고, 타락의 기둥이 자라나기 시작했다."

사실상 통치자나 다름없었던 터키 장군들은 중앙아시아에 남아 있던 자신들의 친족들과 함께──오늘날까지 중동의 정부에 영향력을 행사하고 있는──강력한 군벌을 형성했다. 이러한 터키 군대의 중동으로의 유입 현상은 11세기에 터키어를 쓰는 엄청난 수의 유목민이 본격적으로 이주해 옴으로써 절정에 이르렀다.

이슬람 제국의 드넓은 영토를 지배하던 압바스 왕조의 칼리파들이 점점 통치력을 잃어 가면서 중앙 정부가 움마를 보존할 수 있으리라는 희망도 점점 사라져 갔다. 각 무슬림 공동체는 자체 능력과 수단에 의지할 수밖에 없었다. 통일되었던 무슬림 제국이 개별적인 국가의 정치 세력 단위로 분할되었던 바로 그 시점에, 무슬림 시민 공동체는 어떤 정치적 보호막도 없이 법학파에서 수피 종단에 이르는, 확고한 제도를 갖춘 전통적인 무슬림 사회를 건설해 나갔다. 11세기에 동시다발로 나타나기 시작한 형제 우애 조합 같은 여러 형태의 조직들은, 정신적 유대로 맺어진 형제단이든 과격한 젊은이들로 이루어진 준군사 조직이든 그 성격과는 상관없이 사회적으로 환영받지 못했다.

그 후 움마는 국가의 이념적 가치와는 상관없이 순수 종교학자들이 규정한 원리 원칙을 바탕으로 설립되었다. 움마는, 정부가 그저 막연히 법과 진리를 옹호해 주기를 기대했을 뿐 정부를 상대로 어떤 구체적인 요구 사항도 제시하지 않았다. 몇 세기에 걸쳐 정부의 권력이 축소되어 가자 무슬림 국가의 심장부에는 공동화 현상만 남게 되었다. 그 대신에 움마는 무슬림 사회를 지키기 위해 입법 기능까지 갖게 되었다. 앞서 말한 바와 같이 중세 무슬림들은 자신들의 도시가 금요 예배가 열리는 모스크와 시장이라는 두 개의 중심축을 가지고 있다고 믿었다. 다시 말해서 이것은 궁전이나 정부 관청이 도시를 구성하는 데 필수적인 요소가 아니라는 무슬림들의 정치적 견해를 반영한 것이다. 이제 그들은 정부를 개인 생활에서 한 발자국 물러나 있는 외부 기관으로 여기기 시작했던 것이다. 게다가 정치가 불안정하자 무슬림은 사생활에 치중되었다. 이러한 분위기는 사람들에게서 이웃과 가족, 그리고 개인의 가치관을 중시하는 기류를 이끌어 냈다.

알 가잘리는 히스바를 통해 두 가지를 동시에 해결하고자 했다. 먼저 히스바를 움마 설립의 원칙인 개인의 권리로서 지지하는 것이었다. 그 다음은 개개인의 권리를 보호하고 움마의 갈등을 해소하는 수단으로 히스바를 내세웠다. 이는 다시 말해 지나치게 급진적인 세력들을 범죄 집단으로 규정함으로써, 그들을 해체시키거나 그들의 권력 남용을 억제하겠다는 의미였다. 이 문제는 국가의 권력을 규제하려는 것이 아니라 개인의 사생활이나 개인의 양심을 침해할 수 있는 세력에 반대하는 것이었다. 알 가잘리는 시민 공동체와 샤리아의 수호자들이 불법적인 행동을 하는지 감시하는 데 촉각을 곤두세웠다. 왜냐하면 그는 히스바를 모든 개인의 권리라고 주창한 자신의 견해가, 선량한 무슬림만이 히스바를 행할 자격이 주어진다는 견해에 왜곡당하는 것은 아닐까 우려했기 때문이다. 그는 도덕적으로 완전무결한 사람만 히스바를 행할 수 있다는 주장을 적극적으로 거부했다. 도덕적인 완전무결함을 주장하는 사람들은, "도덕적으로 타락한 사람이 어떻게 다른 사람을 개혁할 수 있겠는가?" "만일 막대기가 구부러졌다면 어떻게 그림자가 반듯할 수 있는가?"라고 그에게 반문했다. 그러나 그는 이러한 주장은 전혀 터무니없는 것이라고 일축한 채 다음과 같은 반론을 제시했다.

무흐타시브가 세상의 모든 죄악에서 완전히 자유로울 수 있는가? 이러한 전제 조건은 공동체의 합의인 이즈마(ijmā)에 위배되는 것이며, 히스바의 가능성에 종지부를 찍는 것이다. 왜냐하면 하층민은 말할 것도 없고 예언자의 동료들조차도 도덕적으로 완전무결할 수는 없기 때문이다. 예언자들 스스로가 과연 죄로부터 자유로울 수 있었는지에 대해서도 의견이 분분하다. 『꾸란』 자체도 아담은 물론 다른 예언자들을 죄와 연관시키고 있다. 사이드 이븐 주바이르는 다음과 같이 주장을 펼치고 있다. "만일 죄가 없는 사람만이 옳은 일을 명령하고 악한 일을 통제할 수 있다면, 명령을 내릴 수 있는 자는 아무도 없을 것이다."

상습적으로 술을 마시거나 간음을 한 무슬림이라 해도 다른 사람의 잘못을 그냥 지나치는 것은 옳지 않다. 자신이 죄를 저질렀다고 해서 다른 사람의 죄를 지적할 의무가 없어지는 것은 아니었다. 알 가잘리는 다시 한 번 다음과 같은 입장을 밝혔다. "무슬림 군대에는 늘 선한 자와 악한 자가 뒤섞여 있다. 이들 중에는 술을 마시고 과부들을 희롱하는 자도 있다. 그렇다고 해서 이들에게 예언자의 시대나 그 후에나 이슬람의 대의명분을 위해 싸우는 것이 금지되지는 않았다."

히스바는 무슬림이 포기할 수 없는 개인적인 권리이자 지켜 나가야 할 종교적, 공적인 의무였다. 알 가잘리는 히스바의 의무를 게을리할 때 생겨날 수 있는 결과들, 예를 들면 예언이나 종교의 파멸, 나라와 사회의 패망에 대해 경고했다. 이처럼

الـ...ـاب من غير استجابة ولا ارتياب وقال

نَبَصْرُ وَدَعِ اللَّوْمَ   وَقَالِي هَلْ تَرَى الْيَوْمَ   فَتًى لَا يَقْمُلُ الْقَوْمَ   سَنَى مَا دَسَّهُ ثَمَّ

فَقُلْتُ لَهُ أبْتَ الكَذَا يَشْيِخ النَّارِ وَزَامِلَة العَارِ ما مِثْلَك في طَلاوَة عَلَانِيتِك وَخُبْثِه
سِيلَ الا مِثْلُ رُوْنَ مَضَّاو كَنِفٍ مُبَيَّضِ ثَمَّ بِرَقْما فانطلقْتُ ذَأنَ الْمِينِ

알 가잘리가 예언자의 뜻을 강조하면서도 무슬림의 개인적인 권리를 존중하고, 공동체 사람들이 분쟁에 휩싸이는 것을 경계하기 위해 히스바 적용에 제한을 두었던 점 등은 놀랄 만한 일이다. 두 개의 종교 집단으로 갈라진 한 도시에서 어느 한 쪽의 신앙만을 강요한다면 내란이 일어날 것이 자명했다. 그는 "지지자들이 대규모 집회를 갖고 무력을 행사하는 일은 대대적인 공동체 분쟁을 야기시킬 수 있다."고 생각했다. 그가 히스바를 적용하는 대상을 아주 엄격히 규정했던 이유가 여기에 있었다. 따라서 히스바가 범죄자를 처벌하려면 모든 정통 법학파 까디들의 동의를 받아야 했으며, 만일 그것이 무슬림이 동의하지 않는 성격의 문제라면 결코 개입 또는 중재할 수 없었다. 이는 하나피법을 추종하는 무슬림이 아주 가벼운 음주를 하거나 법적인 증인 없이 결혼을 올리는 등 하나피 법학파가 허용하는 일을 하는 데 대해 샤피이 법을 추종하는 무슬림이 반대할 수 없는 것과 마찬가지 일이었다. 결과적으로 음주나 간음, 돼지고기를 먹는 일, 예배에 참여하지 않는 일과 같은 가장 일상적인 위법 행위들과 범죄에만 히스바가 적용되었던 것이다.

게다가 그 범죄 행위가 진행중인 상태에 있을 때만 개입할 수 있었다. 예를 들어 이미 술을 마셔 버린 사람의 경우처럼 사건이 발생한 이후에는 아무런 중재나 조정이 허용되지 않았던 것이다. 그렇다고 해서 사건이 발생하기에 앞서 예방적인 차원에서 간섭하는 일도 합법적인 것은 아니었다. 즉 처벌할 수 있는 범죄는 현재 명백하게 드러나 있어야 가능했다. 또한 히스바 문제를 다루면서 알 가잘리가 보인 가장 확고하면서도 두드러진 특징은, 누군가가 저지른 악행의 증거를 찾는 일은 불법이라고 강경히 강조한 점이다. 누가 금지된 음악을 듣는지, 술을 마시는지 알아내기 위해서나 또는 사적인 호기심을 위해 남의 집을 엿볼 권리는 분명히 어느 누구에게도 없었다. 단지 시끄러운 소음과 술 냄새가 공공 장소로 퍼져 나올 때만 예외였다. 그렇지만 자신의 이웃이 무슨 일을 했는지 다른 사람들에게 묻는 것도 불법이었다. 그는 "단순히 의심하고 있는 것을 네가 공표하느니 차라리 알고 있는 것에 대해 침묵하는 편이 더 낫다."는 성인으로 추앙받는 루끄만(Luqman, *고대 아랍의 현자로서 『꾸란』 31장은 그의 이름을 딴 것이다)의 말에 동의했다.

물론 주인의 허락 없이 남의 집에 들어가는 행위도 불법이었다. 알 가잘리는 여자와 함께 금지된 행위를 하는 어느 남자를 추적하기 위해 그 남자의 집 담장을 넘었던 제2대 칼리파 우마르의 이야기를 예로 들었다. 우마르가 그를 훈계하기 시작하자 그 남자는 다음과 같이 말했다. "제가 죄를 지었다는 것을 인정하지만 당신도 세 가지 죄를 범했습니다. 신께서 '엿보지 말라.'고 말씀하셨는데 당신은 엿보았습니다. 신께서는 '문을 통해서 집으로 들어가라.'라고 말씀하셨는데 당신은 지붕으로 들어왔습니다. 신께서 '먼저 허락을 구하고 인사를 한 다음 남의 집에 들어가라.'라고 말씀하셨는데(『꾸란』 24장 27절) 당신은 그렇게 하지 않았습니다."

이처럼 히스바는 오직 공개적으로 행해진 범죄에만 적용되었다. "남몰래 개인적으로 행해진 범죄는 오직 범죄자 자신에게만 피해를 준다. 남을 상대로 공개적으로 행해지거나 확인되지 않은 채 남아 있는 범죄만이 일반 대중에게 피해를 준다." 하지만 비록 그 범죄 행위가 공공 질서를 어지럽힌 것이라 하더라도 처벌에 있어서는 각별히 주의해야 했다. 평소 술 주정뱅이가 술병을 옷 속에 숨기고 길을 가더라도 누구도 그를 멈춰 서게 할 수는 없었다. 단지 어떤 사람의 평판이 나쁘다고 해서 그가 금지된 물건을 소지하고 있다고 보아서는 안 되었다. 범죄자라 할지라도 기름이나 식초 같은 합법적인 생필품들이 필요하기 마련이다. 누군가 개입할 필요가 있다면, 분명하고도 직접적인 증거가 있어야 했다. 무흐타시브는 숨겨진 술병을 찾기 위해 검문할 권리가 없었다. 왜냐하면 그것은 염탐 행위였으며, 법으로 금지되어 있는 부당한 심문인 타잣수스(tajassus)이기 때문이다.

알 마아문이 종교 재판소를 설치한 것은 개인의 사생활과 양심을 침해하는 일이라고 주장했다. 종교 재판이라는 그물망에 걸린 사람들은 갑자기 삶과 죽음의 기로에 서게 될 뿐만 아니라 움마의 일원으로서 그 정체성을 결정하게 될 심문을 받아야만 했다. 결국 종교 재판은 실패했지만 그 후유증은 엄청난 것이었기 때문에, 그 후 울라마가 주류인 집단에서는 더 이상 신앙을 강요하기 위해 국가 권력을 이용하려는 생각을 할 수 없었다. 15세기 말엽 카이로의 앗 수유티(As-Suyūti)는 "어디 다녀오십니까?" 또는 "어디 가십니까?"와 같은 질문조차 남을 염탐하는 나쁜 습관이라고 비난했다.

알 가잘리는 히스바의 실질적인 적용에 대한 규제 사항들을 강화시켰다. 히스바는 개인의 생명과 품위, 사생활, 재산, 사회적 평화를 위해 개인의 권리를 존중하는 한도에서만 다루어졌다. 이러한 가치들을 위반하면서까지 개입하는 것은 불법이었다. 개입은 여덟 단계라는 복잡한 절차를 통해 이루어졌다. 알 가잘리는 신중하게 그 경계를 정했다. 어느 한 단계에서 다음 단계로 넘어가는 것은 개입이 절대적으로 필요할 경우에 한해서 매우 조심스럽게 이루어졌다.

여덟 단계는 크게 두 가지로 뚜렷하게 구분되었다. 즉 도덕적인 설득에 의존하는 네 단계와 강요에 따르는 네 단계로 나누어졌는데 먼저 설득과 강요를 명확히 구분하기란 쉽지 않기 때문에 널리 신뢰받는 사람의 판단이 절실히 필요했다. 물리적인 체벌은 일정한 범죄에만 적용되었다. 말이나 심리적인 충동 때문에 일어난 범죄와 인간의 정신에 불쾌감을 준 것과 같은 실수는 도덕적인 훈계로 그쳤다. 또 피의자가 나이가 많은 사람일 경우에는 무력을 사용하지 않았다는 사실은 주목할 만하다. 무흐타시브는 자신의 아버지나 선생, 또는 통치자일 경우 물리적인 체벌을 할 수 없었다. 왜냐하면 그것은 사회 질서와 사회적 평화를 해칠 수 있기 때문이다. 앞서 이야기했듯이 알 가잘리는 상습적인 범죄자라 해도 남에게 히스바를 행할 자격이 있다고 강력히 주장했다. 그리고 도덕적으로 개입해야 할 때는 성실함이 필요하다는 견해 또한 인정했다. 왜냐하면 평판이 나쁜 무흐타시브는 그만큼 영향력도 약해질 것이기 때문이다. 역설적으로 무력을 포함하는 히스바는 이런 조건이 필요 없었으며 범죄자는 무력 사용의 히스바를 받아야만 할 의무가 있었다. '술을 마신 사람이라고 해서 살인을 저질러야 한다는 말인가?'

무흐타시브는 피의자가 도주할 우려가 있다고 해도 그의 신체의 자유를 억압해서는 안 되었다. 술을 버리라고 죄인을 설득할 수 있지만 무흐타시브가 억지로 술병을 빼앗아도 안 되었다. 또한 무흐타시브는 죄인의 술병을 깨뜨려서도 안 되었다. 술병은 그 사람의 재산이므로 별 다른 이유 없이 그것을 깨뜨렸다면 무흐타시브가 그에 대해 보상을 해 주어야 했다. 어쩔 수 없이 옷을 압수해 조사를 하는 경우에도 절대 그것을 찢지 말고 솔기만 뜯어낸 채 확인하는 정도에 그쳐야 했다.

히스바는 피의자에게 심한 손해를 입히지 않는 상태에서 행해졌을 때만 정당한 구속력을 가졌다. 그리고 남녀 누구든지 보복이 두려운 경우라면 개입하지 않아도 되었다. 친구나 친척, 동료라 할지라도 피의자에게 보복당할 위험이 있다면 실제로 개입은 금지되었다. 그 밖에도 보호라는 긍정적인 차원에서 히스바의 적용이 배제되는 경우도 있었다. 『꾸란』은 자살 행위를 "한 손에 술잔을 들고 다른 한 손에 칼을 든 악인(알 가잘리에 따르면 정부군의 이미지)"이라고 표현했듯이 자살 행위 같은 경우에는 개입할 여지가 전혀 없었다. 그러나 이러한 자기 보존의 원칙에 따라 목숨이 위태로운 모든 행위에 대한 개입을 금지한 것은 아니었다. 만약 범죄를 완전히 종료시킬 수 있거나 개입하는 일이 무슬림의 사기를 올릴 수 있는 경우라면 히스바를 행하는 것은 인정되었다. 하지만 다른 일로 목숨을 잃을 경우라면 금지되었다. 또 그 범죄를 막으려는 것이 더 나쁜 결과를 불러 오는 경우라면 개입이 금지되었다.

히스바를 적용하는 여덟 단계는 다음과 같다. 첫째, 인지이다. 즉 범죄 행위가 이슬람법을 명백히 위반한 상태여야 한다는 것이다. 둘째, 교육이다. 종종 무지 때문에 사람은 가벼운 잘못을 저지른다. 이 경우에는 무지를 이유로 그를 무시하거나 모욕하지 말고 잘 가르쳐야 한다. 셋째, 상담이다. 자신이 저지른 행동이 금지된 것임을 알고 있는 상습 범죄자, 예를 들어 알코올 중독자 같은 사람은 끈기 있고 정중하게 상담을 받아야 한다. 네째, 힐책이다. 부드러운 상담이 효과가 없을 경우 무흐타시브는 과장된 말이나 외설스러운 표현을 쓰지 않는 한 피의자를 따끔하게 야단쳐도 된다. 다섯째, 이 단계는 강제와 설득을 분명히 규정했는데도 범죄자보다는 범죄 그 자체가 더 문제가 될 때 특별히 적용한다. 만일 강력한 힐책도 통하지 않을 경우, 무흐타시브는 강압적으로 금지된 행위를 멈추게 하거나 주정뱅이의 술을 쏟아 버리는 것과 같은, 피의자의 물건을 파괴하는 행위를 할 수 있다. 여섯째, 경고이다. 범법자에게 물리적인 체벌을 가하기 앞서 먼저 경고부터 해야 한다. 그러나 '네 집을 약탈하겠다거나, 아이들을 때리겠다거나, 아내를 노예로 삼겠다.'와 같은 불법적인 경고는 금지되었다. 일곱째, 강제이다. 어쩔 수 없을 경우에는 최소한의 무력을 쓸 수도 있다. 다만 무기의 사용은 최소한에 그쳐야 한다. 히스바의 최고 수준인 여덟째 단계는 무흐타시브 혼자서는 의무를 수행할 수 없을 때 무기나 다른 보조적인 힘을 사용해도 된다는 것이다. 이러한 상황에서 범죄자는 도와 줄 사람을 소집해 달라고 요청할 수 있다. 결국 무장한 두 집단이 거리에서 교전을 일으킬 수도 있었다. 이것은 히스바에서 가장 논란의 여지가 많은 단계였다. 알 가잘리도 이 단계에 이르러서는 마음이 매우 불편할 수밖에 없었다. 이러한 분쟁이 일어날 가능성을 허락한다는 것은, 곧 무슬림 개인은 위임이 없이는 히스바를 사용할 권리가 없다고 반증하는 결과를 낳았다. 알 가잘리는 거리에서 벌어지는 싸움의 위험성에 아주 민감했다. 그러나 그는 어떠한 위험이 발생하더라도 히스바의 본래 원칙(*히스바가 무조건적인 개인의 권리)을 침해하게 내버려 두어서는 안 된다고 주장했다. 그의 해결책은 음주와 간음, 예배드리지 않는 행위와 같은 일상적인 사건에만 히스바가 개입되도록 규정했던 것이다. 이런 일상적인 사건들을 공공연히 위반하면 공동체 전체를 자극하는 결과를 가져오기 때문에 이에 대한 개입은 공동체 내의 법을 준수하기 위해 필수적이라고 알 가잘리는 생각한 것이다.

알 가잘리는 이와 같이 폭동의 위험을 감수하고서라도 일상적으로 일어나는 범죄를 예방하고자 했다. 따라서 그는 히스바가 이단적인 집단에 대항했을 때 일어날 수 있는 심각한 종파 분쟁에 감정적으로 대응하지 않았다. 이것이 바로 그가 히스바의 절대 권리를 무슬림에게 주어지면 안 된다고 했던 독특하고도 필연적인 이유였다.

알 가잘리는 본질적으로 다음과 같은 문제를 제기했다. 만약 하나피법을 추종하는 누군가가 법적 후견인 없이 치른 자신의 결혼에 아무도 반대하지 않아야 옳다고 한다면, 이와 마찬가지로 신은 보여질 수 없으며 신에게서는 오직 선만이 나오고, 『꾸란』은 창조된 것이라고 주장하는 무으타질라파나, 육체가 아닌 영혼만이 부활할 것이라고 말한 철학자, 또는 그리스도교인들이나 유대교인들의 견해에 맞서서 어떤 누구도 반대하는 것을 삼가야 하는 것은 아닐까? 왜냐하면 결국 그들 또한 자신들이 옳다고 믿는 사람들이기 때문이다. 알 가잘리는 이 두 가지 차이점을 완전히 구분했다. 어떤 행위가 허용되고 어떤 행위가 금지되는지에 대한 무슬림의 상이한 견해는 모두 타당하게 받아들여졌다. 왜냐하면 의견의 차이는 세부적인 문제일 뿐이며, 또한 신앙의 기본 조항들에 따르면 원칙적으로 두 개의 상반된 견해는 있을 수 없기 때문이다.

따라서 원칙상 히스바가 이단에게 행할 의무라는 것은 자명했다. 하지만 알 가잘리의 궁극적인 주장은 이단을 근절하는 일은 가능하지도 않을 뿐더러 그렇게 바람직하지도 않다는 것이었다. 각 도시의 조건과 상황이 고려되어야 한다는 것이었다. 만일 도시민이 정통과 이단으로 나누어져 있고 이단에 대한 비난이 분쟁을 일으킬 가능성이 있다면 그때에는 평화를 위해서라도 무슬림은 개입하지 말아야 했다.

알 가잘리는 문제의 근본적인 원인을 잘 이해하고 있었다. "이단자는 자신이 옳다고 여기기 때문에 오히려 다른 신앙을 가진 사람을 인정하지 않는다. 서로 자기가 옳다고 주장할 뿐 자신이 이단임을 인정하는 사람은 아무도 없다." 결국 통치자만이 공공의 평화를 유지할 강력한 힘을 행사할 수 있었다(그러나 정부도 공동체를 대신해 정통성을 심사하는 울라마의 의견에 따라 이단을 처벌할 수 있을 뿐이다).

개인들이 이단과 싸우기 위해서는 허락을 받아야 한다는 요구 사항은 히스바를 경솔하게 적용했을 때 일어날 수 있는 동요로부터 사회를 보호하기 위해 알 가잘리가 고안해 낸 것으로 강제 조치의 진수를 보여 준다. 무슬림들은 종파간의 분쟁이나 내란을 피하기 위해서, 복합적인 사회 —— 그리고 모든 무슬림들이 다양한 사회를 이루며 살고 있는 아라비아 반도의 바깥 세계 —— 에서는 히스바를 실행하는 일을 삼가야 한다.

어떤 것을 희생하더라도 사회적 평화가 우선한다는 생각은 그 후 중세 무슬림 사회의 지침이 되었다. 시민을 평화롭게 살 수 있게만 해 준다면 그 어떤 정부도 인정할 수 있다는 것이 울라마와 도시 지식층의 견해였다. 이는 모든 통치자들에게는 아닐지라도 당시 집권자들에게는 큰 영향을 주었다. 이처럼 정부는 도시의 지식층과 값비싼 정치적 거래를 하지 않고서는 국가를 통치할 수 없었다.

술탄들은 막대한 재산을 종교 기부금으로 헌납했고, 이는 울라마가 사회적 입지를 굳히는 데 많은 뒷받침이 되었다. 도시 사회의 이러한 제도들은 통치와 밀접한 관련이 있었다. 그렇기 때문에 오늘날 역사학자들이 통치자와 울라마의 관계를 기술할 때 '동맹'이라는 단어를 즐겨 사용하고 있는 것이다.

여성의 삶

근대 이전 전통적인 무슬림 사회에 대한 기록을 남긴 작가들은 대부분 울라마였다. 그들이 쓴 '전기 사전'들은 몇천 명에 이르는 사람들의 출생, 공헌, 행적을 상세하게 제공해 주고 있는데 이러한 전기 사전은 무슬림 사회에만 있는 독특한 산물이었다. 울라마는 그러한 전기 사전을 통해 명성을 널리 드높였다.

기브(H. A. R. Gibb)는 다음과 같이 설명했다. "전기 사전들에 명시되어 있는 개념에 따르면, 무슬림 공동체는 본질적으로 각각의 남녀들이 독특한 문화를 형성하면서 사회에 헌신한 산물이다. 즉 모든 영역에서 무슬림 사회를 대표하거나 반영한 사람들은 정치 지배자들이기보다는 개인 신분의 남녀들이었다. 이들이 이룬 공헌은 다음 세대들을 위해 충분히 기록될 가치가 있다."

울라마들이 칼리파제의 소멸로 생겨난 공백을 메우게 되면서 전기 사전들은 증산되었다. 알 카티브 알 바그다디(al-Khatib al-Baghdadi), 이븐 아사키르(Ibn Asakir), 이븐 칼리칸(Ibn Khallikan)과 같은 저명한 역사학자들은 점점 전기와 역사 둘 다를 비중 있게 바라보기 시작했다. 이런 역사적 기록은 울라마가 대부분인 움마의 역사를 곧 울라마들의 생애로 생각하기에 이르렀다.

또한 전기 사전들은 그 당시의 지적 생활의 모습뿐만 아니라 사회적으로나 경제적으로 중요한 자료들을 담고 있다. 또한 여성들 삶의 자취를 살펴볼 수 있는 자료들도 풍부하게 제공하고 있었다. 무슬림 사회에서는 여성의 역할이 두 세기로 양분화되었다는 것을 전기 사전을 통해서 알 수 있다. 하나는 메카와 메디나에서 활동했던 이슬람 출현 초기의 여성 집단이고 또 하나는 이집트, 시리아, 아라비아에서 나타난 중세 후반기(14세기-15세기)의 여성 집단이다. 전기 사전을 보면, 이 두 집단은 약 3,000명에 이를 정도로 비슷한 규모였지만 상반된 성격을 띠고 있었다.

전기 사전의 도입 부분에는 예언자와 가까웠던 교우들의 전기를 먼저 기록해 놓고 있다. 왜냐하면 교우들의 삶이 어떠했는지 알아야 예언자의 말과 생애에 대해 언급한 그들의 진술을 믿을 수 있는지 없는지 알 수 있었기 때문이다. 남성들처럼 초기 여성들도 처음에는 『하디스』에 관련된 증인으로 문헌에 등장했다. 이슬람력 3세기 무렵 이븐 사아드(Ibn Sa'd)가 쓴 『제1세대들(Al-Tabaqat al-kubra)』에 나오는 4,250명 가운데 여성 629명이 포함되었던 것을 비롯해, 이슬람력 9세기 무렵 이븐 하자르(Ibn Hajar)가 쓴 『교우들의 특성에 대한 정확한 측정(Al-Isaba fi tamyiz al-sahaba)』에서는 1만 2,043명 가운데 여성이 1,551명을 차지했다. 이러한 모든 전기 모음집들은 먼 과거를 회상하고 있다는 점에서 역사성을 띠고 있다. 이븐 사아드의 첫 저서조차도 여성들을 두 세기로 나누어 구분했을 정도였다. 그 후 후대 작가들은 초기 작가들로부터 주제를 그대로 이어받아 이슬람 여성을 천편일률적으로 기술했다.

초기 이슬람 여성들의 수는 이븐 하자르가 쓴 『교우들의 특성에 대한 정확한 측정』에 수록되어 있는 1,551명으로 추정될 수 있다.

예언자와 관련이 있는 이 여성들은 무슬림 여성의 이상적인 모델이다. 이 그림에서는 오른쪽에서부터 무함마드의 딸 파티마, 아내 아이샤, 마크줌 부족 출신 아내 움므 살라마가 무릎을 꿇고 있으며, 베일로 얼굴을 가리고 머리에는 불 화관을 쓰고 있다. 파티마는 쉬아파에서 그리스도교의 마리아에 해당하고, 아이샤는 예언자와 관련된 전승에서 가장 존경받는 사람 가운데 한 명이다. 그녀는 656년 살해당한 칼리파 우스만의 복수를 하기 위해 기꺼이 전쟁에 참여했다고 전해진다. 움므 살라마는, 초대와 제2대 칼리파인 아부 바크르와 우마르가 예언자와 부인들 문제에 개입하려 들자 미련 없이 떠나 버렸다고 전기 사전에 기록되어 있다.

　　전기물들은 두 가지 점에서 중요성을 띠었다. 그것들은 우선 우리에게 있는 그대로의 사실을 이야기해 주는 전달자 역할을 했고 또 하나는 전기물의 등장 인물을 이슬람 문화에서 매우 가치 있고 이상적인 인간 유형으로 전형화시켜서 서술했다. 이븐 하자르의 책에서 소개하고 있는 이슬람 초기 시대의 여성으로는 예언자의 첫 번째 아내인 카디자와 그가 사랑했던 어린 아내 아이샤, 그리고 그의 딸 파티마가 꼽힌다. 아이샤는 그녀의 일생과 사후에 제시된 새로운 조명 때문에 많은 논란을 일으킨 인물이었다. 나중에 보게 되겠지만 그녀는 몇 세기에 걸쳐 초기의 여성과 후기의 여성 집단을 연결하는 교두보 역할을 했다.

　　사후에 가장 화려한 조명을 받은 인물은 파티마였다. 그녀는 쉬아파에게 존경을 받기 시작하면서 한층 명성이 높아졌다. 후기 쉬아파 기록을 살펴보면 그녀의 생애가 다루어지면 다루어질수록 그녀를 칭송하는 덕목의 가지 수가 점점 늘어났다. 그녀는 '세계 모든 여성의 여왕'이자 '처녀성'의 상징이요 '순수하고 성스러운 여인'이 되었다. 그녀는 신이 가진 위대함의 빛에서, 또는 천국의 정신적 양식으로 창조된 인물이었으며 '최후 심판의 날에 여성을 구할 여왕'이었다. 그녀는 천국에 들어가는 첫번째 여성이 될 것이며, 만약 그녀의 가문을 사랑했던 죄인들이 있다면 그들을 구원하기 위해 신에게 그들을 변호해 주는 중재자 역할을 할 것으로 묘사되었다.

　　파티마는 『꾸란』에서는 언급되지 않았다(예수의 어머니 마리아는 『꾸란』에 등장하는 특권을 누리고 있다). 하지만 쉬아파의 전통에서는 마리아가 가지고 있는 모든 특권을 파티마에게 부여했다. 알 마즐리시(al-Majlisi)는 『비하르 알 안와르(*Bihar al-anwar*, *이 책의 내용 가운데 파티마에 관해 쓰여진 부분이 쉬아파 교리를 가장 폭넓게 다루고 있다)』에서 마리아가 행한 기적들을 체계적으로 파티마에게 부여할 것을 요구하고 있다.

　　파티마는 '위대한 마리아'로도 불렸다. 대중화된 종교를 믿는 신도들은 파티마에게 의지하려 했다. 파티마는 불의에 항거하는 자신의 아버지의 뜻을 받들어 순교자인 아들 후사인과 함께 억압받는 자들의 편에 서서 투쟁했다. 쉬아파 여성들은 파티마의 탄생일과 기일에 성소를 방문해 그녀에게 경배했다. 그녀들은 일상의 문제나 질병, 임신과 출산, 흉년과 같은 문제를 가지고 파티마를 찾았다. 파티마는 한결같은 수호자이자 어머니요, 그녀를 추종하는 자들의 희망으로 여전히 남아 있다.

　　중세 후반에 나타난 여성 집단은 1,300명에 이르는 여성으로 구성되어 있었다. 이들의 전기는, 14세기와 15세기에 걸쳐 이븐 하자르와 그의 제자 사카위(Sakha-wi)가 생전에 미리 써 놓았던 두 권으로 된 100년 주기 사전에 수록되어 있다. 14세기 이븐 하자르의 『숨겨진 진주(*al-Durar al-kamina*)』에서는 저명인사 5,204명

움므 하니의 생애 (1376년-1466년)

778년 샤으반(Shaʿban, *8월) 중순, 금요일, 카이로 태생
871년 사파르(Ṣafar, *2월) 30, 토요일, 카이로에서 사망.

마르얌(Maryam, *마리아의 아랍어 표현)이라고도 알려진 움므 하니는 카이로 출신이었으며 샤피이파 소속이었고, 재판관 압드 알 라만 이븐 압드 알 말리크(ʿAbd al-Rahman Ibn ʿAbd al-malik)의 손녀였고 누르 알 딘 아부 알 하산 알리(Nur al-Dīn Abu al-Ḥasan Alī)의 딸이었다. 모계 쪽으로 보면, 그녀는 재판관 무함마드 이븐 무함마드 알 까야티(Muḥammad ibn Muḥammad al-Qayāti)의 외손녀였다.

그녀는 778년 샤으반 중순 금요일 밤, 카이로에서 태어났다. 그녀의 외할아버지인 재판관 알 까야티가 그녀를 양육했다. 785년 그녀의 외할아버지는 네 명의 스승들로부터 『하디스』 강의를 직접 듣기 위해 메카로 갔다. 카이로에서 그녀는 외할아버지와 여섯 명의 다른 스승들 밑에서 공부했다. 그녀는 열세 명의 명망 있는 스승들로부터 청강 증명서를 받았다.

그녀는 무함마드 이븐 우마르 이븐 쿠틀루부가 알 바크타무리(Muḥmmad ibn ʿumar ibn Qutlubugha al-Baktamuri)와 결혼해 여러 명의 아이들을 낳았다. 슈자 앗 딘 무함마드 알 샤피이(Shuja ad-Din Muḥammad al-Shafii), 사이프 앗 딘 무함마드 알 하나피(Sayf ad-Din Muḥammad al-ḥanafi), 파티마, 유니스 알 말리키(Yūnis al-Maliki), 만수르 알 한발리(Manṣūr al-Ḥanbalī)가 바로 그들이다. 그녀의 자녀들은 법학파를 연구하고 추종함으로써 유명해졌다. 특히 그들은 하나피파에서 두각을 나타냈다. 그의 아들 만수르 알 한발리는 매우 영리했지만 어릴 때 죽고 말았다. 너무 총명해서 일찍 죽었다고 전해진다.

그녀는 첫번째 남편이 죽은 뒤 하산 이븐 수와이드 알 말리키(Ḥasan ibn Suwāīd al-Maliki)와 결혼해 아흐마드와 아지자를 낳았다. 그녀의 외할아버지 알 까야티가 죽자 그녀의 남편이 그녀의 유산을 마음대로 유용했지만, 그가 죽고 나서 그녀는 모든 유산을 상속받았다. 그 돈으로 그녀는 비르카트 알 필 근처에 엄청나게 크고 많은 물레 가지고 있는, 유명한 인샤 알 아크람이라는 직물 공장을 사들였다. 원래 소유주의 후손들 중 한 사람이 법정에서 그것이 불공정한 거래였다고 이의를 제기했지만, 한발리파 판사인 나스르 알라(Nasr Allāh)는 거래가 적법했다고 판결하고 그녀에게 직물 공장 소유권을 인정했다.

그녀는 오랫동안 『하디스』를 가르쳤으며, 우수한 학자들이 그녀의 강의를 들었다. 개인적으로 그녀가 스승들에게서 들었던 모든 것을 나(*알 사카위)는 그녀로부터 배웠다. 하지만 그녀는 내가 배울 수 있었던 것보다 훨씬 많은 것을 알고 있다고 나는 믿는다. 그녀의 외할아버지는 『하디스』 6권(『하디스』의 정전 모음집)의 나머지와 나샤위리(Nashawiri)의 부카리 『하디스』 사히흐 해설판을 그녀에게 가르쳤던 것 같다.

그녀는 신과 예언자의 이름들이 언급될 때마다 엄청나게 눈물을 흘리곤 했던, 훌륭하고 신앙심이 깊은 여성이었다. 그녀는 끊임없이 단식을 했고 밤 예배를 올렸으며 종교에 대한 신념이 대단했다. 특히 의식의 순수함에 관심을 가졌다. 그녀는 글을 매우 잘 썼으며, 즉흥적으로 시를 지어 낼 수 있을 정도로 타고난 시인이었다.

그녀는 어렸을 때 이미 『꾸란』을 암송할 수 있었고, 아부 샷자(Abū Shājjā)의 『무크타사르(Mukhtasar, 법률 요약)』과 단어 어형에 관한 알 하리리의 『알 물하(al-Mulha, 시에 대한 논문)』를 비롯해 여러 작품들을 섭렵했다. 나는 그녀가 『꾸란』의 사프 장(Saff, '하늘과 지상에 있는 것들은 무엇이든 신의 찬미를 축복으로 받으리라.' 『꾸란』 61장)을 아름답게 낭송하는 것을 들었다.

그녀는 열세 번이나 순례를 떠났고, 메카와 메디나에 몇 달씩 머물면서 공부했다.

나이가 들어감에 따라 그녀는 시력이 약해졌지만 인내심만은 여전했다. 이 무렵 그녀는 다리가 매우 불편하여 주로 집에 머물렀다. 그녀의 하나피파 아들은 871년 사파르 30일 토요일 그녀가 죽을 때까지 그녀를 돌보았다.

그 당시 나는 메카에 있었다. 그녀는 카르라파에 있는 이맘 샤피이의 성소 근처, 외할아버지 알 까야티의 묘지가 있는 그곳에 함께 묻혔다.

그녀와 우리에게 신의 가호가 있기를.

246

젊은 여성이 자식, 특히 아들을 낳는 것은 매우 중요한 일이었다. 그 첫번째 이유는, 자식들은 어머니에게 중요한 지위를 부여해 주는 존재였기 때문이다──자식들은 『꾸란』의 가르침에 따라 그들의 어머니를 존경할 것과 어머니에게 복종할 것을 요구받았다──두 번째는 자식을 키우고 교육함으로써 그녀의 남편으로 하여금 새로운 아내를 얻고자 하는 충동을 자제시킬 수 있었기 때문이다.

이 그림은 무굴 제국의 황제 아크바르가 맏아들 살림의 출생을 축하하기 위해 궁중에서 축하연을 베푸는 장면을 묘사하고 있다. 아크바르는 비록 여러 명의 아내를 거느렸지만 후계자로 삼을 만한 건강한 아들을 얻기는 어려웠다. 따라서 이 축하연에서도 그는 수피 쉐이크인 살림 치쉬티(Salim Chishti)에게 도움을 청했다. 아내들 중 하나가 임신하자, 그는 그녀를 수피의 집에 보내 무사히 출산할 수 있도록 배려했던 것이다. 그때 태어난 왕자가 바로 자한기르였다.

가운데 198명의 여성(4퍼센트)을, 15세기 사카위의 『밝은 빛(*Al-Daw al-lami*)』에서는 1만 1,691명 가운데 1,075명의 여성(9퍼센트)을 다루었다. 사카위의 열두 권짜리 사전은 이슬람 역사상 여성 집단을 총망라했다고 해도 과언이 아니었다. 또한 이 사전은 이집트와 시리아, 아라비아의 주요 도시인 카이로와 메카, 메디나, 다마스쿠스, 예루살렘에서 활동한 울라마뿐만 아니라 맘루크국의 고위 관료를 비롯하여 15세기(이슬람력 9세기)의 저명인사들의 업적을 기리고 있다. 그는 마지막 권에 둘째 부인 이하 아내들을 포함한 동일 가문과 동일 계급의 여성들, 상인, 시인, 산파, 집시 여성들의 생애를 기록했다.

사카위의 기록이 후대에 더 가치 높게 평가되는 것은 그 후 100년마다 발행된 전기 사전에서 여성들이 이유 없이 사라져 버렸다는 사실을 밝혔기 때문이다.

알 가잘리의 16세기에 관한 기록에는 1,647명 가운데 단지 12명의 여성만이 나타났다. 알 무힙비(al-Muhibbi)는 자신이 전기에서 다룬 1,289명 가운데 여성은 한 사람도 포함시키지 않았고, 알 무라디(al-Muradi)는 18세기 저명인사 753명 가운데 단 한 명의 여성만을 수록했다. 19세기 전기 학자인 알 바이타르(al-Baytar)는 777명 가운데 여성은 오직 두 명만 거론했다.

사카위는 중세에 쓰여진 전기 사전의 기술 방식을 표준으로 삼았다. 대상 인물과 혈통 계보상의 인적 사항이 맞는지를 확인한 후 생일이 알려진 경우에는 생년월일도 기록했다. 그리고 『하디스』를 전수하는 사람을 다룰 때는 그 여성이 받은 교육과 이자자(ijazat, *자격증)에 관한 정보, 그리고 그녀가 경험한 여행과 순례에 대한 구체적인 사항도 기록했다. 아울러 추가적인 정보에는 그 여성의 재산이나 사회적 신분, 그리고 생전의 일화를 통해 파악된 개인의 성격과 관련된 사항들이 포함되었다. 또 기록된 인물들이 사망한 날짜와 장소, 때로는 그 사망 원인도 기록으로 남겼다.

사카위는 특히 여성의 결혼에 대해 완벽하게 기록하기 위해 각별한 신경을 썼다. 전기의 분량은 인물에 따라 각각 달랐고, 짧게 쓰여진 경우는 그만큼 내용도 미흡할 수밖에 없었다. 사카위는 몇십 년에 걸쳐 전기를 썼지만 모두 완성하지 못한 채 숨을 거두었다. 그가 사망한 후에도 그의 기록에 나타난 많은 여성들은 여전히 삶을 지속하고 있었다. 따라서 그녀가 사망한 일시나 사카위가 생전

여성들 중에는 학문에서뿐만 아니라 서체 예술에서도 명성을 얻은 인물들이 많았다. 1600년 무렵 이스파한에서 그려진 이 그림은 세련된 여인이 글씨를 쓰고 있는 모습을 보여 주고 있다. 그녀의 자세와 의상만큼이나 그녀의 서체와 생각도 우아할 것 같다.

에 미처 발견하지 못한 정보는 기록에서 빠져 있을 수밖에 없었다.

움므 하니(Umm Hani)에 대한 기록(번호 980, 245쪽 참조)은 거의 완벽한 전기의 표본을 보여 준다. 단지 그녀를 가르친 스승들의 명단만 빠져 있을 뿐이었다. 그녀의 생일과 사망일도 매우 정확했다. 일곱 살 무렵부터 유명한 까디였던 외할아버지에게서 엄격한 교육을 받았다는 기록도 정확했다. 그녀가 두 번 결혼했으며 일곱 명의 자식을 두었고, 이슬람 지식을 전달했던 스승(그녀는 사카위가 존경하는 『하디스』 교사였다)이었다는 사실, 직물 공장을 운영하는 등 적극적으로 경제 활동에 참여했다는 것, 그리고 힘겨웠던 노년에 이른 그녀를 돌보았던 아들과의 관계 등에 대한 기록도 매우 정확했다. 그녀가 매우 많은 울라마들을 만날 수 있었던 것은 그녀가 열세 차례에 걸쳐 메카와 메디나를 순례했기 때문인 것으로 추정된다.

14세기와 15세기의 여성들은 뛰어난 남성 학자들을 길러 낸 훌륭한 스승들이었다. 움므 하니는, 사카위가 『하디스』를 낭송할 권위를 부여한 68명의 여성 전문가들 중 한 명에 지나지 않았다.

이븐 하자르는 자신이 직접 권위를 인정해 준 여성 53명의 이름을 소개했고 앗 수유티는 여성 33명의 이름을 소개했다. 이슬람 출현 첫 세기 이후 이븐 하자르와 사카위 시대의 개화기까지 여성 전승 전문가들은 찾아보기 힘든 존재였다.

당시 여성들이 종교 지식의 부흥기를 맞았던 것은 사실이다. 이는 시리아와 이집트의 여성 울라마들이 예언자의 부인이자 초대 칼리파 아부 바크르의 딸인 아이샤에 대해 써놓은 자료에 잘 나와 있다. 아이샤는 『하디스』에 처음으로 등장한 여성이었다. 사카위에 따르면 아이샤는, 움므 하니를 비롯한 여성 울라마들이 관심을 특별히 쏟았던, 종교적 순수성을 깊이 연구한 뛰어난 전문가였다.

앞에서도 이야기한 것처럼 아이샤는 이슬람 역사에서 가장 논란의 여지가 많은 인물이었다. 그녀는 파티마와는 달리 예언자가 사망한 뒤 50년이라고 하는, 역사적으로 중요한 시기를 살았으며(그녀는 678년에 사망했다), 무슬림 공동체를 분열시킨 첫번째 피트나(fitna, *내란, 내전)에서는 지도자로서 직접 참여했다. 그녀가 공적 생활을 하면서 겪은 사건들은 널리 알려져 후세 사람들이 말을 만들어 내거나 나중에 심하게 부풀려지기도 했다. 후세 사람들은 단지 이 사건들을 나름대로 해석할 뿐이었다.

아이샤를 비난하거나 칭송하는 두 가지 이유는 모두 그녀가 예언자가 사망한 후에도 오랫동안 살았다는 데서 비롯되었다. 그녀는 제4대 칼리파이자 파티마의 남편인 알리에 대항해 일어난 첫번째 내전에 적극적으로 참여했다. 그녀는 쉬아파(원래 알리의 추종 집단)의 탄생 과정에서 악역을 맡을 수밖에 없었고 그들의 무자비한 비난을 감수해야 했다. 쉬아파는 예언자와 함께 살던 당시 그녀를 둘러싸고 논란이 끊이지 않았던 문제인 간통죄를 부각시켰다. 쉬아파는 그녀가 『꾸란』의 구절에 의해 순결을 보장받았다는 순니파의 주장을 반박했다. 아이샤야말로 예언자가 가장 사랑했던 부인이라고 강조하는 순니파에 맞서, 쉬아파는 가장 총애 받았던 부인은 움므 살라마(Umm Salamah)였다고 주장했다.

중세 무슬림 공동체가 정치 권력에 무력으로 맞서기를 꺼렸던 것은 내전으로 확대될지 모른다는 두려움 때문이었다. 따라서 아이샤가 적극적으로 내전에 참여했던 일은 일부 쉬아파에게서 끊임없이 비난을 받을 수밖에 없는 원인이 되었다.

순니파는 적극적으로 정치에 관여했던 그녀의 행위를 정당화시키는 데 상당한 어려움을 겪었다. 그녀의 비난을 덮어 주기 위해 순니파는, 656년 이른바 '낙타의 전쟁'에 그녀가 나가기를 꺼렸다거나 모든 잘못이 그녀의 동료들에서 비롯됐다고 변명을 해 주었지만 쉬아파의 쏟아지는 비난을 막기에는 역부족이었다. 왜냐하면 그녀의 확고한 의지로 내전에 참여했다는 반증이 매우 많았기 때문이다.

한편 이슬람이 형성되던 시기에 활동한 아이샤는 『하디스』로 발전한 예언자에 관한 자료를 방대하게 뒷받침해 줄 수 있는 사람 중의 한 명이었다. 이와 같은 사실은 순니파의 신뢰성을 영원히 뒷받침해 주는 근간이 되었다.

중세 후반에 이르러 마침내 아이샤가 순니 공동체에서 가장 존경받는 인물로 등장했을 때, 그녀의 확고한 지지 기반이 되어 준 것은 다름 아닌 그녀가 지닌 탁월한 종교 지식이었다. 이는 또 아이샤가 모든 여성들의 추앙을 받는 존재로 떠오른 근거이기도 했다. '신도의 어머니' 아이샤는 성인도 아니고 위대한 학자도 아니었기 때문에 여성 학자들에게는 좀더 가까이 다가갈 수 있는 본보기가 되었고, 여성들의 실력을 검증받은 상징적 인물이 되었다.

전기 사전들은 중세 후반 무슬림 학자로 활동했던 여성들의 역할을 이해하는 데 필요한 정보를 제공했다. 여성이 직접 경제 활동에 참여하고, 재산권을 갖고, 종교 단체에 기부금을 냈다는 등의 기록은 빙산의 일각에 불과했다. 예를 들어 오늘날까지 남아 있는 오스만 제국의 자선 기부금에 관한 기록은 전기물에 나오는 것보다 실제로 훨씬 많은 여성이 기부금을 냈음을 증명하고 있다. 가끔 여성들이 낸 기부금은 전체 기부금의 약 40퍼센트를 차지하기도 했다.

사카위의 전기물에 수록된 개인 정보들은 정확한 것으로 확인되었다. 사카위는 여성 501명의 결혼에 대한 기록을 완성했다. 여기에 기록된 인물들 중 465명은 결혼한 횟수와 남편들의 이름(나머지 36명은 결혼을 여러 번 한 여성들로서 한 명 또는 그 이상의 남편들의 이름이 빠져 있다)이 아울러 소개되고 있다는 점에서 놀랄 만한 일이 아닐 수 없다. 이 통계 자료는 결혼, 이혼, 재혼, 다혼 등 당시의 결혼 풍습과 횟수에 대한 중요한 정보가 담겨 있다. 이 분석에 나타난 여성들이 동일한 배경과 역사

남편과 아내가 까디 앞에서
서로를 비난하고 있다.
이들의 불평을 기록하고
있는 서기의 모습이 보인다.
보통 이혼은 재판관의 판결
없이 처리된다. 남자는
이유를 제시하지 않고도
여자와 이혼할 수 있었던
반면, 여성은 이혼의
권리에서 남자보다 훨씬 더
엄격한 제약을 받았다.
그러나 사카위의 전기에
나오는 인물들이 보여 주듯
문제는 그처럼 간단하지는
않았다. 무슨 일이 있어도
결혼 계약의 본래 조건은
충족되어야 했다.

오른쪽
여성의 외출을 허용하는
정도는 각각의 무슬림 사회,
시기, 계층마다 서로 그
이해 범위가 달랐다. 10세기
바그다드의 완고한
무슬림들은 거리에서
여성의 모습이 전혀
보여서는 안 된다고
생각했다. 하지만 18세기에
알레포를 방문한 한
영국인은, 여성들이
공원에서 노래를 부르고
흥겨워하며 산책하고 있는
풍경을 묘사했다. 16세기
이란에서 제작된 이
아름다운 세밀화는 소풍을
준비하느라 분주한
여성들을 보여 주고 있다.

적 시기, 그리고 사회적, 정치적 조건들을 공유하고 있기 때문에 이 분석은 중요한 의미를 지닌다.

모든 여성의 3분의 1, 즉 501명 가운데 167명은 적어도 한 번 이상, 가끔은 연속해서 결혼을 했고, 파라즈(Faraj)라는 한 여성(번호 696)은 최소한 여덟 번 결혼했다는 기록이 있다. 물론 잦은 결혼은 잦은 이혼에서 나온 결과였다. 사카위는, 가끔 한 여자 아이가 친부모 밑에서 성장했다고 썼다. 그 당시 친부모와 함께 산다는 것은 당연한 일이 아니었다. 저자는 이를 기록하는 데 어려움을 겪었다. 도시의 울라마 계층과 상인 계층의 지나친 이동도 가정 생활을 위태롭게 만들었다. 만약 남편이 약정한 기간 이후에도 돌아오지 않는 경우에는 아내를 자유롭게 하는 조건부 이

결혼	모든 여성	울라마	맘루크 가정
1회	334	296	38
1회 이상	167(33.3%)	138(32%)	29(43%)
2회	86	72	14
3회	57	51	6
3회 이상	24	15	9
총계	501	434	67

혼이 샤리파(번호 409)의 경우처럼 보편적이었다.

사카위의 조카딸(번호 407)은 남편이 자신의 이혼 요구를 승낙할 때까지 남편의 가문에 압력을 넣었다. 경제적으로 자립할 능력이 있는 한 여성(번호291)은 자신이 싫어하는 남편과 이혼을 할 수 있었던 반면, 다른 여성(번호 388)은 메카의 샤리프(*통치자)로부터 남편을 받아들이라는 권고에도 불구하고 남편을 내쫓기도 했다. 특히 맘루크국에서처럼 남편들의 높은 사망률은 다혼 풍습에 종지부를 찍는 데 기여했다. 따라서 결혼이 규범으로 뿌리내린 사회에서는 여성들 사이에서 만연하는 재혼 또는 다혼은 커다란 문제가 아닐 수 없었다.

이혼과 일부다처제는 결혼과 관련된 이슬람법에서 나타나는 중요한 특징이었다. 하지만 실제로는 이혼이 훨씬 더 보편적으로 행해졌다. 501명의 여성을 기록한 자료에 따르면, 남편이 동시에 두 여자를 아내로 삼았거나 삼고자 했던 경우는 단지 아홉 가지 사례(2퍼센트)에 불과했다. 이러한 사항들은 매우 의심스럽기는 하지만 사카위에 의해 아주 조심스럽게 기록되었다. 첫번째 아내는 남편에게 다른 여자와 이혼하도록 강요하거나, 스스로 이혼을 하거나, 마지막으로 두 가지 모두 실패했을 때는 미쳐 버리기까지 했다.

파티마(번호 629)의 남편 이븐 핫지는 파티마와 사랑에 빠지는 바람에 친척이었던 다른 아내와는 이혼을 했다. 비슷한 예로 움므 알 후사인(Umm al-Husayn, 번호 861)의 남편 아흐마드(Aḥmad)는 그녀와 결혼하기 위해 예전의 아내인 카밀리야(Kāmilīyah)와 이혼해야만 했다. 그 후 움므 알 후사인과 아흐마드 사이에서 생긴 갓난아이가 무너져 내린 집 담장에 깔려 죽고 말았다. 그러나 카밀리야(번호 726)에서는 이들 이야기의 다른 측면을 보게 된다. 카밀리야는 아흐마드의 두 번째 결혼을 인정하지 않았다. 카밀리야는 그와의 슬하에 여러 자식들을 두었지만 이혼을 요구했다. 움므 알 후사인이 갑자기 죽고 난 후 카밀리야는 아흐마드와 재혼을 했지만 행복하지는 못했다. 왜냐하면 아흐마드가 곧 무너진 벽에 깔려 사망한데다 그녀 또한 23일 후 그를 따라 죽었기 때문이다.

하비바트 앗 알라(Habib'ath-Allāh, 번호 102)는 사촌 무함마드와 결혼 생활을 오랫동안 지속했으며, 남편이 다른 여자와 몰래 결혼했을 때는 그녀가 이미 여러 명의 아이들을 낳은 후였다. 자신이 다른 여자와 몰래 결혼한 사실을 아내가 알게 되자 그는 두려운 나머지 새로 맞이한 아내와 서둘러 이혼했다. 아지자(Aziza, 번호 505)는 기혼자인 알라 이븐 아피프 앗 딘(Allāh ibn Afif ad-Din)과 뒤늦게 결혼 서약을 맺을 수 있었다. 그녀는 그와 합류하기 위해 두 동생을 데리고 여행 길에 올랐다. 그의 첫번째 아내는 그 사실을 눈치챘고 그에게 아지자와 헤어질 것을 요구했다. 나중에(아마도 그의 부인이 죽은 후) 아지자는 비로소 그와 결혼할 수 있었으며, 부부 생활은 그가 죽을 때까지 지속되었다.

무함마드는 움므 쿨숨(Umm Kulthūm, 번호 923)의 세 번째 남편(그녀의 첫 번째 남편의 형제이기도 함)이었다. 자식들이 태어난 후 무함마드는 다른 여자인 움므 알 하산(Umm al-Ḥasan, 번호 831)과 결혼했다. 그러자 움므 쿨숨은 미쳐 버렸으며 죽을 때까지 재혼하지 않았다. 움므 알 하산은 비록 무함마드와 결혼해 여러 자식을 두었지만 결국 이혼했다. 하지만 그녀는 재혼해 더 많은 자식들을 두었다. 그러나 그녀는 남은 여생을 슬픔 속에서 지내야 했다. 그녀는 다시는 결혼하지 않으리라는 결심하에 이혼을 했고 상처난 가슴을 안고 살아 갔다. 하지만 자식들이 모두 그녀보다 먼저 세상을 떠나고 말았던 것이다. 결국 그녀는 슬픔에 젖어 여든 살까지 살았다.

움므 후사인(번호 866)은 남편이 다른 여자와 결혼하는 바람에 미쳐 버린 또 다른 부인이었다. 결국 그는 그녀와 이혼했으며, 그녀 또한 다시는 재혼하지 않았다.

15세기 유명 여성들 사이에서 좀더 일반화된 결혼 형태(근대 서구의 결혼 및 이혼 형태와 아주 비슷한)는 일부일처 형태였다. 이슬람법은 다처제와 함께 이혼을 허용했다. 남성은 일정한 조건만 충족된다면 동시에 네 여자까지 결혼할 수 있었으며, 적어도 남성에게 이혼은 그리 복잡한 일이 아니었다. 사카위가 기록한 여성들이 살던 15세기 이집트와 시리아의 여러 도시 문화에서 나타난 결혼 형태는 이처럼 간단한 이혼 절차의 영향은 받았지만, 일부다처제의 영향은 그다지 받지 않았던 것으로 보여진다.

11세기에서 13세기까지 쓰여진 이집트의 문서들에서도 이와 유사한 면을 찾아볼 수 있지만, 이보다 더욱 극단적인 결혼 형태도 등장했다. 273명의 여성들 중 118명(45퍼센트)이 두 번 또는 세 번 결혼한 것으로 나타나 있다.

19세기 초 이집트의 도시 생활을 세밀하게 관찰한 에드워드 레인(Edward Lane)은, 빈번한 이혼과 드문 일부다처제가 전통 사회 말기에 존재했음을 보여 주고 있다.

일부다처제가 주는 고통스럽고 분열된 삶에서 분명하게 볼 수 있는 것은 당시 사회가 이 제도를 진정으로 인정한 것이 아니라는 점이다. 오로지 한 남자와 한 여자가 맺어지는 일부일처제야말로 이상적인 제도라고 몇몇 전기 사전에 확실하게 명시되어 있다. 예를 들어 아마임(Amaim, 번호 518)이 죽자 몹시 슬퍼한 그녀의 남편은 다른 여자를 아내로 맞아들이지도 않았다. 사카위에 따르면, '모든 여성이 죽은 그의 아내를 부러워했다.'고 한다.

할아버지, 아버지 또는 어머니가 여자 아이를 교육하는 데 각별한 관심을 기울

남녀간의 사랑은 많은 이들에게서 축복을 받았다. 무슬림들 사이에서 아랍의 라일라(Layla)와 마즈눈(Majnūn)의 사랑 이야기는 유럽의 로미오와 줄리엣 이야기보다 더 널리 알려져 있었다. 16세기 이란에서 그려진 이 달콤한 사랑의 한 장면에서는 한 젊은이가 아리따운 소녀에게 포도주를 건네고 있다. 9세기의 문학가 알 자히즈는 다음과 같이 선언했다. "여성은 많은 면에서 남성보다 우위에 있다. 구애받고 사랑받고 열망의 상대가 되는 사람이 바로 여성이며, 희생할 대상과 보호할 대상도 여성이다."

나일 강 유역 삼각주의 비옥한 농지는 이집트의 부와 풍요의 원천이었다. 이는 카이로를 위대한 도시로 발전시키고 무슬림 세계에서 이집트의 번영을 널리 알리는 데 기여했다.

였던 사례는 움므 하니 경우만은 아니었다. 사카위가 쓴 전기물에는 유아기나 갓 태어났을 때 죽은 서른아홉 명의 여자 아이에 대한, 매우 짧기는 하지만 생명의 가치에 대해 매우 감동적으로 서술한 내용이 있다. 이는 다른 전기물에는 결코 들어 있지 않을 것 같은 내용들이다. 사카위의 두 딸에 관한 기록(번호 275와 98)은 다음과 같다.

"이 책의 저자인 사카위의 맏딸 자이나브(Zaynab)는 849년 두 알 키다(Dhū al-Qīda, *이슬람력 11월)에 태어나 첫 달을 못 넘기고 죽었다."

또 28년 후에는 다음과 같은 내용이 기술되었다.

"아이가 877년 두 알 힛자(Dhū al-Hijja, *이슬람력 12월) 4일에 태어나 몇 달 만에 죽었다. 그리고 그녀의 형제자매들 옆에 묻혔다. 신의 가호로 천국에 가길 바란다."

사카위의 아내이자 평생 동반자였던 움므 알 카이르(Umm al-Khayr, 번호 895)
에 대한 전기를 보면 그들이 갓난아기를 적어도 열 명 남짓 잃었음을 알 수 있다.

과거에서 현재로

카이로와 이집트 주민들의 생활과 관습 가운데는 사치와 부에 관련한 놀라운 일들이 많
다고 한다. 실제로 이집트가 다른 어느 지역보다 더 잘 산다고 하여 마그리브 출신의 가
난한 사람들이 그곳으로 이주하고 싶어했다(이븐 칼둔).

이븐 칼둔은 오란(오늘날 알제리) 근처에 살았던 무렵, 방대한 범위의 역사서인
『역사서설(*Muqaddima*)』을 썼다. 그는 카이로의 매력에 푹 빠지기 전에는 페즈의
마린 왕조에 매우 우호적이었으며 그곳에서 학자로서 능력을 발휘했다. 그는 이집
트의 부에 대해 나름대로 설명했다. "이집트가 잘 사는 이유는 이집트와 카이로의
인구가 다른 어느 도시보다 더 많기 때문이다." 그는 카이로를 우주의 거대한 도시,
또는 세계의 정원, 인류의 모든 종족들이 몰려드는 중심지라고 불렀다. 이븐 칼둔
이 '인구'라는 뜻으로 사용했던 단어는 '우므란('umrān)'이었다. '성장하다' 또는
'발전하다'라는 동사로부터 파생된 이 단어를 그는 '문명' 또는 '문화'라는 의미로
도 사용했다. 그는 인구의 증가가 문명화된 생활의 개념에서 분리될 수 없다고 생
각했다. 왜냐하면 사람이 많으면 많을수록 부유해지고 문명도 발전한다고 보았기
때문이다.

14세기 말 카이로는 이븐 칼둔이 들었던 만큼 '놀랄 만한 도시'는 아니었다. 흑
사병이 이집트를 휩쓸었으며(1348년), 그 후로도 전염병들이 돌아 19세기까지 각
세대간의 단절을 불러 왔다. 이븐 칼둔은 전염병을 세계적인 현상으로 간주했다.
"이슬람력 8세기(14세기) 중반, 국가들을 파괴시키고 인구를 감소시키는 역병으로
동양과 서양의 문명은…… 인구의 감소와 함께 퇴보되어 갔다. 도시와 건물들은
폐허가 된 채 버려졌고, 길과 도로 표지판들은 사라졌으며, 주거 지역과 호화 주택
도 텅 비었고, 왕조와 부족의 힘은 약해졌다. 전 세계는 파괴되어 갔다."

이븐 칼둔에 따르면, 흑사병은 인류 역사의 종말에나 나타날 만한 무시무시한
장면을 연출했으며 역사가가 역사에 대해 가져야 할 소명 의식을 다시 한 번 깊이
생각하게 만들었다고 한다.

"이렇듯 총체적 변화가 일어났을 때는 마치 만물이 급변하고 전 세계가 뒤집히
는 것 같았다. 따라서 이때는 신자들을 위해 종교적 관습과 종파간의 믿음을 변화
시키는 것과 같이 누군가가 나서서 전 세계 모든 지역과 민족을 재정비하기 위해

노력을 기울여야 한다. 이것은 훗날 역사학자들이 본보기로 삼을 만한 모델이 되어야 한다." 그러나 이븐 칼둔의 지나간 역사에 대한 예찬은 이해가 되는 부분도 있지만 조금은 성급한 면이 없지 않다. 왜냐하면 중세의 세계는 그 후로 오스만 제국, 사파비 왕조, 무굴 제국이 힘을 과시했던 3세기 동안 더 심한 고통을 겪어야 했기 때문이다.

이븐 칼둔이 예측했던 상황의 전반적인 변화는 흑사병이 서구 사회를 휩쓴 후 일어났다. 이러한 변화는 18세기 말 북서 유럽에서 일어난 산업 혁명과 프랑스 혁명[에릭 홉스바움(Eric Hobsbawn)은 이를 '양대 혁명'이라고 불렀다]을 가속화시켰다. 이것은 인간이 농업을 경작하고 연금술과 문자 도시, 국가를 고안하기 시작했던 이래로 인류 역사상 가장 위대한 변화였다. 실제로 전 세계의 질서를 완전히 변화시켰던 것이다. 이 혁명은 전 세계를 바꾸어 놓았고 앞으로도 지속적인 변화를 가져올 것이다.

근대 혁명이 처음 시작되었던 서유럽은 세계의 모든 기존의 문명과 국가, 종교, 인종을 넘어 방대한 사회적, 문화적, 군사적 힘을 획득했다. 서유럽은 세계 대부분 지역에서 영국이 주도하던 제국주의적인 대외 팽창 전략을 따랐다. 1,000년 동안 세계의 중심 문화를 창조했던 무슬림들은 이제 다른 사람에 의해 세워진, 그리고 가끔은 맹목적으로 강요된 세계 속에 자신들이 서 있음을 깨달았다.

세계 문화의 중심에 있었던 이슬람의 사회가 19세기에 이르러서는 점차 변방으로 밀려났고 급기야는 붕괴되고 말았다. 페즈와 카이로는 서로간의 연결 고리를 끊고 파리와 런던에게로 눈을 돌렸다. 이븐 바투타와 이븐 칼둔, 알 가잘리와 사카위, 그리고 움므 하니가 추구했던 사회는 더 이상 존재하지 않았다. 하지만 이 사회는 아랍인과 이란인, 터키인, 근대 무슬림들이 쌓아 나갔던, 소위 이슬람이라는 일반적인 문화적, 역사적 유산을 바탕으로 새로운 변화를 모색하는 사회였다.

물론 여기에는 이런 유산보다 훨씬 더 많은 것들이 포함되어 있다. 이슬람과 서구는 항상 지중해 지역을 중심으로 지정학적, 인문학적 교류를 맺어 왔다. 이들의 관계는 오래되었고 그만큼 얽혀 있었다. 강력한 지배력을 갖춘 이슬람권은 근대 이전부터 유럽의 문화적, 인문학적 도전 대상이었다. 따라서 이슬람 문화가 유럽에서 가장 우수한 것으로 받아들여진 것은 지극히 당연한 일이었다. 유럽은 이슬람 아니면 바다로 둘러싸여 있었다. 유럽은 바다를 정복했고 무슬림들을 제압하기 오래 전부터 그 바다 너머에 있는 곳들까지 정복하기에 이르렀다.

지난 200년간 서구의 발전에 따라 상황들이 극적으로 변화되었지만 이전 시대에 대한 두려움과 증오는 여전히 남아 있었다. 이러한 현상은 오늘날까지도 '이슬람의 부활'을 경계하는 서구인들의 외침으로 표면화되고 있다.

농업과 도시 혁명, 문자, 바퀴의 발명 등이 중동으로부터 전 세계로 퍼져 나갔던 것과 같은 방식으로, 근대 혁명은 유럽으로부터 퍼져나가 전 세계로 확산되었다. 19세기 전반의 오스만 제국, 특히 1805년 이후 무함마드 알리 집권기에 급성장한 이집트에는 근대 기술과 이념이 본격적으로 받아들여지기 시작했다. 19세기 이스탄불과 카이로의 무슬림 정치가 및 사상가들은 이러한 과정을 근대 세계에서 생존하고 번창하는 데 필수적인 과정이라고 정확히 이해했다. 이는 유럽 이외의 지역에서는 다른 곳보다 두 세대나 앞을 내다본 현명한 판단이었다.

이집트인들은 카이로를 미스르(Misr) 또는 이집트라고 불렀다. 오늘날에도 카이로는 이집트로 간주되고 있으며, 전체 이집트 인구 4분의 1인 1,500만 명 이상이 거주하고 있다. 이집트와 카이로를 잠깐 살펴보면 이븐 칼둔이 인구에 대해서는 완전히 그릇된 정보를 주었다는 것을 알 수 있다. 오늘날 기하급수적으로 늘어난 인구는 부의 창출이나 문명의 유지는커녕 고질적인 빈곤과 절망적일 정도의 과밀 인구 현상을 낳았다. 그리고 이것은 광적일 정도로 집착하는 대도시 이주의 탓으로 분석되고 있다.

알바니아 출신 무함마드 알리. 그는 프랑스 침공 이후 오스만 제국이 이집트를 통치하는 문제를 재조정하기 위해 파견한 군대의 한 장교였다. 그는 국가를 통치하는 일뿐만 아니라 국가 체제를 변화시키는 데도 관심을 기울였다.
그는 면화 생산을 통해 이집트에 새로운 부를 가져다 주었으며, 이집트의 인구 통계학적 감소 추세를 반전시켜 놓았다. 하지만 그의 정권은 잔인한 폭정으로 국민들로부터 원성을 사기도 했다.

오늘날의 카이로는, 살라딘의 성벽으로 둘러싸인 거대한 도시도, 파티마 왕조의 수도도 아닌, 근대가 낳은 거대한 창조물이다. 이집트가 근대화되기 시작한 것은 무함마드 알리 통치 시기부터였다. 그는 유능한 아들인 이브라힘 파샤(Ibrahim Pasha)와 자신의 오랜 통치 경험(43년)에 힘입어, 가장 야심 찬 근대화 프로그램을 최초로 추진했다. 여기에는 정부의 전체 조직 재편성, 효율적인 군사 조직, 기술 학교 설립과 고등 교육 실시, 그리고 산업 개발 정책 수립 등이 포함되었는데, 고용된 유럽 자문 위원들의 협조로 진행되었다. 그러나 무엇보다도 중요한 것은 농업 혁명이었다. 무함마드 알리는, 이집트 정부의 번창과 이집트인의 번영은 토지에 달려 있다고 생각했다. 오스만 제국이 실시했던 소작 제도를 폐지하고 모든 농지를 국가 소유로 대체하면서 토지 임대 제도를 개혁했다. 그러자 이제는 토지 세금만으로도 정부 총 수입의 절반을 충당하게 되었다.

이에 따라 관개, 통신, 작물 순환, 그리고 씨앗 관리 등에서도 대대적인 개선이 이루어졌다. 나일 강 어귀의 삼각주에서는 1년 다모작을 가능케 하는 관개 시설이 잘 발달되어 있었다. 또한 이러한 관개 시설은 면화 재배가 성공하는 데 필수적이었다. 이집트는 세계에서 가장 주요한 면화 생산지가 되었으며, 이는 국가의 주 수입원이 되었다. 면화 재배는 노동 집약적 농업이었으며 20세기 중반까지 노동력이 끊임없이 요구되었다. 따라서 여자와 아이들까지 이에 동원되었다.

무함마드 알리의 통치 방식은 국가 경제의 고전적인 표본이었다. 이 방식은 관

258

1860년대 말 케디브 이스마일의 근대식 카이로 건설 계획을 감독했던 이집트 공공 토목부 장관 알리 무바라크. 이스마일은 카이로 건설 계획을 추진할 때 오스망 남작의 파리 재계획에서 영감을 받았다.

료주의적이고 권위주의적이었으며, 또한 억압적이었으나 무엇보다 능률적이었다. 이러한 통치 방식은 매우 효과적으로 진행되었다. 1830년대 무함마드 알리의 군대가 시리아 정복에 성공하자 동맹 관계에 있던 오스만 제국의 정부와 영국은 즉각적으로 경계 태세를 취했다. 면화 산업의 부흥은 위험스럽게도 이집트 경제를 세계 시장의 변동에 휘말리게 했다. 국가 독점과 가격 고정 제도는 영향력 있는 유럽 구매자들과 도매 상인들의 반감을 샀다.

1840년대에는 오스만 제국과 영국, 외국 무역업체, 그리고 지방의 쉐이크들은 (무함마드 알리를 시리아에서 몰아내는 데 성공한 후) 무함마드 알리에게 면화 산업의 독점을 포기하도록 강요했다. 새로운 대지주 계급이 이집트 농촌을 지배했고 대다수 농민들은 소작농이나 노동자로 전락했다. 이집트를 근대화시키는 데 큰 역할을 했던 무함마드 알리는 20세기 중반까지 토지 개혁을 방해해 온 왕족들의 땅을 포함한 농토를 국유화시켰으며, 1838년에 맺은 영국·오스만 제국 조약을 받아들임으로써 외국과의 무역으로 지역 경제를 활성화시키기 위해 문호를 개방했다. 또한 그는 군대를 축소시키라는 강요를 받았으며, 이로 인해 산업화에 필요한 인센티브를 제거하는 치명적인 결과를 초래했다.

무함마드 알리의 통치 시기 이후 카이로를 물품 수송의 세계적 요충지로 만들려는 움직임이 나타났다. 도로가 개선되었고, 카이로와 알렉산드리아간을 잇는 철도가 최초로 건설됨으로써 수도 카이로에서 지중해 유역에 자리한 이집트의 항구간을 여행하는 데 소요되는 시간이 4일에서 네 시간 반으로 단축되었다(1852년-1854년, 이는 스웨덴이나 일본보다 훨씬 앞선 것이다). 하지만 이집트를 제국주의 체제로 고착시킨 결정적인 사건이 있었다. 그것은 1854년 11월 케디브 사이드(Sa'id, 1854년-1863년 재위)가 프랑스인 페르디낭 드 레제프스(Ferdinand de Lesseps)에게 수에즈 운하 건설권을 넘기기로 결정한 일이었다.

1863년 사이드의 뒤를 이은 케디브 이스마일(Isma'il)는 카이로를 개발하는 책임을 맡았다. 그가 통치한 기간(1863년-1879년)은 현대적인 도시가 탄생하는 결정적인 시기가 되었다. 1867년 이스마일은 대규모의 이집트 시찰단을 이끌고 오스망(Haussmann) 남작의 파리 재계획 사업의 백미로 꼽혔던 유니버설 박람회에 참석했다. 그는 눈앞에 펼쳐진 모든 것으로부터 깊은 감동을 받았다. 이스마일은 2년 동안 수에즈 운하 개통을 위한 이집트 박람회를 계획했다. 오스망 남작은 파리를 위해 했던 일을, 카이로를 위해 하는 것보다 이집트를 유럽의 일부로 선언하는 것이 차라리 더 낫다고 생각했다. 그러나 이스마일은 여러 번 실패를 겪었다고 해서 일을 포기하거나 지연시키는 사람이 아니었다. 도시의 전면적인 재건설 계획이 수립된 지 불과 2년 만에 새로운 도시가 건설되었다. 이스마일은 유능한 공공 토목부 장관인 알리 무바라크(ʿAlī Mubārak)를 이 일에 적합한 인물로 선정했다. 운 좋게도 도시의 전체를 철거할 필요는 없었다. 시간이 지나면서 나일 강의 휴식처가 점점 서쪽으로 이동해 갔다. 도시와 강 사이에는 넓은 황무지가 펼쳐졌다. 바로 그 서쪽 황무지에 알리 무바라크는 넓은 가로수 길과 공원을 조성했는데 '이스마일의 카이로'로 일컬어지는 공원은 에투알(etale, *별) 모양으로 설계되었다. 이집트 자체와 마찬가지로 새로운 모습을 띤 카이로는 '나일 강의 선물'이었다.

수에즈 운하는 1869년 11월에 개통되었다. 유럽의 왕족과 언론인, 기업가들이 동양의 신비로움을 보고 느끼기 위해 카이로를 방문했다. 그들은 새 오페라 하우스에서 주세페 베르디(Giuseppe Verdi)의 "리골레토(Rigoletto)"를 관람했다. 가로등이 켜졌고, 국립 극장이 문을 열었으며, 넓은 황무지는 나무가 우거진 공원으로 변모했고, 방문객들은 새 길을 거닐며 피라미드를 구경했다. 그리고 처음으로 나일 강에 다리가 건설되었고, 나일 강 서쪽 둑까지 도시가 확장되었다. 훈장과 견장으로 눈부시게 장식하고, 콧수염을 기른 이스마일은 유럽인처럼 보였다. 이스마일이 건설한 카이로는 오스만 남작의 파리를 그저 단순하고 피상적으로 모방한 것으로 생각하기 쉽다. 그러나 새 카이로는 정확하게 말해 알리 무바라크의 카이로였다. 따라서 카이로는 완전히 새로운 의미를 갖게 되었다.

무함마드 알리 때부터 비롯된 개혁은 상당한 성과를 거두었으며, 더불어 알리 무바라크는 그 성과의 주역으로 우뚝 섰다. 그는 나일 강 삼각주의 가난한 집안의

카이로의 새 오페라 하우스. 1869년 11월 수에즈 운하의 개통을 축하하기 위해 전 세계에서 방문객들이 모여들었다. 그들이 지켜보는 가운데 베르디의 "리골레토"가 공연되었다.

막내아들로 태어나 그곳에 새로 들어선 국립 학교를 졸업한 인물이었다. 그 후 무함마드 알리는, 그가 군사 공학을 전공할 수 있도록 외국으로 파견했다. 귀국한 그는, 1850년부터 영국이 본격적으로 이집트를 지배한 1882년까지, 영향력 있는 공무원으로 일했다. 그는 교육부 장관, 공공 토목부 장관, 철도 장관 등을 역임했다. 폭넓은 분야에 걸쳐 글을 썼던 알리 무바라크는 과학과 발전, 문명, 계획, 기계, 그리고 공공 서비스의 효능에 대해 확고한 신념을 가지고 있었다. 간단히 말하자면 그는 공리주의자였으며, 19세기의 낙관주의가 낳은 진정한 인물이었다. 그에 따르면, 과학이나 지식은 보편적이고 점증적인 추구 대상이었다. 과학이나 지식은 고대 이집트인들로부터 그리스인들에게 전달되었고, 그 다음에는 아랍인들과 유럽인들 순으로 전달되었다. 각 민족들은 교대로 전임 민족들로부터 지식을 전수받았다. 한때 무슬림들이, 그리스인들이 발견한 것들을 배우고 터득해 더욱 발전시켰던 것처럼 이제 이들은 유럽이 발견한 것들을 터득했다. 알리 무바라크는 1882년에 출간한 네 권의 책『종교의 세계(Alam al-Din)』에서 다음과 같이 언급했다. "이 책의 출간 일자는 아이러니컬하게도 영국이 이집트를 실질적으로 지배한 날로, 매우 상

카이로의 셰퍼드 호텔 테라스. 이곳은 영국이 이집트를 점령하고 있을 당시 영국인들의 대중적 사교 모임 장소로 이용되었다. 자연히 이곳은 이집트 민족주의자 세력의 공격 대상이 되었고, 1952년 1월 자유 장교단 혁명이 일어나면서 화염에 휩싸이게 되었다.

징적인 의미를 갖는다. 왜냐하면 영국이 이집트를 점령한 이후에는 이 책에서 표현된 모든 것들이 더 이상 사용될 수 없다고 판단했기 때문이다. 또한 이 책은 서구의 업적들을 칭송하는 반면에 이집트들을 적대하는 데 이용될 것이라고 기술하고 있다.” 서구를 바라보는 아랍과 무슬림의 태도에는 여전히 상호 모순된 감정이 공존하고 있다.

　　중세에서 19세기 초에 이르기까지 이집트가 차츰 진보해 나가자 사회 분위기는 낙관주의로 변해 갔다. 그러나 튼튼한 산업 기반이 마련돼 있지 않았던 이집트는 여전히 근대화에서 매우 취약한 구조를 가질 수밖에 없었다. 19세기 중반에 이르자 인구는 두 배로 늘었고, 농작물 수확도 두 배로 늘었다. 미국이 남북 전쟁을 치르는 동안에 면화의 실제 가치는 네 배로 뛰었다. 하지만 안타깝게도 농경지는 계속 줄어들었으며 그때까지 재원이 되어 주었던 농작물 수입도 고갈되었다. 경제 침체와 과중한 예산이 투입된 근대화 작업, 그리고 왕족의 지나친 사치로 인해 국가는 점점 더 빚더미에 올라앉게 되었다. 부채가 걷잡을 수 없이 늘어나자 이집트는 유럽의 은행가들에게 손을 내밀 수밖에 없었다. 그 대가로 이집트는 자신들의 이권을 유럽에 양도해야 했다. 또한 묵은 부채를 갚기 위해 이집트 정부는 새로운 차관을 얻어야 했다. 결국 이집트는 채무 불이행 상태로 접어들었고, 이로 인해 영국과 프랑스가 이집트의 재산을 관리하게 되었다. 그 일을 계기로 우라비 파샤(Urābī Pasha)가 이끄는 민족주의 혁명이 일어나면서 이집트 정부는 심각한 위협에 직면하게 되었다. 1882년 마침내 영국은 이집트를 점령하고 식민 통치를 감행하기에 이르고 말았다.

　　이른바 제국주의 지도상에서 볼 때, 이집트는 75년 동안 토지, 경제, 문화, 정치 분야에서 근대화라는 근본적인 변화가 불러 온 상처들을 경험했다는 점에서 여느 국가들과 구별되었다. 영국의 지배하에서 관개 수로의 연계망이 나일 강 어귀의 삼각주와 상 이집트의 연중 관개 수로까지 확장되었으며, 제1차 아스완 댐이 건설되었고, 면화 재배는 계속 융성했으며, 통신 산업은 더욱 발전했다. 하지만 이 모든 변화는 양적인 변화일 뿐 질적인 변화는 아니었다. 이것은 이스마일이 주도한 카이로의 엄청난 변화에도 잘 나타나 있다. 영국은 1911년까지 인도에 현대식 수도를 건설하겠다는 계획이 없었으며, 20년이 지난 후에야 비로소 뉴델리를 건설하기 시작했다. 그러나 이집트에서는 1882년 ‘새로운 카이로’를 건설하는 계획이 준비되었다.

　　영국이 이집트를 점령한 이후 알리 무바라크 같은 인재는 더 이상 나오지 않았다. 왜냐하면 이제 어떤 이집트인도 책임 완수를 할 수 있는 자리에 오를 수 없었기 때문이다. 나일 강에 댐이 건설된다면, 그 결정권자는 영국인이었다. 몇 세기 동안

1919년 후다 샤라위는 영국에 대항한 이집트 민족주의 운동이 일어난 기간 동안 여성의 시위를 주도했으며, 1923년에는 이집트 여성 단체를 설립했다. 그녀의 페미니즘은 정치적으로 민족주의적 성향을 띠었고 서구 지향적이었다. 이는 국가에 대한 세속적 이해와 함께 영국의 제국주의를 타도하고 서구의 정치 제도를 채택하는 것을 의미했다. 그녀 자신의 베일을 벗어 던짐으로써 서구의 지배로부터 이집트 사회를 해방시키려는 상징적인 인물이 되었다. 20세기 말에 이르러 이집트 여성들은 서구에 대한 저항으로 베일과 무슬림 전통 의상을 다시 착용하기 시작했다.

이집트인들은 자기 나라에서 실질적인 책임을 지지 못했다. 이는 제국주의가 숨기고 있는 이중성이었다. 제3세계 신생 국가들의 어려움이 가중되었던 것은 제국주의가 그들의 사회에 책임을 지려 하지 않기 때문이다.

아랍 세계에서 여성의 권리에 대한 목소리가 높아지기 시작한 것은 영국에 대항하여 이집트 민족주의 운동이 일어난 1919년으로 거슬러 올라간다. 후다 샤라위(Huda Sharawi)는 남편과 함께 민족주의 운동을 이끌었으며, 영국에 대항하는 시위에서 여성들을 지도하면서, 널리 존경받는 유명 인사가 되었다. 1923년 로마에서 열린 여성 회의에서 돌아온 어느날, 그녀는 알렉산드리아 부두에 모인 환영 인파 앞에서 베일을 벗어 던졌다. 1920년대부터 1970년대까지 베일을 쓰는 여성의 수가 눈에 띄게 줄어들었다. 아라비아 반도의 보수주의 사회를 제외한 지역에서는 극소수의 여성들만이 베일을 썼다.

20세기에 베일이나 히잡은 퇴보하는 사회적 추세를 나타냄과 동시에 진보적인 흐름을 상징했다. 왜냐하면 쓰는 것과 벗는 것 모두 일종의 자유를 의미하기 때문이다. 1970년대 이래로 젊은 무슬림 여성들은 머리와 목은 감추지만 얼굴은 가리지 않는 전통 복장으로 다시 돌아왔다. 이들은 베일을 벗었던 여성의 딸들과 1920년대 자유의 상징으로 베일을 벗어 던진 후다 샤라위 같은 여성의 손녀들이었다. 이들은 무슬림 복장을 착용함으로써 자신들이 고유의 문화로 되돌아왔으며 강요된 외국 문화로부터 해방되었다고 믿었다. 히잡에 대한 관점은 다양한 해석을 낳았다. 1989년 프랑스 크레유 학교의 수석 교사가 세 명의 무슬림 여학생들에게 히잡을 쓰고 등교하지 못하도록 한 사건이 일어난 이후, 1994년 초 무슬림 학생들의 의상에 관한 논쟁이 절정에 다다랐다. 프랑스의 교육부 장관은 학교에서는 '과시적인' 종교적 상징을 금지했다. 그러나 몇 가지 이유를 들어 십자가와 유대교의 상징인 다윗의 별은 과시적인 것으로 간주되지 않았다.

프랑스에서는 이슬람 전통 복장을 입은 대학생, 석사 학위자, 의사, 변호사 등 많은 여성들이 면접 시험을 볼 때는 자신들의 문화적, 정치적 입장을 설명해야 했다. 프랑스에서 이러한 대소동이 일어나기 훨씬 전에, 이집트의 언론인 겸 극비평가인 사피나즈 카짐(Safinaz Kazim)은 다음과 같이 설명했다.

우리는 구식 가치를 따르는 것이 아니라 우리만의 새로운 가치를 따르는 무슬림이 되었다. 우리는 누구에게도 우리의 가치를 따르라고 강요하지 않는다. 우리는 기독교적 생활, 서구식 생활을 따르는 사람들에게 우리의 가치를 강요하지 않을 것이다. '내가 말하는 것은 옳고 그들이 말하는 것은 그르다.'라는 식의 강요는 하지 않는다. 나는 이 옷이 여자로서 나의 품위를 지켜 주는 것이라고 말하려 한다. 시몽 드 보부아르(Simone

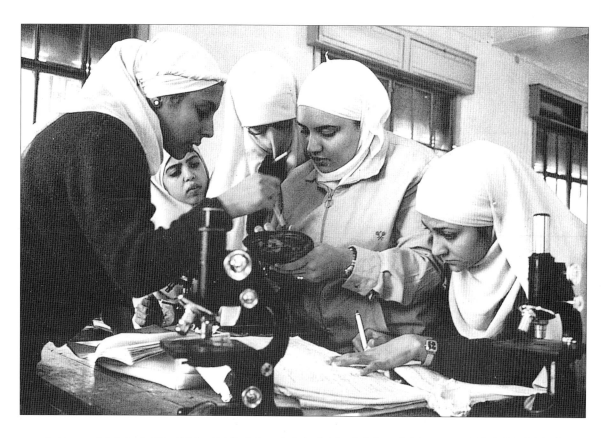

무슬림 전통 의상을 입은 여학생들이 카이로 대학 실험실에서 연구에 몰두하고 있다. 이집트 여성들은 고등 교육을 받은 것은 물론 경제 활동에도 참여했다. 무슬림 여성들은 전통 의상을 착용함으로써 자신의 영역을 합법적으로 개척해 나갔다. 이는 여성들이 이집트 사회의 심장부에서 현대적 생활에 적극 참여하기로 결정했음을 의미한다.

de Beauvoir)라면 이러한 간섭은 여성에 대한 공격이며 인격을 침해하는 행위라고 말할 것이다. 나는 보부아르에게 무슬림 옷을 입으라고 강요하지 않을 것이다. 나는 보부아르가 이맘 호메이니에게 "이 무슬림 규율을 당신네 무슬림 여성들에게 적용시키지 마세요."라고 무례하게 말하는 것을 거부한다. 이는 매우 이상한 짓이다.

그러나 문화적, 정치적 정의는 개인에 의해 수정될 수 있다.

나는 무슬림 옷을 입는다. 왜냐하면 이는 이슬람의 일부이며 나는 그것을 믿기 때문이다. 이것이 이슬람의 기본 원리는 아니다. 단지 하나의 기본틀 속에 있는 것뿐이다. 나는 이런 방식으로 신을 기쁘게 할 수 있다고 믿는다. 나는 어떤 규칙들은 따라야 할 뿐만 아니라 어떤 규칙들은 거부하면서 완벽한 무슬림이 되어야 한다고 생각한다.

이 말은 어느 젊은 이집트인 의학도가 한 말이다. 그녀의 의대생 신분이나 베일을 써야 하는 것 모두 스스로의 선택일 뿐 그 어떤 것도 아니다. 그러나 이는 다음과 같은 딜레마를 설명해 주고 있다. '의과 대학에 다니는 무슬림 여성은 전통적인가 현대적인가?' 그리고 '무슬림 전통 의상을 입기로 한 그녀의 선택은 앞의 질문

1994년 인구와 발전에 관한 주제로 열린 카이로 회의에 참석한 쿠웨이트 대표단 단장이 인터뷰를 하고 있다. 이 회의에서 무슬림들과 로마 가톨릭교인들은 산아 제한과 낙태에 대해 서로 비슷한 견해를 표명했다. 그러나 이슬람 학자들의 관심사는 새로운 것에 쏠려 있었다. 전통적으로 무슬림 의사들은 자신들의 저서에서 산아 제한 방법들에 대해 관심을 기울였고, 결국 이를 실행함으로써 이슬람법이 지지를 얻었다.

에 대한 대답이 될 수 있는가?'

후다 샤라위가 이끌었던 초기 이집트 페미니스트들은 여성의 교육받을 권리와 투표권, 그리고 다른 영역에서 평등하게 대우받을 수 있는 권리를 확보하기 위해 로비 활동을 벌였다. 그러나 이집트 출신 나왈 사다위(Nawal Sadawi)를 비롯한 후기 페미니스트들은 초기 페미니스트들의 활동을 만족스럽게 여기지 않았다. 그들은 무슬림 세계든지 그 외의 세계든지 간에 가정과 관련된 문제를 어떻게 해결할 것인가, 그리고 어떻게 한 사람(여성)이 가정을 변화시킬 수 있는가? 라는 것에 주안점을 두었다. 대부분의 무슬림 개혁주의자들과 마찬가지로 페미니스트 개혁론자들은 여성 관련 법들이 더욱 자유롭고 진보적으로 변해야 한다는 가정하에, 이슬람법을 현대에 맞게 개정해야 한다고 주장하고 있다. 그러나 현대적 상황에 맞게 이슬람법을 재해석하는 과정에서 예기치 않은 모순들이 드러났다.

10세기에서 19세기에 이르는 동안 모든 이슬람 법학파들은 피임에 대해 진지하게 생각해 왔다. 우선적으로 그들은 가장 흔한 방법인 임신 중절 문제를 다루었는데, 만약 아내가 허락한다면 이는 합법이라는 데 만장일치로 동의했다. 왜냐하면 여성은 아이에 대한 권리뿐 아니라 성적 이행 능력에 대한 권리도 가지고 있었기 때문이다. 법관들의 보고서에 따르면, 산아 제한을 위한 다른 방법들은 — 대부분 자궁질 내 탐폰들 — 전근대 시대의 여성들에 의해서도 널리 사용되었으며, 남편이 동의만 한다면 이런 피임법이 사용되는 것은 일반적이었다.

그리스도교와 유대교의 전통은 모두 피임을 불법으로 여겼지만 무슬림들은 산아 제한에 대해서 놀랄 만큼 실용적인 태도를 지녔다. 산아 제한이 가능한 방법들에 대해 고도의 지식을 지니고 있었다. 이븐 시나(*서양에서는 아비세나로 알려져 있음) 같은 중세 의사들은 산아 제한을 공식적인 의학의 한 분야로 간주하고, 의학 교재를 쓰면서 피임과 임신 중절에 대해 여러 장을 할애했다. 중세 무슬림들에 따르면, 산아 제한은 부양 가족이 많이 생기는 것을 막고 재산을 보호하며, 자식의 교육을 보장하고 출산의 위험으로부터 여성을 보호하기 위해(특히 여성이 젊거나 아픈 경우), 또는 단순하게 여성의 건강과 아름다움을 보존하기 위해 적용되었다.

따라서 1994년 여름에 개최된 카이로 인구 회의 때 채택된 무슬림의 산아 제한에 대한 비난 성명은, 예로부터 내려온 입장을 번복하는 것이 아니라 과거에도 있었을 법한 입장 표명이 오늘날 다시 나타난 것뿐이었다. 산아 제한의 문제가 20세기 이슬람 사회에서 다시 뜨거운 쟁점으로 떠올랐을 때 오늘날의 법관들은 대체로 옛날 서적들을 참고해 전통적인 방식을 그대로 사용하는 것을 허용했다. 그러나 옛 이슬람법은 산아 제한을 결코 국가적인 관심사로 취급하지 않았다. 종교적인 측면에서 산아 제한은 경제적, 의학적, 개인적 관심사에 따라 가족을 부양할 권리가 있는 부부의 뜻에 의해 적용되었다.

제2차 세계 대전 후의 '인구 과잉', 특히 제3세계의 인구 과잉은 민족주의적 경향을 띤 정부들과 국제 기구, 서구 정부와 단체들의 관심을 불러 일으켰다. 많은 무슬림들은 개인 사생활에 정부가 간섭하고 일부 서구 단체들이 지나치게 가족 계획을 옹호하는 것에 반발했다. 일부 무슬림들은 이것을 서구가 무슬림 사회를 개입하는 또 다른 형태라고 지적했다. 1970년대 가족 계획 공식 프로그램이 수립되자 전통적인 산아 제한 방식을 추구하던 일부 종교 지도자들은 두려움과 분노를 표출했다. 왜냐하면 이러한 입장과 공식적인 인구 정책들은 전통적인 이슬람법의 정신으로부터 동떨어진 것이었으며, 산아 제한을 철저하게 개인의 선택에 맡겼던 전통적인 이슬람의 견해와 관습과도 거리가 먼 것이었기 때문이다.

바심 무살람(Basim Musallam)

그는 킹스 대학의 특별 회원으로서 케임브리지 대학교에서 이슬람 역사를 가르치고 있다. 저서로는 『이슬람에서의 성(性)과 사회(*Sex and Society in Islam*)』 등이 있다.

7 이슬람 지식의 형성

4대 순니 법학파 중 하나인 샤피이파의 창시자 아부 압드 알라 앗 샤피이(Abū 'Abd Allāh as-Shāfiʿī)에 관한 일화가 있다. 어느날 제자들이 여자 노예를 데리고 그를 찾아왔다. 하지만 하룻밤을 꼬박 기다려도 법학자가 나타나지 않자 그녀는 자신을 '미친 남자'에게 팔아 넘긴 노예상에게 불평을 늘어 놓았다. 이 이야기를 들은 아부 압드 알라 앗 샤피이는 다음과 같이 말했다.

"진짜 미친 자는 지식의 가치를 알면서도 지식을 헛되이 쓰거나 지식이 자신을 지나쳐 가도록 내버려 두는 자이다."

이 일화는 선량한 무슬림 생활에서 지식을 추구하는 일이 얼마나 중요한지를 강조하고 있다.

이러한 지식의 추구는, 무슬림들이 『꾸란』과 예언자의 생애에서 나타나는 신성한 가르침을 준수할 것과, 이를 통해 사회적으로 유용한 지침들을 발전시켜 나가야 한다는 것을 암시하고 있다. 이는 구원을 얻기 위해 필요한 지식이기도 하다. 또한 이처럼 높은 가치의 배움에는, 이성을 바탕으로 한 과학, 의학, 기술학 등이 포함되어 있었다. 하지만 이러한 지식은 이슬람이 추구하는 이상에 늘 부합되어야 했다.

따라서 무슬림에게 배움이란 매우 중요한 숭배 행위와도 같았다. 한 걸음 나아가면 그것은 극도로 중요한 가치를 지닌 행위 중의 하나였다. 전승에 따르면 '한 시간의 배움'은 "1년 이상 예배를 드린 것과 맞먹는 가치가 있다."고 적고 있다. 이러한 배움에 대한 강조는 이슬람 역사에 두 가지 중요한 결과를 가져왔다.

첫째, 저마다 관점은 다를지라도 무슬림들은 세계 어느곳을 가든 함께 나눌 수 있는 보편적인 지식을 가지고 있었다. 서로 조금씩 차이는 있지만 모든 무슬림들이 반드시 따라야만 하는 종교적 가르침과 의무들이 있었다.

둘째, 무슬림은 그들이 속한 국가가 지식을 보존하고 전달하는 역할을 행하든 행하지 않든 간에, 그들 스스로는 자신들의 세대에서 지식을 보존해야 할 책임을 졌으며, 이를 다음 세대에 전달해야 한다는 사명감도 갖고 있었다.

이슬람 지식의 토대

이슬람 지식의 정수는 무슬림 역사 초기 5세기 동안에 형성되었다. 그 뒤를 이은 시대에서는 지식을 더욱 정교하게 다듬었을 뿐 지식의 본질은 그대로 보존되었다. 오늘날까지 전통적인 무슬림 학자들은 중세 이슬람의 위대한 학자들이 남긴 수많은 서적들을 그대로 이용하고 있다. 또 그들은 중세 학자들의 연구 방법을 그대로 채택하고 있다. 이런 영향력 있는 지식 체계는 7세기 아랍 정복과 맞물려 있었다. 초기 이슬람 사회가 물질적인 풍요를 누릴 수 있었던 까닭은, 지중해 연안과 아시아의 거대한 경제권을 통합시킨 업적 덕분이었다. 이와 마찬가지로 이슬람 세계가 지식의 풍요도 누릴 수 있었던 것은, 셈족 문화, 헬레니즘 문화, 이란 문화, 인도 문화가 서로 폭넓게 교류하고 하나의 새로운 복합체가 생성했기에 가능한 일이었다.

계시, 전통, 법

이슬람 지식은 『꾸란』을 바탕으로 하고 있다. 무슬림들은, 신이 예언자 무함마드를 통해 인간에게 계시한 말씀이 곧 『꾸란』이라고 믿었다. 무슬림들은 『꾸란』 제1장을 그리스도교인들의 주기도문처럼 가슴 깊이 새기고 있었다. 이는 『꾸란』에는 무슬림 삶의 중심에 신의 존재가 있음을 엿볼 수 있다.

최초 연대의 것으로 추정되는 『꾸란』의 몇몇 필사본들의 기원은 8세기 초로 거슬러 올라간다. 이 무렵의 필사본들은 대부분 고급 피지 위에 쿠피체로 쓰어진 것들이었다. 쿠피체는 초기 무슬림 세계에서 전례(典禮)의 목적으로 쓰였는데 가장 널리 사용되었던 서체이다. 이 『꾸란』의 필사본은 '마일(mail)'로 알려진, 경사진 형태의 쿠피체를 사용했다. 그리고 이것은 성스러운 말씀을 잘못 읽는 것을 막기 위해 발음 기호나 모음 부호를 붙이기 이전에 쓰여진 것임을 알 수 있다.

자비로우시고 자애로우신 알라의 이름으로

온 우주의 주인이신 당신께 찬미를 드리나이다.

당신께서는 자비로우시고 자애로우시며

심판의 날을 주관하시도다.

우리는 당신께만 예배드리오며 당신께만 구원을 바라노니

저희들을 올바른 길로 인도하여 주시옵소서.

그 길은 당신께서 축복을 내리셨던 자들의 길이며

노여움을 받은 자들이나 방황하는 자들의

길이 아니옵니다.

인간은 기본적으로 선택할 권리가 있다. 신에게 복종하거나 신의 명령에 따를
수 있으며, 또는 신을 멀리하고 속된 욕망을 추구함에 따라 나타난 결과들을 받아들
일 수도 있다. 인간은 의심할 여지 없이 마지막 심판의 날에 대한 두려움, 천국의 즐
거움, 지옥의 공포 속에 늘 살고 있다. 따라서 이들은 무엇을 믿어야 하는지, 신께
어떻게 경배를 드려야 하는지, 그리고 그들의 일상 생활에서 깨달아야 할 신에 대
한 감사와, 인간 관계에서 따라야 할 규칙이 무엇인지에 대해 알 필요가 있다.

무슬림들은 『꾸란』을 '고귀한' 또는 '영광스러운' 경전이라고 말하고 있다.
그리고 『꾸란』에 쓰인 아랍어는 그 어떤 언어와도 비교할 수 없는 훌륭한 언어로
여긴다. 또 무슬림들은, 『꾸란』을 필사하는 작업은 자비와 자선을 행하는 일이라고
믿었던 탓에 누구나 『꾸란』을 필사하고 싶어했다. 비록 아직 어려서 아랍어를 제대
로 이해하지 못한다 할지라도 『꾸란』을 배우는 일이야말로 무슬림 교육의 진정한
출발점이었다. 제3대 칼리파 우스만 통치 시기에 이르러 신이 계시한 말씀이 처음
으로 완전하게 기록되었다. 그 필사본이 여러 주요 도시로 퍼져 나갔지만 여전히
'구전'에 따른 전달 방식이 가장 효과적으로 사용되었다. 초기 아랍어 필사본은 다
양한 방법으로 낭송되었다. 시간이 흐르면서 미미한 차이밖에 나지 않는 일곱 가
지 낭송법만이 남게 되었다.

『꾸란』 필사본들이 점점 보편화되면서 『꾸란』을 번역하고 해석하는 작업이 활
성화되기 시작했다. 이에 따라 『꾸란』에 주석다는 방법을 놓고 다시 여러 분파들간
에 뜨거운 논쟁이 벌어졌다. 『꾸란』의 비평적 연구를 위한 첫번째 작업은 역사학자
이자 신학자인 앗 타바리(at-Tabari)에 의해 씌어진 30권 분량의 저작이었다. 그리
고 3세기 후 이 작업은 알 바이다위(al-Baydawi)에게 계승되었다. 오늘날 무슬림과
이교도들이 연구하는 『꾸란』 해석 작업분이 바로 알 바이다위의 연구 결과들이다.

이슬람 지식의 두 번째 원천은 예언자의 말과 행위들에 대한 기록이다. 예언자

의 삶이 무슬림 생활의 가장 이상적인 모습이라면 신자들이 예언자의 말이나 행동 하나하나를 모두 알고 싶어하는 것은 어쩌면 당연한 일일지도 모른다. 예언자의 말과 행동들에 대한 기억을 모은 것을 '순나'라고 한다. 이는 다시 말해 예언자의 '관례' 또는 '관행'이다. 순나를 구체적으로 설명한 것이 『하디스』이다. 『하디스』는 다음과 같이 시작한다. "이븐 우마르(Ibn ʿUmar)는 알라의 사자께서 다음과 같이 말씀하셨다고 전했다. 누구든 한 사람을 모방하는 자는 곧 그 사람에게 속한다."

　　시간이 지나면서 『하디스』는 몇십만 가지에 이를 정도로 다양해졌다. 왜냐하면 그 시대의 법적, 정치적, 신학적 입장들을 뒷받침하기 위해 고안된 것들이 나왔기 때문이다. 따라서 9세기와 10세기에 이르러 『하디스』들을 수집하려는 사람들이 무슬림 세계 전역을 여행했다. 이들은 수집한 『하디스』가 예언자가 활동하던 시기에서 내려온 것인지 그리고 그 내용이 『꾸란』, 이미 인정된 『하디스』, 이성에 합당한지의 여부를 분석했다. 그리고 『하디스』를 신빙성에 따라 사히흐(ṣaḥīḥ, 건전한 것),

무슬림들이 신의 말씀을 최고의 권위로 삼은 것은, 그들이 종교적 목적을 실현하기 위해 모스크의 벽면에 『꾸란』 구절로 장식한 점에서 잘 알 수 있다. 여기에는 모스크의 첨탑들과 안팎의 장식들, 모스크 내부의 가구와 무덤들, 그리고 해마다 교체되는 메카의 카바 신전을 덮고 있는 키스와(kiswah, *검은 비단 천) 등이 포함된다. 이곳은 인도의 타지마할 남쪽 아치이며, 여기에는 『꾸란』 36장(야신)의 1절―21절이 찬란한 서체로 씌어져 있다. 나머지 62절은 다른 세 개의 아치에 새겨져 있다. 상감 세공으로 씌어진 이 서체는 시라즈 출신의 저명한 학자 아마나트 칸(Amanat Khan)의 작품이다.

하산(ḥasan, 인정할 만한 것), 그리고 다이프(daʿif, 약한 것)로 구분했다. 이런 과정을 거쳐 여섯 개의 하디스 모음집이 공식적으로 인정되었다. 이 가운데 두 가지, 즉 부카리와 무슬림의 『하디스』 모음집이 가장 권위 있는 것으로 받아들여졌다. 부카리는 수많은 전승들 가운데 확실한 내용이 담긴 2,762개를 엄선했다. 또 종교 운동이 다양하게 발전되면서 각기 서로 다른 전승들이 만들어졌다. 쉬아파는 알리와 그의 추종자들을 통해 전해진 전승만을 인정했다.

서구 학자들과 몇몇 무슬림 근대주의자들은 오랜 기간 동안 인정된 전승들의 권위와 신빙성에 의문을 제기해 왔다. 그런데도 그 전승들은 순니파의 행동 지침처럼 무슬림 공동체의 성격을 규정하고 발전시키는 데 중요한 역할을 했다. 더욱이 무슬림 공동체가 외세로부터 위협을 받고 있다고 판단되면 종종 공동체를 새로운 방향으로 이끌어 가는 역할도 이러한 전승의 몫이었다.

『꾸란』과 『하디스』의 가르침은 무슬림의 일상 생활을 규정짓는 법 속에 녹아 있었다. 이는 흔히 '샤리아'라고 불렸다. 원래 이 아랍어는 '물로 인도하는 길'이라는 의미로, 삶의 근본에 이르는 길을 가리킨다. 샤리아는 초기 무슬림들이 사회적, 정치적 문제에 직면했을 때 신의 말씀과 예언자의 모범적인 행동으로부터 조직적인 행동 강령들을 추출해 내기 위해 생성되었다. 여기에서 네 개의 주요 법 해석 학파들이 발전되었다. 하나피파는 아부 하니파(Abū Ḥanīfah)에 의해 창설되어 압바스 왕조의 수도인 바그다드에서 그 세력을 꽃피웠다. 말리키파는 메디나의 법관인 말리크 이븐 아나스에 의해 창설되어 메디나에서 성장했다. 샤피이파는 말리크 이븐 아나스의 제자였던 아부 압드 알라 앗 샤피이의 지도하에 발전되었으며 한발리파는 바그다드의 아흐마드 이븐 한발(Aḥmad ibn Ḥanbal)에 의해 창설되었다. 처음 이 세 학파는 저마다 강조하는 점과 기술적 측면이 달랐다. 예를 들어 하나피파는 이즈티하드에서 다른 학파보다 한결 융통성을 발휘했던 반면, 샤피이파는 『하디스』를 사용할 때 말리키파보다 더 엄격하게 적용시켰다. 하지만 이 세 학파는, 각각의 법 체제가 동등한 정통성을 갖는다고 인정했다.

한편 한발리파는 기존의 법학파들이 사변적인 변혁을 모색했다고 여기고, 이에 반하는 전통주의파로 발전해 나갔다. 하지만 중세 후반까지 한발리파의 영향력은 이라크와 시리아로 한정되었다 하나피파는 아시아 대륙에서 커다란 세력을 형성했으며, 샤피이파는 이집트 남부 지역, 히자즈, 아시아 남동부 지역, 아프리카 동부 지역에서, 그리고 말리키파는 아프리카의 나머지 무슬림 지역에서 영향력을 행사했다.

'일름(ʿilm, 지식)을 가진 학자'를 가리키는 울라마는 이러한 법 체계를 발전시키는 데 주도적인 역할을 했다. 이들은 『꾸란』을 바탕으로, 모든 문제에 적용될 법

규들과 일반적인 원리 원칙들을 세워 나갔다. 그리고 『꾸란』에서도 명확히 다루고
있지 않은 문제는 『하디스』에서 해답을 찾았다. 따라서 샤리아의 기본 체계는 이 두
가지에 근간을 둔, 명백한 의무와 금지 사항들로 이루어져 있음을 알 수 있다. 혹
제기된 법적 문제 가운데 『꾸란』과 『하디스』에서 해답을 찾지 못하는 경우에는 울
라마는 대부분 끼야스(qiyas, * 이슬람법에서 『꾸란』과 순나에 따라 법률 원리를 연역해
내는 유추적 추론)에 의지했다. 끼야스는 유추에 의한 결정을 의미한다. 즉 예전에
어떤 문제 해결에 적용되었던 원칙들을 그와 비슷한 문제들에 다시 적용시키는 것
이었다. 시간이 흐르면서 울라마는 점점 더 법적인 관점에 동의하기 시작했다. 그
들은 공동체의 합의, 즉 이즈마 원칙을 적용하기 시작한 것이다. 어떤 『하디스』에는
다음과 같이 설명되기도 했다. "나의 공동체는 오류에 결코 동의하지 않을 것이다."
그러니까 만일 법률 전문가들로 이루어진 공동체가 어떤 문제에 동의하게 되면, 그
합의(동의)는 계시와 동일한 권위를 가지게 된 것이다. 따라서 더 이상 그 문제에
대해 새로운 견해를 제시하는 것은 금지되었다. 많은 법규들이 지속적으로 이즈마
에 의해 보완되었으며, 개별적 이성이 적용되는 영역은 점점 줄어들었다. 10세기
중반에 이르러 학자들은 대부분 '이즈티하드의 문'이 폐쇄되었다고 선언했다. 그
후 만일 이즈마의 권위에 맞서 새로운 해석들을 시도하는 행위가 나타나게 된다면,
이는 변혁 또는 혁신 행위를 뜻하는 비드아(bid'a)를 저지른 것으로 간주되었다. 이
슬람에서 비드아라는 개념은 그리스도교에서의 이단과 비슷한 의미이다.

    샤리아는 매우 폭넓게 적용되었다. 샤리아에는 인간의 모든 행위, 즉 신과 인간

의 관계는 물론, 인간과 인간간의 관계에 대한 모든 것을 다루고 있었다. 샤리아의 첫번째 역할은 무슬림이 무엇을 믿어야 하고, 종교 의식을 통해 자신들의 믿음을 어떻게 표현해야 하는지를 규정하는 것이었다. 두 번째로 샤리아는 유럽 법률 가운데 민법과 상법, 형법, 사법 등을 총망라하고 있었다. 그 당시는 물론 그 후로도 공식적인 법전은 만들어지지 않았지만, 샤리아는 무슬림들의 행동 윤리 지침 그 이상의 의미를 지니고 있었다. 이런 과정을 거치면서 인간의 행위는 다섯 가지 범주로 분류되었다. 그것은 의무적인 행위, 칭찬할 만한 가치가 있는 행위, 중요하지 않은 행위, 비난받을 만한 행위, 그리고 금지된 행위였다. 샤리아는 인간에게 이 세상에서 어떻게 하면 올바르게 살 수 있는지, 그리고 내세를 어떻게 준비해야 하는지에 대한 모든 사항을 명시해 주고 있다.

샤리아는 무슬림 공동체의 성격을 규정짓는 역할까지 했다. 그렇다고 해서 샤리아가 절대적으로 적용되는 것은 아니었다. 그 이유 중 한 가지는 도덕적 의무들과 엄격한 규칙들이 동시에 포함되는 법 체계를 강요하는 일이 불가능하다는 것이었다. 또 다른 한 가지는 샤리아가 늘 정치 권력을 쥐고 있던 세력들의 지배를 받았다는 것이다. 통치 세력들은 법학자들에게 정치적 이해 관계로부터 완전히 벗어난 상태에서 법을 해석할 권한을 허용하지 않았다. 그들이 권력을 가지고 있는 것은 사실이지만 샤리아를 각 지방의 관습법보다 더 우월한 것으로 받아들이도록 강요하는 것은 현명하지 못하다고 판단했던 것이다. 하지만 샤리아는 분명 무슬림에게 가장 이상적인 규범이었다. 따라서 무슬림들은 원칙적으로 이슬람이 제시하는 지식이 모든 사람들의 삶을 규정할 수 있도록 보다 넓은 지역으로 전파되어야 한다고 생각했다.

그리스와 또 다른 지식

이슬람 지식의 두 번째 특징은 새로운 이슬람 문명을 이끌어 낸 과학과 기술, 인문학, 정치술에 나타난 고대의 위대한 유산이었다. 그중 한 유산은 예전의 사산 왕조 영토에서 나온 것으로, 대부분 팔라비어로 씌어진 것들이었다. 아답(adab) 문학에는 통치와 정치술에 관한 지침, 그리고 왕자들을 가르쳤던 궁정 예법 등 이란인들의 전문 지식이 풍부하게 들어 있었다. 무기와 기마술에서 농업과 관개에 이르는, 기술적인 내용을 담고 있는 기술 문학도 있었다. 또 의학과 천문학, 수학 분야에서 명성을 떨친 과학 문학도 있었다. 특히 수학에는 아랍인들의 손길에서 변형되어 오늘날까지 폭넓게 사용되고 있는 인도식 숫자 표기 방법이 있었다. 물론 『칼릴라와 딤나(*Kalilah wa Dimnah*)』와 같이 동물들의 생태를 도덕적 우화로 담은 인도의 문학 작품들과 『천일야화』에 포함된 여러 이야기들도 있었다. 이렇듯 다양한 문화 유산이 빛을 발하게 된 것은 압바스 왕조 통치하에서 이란 문화의 우월성과, 이슬람 칼리파제보다 이란의 왕정 체제가 우수하다고 주장한 슈우비야 운동의 결과였다.

9세기 말 신학자들은 종교를 위협하는 문제를 거론하고 나섰으며 이란 문화는 아랍과 이슬람이라는 가치의 틀 속에서 이란적인 주제와 형식들을 발전시켰던 알 자히즈와 이븐 쿠타이바(Ibn Qutaybah) 같은 작가들이 이란 문화를 반격하기에 이르렀다.

무엇보다 크나큰 영향을 끼친 것은 그리스 문화였다. 그리스 문화는 고전적 형태로 이슬람 세계에 영향을 준 것이 아니라 말기 고대 세계에서 정교하게 다듬어진 형태로 이슬람에 영향을 끼쳤다. 아테네의 헬레니즘 전통은 그리스도교의 네스토리우스교인들(*소아시아와 시리아에서 생겨난 그리스도교 소종파)에 의해 유지되었다. 이들은 사산 왕조의 후원 아래 이란 남부 준디샤푸르에서 교육 센터를 운영했다. 알렉산드리아의 헬레니즘 전통은 시리아의 안티오크, 호라산의 마르브, 메소포타미아의 하란으로 퍼져 나갔다. 8세기와 9세기에 일어났던 신학 논쟁은 무슬림에게 그리스 사상에 대한 관심을 불러 일으켰으며, 아테네와 알렉산드리아의 헬레니즘 전통들은 바그다드로 전파되었다. 그리스어 및 시리아어로 씌어진 작품들을 번역하려는 이븐 이스하끄의 방대한 계획 덕택에 많은 그리스어 작품들이 세상에 빛을 보게 되었다. 이어서 정교하고 믿을 만한 수준 높은 책들이 출간되었다. 11세기까지 적어도 80명에 이르는 그리스 작가들의 작품이 번역되었는데, 여기에는 아리스토텔레스와 플라톤, 갈레노스, 에우클레이데스 등 중요한 인물들이 포함되어 있었다. 당시 그들의 관심을 끌었던 주제는 철학, 의학, 수학, 물리학, 광학, 천문학, 지리학, 점성학, 화학 그리고 마술 등이었다. 후기 헬레니즘 작가들과 마찬가지로 무슬림들은 그리스의 문학과 역사에는 그다지 관심을 보이지 않았다.

헬레니즘 전통에서 비롯한 가장 중요한 지식 체계는 이성과 논리, 그리고 자연의 법칙을 강조한 철학이었다. 이 철학적인 토대들은 무으타질라파, 즉 '자신들을 분리시킨 사람들'이었다. 이들은 신의 속성과 지위에 관한 논쟁에서 우상 숭배자의 이론, 마니교의 이원론, 그리스도교의 삼위일체론에 맞서 신의 절대적 유일성과 초월성을 주장했다. 그들의 관심은 오직 다음과 같은 질문에 집중되었다. 『꾸란』이 설명하는 신의 속성은 신의 일부분인가, 아니면 단지 은유적인 표현인가? 『꾸란』

아리스토텔레스의 가르침. 헬레니즘 전통은 이슬람 문명의 발전에 엄청난 영향을 미쳤다. 가장 큰 영향력을 행사한 분야는 철학이었다. 이슬람 철학은 논리학과 자연 과학, 물리학 등 광범위한 이성주의 학문들을 받아들였다. 이러한 현상은 아리스토텔레스와 그의 영향에 대한 존경심에서 비롯되었다. 마드라사에는 오늘날에 이르기까지 자신들이 헬레니즘 전통으로부터 받아들인 최초의 스승으로 아리스토텔레스를 꼽고 있다.

은 신의 본질인가, 아니면 창조된 것인가? '인간의 삶은 이미 예정되어 있는가, 아니면 인간은 자신의 행동에 대해 도덕적인 책임을 져야 하는가?'

『꾸란』의 문구 그 자체를 진리로 믿었던 많은 무슬림들은 위의 질문들에 대해 전자의 입장을 취했다. 하지만 철학적 직관에 주목했던 무으타질라파는 후자의 입장을 취했다. 따라서 8세기와 9세기에 걸쳐 두 가지 신학적 흐름이 팽배해졌다. 그 중 하나는, 신은 계시를 통해서 이해될 수 있다는 입장이고, 다른 하나는 신은 이성을 통해서 이해될 수 있다는 입장이었다.

이러한 상반된 논의들 사이에서 이론적 교량을 놓은 사람은 아부 알 하산 알 아쉬아리(Abū al-Ḥasan al-Ashʿarī)는 절충적인 입장을 표명했다. 바스라의 무으타질라파를 이끌었던 신학자의 제자인 아부 알 하산 알 아쉬아리는 라마단 단식 기간에 꾼 꿈을 통해 계시를 받은 후 정반대 입장으로 전향했다. 그는 『꾸란』이 갖는 가치를 강조했지만 더 나아가서 이성으로 자신의 입장을 정당화시켰다. 하지만 그는, 이성은 단지 어떤 일정한 수준까지만 작용할 뿐, 그 위에는 반드시 믿음이 있어야 한다는 입장이었다. 따라서 신은 유일하다. 『꾸란』의 본질은 절대적인 것이지만 인간이 그것을 습득한 그 순간에는 『꾸란』의 본질은 인간에 의해 새롭게 탄생한 창조물이나 다름없었다. 또 신은 영원한 속성을 가지고 있다. 그러나 이러한 속성이 곧 신도 아니고 그것들이 신에게서 분리되는 것도 아니다. 또한 『꾸란』은 창조된 것이 아니지만 인간에게 전달되었을 때에는 '창조된 것이다.'라고 말할 수 있다. 즉 신은 선과 악을 비롯한 모든 것을 자신의 뜻에 따라 관장하지만, 인간은 이러한 선과 악을 행동하는 수단으로서의 책임감만 부여받았다. 아부 알 하산 알 아쉬아리의 견해에 바탕한 '이성과 계시의 조화론'은 고전적 순니파 신학 이론에 그대로 남아 정론이 되었다.

아부 알 하산 알 아쉬아리가 이슬람 사상의 주류를 이루고 있던 이성주의적 입장에 새로운 반향을 일으킨 것은 사실이었다. 하지만 이로써 철학적 사유의 발전이 막을 내린 것은 결코 아니었다. 그리스 사상에 고무된 이슬람 문명은 초기 역사의 수세기 동안 뛰어난 철학자들을 배출했다. 그중에는 '아랍의 철학자'로 불렸던 알 킨디(al-Kindi), 투르키스탄 출신의 알 파라비(al-Farabi), 의사이자 관료이기도 했던 이븐 시나, 의사이자 알 모하조 궁정의 재상이었던 이븐 투파일(Ibn Ṭufayl), 그리고 이븐 투파일을 계승한 이븐 루슈드 등이 있었다. 이들의 한결같은 주장은 철학적 진리가 보편적인 정당성을 지닌다는 것, 종교적 상징주의는 진리를 전달하는 방법으로 적합하지 않다는 것, 이성은 진리를 향한 가장 확실한 길이라는 것, 그리고 신은 본질과 존재가 하나인 조물주라는 것이었다. 그러나 무슬림들은 대부분 이러한 사상들을 받아들일 수 없었다. 따라서 이슬람 문명의 언저리에서 겨우 명맥을 유지해 가던 철학 사상들은 무슬림 세계보다 오히려 중세 유럽 세계에서 훨씬 더 큰 영향력을 행사하게 되었다.

신비주의

이슬람 지식의 세 번째 흐름은 신비주의, 즉 수피즘이다. 샤리아가 신과 무슬림 사이의 공식적인 관계를 규정하고 있다면, 수피즘은 무슬림에게 어떻게 마음으로 신을 받아들일 것인지에 대해 주안점을 두고 있다. 수피들은 신을 직접 체험할 수 있는 삶을 살고자 했다.

　　수피즘은 『꾸란』, 예언자의 종교적 관행, 초기 이슬람 공동체, 이 세 가지에 의해 영감을 받은 것으로써 무슬림 신앙에서 독특한 경향으로 발전했다. 이는 한편으로는 아랍 무슬림들이 그리스도교인이나 자신들이 정복한 지역에 존재하던 토착 신비주의 전통과 접촉한 결과였으며, 다른 한편으로는 다마스쿠스에 있는 우마이야 왕조 궁정의 도덕적 방종과 세속성에 대한 저항으로 나타난 것이었다. 수피라는 단어는 아랍어인 '수프(ṣuf, 양털)'에서 유래된 듯하다. 수프라는 표현은 세속주의자들의 사치스러운 의상과 대비되는, 신비주의자들이 사용하던 단순한 양모 직물을 의미했다.

　　처음에 수피즘은 본질적으로 신과 신의 심판에 대한 두려움 때문에 생겨났다. 초기의 유명한 신비주의 학자 알 하산 알 바스리(al Ḥasan al-Baṣrī)는 다음과 같이 선언했다. "그는 슬픔 속에서 깨어나고 슬픔에 젖어 잠이 든다. 이처럼 그는 늘 슬픔에 휩싸여 있었다. 왜냐하면 그는 두 가지 두려움에 사로잡혀 있기 때문이다. 그 중 하나는 이미 지나가 버려 돌이킬 수 없는 죄였다. 그는 신이 자신을 어떻게 할지를 전혀 모르기 때문에 두려워했다. 또한 그는 자신에게 남겨진 죄에 대해 어떤 재앙이 내려질지 전혀 모르기 때문에 두려워했던 것이다."

　　이슬람력 2세기 무렵 이른바 '사랑'의 논리가 널리 확산되었다. 성인으로 추앙받았던 수피 여성인 라비아(Rabī'ah)는 신에게 다음과 같이 고백했다. "나는 두 가지 측면에서 당신을 사랑합니다. 그 하나는 나의 행복을 위한 사랑이요, 다른 하나는 당신에 대한 완벽한 사랑입니다." 하지만 수피들은 이러한 강력한 사랑의 복음에도 불구하고 위안을 받지 못했다. 이슬람력 3세기 무렵 수피들은 '내적 방식' 즉 신을 향한 영적 여행이라는 교리를 개발하기 시작했다. 수피즘에 따르면, 영적 체험을 가장 높은 수준에 이르게 하기 위해서는 여러 가지 단계를 거쳐야 했다. 대부분 남성이었던 수피들은 처음에는 구도자, 마지막으로는 여행자, 그 다음에는 전수자가 되었다. 그는 금욕이라는 과정을 통해 정해진 길을 가면서 신에 대한 경외심을 고양시켰다. 그가 신의 곁으로 다가가면 다가갈수록 신은 자신의 자아가 완전히

한 수피가 고양이와 함께 있다. 아랍 무슬림들은 고양이를 매우 좋아했다. 고양이에 대한 사랑은 오랫동안 성스러운 동물로 여겨졌던 이집트에서 비롯되었다. 예언자들은 고양이를 깨끗한 동물로 간주했으며 많은 수피들의 자서전에도 고양이가 자주 등장한다. 성인들은, 쥐구멍 앞에서 정신을 집중해 쥐를 기다리는 고양이처럼 자신들도 조용히 명상하는 법을 배워야 한다고 주장했던 것으로 알려져 있다.

소멸되고 자신에게 흡수되는 단계에 이를 때까지 그와 끊임없이 이야기를 나누고, 자신의 손발을 통제하며 마음의 욕망을 다스렸다.

이 무렵 두 가지 방법이 개발되었다. 하나는 황홀경에 빠지는 도취의 방식이었고 또 다른 하나는 냉정함을 유지하는 건전한 방식이었다. 이 두 가지 방법을 취했던 사람들은 모두가 궁핍을 몸으로 겪으면서 신의 뜻에 자신을 맡겼다. 도취 방식을 택한 사람들은 자아가 소멸되고 완전하게 신에게 흡수되는 마지막 단계에 다다르게 되면서부터 『꾸란』과 율법을 무시했다. 알 할라즈는 이러한 입장을 취했던 대표적인 인물이었다. 그는 인도 북부와 중앙아시아에서 자신의 수피즘 메시지를 전파했다. 그는 신과의 합일을 주장하면서 "내가 곧 진리이다."라고 선언했다. 이 때문에 그는 바그다드에서 처참하게 처형되었다. 건전한 방식을 채택한 대표적인 인물로는 알 주나이드가 있었다. 그는 '가난한 자의 공작새'로 알려져 있었다. 그는 신과의 진정한 합일에 이르기 위해서는 단순한 자기 소멸로는 충분하지 않다고 주장했다. 그에 따르면, 자아는 여전히 현실 세계에서 참고 견디는 것이며 진정한 자기 소멸은 오직 『꾸란』과 율법에 합치되는 생활을 통해 달성될 수 있었다.

신에게 접근할 수 있는 이러한 다양한 방법과 함께 신에 대한 것이나 신과 인간의 관계를 형이상학적으로 이해하려는 시도가 다양하게 나타났다. 수피들은 신을, 자신의 정신적 빛을 인간에게 반영시킬 수 있는 초월적인 존재로 인정했다. 인간은 자신의 내면에 자리 잡고 있는 신적 본질을 발견하기 위해 세속적인 본성을 끊임없이 물리쳐야만 했다. 헬레니즘 성향이 짙은 서적들이 아랍어로 출간되기 시작하면서 수피들은 신플라톤주의적 신비주의의 영향을 받게 되었다. 그들에 따르면, 우주는 정신적, 물질적 현시(顯示)의 단계를 거쳐 신으로부터 생성되었다. 따라서 그들은, 인간은 자신의 내적 지식을 개발함으로써 정신적, 물질적 현시를 통해 신의 궁극적 형상에 이를 수 있다고 생각했다.

10세기에서 11세기에 이르기까지 사회적으로나 정치적인 면에서 경쟁자 입장에 선 세력들은 일련의 긴장 상태를 표현하기 위해 이슬람의 서로 다른 지식의 요소들을 뒤섞이게 했다. 압바스 칼리파제가 쇠퇴하면서 중동 전역에 쉬아파 왕조가 등장했다. 쉬아 열두 이맘파는 종교 전파에 그다지 관심을 기울이지 않았지만 이스마일파는 위대한 이슬람의 전도사들이었다. 이스마일파에 속하는 이집트 파티마 왕조의 통치자들은 북아프리카에서 중앙아시아를 거쳐 아프가니스탄에 이르는 지역에까지 종교를 전파하는 사업을 후원했다. 더욱이 쉬아파는 그저 순니파의 통치 기반을 위협하는 정도로 단순한 세력이 아니었다. 쉬아파는 이슬람 지역에 헬레니즘 지식이 번창할 수 있는 분위기를 창출했다. 따라서 바그다드에는 순니파 이슬람을 옹호하려는 움직임이 강력하게 일어났다. 그 중심 세력은 이슬람 지식의 발전에

서 이성주의 과학을 결코 허락하지 않았던 한발리파의 추종자들이었다. 쉬아파 못지않게 한발리파도 순니파를 긴장시켰다. 한발리파는 이슬람 공동체 내에서 알 아쉬아리파와 같은 이성주의 신학자들의 주장에 더 이상 관심을 기울이지 않았다. 이들에게는 신의 계시와 이상적인 예언자의 모습을 연구하는 데 헬레니즘 지식은 별 쓸모가 없는 것처럼 보였다. 이러한 긴장 관계는, 알 아쉬아리파 신학자들이 자신들의 신학 이론에 철학적 방법을 가미하게 되면서 더욱 팽팽해졌다. 또한 개인의 직접적인 체험을 통해 신에 대한 본질적인 지식에 이를 수 있다는 일부 수피 도취주의자들의 견해는 이러한 긴장을 더욱 심화시켰다. 그들은 샤리아를 지지하는 법률가와 신학자들에 도전했다. 나아가 무슬림 사회에서의 법의 역할을 폄하하는 주장도 생겨났다. 더욱이 이들은 헬레니즘의 견신론(見神論)적 형이상학을 빌어 자신들의 주장을 정당화했으며, 가끔 성인들의 기적적인 무용담을 신의 의지의 도구로 여기거나, 그 둘을 동일시하기도 했다. 이들은 무슬림들 사이에서 점점 더 많은 지지를 얻어 나갔다.

이러한 긴장 요인들로 인해 분파간의 골을 더 이상 만들지 않게 된 것은 중세 이슬람의 가장 위대한 인물이며 무함마드 이후 가장 많은 영향력을 행사했던 학자 알 가잘리의 업적과 관련이 있었다. 비교적 젊은 나이에 알 가잘리는 바그다드에 있는 니자미야 대학의 교수로 임명되었다. 명석했던 그는 겸손하게도 자신의 자서전 『오류로부터의 구조자(al-Munqidh min ad-dalal)』에서 다음과 같은 견해를 밝히기도 했다. "나의 가르침은 보잘것없는 지식의 곁가지들에 불과하다. 그런데도

알 할라즈는 사지가 절단되었다. 바그다드의 법정 서기 잔지(Zanji)의 공식 증언은 다음과 같다. "감독관은 알 할라즈를 배들이 정박해 있는 다리 서쪽 끝에 위치한 공터로 끌어 냈다. 그리고 감독관은 집행관에게 그를 응징하도록 명령했다. 구경꾼들이 구름같이 모여들었다. 먼저 1,000번의 채찍질이 집행되었고, 그의 팔과 한쪽 다리가 절단되었으며, 이어서 다른 팔과 다리도 절단되었다(그는 모든 사람이 볼 수 있도록 한 기둥 끝에 묶었다). 그리고 그의 목이 절단되었다. 마지막으로 몸통은 화형의 불길에 휩싸였다. 나는 노새 뒤에서 꼼짝도 할 수가 없었다. 그의 몸통은 검게 타면서 뒤틀렸고 화염은 활활 타올랐다."

내가 기꺼이 사람들을 가르치고자 나선 것은 진실로 신에게 봉사하기 위함이 아니었다. 나는 좀더 영향력 있는 위치를 보장받고 폭넓은 식견을 얻고자 함이었다." 그는 육체적, 정신적 몰락을 겪었으며 교수 자리에서 물러나 수피로서 생활했다. 알 가잘리는 자신의 연구를 통해 당시 사상계의 주요 흐름들을 재검토했다. 그는 오늘날 순니 이슬람의 핵심을 이루는 종합적인 사상 체계를 완성했다. 그는 이스마일파 쉬아들과 논쟁을 벌이며 그들을 차례차례 반박해 나갔다. 그는 특히 자신의 저서 『철학자들의 부조리(Tahāfut)』에서 이븐 시나를 공격했으며, 이성에 바탕한 과학이 종교에 잠재적으로 기여했다는 사실에도 이의를 제기했다. 그는 철학자들이 수학과 논리학에서 위대한 업적을 남겼지만 무슬림들에게는 신의 존재를 깨우쳐 주지는 못했다고 주장했다. 이로써 알 가잘리는, 이성은 계시에 종속되어 있다는 아부 압드 알라 알 아쉬아리의 합리적 신학을 다시 한 번 확인시켜 주었다. 마지막으로 알 가잘리는 그 자신이 겪어 온 체험을 통해 수피즘과 샤리아에 입각한 이슬람이 서로 조화를 이룰 수 있는 가능성을 탐구했다. 이 같은 가교를 건설하면서 그는 궁극적으로 신은 인간의 지성 하나만으로는 발견될 수 없는 존재이고 또 개인적 경험만으로도 찾을 수 없다고 주장했다. 무슬림은 신이 계시한 지식뿐만 아니라 자신의 마음을 통해서도 신을 알고 신과 접촉할 수 있어야 한다는 것이었다. 알 가잘리의 종교적 시각은 그의 위대한 저서 『종교학의 부활』에 잘 나타난다. 그는 '이슬람을 부활시킨 자'라는 칭호를 받았다.

알 가잘리가 사망한 무렵인 12세기 초에는 이슬람 지식의 기본적인 틀이 형성되었다. 여기에는 신이 인간에게 계시한 지식, 예언자의 행동들, 그리고 이슬람 이전의 근원에서 비롯되어 중동에 널리 퍼져 나간 위대한 지식의 유산들이 포함되어 있었다. 이슬람 지식의 정점에는 샤리아를 구체화시킨 『꾸란』과 『하디스』가 있었다. 이러한 이슬람 사상의 근거들은 이성주의와 신비주의적 지식의 도움을 받았다. 이 두 경향이 지닌 통찰력은 개인과 사회 속에 샤리아가 뿌리내리는 데 도움을 주었다. 하지만 이 두 가지 경향이 계시에 의해 정해진 한계를 침범할 수는 없었다. 미국의 이슬람 학자인 이라 라피두스는 이를 '순니-샤리아-수피'의 합의라고 불렀다. 하지만 그런 합의 자체가 매우 광범위한 '교구'였다고 생각한 그는 또 다른 이슬람적 가능성들을 제시했다. 그는 그 가능성에 신의 말씀을 충실히 따르는 데 두지 않고 정신과 영혼의 순화와 세속적인 것들에서 벗어나는 데 두었던 영지주의(靈智主義), 수피즘, 이스마일파 쉬아주의, 철학 등을 포함시켰다. 거기에 대중적인 이슬람도 포함되었다. 대체로 성인 숭배를 용인하는 것으로 상징되었던 대중적 이슬람은, 성인들이 인간을 위해 신과 중재할 수 있음을 인정했으며, 대중적 이슬람의 분파들은 종종 이슬람 이전에 존재했던 신앙이나 관습과 혼합되어 있었다. 또

거기에는 쉬아파도 포함되어 있었다. 쉬아파의 관행은 일부 관점에서는 순니파의 관행과 달랐다. 가장 중요한 차이점은 알리 가문에 대한 충성의 문제였다. 이라 라피두스의 견해에 따르면, 오늘날까지 이슬람 세계에 나타난 다양한 문화적, 종교적 이념들은 모두 이슬람의 지식과 전통에서 비롯된 것이었다.

1800년까지 이슬람 지식의 전달

이슬람 지식은 사회에서 쓰일 수 있도록 유용하게 만들어졌으며, 울라마와 수피들에 의해 다음 세대로 전달되었다. 이슬람을 믿지 않는 사람들에게는, 이러한 지식의 전달자들이 결코 성직자가 아니며 어떤 누구도 성직자로서의 역할을 하지 않았다는 점을 깨닫는 것이 중요하다. 이슬람은 적어도 원칙적으로는 인간과 신 사이의 어떠한 중재나 조정도 인정하지 않는다. 대부분의 무슬림 사회에서 울라마는 국가가 그들을 원하기 때문이 아니라, 그들이 수행한 역할들을 가치 있는 것으로 받아들였기 때문에 존속해 오고 있는 것이다. 이제 우리는 울라마와 수피들을 19세기와 20세기 유럽의 대외 팽창 시기까지 무슬림 사회의 외향적 형태와 내면적 성격을 형성했던 이슬람 지식의 전달자들로 간주할 수 있다.

울라마

울라마는 이슬람권의 모든 지역에 존재했다. 이들은 지역마다 다른 호칭으로 불리고 있다. 그들은 페르시아어를 사용하는 이란과 중앙아시아, 그리고 인도 북부 지역에서는 '물라(Mulla),' 아랍어를 사용하는 이슬람 중앙 지역에서는 '쉐이크(Shaykh),' 인도네시아에서는 '키야위(Kiyayi),' 서아프리카에서는 '말람(Mallam)' 또는 '카라모코(Karamoko)'로 불렸다. 그들은 폭넓은 분야에서 다양한 역할을 했다. 그들은 모스크, 학교, 병원, 고아원을 운영했으며 정부나 조정의 관리, 외교관 또는 고위 관료가 되기도 했다. 하지만 이들의 첫번째 임무는 샤리아를 보존하고 전달하는 일이었다. 이들은 학자의 입장에서 샤리아에 대한 자신들의 이해와 논리를 지켜 나갔으며, 판사의 자격으로 국가를 위해 샤리아를 운용했다. 나아가 무프티로서 스스로의 파트와를 발효시킬 만큼 영향력을 행사하기도 했다. 이들은 샤리아에 명시된 무슬림의 의무를 설교를 통해서 무슬림들에게 상기시켰으며, 아이들에게는 샤리아에 근거한 생활 방식을 실천할 수 있도록 학교의 교육 방침으로 세우기도 했다.

울라마는 어느 정도의 생계 지원 대책이 마련되었다. 몇몇 울라마는 정부에게서 받는 토지 보조금이나 봉급에 의존해 생활했지만 대부분은 신자들의 기부금이

나 감사 헌금, 또는 이해 관계가 있는 수공업자나 무역업자들의 수익금 등 공동체의 지원을 받았다. 오스만 제국처럼 국가가 오랫동안 권력을 유지한 일부 지역에서는 많은 울라마들이 일종의 관료 조직과 계층을 형성하며 국가의 통제를 받기도 했다. 하지만 울라마는 인도네시아나 서아프리카에서처럼 국가의 세력이 나약했던 지역에서는 지배 세력의 영향권에서 벗어나 있었다. 물론 오랜 기간 동안 울라마와 특정 국가 권력의 관계에 엄청난 변화가 일어나기도 했다. 가장 대표적인 예는 이란의 사파비 왕조였다. 쉬아 울라마는 이란 사회에서 권력에 편승하는 방법의 하나인 사파비 왕조 밑으로 들어가 그들의 통치력을 강화시켜 나갔다. 결국 그들은 국가 권위에 도전할 수 있을 만큼 권력을 가지게 되었다. 울라마 계층에는 다양한 형태의 역할과 기능을 지닌 세력들이 있었다. 여기에는 카이로, 다마스쿠스, 그리고 바그다드의 귀족 가문 출신들과, 14세기 세네감비아의 자칸케(Jakhanke)와 같이 서아프리카의 위대한 성직 가문에서부터 지방 학교 모스크에 있는 예배 인도자들, 그리고 지방 학교 교사까지 포함되어 있었다.

자신의 공동체에서 중요한 역할을 하고 그와 더불어 명성도 얻은 인물들은 그만큼 비난의 대상이 되기도 했다. 14세기 카이로에서 그들은 사치스러울 만큼 커다란 터번을 두르고 소매가 긴 옷을 입은 거리 예배자로 풍자되기도 했다. 오스만 제국의 술레이만 치하에서 쉐이크 알 이슬람을 지냈던 호자 첼레비(Khoja çhelebi)는 정부 관료들에게 지나치게 굽신거렸던 탓에 사람들로부터 비난을 샀다. 타락한 까디들은 시와 그림에 풍자적인 모습으로 묘사되었다. 이러한 비판이 제기되었다는 것은 일반적으로 울라마에 대한 존경과 관심이 어느 정도였는지를 짐작하게 한다. 예언자는 일찍이 다음과 같이 선언했다. "실로 지식을 가지고 있는 사람이야말로 예언자들의 진정한 상속인들이다."

울라마는 자신들의 집에 있는 응접실과 모스크, 성소의 안뜰, 마드라사 또는 특별히 건축된 대학에서 자신의 지식을 널리 퍼뜨렸다. 마드라사는 실제로 중세 무슬림 세계 교육의 중심지였다. 마드라사란 '공부하다'라는 의미를 지닌 아랍어 동사에서 파생된 용어였다. 마드라사는 처음에 호라산에서 일종의 전문 교육 기관으로 발전해 오다가 11세기와 12세기에는 오랫동안 쉬아파 세력에게 위협을 받던 이라크와 시리아 등지에서 순니의 전통을 강화하기 위한 목적으로 세워졌다. 12세기 말 다마스쿠스에는 적어도 30여 개의 마드라사가 설립되었으며 카이로에도 이와 비슷한 수의 마드라사가 생겨났다.

이 무렵 마드라사는 중요한 이슬람 교육 기관으로 확고히 자리 잡았다. 중세에 설립되었던 몇몇 마드라사는 오늘날까지도 존재하고 있다. 972년에 설립된 카이로의 알 아즈하르 대학과 14세기 중반에 설립된 페즈의 부 이나니야가 이에 해당된 전통적으로 무슬림들은 지식을 높이 평가했다. "지식보다 강한 것은 아무것도 없다. 왕은 사람들을 지배하는 통치자이지만 학자는 왕을 지배하는 자이다." 이와 똑같은 이유로, 지식을 전달하는 것이야말로 그들의 신앙 생활 중에서 가장 중요한 행위였다. 그리고 그것은 개인 대 개인의 행위였다. 이 그림에 있는 학생들은 아마도 스승을 특정 분야에 대한 전문가로 존경하고 지식을 신중하게 구하고 있다. 스승은 그 원문을 학생들에게 구술해 주면서 강연했다. 학생들은 스승이 읽어 준 내용을 암기하고 다시 스승에게 기억한 바를 되풀이해서 말했다. 만약 스승이 만족해할 정도로 학생이 교재를 완벽하게 복습하면, 그 교재를 전달할 수 있는 이자자를 발급했다. 이자자에는 교재의 원저자로부터 시작해 그 교재를 전달해 온 사람들의 명단이 적혀 있었다. 이 그림은 잘 보관된 서적들로 가득 차 있는 도서관에서 스승이 제자에게 교육시키고 있는 모습을 보여 주고 있다.

다. 또 안뜰 주변에 스승과 제자의 방을 나란히 배열하는, 마드라사의 형태는 모스크 및 성소와 함께 이슬람의 고전적인 건축 양식을 대변하고 있었다. 이러한 형태로 지어진 마드라사 가운데 대표적인 것이 사마르칸트의 레지스탄 광장에 자리한 기념비적인 마드라사와 이스탄불의 술라이마니예 복합 단지에 있는 네 개의 마드라사였다. 하지만 마드라사의 규모가 크고 장엄하다고 해서 마드라사의 교육이 고도로 체계화되고 조직화되었다고 말할 수 없었다. 마드라사에는 입학 시험이 없었으며 등급도 없었다. 더욱이 중세 카이로에 대한 연구에서 밝혀졌듯이, 교사들에게 주는 봉급과 학생들에게 주는 장학금은 기부금의 규모에 따라 낮아지기도 했다. 마드라사는 일차적으로 교육이 행해지는 장소였다. 교육은 보통 비공식적이었고 일 대 일 수업 방식으로 이루어졌다.

교육이 일 대 일로 진행되었다는 것은 다시 말해 수업이 구두로 진행되었다는 것을 의미했다. 이러한 구전 방식은 예언자가 신에게서 계시받은 메시지를 추종자들에게 전달하는 최초의 방법이었다. 『꾸란』을 큰소리로 암송하는 것은 무슬림이 해야 하는 가장 중요한 의무였다. 『꾸란』을 배우고 전달하는 이 같은 방법들은 다른 지식을 전달하는 방식에도 영향을 끼쳤다. 14세기 위대한 역사학자 이븐 칼둔은 자신의 저서 『역사서설』중 교육의 기술에 관한 장에서 다음과 같이 선언했다.

"『꾸란』은 가르침의 기본이며 나중에 터득되는 모든 습관의 근본이다."

마드라사에서는, 스승이 교재를 구술하면 학생은 그것을 받아 적고 대부분 이를 암기했다. 당시 교육용 교재들은 이런 암기 과정을 수월하게 해 주기 위해 운율을 사용했다. 교재의 성격에 따라 해설서도 등장했다. 공부는 해설서와 함께 교재를 강독함으로써 완결되었다. 이러한 과정이 스승의 가르침 속에 끝나고 스승을 만족시킨 학생은 비로소 자신이 배운 그 교재를 가르칠 수 있는 일종의 자격증인 이자자를 수여받게 되었다. 지식을 일 대 일로 구전하는 수업 방식의 특성은, 10세기 무렵 어떤 교재의 저자가 자신의 제자에게 이자자를 수여하면서 쓴 글 속에 잘 나타나 있다. "나는 친필로 쓴 나의 글과 책을 너에게 위임한다. 나는 너에게 시(詩)에 대한 권한을 부여하니, 너는 나로부터 부여받은 이 책을 만인에게 전달하도록 하라. 이 책은 들려 주고 읽혀진 후에 만들어진 것이니라."

이자자를 받은 학생은 원저자에게서 책을 전달받은 사람들의 명단을 살펴볼 수 있었으며, 또한 그것을 통해서 학생은 평생 동안 자신이 짊어지고 가야 할 임무가 무엇인지 깨닫게 되며 자신이 구전 방식을 지속시킬 수 있는 유일한 연결고리임을 알게 된다. 만약 합리적인 사람이라면 '이슬람처럼 책에 대해 높은 가치를 부여하는 문화(거대한 도서관이 있고, 책을 구입하기 위해 서두르는 학생들이 있고, 책을 정독하는 문화)도 없으련만 왜 구전을 통해서만 지식을 전달하고자 했는가'라고 의문을 제기할지도 모른다. 왜냐하면 본질적으로 무슬림들은 글 그 자체, 특히 아무런 검열 기제도 갖지 못한 글을 인정하는 데 회의적이었기 때문이다. 이븐 칼둔은 다음과 같이 말했다.

"학생이 책이나 기록된 자료만으로 공부해야 하거나 책에 씌어진 문자의 형태를 통해 과학적인 문제들을 이해해야만 한다면, 그는 손으로 쓴 것 또는 기록으로 씌어진 문자와 상상 속에 간직되어 구두로 전달된 말들을 구별하는…… 어떤 벽에 직면하게 된다." 그러므로 책에 적힌 저자의 참뜻을 이해하기 위해서 학생은 큰소리로 책을 읽어야 했다. 그 책을 전달하는 권한을 위임받기 위해서, 더 나아가 책에 대한 권한을 가지고 있는 스승을 만족시키기 위해 학생은 큰소리로 책을 읽어야 했던 것이다.

이 그림은 알 주르자니가 알 타흐타니의 "알 리쌀라 알 삼씨야 주석에 대한 논리적 근거들의 설명"에 관해 기술한 내용을 보여 주고 있다. 이 글은 샤피이파의 학자와 논리학자를 이끌고 있는 나쥼 앗 딘 아불 하산 알리 빈 우마르가 쓴 『아랍인들의 논리(al-Risala al-Shamsiyya)』에 대해 알 타흐타니가 쓴 해설서였다. 이러한 기록들은 오스만 제국 통치 기간 동안 이란에서 인도에 이르는 전 지역의 마드라사에서 사용되었다. 많은 무슬림 학문 활동이 해설서와 주석을 참고하면서 수행되었다.

일 대 일 전달 방식을 중요하게 여기는 이슬람 문화에서 전통적으로 내려오는 특징이 두 가지 있다. 그 하나는 집단 전기인 '타즈키라' 문학 형태이다. 이 형태는 특정 시기와 장소, 가문의 학자들을 다루고 있는데 이는 가문에 대해 자세히 설명한 다음 이 학자의 스승은 누구이며, 무엇을 공부했고, 누구를 가르쳤는지 자세하게 기록해 놓았다. 그리고 그 학자들이 이슬람 지식에 얼마나 기여했는지, 지식의 전달자로서 됨됨이가 어떠했는지를 일화로 적어 내려가고 있었다. 일 대 일 방식으로 전달된 이슬람의 주요 사항들을 기록한 이러한 전기물들은 오늘날까지 전해 내려오고 있다.

두 번째 특징은 이슬람 전통에 내재되어 있는 스승에 대한 무한한 존경심이다. 13세기 무렵에 사용되던 교육 지침서는 다음과 같이 기록되어 있다. "만일 어떤 사람이 지식과 그 지식을 가진 사람에게 존경심을 갖지 않는다면, 그 사람은 지식을 터득할 수 없을 뿐만 아니라 교육으로부터 어떤 유용함도 얻을 수 없을 것이다. 사람들은 스승을 반드시 존경하고 찬양해야 한다." 20세기 초에도 사정은 조금도 다르지 않았다. 인도 북부의 한 저명한 학자는 다음과 같이 선언했다. "학생은 스승 뒤에서 여러 발자국 뒤에 떨어져 걸어야 한다. 학생은 스승의 명령을 최우선으로 행하도록 노력해야 한다. 그리고 학생은 스승의 말이 최후의 가르침이라는 점을 항상 잊지 말아야 한다."

마드라사에서 입학한 학생은 이미 기본적인 아랍어 실력을 갖추고 있었으며 어떤 이들은 『꾸란』도 암송하고 있었다. 그 다음에는 학생들이 아랍어 문법과 구문, 『하디스』, 『꾸란』 해설서, 수사학, 법, 그리고 법학 관련 책을 공부했다. 가끔 울라마들은 상속에 관한 파트와를 내놓아야 할 경우 일정 수준의 산술학도 공부했으며, 의학과 수피즘에 관한 서적들도 탐독했다. 신학과 이에 관련된 학문인 논리학과 철학은 모든 사람들에게 허용된 것이 아니었다. 한발리파와 말리키파, 그리고 샤피이파의 마드라사들은 신학을 금지했다. 단지 하나피파와 쉬아파 마드라사들만이 신학을 일반적인 것으로 인정했을 뿐이었다.

1500년 무렵까지 마드라사에서 교육시킨, 이슬람 지식의 전 분야에서 위대한 고전 작품들이 나왔다. 예를 들어 쉐이크 부르한 알 딘 알 마르기아니(Burhan al-Dīn al-Marghiani)는 하나피 법학의 기본서인 『히다야(Hidaya)』를 출간했다. 또한 알 바이다위가 출간한 『꾸란 해설서』도 널리 인정을 받았다. 시간이 흐르면서 위와 같은 고전 작품들은 권위를 인정받았으며, 새로운 서적은 거의 출간되지 않았다. 울라마들은 고전 작품에 대한 주석을 더 이상 달 수 없을 때까지 주석 다는 일에 열중했다. 티무르 제국의 궁정에서 경쟁 상대였던 사아드 앗 딘 타프타자니(Saad ad-Dīn Taftazānī)와 알 주르자니(al-Jurjānī)도 주석서를 집필했다. 이러한 주석서들은 마드라사 학생들이 고전 작품에 쉽게 접근할 수 있도록 많은 도움을 주었다. 이 해설서들은 오늘날까지도 사용되고 있다.

이러한 교육 체계는 대체로 보수적인 경향을 띠었다. 그것은 충분히 이해할 수 있었다. 울라마는 자신이 『꾸란』에 등장하는 신과 무함마드의 일생으로부터 귀중한 은혜를 받았다는 것을 알았다. 또한 울라마들은 최후 심판의 날까지 이보다 더 인류를 훌륭하게 이끌어 갈 수 있는 가치 체계는 없을 것이라고 확신했다. 그들은 이러한 신의 선물을 가능한 한 순수한 형태로 전수하고, 공동체의 이익을 위해 신의 선물을 해석하는 일이 자신에게 주어진 가장 중요한 임무라고 생각했다. 울라마들은 예언자 시대에서 점점 멀어지면 멀어질수록 신의 귀중한 믿음이 변질되고 상실될 수 있다는 것을 알았다. 이와 더불어 무슬림들이 좀더 많은 진리를 발견할 수 있는 가능성은 점점 줄어들었으며 오직 진리의 결핍에 따른 위태로움만이 존재할 뿐이었다. 비록 수준 높은 학자들이 '이해'의 중요성을 강조했는데도 암기 학습이 지식의 보존과 전수 과정에서 중요한 역할을 했다. 지식은 규범화되어 갔다. 즉 무슬림은 사물이 어떻게 존재하는지만을 배웠던 것이다.

이러한 교육 체계는 종종 엘리트주의적인 경향을 띠었다. 중세 후반 카이로의 울라마 중에는 교육의 자유화가 교육의 질적인 저하를 불러올 수도 있다는 여론이 나오기도 했다. 그리고 몇몇 울라마는 좋은 옷을 입고 거대한 터번을 두르고 다니는 동료들을 통렬히 비난했다. 또한 이들은 동일한 내용을 반복하거나 수업 시간에 졸거나 명백한 실수를 범한 학자들에 대해서도 격렬하게 비난했다. 무엇보다 이러한 조악한 교육 행위는 단순히 게으른 자와 근본적으로 자격을 갖추지 못한 자를 구별하는 것조차도 어렵게 만들었다. 그런데도 모든 무슬림은 마드라사에서 이루어지는 교육을 받아야 한다고 말한 학자들도 있었다. 이븐 알 핫즈는 "마드라사의 문을 잠그는 것은 대중들의 눈을 가리고 귀를 막는 행위이다. 그들은 지식과 지식의 소유자인 울라마에 의해 축복을 받아야 한다."고 선언했다. 만약 울라마가 지식을 독점하고 일반 대중에게 알리지 않는다면 그들 스스로도 지식으로부터 유익함을 얻어 내지 못할 것이다.

몇몇 울라마의 우월주의에 대해 사람들이 우려하는 목소리가 있었지만 울라마가 전달한 지식은 공동체에 기여하는 바가 컸다. 예를 들면 16세기 팀북투는 교육의 중심지였을 뿐만 아니라 전반적으로 남성 교육률이 높은 지역이었다. 또한 약 7만 명을 교육시키는 150여 개 이상의 꾸란 학교도 있었다. 14세기와 15세기, 카이로에는 마드라사들이 지방 공동체에 소속되어 있었다. 예를 들어 마드라사의 직원인 『꾸란』 독경사, 무에진, 사환들, 그리고 일반 시민들도 학생들과 함께 교육을 받았다. 이렇게 일반 대중까지 지식이 전달될 수 있었던 것은 『하디스』의 암송이 보편화

과학

이슬람 과학은 그리스, 이란, 인도에서 이룩한 이슬람 이전 시대의 업적을 기반으로 하여 발전했다. 이슬람 시대가 시작된 지 처음 100년 동안 이슬람 세계는 빠르게 성장했다. 과학자들은 이와 더불어 형성된 제도들을 중앙아시아와 인도에서 시작해 스페인과 북아프리카에 이르기까지 상호 작용을 할 수 있도록 기반을 마련해 주었다. 과학은 괄목할 만한 국제적 차원으로 발전하기 시작했다. 600년 이상 아랍어는 과학 세계의 주요 언어로 쓰였다. 아랍어는 유럽의 언어, 대수학, 알고리즘의 영역에서 쓰이는 용어에 그 흔적이 뚜렷이 남아 있다.

무슬림이 과학에 미친 영향은 너무도 광범위하고, 거대한 것이어서 아직도 그 범위가 완전히 드러나 있지 않다. 특히 수학에 무슬림들의 업적이 두드러졌다. 중앙아시아 출신 알 비루니는 수 이론과 계산 분야에서 많은 연구 성과를 남겼다. 같은 시대에 살았던 이슬람 과학의 역사가인 사이드 후사인 나스르는 알 비루니가 남긴 체스판 문제를 다음과 같이 설명했다.

처음 사각형 안에는 곡식 한 알을, 그 다음 칸에는 두 알을, 세 번째 칸에는 네 알을 넣는 방식으로, 한 체스판 전체에 곡식 알을 담을 수 있을 만큼 곡식을 달라고 어떤 사람이 요청하자 통치자는 처음에는 "그러마."라고 대답했다. 그러나 통치자는 이내 자신의 왕국 전체를 통틀어 그만큼 많은 양의 곡식을 구할 수 없다는 것을 곧 깨달았다.

알 비루니가 발견한 해답은 18, 446, 744, 073, 709, 551, 615였다. 이를 현대의 수학 공식으로 쓰면 $\sum^{64} 2^{n-1} = 2^{64}-1$이다. 알 유클리디시(al-Uqulidisi)는 950년 무렵 이미 소수, 그리고 정확한 해답이 없는 문제를 계산하기 위한 어림셈 방법을 발견했다. 15세기에 이르러 이란 출신의 수학자인 잠시드 알 카샤니(Jamshid al-Kashani)는 이 발견을

초기 아랍 번역본에 근거해 투시가 피타고라스 정리에 대한 유클리드의 증명을 설명한 해설.

수학의 주된 주제로 확립시켰다. 그는 세계 최초로 계산기를 발명한 학자였다. 무슬림들은 기하학 분야에서는 그리스 수학자들이 닦아 놓은 길을 따랐다. 물론 예전에 풀리지 않던 수많은 문제들을 차례로 풀어 나가면서 말이다. 이러한 공을 세운 유명한 학자가 바로 루바이야트(Rubaiyyat)에서 명성을 가진 오마르 카이얌(Omar Khayyam)과, 유클리드 기하학의 기초를 재증명한, 위대한 쉬아파 과학자인 나시르 앗 딘 투시(Naṣīr ad-din Tūsī)이다. 오늘날까지 학습 주제가 되고 있는 삼각함수 역시 무슬림 수학자들이 완성해 발전시켰다. '사인(sine)'이라는 단어는 곡선을 나타내는 아랍어 자이브(jayb)를 직역한 표현이다.

무슬림들은 대수학의 창시자이기도 했다[아랍어로 '제자리에 맞추는 것(접골), 수학 용어로는 대수.'를 나타내는 알 자브르(al-jabr)에서 대수학이라는 단어가 유래되었다]. 대수학은 '알고리즘'이라는 단어를 처음 쓴 무함마드 이븐 무사 알 콰라즈미(Muḥammad ibn Mūsā al-Khwarazmi)에 의해 정립되고, 위대한 시인이자 대수학자였던 오마르 카이얌에 의해 절정에 이르렀다. 이슬람 문명권에서 맹위를 떨친 수학은 건축과 장식 예술 양식 전반에서도 두드러진 업적을 남겼다.

이슬람의 위대한 업적이 빛을 발한 두 번째 영역은 천문학이었다. 무슬림 천문학자들은 그리스, 이란 및 인도의 자료를 통해 그 기초를 닦았다. 9세기 무렵 프톨레마이오스를 비롯한 그 외에 그리스 천문학자들의 연구가 번역되면서 무슬림 천문학자들의 연구는 한 걸음 나아가게 되었다. 이들은 천문표 분야에 위대한 업적을 남겼으며 모술 근처에서 자오선을 측정하는 등 놀라운 성과를 거두었다. 11세기 무렵 알 비루니는 수많은 학자들의 연구를 집대성한 『알 마스우디 법전(al-Qanun al-Mas'udi)』을 펴냈다. 이 저서는 의학에서 이븐 시나의 『까눈(Qanun)』과 같은 중요성

을 가졌다. 11세기에는 또한 이븐 알 하이삼이 광학 연구로 이름을 떨쳤다. 그는 대기층의 두께를 측정하고 그것이 천문 연구에 미치는 영향을 연구했다. 11세기와 12세기에 걸쳐 스페인과 마그리브의 과학자들은 점점 더 프톨레마이오스 천문학에 대해 비판적인 시각을 갖게 되었다. 13세기 투시가 이끄는 학파는 이란 북서쪽 마라가흐에 세운 유명한 천문 관측소에서 행성간 운동을 관찰하게 되면서 프톨레마이오스 천문학을 강렬하게 비판했다. 이들 연구는 비잔틴 제국 사람들에 의해 그리스어로 번역되었고, 나중에는 코페르니쿠스와 다른 유럽 천문학자들에게 전해져 그들의 태양 중심설 발전에 기여했다.

　　의학 역시 무슬림의 업적과 영향을 한눈에 볼 수 있는 영역이다. 수많은 학자들이 다른 연구의 자금을 대기 위해 의술 분야에 매진했다. 초기 이슬람의 무슬림 의사

무슬림 의학자들은 앞선 히포크라테스와 갈레노스 학파의 학자들과 마찬가지로 네 가지 체액, 즉 혈액, 점액, 황담즙, 흑담즙의 조화를 이해의 기초로 삼았다. 이 네 가지 체액이 조화를 이루는 정도는 개개인마다 달랐다. 이 조화가 어느 정도 깨졌는지를 발견하는 것이 곧 처방이었고, 다시 말해 이 조화를 회복하는 것이 곧 치료였다. 치료는 기본적으로 비침해성의 것이었다. 무슬림 의사들은 외과 수술을 인정하지 않았지만 어쩔 수 없이 외과 수술을 해야 하는 경우도 있었다. 알 비루니의 저서가 설명하고 있는 제왕 절개 수술이 바로 그러한 예 가운데 하나이다.

들은 그리스·알렉산드리아, 근동, 이란 및 인도 전통에 따라 환자를 치료했다. 최초로 등장한 의사는 아부 바크르 무함마드 이븐 자카리야 알 라지(Abū Bakr Muḥammad ibn Zakarīyā ar-Rāzī)이다. 또한 알 비루니는 184권에 이르는 자신의 저서를 분류했는데 현존하는 것은 단 50권뿐이었다. 그가 남긴 가장 위대한 업적은 바로 방대한 의학 백과사전인 『알 하위(al-Hawi)』인데, 이 책은 라틴 서방에서 『콘티넌스(Continens)』라는 제목으로 알려져 있었다. 그는 우선 각 질병을 그리스, 시리아, 인도, 이란 및 아랍의 의학서 작가들의

14세기 다마스쿠스 출신의 천문학자인 이븐 알 샤티르의 저서 중 한 쪽이다. 그는 태양, 달 및 행성들의 운동을 설명하면서 반(反)프톨레마이우스 모형을 제시했다. 그는 행성 운동의 지구 중심설 이론에 의문을 가졌던 투시의 작업을 계속해 나갔다.

1575년 타키 앗 딘(Taqi ad-Dīn)이 이스탄불에 세운 천문 관측소에서 연구하고 있는 오스만 제국 시대의 천문학자들. 다양한 관측기구들이 보이고, 활발한 연구가 한창 진행중인 듯하다.

관점에서 설명하고, 그가 매일 임상 관찰을 통해서 얻은 결과를 주석으로 달았으며 마지막으로 자신의 소견을 덧붙였다. 그러나 가장 위대한 의학서 저자는 바로 이븐 시나일 것이다. 그의 『의학정전(al-Qanun fil-tibb)』은 의학 역사상 가장 영향력이 있는 저서로 알려져 있다. 이 책은 12세기 무렵 라틴어로 번역되어 최소한 6세기 동안 유럽의 의학 교육에 핵심적인 역할을 했다. 이 밖에 주목할 만한 인물은 식이요법에 관한 저서를 남긴 안달루시아인인 이븐 주흐르(Ibn Zuhr)와, 의학의 일반적인 원칙에 대해 저술한 이븐 루슈드, 혈액의 소(小) 순환 체계를 발견한 시리아인 이븐 알 나피스(Ibn al-Nafis) 등이 있다. 19세기에서 20세기에 이르는 동안 이슬람의 의학 체계는 서양의 의학 체계에 의해 뒷전으로 밀려나게 되었다. 그러나 이슬람 의학은 인도와 파키스탄, 방글라데시에서는 여전히 널리 쓰이고 있었다.

무슬림 과학이라는 별은 너무나도 밝게 빛나 그 파장이 멀리까지 뻗어 나갔다. 하지만 빛나던 별이 어떻게 점점 더디게 되었는지 그리고 결국 어떻게 소멸하게 되었는지 의구심이 들게 한다. 행성간 운동이라는 측면을 살펴볼 때도 무슬림 학자들은 왜 자신들의 연구를 논리적인 결론으로 끝맺지 못했을까 하는 의문을 지울 수가 없다. 그에 대한 답은 여러 가지가 있을 수 있다. 그중에는 우선 무슬림 과학자들은 이슬람이라는 종교에 부합되는 지식만을 가지고 세상을 바라보았던 것이 있다. 중국이나 인도 문명은 나름대로 과학 및 수학적 발전을 거듭했는데도 이슬람 문명을 앞서기에는 역부족이었다. 그렇다면 이들이 실패했던 과학적 성과를 어떻게 유럽인들이 이룰 수 있었는지 의구심이 든다.

되면서부터였다. 일반 무슬림들은 신앙심이 두터워진 것은 물론 자신이 받은 교육을 입증하는 과정에서 이자자를 얻을 수 있었고, 예언자의 동료부터 무함마드 자신에게까지 거슬러 올라가며 소중한 지식의 전달자가 될 수 있었다. 알 사카위는 당시 지식인과 주요 인사 명단에 수록된 1만 1,000명의 사람 중에서 1,075명의 여성들을 소개했다. 이들 중 400여 명은 종교 교육을 받은 사람들이었다. 지식의 다양한 분야 중에서도 여성들은 특히 남성들과 당당하게 경쟁할 수 있었던 전승 분야에서 가장 괄목할 만한 역할을 수행했다.

이 분야의 가장 대표적인 인물은 다마스쿠스의 아이샤였다. 저명한 전승 학자였던 이븐 핫즈르 알 아스깔라니(Ibn Hajr al-Asqalani)는 자랑스러운 스승의 명단에 그녀를 포함시켰다. 17세기의 한 역사가는 아이샤를 당대의 가장 믿을 만한 지식 전달자로 꼽았다.

울라마는 그들의 사회 내에서만 인정받는 엘리트는 아니었다. 많은 울라마들은 이슬람 전 지역에서 명성을 얻었다. 왜냐하면 교육 과정과 지식은 이슬람 전 지역에서 공유되었기 때문이다. 누구나 예상할 수 있듯이, 특정 법학파가 지배하고 있던, 각기 다른 지역들에 많은 책들이 공유되고 있었다. 예를 들면 팀북투의 말리키파 울라마는 모로코와 이집트의 울라마와 동일한 서적들을 사용했다. 오스만 제국과 중앙아시아, 그리고 남아시아의 하나피파 울라마들도 마찬가지였다. 이곳에서는 알 타프타자니와 알 주르자니의 해설서들이 특별한 인기를 누리고 있었다. 더욱이 하나피 법학파와 쉬아파의 이성주의 학문이 지닌 개방성 때문에 사파비 왕조

의 쉬아 울라마와 무굴 제국의 순니 울라마 사이에는 많은 공통점이 있었다. 순니
세계에는 법학파와 관계없이 공통으로 사용하던 서적들이 있었다. 바로 여섯 권
으로 이루어진 『하디스』 모음집들이었다. 또한 스페인에서 동남아시아에 이르는
지역에서까지 사용되었던 알 가잘리의 『종교학의 부활』과 같은 종합서와, 서아프리
카와 북인도에서 인기를 얻었던 앗 수유티의 『꾸란』 해설서인 『잘랄라인(*Jalā
layn*)』도 널리 읽혔다.

    서적들을 공유하는 세계란 토론과 참고 문헌을 공유하는 세계를 의미했다.
1637년 아체의 수마트라 술탄 왕국의 울라마들은 이븐 알 아라비의 저작들을 채택
하는 문제를 놓고 논쟁을 벌였다. 이러한 논쟁의 메아리는 메디나에까지 이르게 되
었다. 메디나는 당시의 문제점들을 해결하기 위해 권위 있는 서적을 기술했던 위대
한 학자 이브라힘 알 쿠라니(Ibrahim al-Kurani)가 활동했던 무대이기에 시사하는
바가 더 컸다. 17세기와 18세기에 두드러진 현상은 이란이 이성주의 학문을 인도
로 수출한 것, 그리고 이 분야에서 인도가 거둔 학문적 업적을 다시 이집트와 아시
아 서부로 수출한 것이었다. 이로써 이집트와 아시아 서부에서는 이성주의 학문에
대한 연구가 다시 활기를 띠게 되었다.

    울라마들은 서로 공유하는 지식 체계 속에서 폭넓은 연결 고리들을 갖게 되었

14세기와 15세기에 지어진
산코레 모스크는 팀북투에서
가장 오래된 두 개의 모스크
중 하나이다. 이 모스크는
16세기 아끼트 가문의
후원하에 학문의 중심지가
되었다. 이 마드라사에서
발행한 『치료의 서(*kitab
ash-shifā*)』의 해설서는 큰
명성을 얻었다. 이 책은
알 까디 이야드(al -Qadi
Iyad)가 저술한 것으로,
예언자의 임무에 관한
논쟁과 『하디스』와 샤리아에
관한 함축적 내용을 담고
있어 북아프리카와 수단에서
폭발적인 인기를 얻었다.

다. 한 지역 내에서는 가족간의 연결 고리도 생겨났다. 굴람 알라(Ghulam Allāh)의 자손들은 15세기 이래로 나일 강 상류 지역으로 지식을 전파했다. 러크나우의 파란기 마할 가문은 17세기 말부터 인도 전역에 지식을 전파했다. 여러 지역을 가로질러 지식을 전파한 가문도 있었다. 마즐리시 가문에서 비롯된 지식은 17세기부터 이라크와 이란의 도시들에서 무르시다바드와 벵골로 퍼져 나갔다. 아이다루스 가문은 16세기에는 아라비아 남부에서, 18세기에는 인도를 통해 동남아시아의 섬들에서 아프리카 동부에 이르는, 또 인도양 주변에 중요한 거점들을 건설할 때까지 계속 팽창했다. 울라마들의 여행과, 그에 따른 자연스러운 결과로서 형성된 스승과 제자의 관계는 매우 중요한 의미를 지녔다. 실제로 울라마들은 지식을 얻기 위해서는 여행을 해야 한다는 『하디스』의 가르침을 매우 진지하게 받아들였다.

예를 들면 알 가잘리는 호라산에 있는 자신의 고향인 투스, 조르잔, 그리고 나샤푸르 순으로 거취를 옮기면서 공부를 했다. 그리고 학자의 신분으로 바그다드, 메카, 다마스쿠스, 이집트 등을 여행한 후 고향인 투스로 다시 돌아왔다. 울라마는 팀북투를 비롯해 이집트의 거대한 학문 중심지들과 아시아 서부로 여행을 떠났다. 이와 마찬가지로 틀렘센의 알 마길리와 같은 저명학자도 수단의 서부로 여행을 하는 것이 가치 있는 일이라고 생각했다. 메디나에 있는 이브라힘 알 쿠라니의 전승 학교를 비롯한 유명한 교육 기관들은 아시아 전역과 히자즈, 비옥한 초승달 지역, 아나톨리아, 인도, 그리고 인도네시아 섬들의 학생들을 유혹했다. 위대한 여행가 이븐 바투타만큼 이슬람권의 지식 공유 현황을 극적으로 밝힌 학자는 없었다. 그는 1325년에서 1354년까지 40여 개 국가(현대적인 국가의 개념으로)를 여행했으며, 때로는 까디로 활동하기도 했다. 여러 차례의 우여곡절을 겪은 그의 모험담은 매력적이고 인간미 넘치는 문체로 글 속에 담겼다.

수피들, 영적 지식의 전달자들

'신의 친구들'로 알려져 있는 수피들은 울라마들보다 더 넓은 지역으로 퍼져 나갔다. 울라마들은 국가 권력이 존재하고 법 질서가 잘 정비되어 있는 도시와 지역에서 주로 번성했다. 반면에 수피들은 무슬림이 살고 있는 모든 지역과 사회로 퍼져 나갔다. 더욱이 이들의 지식 전달 방식들은 무슬림이 거주하고 있는 모든 지역과 사회에 고루 적용되었으며, 가끔 혈연 관계와 종속 관계를 무엇보다 중요하게 여기는 이슬람 변경 지역까지 그 영향력을 미쳤다.

10세기 이래로 특정한 수피 쉐이크 주위에 문하생들이 모이기 시작했다. 이들은 신에게 이르기 위한 체험적인 지식을 터득하는 특별한 방식인 따리까를 배우고 따르기 위해 쉐이크를 찾아왔던 것이다. 종종 이들은 칸까에 함께 살면서 종교 생

각 수피즘 종단의 쉐이크가
제자들의 정신적 발전
과정을 조심스레
지도하면서 특별한
디크르와 신을 기억하는
방법을 전수해 주고 있다.
17세기 중반 무렵 무굴
제국의 그림에는 제자들이
여섯 명의 쉐이크들 앞에서
춤을 추며 디크르를 행하는
모습이 그려져 있다.
춤추는 사람들 중 일부는
이미 황홀경에 빠져 있다.
문 위에는 페르시아어로
다음과 같이 적혀 있다.
"이 얼마나 장엄한 보물이
풍성한 모임인가? 그들은
걸인에게 1,000개의 왕관을
씌워 준다."

활을 하고, 때로는 자선 사업과 선교 활동에 헌신하기도 했다. 모든 문하생들은 칸까 공동체의 일원이든 아니든 간에 디크르(dhikr, *알라의 이름 따위를 되뇌는 염신 기도 행위)라는 따리까의 핵심 의식을 수행해야 했다. 디크르는 세속적인 유혹에서 벗어나 정신을 집중시키기 위해 알라의 이름을 반복해 외우거나, 집중력을 강화시키기 위해 호흡 조절 명상법을 사용하는 것을 의미했다. 가끔 독실한 수피 문하생들은 찬송과 음악, 또는 춤을 이용하여 황홀경에 이르는 종교 체험을 집단 의식으로 행하기도 했다. 일단 쉐이크의 종단에 입문한 문하생은 모든 희생을 감수하면서 ——비록 샤리아에 어긋나는 방향일지라도—— 쉐이크에게 복종해야 했다. 문하생은 '사자(死者)를 세정하는 사람의 손에 놓인 송장'과도 같은 존재였다.

쉐이크와 문하생은 시간과 공간을 초월하는 신비한 지식의 전달자요 수혜자라는 맥락에서 볼 때 매우 긴밀한 관계에 있었다. 특히 쉐이크의 후계자(*계승자라는 의미에서 칼리파라고도 불렀음)들은 매우 중요한 임무를 띠었다. 이들은 재능 있는 제자들로서 쉐이크의 가르침을 전달하고 문하생을 모집하는 임무를 맡았다. 이들은 수피즘 종단을 설립한 성인의 후계자들로, 쉐이크의 지식을 계속 후대 후계자들에게 이어지게 하는 지식 전달의 연결 고리가 되었다. 종종 후계자인 칼리파들이 성인의 반열에 오르기도 했다.

수피즘 종단에 입문한 문하생은 종단 설립자의 특별 보호 예배인 히즈브 알 바흐르(hizb al-bahr)를 들려 주게 되는, 자신의 스승 쉐이크로부터 키르까〔khirqa, 성복(聖服)〕를 수여받았다. 그리고 그들은 자신의 스승 쉐이크에게 충성을 맹세해야 했다. 또한 문하생은 예언자에서부터 예언자의 한 동료(알리를 말함), 초기 압바

이슬람 세계에는 독실한 무슬림이 신에게 좀더 가까이 갈 수 있는 장소인 성인들의 성소가 있었다. 초창기 무슬림들은 대부분 신과 자신들 사이를 중재하는 데 성인들의 도움을 받았다. 이 사진은 신드의 카이르푸르 근처 다라자에 있는 18세기 시라이키 시인 사칼 사르마스트(Sachal Sarmast)의 성소를 담고 있다. 인더스 강 계곡 지역의 성소들은 장엄한 타일 장식으로 유명했다. 오늘날 사칼 사르마스트는 신드의 상징으로써 브히트(Bhit)의 알 라티프에 이어 두 번째로 입지를 굳히고 있다.

스 왕조를 풍미했던 위대한 신비주의자를 거쳐, 자신의 수피즘 종단을 설립한 성인, 그리고 자신의 쉐이크까지 이어져 내려왔음을 알려 주는 증명서도 수여받았다. 새롭게 활동을 시작하는 신비주의자는, 전승을 전달하기 위해 이자자를 받았던 문하생과 똑같은 방식으로, 그 자신 또한 무슬림 공동체의 근간을 이루는, 지식의 '보고' 역할을 해야 한다고 생각했다.

어떤 특별한 수피즘 종단을 추종하는 자들의 구심점은 바로 종단을 설립한 성인의 성소였다. 종종 이 성소는 성인의 숭고한 뜻을 기리는 정신적인 차원에서 벗어나 점점 종교 의식에만 집착하는 직계 후손들에 의해 관리되었다. 이들은 성소의 조직과 수피 공동체, 기부금, 그리고 자선 사업도 관리했다.

한 주요 수피 종단의 설립자인 압드 알 까디르 알 질라니의 성소는 국제적인 순례지로 자리 잡았다. 이 종단은 이슬람권 전역으로 연결망이 형성되었다. 이보다 규모가 적은 성소들은 지방과 지역 단위 종파들의 중심지가 되었다. 마드라사의 경우처럼 돔으로 된 지붕과, 문하생들이 기거하는 칸까와 방들로 둘러싸여 있는, 직사각형으로 된 마드라사의 성소는 이슬람식 건축물의 전형이 되었다. 더욱이 무슬림들이 성인들의 성소를 방문하는 일은 일상적인 일이 돼 버렸다. 성인들의 안식처를 방문한 어떤 무슬림들은 이곳이야말로 신성한 예배를 올리는 데 안성맞춤이라고 말하는가 하면 또 어떤 무슬림은 성인에게 신과 자신 사이를 중재해 줄 것을 기원하기 위해 성소를 방문하기도 했다. 해마다 성소에서는 우르스(urs, 융합)로 알려진 종교 의식이 거행되었다. 이 의식은 성인의 영혼이 신과 결합하는 순간을 축하하기 위한 것이었다. 이 종교 의식에서 중요한 한 부분은 예언자에서부터 성인까지 정신적 지식이 전해 내려오는 단계들을 회상하는 것이다. 13세기 이래로 수피들은 착실하게 자신들의 조직과 종단을 다져 나갔으며, 그 결과 몇백 명에 이르는 종교 집단으로 발전할 수 있었다.

이러한 조직들은 종교 의식과 신을 기억하는 방법의 다양성, 샤리아를 따르든, 아니면 샤리아에서 어느 정도까지 일탈하는 것을 허용하느냐에 따라 서로 다른 견해를 보였다. 대체로 이 조직들은 비교적 느슨한 유대 관계를 유지했다. 일정한 관행을 따르는 한 지역의 낙쉬반디야 종단은 너무 유대 관계가 느슨해 다른 낙쉬반디야에게서 인정을 받지 못하기도 했다. 하지만 무슬림 사회 내면에 면면히 흐르고 있는 정신적 교류와 형제 유대 관계는 이슬람 지식이 전파되거나, 필요한 경우 지식이 재형성되고 부활될 수 있는 중요한 통로가 되었다.

몇몇 수피즘 종단들은 이슬람권에서 막강한 힘을 발휘했다. 예를 들면 그들은 샤리아를 엄격히 준수했고, 바그다드의 수피인 아부 나지브 앗 수라와르디(Abū Najīb as-Suhrawardī)와 조카 쉬하브 앗 딘(Shihāb ad-Dīn)이 발전시킨 수흐라와르디 종단은 서아시아에서 인도 동부 벵골 지역까지 영향력을 행사했다. 스페인의 수피인 아부 마드얀 슈아입(Abū Madyan Shuayb)이 세운 샤질리 종단은 모로코에서 북아프리카를 가로질러 아시아 서부 지역까지 메시지를 전파했을 뿐만 아니라 일부 근대 부흥주의 운동에 영감을 불어넣었고, 유럽인과 미국인들을 수피즘으로 끌어들이는 데 성공했다. 부하라 외곽에 성소가 있는 쉐이크 바하 앗 딘 낙쉬반드(Shaykh Bahaʾ ad-Dīn Naqshband)의 명칭에서 유래된 낙쉬반디야는 아시아 전역으로 그 영향력을 확대시켜 나갔다. 이들은 18세기 이래로 이슬람의 부흥을 추구하는 운동에 영감을 불어넣는 통로 역할을 했다. 하지만 가장 광범위하게 전파된 수피 종단은 바그다드의 성인 압드 알 까디르 알 질라니에서 비롯된 까디리야였다. 최근 세기에 들어서 이들은 아프리카 서부의 이슬람 부흥 운동에 참여하기도 했다.

많은 종단들은 여전히 막대한 중요성을 지니고 있었지만, 대부분 특정 지역으로 그 세력과 영향력이 한정되었다. 인도에서 가장 큰 영향력을 행사한 세력은 정치력을 가진 사람들을 배제시켰던 치쉬티야였다. 하지만 인도에는 토착 관습을 따르고 샤리아에 구속받지 않던 말라마티나 깔란다리와 같은 비공식적인 종단도 많이 있었다. 리파이야는 아시아 서부 지역에서 크고 거친 목소리로 행하는 디크르(따라서 이들의 별명은 '울부짖는 수도사'였다)와 불을 삼키거나 살아 있는 뱀의 머리를 물어뜯는 등 기이한 행동으로 유명했다. 아나톨리아와 오스만 제국에는 근위대 병사들이 주축을 이루었던 베크타쉬야가 활동했는데 그 종단은 자신의 쉐이크들에게 신앙 고백을 행하게 했으며 빵과 포도주, 치즈를 사용하는 그리스도교식 종교 의식을 준수했다. 그 종단은 신, 무함마드, 알리로 이루어진 준삼위일체론을 믿었

이곳은 보스니아·헤르체고비나의 모스타르에서 남쪽으로 10킬로미터 떨어진 곳에 자리한 브라가즈 마을에 있는 수피 숙소이다. 벽에는 아랍어로 디크르 기도문의 하나인 후(hu)가 적혀 있다. 발칸 지역의 수피즘 종단 형제들은 자신들이 중앙아시아와 역사적으로 연계되어 있다고 인식하고 있다. 이 지역을 대표하는 수피즘 종단들로는 베크타쉬야, 까디리야, 마울라비야, 칼와티야, 낙쉬반디야, 그리고 말라미야 등이 있다. 베크타쉬야 종단은 특히 알바니아 지역에 깊은 뿌리를 내리고 있었다.

다. 또한 마울라비야(*잘랄 앗 딘 알 루미 사후에 제자들
이 설립한 종단)도 있다. 위대한 신비주의 시인 잘랄
앗 딘 알 루미(Jalāl ad-Dīn ar-Rūmī)에게서 영감을
받은 이들은 계속 원을 그리며 춤을 추는 디크르를 행
했기 때문에 서구에서는 '선회하는 수도사'로 알려졌
다. 수피즘 종단들의 결속력이 강화됨과 동시에 이슬
람 발전에 그들이 중대한 공헌을 했다는 인식도 확산되
었다. 이러한 발전의 중심에는 세비야에서 교육받은 스
페인의 수피 학자 이븐 알 아라비가 있었다. 그는 성지
순례를 위해 메카에 이르렀을 때, 성인들 가운데서도
자신이 가장 추앙받고 있다는 환상을 갖게 되었다. 그
리고 이 환상은 그의 걸작 『메카의 계시(al-futūḥ ātal
makkīyah)』를 편찬하는 데 영감을 주었다. 이 책에
서 그는 존재의 단일성에 대해 다음과 같은 이론을 제
시했다. "신은 초월적 존재이다. 하지만 모든 창조는
신의 현시이기 때문에 본질적으로 모든 사물은 신과
동일한 의미를 지닌다." 아울러 "신은 남녀가 존재하
는 데 필요하지만 남녀는 신이 현시하는 데 필요하

다."라는 주장을 덧붙였다. 이븐 알 아라비는 자신의 이론을 자세하게 설명하면서,
신으로부터 메시지가 전달되었는데도 『꾸란』에는 빠져 있는 유명한 전승을 자주
인용했다. "나는 감춰진 보물이며 알려지기를 원한다. 그러므로 나는 내가 알려지
게 될 세상을 창조했다." 그는 이러한 환상과 선견을 설명하면서 풍부한 상징적 어
휘와, 수피즘, 철학, 그리고 신플라톤 사상에 입각한 신비주의 사상을 정교히 합성
해 냈다.

　　이븐 알 아라비는 몇 세기에 걸쳐 무슬림과 그리스도교 학자들로부터 범신론자
라는 비난을 받았으며, 이슬람권의 몇몇 지역에서는 그를 거부하기까지 했다. 그런
데도 서구의 학자들은 그가 신의 초월성을 일관되게 주장했다는 점과, 그의 선견이
『꾸란』에 뚜렷하게 나타나 있다는 점을 인정하게 되었다. 하지만 정작 우리의 관심
을 끄는 대목은 그가 수피즘과 무슬림을 종교적으로 이해하는 데 끼친 영향력이다.

　　수피즘 담론의 의제와 주제를 설정한 것은 이븐 알 아라비가 이룩한 업적이었
다. 그는 그때부터 '존재의 단일성'에 대한 개념을 정리하는 데 몰두했으며, 신과
물질 세계의 관계에 대한 그의 선견을 『꾸란』의 내용과 조화시키는 데 주력했다. 자
신의 생각과 사상을 표현하기 위해 그가 선택한 최선의 방법은 바로 시였다. 이는

여성들이 이스탄불 성벽
바로 외곽의 골든 혼에
위치한 에윱에 있는
아이유브 안사리의 성소로
들어서고 있다. 아이유브
안사리는 예언자의
교우이자 추종자였는데,
674년과 678년 사이 아랍이
이 도시를 최초로 봉쇄한
기간에 살해되었다. 에윱은
이슬람권에서 가장
성스러운 순례지 가운데
하나이다. 1453년 술탄
메흐메드 2세는
콘스탄티노플을 정복한 후
아이유브 안사리의 무덤
주위에 복합 건물을
건설했다. 오스만 제국의
술탄들은 권좌에 오르면
에윱을 방문했다.

아랍어나 아프리카어로 된 시의 경우에서와 마찬가지로 페르시아어로 씌어진 시에서도 동일하게 나타났다. 즉 잘랄 앗 딘 알 루미의 시 『마스나위(*Mathnaw*)』는 페르시아어로 씌어진 『꾸란』으로 간주되었다. 시라즈 출신 하페즈(Ḥāfeẓ)의 시집 『디완(*The Diwan*)』은 세계에서 명성을 얻은 가장 장엄한 시편들을 담고 있었다. 헤라트의 자미(Jāmī)는 최후의 위대한 신비주의 시인으로 여겨졌다. 아시아의 언어로 시를 쓰기 시작한 시인들로는 아나톨리아의 유누스 엠레(Yunus Emre)와 인도 펀자브의 불헤 샤(Bullhe Shāh), 그리고 인도 신드의 샤 압드 알 라티프(Shāh ʿAbd al-Latīf)를 꼽을 수 있었다. 존재의 단일성에 관한 사상이 이슬람권 전역으로 퍼져 나가면서 샤리아를 준수해야 한다는 사명은 점점 퇴색해 갔다. 만일 모든 사물이 곧 신이라면, 지상에서 신의 계시를 실현하기 위해 노력하는 일은 그다지 중요한 일이 아니라는 것이었다. 왜냐하면 이는 황홀경에서 이루어지는 신과의 합일로도 충분하기 때문이다. 그러나 이븐 알 아라비의 이런 이론이 이슬람 역사에 하향적인 영향을 끼쳤다고 여기는 사람들이라면 이 이론이 끼친 상향적인 영향을 볼 수 없을 것이다. 무슬림이 비무슬림 전통에 접근할 수 있도록 이븐 알 아라비가 제시한 관용주의와 융통성은(그가 결과를 의도했든 아니든), 무슬림 세계 전역에 퍼져 있는 수피들이 이슬람교와 무수한 지역 토착 종교 전통들을 조화시키는 데 지대한 역할을 했다.

울라마들이 쉽게 이동하지 못하는 지역이나 사회에 이슬람의 메시지를 적극적으로 전한 사람은 수피들이었다. 실제로 수피들은 이슬람교를 최초로 전도한 자들이었다. 이슬람의 중심부에서 이들이 한 역할은 잘 알려져 있지 않다. 하지만 이들이 북아프리카와 아나톨리아, 발칸 반도, 그리고 중앙아시아와 남아시아에서 이룬 업적에 대해서는 널리 알려져 있다. 이들은 무슬림 군대가 정복한 새로운 지역에 성공적으로 입성할 수 있는 길을 열었으며, 국제 무역로를 따라 이슬람이 결속될 수 있는 기반을 마련했다. 수피들이 없었다면 이슬람이 중앙아시아나 인도의 신드와 벵골에 확고히 정착하지 못했을 것이다. 수피들은 이러한 지역적인 한계를 뛰어넘어 중요한 역할을 했다. 사하라 사막 이남의 몇몇 지역에 이슬람 신화가 만들어진 것은 방랑 생활을 하던 성자들이 이곳에 정착하고 난 후부터였다. 자바에는 9명의 성인들이 일군 업적과 깊은 관련이 있는 성자들에 의해, 수마트라에는 '메카의 왕'이 내 준 배를 타고 온 수피에 의해 이슬람이 정착된 것이다.

이븐 알 아라비의 관용주의를 바탕으로 한, 이슬람의 메시지를 이교도 사회에 전달한 수피들은 샤리아를 엄수할 것을 요구하지 않았다. 사실상 이들에게는 샤리아를 강요할 힘과 능력이 없었던 것이다. 오히려 이들은 지방에서 고수해 온 종교 전통들과의 갈등을 최소화하기 위해 끊임없이 노력했다. 사실 이들의 정책 목표는 기존의 공동체 내에서 교감대를 형성하고 조화를 이룰 수 있도록 매개 역할을 하는 것이었다. 이들은 자신들의 종교적 경험에 바탕한 지식과 다른 이교도 사회의 전통들을 조화시키고자 노력했다. 이들은 그 지역의 요구와 관습에 순응하면서 주민들에게 이슬람적 행동 방식을 교육시키면서 이슬람 환경에 동화시켜 나갔다. 그렇게 함으로써 그들은 자신들의 위치를 점점 다져 나갔다. 이들은 자신들의 생각과 사상을 이교도들의 일상에 은근히 심어 주었다. 다음의 시구(詩句)는 어느 수피가 인도의 고원 지대에서 옥수수를 맷돌에 갈고 있는 여인들을 위해 지은 것이다.

> 착키(chakki, 맷돌)의 손잡이는
> 알리프(alif, *아랍어 알파벳의 첫 글자)를 닮았다네.
> 알리프는 알라를 의미하네.
> 축(軸)은 무함마드인데, 축은 그곳에 고정되어 있다네.
> 이런 식으로 진리를 추구하는 자는
> 야 비슴 알라(Ya bism Allāh), 후 후 알라(hu hu Allāh),
> 그 관계를 볼 수 있다네.
> 우리는 착키에 곡식을 넣지요.
> 우리의 손들은 증인이고요.
> 신체의 착키는
> 당신이 샤리아를 따를 때 규칙적으로 움직여요.
> 야 비슴 알라, 후 후 알라.

수피들은 이슬람의 지식을 자신들이 정복한 사회나 이교도 사회에 퍼뜨리고 싶어했다. 성인들의 성소는 바로 그 전초 기지인 셈이었다. 성소에서 수피들은 다양한 표현으로 '대중적 이슬람'을 알리기 시작하면서 보다 많은 사람들에게 종교적 헌신과 봉사를 했다. 특별한 성소들에서는 나무, 물고기, 악어를 숭배하기도 했다. 세인트 조지(*서구에서 가장 오래된 영국인 개척 부락의 하나) 또는 크와자 키드르(Khwādja Khiḍr, 메소포타미아에서 벵골까지 숭배된 생명과 부활의 영혼)에서는 지역 고유의 색이 짙은 무슬림 신앙을 믿었다. 종종 옛 그리스도교와 힌두교 성지에 성소와 모스크가 세워지기도 했다. 촛불 켜기, 무덤 쓸기, 성인이 자신의 소원을 늘 기억할 수 있도록 성소에 천조각 묶기 등과 같은 미신적 관행이 암묵적으로 이루어졌다. 유물도 마찬가지였다. 성소들은 대부분 망토와 염주, 또는 터번과 같은 성인의 유물을 그대로 간직했다.

성인의 성소가 아닌 몇몇 장소에는 예언자의 턱수염이나 발자국과 같은 유물들을 보관해 두기도 했다. 이런 관점에서 보면, 이슬람의 관행이 샤리아에 규정된

수피 학자들의 활동으로
이슬람 출현 이전의
종파들이 여러 지방에서
무슬림들의 믿음에 동화되기
시작했다. 가장 폭넓게
퍼졌던 믿음 가운데 하나는
크와자 키드르에 대한
믿음이었다. 18세기 후반의
한 벵골인의 그림에서도
그러한 믿음을 엿볼 수 있다.
여기에 묘사된 인물은
메소포타미아의 장편
서사시인
『길가메시(*Gilgamesh*)』에
처음으로 등장했으며 곧이어
바빌로니아에도 나타났다.
터키에서 벵골에
이르기까지, 그는 봄철의
부활과 풍요, 행복을
관장했으며 가끔은 녹색을
상징하기도 했다. 그는
곤란에 처한 사람들, 특히
바다에 빠져 익사할 위험에
처한 사람들이나 사막에서
길을 잃은 사람들을 도와
준다고 알려져 있었다.
델리에는 세탁부들이 줌나
강에 풀로 만든 작은 배를
띄우면서 그의 기념일을
축하한다. 벵골의
무르시다바드에는 갠지스
강에 공작새 형상을 한
뱃머리를 가진 종이 뗏목을
띄우면서 축하하기도 한다.

행위나 태도보다는 이슬람이 포용한 사회의 믿음과 관습을 더 많이 반영하는 것이었다.

수피들이 이슬람권의 많은 지역에서 이러한 관행을 묵인했던 것이 곧 울라마와의 긴장 관계를 야기시킨 주요 원인일 수도 있었다. 울라마들은 샤리아가 조롱당하는 것을 지켜보며 불편한 심기를 드러냈다. 몇몇 한발리파 울라마들은 수피들과의 관계를 거부했다. 그들 중 가장 대표적인 학자는 다마스쿠스의 이븐 타이미야였다. 수피즘의 관행을 대부분 인정했던 이븐 바투타는 1326년 이븐 타이미야의 설교를 듣고 나서 '머릿속에 경련'이 일어나는 줄 알았다고 털어놓았을 정도였다. 얼마 후 이집트의 맘루크 정권은 이븐 바투타의 의견을 받아들여 이븐 타이미야를 감옥에 가두었다. 이븐 타이미야는 심장마비로 옥사하고 말았다. 그런데도 17세기 이래로 수피즘에 비타협적이었던 이븐 타이미야를 동정하는 분위기가 점점 무르익기 시작했다. 오늘날 그는 이슬람의 부흥 정신을 구체화시킨 사람으로 여겨지고 있으며, 그가 쓴 책들 중 상당수가 다시 출판되었다. 이는 이슬람을 형성하고 있는 거대한 두 세력간의 긴장 관계가 결코 과장되어서는 안 된다는 것을 의미했다. 울라마들 중 상당수가 수피였으며, 수피들은 대부분 샤리아를 깊이 있게 공부한 사람들이었다. 이 무렵 그 두 가지 지식을 현명하게 조화시킬 수 있는 사람이야말로 가장 학식 있고 성스러운 인물이라는 인식이 널리 확산되었다. 또한 이슬람 지식의 전통을 전달하는 사람들과 정치 권력을 지키려는 사람들간에 긴장과 갈등이 발생되었다. 수피와 울라마들은 왕자들에 대한 입장 차이로 갈등을 겪었다. 왕자들을 만나는 일을 피하라고 특별히 강조한 치쉬티야의 위대한 성인 니잠 앗 딘 아울리야(Nizam ad-Dīn Awliyah)는 "내 방에는 두 개의 문이 있다. 만약 이쪽 문으로 술탄이 들어온다면 나는 저쪽 문으로 나갈 것이다."라고 선언했다. 하지만 수흐라와르디야와 낙쉬반디야 같은 수피 종단들은 자신들이 밟아 온 역사 때문에라도 정치 권력에 관심이 많았다. 울라마는 왕자들에게 동조하지는 않았지만 늘 정치 권력 집단을 지원했다. 왜냐하면 샤리아를 운용하는 데는 정치 집단이 꼭 필요했기 때문이다. 종종 이슬람 지식의 전달자들과 왕자들의 관계가 악화되는 경우도 있었다. 무굴 제국의 황제 자한기르는 낙쉬반디야의 쉐이크 아흐마드 시르힌디를 투옥시켰다. 아흐마드 시르힌디는 황제의 아버지 아크바르가 통치하고 있을 때 "태양처럼 눈부신 지도력의 빛은 과오의 베일 뒤로 감춰졌다."고 선언했다. 그리고 아크바르가 사망하자 그는 환호성을 질렀다고 전해진다. 17세기 후반 이란의 위대한 학자 알 마즐리시가 샤의 저장 창고에 숨겨져 있던 수만 병의 포도주를 꺼내 공개적으로 깨뜨린 사건은 이러한 관계의 붕괴를 단적으로 보여 주는 예라 할 수 있다. 하지만 궁극적으로 양측은 서로에게 깊이 의존하고 있었다. 지식 전달자들이 국가 권력의 도움을 필요로 했던 것만큼 무슬림 왕자들은 수피와 울라마에게서 통치의 정당성을 인정받고 싶어했다.

이슬람을 부흥시킨 울라마와 수피

18세기 무슬림의 세력이 약화되면서 이슬람 세계의 지식 전달자들(*울라마와 수피들)과 정치 지배자들의 관계가 점차 악화되어 갔다. 울라마와 수피들은 무슬림 사회에 적합한 이슬람 지식을 확립하기 위한 재평가를 실시했다. 이들은 이슬람 사회를 이끌어 가는 원리 원칙인 『꾸란』과 『하디스』로의 회귀를 주장했으며, 이성주의

19세기 메디나의 모습이다. 여러 개의 첨탑과 두 개의 돔을 가진 건물이 예언자의 모스크와 무덤이다. 8세기부터 메디나는 지식의 중요한 중심지였다. 17세기와 18세기에 메디나는 무슬림 세계의 모든 지역에서 지식인들이 모여들었던 유명한 하디스 학파의 중심지였다.

학문에 대해 점점 강한 회의를 느끼기 시작했다. 19세기 이러한 회의적 시각은 과거로부터 전수된 학문적 유산으로까지 확대되었다. 수피의 성소에서 행해지는 미신적인 의식에 대한 비판도 점점 거세졌다. 특히 성인 숭배를 비롯해 성인이나 예언자가 신과 인간 사이를 중재할 수 있다는 논리에 대한 비판이 대두되었다. 이와 함께 비록 이븐 알 아라비의 말이 여전히 모든 지식 담론에 강력한 영향력을 가지고 있었지만 수피즘에 관한 그의 시각은 점차 의문시되었다. 그 대신 이븐 알 아라비의 '존재의 단일성' 이론을 '증거의 단일성'으로 반박하고, "모든 것이 신이다."라는 개념을 "모든 것이 신에게서 나온다."는 개념으로 대체했던 아흐마드 시르힌디의 주장이 폭넓게 인정되었다. 한발리파 추종자들처럼 늘 수피즘과 이성주의 학문에 반대하며 『꾸란』과 『하디스』의 권위에 충실했던 학자들이 이러한 비판에 동참했다. 새로운 입장에 동참한 학자들 중에는 이븐 타이미야의 작품에서 영향을 받아 아랍 개혁자로 등장한 알 와하브도 있었다. 그의 이름은 청교도주의의 상징이 되었다. 이와 같이 새롭게 제시된 강력한 주장들은 이슬람 지식 분야에 매우 중요한 의미를 지니게 되었다.

이러한 현상들은 폭넓은 수용성을 띠었던 이슬람이 점점 배타적인 종교로 그 성격이 변화하고 있음을 보여 주고 있다. 나아가 이는 내세에 초점이 맞춰져 있는 신의 가르침을 현세의 문제들에 직접 적용시키는, 즉 이슬람 교리의 변화를 뜻하기도 했다.

이슬람 지식과 실천을 새롭게 강조한 이러한 현상은 수피들에 의해 이슬람권의 많은 지역으로 전달되었다. 이러한 새로운 견해가 많은 전통적 수피 관행들을 비롯해 극단적인 경우에는 수피즘 자체까지 공격하게 되면서 상황은 뜻하지 않은 방향으로 전개되었다. 하지만 수피들은 창의적인 태도로 개혁적인 도전에 임했다. 이들은 수피즘 체제 내의 가장 중요한 권위로써 『꾸란』과 『하디스』를 부각시키는 데 모든 노력을 기울였으며, 황홀경을 체험하는 것과 같은 관행의 가치를 약화시켰고, 자신들의 믿음 속에 자리하고 있는 형이상학적 경향들을 재검토했다. 이렇게 개혁된 수피즘의 두드러진 특징 가운데 하나는, 예언자의 생애를 기록한 전기 문학과 탄생일에 벌어지는 수많은 축제를 통해 예언자 무함마드의 생애에 새롭게 접근하는 것이었다. 이들은 오로지 예언자의 길을 따른다는 것을 강조하기 위해 무함마디야 종단을 설립하기도 했다. 하지만 모든 수피 추종자들이 이러한 새로운 형태의 사상과 행동에 동참한 것은 아니었다. 하지만 이는 18세기 이래로 옛 종단들이 부활되고 새로운 종단들이 설립되는 등 수피즘의 부활이라는 결과로 나타났다.

이러한 새로운 수피즘 정신은 낙쉬반디야 종단에 의해 아시아 전역으로 전파되었다. 이들은 인도네시아와 중국, 중앙아시아, 카프카스에서 일어난 주요 운동에 영감을 주었다. 무엇보다 낙쉬반디야 학자들의 연락망이 인도와 중동의 많은 지역에서 중요한 역할을 했다. 새로운 수피즘은, 칼와티야(*이란의 수피즘 종단)에게서 영향을 받은 종단들에 의해 아프리카 전역으로 전파되었는데 그 종단은 이집트 특히 카이로의 알 아즈하르 대학의 울라마 사이에서 영향력을 행사했다. 예를 들면 티자니야는 마그리브와 나일 강 주변, 수단 중부 지역으로 뻗어 나갔고 삼마니야는 나일 강 유역의 수단과 에리트레아, 에티오피아에서 영향력을 행사했다. 그리고 사누시야 종단은 리비아 사막에 자리한 자신들의 본거지에서 사하라 사막 전 지역으로 전파되었으며, 사힐리야 종단은 소말리아에서 정권을 장악했다. 수피 종단들은 한결같이 지하드를 주창했다. 종종 이러한 지하드는 이슬람 국가를 성공적으로 건립하는 결과를 낳았다. 그 대표적인 예가, 19세기 초 나이지리아 북부의 우스만 단 포디오가 설립한 소코토의 술탄국이나 19세기 후반 수단의 나일 강변에 무함마드 아흐마드에 의해 건국된 마흐디 이슬람국이다.

이처럼 이슬람의 부흥과 개혁을 폭넓은 지역에서 보강할 수 있었던 것은 울라마와 수피를 이어 준 매개체가 한몫 했기 때문이다. 최근 그 매개체가 여러 지역에서 나타났는데 예를 들면 메디나에서는 이브라힘 알 쿠라니, 쉐이크 아부 무함마드 알 쿠르디, 타즈 앗 딘 알 하나피, 그리고 무함마드 하야 알 신디(Muḥammad Khayah al-Sinhdi) 등과 같은 뛰어난 전승 학자들이 매개체 역할을 톡톡히 해 주었다. 이들의 제자 중 상당수가 18세기 이슬람 부흥 운동에서 중요한 역할을 했다. 제자 중에는 수마트라의 압드 알 라우프 알 신킬리(ʿAbd al-Rauf al-Sinkili), 인도 델리의 샤 왈리 알라, 카이로의 무스타파 알 바크리, 사우디아라비아의 알 와하브, 쉐이크 무함마드 사만(Saykh Muḥammad Sammand), 그리고 우스만 단 포디오 등이 포함되었다. 예멘의 미즈자지 가문의 사제 관계는 인도의 샤 왈리 알라의 제자로서 18세기 후반 카이로에서 위대한 인물로 성장한 무함마드 무르타다 알 자비디(Muḥammad Murtada al-Zabidi)를 비롯한 앞에서 소개한 여러 인물들을 포함하여 메디나 전승 학자들과 중복되기도 했다. 이슬람 부흥주의를 표방한 학자들은 대부분 낙쉬반디야 종단 소속이다. 1781년 이래로 중국의 낙쉬반디야 종단에서 '새로운 분파'의 가르침을 전파했던 마 밍 신(Ma Ming Hsin)은 미즈자지 가문에서 수학했다. 시리아, 이라크, 쿠르디스탄, 아나톨리아, 발칸에서 활동한 낙쉬반디야 종단의 영향을 받은 마울라나 칼리드 바그다디(Mawlānā Khālid Baghdadi)는 델리의 아흐마드 시르힌디 후계자들 밑에서 수학했다. 이슬람 역사에서 18세기만큼 울라마와 수피가 적극적으로 활동했던 시기도 없었다. 그런데도 이들의 관계는 매우 복잡한 성격을 띠었다. 따라서 우리는 이들의 관계를 서술할 때 세심한 주의를 기울여야 하고 그들 관계에 고무적인 발전을 이루는 데 무엇보다 지역 환경이 중요한 몫을 했다는 사실을 깨달을 필요가 있다. 이는 울라마와 수피의 관계에서 비롯된 사상 운동과 분위기의 흐름이 정도(正道)였음을 의미했다. 울라마와 수피를 잇는 연결 고리는 지식의 근원과 신선한 활력이 순환할 수 있도록 만든, 즉 이슬람 세계의 동맥과 정맥과 같은 역할을 했다.

1800년 이후 서구와 서구 지식의 도전에 대한 대응

오늘날 무슬림이 거주하는 대부분 지역에 서구의 영향력이 확대되자 이슬람 지식이 바탕이 된 여러 분야에서 변화가 일기 시작했다. 시간이 흐르면 흐를수록 무슬림 지식의 고유성이 파괴되어 갔고 서구 방식에 따른 사고가 생겨나기 시작했다. 유럽의 과학 발명과 계몽주의 철학은 신에 대한 믿음을 비롯해, 신의 창조론에 도전하기에 이르렀다. 그리고 서구의 지식은 무슬림들이 몇 세기 동안 신의 계시를 따르고 지지하면서 인류 공동체에 봉사하기 위해 일궈 놓은 방대한 이슬람 지식에 도전장을 내밀었다.

하지만 서구의 지식은 무슬림 세계에 대해 꾸준하고 폭넓게 접근했을 뿐만 아니라 무슬림 정부의 지원까지 이끌어 냈다. 이에 따라 이슬람 지식은 권력과 점점 분리되기 시작했다. 영국과 프랑스, 네덜란드, 러시아인들은 자신들의 통치 제국을 근대 국가의 구조와 조직으로 발전시켰다. 그들은 이슬람 국가들에 서구식 교육 시스템을 도입하고 샤리아의 상당 부분을 서구의 법 체계로 대체하기 위한 수단으로 정부 조직에 이용했으며 국가 구조를 서구적 체제로 만들어 갔다. 어떤 면에서는,

니자미(Nizami) 교육 과정

이 교육 과정은 18세기 초 북부 인도의 파란지 마할 가문의 물라 니잠 앗 딘(Nizam ad-dīn)에 의해 전개되었다. 니잠 앗 딘은 150년 이전부터 이란과 북부 인도 학자들이 일군 이성 과학의 업적을 끌어 냈다. 교과 과정은 오스만 제국과 사파비 왕조에서 가르쳤던 과정들과 비슷한 체계를 갖추고 있었다. 학생들에게는 판에 박힌 학습이 아닌 이해력 중심의 교육을 한 덕분에 큰 호응을 얻었다. 또 그들은 이 과정을 국가 공무원을 위한 훈련 과정이라고 인식했다. 무슬림들은 이러한 뛰어난 교과 과정으로 서구의 지식에 대응했다.

      니잠 앗 딘의 교육 과정은 다음과 같이 분류된다.

계시 과학	책의 권수	이성 과학	책의 권수
문법과 구문론	1	논리학	11
수사학	2	철학	3
법학	2	신학	3
법학의 원리	3	수학과 천문학	5
전승학	1		
『꾸란』 주석학	2		

      이 분류는 교과 과정에서 계시 과학과 이성 과학이 이슬람 중세의 학문에 어떻게 뿌리를 내렸는지를 보여 주고 있다. 법학 교재로『샤르히 위까야(Sharh-i Wiqaya)』를 썼는데 이것은 타즈 알 샤리아 마흐무드(Taj al-Sharia Mahmud)에 의해 쓰여진 위까야에 대한 우바이드 알라 이븐 마스우드(Ubayd Allāb ibn Masud)의 해설집이다. 논리학에는 꾸틉 앗 딘 라지와 사이드 앗 딘 알 타프타자니의 해설집의 도움을 받으면서 나즘 앗 딘 앗 우마르의 『샤르히 샴시야(Shaibi Shamsiya)』를 교재로 삼았다. 이 같은 이성 과학은 이란과 인도의 근대 학문에 근간이 되었으며, 특히 인도 학자들은 18세기에 중요한 공헌을 했다.

약 1775년 무렵에 그려진 이 그림 속의 무프티(이슬람법에서 파트와를 내놓을 자격이 주어진 지위의 법학자에게 붙여지는 칭호)는 니자미 교수 요목을 따랐던 학자이며, 심지어 200년 이상 도시의 순니 공동체를 위해 무프티 역할을 수행한 파란지 마할 가문의 일원이었을지도 모른다. 이성적인 힘은 무프티가 갖고 있기를 바라는 특별한 능력이었다.

국가가 서구 지식을 도입하는 데 적극적으로 지원하고 나선 경우도 있었는데 이것은 식민 지배의 가능성을 예방하려는 목적이기도 했다. 이에 따라 19세기 오스만 제국의 탄지마트 운동을 일으킨 개혁주의자들이나 20세기 이란의 팔라비 추종자들은, 외국인들을 자신들의 영역에서 내몰 수 있을 만큼 강력한 국가를 건설하기 위해 노력했다. 더욱이 20세기 중반에는 무슬림 국가가 외세로부터 독립하기 위해 해 왔던 노력에 비해 아무런 성과도 거두지 못했다. 무슬림 국가는 서구 지식이 무슬림 사회로 계속해서 밀려 들어오자 이슬람이라는 종교 정체성보다는 민족적, 세속적 정체성에 무게 중심을 두었다. 이것은 이슬람 국가가 이슬람 교육을 위해 서구 지식이 어느 정도 유용할 것이라는 전제가 뒷받침된 것도 있지만 무엇보다도 사회가 서구 지식을 진정으로 원했기 때문이었을 것이다.

사실 이슬람 지식에 경제적, 사회적, 기술적으로 도전한 것은 서구라는 사실을 먼저 인정해야 한다. 서구의 자본이 무슬림 사회에 침투해 대규모 상품 교역을 자극함으로써 무슬림들은 이제 서구의 상품들을 구입하기에까지 이르렀다. 이는 곧 이슬람 국가의 산업을 붕괴시키는 결과를 초래했다. 이런 적신호에 이슬람 국가는 정치적, 경제적 구조들을 새롭게 정비하기 위한 새로운 계층을 등용했다. 여기에는 기술자, 관료, 은행가, 지식인, 산업 노동자, 수공업자의 작업장을 비롯해 옛 도시 공동체 외부에 있던 모든 사람들, 시장 상인들, 대상 숙박업자들, 울라마와 수피들의 작업을 오랫동안 지원했던 사람들까지 포함되었다. 이와 관련된 기술적으로 가장 눈에 띈 변화는 증기와 전기, 전신, 전화, 무선 통신, 그리고 텔레비전 방송의 도입이었다.

이렇듯 빠른 변화 속에서 무슬림들은 과거 역사로부터 전수된 이슬람 지식의 실체를 재조명하고, 이를 오늘날의 상황과 어떻게 조화시킬 것인지에 대해 곰곰이 생각하기 시작했다. 이들은 이슬람 지식과 사상을 전달하는 데 과학 기술을 적용함으로써 당면한 문제들을 해결할 수 있을 것이라고 믿었다. 게다가 이들은 무슬림 전 사회에서 울라마와 수피들의 영향력이 점점 감소되고 있다는 사실을 깨달았다. 각 사회가 이러한 새로운 변화에 반응하는 정도는 서구의 제국주의와 그 사회 내부의 사회적, 경제적, 정치적 세력들간의 균형에 달려 있었기 때문에 각기 다를 수밖에 없었다.

서구 지식에 맞선 대응

서구 지식에 대한 이슬람의 반응은 크게 세 가지로 나타났다. 그것은 서구 지식을 재평가하되 과거로부터 전수된 이슬람 지식을 본질적으로 변화시키지는 않는 개혁주의와, 새로운 경제적, 정치적 현실에 맞추어 서구 지식과 이슬람 지식을 재구성하려는 근대주의, 그리고 새로운 경제적, 정치적 현실을 존중하지는 않지만 서구 지식을 자신

19세기 인도의 근대주의의 선봉장인 사이드 아흐마드 칸. 사이드 아흐마드 칸과 그의 추종자들, 오스만 제국에서 개혁 운동을 일으킨 근대주의자들이 주체성의 상징으로 페즈모를 착용했다는 사실에 주목해야 한다. 19세기 말, 그는 교육, 종교, 사상, 그리고 우르드어로 쓰여진 산문 문학 등에서 근대주의 운동을 이끌었다. 델리에서 남동쪽으로 약 129킬로미터 떨어진 알리가흐에 설립된 무함마단 앵글로 · 오리엔탈 대학은 사이드 아흐마드 칸이 이룬 가장 큰 업적이었다. 이 대학은 1920년에 종합 대학으로 승격하면서, 파키스탄 독립 운동의 몇몇 중요한 인물들을 비롯해 지도자급 무슬림들을 배출했다.

들의 유토피아적 계시 문화를 이해하는 데 포함시키기를 원한 이슬람주의
였다. 이 세 가지의 경향에서 다양하고 경쟁적인 주장들도 나타났다.

　　개혁주의는 유럽 제국의 식민주의 지배 상황을 받아들이지 않기 위해
18세기에 일어났던 이슬람 부흥 운동의 원칙과 이념을 그대로 도입했다.
이러한 과정에서 개혁주의는 청교도적 이슬람의 한 형태로 발전했다. 이
슬람 사회를 창조하기에 역부족이었던 개혁주의자들은 책임을 무슬림 각
개인에게 떠넘겼다. 개혁주의자들은 지상에서 신의 목적을 실현시켜야 한
다는 사실에 큰 부담을 가졌다. 신의 말씀과 예언자 무함마드의 일생을 전
달하는 일은 개혁주의자들의 가장 큰 목표이자 노력의 핵심이었다. 그들
이 그 목표를 행동에 옮긴 대표적인 것으로는 1867년 인도 북부에서 일어
나 100년 동안 8,934개의 학교를 설립한 데오반드 운동, 1912년 인도네시

아에서 시작해 1938년까지 1,700여 개의 학교를 설립한 무함마디야 운동, 터키 낙
쉬반디야 종단의 쉐이크 사이드 베디웃자만 누르시(Said Bediuzzaman Nursi)의
작품들에서 개인적 규율과 도덕적 책임의 메시지를 배운 누르쿨라 운동 등이 있다.
개혁주의자들은 마드라사의 교과 과정에 논리학과 철학이 포함되어서는 안 된다고
공격했다. 알 아샤리와 알 가잘리의 주장을 더 이상 용인하지 않았다. 단지 이란의
쉬아파에서만 이슬람화된 헬레니즘 지식이 남아 있었다.

　　인간의 의식 형성이 최대 관심사인 개혁주의자들은 이븐 알 아라비의 '존재의
단일성'에 관한 주장과, 인간과 신 사이의 중재를 인정했던 수피의 관행들, 그리고
이슬람 관행과 뒤섞여 있던 지방의 토착 관습들을 비판했다. 수피즘에 대한 개혁주
의자들의 비판은 성공적으로 이루어졌다. 그 덕분에 예언자 무함마드의 생애에 대
한 관심이 더욱 높아졌다. 20세기에는 인쇄술이 활성화되어 예언자의 생애에 대한
작품들이 쏟아져 나왔다. 개혁주의자들은 이슬람의 전통적인 지식들 가운데 왜곡
되지 않은 순수한 유산만을 골라 현실에 적용시켰다. 동시에 이들은 유럽의 신지식
으로부터 이슬람 사회에 적합한 지식이 무엇인지를 찾기 위해 다양한 노력을 기울
였다. 인도의 데오반드 운동은 이슬람의 전통적인 지식을 강조한 반면, 무함마디야
운동은 현대 과학의 문호를 개방했다. 이슬람 개혁주의자들은 전통적인 상인 엘리
트들의 지원을 받았으며, 울라마들에게는 반대하는 입장을 취했다.

　　근대주의는 서구의 지식과 서구의 지배력 실재에 대해 적극적인 관심을 보였
다. 근대주의자들은 무슬림들에게, 적어도 서구 힘의 근원인 과학과 기술을 수용하
라고 권고했다. 또한 큰 바람 속에 이들은 이슬람의 근간, 『꾸란』와 『하디스』를 포
함한 이슬람 지식 전체를 재검토하려 했다. 이슬람의 근대화를 추구했던 중심 인물
은 인도의 사이드 아흐마드 칸(Sayyid Ahmad Khan), 오스만 제국의 나미크 케말

알리 샤리아티 박사. 20세기
후반의 두드러진 발전은
이슬람 지식을 전달하는
사람의 유형을 확립했다.
새로운 지식의 전달자들은
주로 울라마의 권한에서
자유로운 외부
마드라사에서 배출되었고
종종 이슬람주의 운동에
연루되었다. 알리
샤리아티는 마시하드와
파리에서 교육받았으며
특히 파리의 사르트르,
파농, 마티뇽으로부터
영향을 받았다. 1960년대와
1970년대에 걸쳐 그의
교수법과 글은 이란의
젊은이들에게 큰 영향력을
끼치고 있었다. 그는
사회적, 정치적, 경제적
이데올로기와 함께
밀접하게 결부된
이슬람적인 세계관을
공식화했고 이는 이란
혁명에 지대한 공헌을 했다.

(Namik Kemal), 이집트의 쉐이크 무함마드 압두, 그리고 자말 알 딘 알 아프가니였다. 여기 소개한 인물 모두가 서구와 이슬람 지식에 대해 동일한 접근 방식을 취했던 것은 아니지만, 적어도 울라마들의 역할만으로는 서구의 도전에 맞서는 것이 역부족이라는 데에는 뜻을 같이했다. 19세기와 20세기 초, 많은 근대주의 학자들이 범이슬람적인 차원에서 서구에 대항하기 시작했다. 하지만 제1차 세계 대전 이후 서구의 지배가 막바지에 접어들면서 이들은 저마다 민족 국가 건설에 더 많은 관심을 기울였다. 인도의 근대주의자 무함마드 이끄발은 이슬람의 원리 원칙에 뿌리를 둔 민족 국가인 파키스탄을 건설하자고 주창했다. 하지만 대부분 근대주의자들은 세속주의자이었기에 그들은 터키의 케말 아타튀르크나 이란의 레쟈 샤처럼 종교를 개인적인 문제로 돌리고 현대적인 국가 건설을 추진했다. 따라서 근대주의자들은 이슬람 지식의 유산에 별로 관심을 기울이지 않았다. 이들이 설립한 학교에서는 서구의 과학 기술과 언어, 그리고 인문학이 교과 과정에 포함되었다. 근대주의 운동은 무슬림 지배층이 일으킨 전형적인 저항의 소산이었다. 서구의 물질적 힘을 받아들인 이 엘리트들은 마치 이슬람이라고 하는 어린아이를 거대한 욕조 속에 던져 넣고, 그 아이가 견뎌 낼 수 있을지에 대해 승부를 거는 위험한 도박사들처럼 보였다.

　　이슬람 개혁주의와 근대주의가 비판을 받은 것은 놀랄 만한 일이 아니었다. 무함마드 이끄발은 마드라사 교육을 받은 사람들의 비현실적인 망상을 다음과 같이 비판했다. "당신들은 마드라사 사람들 때문에 처음부터 질식당해 왔습니다. 우리가 '알라 이외에는 신이 없다.'고 외칠 수 있는 곳은 어디입니까?" 인도의 풍자 시인 아크바르 알라하바디(Akbar Allahabadi)는 종교를 배제한 교육에 대해 다음과 같이 비난했다. "이제 그만 당신들의 문학을 포기하십시오. 당신들의 역사를 잊으십시오. 또 쉐이크와 모스크와의 관계도 모두 끊으십시오. 이제 더 이상 문제될 것은 없습니다. 인생은 짧습니다. 지나치게 걱정하지 않는 것이 최선입니다. 영국 빵을 먹고, 영국 펜을 쓰고, 행복하게 그 냄새를 맡으십시오."

　　이슬람주의자들이 해답을 제시하게 된 것은, 개혁주의와 근대주의 그 어느 쪽도 무슬림 사회에 적합한 지식이 무엇인지를 제시하지 못했기 때문이다. 이슬람주의는, 인간의 생활과 지식은 신이 인간에게 보낸 지침 아래 놓여 있어야 한다는 원칙에서 출발했다. 어느 한 이슬람주의자가 그 지침의 본질에 대해 말했듯이, 샤리아는 '아무것도 지나치거나 부족하지 않은' 인생의 완벽한 길을 제공했다. 이슬람주의를 이끈 가장 대표적 인물로는 파키스탄의 사이드 아불 알라 마우두디, 이집트의 하산 알 반나와 사이드 꾸틉, 이란의 알리 샤리아티와 아야톨라 호메이니를 꼽을 수 있다. 가장 대표적인 이슬람주의 단체로는 남아시아의 자마아티 알 이슬라미와 아랍 세계의 무슬림 형제단이 있다. 이슬람주의자들은, 창조에 대한 『꾸란』의 설명을 반박한 찰스 로버트 다윈(Charles Robert Dawin)의 진화론이 걸림돌이 되기는 했지만 서구 지식으로 인해 그다지 곤란을 겪지는 않았다. 하지만 이들은 개혁주의자들이 서구의 지식과 사상에 적절히 대응하지 못했다는 사실과, 근대주의자 및 세속적 민족주의자들이 서구의 지식에 경도되었다는 점에서 두려움을 느꼈다. '서구화' 또는 '서양화'로 특징지을 수 있는 세속주의를 지향하는 민족주의자들 대부분이 무슬림 국가 교육 체계를 지배하고 있다는 사실이 그들에게는 가장 큰 걱정거리였다. 따라서 이들은 서구의 학문적 분야를 이슬람화하기 위해 노력했다. 예를 들어 이들은 이슬람 경제학, 이슬람 사회학, 자본주의 또는 사회주의에 상응하는 전체 이슬람 체계, 즉 니잠 등을 창출했다. 여기서 말하는 이슬람주의자들은 넓은 의미로 정치 권력에 대항하는 신엘리트 계층을 의미한다. 이들은 과거의 이슬람 교육으로 되돌아가기보다는 서구의 교육 방식을 이슬람화시켜 이슬람 이상을 추구하는 것을 목표로 삼았다.

지난 200년이 넘는 세월 동안 무슬림 사회에 있었던 지식과 이슬람 정통 지식 간의 관계 설정이 뜨거운 논쟁거리였다. 오랜 기간에 거쳐 이런 경향이 서구의 지식을 중심 무대로 이끌어 낸 것이라면, 최근의 경향은 오히려 서구 지식이 이슬람이라고 하는 새로운 승자의 도전을 받고 있음을 보여 주고 있다. 하지만 이러한 혁명의 시대에 분명한 패배자가 있기 마련이었다. 즉 믿음에 대한 신비주의적 이해가 퇴조했다는 것이다. 따라서 개혁주의자들은 수피즘을 꺼져 가는 불빛으로 여겼다. 근대주의자들과 세속주의자들은 계몽주의 출현 이후 시대의 지식을 냉담히 여겼을 때처럼 분위기를 조장했다. 이슬람주의자들에게 수피들은 무관심의 대상이거나 전혀 부적절한 대상일 뿐이었다. 지난 2세기에 걸쳐 무슬림들의 새로운 사고 방식을 가지게 된 것과 새로운 무슬림이 자아와 환경의 주체로 나서게 된 일은, 이슬람의 신비스러운 매력을 반감시키는 결과를 낳았다. 이슬람, 특히 수피즘이 번창할 수 있는 영역은 점점 줄어들었다.

민주화된 지식

이슬람 지식과 사상이 정치 권력과 연결 고리를 끊고 분리되기 시작하면서 지식 전달 체계에도 변화가 일어났다. 이러한 변화는 19세기 동안 활기를 띤 인쇄술의 발

왼쪽

사이드 꾸틉(1966년 공판중에 있는 모습. 사진의 왼쪽)는 1950년대 이래로 무슬림 형제단을 발전시킨 권위적인 인물이다. 그는 카이로 대학에서 교육받았으며 1930년에서 1940년대에 근대주의적인 문학 비평으로 이름을 떨쳤다. 그는 1948년에서 1950년까지 미국을 여행했고 인도 출신의 마울라나 아불 알라 마우두디의 사상들을 받아들이면서 이슬람주의로 전향했다. 1955년부터 1964년까지 나세르 정권에 의해 구속된 그는 그 기간에 쓴 『길 위의 이정표(Signposts on the Road)』라는 대작을 통해 지하드를 강력히 수행할 것을 주장했다. 지하드는 '수많은 인간들이 만든 우상들——불가지론에서 자본주의까지——이 좌지우지해 온 세속 사회'에 대항하는 투쟁이다. 지구상에 이슬람 제도를 일으키기 위한 그의 투쟁은 무슬림 세계 여러 지역에서 활동하는 무슬림 형제단과 다른 조직들로부터 파생된 분파에 의해 계속 수행되었다. 그는 1966년 8월 29일 정권 전복을 음모했다는 이유로 이집트 정부에 의해 교수형에 처해졌다.

지난 200년 동안 무슬림 사회에 인쇄술이 도입되자 이슬람 지식에 접근하는 방식도 많은 변화가 있었다. 인쇄술은 종교 지식을 독점하던 울라마의 역할을 붕괴시켰을 뿐만 아니라 대부분의 운동과 개혁주의자, 근대주의자, 그리고 이슬람주의자들이 메시지를 전파하는 데 활용되었다. 터키의 개혁주의자 베디웃자만 사이드 누르시는 책 보따리를 짊어진 추종자들을 아나톨리아의 여러 지역으로 파견했다. 대부분이 이슬람 교재인 위와 같은 팸플릿들은 무슬림 세계의 서점에서 쉽게 찾을 수 있다.

달로 시작되었다. 이집트를 비롯한 일부 무슬림 사회에서 이러한 과정은 불확실하고 실험적인 것이었다. 이집트의 학자들은 인쇄술이 종교와 사회 질서에 위험 요소가 될 것이라고 생각했다. 인도와 같은 또 다른 무슬림 사회에서는 유럽 식민 지배가 자신들의 믿음을 위협한다는 것을 정확하게 인식하고 있었기 때문에 매우 적극적으로 이에 저항했다. 반면에 개혁주의 울라마들은 인쇄술을 이슬람 지식을 널리 전파하는 주요 수단으로 여겼다. 이들은 인쇄술을 지방의 이단 세력들이 더 이상 타락의 길을 걷는 것을 방지하고, 서구 지식의 유혹에서 벗어나기 위한 유용한 수단으로 인쇄술을 활용했던 것이다. 19세기 말 북부 인도에서는 700여 종 이상의 신문과 잡지들이 무슬림들의 주요 언어인 우르두어로 발간되기 시작했으며 해마다 400권에서 500여 권의 서적들이 출판되었다. 이는 대부분 종교 관련 서적들이었다.

인쇄술의 보급은 이슬람 지식이 보편화와 민주화로 가는 첫 걸음이었다. 다음 단계는 『꾸란』과 『하디스』, 그리고 다른 주요 이슬람 서적을 무슬림 세계의 다양한 언어로 번역하기 시작했다. 무슬림들은 난생 처음 이슬람 서적을 자신들이 이해할 수 있는 언어로 읽을 수 있게 되었다. 인쇄술이 발전되자 다른 형태의 언론 양식과 대중 매체(라디오, TV, 영화, 카세트테이프 등)도 동시에 보급되었다. 1979년 이란 혁명 이전의 여러 달 동안 아야툴라 호메이니의 전화 통화와 강의 테이프가, 혁명이 성공하는 데 결정적 역할을 한 것은 잘 알려진 사실이다. 새로운 형태의 통신 기술은 무슬림들간의 새로운 상호 접촉과 논쟁의 장을 확대시켰다. 이러한 통신 기술은 그 자체가 지식에 대한 거대한 논쟁의 발판이 되었다. 이것은 새로운 이슬람 지식, 특히 울라마의 전통적 지식을 이슬람권 변방까지 전파할 수 있는 주요 수단이 되었다. 이러한 통신 기술과 함께 이슬람의 공식적인 해석은, 방송을 통해, 정치 권력과 손을 잡은 이슬람 국가들의 무슬림들에게 널리 알리는 매개 역할을 했다.

인쇄 문화가 급속히 전파되면서 이슬람 원전의 구전 문화는 쇠퇴기에 접어들었다. 아울러 예언자 시대 이래로 일 대 일로 이루어지던 전통적인 지식 전달 방식도 위축되었다. 이러한 변화의 움직임은 1880년대에 메카에서 이미 나타나고 있었다. 네덜란드인 동양학자 스노우크 휘르흐로녜는 1884년에서 1885년 동안 메카를 방문한 후 다음과 같이 기술했다. "이제 학생들은 인쇄된 교재로 수업을 받고 있다.

이러한 분위기는 수업 형태를 완전히 바꾸어 놓았다." 종교를 이해하는 방식이 변화되면서 이슬람 관련 인쇄물은 무슬림 사회 곳곳으로 급속히 퍼져 나갔다. 이는 필사본 시대에는 생각조차 할 수 없었던 일들이었다. 무슬림 사회가 근대적으로 발전할 수 있었던 것은 무엇보다 새로운 기술이 새로운 의식을 촉진시켰기 때문이다. 무슬림들은 이러한 새로운 문명의 이기 덕분에 자신들의 믿음이 더 이상 쇠퇴하지 않을 것이라고 생각했다. 오히려 그들은 지상에서 더욱 완벽한 믿음을 이룩할 수 있게 되었다고 여겼다. 이제 무슬림들은 이슬람을 자신들의 모태 신앙으로서가 아니라, 자신들의 의지에 따라 믿음을 서약할 수도 있고 그렇지 않을 수도 있는 '신방과 실천의 한 체계'로서 이해하기 시작했다. 그들은 『꾸란』을 종교 의식의 대상이라기보다는 명상의 주제로 생각했다. 또한 그들은 예언자의 이미지를 완벽한 인간에서, 다양한 무슬림 단체들이 제시할 수 있는 이상적인 인간상으로 변모시키기 시작했다. 이는 종교적 지침을 구전하는 것이 그리스도교인들보다 무슬림들에게 더 큰 가치가 있었다는 것을 의미했다. 따라서 모든 무슬림 사회에서 『꾸란』을 암송하거나 낭송하는 것은 가장 존경받는 위업이었다.

　인쇄술의 발전이 무슬림 사회에 끼친 영향은 서구 사회에 끼친 영향보다는 크지 않았다. 그러나 구전의 여러 형태들을 유지하게끔 도움을 준 전기 통신 수단은 무슬림 사회에서 이미 상당한 진보를 이룩했다. 1920년대 인도에 설립된 타블리기 자마아트(Tablighi Jamaat, 선교 사회)는 무슬림 세계에 가장 폭넓게 퍼져 있는 선교 조직이다. 이 조직의 선교사들은 여전히 원전들을 마음으로 배우는 것을 주장하고 있고 일 대 일 방식의 의사 소통을 강조하고 있다.

　인쇄술을 통해 다양한 번역물들이 널리 전파되면서 사람들은 종교 지식에 자유롭게 접근할 수 있었다. 이제 무슬림들은 울라마의 권위적인 해석에서 벗어나 마드라사 밖에서도 주요 종교 서적을 비교적 쉽게 공부할 수 있게 되었던 것이다. 게다가 이들은 서구의 기초 교육을 바탕으로 점점 더 쉽게 공부하게 되었다. 이러한 새로운 접근의 자유가 근대주의자와 이슬람주의자들, 또는 분파주의자들로 하여금 새로운 이슬람 해석의 자유를 이끌 수 있도록 만든 것은 당연한 일일 것이다. 인쇄와 번역이 울라마의 학문 독점에서 무슬림들을 해방시켰지만 반면 종교적 권위의 약화를 불러 온 것 또한 분명한 사실이었다. 몇백 년에 걸쳐 전수되어 오던 이슬람 서적이 번역됨으로써 서적의 권위가 약화되자 무슬림 사회에서는 서구의 지식과 힘에서 벗어나 본래의 전통적인 이슬람으로 회귀하자는 목소리들이 다시 일기 시작했다.

　무슬림 사회에서 이슬람 지식이 갖고 있던 성격과 지위가 변화하면서 전통적 지식을 전달하던 사람들의 위상도 자연스럽게 바뀌어 나가기 시작했다. 수피들의

지위도 수피즘의 쇠퇴와 운명을 같이했다. 몇몇 수피들은 여전히 존경을 받았지만 정신적 지식을 신봉하는 사람이라기보다는 무식하고 속기 쉬운 사람들을 현혹시키는 협잡꾼으로 여겨지기 시작했다. 이들의 헌신적 행위는 신에 대한 봉사——터키의 마울라비 종단의 원무(圓舞)나 남부 아시아 수피들의 신비적인 까우왈리(qawwali, 일종의 찬송가)——의식에서가 아니라, 텔레비전 프로그램이나 관광 회사를 위한 홍보용으로 쓰이기 시작했다. 수피들은 오직 현대 무슬림 사회를 위해 자신들의 본질적인 역할을 수행할 수 있는 곳에서만 제기능을 발휘했다. 대표적인 종단은 땅콩 사업의 지배권을 장악해 세네갈 사회에서 여전히 중요한 위치를 차지하고 있는 무리디야 종단과, 소련의 지배하에서도 이슬람의 불꽃을 유지하고 있는 카프카스의 낙쉬반디야 종단, 까디리야 종단이다.

울라마들이 수행했던 교사나 법률가로서의 자격과 기능은 현대 국가에서 한층 전문화된 직업인들로 대체되면서, 그들은 사회의 변두리로 밀려났다. 20세기 무슬림들에게 울라마라는 존재는 무슬림의 퇴보를

현대 국가의 세속적 체제를 통해 전달된 새로운 지식은 이슬람 사회 대부분에서 울라마를 점차 주변으로 밀어냈다. 울라마와 그들의 주장은 점차 사회에서 부적절한 것으로 간주되었다. 1907년 10월 7일 카프카스의 티플리스에서 발간된 풍자 주간지 『물라 나스루딘(Mullā Nasruddin)』에 실린 이 만화와 같이 울라마는 적대자들에 의해 조롱의 대상으로 전락되었다.

나타내는 상징으로 인식되었다. 하지만 울라마의 쇠퇴가 곧 수피들의 쇠퇴와 동일한 의미를 갖는 것은 아니었다. 수피들은 사회에서 여전히 존경받고 있다. 이들은 터키에서처럼 국가 공무원으로 인정받거나 국가적 의전 행사에서 상징적인 인물들로 존경을 받았다. 이는 이집트 알 아즈하르의 총수인 그랜드 쉐이크가 1981년 저격 사건이 일어난 군사 퍼레이드 날 당시 사다트 대통령 옆에 앉아 있었다는 사실에서도 알 수 있다. 그런데도 20세기 상당 기간 동안 울라마의 지위는 계몽주의 이후 서구의 그리스도교 성직자들이 받았던 대우처럼, 사회의 변방으로 계속해서 밀려났다. 하지만 수피들처럼 울라마가 사회 중심부에 남아 있는 경우도 있었다. 이에 해당하는 경우는 레바논, 이라크, 이란처럼 쉬아 울라마가 국가의 탄압에 맞서 저항 운동을 일으켰던 지역이거나, 이란처럼 울라마가 직접 국가 권력을 장악한 지역에서는 가능한 일이었다.

울라마가 사회의 변방으로 밀려나자 그들은 자신이 수행한 이슬람 지식 전달자와 해석자로서의 역할도 마드라사 외부 학자들의——만약 대체되지 않은 경우——도전을 받았다. 또한 무슬림 사상가들이 대거 속출했는데 그들은 무슬림 사회를 이

슬람 시각으로 이해하는 데 중요한 자료를 제시했다. 이들 중에는 파키스탄의 무함마드 이끄발과 마울라나 아불 알라 마우두디, 이집트의 하산 알 반나와 사이드 꾸틉, 파키스탄 출신 경제학자 쿠르쉬드 아흐마드(Khurshid Ahmad), 수단 출신 변호사인 하산 앗 투라비(Ḥasan ad-Turabi), 튀니지 출신 교사 라쉬드 간누쉬(Rashid Ghan-noushi), 이란의 기술자 메흐디 바자르간(Mehdi Bazargan) 등이 있다. 20세기 후반에는 타블리기 자마아트, 무슬림 형제단, 엘리트주의 자마아트 알 이슬라미, 튀니지의 이슬람 경향 운동, 또는 알제리의 이슬람 구제 전선(FIS)등 이슬람 조직을 결성해 선교와 교육 프로그램을 실행에 옮긴 사람들은 거의 대부분 평신도들이었다. 최근 생겨난 많은 이슬람 단체들과 연계되어 있는 이들은 학생들의 강력한 지지를 받고 있다.

1800년 이래로 이슬람 세계는 9세기에서 11세기 동안 헬레니즘 문화를 수용할 때 겪었던 동일한 문제를 서구 문화와 직면하고 있다. 하지만 두 시기는 본질적 차이점을 갖고 있다. 왜냐하면 알 아샤리와 알 가잘리는 무슬림이 지배권을 가지고 있는 상황에서 헬레니즘의 이성적, 철학적 도전에 직면했지만, 오늘날 무슬림들은 그 힘이 매우 약화된 상황에서 서구의 과학과 학문의 도전에 직면해 있기 때문이다. 그런데도 이들의 반응은 상당히 창의적이었다. 오늘날 무슬림들은 계시에 바탕을 둔 이슬람 문화를 보존하는 한편 이를 세계로 전파시키기 위해 노력하고 있다. 울라마와 수피들은 이러한 도전을 극복하는 데 실패했지만, 새로운 학자들이 이에 대한 해답을 제시하면서 등장했다. 이들은 이슬람 세계 전역에서 상호 교류하고 있다. 알 아프가니는 무함마드 압두에게 영향을 끼쳤으며, 마울라나 아불 알라 마우두디는 사이드 꾸틉에게 영향을 주었다. 하지만 아직까지 무슬림들이 다시 한 번 지식 추구를 숭배 행위로 간주할 수 있을 것인지에 대한 공감대는 형성되지 않았다. 계시적 전통과 세속적 지식의 조화라는 문제는 여전히 첨예한 논쟁거리로 남아 있다. 그러나 무엇보다 중요한 점은 이러한 논쟁이 여전히 활기찬 주제로 남아 있다는 사실이다.

프랜시스 로빈슨(Francis Robinson)

그는 런던 대학교 내 로열 할러웨이에서 남아시아 역사학 교수로 재직중에 있다. 저서로는 『인도 무슬림 중의 분리주의 : 통일된 주(州)들에 관한 무슬림들의 정책 1860년-1923년(*Separatism among Indian Muslims : The Politics of the United Provinces' Muslims 1860-1923*)』과 『1500년 이후 이슬람 세계 도감(*Atlas of the Islamic World since 1500*)』 등이 있다.

8 무슬림 사회의 예술 양식

이슬람이 출현한 이래 무슬림들은 모든 예술 분야, 즉 문학, 음악, 시각 예술 등에 걸쳐 위대한 업적을 이루었다. 이슬람 세계 예술은 매우 독특한 특성을 갖고 있는데도 예술 작품의 폭과 범위가 그토록 넓고 다양할 수 있었다는 사실에 놀라지 않을 수 없다. 이슬람 문화는 항상 다양한 양상을 띠고 있었던 탓에 간단히는 분석할 수 없는 분야이다.

이슬람 예술의 목적

예술에 나타난 이슬람적 개념과 무슬림 문화를 대변하면서 모습을 드러낸 무슬림의 예술은 구별할 필요가 있다. 무슬림들의 예술은 기본적으로 『꾸란』과 『하디스』라는 두 가지 근원에 기초하고 있었다. 무슬림들이 신의 말씀으로 믿고 있는 『꾸란』은 최고의 권위를 갖고 있지만 그에 못지않게 예언자 무함마드의 말과 행위를 기록한 『하디스』도 권위를 인정받고 있었다. 그들은 『하디스』의 내용이 신성한 영감에서 나온 것으로 믿었다. 무함마드 사후에 집대성된 『하디스』는, 『꾸란』이 밝히지 않은 문제들을 자세하게 설명해 주었다. 예를 들면 『꾸란』은 시(詩)에 대해서는 방대하게 밝히고 있지만 음악이나 시각 예술에 대해서는 거의 다루지 않았다. 이는 무함마드 시대의 아랍 사회가 음악과 시각 예술을 시보다는 그리 중요하게 여기지 않았다는 것을 의미한다.

시

시는 이슬람 출현 이전의 아랍 사회에서 정치적 삶을 이끌어 가는 도구로 쓰였다. 시인들은 자신의 부족을 세상에 널리 알리는 존재들이었다. 그들은 스스로 진니(jinnī, *마신, 이슬람에서의 정령)에서 영감을 얻는다고 믿었다. 따라서 예언자는 이슬람의 대의 명분을 위해 시가 가진 힘을 이용해야 한다고 생각했다. 까시다(qaṣī-dah, *이슬람 출현 이전 시대의 대표적 문학 형태로 복합 정형 장시)는 최고의 가치를 지

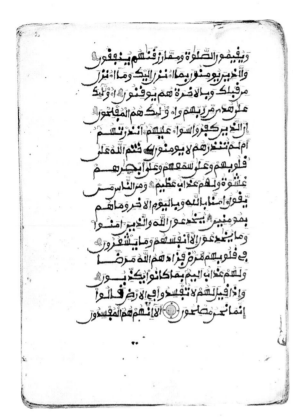

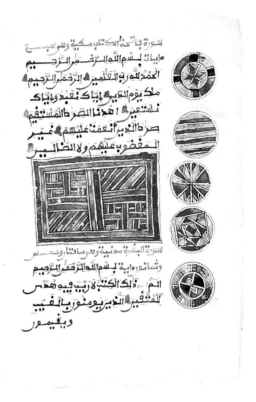

닌 시의 형식으로서 단일한 각운을 사용하고 있으며, 크게 세 부분으로 구성되었다. 도입부에서 시인은 사랑하는 부족을 떠나야 하는 슬픔과, 거기서 함께 보낸 시간을 회상한다. 시의 중반부에서는 사막을 여행한 이야기를, 마지막으로는 여행의 목적이기도 한 부족과 가족 또는 개인에 대한 칭송이나 원망을 표현한다. 시인이나 시를 암송하는 이들이 대중 앞에서 낭송하도록 지어진 까시다는 즉흥시의 범주에 속했던 것으로 추측된다.

　아랍어는 이슬람의 정복 사업과 더불어 폭넓은 지역으로 전파되었다. 또한 아랍어는 토착 방언에서 영향을 받은 다양한 구어체와 『꾸란』에서 신이 계시한 신성화된 문어체를 두루 갖추게 되었다. 이로써 아랍어는 다른 언어가 따를 수 없는 고유성과 특성을 갖게 되었다. 이슬람 출현 이전의 시 또한 이슬람 교리와의 갈등에도 불구하고 문학적 우수성을 인정받았다. 이슬람 이전에 쓰여진 시가 자기 찬미와 사랑, 그리고 술에 대한 탐닉을 주제로 했던 탓에 새로운 신앙과 충돌하기도 했지만 후세 사람들은 이를 너그러이 받아들였다. 이는 고대 그리스인과 로마인들이 그리스도교 문명 안에서 조화를 이룬 것과 비슷한 양상을 띠었다.

　초기 이슬람 때 '아랍어는 다양한 표현이 가능한 언어'라는 아랍인의 자긍심 덕분에 하나의 공동체로 결속시키기가 한결 수월했다. 훗날 페르시아어와 터키어,

서아프리카의 이슬람 예술은 최근에 와서 흥미로운 연구 대상으로 부각되었다. 위에 있는 2절지 두 장으로 된 19세기 『꾸란』 필사본은 제1장인 파티하(sūrah al-fatiḥah, 개경장)와 제2장 바까르(sūrah al-baqa, 암소의 장) 1절에서 11절까지 담고 있다. 본문은 붉은색으로 모음 부호를 붙인 수단 필사체로 씌어져 있다. 각 절은 세 개의 노랗고 둥근 열매 모양으로 표시되어 있으며, 각 10절마다 노란색 큰 원이 그려져 있다. 직사각형 판은 한 장이 끝났음을 의미한다. 이런 『꾸란』 필사본들은 종종 가죽으로 된 작은 가방이나 상자에 담긴 채 발견되었다.

우르두어도 심오하고 신비적인 표현을 하는 데 요긴하게 쓰였다. 아랍어는 『꾸란』의 원문에 쓰일 정도로 종교적인 의미로서 이바지한 바도 컸지만 그 외에 『왕자들에게 주는 조언(Nasihat al-muluk)』이나 압바스 시대 때 대중적 인기를 끌었던 『신하들을 위한 지침서(The manuals for courtiers)』 등과 같은 문학 작품에 문어체 형식으로 선보임으로써 아랍인에게 교훈적인 메시지를 남기기도 했다.

음악

초기 이슬람 시대에 음악은 순례나 결혼 같은 중요한 행사와 전쟁에 주로 쓰였다. 당시의 음악은 기록되어 있지 않기 때문에 오늘날 이를 재현하기는 쉽지 않지만 성악에 큰 비중을 두었던 것만은 분명하다. 이슬람 이전 시대의 시는 음악 반주에 맞춰 불려지거나 낭송되었다. 7세기에 나타난 악기로는 류트, 비파, 프살테리(*옛 현악기의 일종), 하프, 플루트, 풀피리, 뿔피리, 탬버린, 캐스터네츠, 드럼 등을 꼽을 수 있다. 한편 "그분의 말씀은 진리이며 나팔을 부는 날 권능은 그분께 있노라."라고 『꾸란』의 6장 73절과 74장 8절에 기록되어 있다. 노래로부터 독립된 기악의 연주 개념은 압바스 왕조 이전에는 없었다.

아랍 음악은 인종적, 지역적 고유성을 간직한 채 이슬람권을 가로질러 급속히 전파되었다. 그것은 이슬람이 벌인 정복 사업 덕분에 가능한 일이었다. 다행스럽게도 아부 알 파라즈 알 이스파하니(Abū al-faraj al-Iṣpahānī)의 『노래의 서(Kitāb al-aghānī)』에 초기 이슬람의 몇 세기 동안 존재한 음악과 음악가에 대한 정보가 잘 보존되어 있었다. 또한 그 당시 가장 대중적인 악기 중 하나였던 우드(목이 짧은 류트)와 관련된 음악 이론들이 발전되기도 했다.

무슬림 세계의 음악은 특히 음조가 아름다우며 서구에서 사용되는 음정의 폭보다 훨씬 더 넓고 미묘한 음역을 사용한다. 무슬림 음악에는 서구 음악에서 일반적으로 쓰는 하모니라는 개념이 없었다. 『노래의 서』가 발행된 시기에는 여덟 음계였던 것이, 이란 문화를 흡수하면서 열여덟 개 이상으로 늘어났다. 음악은 종교에서도 쓰였다. 『꾸란』은 신이 하신 말씀을 강조하기 위해 낭송으로서 전달되었다. 압바스 왕조 시대에 『꾸란』은 여러 문화 중심지에서 다양하고 세속적인 곡조가 붙여져 노래처럼 불렸다. 『꾸란』 낭송이나 『꾸란』 노래가 예배 시간을 알리는 소리로 쓰였으며, 10세기 이래로는 군악대가 드럼과 큰 케틀드럼(*솥 모양의 큰 북) 같은 악기를 사용해 예배 시간을 알리기도 했다. 순례와 라마단, 예언자 탄생 축하일과 같은 주요 종교 행사에는 반드시 노래가 뒤따랐다.

다른 지역에서처럼 중세 이슬람권에서도 음악은 조화와 일치라고 하는 폭넓은 맥락 속에서 이해되었다. 9세기의 아랍 철학자 알 킨디의 작품 속에서 류트의 네 줄은 4대 원소, 유머, 계절, 나침반의 방위를 상징한다고 묘사되어 있다. 악기들은 줄의 수에 따라 저마다 독특한 이미지를 떠올린다. 하지만 알 파라비와 이븐 시나는 우주 철학이나 수비학(數秘學)보다도 음악이 우리가 세계를 이해할 수 있는 보다 과학적인 것이라고 생각했다.

음악, 노래, 찬송, 운율을 암송하는 것은 수피즘의 특징이었으며, 종교적 감정과 황홀경을 자극하는 데 사용되었다. 초기 수피즘 음악은 세속적 멜로디를 피하면서 풀피리와 플루트, 드럼만을 사용했다. 하지만 시간이 흐를수록 더욱 정교해졌다. 실제로 오스만 제국에서는 마울라비와 같은 수피즘 종단들의 영향을 받아 음악이 모스크에서도 쓰였다. 쉬아파는 무하람 기간 동안 행해지는 후사인과 추종자들의 생애를 그린 타지야(ta'ziyah, 애도극)에 음악을 사용했다.

그리고 여러 궁정에서 세속 음악을 후원했다. 따라서 음악가 친구들에 둘러싸인 왕자의 일상은 궁정 회화의 중요한 주제가 되기도 했다. 비록 음악가들의 지위는 하층민에 속했지만, 그중 몇몇은 칼리파들과 정치 지도자들의 진실한 친구가 되기도 했다.

건축과 시각 예술

신의 절대성과 유일성을 가르치고 있는 『꾸란』이 주창하는 중심 메시지는 '신만이 유일하게 창조할 수 있다.'는 것이다. 따라서 우상 숭배는 그 자체가 신의 존재를 부정하는 것이기 때문에 가장 비난받을 만한 행위로 여겨졌다. 하지만 『하디스』에는 무함마드가 카바에 있던 우상의 형상들을 파괴할 때 마리아와 아기 그리스도의 그림을 보호하기 위해 손을 내밀었다고 기록되어 있다. 이는 그 같은 초상화가 신앙에는 아무 위협도 되지 않는다는 것을 지적해 주는 상징적인 표현이다. 칼리파 우마르 1세(634년 - 644년 재위)가 메디나에 있는 모스크에 향을 피우기 위해 사람의 모습이 새겨진 시리아산 향로를 사용했다는 기록도 같은 의미에서 흥미를 끄는 대목이다. 이 향로는 우마르 1세가 모스크에 바친 것이었음에도 불구하고, 783년 메디나의 총독은 향로에 새겨진 인물화를 제거했다. 그 후 생명체를 재현하는 예술 양식은 이슬람 역사상에서 사라지게 되었다.

마그리브 출신 역사학자 이븐 칼둔의 작품에서는 건축과 국가의 관계에 관한 매우 뛰어난 통찰력이 발견된다. 그는 도시나 유적이 당시의 왕조를 그대로 반영하고 있다는 점을 강조했다. 왜냐하면 현존하는 건물 양식을 통해 수학과 기하학이 중세 건축 미학의 주된 바탕이었다는 사실을 추론해 낼 수 있기 때문이다. 무슬림 사회가 발전하면서 그때 그때마다 당위성을 표현하기 위해 서로 다른 형태의 건축물들이 지어졌다. 이렇듯 다양한 형태의 건축물들은 이슬람 역사 초기부터 모스크 음악을 듣고 있는 왕자나 통치자를 주제로 한 작품은 이슬람 예술에서 자주 등장한다. 하지만 코르도바에서 만들어진 것으로 보이는 보석 상자에 조각된 이 그림은 격식을 살리지 않았다는 점이 눈길을 끈다. 왼쪽에 앉아 있는 사람은 술잔(병처럼 보이기도 하는)과 꽃을, 오른쪽에 앉아 있는 사람은 부채를 들고 있다. 권좌 밑에 있는 두 마리의 사자는 왕권을 상징한다. 여기에 새겨진 글씨에 따르면, 이 보석 상자는 968년 압드 알 라흐만 3세의 작은아들 알 무기라에게 하사된 것이었다.

에 있어 왔다. 그리고 모스크는 예배를 드리는 장소의 역할뿐 아니라 은신처나 식량 저장소, 교육 시설, 행정처, 그리고 묘지로도 쓰였다. 하지만 대상 숙소, 마드라사, 능과 묘, 그리고 특별한 기능을 지닌 건축물이 등장하게 된 것은 서로 다른 시기에 존립했던 이익 집단들과 밀접한 관련이 있다. 결과적으로 건축물의 운명은 이러한 집단의 운명과 직결되어 있었던 것이다. 건축의 또 다른 중요한 역할은 건축물이 통치자의 권위를 높인다는 점이다. 예를 들어 초기 압바스 시대의 칼리파들은 고대 이란 궁정의 의전 양식을 설계할 때 비공개적으로 접견인들을 만나기 위한 장소로, 이완(iwan, 큰 아치형 천장을 가지고 있는 홀)이 딸린 돔 형태로 된 알현실을 만들거나 또 하나는 일반인들을 위해서 네 개의 방사형 이완이 있는 접견실을 설치했다. 축 모양의 건축 설계 방식은 압바스 왕조 궁전들의 대표적인 형태였다.

신의 말씀을 전한다는 이유로 글쓰기는 최고의 기술이 되었고 머지않아 이슬람 예술에서 가장 찬양받게 되었다. 서체가는 『꾸란』의 필사를 담당했기 때문에 고귀한 직업으로 인정받았다. 무함마드가 사망했을 당시, 『꾸란』의 많은 부분이 필사본으로 기록되어 있었다. 『꾸란』의 구절들은 야자나무 잎사귀나 평평한 돌을 비롯해 다양한 재료들 위에 기록되었다. 기록에 따르면, 신자들이 외우고 있는 것들과 함께 이처럼 다양하게 기록된 『꾸란』 구절들을 수집한 사람은 초대 칼리파인 아부 바크르와, 이 작업이 완성되기 직전에 사망한 그의 후계자인 우마르였다. 또한 이러한 자료와 함께 권위를 인정받은 『꾸란』의 원문이 정리된 시기는 아마도 우스만 통치 기간인 것으로 추정된다.

아랍어 서체로 쓰여진 초기의 아랍 비문들은 4세기로 거슬러 올라간다. 아랍어 서체는 5세기에 들어서도 지속적으로 발전했다. 역사 기록들에는 예언자 이드리스가 고안한 '마낄리'로 알려진, 각이 진 서체가 등장한다. 이 서체로부터 이른바 쿠파체를 개발한 사람은 알리로 알려져 있다. 쿠파체는 6분의 5가 직선으로, 나머지는 곡선으로 구성되었다. 쿠파체의 다양한 형태들이 여러 문화 중심지에서도 개발되었지만 알리의 행적과 관련이 있는 쿠파 시가 가장 중요한 중심지였다. 『꾸란』에 최초로 쓰였던 이 서체는 모음을 구별하는 부호들이 전혀 없었다. 그 부호들이 생긴 것은 우마이야 왕조 칼리파 압드 알 말리크 통치 때였는데 그 부호들은 색깔 있는 잉크로 표시했다.

비문은 건축과 인공 조형물을 장식하는 데 필수적인 것으로 자리 잡았다. 무슬림 세계에서 시각 예술과 제본술이 중요하게 여겨졌던 것은 그것들이 신의 말씀을 영속시키는 데 필수적이었기 때문이다. 서체술은 오랜 기간 동안 그 서체를 쓴 사람의 이름으로 기억되는 유일한 예술 양식이었다. 화가는 서체가와 달리 종교의 보호를 받지 못했던 탓에 결과적으로 하층 지위에 속했다.

이슬람 예술의 좀더 뚜렷한 특징은, 일상 사물이 예술적 승화의 대상이 되었다는 점과 아울러 그 심미적인 가치도 인정받았다는 것이다. 서체와는 독립적으로, 몇몇 이슬람식 디자인은 폭넓은 탄력성을 가지며 발전해 나갔는데 예를 들면 무한한 반복이 가능한 아라베스크 문양은 매체의 영역에까지 적용되었다.

19세기에 이슬람의 건축과 예술에 대한 역사적 연구가 본격적으로 시작되자 가장 먼저 서구적 편견에 대한 검토가 이루어졌다. 그 당시 시각 예술에 대해 갖고 있던 그릇된 관념 가운데 하나는, 인류의 변화를 역사의 진화 과정으로 여기는 서구적 견해 때문에 학자들이 그림이나 조각 같은 유럽의 '순수' 예술만을 최고의 정신적 산물이라고 여겼다는 점이다. 이슬람 예술이 이러한 견해에 동조할 수 없었던 것은 당연한 일이었다. 20세기에 이르러 이슬람 예술은 이러한 도전을 받았지만 여전히 전 세계적으로 강력한 영향력을 갖고 있다. 자연히 이슬람 회화는 서체보다 훨씬 더 세계인의 관심을 끌었다. 한편 이른바 민족지학(民族誌學)을 소재로 한 작품은 역사적으로 중요하고 정적인 문화를 대변하는 것으로 여겨졌다. 예술 작품 속에 사상이나 감정이 구현되어야 한다는 믿음 때문에 중요한 자료들조차도 종종 모호한 개념으로 사용되었다. 게다가 이슬람 예술과 건축에 대한 연구는 17세기에 완성된 역사적인 조사와 함께 여전히 중세학자들만의 관심거리로 이해되고 있는 것 또한 사실이다. 한편 이슬람의 강력한 영향력 아래에 있는 아프리카 사하라 사막 이남 지역과 동남아시아의 드넓은 지역은 아예 이러한 논의에서 제외되는 경향도 나타났다.

모든 이슬람 예술 분야에 공통된 가치가 내재하고 있는 것은 분명하지만, 오늘날('이슬람적'이든 '민족적'이든) 많은 학자들은 문화에 대한 자신들의 견해를 뒷받침하기 위해 과거로부터 다소 모호한 본질을 찾는 경향이 강하다. 하지만 무슬림 세계에서 예술은 무엇보다 무슬림 예술의 후원자들과 무슬림들을 위해(또는 그들에 의해) 창조된 것이다.

승리의 예술(7세기-10세기)

이슬람 제국이 팽창하면서 무슬림들은 부유한 비잔틴 제국의 몇몇 지역을 통치하면서 그리스·로마의 예술과 문화 유산까지 장악했다. 동쪽으로는 사산 왕조의 예술적 전통과 맞닥뜨렸다. 661년 시리아의 총독 무아위야 1세는 알리를 물리치고 다마스쿠스에 거대한 제국을 이끌어 갈 우마이야 왕조를 건설했다. 하지만 750년 압바스 왕조가 융성하면서 권력의 흐름은 시리아에서 이라크로 이동했고, 점점 옛 사산 왕조의 중심지로 근접해 갔다. 762년 압바스 왕조의 칼리파 알 만수르는 정방형 원형 도시인 수도 바그다드를 건설하고, 그 중심에 왕궁과 모스크를 세웠다. 바그다드는 사마라에 836년부터 883년까지 새 수도를 건설한 기간을 제외하고는, 압바스 왕조가 멸망할 때까지 중심 수도의 역할을 했다. 티그리스 강을 따라 바그다드의 북쪽으로 97킬로미터 떨어진 곳에 위치한 사마라는 48킬로미터 이상에 걸친 거대한 도시였다. 따라서 초기 이슬람 제국이 승리를 거듭하던 기간 동안 이슬람 문명이 번창했던 수도들은 다마스쿠스, 바그다드, 사마라였다. 이슬람 문명이 이룩한 업적은 아시아와 북아프리카, 스페인 전역의 여러 도시와 마을에도 잘 반영되었다.

이슬람 초기의 시와 산문

아랍어는 『꾸란』과 함께 드넓은 제국으로 전파되었다. 『꾸란』에 나타난 훌륭한 언어는 문어체 아랍어의 기초와 문학에 지속적인 영감을 불어넣었고, 듣는 사람들을 매료시켰다. 베드윈족의 시 문학은 지속적으로 발전해 나갔다. 우마이야 왕조 시대의 반목과 정치적 논쟁은 다마스쿠스에서 활동한 알 파라즈다끄(al-Farazdaq), 자리르 이븐 아티야 이븐 알 카타파(Jarīr ibn ʿAṭīyah ibn al-khaṭafā), 그리고 알 아크탈(al-Akhṭal) 등 유명한 시인들의 작품 속에 잘 나타나 있었다. 알 파라즈다끄는 풍자 시인이자 찬양 시인이었다. 그가 쓴 까시다는 대부분 칼리파를 찬양하는 내용을 담았다. 자리르의 글에도 찬송시와 애조 띤 작품이 약간 발견되지만 주로 그는 풍자시를 많이 썼다. 알 아크탈은 그리스도교인이었지만 야지드 1세를 찬양하는 시를 쓴 덕분에 야지드 1세와 절친한 친구가 되었다. 또한 그는 우마이야 왕조의 칼리파 알 왈리드 2세를 묘사한 시에서는 술과 인간의 삶을 찬양하는 이슬람 이전 시대의 시 전통을 유지했다. 그러나 베드윈족의 목가적인 일상을 반영하던 시의 흐름은 점차 세련된 도시 생활을 주제로 삼기 시작했다.

한편 메카와 메디나에서는 서사적인 까시다의 성격에서 발전된 좀더 부드럽고 가벼운 형식의 시가 출현했다. 이 무렵 대표적인 시인으로는 우마르 이븐 아비 라비아를 꼽을 수 있다. 훗날 바스라와 쿠파, 그리고 바그다드에서도 이러한 형식이 유행했다. 하지만 이슬람 제국의 다른 지역들에서는 아랍의 시가 이슬람의 승리에 대한 자부심이나 원정을 나간 군인들의 향수를 표현하는 단순한 작품에 불과했다.

압바스 왕조 통치하에서 새로운 까시다 양식이 탄생했다. 맹인 시인 바슈샤르 이븐 부르드(Bashshar ibn Burd)는 풍자시와 해학적 모방시에서 뛰어난 능력을 발휘하면서, 고전적 형태의 찬양시나 혁신적인 연애시를 발표했다. 진솔함과 풍자가 담겨 있는, 연애와 술에 대한 시를 쓴 아부 누와스(Abū Nuwās)는 초기 압바스 왕조, 즉 바그다드가 번창했던 시대의 가장 유명한 시인이었다.

> 그녀가 나를 떠나 글 쓰기를 멈추었을 때
> 나의 꿈은 상처받았네. 그녀에 대한 상념은
> 너무도 나를 혼란스럽게 해 미칠 지경이었네.
> 나는 사탄을 한 구석으로 데려가
> 어린아이처럼 엉엉 울면서 말했네.
> "그녀가 나를 사로잡았어요. 눈물과 수면 부족으로
> 나의 두 눈은 병에 걸린 것처럼 보여요.
> 그녀가 나를 사랑하게 만들어 주지 않는다면
> 시를 쓰지 않을래요. 그런데 당신은 할 수 있어요.
> 노래도 듣기 싫고
> 나의 뼈를 술로 절이고 싶지도 않아요.
> 밤낮으로 단식하고 기도하고, 『꾸란』을 읽어요.
> 나는 신께서 명령하신 길을 따르려 해요."
> 그녀가 수줍은 얼굴로 미소지으며 돌아왔네.

알렙포의 함단 왕조 시대에서 가장 위대한 궁정 시인은 알 무타납비(al-Muta-nabbī)였다. 전통적인 찬양시에서 뛰어난 능력을 보였던 그는 9년에 걸친 방랑 생활을 청산하고 왕실의 후원을 받으며 궁정에 머물렀다. 함단 왕조 궁정에는 찬양시에 서정적인 자연 풍경을 끼워 넣는 이류 시인들도 있었는데, 그들이 즐겨 쓴 시 형태는 널리 모방되었다. 이 궁정에서 이루어진 문화 생활은 시인을 후원하는 바그다드 이외에 다른 중심지에서도 시 문학이 발전하고 있음을 단적으로 보여 주었다. 전통적인 운율을 쓰지 않고 연애적 요소를 반영한 연시인 무왓샤흐(muwashshaḥ, *아랍어로 송시(頌詩)라는 의미)는 스페인의 우마이야 왕조 통치 시기에 등장해 동쪽으로 전파되었다. 압바스 왕조 아래에서 산문이 발전한 것은 정부에서 일하던 서기들과, 외국 서적을 아랍어로 번역한 사람들의 공로였다. 예를 들면 이란인 알 무카파아는 『칼릴라와 딤나』로 알려진 유명한 동물 우화집을 번역했으며, 훗날 출판된 책에는 종종 삽화가 실리기도 했다. 아랍 문학의 기교는 새로운 궁정 사회에서 높이 평가받았다. 바그다드와 사마라에서 활동한 알 자히즈는 교훈적인 일화 등 틀에 박힌 작품 형태를 새로운 예술 수준으로 끌어올렸다. 산문이 유행하기 시작하면서, 작가들은 운율과 수사와 같은 시적 장치를 즐겨 사용했다.

초기 이슬람권의 음악

이슬람이 출현한 처음 1세기 동안에는 아랍 음악, 특히 메카와 메디나의 음악은 이란과 초기 비잔틴 제국의 영향을 받았다. 제3대 정통 칼리파 우스만 통치기에 서정적이고 직업적인 성격을 띤 음악가가 등장했다. 초기의 가장 유명한 가수 중 한 사람인 투와이스(Tuways)는 이란풍 가락에서 영감을 받았다. 그는 사각 탬버린으로 반주를 하기까지 했다. 우마이야 왕조 시절 음악의 중심지는 다마스쿠스였다. 음악에 대단한 열정을 지닌 시인이기도 했던 야지드 1세는 가수들과 음악가들을 궁정으로 초대했으며, 알 왈리드 1세는 메카와 메디나의 저명한 음악가와 교류하기도 했다. 알 왈리드 2세 시대에는 유누스 알 카티브(Yunus al-Katib)가 초기 아랍 음악을 묶은『시가 전집(Kitab al-nagham)』을 편찬했다.

음악은 압바스 왕조의 후원 아래 번창할 수 있었다. 가수이자 연주자, 작곡가로서 가장 뛰어난 재능을 보인 인물은 이브라힘 알 마우실리(Ibrahim al-Mawsili)였다. 그는 칼리파 하룬 알 라쉬드의 친구로서 훗날 굉장한 부자가 되었다. 그의 아들인 이스하끄 알 마우실리(Ishāq al-Mawsili)가 그의 위업을 계승했다. 초기 이란식 류트 대신에 새로운 형태의 류트를 소개한 사람은 잘잘(Zalzal)이었다. 그리고 그 류트에 다섯 번째 줄을 첨가한 지르얍(Ziryab)은 바그다드를 떠나 821년 스페인의 우마이야 왕조의 궁정에 도착했다. 수석 궁정 음악가가 된 지르얍은 코르도바의 압드 알 라흐만 2세(ˈAbd ar-Raḥmān II)의 친구가 되었다. 그가 그곳에 세운 음악 학교는 스페인의 후기 우마이야 왕조가 멸망할 때까지 오랫동안 존속되었다.

비잔틴 제국에서 그리스 음악의 이론을 소개한 논문을 입수해 아랍어로 번역하는 작업은, 칼리파 알 마으문과 알 무으타심이 장려한 음악 문화에 매우 중요한 의미를 부여하게 했다. 몇 세기에 걸쳐 셀 수 없이 많은 음악가들이 필수 교과서로 삼을 만한 논문을 쓴 사람은 철학자 알 킨디였다. 알 킨디는 그리스 철학에서 영감을 얻은 최초의 음악 이론가였다. 그의 논문들은 우주 철학적 기원론이나 수비학과 마찬가지로 기술적, 과학적 자연에 대한 유물론도 폭넓게 다루고 있었다.

10세기에 등장한 알 파라비는『키타브 알 무시끼 알 카비르(Kitab al-musiqi al-kabir)』에서, 11세기 초 이븐 시나는『치료의 서』에서 음악 이론에 관한 주제를 다루었다. 음악 이론의 빛나는 결정체라고 할 수 있는 이들의 작품은 특히 소리의 물리학이나 음정과 음계 분석 같은 분야의 고전이 되었다. 우주 철학과 수비학은 10세기 이흐완 앗 사파(Ikhwān aṣ-Ṣafāˈ)가 쓴 음악에 관한『리살라(risala, *서한)』

에 다루어져 있다. 이 작품은 계절과 빛깔, 향기 등을 류트의 리듬 및 현과 어떻게 조화시킬 수 있는지 기술하고 있다. 이러한 결합은 수리(數理) 관계가 지배하는 우주 조화의 바탕 개념이 되었을 뿐만 아니라, 음악의 의학적 치료 효과에 관한 활기찬 토론을 촉진시켰다. 여러 시대를 거치면서 점점 많은 노래가 수집되었으며, 유명 음악가들의 자서전도 편찬되었다. 그중 가장 유명한 책이 『시가 전집』이다.

초기 이슬람의 건축

이슬람 초기, 몇 세기에 걸쳐 건축 분야에서 이루어진 중요한 업적은 공공 예배를 드리기 위한 모스크의 양식에서 찾을 수 있다. 아랍에 있는 초기 이교도의 구조물이 메카의 카바와 같이 하나의 독특한 유형을 지닌다는 것에서 알 수 있듯이 최초의 모스크는 무함마드가 일생 동안 예배 장소로 사용했던 메디나의 예언자 처소에서 그 기원을 찾을 수 있다. 모스크는 햇볕에 구운 벽돌로 지어졌으며, 사각형의 안뜰과 동쪽에는 여러 개의 작은 방, 남쪽과 북쪽으로는 대추야자나무로 만들어진 짧은 주랑들로 구성되어 있었다. 남쪽 벽이 바로 끼블라였으며, 무함마드는 단순한 형태의 민바르(minbar, 설교단)에서 설교를 했다. 이러한 구조는 바스라(635년, 665년 재건축), 쿠파(637년, 670년 재건축), 그리고 와시트(702년)에 건축된 초기 이라크 모스크의 형태에 영향을 끼쳤을 것이다. 그리고 이 모스크의 안뜰에는 무슬림 공동체의 금고로 쓰인 작은 구조물이 자리하고 있었다. 통치자의 궁전은 보통 모스크의 남쪽 방향에 자리하고 있었다. 시리아와 이란, 이집트에서는 교회나 다른 종교의 예배당을 모스크로 개조하기도 했다. 모스크의 첨탑인 미나레트(minaret, *아랍어로 '등대'라는 의미)는 은둔자의 작은 방으로 사용되던 시리아와 이집트의 사각형 탑에서 유래한 듯하다. 현존하는 최초의 이슬람 유적은 예루살렘의 모리아 산에 있는 바위의 돔(691년)이다. 원래 이 터는 유대교 사원의 자리였다. 바위의 돔은 이슬람의 승리를 강조하고, 팔레스타인에 있는 그리스도교 성소들과 경쟁하기 위해 상징적으로 건설된 것이었다. 이 돔에는 건축 양식과 규모, 건축 기술과 장식, 그리스도교적인 문장을 포함하는 『꾸란』의 명각 등 다양한 종교적, 예술적 기법들이 시도되었다.

　　이슬람이 새롭게 획득한 힘은 다마스쿠스의 알 왈리드 1세의 모스크(706년-714년)에도 잘 나타나 있다. 이 장엄한 모스크는 고대 로마의 성소가 있었던 자리에 세워졌으며, 그 로마 성소에서 나온 건축 재료들을 재활용했다. 예배 공간은 끼블라 벽쪽으로 나란히 나 있는 세 개의 복도로 구성되어 있는데, 이는 그리스도교 바실리카(*법정이나 교회당으로 쓰인 옛 로마의 장방형 회당) 교회들을 모방한 듯 보였다. 그리고 본당 회중석에 있는 신기한 부속물은 끼블라 벽에서 시작해 수직으로 돔에 이르고 있다. 이런 양식은 메디나와 예루살렘의 모스크들에서도 발견된다. 바위 돔 모스크에서처럼 이들 모스크의 주요 장식은 모자이크로 이루어졌다. 비록 다마스쿠스의 대모스크 구조는 우상을 거부하는 양식이었지만, 대부분의 것들은 우마이야 왕조의 정복 사업을 상징적으로 대변하는 건축 이미지를 포함하고 있었다.

다마스쿠스의 대모스크 측면에 자리한 왕궁은 현존하지 않지만 자발 사이스, 루사파, 키르바트 알 민야, 동까스르 알 하이르, 서까스르 알 하이르, 므샤타를 비롯한 여러 우마이야 왕조의 지방 궁전과 사막 거주지들은 남아 있다. 이 석조 건축물들은 다소 메소포타미아적인 특징을 갖고 있는 시리아의 전통을 따르고 있는데, 목욕탕만은 로마식 난방을 이용했다는 공통점이 있다. 꾸사이르 아므라와 키르바트 알 마프자르에서 볼 수 있는 혁신적인 양식은 현관에서 가까운 방을 크게 넓힌 것으로서, 우마이야 왕조의 왕자들이 접견실로 사용한 듯했다. 안뜰은 조형물처럼 입체감을 살린 모자이크와 그림, 치장 벽토 조각, 헬레니즘 전통을 따른 석조 조각들로 장식되었다. 꾸사이르 아므라의 상징적인 회화 작품들은 보존 상태가 좋지 않지만, 음악가와 술꾼, 곡예사, 국왕의 선물, 사자, 사냥, 레슬링, 목욕하는 모습뿐 아니라 별자리가 표시된 돔 형태의 천장에 이르기까지 궁정 생활에 대한 풍부한 모습들을 보여 준다.

현존하는 초기 압바스 시대의 건축물들은 이와는 약간 달랐다. 바그다드에 알 만수르가 건설한 원형 도시는 오늘날 남아 있는 흔적이 없다. 하지만 사산 왕조의 양식과 건축 재료를 계속 사용했음을 보여 주는 우카이디르의 멀리 고립된 궁전과 같은 유적지들은 아직도 여러 도시에 남아 있다. 사마라에는 거대한 궁전 복합 단지와 같은 유적들이 있었다. 이 유적에는 모스크와 목욕탕, 접견실, 주거 지역 등이 드넓은 정원에 둘러싸여 있다. 사마라의 궁전과 주택에 가장 즐겨 사용된 장식은 바로 치장 벽토이다. 이는 크게 세 가지 유형으로 나뉘는데, 포도나무 이파리 모양의 자연주의적인 형태와 정교한 부조, 그리고 빗각 문양의 추상적인 형태를 띠고 있다. 반복되는 문양을 지닌 추상적인 형태는 이슬람식 디자인에 새롭고 폭넓은 영향을 끼치게 되었다. 자우사크 알 카카니(알 무으타심의 궁전)에서 발견된, 궁정 생활을 그린 벽화들은 사산 왕조의 예술 양식과 똑같은 형태를 띠고 있었다.

이라크의 외부를 살펴보면, 사마라에서 몇 년을 보낸 이집트 총독 이븐 툴룬이 카이로에 건설한 모스크(879년)는 건축 양식, 나선형 첨탑, 벽돌 건축, 치장 벽토 장식에서 분명히 사마라의 모스크들과 닮아 있었다. 이 모스크는 훌륭한 조화로 주목받았다. 튀니스에 있는 카이라완 대모스크(670년, 836년, 862년, 875년 건축)는 그리스, 로마 지방의 유적에서 돌기둥과 석재들을 많이 가져다 썼다. 이 모스크의 미

오른쪽
칼리파 알 왈리드 1세의 재위 기간 동안 우마이야 왕조의 수도인 다마스쿠스에 장엄한 모스크가 건설되었다. 이 모스크는 초기 이슬람 건축의 걸작이라고 할 수 있다. 여기에는 엄청난 경비가 투자되었다. 이 모스크는 주랑이 삼면을 둘러싼 안뜰로 이루어져 있다. 한편 네 번째 측면(남쪽)은 끼블라 벽과 평행을 이루고, 끼블라 벽에 수직으로 세워진 트랜셉트(transept, *모스크 좌우 날개의 수랑)에 의해 중간에서 가로지르고 있는 세 개의 아케이드 세트로 구성된 성소가 있다. 이 모스크는 대리석판과 모자이크로 화려하게 장식되어 있으며, 기둥들은 대부분 오래된 옛 건축물들에서 가져온 것이다. 이 성소는 잘 정돈된 실내와 같은 느낌을 받게 하는데, 1893년의 화재 이후 대부분의 시설이 개축되었다.

압바스 왕조 시기에는 궁전들이 벽화로 장식되었고, 삽화가 곁들여진 필사본들도 제작된 것으로 알려져 있다. 하지만 오늘날 압바스 왕조의 회화 작품들은 거의 전해지지 않고 있다. 제1차 세계 대전이 일어나기 직전, 독일 발굴단은 사마라에서 칼리파 알 무으타심이 건축한 자우사크 알 카카니 궁전의 하렘을 장식한 벽화들을 발굴해 냈다. 이 벽화를 복원한 결과 술 따르는 두 명의 무희가 그려진 그림으로 판명났는데, 이는 사산 왕조의 그릇에서 볼 수 있는 모습과 비슷한 것이었다.

흐라브가 있는 곳은 광택 타일과 조각된 대리석판으로 되어 있는데 오늘날까지 잘 보존되어 있다.

스페인에 있는 코르도바의 대모스크는 일련의 확장 공사(784년-786년, 833년-852년, 961년-976년, 987년)를 꾸준히 실시했다. 특히 길쭉한 홍예 벽돌로 된 두 개의 아치가 떠받치고 있는 천장을 대대적으로 보수했다. 미흐라브가 있는 곳은 정성을 들여 세운 다양한 돔과 아치들, 미흐라브를 위한 독립된 공간, 비잔틴 제국의 공예가들이 제작한 휘황찬란한 모자이크 장식이 눈부셨다. 스페인 우마이야 왕조의 일반 건축 양식은 압드 알 라흐만 3세('Abd al-Raḥmān III) 시기의 도시인 코르도바 근처, 마디나트 알 자흐라를 부분적으로 발굴함으로써 알려졌다.

압바스 왕조가 통치 기반을 마련하는 동안 스페인에서 중앙아시아에 이르는 폭넓은 이슬람 지역에서는 또 다른 건축 양식들이 나타났다. 이른바 아홉 개의 돔으로 된 모스크(셋 또는 네 면이 개방된 조그만 모스크, 그 기능은 정확하게 알려져 있지 않다)로부터 리바트 묘역에 이르는 다양한 양식이 나타난 것이다. 이 시기 동안 그리스, 로마와 사산 왕조의 전통들이 이슬람식 형태와 기능에 반영되어 무슬림에 전파되었다.

우마이야 왕조와 압바스 왕조의 서체와 예술

이슬람권에 새로 출현한 가장 독특한 예술은 서체술이었다. 세상에 가장 먼저 알려진 『꾸란』의 필사본들은 대략 8세기 초에 씌어진 것이었다. 초기 『꾸란』의 필사본들은 양피지나 송아지 피지에 쿠파체로 씌어졌으며, 글씨는 수평이나 사각에 가까운 형태였다. 『꾸란』의 첫 장과 끝 장을 장식하고 있는 글씨가 가장 위엄 있는 것으로 평가받았다.

각진 쿠파체는 점점 원형 서체로 대체되었다. 9세기 말에 이르러 스무 종류 이상의 서체가 사용되었다. 초서체를 소개한 사람은 서체가이자 압바스 왕조 칼리파 치하의 재상이었던 이븐 무끌라(Ibn Muqla)였다. 하지만 그가 쓴 작품은 현존하지 않는다.

서체의 소개는 제쳐 두더라도, 중동의 물질 문화의 특징은 비교적 오랫동안 지

사마라 대모스크 (848년-852년)의 장엄한 유적은 거대한 원추형 첨탑이 있는 외벽으로 둘러싸여 있다. 구운 벽돌로 지어진 모스크 남쪽에는 덮개가 있는 성소를 가진 웅장한 안뜰이 있다. 그리고 일렬로 세워진 스물네 개의 기둥이 성소의 지붕을 받치고 있다. 모스크의 외벽들은 모자이크로 장식되었던 것으로 보이는데 오늘날까지 남아 있는 것은 없다.

속되었다. 그러나 이슬람 이전의 금속 세공품과 우마이야 왕조의 금속 세공품을 구별해 내는 것은 쉬운 일이 아니다. 사산 왕조의 형식과 장식은 새의 문양이 새겨진 청동 향로에서처럼 그대로 유지되었다. 바그다드와 사마라에 있는 압바스 왕조의 궁전들에서는 귀금속이 사용되었지만 오늘날 이는 거의 남아 있지 않다. 이 시기의 금속 세공품에 대해 좀더 많은 지식을 얻으려면 부이와 같은 지방 왕조에 관련된 귀금속 제품들을 살펴보아야 한다.

9세기 역사학자 알 야꿉에 따르면, 도예가들이 바스라와 쿠파에서 사마라로 이동한 후에 금속 광택 기술을 도자기에 사용했다고 한다. 이슬람 도자기 예술에 가장 중요한 영감을 불어넣은 것은 중국 도자기였다. 중국 도자기들은 8세기 중엽 이래로 중동 지역에 알려지기 시작했다. 압바스 왕조의 도자기에는 당나라의 기법을 모방한 녹색, 노랑색, 갈색의 '반점 무늬'가 새겨진 작품들이 포함되어 있었다.

이른바 스크라피아토(scraffiato)는 표면의 점토를 긁어 냄으로써 밑둥의 불그스레한 토기의 몸통을 드러내는 기술이다. 그리고 무엇보다도 중요한 사실은 이 무렵 도자기들은 중국의 백자를 모방했다는 것이다. 이러한 압바스 왕조의 백자들은 혁신적인 디자인에 갈청색 명각을 하고 납 유약을 입힌 토기에 주석을 첨가해 만든 것들이었다.

이란 및 기타 지방 중심지들은 압바스 왕조의 도자기 기술을 빠르게 계승했다. 특히 사마르칸트와 니샤푸르는 세라믹 산업의 중심지로 발전했다. 압바스 왕조의 형식과는 달리 과감한 쿠파체 명각 또는 동물 모양으로 변환시킨 쿠파체로 장식된 도자기들도 있었다.

우마이야와 압바스 왕조의 목각 작품 중 현존하는 가장 오래된 작품은 카이라완 대모스크의 민바르(862년쯤)이다. 이 작품들은 건축에 쓰인 치장 벽토와 돌조각의 디자인을 따랐다. 10세기에서 11세기 무렵 스페인의 우마이야 왕조에서 만든 상아 상자들에 새겨진 명각을 살펴볼 때 몇몇 개는 왕가 또는 궁정의 명사들을 위해 만들어진 것임을 알 수 있다. 후원자의 우아하고 세련된 취향이 담겨 있는 이 절묘한 조각 작품은 추상적이고 구상적인 장식 기법으로 만들어졌다.

금속 광택을 입힌 세라믹 제품의 장식 기술은 압바스 왕조의 도예가들에 의해 발전을 거듭해 왔다. 장식 기술은 사마라에서 나온 아래의 제품에서도 나타나듯이 매우 정교한 형태를 띠고 있다. 여기에서는 새 한 마리가 야자나무와 조화를 이루고 있고, 대칭과 나선형, 점들이 디자인의 주요 소재들간의 공간을 메워 주고 있다.

궁정 예술과 사람들(11세기-15세기)

10세기 이래로 점점 압바스 왕조가 쇠퇴하고 새로운 지방 정권들이 출현하면서 예술 작품과 예술가를 후원하는 일에 변화가 일어나기 시작했다. 통치자들의 궁정 주변 지역에 여러 중심지들이 생기기 시작했는데 그 가운데는 유목민적 성격을 띠는 곳도 있었고, 이단과 청교도적 교리를 전파하는 곳도 있었다. 특히 스콜라 철학과 수피즘은 훗날 선도적인 운동을 이끌었다. 또한 도시의 부르주아 계급이 궁정의 후원 제도를 모방해 여러 예술 분야의 후원자로 등장하게 된다. 이는 왜 이 시기가 이슬람 역사에서 가장 풍요롭고 생산적인 시기가 되었는지를 잘 설명해 주고 있다.

아랍, 페르시아, 터키의 시와 산문

이 시기까지는 교육받은 지식인들만이 고전적인 아랍 시문학의 전통을 이해할 수 있었다. 그리고 시인들은 방언으로 된 운문 형식을 사용하기 시작했다. 아랍의 산문 분야에서는 알 하마다니(al-Hamadhānī)가 마까마(maqāmah, 연속시)라는 새로운 장르가 만들어졌다. 마까마는 영웅과 해설자라는 두 명의 인물이 등장하는 허구적인 작품으로서, 해설자가 영웅의 모험담을 운율에 맞춰 이야기하는 산문 형식이다. 아랍어의 풍부한 표현과 작가의 언어적 기교를 한껏 발휘하기 위해 해설자를 등장시키는 형식은 즐겨 사용되었다. 12세기 초 시인이자 언어학자인 알 하리리는 『마까마트』라는 마까마 형식의 작품을 세상에 내놓았는데, 삽화를 많이 실은 복사판들은 사람들에게 굉장한 인기를 얻었다.

　서구인들이 아주 매력적인 작품으로 여겼던 『천일야화』는 인도, 페르시아, 아랍 세계에서 발생해(비록 아랍인들은 결코 그것들을 고전 문학으로 여기지 않았다 하더라도) 이야기꾼들에 의해 여러 지역으로 전파되었다.

　스페인에서는 타이파의 왕자들이 직접 시를 쓰고 또 시인들을 후원했다. 그 가운데 가장 중요한 인물은 이븐 자이둔(Ibn Zaydūn)이었다. 알 모라비 왕조 통치하에서는 안달루시아의 구어체 언어가 이븐 꾸즈만(Ibn Quzman)의 시에 등장했다. 이븐 사흘(Ibn Sahl)은 그때까지 무왓샤흐들을 썼으나 지금은 남아 있지 않다. 시인 아불 바까 이븐 샤리프(Abul-Baqa ibn Sharif)는 재정복 운동이 진전되는 상황을 비통해했다. 나시리 왕조의 재상인 이븐 알 카티브(Ibn al-Khatib)는 자신의 명시선집인 『자이쉬 알 타우쉬흐(Jaysh al-tawshih)』를 발표함으로써 무왓샤흐 형식에 종지부를 찍었다. 그라나다의 알함브라 궁전 벽에는 이븐 알 카티브와 재상을 지낸 이븐 잠라크(Ibn Zamrak)의 시들이 새겨져 있었다.

아랍 전통 문학의 생명력이 시들기 시작할 무렵 페르시아 문학은 점차 힘을 키워 가고 있었다. 페르시아 문학은 북동 이란의 자치 국가들 가운데 부하라의 사만 왕조의 궁정에서 출현했다. 이러한 유산을 이어받은 가즈나비 왕조의 수도 가즈나는 지적이고 문학적인 생활의 중심지가 되었다. 문학은 대서사시 『샤 나메』를 저술한 시인 페르다우시에 의해 더욱 그 빛을 발하게 되었다.

『샤 나메』는 고대 이란과 그 후 이어진 왕조들의 신권 통치에 대한 역사를 기술한 것이다.

루바이(rubaī)로 알려진 운문 형식의 시가 대중의 인기를 얻기 시작하면서 우마르 하이얌을 비롯한 시인들도 이 형식을 채택했다. 그러나 몽골이 침입할 때까지 서정시의 가장 뚜렷한 흐름은 까시다 형식이었다. 셀주크 궁정 시인 무이즈(Muʿizz)와 안와리(Anvarī)의 시들뿐 아니라 아제르바이잔의 카까니(Khāqānī)의 작품도 여기에 속했다. 몽골 때문에 북동 지역에서 페르시아 문학은 더 이상 꽃을 피우지 못했다. 페르시아 문학의 새 중심지로 떠오른 곳은 룸 셀주크 왕조의 수도 코니아와 남부 이란의 시라즈였다. 13세기부터는 가잘(ghazal, *주로 사랑을 담은 서정시)이 서정시의 기본 형식으로 출현했다. 마스나위(masnavī) 형식은 낭만적이고 교훈적인 시에서 나타나는 운율을 갖춘 2행 대구(對句)로 이루어졌다. 니자미가 쓴 뛰어난 낭만시들은 "라일라와 마즈눈(Layla ma Majnun)"과 "호스로우와 시린(Khosrowo-shīrīn)" 같은 이야기를 반영하고 있다. 한편 파리드 알 딘 아타르(Farid al-Din Aṭṭār)의 『새들의 회의(*Mantiq al-tayr*)』는 신비주의적인 마스나위였다.

1206년 인도의 델리에 술탄 왕조가 세워진 후, 페르시아 문학은 아미르 후스라우(Amīr Khusraw) 같은 시인들에 의해 인도 대륙에서도 발전했다. 또한 신비주의 경향을 띤 시문학이 번창했는데, 그 대표자는 잘랄 앗 딘 알 루미였다. 시라즈는 사디와 하피즈의 고향이었다. 사디의 세련되고 교훈적인 마스나위 형식의 시 "과수원(The Bostan)"과 그의 산문, 그리고 운문시 "장미 정원"은 많은 칭송을 받았으며 후대에 와서도 자주 거론되었다. 하피즈는 가잘 형식의 뛰어난 시에서 감각적 상상력과 신비주의적 사상을 결합한 세계관을 제시했다.

장미가 붉게 물들고 꽃봉우리는 만발했네.
기쁨으로 취한 술주정뱅이는 나이팅게일이라네.
만세, 수피들이여! 애주가들, 모두 만세!
술을 목 타게 갈망하는데 세상에는 금주령이 내렸네.

그러나 페르시아 문학의 역동기는 하라트의 자미의 신비주의 시와 함께 종말을 맞이했다.

오스만 제국의 문학 작품들은 13세기 이후부터 아나톨리아에서 나타났다. 15세기에 이르러 오스만 왕실이 학자와 시인들을 지원하면서 훌륭한 시들이 발표되기 시작했다. 하라트에서는 티무르 왕조의 총독 후사인 바이까라(Husain Bāy-qarā)의 대신이었던 미르 알리 쉬르 나와이(Mīr ʿAlī Shīr Nawai)가 페르시아어뿐 아니라 차가타이 터키어(*카프카스족 언어)로도 작품을 썼다. 그리고 터키어는 카프카스 출신 맘루크들이 통치했던 이집트에서도 번창했다. 15세기 말에는 터키어가 문학의 매개 수단으로 확고히 자리 잡았다.

음악 이론과 실기

시에서 감각적 상상력이 종교적 경험을 표현하는 수단이었던 것처럼, 신학자 알 가잘리는 음악이라는 감각 예술이 정신 영역을 반영한다고 주장했다. 음악 이론 분야에서는 사피 앗 딘(Ṣafi ad-dīn)이 가장 뛰어난 인물이었다. 그는 압바스 왕조 최후의 칼리파 알 무스타으심(al-Mustaʿsim)과 몽골의 훌라구 치하에서 활동했다. 그의 논문 "음계(Kitab al-adwar)"와 "음정 관계에 대한 샤라피야(Risala al-sharafiyya fi al-nisab al-talifiyah)"는 그 후 2세기 동안 음악에 대한 글을 쓴 모든

1121년 또는 1122년 화재로 파괴된 이스파한의 대모스크는 건물의 네 정면 중앙마다 이완이 있는 모스크로 재건축되었다. 남쪽 이완이 가장 먼저 건축되었으며 동쪽과 서쪽, 마지막으로 북쪽 이완이 건축되었다. 하지만 궁정은 12세기 이래로 몇 차례에 걸쳐 개축되었다. 이 사진은 안뜰 건너편에 있는 서쪽 이완의 모습인데, 세련된 타일 장식과 명각으로 미루어 볼 때 사실상 사파비 왕조 시대에 복원된 것으로 보인다.

332

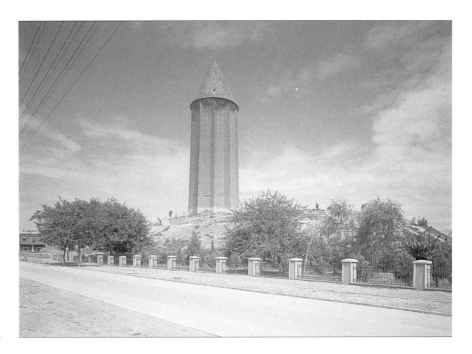

이 놀랄 만한 묘지 탑 군바디 까부스는 지야르 왕조의 왕자 까부스 이븐 바슈기르(Qābūs ibn Vashmgir)에 의해 1006년에서 1007년에 걸쳐 카스피 해 남동쪽 구르간 근처에 세워졌다. 이는 인공적인 단(壇) 위에, 열 개의 삼각형 플랜지를 가진 원형 설계에 따라 세워졌는데, 주변의 풍경을 압도하고 있다. 탑 내부에서는 무덤이 발견되지 않았는데, 이는 중세의 한 연대기 작가가 설명한 것처럼 관 매설이 중지되었기 때문이다. 기념비에 태양력과 태음력을 동시에 사용한 것은 이슬람 이전 시대의 전통을 되살리고자 했음을 나타내는 증거라고 할 수 있다.

오른쪽
맘루크 술탄 까이트바이(Sultan Qaytbay)는 많은 사람들의 후원자였다. 그의 통치 기간 동안 탄생한 건축의 최고 걸작품은 카이로 북쪽 공동 묘지에 있는 자신의 복합 장례 단지이다. 물 보급소를 고려한 탓에 높은 전면의 입구는 왼쪽 측면에, 『꾸란』을 가르치는 학교는 1층에 있다. 건물 외벽은 평평한 석벽돌로 장식되어 있다. 이 건물의 돔과 첨탑은 맘루크의 훌륭한 석조 건축의 정수를 보여 주고 있다.

작가들에게 이론적 토대를 제공해 주었다. 사피 앗 딘의 영향을 가장 많이 받은 후계자는 바그다드와 사마르칸트에서 정열적으로 활동한 작곡가 겸 연주자 압드 알 까디르 알 마라기(Abd al-Qadir al-Maraghi)였다.

아랍과 이란 음악이 결합하면서 13세기 중반 동부 이슬람권 대부분 지역에서 공통된 음악 작품이 탄생했다. 북아프리카와 스페인의 음악은 안달루시아 형식을 계속 발전시켰고, 오스만에서는 마울라비들이 잘랄 앗 딘 알 루미의 아들인 술탄 왈라드 시기부터 종교 의식에 음악을 사용하기 시작했다. 인도에서는 이슬람 음악과 토속 음악이 효과적으로 혼합되기 시작했다. 인도의 무슬림 통치자들도 음악을 열렬히 후원했다. 술탄 무함마드 이븐 투글루끄는 통치 기간 동안 무려 음악가 1,200명과 1,000명이 넘는 노예 연주자들을 거느리고 있었다.

무슬림 제국의 신건축 양식
10세기부터 투르크족이 이란 쪽으로 이동하면서 건축 유형과 건축 설계 구조에 혁신을 가져왔다. 수도 이스파한에 있는 셀주크 왕조 최고의 모스크인 대모스크는 중요한 두 가지 변화를 수용했다. 그 하나는 우선 두 개의 돔을 추가로 건설한 것이다. 그중 하나는 1072년에서 1075년 사이 미흐라브 전면에, 다른 하나는 1088년 모스크 북쪽에 세워졌다. 돔들의 기능은 분명하지 않지만 후자는 왕족의 예배실이나 담소를 나누는 방으로 쓰인 듯하다. 두 번째는 쉬아 이스마일파가 순니 사상의 중심지였던 대모스크를 불태운 1121년에서 1122년 뒤에 일어난 변화로써 각 안뜰

정면에 이완 하나를 추가로 건설한 것이다. 이와 같이 이완이 네 개인 설계 방식은 공간에서 새로운 교차 축을 건설하는 방식을 창출했다. 이는 그 당시의 건축을 대표하는 셀주크 양식과 이란의 후대 모스크 양식, 마드라사나 병원 건물과 같은 다양한 방식으로 발전했다. 단일한 돔 양식과 네 개의 이완에 대한 관심은 이슬람 이전의 이란 건축 양식이 부활했다는 의미이기도 하다.

이스파한의 대모스크에 있는 두 개의 돔에서 잘 구운 벽돌로 지은 둥근 천장과 돔 지붕에서 엿볼 수 있듯이, 구조의 변혁과 장식 벽돌 공사에 대한 셀주크 왕조의 관심은 10세기 이후 건설된 여러 묘역에서 볼 수 있다. 돔 방식의 입방체로 구성된 '덮개 모양의 무덤'은 부하라(10세기 초)에 있는 사만 왕조의 이스마일 묘에서 볼 수 있다. 한편 카스피 해 남동쪽, 구르간 근처 군바디 까부스에서는 매우 찬란한 묘지 탑을 볼 수 있다. 원뿔 모양의 지붕이 뾰족하게 솟아 있는 플랜지 형태의 탑 높이는 50미터이다. 이란 지역에는 11세기와 12세기에 분리되어 건설된 모스크 첨탑과 일반 탑들이 다수 존재하고 있는데 이들은 원통 모양으로 높이 세워졌다는 특징을 가지고 있다. 이들 중 일부는 이슬람의 승리를 기념하는 기념비나 사막의 대상들을 위한 '등대' 역할을 했다.

아나톨리아의 셀주크인들은 돌을 주요 건축 재료로 사용했는데, 특히 조각 기술의 섬세함과 부드러움을 보여 준다. 아나톨리아식 변혁의 특징은 돔의 변이 부분에서 스퀸치(*돔을 떠받치기 위해 밑의 사각형 구석에 설치하는 작은 홍예, 까치발 장치) 대신 삼각 궁륭(*돔 밑바닥 네 귀퉁이에 쌓아 올리는 구면 삼각형의 부분)을 사용했다는 것이다. 훗날 셀주크의 모스크에는 혹독한 기후 때문에 일부가 돔으로 덮인 작은 안뜰이 마련되었다. 이 형식은 오스만 제국 시기의 단일한 돔 모스크 양식의 바탕이 되었다. 많은 묘역과 병원, 대상 숙박 시설과 마드라사 또한 아나톨리아 셀주크로부터 왔다.

이란 북서쪽 타브리즈에 몽골의 수도가 세워진 후 일 칸국의 가잔과 그의 위대한 재상 라쉬드 앗 딘은 이 도시에 아주 새로운 거처를 건설했다. 이 지역에 오늘날까지 남아 있는 몽골 기념 유적지 중 가장 중요하고 유일한 것은 파괴된 알리 샤('Ali Shāh) 모스크에 있는 둥근 천장을 가진 거대한 홀이다. 울자이투(Uljaytu)가 술타니야에 건설한 새로운 몽골의 수도에도 그의 거대한 능(1307년-1317년)을 제외하고는 아무것도 남아 있지 않다. 청색 타일로 덮여진 팔각형 기반 위에 세워진 두 겹으로 된 조개 모양의 돔이 여덟 개의 첨탑에 둘러싸여 있다. 이러한 모든 형태들은 티무르 왕조에 이르러 더욱 발전했다.

티무르 왕조 시대의 독특한 돔 양식들은 티무르 제국의 수도 사마르칸트와 1405년에 티무르가 묻힌 구르 이 아미르(1404년), 그리고 샤 이 진다의 교외 묘지

이브 알 바우와브

서체가이며 필사본 채색사였던 이브 알 바우와브(Ibn al-Bawwab)는 이브 무글라가 설립한 서체 학교에서 이브 무글라의 딸과 함께 공부했다. 그가 이룬 위대한 업적은 이브 무글라의 여섯 가지 '균형 잡힌 서체들'을 우아하고 세련되게 다듬었다는 것이다. 이브 알 바우와브는 이 여섯 가지 서체에 정통했지만 특히 나스크체와 무하까끄체에 관심을 가졌다. 바그다드에서 활동한 그는 부이 왕조의 통치자 바하 앗 다울라(Baha' ad-Dawlah)를 위해 도서관 사서로 일하기도 했다. 시라즈에서 그는 이브 무글라가 쓴 『꾸란』 필사본의 분실된 주즈(『꾸란』의 30분의 1에

해당하는 분량)를 복사해 냈다. 이브 알 바우와브의 작업은 이브 무글라가 쓴 원본과 너무도 비슷해 두 사람의 필체를 거의 구별할 수 없을 정도였다. 이브 알 바우와브는 평생에 걸쳐 64권의 『꾸란』 필사본과 한 편의 시, 그리고 서간문을 복사했다고 전해진다. 독실한 신앙을 바탕으로 신학과 법학에 조예가 깊었으며, 긴 수염으로도 유명했던 이브 알 바우와브는 일생 동안 큰 명성을 얻었다. 그가 세상을 떠난 후 그의 제자들은 그가 바그다드에 설립한 서체 학교를 계속 운영해 나갔다. 제자들 중에는 여류 서체가인 자이나브 슈흐다 알 카티바(Zaynab Shuhda al-Katiba)도 있었다. 이브 알 바우와브 학교의 서체는 그녀를 통해 중세 최후의 위대한 서체가 야꾸트 알 무스타시미에게까지 전수되었다.

이브 알 바우와브가 쓴 『꾸란』 필사본은 단 한 권만이 전해진다. 1000년과 1001년 사이에 바그다드에서 필사된 이 『꾸란』은 가로 8센티미터×세로 28센티미터 크기에 총 286페이지로 구성되었다. 본문 각 페이지마다 나스크체를 사용한 열다섯 줄이 반듯하게 자른 갈대 펜으로 일정한 크기로 씌어져 있다. 긴 곡선의 우아한 필체가 세피아색, 청색, 금색으로 채색되어 『꾸란』을 불후의 명작으로 만들고 있다. 이 『꾸란』 필사본은 흘림체로 씌어진 가장 오래된 것이다.

이브 알 바우와브가 쓴 『꾸란』의 본문은 나스크체로, 제목은 술루스체로 이루어져 있다. 이 삽화가 실린 페이지는 파티하 장(章)으로 시작하며 본문 오른쪽 가장자리에 있는 물방울 모양의 둥근 원형 표시는 다섯 번째 절이 시작됨을 의미한다. 두 번째 제목은 제2장 바크르 장의 시작을 나타내 주고 있다.

에서 볼 수 있다. 구르 이 아미르에 있는 묘지와 하라트에 있는 샤 로흐의 부인 가우아르 샤드(Gawhar Shad)의 묘지는 바깥쪽 돔이 볼록하며 표면은 리브(rib)의 형태를 띠고 있다. 이곳에 있는 모든 돔은 빛나는 세라믹으로 덮여 있으며, 대부분 청록색을 띤다. 이러한 묘들과 사마르칸트, 하라트, 마시하드, 타브리즈에 있는 티무르 왕조의 모스크들은 아름다운 다양한 색채의 타일로 덮여 있다. 이는 건축 색채

의 역사에서 아주 독특한 형식을 보인다.

이집트에서는 이와 같은 독특한 건축 양식이 파티마 왕조의 통치하에서 발전했다. 파티마 왕조의 쉬아 교리와 왕궁 의식은 모스크의 설계와 장식에 그대로 반영되었다. 두 개의 거대한 대규모 집회용 모스크인 알 아즈하르 모스크와 알 하킴 모스크가 수도 카이로에 현존한다. 파티마 왕조 초기에 건설된 많은 묘지들은 파티마 칼리파제에 당위성을 부여 하기 위해, 그리고 알리 자손들의 조상에 대한 존경심에서 나왔을 것으로 추정된다. 파티마 왕조는 11세기 중반 이래로 카이로에 정면을 정교하게 돌로 조각한 소규모 모스크들을 건축했다. 이 같은 세속적인 건축물 중 가장 아름답고 웅장한 것은 카이로 외곽 성벽에 돌로 만들어진 세 개의 문이었다. 이것들은 시리아와 북부 메소포타미아의 군사 건축물들과 유사하다.

예전 왕조들의 건축 양식과 장식은 맘루크 왕조에 이르러 한층 더 수준이 높아졌다. 맘루크 왕조에서 가장 많이 지어진 건축물은 묘지 복합 단지들로, 대개 후원자의 묘역 주위에 모스크와 마드라사, 병원이 잇따라 건설되었다. 카이로에 있는 술탄 하산 복합 단지는 규모와 돌조각 장식이 보여 주는 역동성이 인상적이다. 복합 단지들은 15세기 무렵에 이르러 그 규모가 축소되었지만 맘루크 왕조 특유의 돌조각 돔과 다각형 첨탑 양식은 그대로 유지되었다. 그 대표적인 예가 카이로(1472년-1475년)에 있는 까이트바이 복합 단지이다. 이집트 맘루크 왕조의 독특한 양식에도 불구하고 돌 장식은 물론 묘지 복합 단지의 설계와 돔 형태, 기념 건축물의 문들은 당대의 이란 및 아나톨리아 건축 양식과 관련 있는 것들이다.

마그리브와 안달루시아는 문학과 음악에서처럼 처음부터 이미 자신만의 고유한 건축 양식을 갖추었다. 알모라비 왕조와 알 모하조 통치 시기에 출현한 도시들은 새로운 대중 집회용 모스크들을 짓거나 기존의 모스크들을 재건축했다. 알모라비 왕조는 알지에(1096년), 틀렘센(1136년)에 대중 모스크를 건설했고 페즈(1135년)에는 카라위인 모스크를 건설했으며, 알 모하조는 마라케시(1146년-1196년), 세비야(1171년), 라바트(1197년)에 대규모 대중 모스크를 건설했다. 이 모스크들은 T자형 구도를 지닌 거대한 다주식 예배당과 전형적인 사각형 첨탑이 있는 카이라완과 코르드바 건축 양식을 따랐다. 나시리 왕조 통치 시기에 건축된 가장 유명한 기념물은 그라나다에 있는 알함브라 궁전이다. 오늘날까지 유일하게 잘 보전된 이슬람 양식의 알함브라 궁전은 풍부하고 섬세한 장식으로 몇 세기에 걸쳐 전 세계 사람들을 매료시켰다. 대부분 14세기 중반에 지어진 개인 궁전들은 반짝이는 모자이크 타일, 조각해 색칠한 나무와 치장 벽토, 알모라비 왕조와 알 모하조 때 처음 개발된 재료들로 장식되었다. 가장 세련되고 정교한 형태는 무까르나스, 즉 종유석 모양의 치장 벽돌 돔들이다. 이것은 셀주크 이란의 벽돌 구조물에서 처음 표현된 양식으로,

여기에서는 순수하게 장식에만 쓰였다.

시각 예술

나스크, 술루스, 무하까끄, 라이한, 타우끼, 리까 서체들은 10세기와 11세기 초에 공식적으로 인정받았다. 나스크체는 필사본이나 소형 『꾸란』을 복사하는 데 사용되었으며, 술루스체는 종종 『꾸란』의 장별 제목과 건축 명각들에 쓰였다. 그리고 무하까끄체와 라이한체는 대형 『꾸란』을 만드는 데 사용되었다. 한편 좀더 부드럽고 우아한 타우끼체와 리까체는 법관 사무국의 서류나 필사본의 간지에 사용되었다. 서체마다 균형과 조화를 보여 준 이븐 무끌라의 서체 양식은 이븐 알 바우와브(Ibn al-Bawwāb)에 의해 한층 세련미를 더했으며, 훗날 야꾸트 알 무스타시미(Yuqut al-Mustasimi)에 의해 더욱 발전했다. 서체가들은 14세기 이래로 자신들의 작품에 이름을 남기기 시작했으며, 이들의 이름은 다른 기록들에도 보존되었다. 이집트와 시리아에서는 맘루크 왕조의 후원 아래 알 무스타시미와 그의 제자들이 체계화한 서체 형태가 더욱 발전했다. 『꾸란』 필사본 중 가장 훌륭한 것은 맘루크 왕조 술탄 샤반 2세(Shaban II)와 그의 어머니를 위해 무하까끄체로 만들어진 것들이었다.

    12세기 후반에서 14세기에 이르기까지 무슬림 세계에는 삽화가 들어 있는 필사본을 비롯해 다양한 매체에서 조형적 상상력이 발전함으로써 다양한 형태의 회

이 그림은 페르다우시의 위대한 서사시 『샤 나메』에 나오는 삽화이다. 『샤 나메』는 이란의 왕들과 영웅들의 역사를 다루고 있다. 여기에서는 죽어 가는 영웅 루스탐(Rustam)이 자신을 배반한 의붓형제 샤가드(Shaghad)에게 화살을 쏘고 있다. 그의 애마 라흐슈는 구덩이 속에서 꼼짝도 하지 못하고 있다.

화가 등장했다. 이러한 흐름은 셀주크 왕조하에서 더욱 다듬어지고 아름답게 꾸며졌다. 한편 아랍의 후원자들을 위해 메소포타미아와 시리아에서 시도된 양식은 강한 느낌의 사실주의를 나타냈다. 몇몇 시리아의 필사본에 실려 있는 그림들은 지역적인 헬레니즘 전통을 보여 준다. 페르시아의 회화는 14세기 이래로 번창하기 시작했다. 이 새로운 화풍은 중국의 영향을 비롯한 다양한 흐름들을 반영하고 있었다. 14세기 중반 타브리즈에서 그려진 것으로 보이는 『샤 나메』에 수록된 그림들은 강렬한 감정과 격동적인 분위기를 묘사한다. 하지만 14세기 말에는 잘라이리 왕조와 무자파리 왕조하에서 복잡한 공간 구도를 보여 주는 새롭고 섬세한 회화 기법이 등장했다. 그리고 이는 15세기에 이르러서는 티무르 왕조의 양식으로 알려지게 되었다. 티무르 왕조의 회화는 여러 궁정 후원자들을 위해 그려졌는데, 특히 바이순구르(Baysunghur) 왕자의 후원 아래 하라트에서 번창했다. 하라트에서 극치를 이룬 이 세련된 회화 양식은 유명한 화가 비흐자드(Bihzad)가 정력적으로 활동한 15세기 말에 이르러 찬란한 꽃을 피웠다.

이 시기에 무슬림 예술가들은 폭넓은 소재에 관심을 기울였다. 카이로에서는 파티마 왕조 이래로 칼리파 또는 고위 관료들의 이름이 새겨져 있는 크리스탈 조각품들이 생산되었다. 그중 몇몇은 오늘날까지 전해지고 있다. 파티마 왕조의 '컷 글라스(Cut glass, *조탁한 세공 유리 그릇)' 세공품들도 오늘날까지 전해진다.

왼쪽

비흐자드가 그린 이 세밀화는 1494년에서 1495년에 걸쳐 하라트에서 제작되었다. 이는 칼리파 알 마아문이 오스만 양식의 목욕항아리를 사용하는 모습을 보여 준다. 비흐자드는 내적 리듬과 세밀하게 정돈된 빛깔들을 사용해 전통적인 구도를 창조해 내는 독특한 화풍을 선보였다. 이 그림에는 성격 묘사에 뛰어난 그의 재능이 드러나 있다.

크리스탈은 파티마 왕조 시대에 높이 평가받는 재료였다. 사자의 모습이 새겨진 이 크리스탈 물병에는 파티마 왕조 칼리파 알 아지즈와 관련된 문구가 새겨져 있다.

카샨의 도예가들은 그릇과 타일 제품뿐 아니라 훌륭한 미흐라브도 제작했다. 이 작품은 화려한 장식이나 인간 또는 동물의 형상을 전혀 새겨 넣지 않은 아주 수수한 것이었다. 유약을 입히지 않았는데도 광택이 나는 이 세라믹 미흐라브는 1226년 카샨에서 만들어진 것으로, 나스크체와 쿠파체로 쓰인 명각에 둘러싸인 벽감으로 구성되어 있다.

한편 맘루크 왕조 통치 아래에서는 에나멜 채색과 금박으로 유리를 세공하는 기술이 절정에 이르렀다. 이 기술을 통해 세공된 모스크의 램프에는 화려한 서체와 문장, 표장들이 장식되었다. 티무르 왕조 시기에는 세련된 옥 조각품이 생산되었다. 셀주크 아나톨리아에서 오늘날까지 전해져 오는 매듭 있는 융단을 짜는 기술은 투르크 부족에 의해 서아시아 지역으로 전파된 것으로 보인다. 한편 스페인은 비단 제조업의 발전을 이끌었다. 이슬람권의 금속 세공품은 타의 추종을 불허했다. 동과 놋쇠 제품들(물병, 세면기, 쟁반, 촛대, 향로 등)은 금과 은으로 상감 세공을 했으며, 추상적인 디자인을 사용하기도 하고, 서체를 활용하거나 조형미 넘치는 것들이었다. 이러한 전통은 셀주크 호라산에서 처음 등장해 13세기에는 이라크에서 발전했다가 카이로의 맘루크 왕조의 궁전에서 다시 꽃을 피웠다. 이란과 아나톨리아 건축 양식에 타일 소재가 쓰임에 따라 12세기 이래로 세라믹 기술도 다양하게 발전했다. 가장 일반적인 도예 기법은 유약을 바르기 전에 밑그림을 그린 도자기에 다채로운 장식을 하는 것이었다. 이를 바탕으로 나중에는 이중으로 덧칠하는 기법까지 등장했다. 그러나 가장 화려한 기법은 금속 광택을 입히는 것이었다. 이 기법은 이라크의 압바스 왕조와 이집트의 파티마 왕조 시기에 처음 등장했다가 이란의 카샨 왕조 시기에 체계화되었다. 그 후 금속 광택이 나는 타일과 그릇들이 대량으로 생산되었다. 이 그릇들에 새겨진 그림들은 즉위식, 술자리, 사냥, 경기 장면들을 비롯한 우마이야 왕조와 압바스 왕조 통치하의 궁중 생활을 묘사한 것이었다. 하지만 오늘날에는 중산층이 즐겨 찾는 장식용 제품들이 대량으로 생산된다.

화약 제국들의 예술(16세기-17세기)

16세기 무슬림 세계의 가장 중요한 세력은 오스만 제국과, 사파비 왕조, 무굴 제국이었다. 이들 제국은 예술 표현을 독특한 형태로 발전시켜 궁극적으로 서로 다른 문화 경로를 밟아 나갔다. 그러면서도 이 세 제국은 서로 문화를 교류하고 공유했다. 사파비 왕조의 후원이 점점 줄어들자 이란 출신의 많은 예술가들이 무굴 제국에서 일하기 위해 인도로 간 것도 그 한 예이다. 18세기에 이르러 세 제국은 내부 분쟁과 유럽 국가들의 간섭으로 의해 결국 붕괴되고 말았다.

오스만 제국, 사파비 왕조, 무굴 제국의 운문과 산문
오스만 제국의 통치 시기에도 까시다와 가잘이 널리 유행했다. 유능한 언어학자인 메흐메드 빈 술레이만 푸줄리(Mehmed bin Suleyman Fuzuli)는 고향인 이라크를 떠나 본 적이 없었으면서도 터키어와 페르시아어, 아랍어로 작품을 썼다. 콘스탄티노플에서는 술탄과 고위 관리들이 후원을 아끼지 않았다. 위대한 술레이만 2세는 시인 마흐무드 압둘바끼(Mahmud Abdülbāqi)의 재능을 인정해 그를 후원했으며, 대재상 이브라힘 파샤는 카얄리(Khayali)를 지지했다. 터키의 신비주의 시편들도 잘랄 앗 딘 알 루미의 영향 아래 발전했다. 이른바 '튤립 시대(Tulip Age)'에 가장 유명했던 시인으로는 아흐메드 네딤(Ahmed Nedim)을 꼽을 수 있다.

> 네 어머니의 허락을 받아라. 그리고 이는 금요일 성스러운 예배를 위한 것이라고 말하라.
> 우리 모두 시간의 고통스러운 지배로부터 이 하루를 훔치자.
> 선창에 이르는 비밀스러운 길과 뒷골목으로 살며시 도망치자.
> 우리 즐거움의 낙원으로 가자. 오라, 나의 어슬렁거리는 사이프리스(*음란한 여인)여.
> 너와 나, 그리고 고상한 분위기의 가수만이 즐기자.
> 아니 한 사람이 더 있구나. 네가 허락한다면 미친 시인 네딤도 있구나.
> 나의 즐거운 바람둥이 여인이여, 오늘은 우리의 다정한 친구들을 잊어버리자.
> 우리 즐거운 낙원으로 가자. 오라, 나의 어슬렁거리는 사이프리스여.

아흐메드 네딤 이후 오스만 제국의 시는 페르시아의 전통에서 사뭇 벗어난 경향을 나타내며 시어를 압축하기 위한 시도들이 이루어졌다.

16세기에 유행했던 오스만 제국의 산문은 복잡한 이미지를 인위적 언어로 표현했다. 또한 이 시기에는 역사에 관련된 작품들, 특히 술탄들의 성공과 덕목을 찬양하는 연대기들이 주를 이루었다. 아랍의 형식과 비슷한 지리책과 여행기, 자서전도 대중적인 인기를 끌었다. 17세기에 이르러 카티브 첼레비(Kātib Çelebi)는 『책이름들과 과학으로부터의 의구심 제거(Kashf al-zunūn 'an asāmi al-kutub wa al-funūn)』를 완성하기 위해 20년의 세월을 바쳤다. 이 작품은 방대한 백과사전이자 참고 문헌이었다. 한편 에울리야 첼레비의 『여행기(Seya-batname)』는 사회 생활의 단면을 모두 담은 중요한 해설서가 되었다.

이란의 사파비 왕조에서는 많은 작가들이 선교를 하는 데 필요한, 작품이나 종교적 행동 지침을 다룬 소책자를 출간하는 쪽으로 선회했다. 그리고 쉬아 이맘들과 순교자들의 이야기를 반영한 종교시들도 널리 인기를 끌었다. 전통적으로 시문학을 활발히 발전시켜 온 수피즘은 차츰 그 열기가 수그러들었으며, 지속적으로 명맥을 유지해 오던 궁정의 후원도 줄어들었다. 사파비 왕조 궁정에서 일상적으로 사용된 언어는 페르시아어가 아니라 터키어였다.

시난

1521년 시난은 오스만 제국의 근위병 부대인 예니체리에 들어가 1538년 궁정 건축사로 임명되기 전까지 성공적인 군대 경력을 쌓았다. 그가 도제 신분일 때 만든 작품인 이스탄불의 세흐자데 모스크(1544년-1548년)는 위대한 술탄 술레이만 2세의 아들 메흐메드 2세를 기념하는 건축물이다. 시난은 이 모스크 중앙의 돔 주위에 네 개의 반(半) 돔을 두었다. 결과적으로 이 모스크는 중앙 집중식 건물이 되었다. 그의 두 번째 중요한 사업은 콘스탄티노플에 술라이마니예 모스크(1550년-1557년)를 건축하는 것이었다. 이를 위해 그는 초기 오스만 제국의 모스크 건축 양식을 차용했다. 그는 돔의 높이(53미터)를 직경(27미터)의 두 배로 만들었다. 가느다란 연필 모양의 첨탑들을 네 귀퉁이에 세우고, 미흐라브가 있는 내부는 이즈니크 타일과 아흐마드 카라히사리가 디자인한 둥근 서체로 장식했다. 술레이만의 무덤은 모스크 남쪽 묘지 안에 있고, 시난의 묘도 결국에는 이 복합 단지 안에 첨가되었다.

시난의 최고 걸작으로 칭송받는 건축물은 그가 거의 여든 살에 완성한 에디르네에 있는 셀리미예 모스크(1569년-1575년) 건축이다. 오스만 제국의 건축물 중 가장 규모가 큰 돔(직경 31미터)은 여덟 개의 거대한 교각 위에 올려져 있으며, 초기 모스크에서 볼 수 있는 거대한 반 돔이 필요없도록 고안되었다. 미흐라브는 타일로 된 징두리판 벽으로 장식되었고, 민바르는 마르마라 대리석에 도림질 세공으로 조각되었다. 모스크 중앙에 있는 연단은 성가를 부를 때 사용되었는데 하단에는 조그만 분수가 있다. 외부에는 높이 치솟은 첨탑 네 개가 돔을 둘러싸고 있다.

시난은 콘스탄티노플과 에디르네를 연결하는 도로 건설 사업에도 적극 참여했다. 그는 콘스탄티노플에 루스템 파샤의 모스크를 건축했으며, 미흐리마 술탄 복합 단지(1562-1565년), 소콜루 메흐메드 파샤 모스크(1571년), 셀림 2세의 능(1577년), 킬리크 알리 파샤 복합 단지(1580년), 잘 마흐무드 파샤 복합 단지(1580년) 등을 잇따라 건설했다. 그는 총 477채의 건축물을 지었는데 그중 196개는 오늘날까지 남아 있다. 시난이 이스탄불에 남긴 이러한 놀라운 활약은 사후에도 여전히 그의 명성을 드높이고 있다.

셀리미예 모스크의 아름다움은 단연 그 구조의 산뜻함에 있다. 이스탄불에 있는 하기아 소피아의 돔과 넓이와 규모가 같은 이 사원의 거대한 돔은 여덟 개의 기둥이 지탱하고 있고, 각 기둥 꼭대기의 외면은 여덟 개의 부벽으로 장식되어 있다. 한편 돔 아래에 있는 네 개의 작은 반 돔들은 팔각형에서 사각형으로 전환되어 있다. 높이가 70미터에 이르는 네 개의 거대한 세로 홈이 파인 첨탑들이 전체적으로 조화를 이루고 있다.

16세기 후반에는 이란의 많은 시인들이 인도로 떠났다. 인도의 무굴 황제들은 그들의 관대한 후원자가 되어 주었다. 시라즈 출신 우르피(Urfi)는 무굴 제국에서 자신의 후원자를 찾았다. 아크바르 황제의 궁정에는 이란에서 온 51명의 시인이 머물렀다. 재능 있는 시인들이 이주함으로써 이란과 인도에서는 새로운 형식의 시가 탄생했다. 인도의 대표적인 시 형식으로 알려져 있는 사브키 힌디는 가잘을 본뜬 문체와 풍부한 상상력, 그리고 독창적 은유를 사용한 것이 특징이었다. 인도의 시 형식을 받아들인 이란의 타브리즈 출신 사이브(Sā'ib)는 인도에서 좀더 높은 명성을 얻었다.

이란의 시인들은 자한기르와 샤 자한의 통치 기간 동안에도 지속적으로 인도로 이주했다. 자한기르 통치 시기에 나타난 가장 뛰어난 시인은 탈리브 아물리(Tablib Amuli)였다. 한편 샤 자한 통치 시기에 활동한 시인들로는 칼림(Kalim)과 사이브를 꼽을 수 있다. 하지만 아우랑제브 통치 아래에서는 몇몇 관리들의 꾸준한 후원은 있었지만 사실상 시인에 대한 공식적인 지원은 끊기고 말았다. 이 무렵 최고의 시인은 베딜(Bedil)이었다. 그는 자신의 작품에서 인도 형식에 입각한 페르시아 시의 정점을 보여 주었다. 18세기 이래로 우르두어가 점점 중요한 위치를 차지하면서 문학 분야에서 페르시아어를 밀어 내기 시작했다.

화려한 수사법을 사용한 무굴의 산문은 역사적이고 자서전적인 작품에서 특히 그 진가를 발휘했다. 그 대표적인 작품으로 바부르가 차가타이 터키어로 저술한 자서전적 작품인 『바부르나메』를 꼽을 수 있다. 자한기르의 『투주키 자한기리 (Tuzuk-i Jahangiri)』는 꾸밈없는 담백한 문체로 황제의 예술과 자연사에 대한 애정을 잘 보여 주었다.

오스만과 무굴의 음악

몇몇 수피즘 종단들은 독자적인 형식과 주제를 가진 오스만 제국의 종교 음악을 만들어 냈다. 그렇게 작곡된 음악들은 공식적인 예배 시간, 이슬람 축제, 특히 수피들이 디크르를 수행하는 동안에 연주되었다. 디크르에는 신의 이름과 신의 속성을 일정한 리듬에 맞춰 노래할 때 필요한 호흡 기술도 포함된다. 17세기와 18세기에는 이러한 장르 중 일부가 대중 모스크의 예배에서 쓰였다. 수피즘 종단 중 하나인 마울라비파의 원무를 추는 의식인 아인 이 세리프(ayin-i serif)에는 가수와 플루트, 케틀드럼, 프레임 드럼, 피들, 긴 목의 류트를 비롯한 대규모 합주단이 동원되었다.

음악은 에디르네의 바예지드 2세의 복합 단지에서 쓰였던 것처럼 오스만 제국 내 병원에서 치료 목적으로도 연주되었다. 또한 14세기에 이르러서는 오스만 제국의 메흐테르(군악대)가 등장해 베이스 드럼과 숌(*오보에의 전신인 목관 악기)을 연주

왼쪽
샤 압바스 1세의 통치 기간에 건설되기 시작한 마스지드 샤(샤 모스크, 오늘날 마스지디 이맘으로 개명됨)는 이스파한에 자리한 마이단 광장 남쪽에 있다. 마이단에는 모스크로 통하는 입구가 나란히 나 있고 모스크 자체는 메카를 향해 건설되었다. 이 모스크는 안뜰을 둘러싼 네 개의 이완으로 설계되어 있다. 한 쌍을 이루는 첨탑과 함께 성스러운 이완과 거대한 돔을 갖추고 있다. 돔은 이중 공간으로 이루어져 있으며, 내부와 외부가 서로 다른 모습을 하고 있다. 모스크는 반짝이는 다색 타일로 장식되었다. 이 타일 장식은 20세기에 대대적으로 보수된 것이다.

했다. 17세기에 이르러서는 트럼펫과 여러 쌍의 작은 케틀드럼 심벌즈, 초승달 모양의 터키 기장들이 연주에 참여했다.

서구에서는 딸랑거리는 소리가 나는 '조니'로 알려져 있는 초승달 모양의 터키 기장은 장식용 깃대 형태의 타악기 연주에 사용되는 막대였다.

무슬림 음악은 거의 구전으로 전해져 왔기 때문에 그것이 유럽 음악의 영향을 받았는지를 판단하기란 그리 쉽지 않다. 하지만 빈을 방문한 에우리야 첼레비는 그곳의 음악이 터키 음악과는 다르다는 사실을 알았다. 18세기 초 루마니아 왕자 디미트리에 칸테미르(Dimitrie Cantemir)는 오스만 제국의 음악 이론에 관한 논문을 쓰기도 했다. 콘스탄티노플에 오래 거주하면서 투르크족의 정서에 따라 음악을 작곡한 칸테미르는 오스만 제국의 음악 구조를 분석하고 악기 연주 곡목의 기보법을 기록으로 남겼으며, 당시 유행했던 성악과 악기의 형태를 자세히 기술했다.

아크바르 궁정의 성악가들이 인도인인데, 악기 연주가의 대부분이 하라트, 마시하드, 타브리즈 출신의 외국인이었다는 사실은 아불 파즐(Abul Fazl)의 "아이니 이 아크바리(Aini-i Akbari)"를 통해 알 수 있다. 17세기 후반 아우랑제브 체제하에서 음악의 발전은 잠시 위축되었지만 바하두르 샤와 무함마드 샤 시대에 이르러 다시 활기를 찾게 되었다. 18세기 중반에 이르러 음악 문화는 지방 궁정에서 점점 더 발전해 나갔지만, 이는 소박한 규모로 유지되었다. 이때 많은 무굴 제국의 음악가들이 라자스탄의 궁정들로 뿔뿔이 흩어졌으며 아요디아의 태수들에게 봉사하기 위해 러크나우로 모여들었다.

종교 건축과 궁정 건축

오스만 제국의 모스크는 넓은 바닥을 덮는 데 돔을 사용하는 등 진보적 실험 정신이 반영되어 있다는 특징을 지니고 있다. 이 같은 특징은 콘스탄티노플에 있는 파티호 모스크 복합 단지(1463년-1470년, 1766년) 건설에서 비롯되었다. 작은 교각들이 붙어 있는 큰 돔과 남쪽 미흐라브 너머에 있는 단 하나의 반 돔은 이 모스크 설계의 핵심적인 특징을 보여 준다. 콘스탄티노플에 자리한 바예지드 2세 모스크 복합 단지(1501년-1506년)에는 두 번째 반 돔이 북쪽, 즉 안뜰 쪽에 덧붙여졌다. 1766년에 붕괴된 이 모스크의 중앙 돔은 네 개의 큰 첨탑 위에 얹혀 있었다. 이 모스크의 양식은 메흐메드 2세가 모스크로 개축한 비잔틴 제국의 하기아 소피아 성당에서 영감을 받은 것이 틀림없다. 16세기 건축가 시난은 돔 형태를 이용해 좀더 실험적인 작업을 수행했다. 그가 설계한 모스크들은 당대 건축 분야의 최고 걸작이 되었다. 그를 계승한 메흐메드 아가(Mehmed Agha)는 네 개의 서로 비슷한 돔을 이용하는 새로운 건축 설계 방식으로 콘스탄티노플에 아흐마드 1세 모스크(일명 블루 모스크, 1609년-1617년)를 건설했다. 이로써 아흐마드 3세(Aḥmad III) 시기 이래로 오스만 제국의 바로크 양식으로 알려져 있는 새로운 건축 양식이 발전하기 시작했다. 비록 처음에는 유럽에서 영감을 받았지만 이 건축 양식은 콘스탄티노플에 있는 아마드 3세 모스크의 분수에서처럼 낮은 처마들과 세련된 몰딩(molding, *기단, 문설주, 주두, 아치 등의 모서리나 표면을 밀어서 두드러지거나 오목하게 만드는 장식법) 기법을 보여 주었다. 콘스탄티노플에 있는 누루오스마니예 모스크(1755년)는 바로크 양식의 둥근 안뜰과 부드러운 곡선으로 이루어진 버팀벽, 그리고 독특한 문으로 유명하다.

16세기에서 19세기에 이르기까지 토카피 궁전은 오스만 술탄의 정부 청사 역할을 했다. 이 궁전은 메흐메드 2세 치하에서 설계되기 시작해 몇 세기에 걸쳐 확장과 개보수 작업이 진행되었다. 이 궁전은 회랑과 별관으로 둘러싸인 여러 작은 궁전으로 구성되어 있고, 각 궁전의 안뜰은 으리으리한 문들로 분리되어 있었다. 그리고 좀더 깊숙이 들어가면 술탄과 후궁의 거처들이 있는 작은 궁전 체계, 즉 하렘으로 알려진 공간이 있다. 각기 다른 별채에는 티무르 왕조 양식의 설계와, 시닐리(타일로 된) 키오스크(1465년-1472년)에 쓰인 장식 등 다양한 건축 양식과 실내 장식 기법들이 사용되었다. 또한 오스만인들은 자신들의 드넓은 제국에 걸맞은 다양한 양식의 모스크, 댐, 다리, 목욕탕, 분수 등을 건축했다.

1598년 이후 사파비 왕조의 건축 양식은 샤 압바스 1세가 수도 이스파한을 매우 호화스럽게 재건하면서 절정을 이루었다. 그는 도시의 중심으로 흐르는 수로를 따라, 긴 정원 길로 꾸민 차하르 바그를 건설했다. 그리고 정원의 양쪽에는 별채를 지었다. 차하르 바그의 동쪽에는 당시 가장 큰 대중 집회를 열 수 있을 만한 기념 공개 광장인 마이단(512미터×159미터)이 건설되었다. 마이단은 새로 조성된 도시의 심장부에 위치했으며 시장, 군대 사열, 폴로 게임, 공개 처형을 집행하는 장소로 쓰였다. 이 광장의 1층은 이중벽으로 둘러싸여 있었으며 상점으로 사용되었다. 마이단의 짧은 벽면에는 바자로 통하는 문이 있고 그 맞은편에는 샤 모스크(1612년-1630년)로 통하는 입구가 있었다. 마이단의 긴 벽면들 가운데 하나에는 쉐이크 루트풀라 모스크(1602년-1619년)가 있으며, 다른 하나에는 '알리 까푸'로 알려진 궁전 별관이 있었다. 왕실 정원들로 통하는 입구 역할을 하던 '알리 까푸'는 샤가 마이단에서 벌어지는 행사를 관람하고 대사들을 영접하는 다목적 궁전이었다. 앞에서 소개한 두 모스크에는 인상적인 돔들과 첨탑에 딸린 문들이 있었으며, 건물 전체는 타일로 장식되어 있었다. 사파비 왕조의 샤들은 이스파한에서 건축 사업을 지속적으로 펼쳐 나갔다. 그러나 사파비 왕조가 멸망한 후에는 시라즈에 있는 카림 칸 잔드(Karīm Khān Zand)의 궁전을 빼고는 이란에서 발생한 소요 때문에 더 이상 건축을 할 수가 없었다.

무굴 제국의 초대 황제인 바부르는 정원 건축 분야에서 꼭 기억해야 할 인물이다. 그가 자신의 후계자 후마윤과 함께 건설한 가장 찬양할 만한 건축물은 델리의 정원에 둘러싸여 있는 후마윤의 능이다. 1560년대에는 아크바르가 아그라에 있는 붉은 성채를 개축했고, 1571년에는 파테푸르 시크리에 자신의 궁전 도시를 건설했으며, 아그라 근처 시칸드라에 자신의 능을 만들기 시작했다. 자한기르가 완성한 이 능 또한 정원 안에 자리 잡고 있었다. 시칸드라 묘역은 이보다는 작은 규모이기는 해도 보는 사람들에게 잔잔한 감동을 자아내게 했다. 왜냐하면 이는 누르 자한(Nur Jahān *샤 자한의 부인)이 아그라에다 그녀의 부친인 이티마드 앗 다울라(Itimad ad-Dawlah)를 위해 건설한 것이기 때문이다. 그녀는 라호르에 자한기르의 능도 건설했다. 하지만 무굴 제국의 왕릉들 가운데 가장 유명한 것은 샤 자한의 안식처인 장엄한 타지마할이다. 조각하고 상감한 대리석 장식으로 이루어진 타지마할의 외벽은 완벽한 균형미를 보여 주고 있다. 샤 자한의 건축에 대한 열정은 아그라와 라호르에 있는 성채에도 잘 나타나 있다. 한편 라호르에 있는 샬라마르 정원은 무굴인이 만든 가장 아름다운 건축물의 하나로 꼽힌다. 델리에 새로 조성된 궁전 도시인 샤자하나바드에는 무굴 제국의 중심 역할을 했던 붉은 성채도 있다. 그 후 18세기 지방의 건축 양식들은 주로 러크나우에 있는 토착적인 궁전 건축을 통해 발전하기 시작했다.

16세기 페르시아 궁중 카펫은 전 세계적으로 가장 뛰어난 제품이다. 이 카펫은 마시하드에 있는 이맘 리자(Imām Riza)의 성소에서 나온 것으로 '아르다빌 카펫'이라고도 불린다. 여기에 수놓아져 있는 카르투시의 글자들은 다음과 같다. "당신의 천당말고는 이 세상 어디에도 나의 안식처가 없네."

세 제국의 시각 예술

16세기 초 오스만 제국의 서체 예술은 술탄 바예지드 2세에게서 극찬을 받았다고 한다. 이러한 서체 예술의 흐름을 이끈 사람은 운동 선수 출신이었던 쉐이크 함드 알라(Hamd Allāh)였다. 그는 필기 도구를 입에 물고 보스포루스 해협을 헤엄쳐 건넜다고 전해진다. 함드 알라는, 야꾸트 알 무스타시미(Yaqut al-Mustasimi)가 공인한 여섯 가지 서체를 채택해 훗날 오스만 제국의 관공서 문서 작성에 쓰일 디바니 서체를 다듬어 나갔다. 그는 아흐마드 카라히사리(Ahmad Karahisari)를 비롯한 많은 후계자들을 길러 냈다.

이란에서는 서체가인 마슈하드의 술탄 알리와 미르 알리, 마흐무드 니샤푸리(Mahmud Nishapuri), 미르 이마드(Mīr ʿImād) 등에 의해 시문 기록에 쓰이는 우아한 흘림체인 나스탈리끄체가 널리 발전해 나갔다. 샤 압바스 1세가 총애한 타브리즈의 서체가인 알리 레자(ʿAli Reza)는 술루스체에 뛰어난 재능을 나타냈으며 이스파한의 많은 건축물에 비문을 썼다. 나스탈리끄체는 인도에서도 발전했는데, 샤 타흐마스프 1세(Shāh Ṭahmāsp I) 통치 말기에 이르러서는 이란에서 이주한 서체가들이 이를 주도했다. 터키도 많은 서체가들이 이주해 감에 따라 다양한 서체들이 대중화되었고, 훗날 오스만 제국하에서 더욱 세련되게 다듬어졌다.

오스만 제국의 화가들은 이란의 작품과는 완전히 구분되는 회화 양식으로 당대의 역사적 사건을 묘사해 명성을 얻었다. 그러나 이들은 세상을 그저 평범하게 관조하는 단조로운 경향을 띠고 있었다. 한편 사파비 왕조는 하라트의 티무르 왕조의 전통과 서부 이란

의 투르크만 양식을 계승했다. 가장 적극적인 후원자는 샤 타흐마스프 1세였다. 1520년대에 등장한 모든 그림이 망라되어 있는 샤나마(지금은 사라졌음)들 중에서 가장 아름다운 작품은 그를 위해 만들어진 것으로 추측된다. 샤 압바스 1세 통치 시기에 이르기까지 부드러운 2절지에 한 명 또는 한 쌍의 인물을 묘사한 그림들이 유행했다. 이런 형식의 그림으로 가장 명성을 얻은 화가는 레자 압바시(Reza Abbasi)였다. 이 형식은 그의 추종자였던 무인 무사우위르(Muin Musawwir)에 의해 계승되었다. 그 후 페르시아 회화는 점차 유럽의 예술 양식과 혼합되었다.

1549년 이래로 인도에서는 무굴 회화학파가 발전했다. 당시는 휘가윤이 카불을 통치하고 있었던 때로, 샤 타흐마스프 1세를 위해 작품 활동을 했던 화가 미르 사이드 알리와 압드 웃 사마드(ʿAbd ud-Samad) 등이 여기에 참여했다. 1560년대와 1570년대에 아크바르의 작업장에서 나온 가장 중요한 작품은 1,400여 개의 삽화가 들어 있는 『함자나마(Hamzanama)』였다. 또한 아크바르는 『바부르나메』와 『아크바르나마(Akbarnama)』가 들어 있는 사본을 만들 것을 화가들에게 지시했다. 약 100명의 힌두인 화가들이 아크바르의 작업장에서 일했다. 자한기르는 소수의

백파이프를 연주하는 남자가 그려진, 엷은 담채색을 띤 이 그림에는 레자 압바시의 서명이 들어 있다. 그는 17세기 초 사파비 왕조에서 주도적인 역할을 한 예술가였다. 이 그림은 레자 압바시의 다양한 단독 인물화 습작 중 하나이다. 이 작품에서도 그의 생에 대한 풍자적인 고찰과 기교가 잘 조화를 이루고 있다. 동료들 말에 따르면 레자 압바시는 하층민들과 잘 어울렸고 레슬링 관람을 즐겼다고 한다. 이 백파이프 연주가는 궁중 음악가가 아니었던 것이 분명하다.

검은 코발트와 터키석으로 밑그림이 그려진 이 아름다운 세라믹 모스크 램프는 이른바 다마스쿠스 그룹의 이즈니크 세공품의 한 예이다. 램프의 밑에는 제작 시기가 1549년이며 이즈니크에 있는 에스레프자데(압달라 루미)의 성소에 봉헌된 것이라는 내용의 부분 명각이 있다. 19세기에 이 램프는 예루살렘의 한 '바위의 돔'에서 발견되었다.

화가만을 고용하기는 했지만 예술에 지대한 관심을 보였으며, 한층 정적인 양식의 회화를 장려하고 우화적인 작품들을 선호했다. 이란에서처럼 단독 인물화가 유행했으며 달필의 서체 견본들이 수집되었다. 또한 자한기르가 박물학에 보인 깊은 관심은 식물과 동물에 대한 뜻깊은 연구 성과를 낳았다. 18세기에 이르러 무굴 제국이 무너지면서 무굴의 회화 양식은 중앙의 통제에서 벗어나 여러 지방의 전통과 조화를 이루며 지역적인 뿌리를 내리게 되었다.

이 시기부터 궁정 예술에 속하는 다양한 양식들이 나타나는데, 상감 기법을 사용한 가구와 직물, 궁중에서 사용한 비단과 브로케이드 등을 꼽을 수 있다. 사파비 왕조에서는 감탄을 자아낼 만큼 아름다운 카펫이 제작되어 유럽에서 높은 평가를 받았다. 오스만 제국의 금속 세공품은 두 가지 특징을 보인다. 고급스럽게 장식된 보석 제품과 담백한 조화를 보여 주는 무늬 없는 세공품들이다. 17세기 이래로 비취와 보석으로 상감한 무굴의 크리스탈 제품들이 등장해 오늘날까지 전해지고 있다. 또한 동물 형태를 그로테스크하게 새겨 넣은 화약통도 전해졌다. 이즈니크 도예지에서 제작된 위대한 오스만 제품들이 16세기와 17세기에 생산된 세라믹 제품의 대부분을 차지했다. 세라믹 제품과 직물을 비롯하여 오스만 제국의 예술품에서 나타난 디자인을 볼 때 이 무렵 궁정에는 중앙의 통제를 받는 디자인 작업실이 있었던 것으로 추측된다.

현대 예술(1800년부터 오늘날까지)

무슬림 세계가 지닌 현대 예술의 특징은 크게 두 가지로 나눌 수 있다. 첫번째는 무슬림 전통의 재발견과 재현이고, 두 번째는 무슬림 세계가 예술 발전의 수단으로 서구 문화를 받아들였다는 것이다. 그 밑바탕에는 역사에 대한 새로운 인식이 한결같이 흐르고 있다. 또한 세속적 제도에 의해 형성된 무슬림 지식층이 나타나면서 이 두 흐름의 발전에 중요한 역할을 했다. 더욱이 이 두 흐름은 그 후 성장한 민족주의 운동과 종교 운동에도 커다란 기여를 했다. 무슬림들은 예술의 전 분야에 걸쳐 자신들만의 고유하고 전통적인 관행을 보존해야 할 필요성을 느끼게 되었다. 음악 분야에서는 구전의 전통을 살려야 다음 세대를 적절하게 교육할 수 있었던 반면 건축 분야에서는, 다양한 도시 재개발 계획이 모든 예술의 기본을 이루고 있던 전통 건축물과 양식을 파괴하고 말았다.

부활한 문학

19세기 이래로 무슬림 세계에는 내부로부터 문학을 재생시키기 위한 다양한 시도가 이루어져 왔다. 특히 아랍 세계는 지속적인 운동을 통해 고전 아랍어와 아랍의 문학 장르를 부활시켰다. 예를 들면 『마까마트』는 레바논 작가 나시프 야지지(Nasif Yaziji)에게 예술적 영감을 불어넣어 주었다. 이란에서는 카자르 궁정이 페르시아 시를 장려했다. 파트흐 알리 샤(Fath ʿAlī Shāh) 통치 시기에 고전적인 페르시아 시 분야에서 가장 명성이 높았던 시인은 카샨의 사바(Saba)였다. 이러한 고전주의 시 문학의 부흥은 까아니(Qaani)의 작품에서 절정에 이르렀다. 동시에 페르시아 산문의 개혁은 까임 마깜 파라하니(Qaim Maqām Farahani)에 의해 시작되어 19세기에도 지속되었다. 한편 인도에서는 문학의 중요한 수단으로 쓰이던 페르시아어가 우르두어가 유행하면서 점점 밀려나기 시작했다. 무굴 시대 최후의 위대한 시인 미르자 아사둘라흐 칸 갈리브(Mirzā Asādullāh khān Ghālib)는 페르시아어와 우르두어를 모두 사용해 뛰어난 시편들을 남겼다.

무슬림 세계의 작가들은 유럽의 과학과 문학 작품을 번역하면서 접하게 된 새로운 사상을 자신들의 언어로 표현하려고 애썼다. 오스만 제국에서 이러한 흐름을 이끌었던 인물은 오스만 문화의 부활을 꾀했던 나미크 케말이었다. 그와 그의 제자 압드 알 학끄 하미드(ʿAbd al-Haqq Hāmid)는 시와 소설, 드라마를 비롯한 여러 부문에 영향력을 펼쳐 나갔다. 무알림 나지(Muallim Naji), 테우피크 피크레트(Tevfik Fikret), 할리드 지야 파샤(Khalid Ziya Pasa)와 같은 시인과 작가들도 자신들의 작품을 통해 현대적인 흐름을 소개하기 시작했다. 20세기 초 문학은 민족 문제라는 거대한 화두에 직면했다. 1928년 터키에서는 아랍어 알파벳이 라틴어 알파벳으로 대체되었다. 따라서 새 알파벳을 사용한 몇몇 오스만 문학 작품도 나타났는데, 이 때문에 예전의 작품들과의 관계가 완전히 단절될지도 모른다는 우려의 목소리가 높았다.

아랍의 시 문학에도 새로운 사상이 침투하기 시작했다. 그렇지만 활동 초기부터 고전주의를 포기한 칼릴 지브란(Khalil Gibran)과 같은 시인들은 예외였다. 그는 서구에서 살았던 까닭에 서구의 시 형식에 많이 익숙해져 있었다. 아랍에서는 샤우끼 아흐마드(Shawqī Aḥmad)가 수준 높은 시를 지어 국가적인 행사와 통치자에게 헌정하기도 했다. 그는 이집트 민족주의 운동의 대변인이기도 했다. 또한 칼릴 마트란(Khalil Matran)과 아흐마드 자키 아부 샤디(Aḥmad Zaki Abū Shadi)에 의해 아랍시를 현대화하려는 움직임이 본격적으로 나타났다. 한편 서구의 소설은 역사주의, 낭만주의, 사실주의, 상징주의 단계들을 거쳐 현대적인 형태로 발전해 나갔다. 후사인 하이칼(Husayn Haykal)은 자신의 작품『자이나브(Zaynab)』에서 이집트인의 일상 생활을 새로운 방식으로 묘사했다. 1920년대에는 동시대의 삶을 다룬 사실주의적 단편 소설들이 나타났다. 자기 세대의 열망을 가장 잘 표현한 작가는 타하 후세인(Taha Hussein)이었는데, 그의 자서전인『알 아이얌(al-Ayyam, *나날들)』은 그의 대표적 산문이라고 할 수 있다.

정치적 변화가 격심했던 이란에서는 문학에 대한 궁정의 후원이 끊기고, 작가들은 사회적, 정치적 문제에 관심을 가지기 시작했다. 20세기 초에는 종종 민족적 정서를 대변하는 역사 소설이 대중의 인기를 끌었다.

그러나 많은 작가들은 단편 소설을 선호했다. 특히 무함마드 알리 자말자다 (Muḥammad ʿAlī Jamalzada)의 풍자 소설『옛날에(Yaki bud yaki nabud)』는 대중들의 사랑을 한몸에 받았다. 비록 알리 자말자다는 생애의 대부분을 유럽에서 보냈지만 구어체 페르시아어에 대해 남다른 애정을 가지고 있었다. 프란츠 카프카 (Franz Kafka)의 작품을 페르시아어로 번역하고 서구의 초현실주의의 요소를 작품에 도입한 사데끄 헤다야트(Ṣādeq Hedāyat)는 소설『장님 올빼미(Būf-Akūr)』로 국제적인 명성을 얻었다.

인도에서는 새로운 사회적, 이념적 관심사를 표현하기 위해 우르두어를 사용한 가잘과 마스나위 형식이 채택되었다. 시인 알타프 후사인 할리(Altāf Husain Hāli)의 작품에서 비롯된 이러한 시도는 무함마드 이끄발의 시로도 이어졌다. 좀더 많은 무슬림 청중들에게 들려 주기 위해 우르두어뿐 아니라 페르시아어로도 씌어진 무함마드 이끄발의 시에는, 이슬람의 과거 영광에 대한 회상이 개혁에 대한 요구와 적절한 조화를 이루었다. 그는 20세기의 가장 위대한 우르두어 시인으로 꼽힌다.

제2차 세계 대전 이후 레바논과 시리아, 팔레스타인, 이라크의 시인들이 이끌었던 아랍 세계의 시 운동은 초기 시인들의 주관주의를 신사실주의와 현실 참여로 대체하는 데 그 목적이 있었다.

이러한 운동의 선두에 선 시인은 아도니스(Adonis, *아프로디테 여신의 애인)로 알려진 시리아 시인 아흐마드 사이드였다. 나지브 마흐푸즈(Naguib Mahfouz)는 카이로의 중산층의 삶을 묘사한 일련의 소설을 발표했다. 또한 여성 작가들도 많이 나타났다. 한편 타우피크 알 하킴(Tawfmq al-Hakīm)의 작품에서 꽃을 피웠던, 고전 아랍어로 씌어진 드라마는 쉽게 다가갈 수 있는 구어체 아랍어를 사용한 드라마로 대체되었다.

현대 음악

1826년 마흐무드 2세가 오스만 제국의 근위대인 예니체리를 해체하면서 내세운 군대 개혁의 일환으로 리드 파이프와 트럼펫, 심벌즈, 케틀드럼으로 구성된 군악대는 서구 스타일의 군악대로 대체되었다. 1828년 오페라 작곡가 가에타노 도니체티(Gaetano Donizetti)의 형제인 주세페 도니체티(Giuseppe Donizetti)가 황실 밴드 지휘자로서, 또한 오스만 제국의 음악에 유럽의 기보법 체계를 도입하라는 책임을 부여받고 콘스탄티노플로 왔다. 기보법은 원래 미국인 음악가 햄파섬 리모니키안(Hamparsum Limonicyan)에 의해 소개되어 많은 터키 고전 음악, 주로 종교 음악을 악보로 옮기는 데 커다란 기여를 했다. 하지만 19세기 말부터 터키 고전 음악의 역할은 점점 줄어들었다. 1925년 터키의 수도원들이 폐쇄되면서 수피즘 종단의 음악도 쇠퇴를 거듭했다. 음악 연주와 교육은 더욱 서구적인 형태로 발전했다. 서로 동일한 비중의 의미성을 갖고 있는 터키

와 서구의 전통 사이에서 고민하던 울비 제말 에르킨(Ulvi Cemal Erkin)과 아드난 사이군(Adnan Saygun)을 비롯한 20세기 몇몇 작곡가들은 터키식 음악과 서구식 음악의 조화를 추구했다.

　　1869년 카이로에 건설된 오페라 하우스를 보면 서구식 음악 문화가 얼마나 잠식해 들어왔는지 뚜렷이 알 수 있다. 반면에 아랍 고전 음악의 인기는 시들해지기 시작했다. 20세기에는 아랍 음악의 전망을 모색하기 위한 시도가 카이로 회의에서 이루어졌다. 사이드 다르위쉬(Sayyid Darwish), 알 와하브, 파리드 알 아트라슈(Farid al-Atrash) 같은 작곡가들이 소개한 새롭고 대중적인 아랍 음악이 성공을 거둘 수 있었던 것은, 이들이 전통에 뿌리를 두고 서구 음악의 특성을 차용하는 길을 택했기 때문이다. 가장 활발히 활동한 가수는 아름다운 목소리로 세계적 명성을 얻은 움므 쿨숨(Um Kulthūm)이었다. 제2차 세계 대전 이후 신이집트 음악은 서구의 작곡 방식과 기술을 도입했다. 제1세대라고 할 수 있는 주요 작곡가로는 유세프 그레이스(Yusef Greiss)와 아부 바크르 카이라트(Abū Bakr Khayrat)를 꼽을 수 있으며, 압드 알 라흠('Abd al-Rahm)을 비롯한 여러 작곡가들이 그 뒤를 이었다.

　　이란의 고전 음악은 앞선 세기들과는 사뭇 다른 노선을 추구했다. 19세기에는 다스트가(*일종의 선율형)로 알려진 개념이 생겨났다. 다양한 음악 기법들을 그룹적인 차원에서 사용하며, 각 그룹마다 다스트가를 구성했다. 그러나 19세기 후반에 이르러 유럽 음악이 이란에도 전파되기 시작했다. 특히 프랑스 음악가들은 제국의

움므 쿨숨은 이집트 델타 지역의 마을 촌장이던 아버지 밑에서 어린 시절부터 노래를 했다. 그녀는 1920년대 초, 이슬람 민요의 전통을 지켜온 대표적인 인물의 한 사람인 쉐이크 아부 알 일라(Shaykh Abū al-Ila)의 지도를 받으며 카이로에서 종교 음악의 레퍼토리를 발전시켰다. 또 그녀는 대중가요를 부르기도 했다. 그녀의 명성은 영화에 출연한 이후 더욱 높아졌으며, 1975년 그녀가 사망할 때까지 대중의 사랑을 한몸에 받았던 전설적 인물로 남아 있다. 아랍 세계의 움므 쿨숨의 열렬한 지지자들과 예찬론자들은 그녀의 머리 주위에 성인의 그림에서나 볼 수 있는 후광을 만들어 존경을 표현했다.

군악대를 구성하고 음악 교육을 현대적으로 체계화시키는 역할을 담당했다. 이처럼 유럽의 영향력이 증가하면서 이란 음악가들은 점점 합주 음악에 매력을 느꼈다. 따라서 이란 음악은 정형화된 멜로디와 리듬이 있는 형식을 띠게 되었다. 또한 즉흥적인 초기 음악의 반발로 여겨지는 20세기의 '전시(display)' 음악에 대한 관심도 서구화에 따른 결과였다. 20세기 동안 몇몇 유럽 악기들, 특히 바이올린은 페르시아 음악에 폭넓게 사용되었다. 반면에 우드(류트)와 까눈(프살테리), 페르시아의 발성 기법은 점점 인기를 잃어 갔다. 페르시아 고전 음악에서 지속적으로 널리 사용된 악기들로는 시타르(긴 목을 가진 류트), 타르(또 다른 긴 목을 가진 류트), 산투르(기타와 비슷한 사각형 현악기), 카만자(페르시아와 아라비아 음악의 피들), 나이(플루트), 툼바크(tumbak, 손잡이 없는 드럼) 등을 들 수 있다.

　18세기 말에서 1857년 인도에서 소요가 일어나기 전까지 인도 음악의 중심지는 러크나우였다. 하지만 그 후로는 다른 왕자들의 궁정이 음악을 후원한 중심지가 되었다. 영국 정부는 인도 음악을 멸시했다. 따라서 궁정의 후원은 인도가 독립할 때까지 인도 음악의 유일한 생명줄과도 같았다. 그렇지만 라디오와 인도에서 번창한 영화 산업을 비롯한 새로운 과학 기술의 등장은 음악의 발전에도 크게 기여했

이라크의 예술가 이스마일 파타흐가 고안하고 미쓰비시 회사가 1983년에 완성한 바그다드 순교자 기념비는 이라크 · 이란 전쟁 (1980년-1988년)에서 희생된 사람들을 추모하기 위해 세워졌다. 원형 받침대 위에 건설된 거대한 터키석 돔은 두 개의 반원으로 분리되어 있다. 활기에 넘치는 표현 양식을 보여 주고 있는 이스마일 파타흐는 국제적인 명성을 얻었다.

다. 영화는 대부분 뮤지컬이었는데, 무슬림 세계의 관객들에게 큰 호응을 얻었다.

건축 분야의 부흥주의와 모더니즘

무슬림 문화가 현대에는 어떻게 그 위상을 정립해 나가야 하는지는, 무슬림 건축과 회화에서의 역사적 부흥주의의 확산과 서구적 의미의 '순수' 예술로 받아들여질 수 있는 예술 작품을 만들어 내려는 욕구에서 드러난다. 이 두 가지는 또한 공식적인 후원이 중단되면서 발생한 문화적 공백을 채워 주기도 했다.

19세기에는 유럽의 건축 양식들이 무슬림 세계에 소개되었다. 아르메니아 출신의 발얀(Balyan) 가문은 오스만 제국의 술탄들을 위해 이스탄불에 설계한 건축물에 유럽의 건축 양식을 도입했다. 20세기 초에 이르러서는 베다트(Vedat)와 케말라틴(Kemalattin)의 작품에서처럼, 터키 건축의 특징과 유럽의 건축 기법이 절충된 새로운 양식이 등장했다. 1920년대 말 이래로 터키 공화국 체제하에서 유럽식 모더니즘 양식들이 적극 권장되었다. 1930년대에는 모더니즘에 대한 총체적인 거부는 아니었지만, 건축가들이 터키의 토착 문화에 대해 새로운 관심을 표현하기 시작하면서 변화가 있었다. 세다드 하크키 엘뎀(Sedad Hakki Eldem)은 전 세계적으로 이러한 토착 양식을 옹호하자는 목소리를 높였다.

19세기 이집트에서는 카이로의 재건에 따라 많은 중세 건축물들이 파괴되었고, 유럽풍의 넓은 가로수 길과 광장이 조성되었다. 20세기 초에 이르러 부흥주의 건축 양식이 유행함에 따라 '이슬람식'으로 불리는 맘루크식 형태가 건물 외부에 반영되었다. 마흐무드 파흐미(Maḥmūd Fahmi)는 와크프 성(*이슬람 재무성) 건물을 이슬람 부흥주의 양식으로 디자인했으며, 사아드 자글룰(Saʿd Zaghlūl)의 아들 무스타파(Mustafa)는 고대 이집트 문명을 떠올리게 해 주는 '신파라오' 양식으로 부친의 묘(1923년-1931년)를 지었다. 이 두 가지 부흥주의 양식은 민족주의 감정을 고양시켰다. 20세기 중반에 이르러 이집트 건축가 하산 파시(Ḥasan Fathi)는 진흙 벽돌로 지은 시골 건축의 고유한 전통에서 영감을 받았다.

이란 건축은 수도 테헤란이 확장되고 재건되던 무렵인 나시르 앗 딘 통치 시기 동안 유럽 양식의 영향을 받았다. 팔라비 시대에는 많은 낡은 건축물이 현대적인 건축물로 대체되었다. 이로써 전통적인 가치에 대한 새로운 자각 운동이 일어났으며, 나데르 아르달란(Nader Ardalan)과 캄란 디바(Kamran Diba)와 같은 건축가들은 1960년대와 1970년대에 자신들의 작품을 통해 이러한 운동의 흐름을 이어 나갔다.

현대 무슬림 세계에서는 전통적 건축 양식들이 다양하게 쓰였다. 예를 들면 이라크 예술가 이스마일 파타흐(Ismāʿil Fattah)가 세운 바그다드의 순교자 기념비(1981년-1983년)는 돔이라는 익숙한 전통 양식의 장점을 취하고 있지만, 끝이 뾰

미첼 핀시우(Michel Pinseau)와 왕립 건축 연구소에 의해 건축된 하산 2세 대모스크(1993년 완공)는 모로코의 카사블랑카 해변에 있다. 이 모스크는 2만 5,000명의 예배자를 수용할 수 있는 예배당과 높이 솟은 첨탑을 갖추고 있다. 대리석과 모자이크, 벽토 장식으로 치장된 모스크 지붕은 빛이 안으로 들어올 수 있도록 개폐 장치가 달려 있다. 이 모스크는 공중 목욕탕과 마드라사, 도서관, 원형 경기장 등이 있는 복합 단지 시설 중 일부분이다.

족한 형태를 취하면서 두 개의 반원으로 나뉘어 있다. 세계에서 가장 거대한 모스크 중 하나인 모로코의 카사블랑카에 있는 하산 2세 모스크(1993년 완공)는 전통적 디자인과 양식이 대규모 건축에 요구되는 현대적 기술과 조화를 이루었다.

시각 예술의 혁신과 전통

서체 예술은 다양하게 발전되어 20세기 말에는 화가들에게도 영감을 주었다. 19세기 오스만 제국의 서체 예술은 무스타파 이제트(Mustafa Izzet)와 그의 추종자들에 의해 발전했다. 그러나 터키의 서체 예술은 1928년 라틴어 알파벳을 도입함과 동시에 재앙을 맞게 되었다. 그러나 서체 예술의 대가들은 의욕 있는 젊은이들에게 자신들의 지식을 전수했다. 다시 말해 터키 서체 예술의 전통은 이집트와 이라크의 서체가들에 의해 살아 남을 수 있었던 것이다. 20세기 아랍의 서체가들 중 가장 위대한 인물은 이라크의 하심 무함마드 알 바그다디(Hāshim Muḥammad al-Bagh-dadi)였다. 서체 예술은 샴스 안와리 알 후세이니(Shams Anwari Al huseyni)와 다른 사람들의 작품에서 보이는 것처럼 이란과 해외에 거주하는 이란인들 사이에서도 번창했다.

19세기 이스탄불의 군사 학교에서는 장교들에게 지형도를 비롯한 다양한 전술 그림을 그리는 법을 훈련시키기 위해 교과 과정에 미술을 포함시켰다. 이러한 과정을 거치면서 유럽의 예술적 가치들이 오스만 회화에 반영되기 시작했다. 터키와 이집트의 학생들이 정부의 지원 아래 유럽으로 유학을 떠났으며, 이들 중 몇몇은 회화를 전공했다. 그중에는 터키 화가인 아흐메드 알리와 술레이만 셰이드(Süleyman Seyyid)가 포함되어 있는데, 이 두 사람은 파리의 에콜 데 보자르 예술 학교에서 수학했다. 이들의 작품은 대부분 유화 물감을 사용한 풍경화와 정물화들이었다.

　　1883년에는 파리에서 회화를 공부한 오스만 함디(Osman Hamdi)가 이스탄불에서 미술 아카데미를 열었다. 이는 터키 내에서 서구 양식의 회화가 발전할 수 있는 계기가 되었다. 함디는 작품의 정밀성을 높이기 위해 사진을 이용한 사실주의적 방법을 채택하는 등 조형적인 서구식 구성 기법을 소개했다. 그래도 20세기 초까지 터키에서는 동방주의에 입각한 회화 학파가 발전하고 있었다. 1908년 이집트 카이로에서도 미술 학교가 문을 열었다. 이 학교가 처음으로 배출한 화가 무함마드 나기(Muḥammad Nagi), 마흐무드 사이드(Maḥmūd Saīd), 라기브 아야드(Raghib Ayyad)와 조각가 마흐무드 무크타르(Mahmud Mukhtar)는 이집트 현대 예술 운동의 기틀을 다진 인물들이었다. 20세기 중반에 이르러 터키와 이집트의 예술가들은 대중적이고 민속적인 이미지와 초현실주의에서 영감을 찾기 시작했다. 이라크에서도 중요한 예술 운동이 발전했다. 그 예로 바그다드에 있는 미술 연구소에서는 1940년대부터 회화와 조각을 가르쳤다. 이러한 환경에서 등장한 대표적인 인물이 화가이자 조각가인 자와드 살림(Jawad Salim)이었다.

　　19세기 초 이란의 카자르 궁정은 예술가들을 고용해 알리 샤를 찬양하는 유화와 벽화로 된 통치자의 대형 초상화를 여러 편 제작했다. 이 무렵 저명한 궁정 화가로는 미르자 바바(Mīrzā Bābā), 미흐르 알리, 압드 알라 칸 등을 꼽을 수 있다. 한편 에나멜이나 래커로 도장하는 예술가들도 있었다. 19세기 중반 유럽에서 공부한 아불 하산 가파리(Abu'l-Ḥasan Ghaffari)는 심리적 사실주의라는 새로운 형식을 소개했다. 1850년대 이래로 테헤란의 다르 알 푸눈 대학에서는 미술 교육이 실시되었다. 19세기 후반 카자르의 회화는 계관 시인 마흐무드 칸과 궁정 화가의 자리에 올랐던 무함마드 가파리(Muḥammad Ghaffari)의 작품으로 상징된다. 19세기가 끝나 갈 무렵 무함마드 가파리는 파리로 건너가 원근법과 명암 기법을 완벽하게 터득했다. 1911년 그는 테헤란에 예술 학교를 열어 1928년까지 운영했다. 이러한 일들은 서구 양식의 학구적 회화풍을 진작시켰다. 1938년 테헤란 대학교에 미술대학이 개설되면서 무함마드 가파리의 제자들이 주요 보직을 차지했다. 당시 무함마드 가파리는 원숙한 서구 양식을 보여 주었다. 제2차 세계 대전 이후 많은 이란의 화가들이 서구로 유학을 떠났다. 그리고 1950년대 이르러서는 모더니즘 운동이 일어났는데, 이 운동의 흐름을 이끌었던 주요 인물로는 화가 잘릴 지아푸르(Jalil Zia-

아불 하산 가파리

아불 하산 가파리는 테헤란에서 활동한 이란의 궁정 화가였다. 카샨의 화가 가문에서 출생한 그는 1829년까지 미흐르 알리의 문하생으로 있었다. 그러던 중 1842년 무함마드 샤는 그를 궁중 화가로 임명했다. 그는 1846년부터 1850년까지 이탈리아에서 미술 공부를 하면서 유럽 회화의 영향을 받았다. 이란으로 돌아온 그는 낙까슈바시(naqqashbashi, 계관 화가)에 임명되었으며, 여섯 권으로 된 페르시아어 번역본 『천일야화』의 삽화 작업을 감독했다. 1855년에 완성된 이 기념비적인 작업에는 서른네 명의 화가가 동원되었으며, 그 자신이 직접 그린 정교한 세밀화도 실었다.

이 번역본에는 본문들과 세밀화들이 서로 번갈아 가며 수록되어 있다. 삽화가 들어간 본문은 총 1134페이지인데, 각각 두 개에서 여섯 개의 세밀화가 그려져 있다. 1856년 그는 또 다른 작업에 자신의 팀을 동원해, 나시르 알 딘이 옥좌에 앉아 있고 그의 자식들과 신하들, 외국 대사들이 그의 주변을 둘러싸고 있는 테헤란 니자미야 궁전의 모습을 일곱 점의 연작으로 커다란 유화 캔버스에 담았다.

각 인물은 실물과 똑같은 모습으로 그려졌다. 아불 하산은 얼굴을 세밀하게 묘사하는 데 관심이 많았다. 1861년 그는 '왕국의 화가'라는 칭호를 받았다.

그의 중요한 업적은 이란의 초상화에 심리적 사실주의를 도입해 발전시킨 것이다. '왕국의 완성자'로 알려진 그의 조카 무함마드 가파리는 19세기 말과 20세기 초 이란 회화의 중심 인물이었다.

1850년-1860년 무렵 그려진 쿠스라우 칸(Khusraw Khān Kirmani)의 초상화. 아불 하산 가파리는 초상화 연구에 남다른 재능을 발휘했으며, 당시 사람들에게 직접성과 독창성을 지닌 새로운 초상화 기법을 선보였다.

pur)를 꼽을 수 있다.

19세기와 20세기에 걸쳐 무슬림 지역들의 수공예 기술은 기계를 통해 대량 생산된 서구 상품의 도전을 받았다. 서구에서 산업화에 따라 수공예 기술이 쇠퇴한 것처럼 무슬림 지역에서도 수공예 기술은 쇠퇴의 길을 걷거나 유럽 시장을 겨냥한 복고풍의 상품을 제작하는 것으로 전환되었다. 카이로와 다마스쿠스에서는 19세기 말과 20세기 초 맘루크 양식의 상감 금속 세공품이 생산되었다. 한편 이란에서는 사파비 왕조 또는 그보다 훨씬 전에 나타난 전통적인 양식에 따라 칠공예품과 세라믹 제품이 생산되었다. 이란의 회화에서도 예술가 후사인 비흐자드(Husayn Bih-zad)와 관련해 부흥주의 경향이 등장했다. 부흥주의는 예술가가 무슨 생각으로 작품을 만들었든 간에, 현대 국가와 정치적으로 비슷한 이슬람 지역에 지역적 예술 학파들이 존재했다는 것을 강력히 시사했다. 이와 비슷한 방식으로 이란에서는 1960년대에 삭까하나 학파를 비롯한 예술가들이 쉬아파의 도상(圖像)과 민간 전승, 민속 주제를 서구적 기술과 결합한 예술 운동을 전개했다. 하지만 20세기 말에

알제리 예술가 라시드 코라이치(Rachid Koraïchi)는 이슬람 회화와 그래픽에 관련된 현대 서체학과 분야에 영향력을 발휘한 인물이다. 그는 중국풍 색채의 사용을 최소화하면서 최대한의 효과를 얻기 위해 추상적인 서체 구성의 가능성을 탐구하고 있다. 그는 1970년 이래로 이슬람 지역에서뿐 아니라 유럽, 일본, 남아메리카, 미국 등지에서 활발한 전시회를 열고 있다.

이르러 이러한 견해는 범이슬람적 유산에 대한 표현 양식과 서체 회화가 나타나면서 비판을 받기 시작했다. 지역적 예술 학파들과 이슬람 예술을 하나의 전체 예술로서 말하려는 경향간의 논쟁은 앞으로도 지속될 전망이다.

스티븐 베르노이트(Stephen Vernoit)

그는 옥스퍼드에 있는 성 안토니 대학에서 이슬람 예술과 건축 분야의 특별 연구 회원으로 활동하고 있다. 현재 그는 나세르 칼릴리(Nasser D. Khalili)의 수집물 중 이슬람 관련 자료를 분류하는 작업을 하고 있다.

글을 맺으며

이슬람 문명사는 분명 인류가 노력해 얻은 주목할 만한 결실이다. 지금까지 우리는 이슬람 문명이 이룩한 것을 단지 소개하는 데에만 주력했다. 무함마드가 사망한 지 채 1세기도 지나지 않았을 때 이미 무슬림들은 세계 역사상 가장 드넓은 제국을 건설하고 통치했다. 그들은 서아시아의 중심에서 그리스, 이란, 셈족의 유산을 본받아, 풍요롭고도 세련된 아랍 칼리파제를 만들어 냈다. 이슬람 문명의 수준 높은 양식들은 스페인과 북서 아프리카, 그리고 중앙아시아, 남아시아, 동남아시아까지 확산되는 과정에서 토착 전통과 조화를 이루며 저마다 독특한 형태로 뿌리를 내렸다. 그리고 이슬람 문명은 16세기에서 17세기 세계를 지배한 오스만 제국, 사파비 왕조, 무굴 제국을 거치며 눈부신 발전을 이루었다. 상인들은 상품과 시장을, 학자들은 지식과 일자리를, 재능 있는 자들은 후원자를 찾아 세계를 주름 잡고 다녔다. 1,000년이 넘는 세월 동안 많은 사상, 사람, 상품, 그리고 새로운 기술이, 대서양에서 태평양에 이르는 무슬림 세계 전역에 널리 전파되었다. 무슬림들도 이와 마찬가지로 문명의 경계선을 넘나들며 외부 세계와 교류했다. 그들은 중국의 위대한 발명품인 종이와 화약을 받아들여 엄청난 철학적, 과학적 진보를 일구어 낸 후 서구에 전달했다.

그러나 1800년 무렵부터 1920년 사이에 유럽의 열강들이 무슬림 세계의 영토를 대부분 점령하면서, 그들이 과거에 누렸던 영광은 이내 사라지는 것처럼 보였다. 따라서 무슬림들이 느꼈을 상실감을 이해하기 위해서는 무슬림들이 거두었던 성공의 범위와 지배 왕조에 대해 살펴보는것이 무엇보다 중요하다. 무슬림들이 세계의 주역으로 성장할 수 있었던 것은, 그들이 건설한 제국이 바로 인간을 위해 마련된 '최상의 공동체'였음을 증명한 것이었다. 또한 근대에 이르러 무슬림들이 맛본 실패는, 서구의 도전에 제대로 적절히 대응하지 못한 결과 자신들의 신앙과 믿음에 치명적인 타격을 받았음을 의미했다. 게다가 유럽 열강들의 일시적인 철수는 숨 돌릴 여유조차 주지 않았다. 제2차 세계 대전 이후 이집트와 이란을 비롯한 몇몇 무슬림 국가는 미국과 소련의 세력 다툼에 휘말리게 되었다. 그보다 더 중요한 것은, 세계 정세가 놀랄 만한 속도로 급변해 가고 있다는 사실이다. 국제 경제의 성장은 도시와 농촌, 그리고 기존 사회 체제의 낡은 생산 구조들을 바꾸어 놓았다.

즉 근대 국가의 성장을 통해 정부와 국민은 한층 더 밀접한 관계를 유지하게 되었다. 이는 전통적인 도시 공동체와 유목 부족의 자치 단체에서는 찾아보기 힘든 일이었다. 그리고 문화와 통신의 국제화에 따라 신성한 공간으로 여겨져 왔던 공공 장소는 그 신비의 베일을 벗었고, 가장 성스러운 것은 사적인 세계, 즉 가정(家庭)이 되었다. 20세기 후반 내내 이슬람 문명에 대한 외부의 위협은 예전보다 훨씬 강력했다.

　그렇지만 이슬람 역사는 단순히 물질적 발전이나 결여의 반복이 아니다. 이슬람 역사는 인류가 역사에서 일어나는 수많은 도전에 대한 해답을 찾기까지 그들이 거쳐 온 길들 중 하나였다. 무슬림들은 『꾸란』과 『하디스』, 수많은 학자와 성인들에 의해 전달된 해석에 따라 옳은 일을 장려하고 그른 일을 금지하는 도덕적인 생활을 추구했다. 이러한 가르침에 따라 남녀가 함께 노력하면서 풍요를 이루고, 공공의 이익과 개인의 이기심 사이에서 발생하는 문제들을 조절해 나가는 조화로운 공동체를 이룩했던 것이다. 물론 그들은 자신들이 결국 신을 완전하게 이해하지 못하리라는 사실을 잘 알면서도 신이 의도한 바를 받들고 신에 대해 좀더 바르게 인식하고자 노력해 왔던 것이다. 수피인 루미는 "만일 누구든지 신을 완전히 이해했다고 하여도 그렇다고 그가 신이 된 것은 아니다."라고 말했다. 즉 이 책은 무슬림들이 신에게 경배드리기 위해 모이는 성스러운 모스크를 비롯해 신에게 좀더 다가갈 수 있는 통로 역할을 한 성인들의 성소, 신의 이름으로 창조된 예술 작품들을 소개하고 있다. 인간의 삶에 중요한 의미를 가져다 준 이슬람의 성취와 무슬림들이 인류의 역사에서 이룩한 업적들을 견주어 볼 때 무슬림의 현재 상황에 대해서는 좀더 연구하고 숙고해야 할 필요가 있다.

신앙 부흥 운동

18세기 이후 종교 개혁을 위한 거대한 움직임이 무슬림 세계 전역에서 일어났다. 이는 서아프리카와 아라비아, 그리고 중앙아시아에서 일어난 지하드를 비롯해 북아프리카와 인도, 인도네시아의 교육 운동에 이르기까지 서로 다른 사회적, 정치적 배경에 따라 다양한 모습으로 표출되었다. 부흥 운동은 일반적으로 지방색이 가미된 무슬림의 종교 의식, 수많은 미신적 관습, 단지 인간에 지나지 않은 성자들에게 인간과 하나님 사이의 중재 권한을 부여해 주는 수피즘 등 모든 이단적 사상들을 공격했다. 이는 바로 무슬림들에게 『꾸란』과 『하디스』를 바탕으로 하고 있는 샤리아의 중요성을 인식시키는 타당한 근거가 되었다. 이 운동은 학자들과 종교 지도자들을 중심으로 강연, 인쇄물, 『꾸란』의 번역, 그리고 무슬림들이 이해할 수 있는 언어들로 쓰인 다양한 방식들을 통해 이루어졌다. 몇백만 명의 무슬림들은 리처드 불리어트(Richard Bulliet)가 지적한 바와 같이, 이스라흐(Israh, 개혁), 타즈디드(tajdid, 갱신, 부흥), 다와(dawa, 선교), 또는 지하드 등 다양한 표현으로 상징되어 온 종교 개혁 운동에 사로잡혔다. 우리는 이미 이러한 흐름 가운데 하나를 살펴본 바 있다. 바로 남아시아의 타블리기 자마아트가 그것으로, 자마아트는 오늘날 무슬림 세계에서 가장 많은 추종자를 가지고 있는 것으로 알려져 있다.

이러한 운동은 이슬람의 요구를 좀더 정확하게 직시할 수 있게 할 뿐만 아니라 수단의 마흐디야, 리비아의 사누시야, 그리고 사우디아라비아의 와하비의 예에서 볼 수 있듯이, 그것이 국가 형성에 얼마나 커다란 공헌을 했는지를 알 수 있게 해 준다. 즉 이는 인도의 데오반드 운동과 인도네시아의 무함마디아 운동에서와 같이 무슬림들로 하여금 식민 지배 세력에 대항할 수 있는 전략을 개발하도록 도와 준 것이었다. 게다가 이 운동은 이슬람의 본질적인 원리에서 토착적인 지방 의례들과 지방적 정체성을 제거시키려 했던 지도자들에 의해 무슬림의 정체성을 널리 알리는 데 일익을 담당했다. 그리고 이슬람 부흥 운동은 무슬림들로 하여금 근대의 대중적인 정치 기구들(민족주의 운동, 민족 국가들, 이슬람주의에 입각한 야당들과 정치 세력들)의 발전에 기여하게 만들었다. 마찬가지로 이 운동은 일반적인 관습과 공공 사회 질서를 준수하는 것보다 개인적인 노력과 책임에 더 큰 비중을 두는 이슬람 사회를 창조해 냄으로써, 무슬림들이 평등 사상을 바탕으로 근대 산업 및 도시 사회가 요구하는 제반 여건들을 마련하도록 도와 주었다.

이슬람 부흥에 이바지하려는 열망은 지방의 토착 종교 의식에 반대하던 울라마나 그들의 동조자들이 행한 선교 활동에 국한되지는 않았다. 이는 유럽 열강과 적극적으로 상호 교류했던 사람들에 의해 표현되고 이루어졌다. 무함마드 압두, 사이드 아흐마드 칸, 그리고 무함마드 이끄발과 같은 무슬림 근대주의자들은 이슬람과 서구의 지식간에, 그리고 궁극적으로는 이슬람과 근대 민족 국가간에 다리를 놓으려 노력했다. 근대주의자들은 무슬림들의 마음을 사로잡는 데 일정 정도 성공했다. 그런데 무슬림 민족 국가의 정치적 후계자들은 공공 생활에서 이슬람의 역할을 축소시키려는 움직임을 나타냈고, 가끔은 이슬람을 단지 상징적 기능으로만 제한시키기도 했다. 이러한 정책들은 대부분 무슬림의 물질적 기대를 충족시키지 못했던 경제적, 사회적 계획들과 결합되었다. 무슬림 사회의 낮은 교육 수준을 감안하면 근대주의자는 폭넓은 국민들의 지지를 얻어야 했음에도 불구하고, 물질적 열망을 채우는 데 급급했던 세속적인 지도자들 때문에 만족할 만한 성과를 이끌어 내지 못했다.

1970년대 이래로 이슬람 부흥에 대한 열망은 이슬람주의자들이 벌인 운동들에서 강력하게 표출되었다. 이러한 흐름은 주로 서구식 교육을 받은 전문 지식인들과 대학생들이 이끌었는데, 이들의 목적은 많은 무슬림 세계의 대도시와 중소 도시 등 지방적 차원에서 국가 정책의 실패로 생겨난 공백을 메우고자 함이었다. 그들은 학교나 보건소, 복지 시설 등에서 봉사 활동을 하고 정신적 지원 등을 제공함으로써 근대 국가와 서구 경제의 침투로 붕괴된 도시 공동체를 재건하는 데 일익을 담당했다. 그들은 또 최근 몇십 년 동안 지방에서 도시로 몰려든 몇백만 명의 무슬림들을 이 운동에 끌어들였다. 이러한 운동들은 서구 문화와 서구의 세력에 아주 거세게 저항하는 등 지나치게 과격하고 급진적인 경향을 띠기도 했다. 『꾸란』과 성법(聖法)만 가지고도 모든 인간의 문제를 해결하기에 충분하다는 전제에서 출발한, 이러한 급진적인 주장들은 자본주의나 사회주의의 체제에 견줄 만한 이슬람적 체제를 세우는 것을 목표로 했다. 그것은 그들이 근대 민족 국가의 권력을 장악할 수 있을 때 비로소 가능한 것이었다. 이처럼 이슬람을 제도나 하나의 이념 체계로써 이해하는 것은 이슬람 역사에서 처음 나타나는 시도였다. 따라서 이는 비록 고전적 이상이기는 하지만 종교와 정치 권력 사이의 완전한 조화를 꿈꾸는 시도였다.

　　이슬람주의자의 운동은 무슬림 사회의 정치 판도를 송두리째 바꾸어 놓았다. 그들은 어디에서든 이슬람의 가치 체계를 무슬림들의 정치적 주체 의식 중심으로 이끌었다. 그들은 이란과 수단 같은 곳에서 권력을 잡았다. 또한 그들은 1990년대

알제리의 이슬람주의 정당인 이슬람 구국 전선의 지도자 쉐이크 압바씨 마다니(Shaykh Abbassi Madani)가 1900년 6월 지방 자치 선거에서 투표하고 있다. 이 선거에서 이슬람 구국 전선은 총 투표 수의 55퍼센트를 획득하고 800개에 이르는 지방 정부 의석을 확보했다. 1991년 총선거에서 이슬람 구국 전선이 228개 의석 가운데 118석을 차지하는 승리를 거두자, 군대는 이슬람 구국 전선의 정권 장악을 막기 위해 국가 비상 사태를 선포하고 제2차 투표를 강제로 중지시켰다.

364

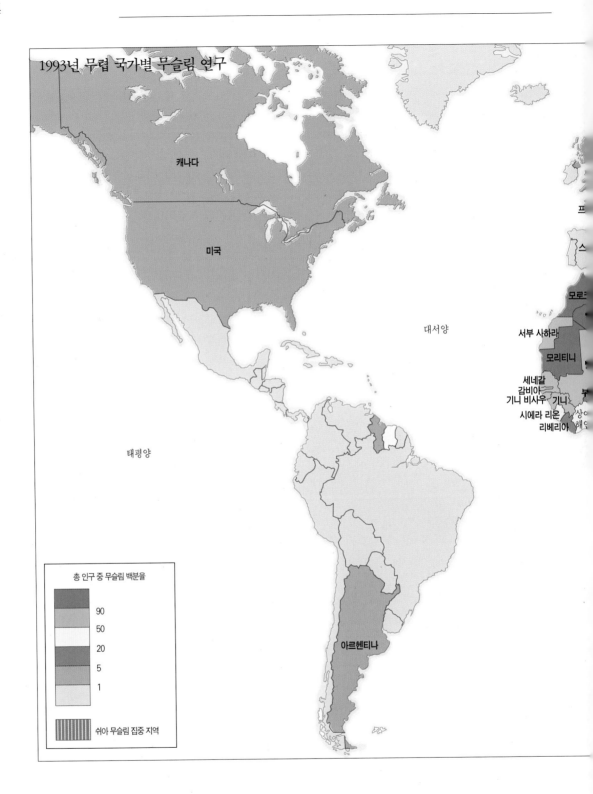

1993년 무렵 국가별 무슬림 연구

캐나다

미국

대서양

태평양

아르헨티나

프
스

모로

서부 사하라

모리티니

세네갈
감비아
기니 비사우 기니
시에라 리온
리베리아

부

상아
해아

총 인구 중 무슬림 백분율

90
50
20
5
1

쉬아 무슬림 집중 지역

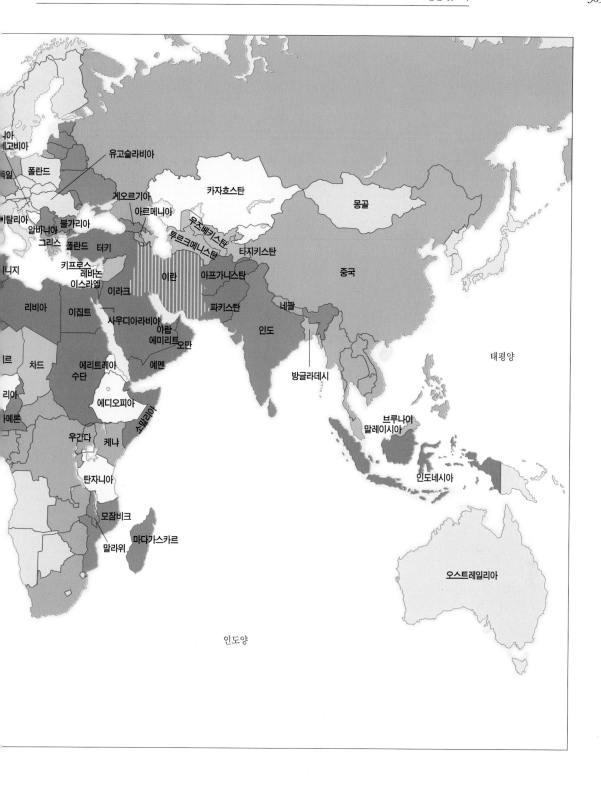

1985년 이란 이슬람 보도성에 의해 전시된 이 포스터는 이란의 적들과 그들의 운명을 보여 주고 있다. 영국과 이스라엘 국기로 치장하고 미국과 소련으로 보이는 악마의 머리 형상을 한 제국주의가 이슬람의 강력한 손에 의해 짓눌리고 있다.

중반에 접어들면서 알제리와 이집트, 터키를 비롯한 다른 나라에서도 권력을 장악하기 위해 많은 노력을 했다. 또한 말레이시아나 옛 유고슬라비아와 같은 나라에서는 그들의 존재 자체가 복잡 미묘한 민족적 균형을 무너뜨렸다. 각각의 정치적 투쟁은 저마다 정치적 주체 세력과 독특한 양식을 갖기 마련이었지만, 한 가지 공통된 주제는 이슬람주의가 조직적인 구조뿐 아니라 같은 언어를 제공하고 있다는 사실이었다. 그리고 이를 통해 상대적으로 불리한 도시 세력들이 근대 경제와 국가에서 자신들의 위상을 제고할 기회를 마련해 주었다. 근대 이슬람 부흥을 다양하게 표출시킨 운동에는 종교적 변화에서 나타난 두 가지의 뚜렷한 진전도 포함되었다. 그 하나는 종교가 내세 위주에서 현세 중심으로 바뀐 것이다. 개혁주의자와 근대주의자, 이슬람주의자들 모두가 수피즘에 대해 다양한 비판을 가했다. 그들은 특히 이슬람 사회 건설을 위해 무슬림들이 하루 빨리 이룩해야 할 일들을 강조하면서 신과 인간 사이에 중재자를 두는 수피 사상을 공격했다. 결국 지난 200년 동안 수피즘 쉐이크들과 성자들의 성소에 집중되던 정신적 신앙이 크게 위축된 반면에 연구 그룹, 자원 봉사자 협회, 스포츠 클럽, 기업, 준군사 조직, 정당을 중심으로 윤리적 이슬람의 성격이 강화되면서 이를 대체할 수 있는 공간들이 마련되기도 했다.

다른 또 하나의 진전은, 무슬림 사회가 이해 가능한 방식으로 변화했다는 것이다. 전통적으로 무슬림 사회는 신과 그의 말씀에 순종하는 삶 안에서 각기 개성을 추구한 개인들로 구성되어 있었다. 이는 무슬림 사회를 이룩한 기술과 지식을 다음 세대들에게 전달하고, 그 시대를 살다 간 개인들의 기록이라 할 수 있는 전기 모음집과 같은 고전적인 무슬림 역사관에 잘 나타나고 있다. 그러나 이슬람주의자들은 사회를 하나의 조직이나 정교한 기계로 보는 경향이 있었다. 따라서 이슬람주의자이자 사상가인 마우두디에게 신은 신의 작업장에서 일하는 위대한 기술자였다.

신의 분명한 의지는, 인간이 신의 모든 힘과 지상과 천국에서 인간을 위한 모든 소재를 사용해 최상 최대의 생산성을 이룩할 수 있도록 우주가 원활하고 우아하게 그 기능을 다하게 하는 것이다.…… 샤리아는 이러한 측면에서 인간이 나아가야 할 길을 인도해 주고 있다.

지난 2세기 동안 위대한 종교 운동들이 얼마나 제기능을 발휘했는지, 그리고 그것들이 수용한 종교적 변화의 요소들이 얼마나 세속화를 진행시켰는지를 살펴보는 것은 매우 중요하다. 신과 인간 사이에 중재자를 두는 수피즘을 제거하려는 노력은 세상에 대한 '각성'과 미신적 신앙의 쇠퇴, 그리고 인간을 둘러싼 환경에 대한 과학적 해석 및 이를 활용할 수 있는 인간의 능력이라고 하는 두 가지 측면에 대한 신념을 굳게 다져 나가는 것을 의미한다. 다른 운동에서와 마찬가지로 개혁주의자들이 특히 강조하는 이슬람 사회를 만들기 위한 개인의 사명이, 프로테스탄트적인 윤리 의식에 입각한 무슬림 체계를 대표한다는 것은 논쟁의 여지가 있다. 더욱이 이슬람의 정체성을 거의 찾아볼 수 없었던 터키, 또는 아랍 민족주의 운동과 같은 세속적 민족 정체성들을 지원하기 위해 대두된 근대주의는 결국 종교의 개인화를 불러 왔다. 신앙은 단지 개인의 선택에 달린 문제가 되었는데, 교육받은 무슬림들도 대부분 자신들이 태어나고 성장한 문화적 배경에 의해 자연스럽게 무슬림이 되었다. 언뜻 보면 마치 이슬람주의가 정반대 방향으로 가고 있는 것처럼 보일 수도 있다. 그러나 정치 세계 전체를 종교의 범주 안으로 흡수함으로써 이슬람주의자들은 예전보다 훨씬 더 개인적인 차원에서 엄격히 종교를 제한할지도 모른다. 동유럽에서 공산주의가 그러했던 것처럼 만일 이슬람주의가 정치적으로 실패한다면, 이슬람주의자의 사상은 크게 의심받게 될 것이다.

이슬람과 서구 세계

오늘날 무슬림 국가들의 정치 상황에서 이슬람의 부활은 서구의 안보와 서구인의 안전을 위협할지도 모른다는 공포를 주고 있다. 어찌 보면 이러한 우려가 전혀 근거가 없는 것은 아니다. 미국을 '악마의 괴수'로 간주하고, 대다수 국민들이 서구에 대한 반감을 표출하면서 일어난 이란 혁명의 거센 물결을 지켜본 많은 사람들은 크게 놀랄 수밖에 없었다. 사이드 꾸뜹의 지도 아래 발전한 무슬림 형제단이 표방하는 이념과 가치를 살펴보고 나서 마음 편할 서구인은 없을 것이다. 사이드 꾸뜹은 '모든 종교가 하나님께 귀속될 때까지' 투쟁하는 것이야말로 올바른 무슬림들의 의무라고 했다. 또 그는 이슬람적 세계 원리에 근거한 문화를 공유하지 않는 사람들조차 적대적인 자힐리(무지) 문화에 속한 사람들로 간주하고 응징하고자 했던 것이다. 그러나 1981년 이집트 사다트 대통령이 총격에 의해 암살당하고, 1991년(알제리 군사 정권의 극악한 억압에도 불구하고) 이후 알제리 신문의 주필들과 공무원, 젊은 여성들의 목을 자르고, 친서구 성향을 지닌 무슬림을 야만적인 폭력으로 탄압하자 이 신념은 대내외적으로 힐난이 빗발쳤던 탓에 더 이상 확산되지는 않았다. 실제로 이러한 공포는 영국인 작가인 루시디의 처형을 요구하는 파트와와, 1993년 이집트 인이며 맹인인 쉐이크 우마르 압드 알 라흐만(Shaykh ʿUmar ʿAbd ar-Raḥmān)과 그의 이슬람 지하드 조직 추종자들이 뉴욕에서 대규모 테러를 시도하면서 절정에 이르렀다. 서구인들은 이란과 파키스탄 같은 나라들이 핵무기 보유에 대한 야망을 갖고 있다는 보도를 듣고도 그다지 두려워하지 않았지만 과거에 지하드의 기간을 가졌던 이슬람과 서구의 관계가 군사적 적대 행위의 새로운 단계로 옮겨지는 것은 아닌가 하는 의구심을 갖게 되었다. 사실 미국의 유명한 정치학자 새뮤얼 헌팅턴 (Samuel Huntington)은 『포린 어페어스(*Foreign Affairs*)』에 발표한 논문에서, "민족 국가의 시대는 끝나고 문명의 충돌 시대로 접어들고 있다. 그 가운데 하나가 유교와 이슬람권이 서구와 경쟁하는 과정에서 나타나는 충돌이다. 하지만 후자의 경우는 단지 이념적 경쟁자로 남게 될 것이다."라고 밝히고 있다.

이와 같은 공포는 매우 과장된 것이었다. 이슬람주의자들은 자신들의 국가에서 권력을 장악하기 위해 애쓰고 있다. 이슬람주의자들의 주장에 따르면, 그들은 외부 세력보다도 자국민과 더 많이 투쟁한다고 했다. 이슬람주의자들이 싸우고 있는 대상은 서구화된 엘리트 집단과, 카이로와 이스탄불에서 활약하고 있는 국제적 기업인들, 사우디아라비아의 왕실, 걸프 만의 토후 족장과 그들을 지원하는 자들이었다. 또한 그들의 적은 오랫동안 생존을 위해 투쟁해 온, 팔레스타인인들의 국가 건설 계획을 방해하며 서구의 이익을 위해 이슬람 심장부에 세워진 이스라엘이라는 존재였다. 이것은 전 세계 무슬림들의 문제를 상징적으로 보여 주고 있다. 만일 이슬람주의자들이 옛 소련과 오늘날 러시아를 포함한 서구를 공격하게 된다면, 이는 그들이 서구의 정치적, 경제적 힘을 이슬람 위기의 원인으로 보기 때문일 것이다. 그들이 전복시키고 싶어하는 집권 세력 배후에는 항상 서구가 있었기 때문이다. 그 주체인 미국은 이스라엘이 존속할 수 있게 할 뿐만 아니라 이스라엘이 이슬람권과 비타협적 자세를 고수하게 만드는 데 가장 큰 영향력을 행사하는 나라였다. 19세기에서 20세기까지 유럽이 무슬림 세계에 영향을 미친 것처럼, 상호 작용하는 공동체간의 연대가 더욱 큰 힘을 발휘하는 시대에 접어들면서, 무슬림 사회 내부의 권력 투쟁이 서구에 영향을 줄 가능성도 있었다. 그러나 다시 한 번 말하지만 갈등의 핵심은 이슬람과 서구 세계 사이에 있는 것이 아니라 무슬림 사회 내부에 있었다. 이러한 맥락에서 볼 때 서구가 핵무기를 보유한 무슬림 국가들을 두려워하는 것은, 핵무기 확산이 가져오는 위험성에 있다기보다 단지 그 상대가 무슬림들이라는 사실 때문인지도 모른다. 이러한 관점에서 보면 이란과 파키스탄은 북한과 인도의 경우와 그다지 차이가 없다.

본질적으로 국가를 바탕으로 한 이슬람주의자들의 운동은 의사 결정을 내리는 데 이데올로기보다는 정치적 필요를 우선하려는 경향으로 나타나고, 또 국가 상위 조직의 특성에 의해 강조된다. 올리버 로이(Oliver Roy)가 지적하듯이, 무슬림 형제단을 제외한 국제적 이슬람주의자 연맹(지다의 세계 무슬림 연맹, 쿰의 이슬람 선교국, 하르툼의 아랍·이슬람 국민 회의 등)의 모든 노력은 이슬람권의 경쟁자들을 겨냥한 개별 국가들의 정책에서 나온 것이다. 무슬림 형제단 지부들은 지역적인 한계를 안고 있는 정치적 조건들을 고려해야만 했다. 즉 요르단과 쿠웨이트에서는 정치적 제도권에 진입함으로써, 이집트에서는 평화적으로, 시리아와 리비아에서는 무력을 통해 대항했다. 또 다른 무슬림 형제단들은 이라크에 대항하는 서구와 걸프 지역의 보수적인 국가들, 사우디아라비아, 그리고 이집트 사이에 맺은 동맹 관계만을 주목했다. 수단과 튀니지, 요르단에 있는 이슬람주의자들은 한결같이 이라크를 지지했다. 이집트의 형제단과 알제리의 이슬람 구국 전선은 국민들이 자신들에게 이라크 진영에 합류하라고 요구할 때까지 정세를 관망했다. 사우디아라비아의 지원 아래 팔레스타인 해방 기구에 저항해 온 하마스는 걸프 지역의 모든 무슬림 형제단처럼 연합군을 지지했다. 그리고 이슬람주의자들과 서구가 비이데올로기적 차원에서 협조함으로써 아프가니스탄에서 소련의 영향력이 확장되는 것과 이란의 혁명 수출 기도를 저지하는 데 전력 투구했던 것처럼, 1980년대에는 이슬람주의자 단체들을 지원하는 미국에 대항하는 움직임으로 나타났다.

민족 국가들 내부의 권력 투쟁 과정에서 이슬람주의자 단체들은 정치적 규율을 준수하도록 강요당했다. 이는 그들이 권력을 잡았을 경우에도 변함없었다. 이러한 강요는 비단 내부 문제뿐만 아니라 국제 문제에서도 마찬가지였다. 1979년에 일어난 이란 혁명은 이 점을 분명히 보여 주고 있다. 이라크와 사우디아라비아와 같이

런던에 지국을 둔 이란의 풍자 잡지 『아스가르 아가(Asghar Agha)』. 1990년 12월호에 실린 이 만화는 위급할 때 신보다도 미국에 도움을 청하고 있는, 걸프의 보수적인 아랍 국가들과 사우디아라비아를 조롱하고 있다.

보수적인 아랍 정부들이 걸프전에서 서구를 지지했는데도, 사담 후세인은 아랍 세계의 대중으로부터 전폭적인 지지를 받았다. 이 사진은 1990년 12월 알제리 시위대가 이라크 독재자를 지지하고 있는 장면이다. 이러한 시위들은 이슬람 구국 전선으로 하여금 그들의 이해에 따라 강력하게 반대했던 정권을 옹호하도록 강요했다.

이란과 이웃하고 있는 국가들의 관심은, 마치 냉전 시대에 아프가니스탄 사태가 동쪽으로 확산되는 것을 저지하고자 노력했던 예와 마찬가지로 혁명이 서쪽으로 확산될 가능성을 저지하는 데 있었다. 혁명 정권은 또한 예전의 샤 왕정의 외교, 사회, 경제 기구들(OPEC, UNCTAD 등)의 구성원들을 대부분 그대로 존속시켰다. 혁명 정책과 사회 복지를 확대 실시한 이래로 10년 동안, 이 나라는 국가 통제 경제에서 자유 경제 체제로 바뀌었다. 즉 무역과 산업 부문을 민간에 이양하고 이란 내 외국 자본의 투자 한도(샤 집권시에 정해진)를 35퍼센트에서 49퍼센트로 상향 조정했으며 테헤란 증권 시장을 부양시켰던 것이다. 미국이라는 거대한 걸림돌이 사라져 버렸는데도 이란의 대외 무역의 전체적인 양상은 큰 변화가 없었다. 예를 들면 1980년대에 전체 무역의 40퍼센트를 차지했던 유럽 공동체와의 교역은 지속되었다. 정치적인 차원에서는 필수 법안을 통과시켜야 할 목소리가 호메이니가 집권한 이슬람 정부에 대한 해석을 바꾸어 놓았다. 이슬람 공화국의 역사에서 중요한 전환점이 된 1988년 1월 6일, 호메이니가 아야톨라 사예드 알리 하메네이(Hojatolisla Sayyed Ali Khamenei) 대통령에게 쓴 편지에서 그는 법 제정에 대한 의회의 의지가 이슬람 법학자의 의지보다 우월하다는 주장을 펼쳤던 것이다. 국민이 선출한 대표들의 결정에 따라 권력의 중심이 바뀌게 되었던 것이다.

　　이슬람주의자 정권이 정치적, 경제적인 정책에 종속된다는 사실은 이슬람주의자들이 다른 사회를 자극하지 않는다는 것을 의미하지는 않는다. 그들 내부의 권력 투쟁에서 표출된 긴장 상태는 피난민 행렬과 특정한 외세, 외국인에 맞선 시위에 잘 나타나 있다. 그들은 과거의 이상적인 이슬람을 되찾자고 주장하지만, 사실상 그들이 말하는 유토피아적 이상은 이슬람 역사에서 존재한 일이 없었다. 그들은 반서구적인 입장을 지향하지만, 정작 그들의 사상은 서구에서 영향을 받은 것이었다. 즉 사르트르, 파농, 마티뇽은 이란 혁명가이자 사상가인 알리 사리아티에게 영향을 주었으며, 프랑스의 파시스트 사상가인 알렉시스 카렐(Alexis Carrel)은 사이드 꾸틉에게 영향을 주었다. 심지어 지난 1,000년 이상 마드라사에서도 플라톤의 영향을 받을 수 있는 교육을 실시하기도 했다. 이는 다시 말해 철학자라고 할 수 있는 이슬람 법학자들과, 호메이니가 이끄는 이슬람 정부가 주장하는 이론 속에도 서구의 영향이 계속 이어지고 있다는 것을 뜻한다. 이슬람주의자들은 이슬람의 영광을 되찾고 싶어하지만 이 책에서 설명한 대로 이들은 음악과 철학, 시, 시각 예술, 또는 영적 통찰력 등 어떤 부문에서든 과거 자신들이 이룩한 그 문명의 많은 혜택을 외면하고 있는 셈이다.

무슬림 사회에서 여성의 지위 변화

지난 2세기 동안 서구 세력의 영향 아래에 있던, 전 인류의 10분의 1에 이르는 무슬림 여성의 적절한 지위와 역할 문제는 이슬람의 부활과 함께 심각한 논쟁을 불러일으켰다. 전통적으로 가정과 가족에 얽매인 폐쇄적인 삶을 살고 있던 여성들은, 어느덧 자신들이 무슬림 사회의 변화를 위한 투쟁의 일선에 서 있다는 것을 알게 되었다. 무슬림들은 공공 부문에서는 서구 세력과 서구 문화의 침략을 받았지만, 사적이고 이슬람적인 부분만은 보존하려고 노력해 왔다. 즉 국가 권력을 세우기 위해 힘썼던 무슬림 지도층들은 사회에 대한 정부의 영향력을 증대시키는 반면에, 지방의 씨족, 부족, 공동체에 대한 충성심을 줄이기 위해 끊임없이 노력했다. 또 국가권력을 강화하는 데 열중했던 이슬람주의자들은 서구적 가치와 문화가 낳은 부정부패를 막기 위해 조직적으로 활동해 왔다. 여성 문제를 대하는 그들의 태도는 예컨대 여성들이 공공 장소에서 반드시 베일을 써야 하는지의 여부가 토론을 통해서보다는 여성 당사자들의 사회적 위치에 따라서 결정되는 경우가 더 많았다. 아타튀르크가 이끄는 터키의 엘리트들이 검정색 베일을 쓴 여성을 '딱정벌레' 같다고 놀리자 이란의 샤 정권을 반대했던 이슬람주의자들은 베일을 쓰지 않은 서구의 여성은 '짙은 화장을 한 인형' 같다고 응수했다. 무슬림 여성은 모욕에 찬 공격을 받으면서도 점점 사회에서 중요한 입지를 굳혀 갔다.

　개혁주의의 영향은 19세기 이래로 도시 여성의 지위에 변화를 가져온 서구의 힘과 결합되었다. 그 이전까지는 이슬람법인 샤리아가 지배하는 공공 영역과 비교할 때 가정은 노약자와 노예, 어린아이, 그리고 여성의 장소로 여겨져 왔다. 가정에서는 '이슬람적' 언어와 지방의 방언들을 썼다. 또 수많은 이교적인 관습들이 행해지고 미신도 숭배되었다. 또한 남성들은 성적 매력을 뽐낼 수도 있었다. 그러나 개혁주의자들은, 도시 여성은 무슬림의 삶에서 벗어나 선정적인 것에 더욱 마음을 빼앗긴 사람들로 비쳤다. 따라서 인도의 개혁주의 문학의 고전적인 작품 중의 하나인 마울라나 아슈라프 알리 사나위(Mawlana Ashraf Ali Thanawi)의 『천국의 보석들(Bibishti Zewar)』에는 여성은 자신과 가정을 위해 이슬람적 규범들을 지켜 갈 수 있도록 이슬람에 관한 모든 지식을 갖추고 있어야 한다고 쓰여져 있다. 알리 사나위는 여성들도 이슬람 사회를 유지하는 데 남성과 동등한 책임이 있다고 보았던 것이다. 이슬람주의자인 마우두디는 한 걸음 더 나아가 여성들에게 보다 위대한 책임을 맡겨야 한다고 말했다. 마우두디는 1930년에 쓴 『하렘(harem)』에서 "하렘은 이슬람 문명의 가장 강력한 요새이다."라고 주장하면서 다음과 같이 덧붙였다. "하렘이 세워진 것도 바로 그런 이유 때문이다. 삶의 시련으로부터 도피할 피난처는 하렘뿐이다."

무슬림 근대주의자들과 정부 관료들은 민족 국가 건설에 관심을 갖고 있었기 때문에, 공공 장소에서 여성이 베일을 벗고 있다는 것은 잠재된 종교적 힘보다 민족적 이데올로기를 우선하는 국가의 능력과 발전의 상징이라고 믿었다. 터키에서는 1908년 터키의 진보적인 청년 투르크 혁명으로 인해, 터키를 방문한 한 여성 방문자가 '터키 페미니스트 정부'라고 표현한 기구가 창설되었다. 한편 1912년 이래로 전쟁의 영향으로 전례 없는 많은 여성들이 노동에 동원되면서, 터키주의 이념은 범이슬람적 여성의 황금 시대를 불러왔다고 할 수 있다. 아타튀르크는 청년 투르크당이 숙제로 남긴 일들을 했다. 1920년대에는 베일에 대한 투쟁을, 1934년에는 여성 참정권에 관한 일들을 지속했다. 그리고 1937년 18명의 여성들이 국회의원으로 당선되어 국회의원 전체의 4.5퍼센트를 차지했다. 이슬람이 여성 문제를 사적인 영역으로 귀속시켰으나 아타튀르크의 국가 건설 계획은 여성들에게 근대 국가의 완전한 시민권을 부여할 것을 요구했다. 이와 비슷한 이유로 1936년 1월 8일, 이란의 레자 샤는 여성들에게 베일을 벗고 국가 관료로 참여할 것을 명령했다. 1960년대와 1970년대에 그의 아들은 여성들에게 투표권을 부여하고, 여성들이 국가 고위직에 오를 수 있도록 허용했으며, 나아가 그녀들이 원하는 법령을 인준함으로써 여성들에게서 지지를 얻으려 노력했다. 그러나 그들에게는 근대화 계획과 국가 권력의 배양이 여성 문제보다 훨씬 더 중요했다.

여성의 지위 향상이 얼마나 정치적 힘을 발휘할지에 대한 해답은 파키스탄과 인도에서 일어난 사건들을 보면 알 수 있다. 이슬람을 민족 의식에 가장 중요한 요소로 간주하는 파키스탄에서는, 무함마드 지아 울 하크 장군이 자신의 권력 기반을 구축하기 위해 1979년부터 이슬람적 제도를 시행한다고 공표했다. 그는 여성의 지위 문제를 자신이 만든 이슬람 프로그램에서 가장 중요한 핵심 사업으로 만들었다. 그때까지 여성들은 법적으로 차별을 받아야 했던 것이다. 여성들은 파키스탄에서 자신의 지위를 높이기 위해 그의 지시를 따랐다. 그 후 점점 여성의 지위가 높아지면서 마침내 베나지르 부토 여성 수상이 탄생하기에 이르렀다. 그러나 입법에 관해서는 여전히 엄청난 정치적 압력이 남아 있다. 전 인구의 8분의 1에 해당하는 1억 명 이상의 거대한 무슬림 공동체를 가지고 있는 인도에서는, 민법보다 무슬림의 개인법 아래에서 살아 가려는 노력이 자신의 정체성을 지키기 위한 반증이었다. 1980년대 중반에 한 무슬림 이혼녀인 샤 바노(Shāh Bano)가 인도 형사 소송법에 맞서 자신의 권리를 주장하는 일이 있었다. 이 사건은 무슬림 여성을 무슬림 공동체, 나아가 인도의 미래를 위한 토론의 장으로 몰고 갔다. 무슬림 종교 지도자들은 무슬림 개인법의 순수성을 보호하기 위해 움직였고, 힌두의 우파 지도자들은 소수의 특권을 위해 다수의 힌두인들을 희생시키는 인도 국가의 세속적 기반을 공격하는 데 이 문제를 이용했다. 이는 인도에서 공공 정책이 강화되는 결과로 이어졌다. 역사상 최초로 힌두의 우파 세력이 권력을 획득하는 과정 속에서, 무슬림 여성들은 무슬림 남성과 힌두인 모두를 위해 무슬림의 정체성을 결정짓는 아주 중요한 역할을 했다.

　이슬람주의가 부흥하면서 여성들에게는 더 많은 인내가 요구되었다. 종교적 색채가 배제된 나라들이 한창 세워지고 있던 20세기 중반에는 대부분의 무슬림 도시에서 베일을 쓴 여성을 찾아보기 힘들었던 반면, 오늘날에는 오히려 베일을 쓰지 않은 여성을 찾아보기 힘들게 되어 버린 것이다. 이슬람주의가 그런 것처럼 이러한

1990년 초 3억 명의 무슬림들이 방글라데시의 할레다 지아(Khaleda Zia), 파키스탄의 베나지르 부토, 터키의 탄수 실러(Tansu Ciller) 같은 여성들의 통치를 받았다. 1994년 2월 베나지르 부토와 실러가 보스니아 대통령 궁 주변에 운집한 군중들의 환호에 답례하고 있다. 베나지르 부토와 실러는 세르비아군에게 포위된 채 포격당하고 있는 보스니아에 관심을 표하기 위해 용감히 사라예보를 방문했다.

변화는 서구에 대한 시위인 동시에 전통으로 되돌아가려는 의지로 해석되고 있다. 베일을 쓰고 살아 온 이집트 여성에 대한 최근의 연구에 따르면, 무살람이 지적한 것처럼 이슬람 전통에 따라 베일을 쓴 것이었지만 여기에는 분명 문화적 정통성에 대한 주장 이상의 그 무엇인가가 있다. 현재 입고 있는 옷차림은 고유의 전통 의상과는 다르다. 전통 의상을 입은 사람들은 대개 도시로 이주해 온 첫 이민 세대의 자녀들이다. 그녀들의 특징은 최고의 교육을 받은 사람들이라는 것이다. 그녀들은 사회의 지도자급 위치를 미래의 목표로 삼고 있다. 이슬람 의상은 여성들이 공공 장소에서 어느 정도 편하게 활동할 수 있도록 해 줄 뿐 아니라, 남성들에게 도덕적인 인상을 각인시켜 준다. 다시 말해 이슬람 의상은 언제나 그들이 공공 장소에서 합법적으로 행동할 수 있도록 보장해 주었다. 전통 의상을 입는 여성들의 주장에 대한 분석 결과들은 그녀들이 전혀 보수적이지 않다는 것을 보여 준다. 그녀들은 대부분 교육과 직업, 정치적 참정권을 원하며, 다만 결혼의 평등성 문제에서만 의견을 달리한다. 무슬림 도시의 거리에서 베일을 쓴 여성들을 많이 볼 수 있는 것은 전통으로 돌아간다든지 또는 문화적인 정통성을 주장하기 위한 것이라기보다 레일라 아흐메드(Leila Ahmed)가 말한 것처럼 "근대화되었다는 의미의 복장, 근대화로의

인도네시아 자카르타의 가자마다 대학에서 한 여학생이 오토바이를 주차하고 있다. 이 여학생이 입고 있는 이슬람 의상은 자유의 상징을 나타낸다. 이 학생은 이러한 차림으로 대학 구내를 자유로이 돌아다닐 수 있다.

앞쪽
전자 통신 수단의 급속한 발전과 매스 미디어 시스템의 세계화는 무슬림들이 예전과는 비교할 수 없을 정도로 이슬람 이외의 문화와 자유롭게 교류할 수 있게 만들었다. 인도네시아의 어느 마을 지붕 위에 설치되어 있는 위성 안테나들이 모스크와 불교 사원 지붕들과 어우러져 이러한 과정을 상징적으로 설명해 주고 있다.

진입 표시, 근대화로 나아가기 위한 결정"인 것이다.

불행하게도 모든 남성 이슬람주의자들이 이 견해에 동조하지는 않았다. 그렇지만 이란 혁명은 여성 사법관직의 금지, 공공 장소에서 남성과의 격리, 그리고 베일을 쓰는 것을 위반할 때 74대의 태형 등과 같은 비이슬람적인 법률들을 즉각 폐지하는 조치를 취했다. 높은 실업 문제를 안고 있는 알제리에서 이슬람 구국 전선은 여성의 근로권에 반대하고, 여성의 투표권 제한 및 구국 전선전선의 정치적 시위에 여성들이 참여하는 것을 반대했다. 어떤 곳에서든지 이슬람주의가 열어 놓은 제도를 막으려는 시도가 이루어지고 있다. 그러나 긴 안목에서 우리가 앞서 이야기한 대로 이슬람주의 정권들은 정치 및 경제 정책에 관심을 기울여야만 한다. 이란에서는 이러한 상황이 재빠르게 나타났다. 엄청난 수의 남성들을 잃은 이라크와의 전쟁이 여성들로 하여금 정부 부처의 일뿐만 아니라 군대 지원 활동에서도 많은 역할을 하도록 만들었다. 의복 착용에 대한 법률은 강력하게 시행되고 있으나, 지금 그들은 공공 생활에 여성들이 좀더 많이 참여할 수 있도록 장려하고 있다. 이와 비슷하게, 이슬람주의 정권은 경제적 발전을 위해 최선을 다하고 있기 때문에 인구의 절반에 의해 이룩되는 경제적 힘을 무시할 수 없다는 사실 또한 알게 될 것이다. 그 결과 무슬림 사회는 오늘날 가장 큰 사회 혁명—남녀 관계의 재편—을 피할 수 없게 되었다. 이는 분명 오늘날 그들이 직면한 문제 가운데 가장 큰 도전일 것이다.

세계화와 무슬림 세계

지도의 모양에서부터 사상의 형태에 이르기까지 근대 무슬림 세계는 대부분 서구와의 고통스러운 상호 작용이 낳은 결과이다. 서구 세력은 무슬림 세계를 민족 국가로 남겨 놓았다. 서구의 영향으로 이러한 국가들을 통치하는 정치 관료들이 만들어졌다. 그런데도 도시의 전통주의적 학자들에서 들판의 소작인 농부들에 이르기까지 무슬림 사회의 소수 세력들은 여전히 서구 문명과 전혀 접촉되지 않은 채로 남아 있다. 무슬림 세계는 많은 목소리들 가운데 하나일 뿐이다. 즉 여러 다른 민족의 목소리들, 한 민족 국가 내에서의 여러 다른 목소리들, 많은 운동 내에서의 서로 다른 목소리들 중의 하나인 것이다. 무슬림들은 서구인들에 비해 더 큰 목소리로 말하고 한결같이 행동한다. 이는 그들만이 지닐 수 있는 보편적 정서가 존재한다는 사실을 말해 준다. 해마다 대규모 축제로 열리는 라마단의 금식, 또는 메카 순례와 같은 종교 행사를 통해 무슬림의 일체감을 분명히 확인할 수 있다. 더욱이 거기에는 서구의 이중 잣대에 대한 거부감에서 비롯된 아주 오래된 적대감이 상존해 있다. 그들이 걸프에서 도전받았을 때는 '정의'의 편에서 개입할 준비를 했지만 팔레스타인, 보스니아, 체첸, 그리고 캐시미르의 무슬림 문제들 같은 경우에서는 제한적인 범위 내에서, 또는 마지못해서 행동하거나 이익이 전혀 없을 때는 개입조차 하지 않았다. 그러면서도 많은 무슬림들은 자신들에게 걸맞은 존경을 받지 못하고 있다고 느끼고 있다.

앞으로 무슬림 세계는 외부 세력들과의 더욱 밀접한 상호 교류를 통해 크게 변화할 것으로 보인다. 오늘날 무슬림들은 자신의 중심 지역과 늘 연결되며, 흩어져 살고 있는 구성원들을 위한 세계적인 공동체를 형성하고 있다. 전화나 팩스, 위성 방송, 인터넷 등 새로운 전자 통신 수단들이 전례 없는 빠른 속도로 사상과 문화의 교류를 가능하게 만들어 주고 있다. 더욱이 이런 교류가 이슬람주의자들이 벌이는 운동의 열기 때문에 오래 지연될 것이다. 이슬람주의자들은 공공 장소에서는 이질적인 영향을 배제시킬 수 있을지 모르지만 집안에 미치는 영향까지 막기에는 한계가 있을 것이다.

이슬람 역사는 인류의 위대한 업적을 창조하면서 많은 문화에 공헌한 무슬림들의 역량을 뚜렷이 보여 주고 있다. 그들은 자신뿐만 아니라 온 인류를 위해 많은 것을 이룩해 냈다. 이 책에서 제시하려 했던 것처럼, 그들의 한결같은 영감의 근원은 『꾸란』과 예언자의 생애, 그리고 인간과 그들의 공동체에 제시한 도덕적 이상이었다. 이런 이상과 그들의 업적을 통해 무슬림의 미래에 대해 희망을 가질 수 있는 것이다.

"진실로 우리는 하나님께 속하며, 우리는 그에게로 돌아가리라."
(오스만 제국, 시바스의 시파이예 마드라사에 쓰여져 있는 1278년의 서체)

역자 후기

이슬람은 불교, 그리스도교와 더불어 세계의 3대 종교의 하나이다. 하지만 두 종교와 달리 이슬람은 유독 우리에게 낯설게 느껴진다. 유대교가 유대교인의 종교인 것처럼 이슬람이 아랍인 혹은 중동인의 종교라고 생각하는 경우가 다반사이기 때문이리라. 서구인들도 이런 생각을 하는 것은 마찬가지이다. 그들은 중세 내내 이슬람 세계를 '가깝고도 먼 이웃'으로 여겼다. 그들은 이슬람 세계에 대해 호기심이나 관심을 갖기보다는 증오와 두려움을 갖고 있었다. 이렇듯 이슬람이 걸어온 길은 오해와 편견 속에서 갈등과 대립이 빚어낸 역사인 것이다.

그것은 비단 과거만의 일이 아니다. 최첨단의 과학 문명 시대인 오늘날에도 서구의 언론들은 이슬람을 반서구적이고, 비타협적이며, 폭력과 테러를 교리 안에서 용인하는 종교로 묘사하고, 무슬림들을, 비무슬림 세계를 지하드를 통해 정복하려고 하는 호전적 종교인들로 간주하고 있다. 그들은 '자마아 이슬라미아,' '지하드,' '신의 군대,' '신의 당' 같은 과격한 집단의 행동이 마치 전 세계 무슬림들의 소행인 것처럼 말하고 있다.

동서 냉전의 시대가 막을 내리고, 1991년 걸프전 이후 이슬람 이데올로기화를 부르짖으며 이슬람 부흥 운동의 물결이 무슬림 세계 곳곳에서 나부꼈을 때 서구는 이것을 '이슬람의 위협(녹색 위협),' '이슬람의 도전'으로 간주했다. 서구와 미국에서는 '공산주의와 서구간의 대결 시대가 막을 내리고 이제는 이슬람과 서구간의 대결 시대가 열릴 것이다.'라는 담론이 일었고, 사무엘 헌팅턴은 이슬람 세계와 서구간의 문명 충돌론을 제기했다. 즉 공산주의 대체 이데올로기로 이슬람주의가 등장함으로써 이슬람주의가 서구와 대적할 새로운 경쟁 세력으로 떠올랐던 것이다.

그러나 무슬림들은 이슬람 부흥 운동이 어느 특정 국가나 블록에 대항하자는 것이 아니라 '순수 이슬람'으로 무슬림 사회를 되돌리려는, 무슬림 내부의 개혁 운동이라고 설명한다. 이슬람 사회에 존재하는 이러한 이슬람 부흥론자들은 크게 세 부류로 나뉜다. 첫째는 이슬람 전통주의자이다. 그들은 서구적인 것을 멀리하고 옛 전통에 가치관을 둔다. 둘째는 근대 개혁주의자이다. 그들은 이슬람을 현대 생활에 적응시키기 위해 재해석하고자 한다. 이들은 서구의 제도, 문물, 사상을 가지고 교육, 행정, 사법 등 사회 전반에 걸친 개혁을 주도하고 국가의 발전을 꾀했다. 또한 이들은 과학과 선진 기술 등 서구 문명의 장점을 수렴하고 낙후된 무슬림 사회의 변화와 발전을 추구해 갔다. 그러나 이들의 지나친 개혁주의는 서구화를 꿈꾸는 실용주의자들과, 독립 후 이슬람 각국에서 서구와 손을 잡고 정권을 손아귀에 쥔 세속적 민족주의자들을 만들어 냈다. 셋째는 이슬람 원리주의자이다. 그들은 서구식의 지나친 세속화에 반대하며, 자본주의, 민족주의, 사회주의, 공산주의 같은 서구 이념들을 배격했다. 또한 그들은 19세기와 20세기 걸쳐 무슬림 사회에 만연해 있던 외래적인 요소들을 버리고 이슬람의 정통 이상과 원리를 바탕으로 한 이슬람 국가를 재건할 것을 주장했다. 이들은 한마디로 말해 샤리아에 의해 통치되는 이슬람 국가를 목표로 했다. 그러나 오늘날 대체로 이들은 온건 이슬람 원리주의자들이 되어 선거에 참여하고 정부에 협력하면서 제도권 안에서 들어온 상태이다.

　　그런데 문제는 지난 1960년대 중반부터 이 원리주의 안에서 자라난 급진 무슬림 무장 세력들의 등장이다. 이들은 실용주의나 세속주의를 결코 용납하지 않았다. 그들은 서구 이념들을 무조건 거부하며 서구식 사고 방식과 생활 방식을 외면했다. 이들은 매우 소수이지만 비밀리에 조직원을 훈련시키고 점 조직화하여 호전적 무장 세력이 되었다. 서구에서는 온건 이슬람 원리주의자들과 이들 과격 급진 무장 세력을 구분하지 않고 통칭 '원리주의자'로 부름으로써 이슬람 원리주의(이 책의 "글을 시작하며"에서는 원리주의자보다 이슬람주의자로 부르는 것이 더 타당하다고 밝히고 있다)에 대한 오해와 혼란을 불러 일으켰다. 급장 무장 세력들의 제1차 목표는 세속화한 정부의 전복이고, 제2차 목표는 이러한 정부를 지원하는 서구 세력에 도전하는 것이다. 그들은 타락한 세속주의 정부를 타도하기 위해서는 폭력이 허용되고 또 필요하다고 믿는다. 이들 손에 이집트의 사다트는 피살당했고 현 대통령인 무바라크도 그들의 타도 대상이다.

　　그러나 1990년대 이후 이들이 자행해 온 각종 무모한 테러 행위는 서구 세계뿐만 아니라 무슬림 사회에서조차 엄청난 비난의 화살을 받고 있다. 우리가 알아야 할 점은 이들은 전체 무슬림 중에서는 헤아릴 가치도 없을 만큼 극소수에 불과하다는 것이다. 일반 무슬림들은 물론 이러한 무모한 테러 행위에 결코 동조하지 않는다. 일반 무슬림들은, 누구든지 남의 인권을 침해하거나 폭력을 저지르는 자는 특정 이념의 신봉자일 수는 있어도 진정한 무슬림일 수 없다고 말한다.

　　이슬람은 평화와 정의의 종교이다. 그리고 다른 종교에 대해서는 관용적이며 보편적인 종교이다. 세계 인구의 5분의 1이 넘는 13억 무슬림들이 140여 개국에 흩어져 살고 있고, 그들이 주민의 과반수를 차지하는 국가만도 55개국에 달한다. 오늘날 세계에서 무슬림 인구 최대 국가는 인도네시아(약 1억 8천만 명)이고, 지역적 분포로는 인도 대륙이 단연 최고(파키스탄 약 1억 3,000만 명, 인도 약 1억 명, 방글라데시

약 1억 1,000만 명)이다. 유럽에도 약 1,700만 명의 무슬림(프랑스 400만, 영국 400만)이 있고 미국에도 약 600만 명이 넘는 무슬림들이 살고 있다. 우리 이웃인 중국에도 최소 2천만 명이 넘는 무슬림들이 있다. 우리는 이슬람교나 이슬람 세계에서 일어나는 사건들을 폭력과 테러리즘이라는 프리즘을 통해서만 보는 어리석은 행동을 하지 말아야 할 것이다. 더 나아가 원리주의자(혹은 이슬람주의자)와 테러리스트를 구분해 보는 안목이 필요하다.

지난 2001년 9월 11일에 일어난 대참사를 종교간의 갈등 문제나 문명의 충돌로 보아서는 안 될 것이다. 왜냐하면 그러한 논리의 근저를 찾아보기가 어렵기 때문이다. 즉 서구인들이 이슬람주의나 이슬람 부흥 운동을 적대해야 할 이유는 없을 것이다. 원리주의 운동은 그리스도교 전통에서도 찾아볼 수 있는 종교적 현상일 뿐이다. 서구인들이 이 운동의 확산에 민감한 반응을 보이면서 도전과 위협, 문명의 충돌을 운운하는 것은 지나친 자기 방어라는 것이 현 이슬람학자들의 일반적 견해이다.

이 책의 "글을 맺으며"에서도 이 주제가 심도 있게 다루어졌다. 실제로 오늘날 지구촌에서 일어나고 있는 다른 어떤 일보다 '이슬람 부흥 운동,' '이슬람의 이데올로기화'라는 주제에 세계인의 이목이 집중되어 있다는 것은 숨길 수 없는 사실이다. 아마 앞으로도 계속 이슬람주의자들의 행보는 서구와 비이슬람권에서 가장 큰 관심의 대상으로 남아 있을 것이다. 객관적 통찰력과 열린 사고를 가진 비이슬람권 학자들이 이슬람교나 이슬람 세계에 대해 균형 있는 글을 쓴다는 것은 매우 의의 있는 일일 것이다. 이 책이 돋보이는 점 중의 하나는 —— 편저자인 프랜시스 로빈슨이 집필 구상에서 밝힌 바도 있지만 —— 필자들이 이슬람에 대한 서구의 패러다임에서 벗어나 매우 객관성 있게 서술했다는 사실이다. 본인 역자는 필자들의 해박한 전문 지식, 깊이 있는 연구 내용, 균형 잡힌 시각으로 이슬람과 이슬람 세계를 다루고 있는 이 책을 번역하면서 고개가 절로 숙여졌던 적이 한두 번이 아니다. 필자들에게 심심한 경의를 드린다.

이 책의 필자들은 현재 서구 사회에서 이슬람학의 최고 지성으로 평가받고 있는 학자들이다. 책 말미의 "참고 문헌"을 통해서도 알 수 있듯이 이들은 방대한 사료뿐 아니라 각 분야에서 최고로 평가받고 있는 입문서, 학술서를 두루 섭렵하면서 각 장마다 독특하고 알찬 내용을 담아 놓았다. 그들은 1,400년 이슬람 역사에 출몰한 수많은 왕조, 국가, 제국들의 정치사와 문화사를 이해하기 쉽고 체계 있게 정리했으며, 이슬람 세계의 경제, 사회 제도와 질서, 지식 체계의 형성과 발전, 예술과 문화에 이르기까지 이슬람 역사와 문화의 정수와 흐름 모두를 이 한 권의 책에 집약해 놓았다. 또한 이슬람 문명의 중요성을 강조한 뒤 서구와 이슬람 세계는 종교적, 지적, 문화적 뿌리들을 공유하고 있다는 사실을 결론으로 밝히고 있다. 독자들은 이슬람 세계에 대한 올바른 이해와 포괄적인 지식을 이 한 권의 책에서 통시적으로 얻을 수 있을 것이다.

번역 과정에서 어려움도 많았다. 번역자 셋 모두가 이슬람학 전공자들이면서도 간혹 처음 접하는 지식에 당혹스러워하기도 했다. 미숙한 표현으로 원서의 참뜻을 제대로 담아 내지 못한 것은 아닐까 하는 우려가 앞선다. 잘못된 부분에 대한 책임은 물론 역자들에게 남은 몫일 것이다.

이 책에서는 "글을 시작하며"에서 "참고 문헌"까지 원서의 체제를 그대로 살렸으며 독자의 편의를 고려하여 본문의 필요한 곳에 짧은 역주를 달아 놓았다. 이런 설명이 어떤 독자에게는 불필요한 것일 수도 있겠지만 이슬람을 처음 접하는 독자를 위한 배려였음을 밝혀 둔다. 가독성을 위해 가능한 본문에서 원어의 병기를 최소화했으며 전문 용어나 인명 등 꼭 필요한 경우에는 전사(轉寫)된 원음을 옮겨 놓았다. 이 책에서 국역이 처음 시도된 용어도 있는데 국내 이슬람학 전공자들과의 논의와 검증을 거친 경우가 대부분이므로 이런 용어들은 앞으로 이슬람학 분야의 공식 용어로 정착될 것으로 생각된다. "일러 두기"에서 밝혔듯이 기존 전문 용어, 인명 등의 표기는 대체로 한국 이슬람학회가 사용하고 있는 표현을 따랐다.

앞으로 우리나라의 역사학계에서 이슬람의 역사와 문화에 대한 관심이 더욱 고조되기를 바란다. 중앙아시아, 서아시아, 동남아시아, 남아시아, 북아프리카를 포괄하는 이슬람 역사와 문명에 대한 연구는 우리에게 긴요한 과제가 아닐 수 없다.

마지막으로 이 책이 번역해서 출판되기까지 인내와 노고를 아끼지 않은 시공사 가족들에게 깊은 감사를 드린다.

2002년 11월

옮긴이 손주영

사진과 그림으로 보는
케임브리지 이슬람사 부록

이슬람 세계의 통치자들
용어 해설
참고 문헌
그림 자료 출처
찾아보기

이슬람 세계의 통치자들

칼리파들
정통 칼리파 시대 칼리파들
632년 아부 바크르
634년 우마르 이븐 알 카타브
644년 우스만 이븐 아판
656년 알리 이븐 아비 탈리브

우마이야 왕조 칼리파들
661년 무아위야 1세
680년 야지드 1세
683년 무아위야 2세
684년 마르완 1세 이븐 알 하캄
685년 압드 알 말리크
705년 알 왈리드 1세
715년 술레이만
717년 우마르 이븐 압드 알 아지즈
720년 야지드 2세
724년 히샴
743년 알 왈리드 2세
744년 야지드 3세
744년 이브라힘
750년 마르완 2세 알 히마르

압바드 왕조 칼리파들(이라크와 바그다드)
749년 알 사파
754년 알 만수르
775년 알 마흐디
785년 알 하디
786년 하룬 알 라쉬드
809년 알 아민
813년 알 마아문
817년-819년 이브라힘 이븐 알
　　　마흐디(바그다드)
833년 알 무으타심
842년 알 와시끄
847년 알 무타와크킬
861년 알 문타시르
862년 알 무스타인
866년 알 무으탓즈
869년 알 무흐타디
870년 알 무으타미드
892년 알 무으타디드
902년 알 무크타피
908년 알 무끄타디르
932년 알 까히르
934년 알 라디
940년 알 무타끼
944년 알 무스타크피
946년 알 무티

974년 알 타이
991년 알 까디르
1031년 알 까임
1075년 알 무끄타디
1094년 알 무스타즈히르
1118년 알 무스타르쉬드
1135년 알 라쉬드
1136년 알 무끄타피
1160년 알 무스탄지드
1170년 알 무스타디
1180년 알 나시르
1225년 알 자히르
1226년 알 무스탄시르
1242년-1258년 알 무스타으심(카이로)

압바스 칼리파들
1261년-1571년

스페인과 북아프리카
스페인 우마이야 왕조
756년-976년

알 모라비조(북아프리카와 스페인)
11세기 초-1147년

알 모하조(북아프리카와 스페인)
무함마드 이븐 투마르트(1130년
　　　사망)-1269년

사아디 왕조(모로코)
1511년-1659년

필랄리 왕조(모로코)
1631년-1927년
1927년 무함마드 5세(1차 재위)
1953년 무함마드
1955년 무함마드 5세(2차 재위)
1962년 알 하산 2세

서아프리카
소코토 칼리파제(나이지리아)
1754년-1938년(최후 칼리파 계승)

이집트, 시리아, 이라크
툴룬 왕조(이집트와 시리아)
868년-905년

이크쉬드 왕조(이집트와 시리아)
935년-969년

파티마 왕조(북아프리카와 그 후 이집트, 시리아)
909년-1171년

아이유브 왕조(이집트)
1169년-1252년

맘루크(이집트, 시리아)
1. 바흐리계
1250년-1389년

2. 부르지계
1382년-1516년

무함마드 알리계(이집트)
1805년 무함마드 알리 파샤
1848년 이브라힘 파샤
1848년 압바스 1세 파샤
1854년 사이드 파샤
1863년 이스마일(1867년부터
　　　'케디브'라는 칭호 사용)
1879년 타우피끄
1892년 압바스 2세 힐미
1914년 후사인 카밀('술탄' 칭호 사용)
1917년 아흐마드 푸아드 1세(1922년부터
　　　'왕' 칭호 사용)
1936년 파루끄
1952년-1953년 푸아드 2세

대통령들(이집트)
1953년-1954년 나기브
1956년 나세르
1970년 사다트
1981년 무바라크

셀주크
1. 대셀주크(시리아와 페르시아)
1038년-1194년

2. 시리아 셀주크
1078년-1117년

3. 키르만 셀주크
1041년-1186년

아나톨리아와 터키
룸 셀주크(아나톨리아)
1077년-1307년

다니슈멘드 왕조(중앙 및 동부 아나톨리아)
1. 시바스 쪽
1071년쯤-1174년

2. 말라트야 쪽
1142년쯤-1178년

까라만 왕조(중앙 아나톨리아)
1256년쯤-1483년

오스만 왕조(아나톨리아, 발칸, 아랍 영토)
1281년 오스만 1세 이븐 에르토그릴
1324년쯤 오르한
1360년 무라드 1세
1389년 바예지드 1세
1402년 티무르 왕조 침입
1403년 무함마드 1세 첼레비
　　　(초기에는 아나톨리아를, 1413년 후
　　　루멜리아도 통치함)
1403년 술레이만 1세(1410년까지
　　　루멜리아에서만 통치함)
1421년 무라드 2세(1차 재위)
1444년 무함마드 2세 파티흐
　　　(정복왕, 1차 재위)
1446년 무라드 2세(2차 재위)
1451년 무함마드 2세 파티흐
　　　(2차 재위)
1481년 바예지드 2세
1512년 셀림 야부즈(엄격왕)
1520년 술레이만 2세 까누니
　　　('입법왕.' 서구에서는 '위대한 왕' 으로
　　　불림)
1566년 셀림 2세
1574년 무라드 3세
1595년 무함마드 3세
1603년 아흐마드 1세
1617년 무스타파 1세(1차 재위)
1618년 우스만 2세
1622년 무스타파 1세(2차 재위)
1623년 무라드 4세
1640년 이브라힘
1648년 무함마드 4세
1687년 술레이만 3세
1691년 아흐마드 2세
1695년 무스타파 2세
1703년 아흐마드 3세
1730년 마흐무드 1세
1754년 우스만 3세
1757년 무스타파 3세
1774년 압드 알 하미드 1세
1789년 셀림 3세
1807년 무스타파 4세
1808년 마흐무드 2세
1839년 압드 알 마지드 1세

1861년 압드 알 아지즈
1876년 무라드 5세
1876년 압드 알 하미드 2세
1909년 무함마드 5세 라샤드
1918년 무함마드 6세 와히드 알 딘
1922년-1924년 압드 알 마지드 2세
　　　(칼리파로서 재위)

터키
1923년 무스타파 케말(아타튀르크)
1938년 에스메트 이뇌뉘
1950년 젤랄 베야르
1961년 귀르셀 장군
1966년 제브데트 수나이 상원 의원
1973년 파흐리 코르튀르크 상원 의원
1980년 케난 에브렌 장군
1989년 투르구트 외잘
1993년 술레이만 데미렐

현대 서아시아
레바논
1920년 프랑스 위임 통치
1926년 공화국

대통령들
1926년 찰스 답바스
1934년 하비브 사이드
1936년 에밀 에디
1941년 독립
1941년 알프레드 나카체
1943년 알 쿠리
1952년 카밀리 차모운
1958년 파우드 체하브
1964년 찰스 헬로우
1970년 술레이만 프란지야
1976년 엘리아스 사르키스
1982년 비시르 제마엘
1982년-1988년 아민 제마엘
1989년 르네 모아우와드
1989년 엘리아스 흐라위

시리아
1918년 파이잘(아미르 후사인의 아들,
　　　다마스쿠스 자치 정부 수반)
1920년 프랑스 위임 통치
1941년 독립
1943년 공화국

대통령들
1943년 슈크리 알 꾸와틀리
1949년 하심 알 아타시
1951년 파우지 셀로 장군
1953년-1954년 쉬샤클리 장군
1955년 슈크리 알 꾸와틀리

1958년 나세르(통일 아랍 공화국)
1961년 나짐 꾸드시
1963년 아민 알 하피즈 육군 소장
1966년 누르 알 딘 아타시
1970년 아흐마드 카티브
1971년 아사드 장군

히자즈
하심 가
1908년 아미르 후사인(메카의 샤리프,
　　　1916년부터 왕 칭호 사용)
1924년 알리
1925년 히자즈는 사우드 가문에 의해
　　　정복당함.

트랜스요르단
1920년 영국 위임 통치

하심 가
1921년 아미르 압드 알라
　　　(1946년부터 왕 칭호 사용, 1949년부터
　　　요르단의 왕이 됨)
1951년 탈랄
1952년 후사인

이라크
1920년 영국 위임 통치

하심 가
1921년 파이잘 1세 이븐 후사인
1933년 가지
1939년 파이잘 2세
1958년 공화국

대통령들
1958년 나지브 알 루바이 육군 소장
1963년 압드 알 살람 무함마드 아리프
　　　육군 원수
1966년 압드 알 라흐만 무함마드 아리프
　　　중장
1968년 아흐마드 하산 바크르 육군 소장
1979년 사담 후세인 알 타크리티

아라비아 반도
예멘
자이디 이맘들
1. 라쉬드계
9세기-1281년쯤

2. 까심계
1592년쯤-1962년
1962년 공화국

대통령들
1962년 압드 알르 살랄 대령
1968년 압드 알 라흐만 알 이리아니
1974년 헌법 일시 정지
1977년 아흐마드 이븐 후사인 중령
1978년 알리 압드 알라 살레 중령
  (1990년부터는 북예멘과 예멘 공화국
  모두를 통치)

오만과 잔지바르
1. 통일 술탄국
1741년-1856년(술탄국 분리)

2. 잔지바르
1856년-1964년(혁명으로 탄자니아
  공화국에 합병)

3. 오만
1856년-1932년
1932년 사이드 이븐 타이무르
1970년 까부스 이븐 사이드

사우디
1764년 무함마드 이븐 사우드
1765년 압드 알 아지즈
1803년 사우드 이븐 압드 알 아지즈
1814년 압드 알라 1세 이븐 사우드
1818년-1822년 오스만 제국 점령기
1823년 투르키
1834년 파이잘 1세(1차 재임)
1837년 칼리드 이븐 사우드
1841년 압드 알라 2세(이집트의 무함마드
  알리의 봉신으로)
1843년 파이잘 1세(2차 재임)
1865년 압드 알라 3세 이븐 파이잘(1차
  재임)
1871년 사우드 이븐 파이잘
1874년 압드 알라 3세(2차 재임)
1887년 하일의 라쉬드 가에 의해
  정복당함. 압드 알라는 리야드의
  총독으로 1889년까지 남았음.
1889년 압드 알 라흐만 이븐 파이잘
1891년 무함마드 이븐 파이잘(봉신 총독)
1902년 압드 알 아지즈
1953년 사우드
1964년 파이잘 2세
1975년 칼리드
1982년 파흐드

이란어 세계
부이 왕조
파르스와 쿠지스탄 쪽 934년-1062년
키르만 쪽 936년-1048년
지발 쪽 932년-977년

이라크 쪽 945년-1055년

사만 왕조(호라산과 트란속사니아)
819년-1005년

사파르 왕조(시스탄)
867년-1480년

티무르 왕조(트란속사니아와 페르시아)
1. 사마르칸트의 최고 통치자들
1370년 티무르(데무르)
1405년 칼릴(1409년까지)
1405년 샤 루흐(처음에는 쿠라산만)
1447년 울루그 베그
1449년 압드 알 라티프
1450년 압드 알라 미르자
1451년 아부 사이드
1469년 아흐마드
1494년-1500년 마흐무드 이븐 아비
  사이드

2. 울루그 베그 사망 후 호라산의 통치자들
1449년-1506년

3. 티무르 사망 후 서부 이란과 이라크의
  통치자들
  1404년-1415년

까라 꼬윤루(아제르바이잔과 이라크)
1380년-1468년

아끄 꼬윤루(디야르바크르, 동부 아나톨리아,
  아제르바이잔)
1378년-1508년

이란
사파비 왕조
1501년 이스마일 1세
1524년 타흐마스프 1세
1576년 이스마일 2세
1578년 무함마드 후다반다
1588년 압바스 1세
1629년 사피 1세
1642년 압바스 2세
1666년 술레이만 1세(사피 2세)
1694년 후사인 1세
1722년 타흐마스프 2세
1732년 압바스 3세(명목상 페르시아의
  일부 지역만의 통치자)
1749년 술레이만 2세(명목상 페르시아의
  일부 지역만의 통치자)
1750년 이스마일 3세(명목상 페르시아
  일부 지역만의 통치자)
1753년 후사인 2세(명목상 페르시아 일부

지역만의 통치자)
1786년 무함마드(명목상 페르시아 일부
  지역만의 통치자)

아프샤리 왕조
1736년-1795년

잔드 왕조
1750년-1794년

까자르 왕조
1721년-1924년

팔라비 왕조
1925년 리자 샤
1941년 무함마드 리자 샤
1979년 이슬람 공화국

대통령들
1980년 아불 하산 바니 사드르
1981년 홋자툴 이슬람 사야드 알리
  하메네이(1989년부터 이슬람 혁명
  지도자)
1989년 알리 아크바르 호쉐미 라프산자니

아제르바이잔의 대통령들
1991년 아야즈 무탈리보브
1992년 아불파즈 엘레히베이
1993년 가이다르 알리에브

아프가니스탄과 인도
가즈나비 왕조(호라산, 아프가니스탄, 북인도)
977년-1186년

구리 왕조
1. 처음 구르에서, 후일에는 가즈나에서
10세기 말엽-1215년

2. 바미얀과 투카리스탄에서
  1145년-1215년

델리 술탄들
1. 무잇즈 또는 노예 왕들
1206년-1290년

2. 칼지 왕조
  1290년-1320년

3. 투글루끄 왕조
  1320년-1414년

4. 사아드 왕조
1414년-1451년

5. 로디 왕조
1451년–1426년

6. 수리 왕조
1540년–1555년

무굴 황제들
1526년　자히르 앗 딘 바부르
1530년　나시르 앗 딘 후마윤(1차 재위)
1540년–1555년 델리의 수리 술탄들 통치
1555년　나시르 앗 딘 후마윤(2차 재위)
1556년　잘랄 앗 딘 아크바르 1세
1605년　누르 앗 딘 자한기르
1627년　다와르 바크슈
1628년　쉬하브 앗 딘 샤 자한 1세
1657년　무라드 바크슈(구자라트)
1657년　샤 슈자(1660년까지 뱅골을 통치함)
1658년　무히 앗 딘 아우랑제브 알람기르 1세
1707년　(무굴계 통치 1858년까지 지속)
1858년　영국 국왕의 지배
1947년　영연방의 자치령

총독
1947년　버마의 마운트바텐 백작
1948년　차크라바르티 라자고팔라차리
1950년　공화국

대통령들
1950년　라젠드라 프라사드
1962년　사르베팔리 라드하크리슈난
1967년　자키르 후사인
1969년　바라나그리 벤카타 기리
1974년　파크룻딘 알리 아흐메드
1977년　네엘람 산지바 렛디
1982년　기아니 자일 싱그
1987년　벤카타라만
1992년　샹카르 다얄 샤르마

파키스탄
총독
1947년　무함마드 알리 진나
1948년　크와자 나지뭇딘
1951년　굴람 무함마드
1955년　이스칸데르 미르자 육군 소장
1956년　이슬람 공화국

대통령들
1956년　이스칸데르 미르자 육군 소장
1958년　아이유브 칸 원수
1969년　야흐야 칸 육군 소장
1971년　줄피가르 알리 부토
1973년　파즐 엘라히 차우드후리

1978년　지아 울 하끄 장군
1988년　굴람 이샤끄 칸

방글라데시
1971년　공화국

대통령들
1971년　쉐이크 무지부르 라흐만
1972년　아부 사이드 쵸우드후리
1973년　모함마둘라
1975년　쉐이크 무지부르 라흐만
1975년　무슈타끄 아흐마드
1975년　아부사다트 무함마드 사이엠
1977년　지아우르 라흐만 육군 소장
1981년　아브두스 삿타르
1982년　아불 쵸우드후리
1983년　무함마드 후사인 에르샤드 장군
1990년　샤하붓딘 아흐마드(대통령 대행)
1991년　아브두르 라흐만 비스와스

아프가니스탄
두르라니 왕조
1747년–1842년

바라크자이 왕조
1819년–1973년

대통령들
1973년　사르다르 무함마드 다우드
1978년　누르 무함마드 타락끼
1979년　하피즈 알라 아민
1979년　바브라크 카르말
1986년　무함마드 참카리(혁명 위원회 의장 대행)
1987년　사이드 무함마드 나지불라
1992년　부르하눗딘 랍바니

중앙아시아
무굴 대칸들(몽골과 북중국)
1206년　칭기즈 칸
1227년–1370년

차가타이 칸국(트란속사니아, 세미레치예, 동부 터키)
1227년–1363년

일 칸국(페르시아)
1256년–1353년

사이바니 왕조(사마르칸트)
1500년–1599년

자니 왕조(부하라)
1599년–1785년

만기트
1785년–1868년
우즈베키스탄의 대통령
1991년　이슬람 카리모프

투르크데니스탄의 대통령
1991년　사페르무라드 니야조프

타지키스탄의 대통령들
1991년　라흐만 나비에프
1992년　이마말리 라흐마노프

키르기스탄의 대통령
1991년　아스케르 아카에프

카자흐스탄의 대통령
1991년　누르술탄 나자르바에프

인도네시아
술탄국
마타람 1575년–1748년(최후 술탄 즉위)
수라카르타 1788년–1944년(최후 술탄 즉위)
조자카르타 1755년–1939년(최후 술탄 즉위)
아체 1496년–1874년(최후 술탄 즉위)

대통령들
1950년　무함마드 아흐마드 수카르노
1966년　최고 회의
1968년　수하르토 장군

용어 해설

ㄱ

가지(ghazi) 신앙을 위해 싸우는 전사.
까디(qāḍi) 칼리파가 임명하는 법적 대리인으로서 법적 논쟁들을 샤리아에 기초하여 판결하는 법관.
까스바(qasbah) 요새화된 건물. 통치 관리들의 주거지.

ㄷ

디크르(dhikr) 수피들이 신의 실재를 표현하기 위해 신의 이름을 반복해 부르는 정신적 훈련.

ㅁ

마드라사(madrasah) 이슬람 국가의 고등 교육 기관. 이슬람의 지식 전달을 목적으로 함.
말리키(Maliki) 말리크 이븐 아나스가 세운 순니 4대 법학파의 하나.
맘루크(mamlūk) 군노, 해방 노예.
무프티(muftī) 개인이나 재판관이 법적 의견을 구할 때 파트와를 내놓는 이슬람법 전문인.
무흐타시브(muhtasib) 시장의 관행들과 공중 도덕을 감독하는 관공리.
미흐라브(mihrāb) 메카의 방향을 가리키는 예배소 안의 벽감.

ㅅ

사이드(Sayyid) 왕자, 주인, 우두머리, 알리의 아들인 후사인의 자손.
샤리아(Sharīʻah) 이슬람법.
샤피이(Shāfiʻī) 이맘 앗 샤피이가 세운 순니 4대 법학파의 하나.
수라(surah) 『꾸란』의 장(章)
수피(sūfi) 무슬림 신비주의자
순나(sunnah) 무슬림 공동체의 전통적인 사회적, 법률적 관습. '관례의 길.'
순니(sunnī) 이슬람교의 주요 2파 중 하나로 무슬림의 다수를 점하는 교파. 순니파는 처음 4명의 칼리파를 무함마드의 합법적 후계자로 인정하는 파로, 순나와 칼리파들의 역사적 승계를 받아드리는 무슬림.
술탄(sulṭān) 무슬림 통치자의 칭호. 권력과 권위를 상징.
쉐이크 알 이슬람(Shaykh al-Islam) 이스탄불의 무프티. 오스만 제국에서 최고 권위를 갖는, 종교적 수장의 지위를 일컫는 말.
쉐이크(Shaykh) 이슬람 사회에서는 나이든 사람, 부족의 장, 종교적 수장을 뜻함. 또 수피즘에 입문한 자로서 자신이 체득한 수피의 길로 제자들을 안내하는 스승을 뜻하기도 함.
쉬아(shīʻah) 무함마드의 합법적 계승자로서 알리를 인정할 것을 주장하는 파로서 정통 순니들의 견해에 반대하는 무슬림 분파.

ㅇ

아미르(amīr) 군사령관 또는 왕자의 칭호. 일반적으로 '에미르'라고 음역됨.
아민(amin) '신뢰할 만한'이라는 뜻. 길드의 우두머리와 같은 지위에 있는 사람을 일컫는 말.
울라마(ʻulamāʼ) 이슬람 지식을 가진 학자들을 일컫는 칭호.
움마(ummah) 공동체라는 의미. 전체적인 의미로는 이슬람 사회를 말함.
이맘(imām) 무슬림 공동체의 최고 수장. 예언자 무함마드의 계승자. 쉬아들이 알리와 그의 자손들을 위한 칭호로 사용했음.
이스마일파(Ismāʻīl) 쉬아의 한 분파로서 이맘 자파르의 장남 이스마일과 그의 자손들을 지지하는 파임. 이 파는 파티마 왕조를 세웠고 후대에 가서는 다시 여러 파로 나뉨. 그중 아직까지 남아 있는 한 갈래가 아가 칸(Aga khān)의 추종자들인 니자리야(Nizariyya)파임.
이자자(ijaza) 스승이 일정한 학업을 마친 학생에게 수여하는 증명서인데 이는 자신의 교재를 다음 세대에게 전달할 수 있도록 자격을 부여하는 것임.
일미야(ilmiya) 울라마(ulama). 오스만 제국 치하에서 이슬람 지식을 가진 학자들을 일컫는 칭호.

ㅈ

자미(jāmiʿ) 금요 예배를 위한 모스크.

지하드(jihād) 투쟁. 무슬림들이 이슬람을 선교하기 위해 고군분투하는 행위. 또는 이교도에 대항하여 싸우는 성전.

ㅋ

카바(kaaba) 메카 대모스크의 성소 중앙에 위치한 정방형 건물. 무슬림은 아브라함이 유일한 하나님께 예배하기 위해 최초로 지은 예배소라고 믿음. 예배할 때 모든 무슬림이 이곳을 향해 서서 예배를 드리는 이슬람의 중심점임.

칸(khān) 터키식 칭호이면서 국가의 통치자를 일컫는 말임. 또 순례자들을 위한 숙박소를 칭하기도 함.

칸까(Khanqa) 수피 숙소. 쉐이크가 거주하면서 제자들을 가르치는 곳.

칼리파(Khalīfa) 예언자 무함마드의 계승자. 무슬림 공동체 수장의 칭호. 수피 세계에서는 쉐이크의 후계자를 칭함.

ㅌ

탄지마트(Tanzimat) 터키어로 '개조'라는 뜻으로 19세기 오스만 제국에서 공표된 일련의 개혁 조치.

ㅍ

파트와(fatwā) 무프티가 밝히는 공식적인 법적 견해.

ㅎ

하나피(ḥanafī) 아부 하나피가 세운 순니 4대 법학파의 하나.

하디스(ḥadīth) 예언자의 동료들에 의해 전달된 예언자 무함마드의 언행록.

한발리(ḥanbalī) 아흐마드 이븐 한발이 세운 순니 4대 법학파의 하나.

핫즈(hajj) 순례. 무슬림은 일생에 한 번 메카로 순례를 해야 함.

히스바(hisbah) '옳은 것을 조장하고 악한 것을 금한다.'라는 무슬림의 기본적 의무.

히즈라(hijra) 예언자와 그의 추종자들이 메카에서 메디나로 이주한 사건. 이슬람력이 시작되는 기점임.

참고 문헌

이 참고 문헌은 '이슬람'이라는 주제에 관해 독자들이 보다 쉽게 이해하기 위한 바람으로 작성되었다. 더 상세하게 알기를 원한다면 다음 저서들을 참고하기 바란다. J. D. Pearson, *Index Islamicus*(Cambridge, 1958년부터 현재까지 계속 출간)는 1906년 이후의 정기간행물과 1976년 이후의 저서들을 망라하고 있다. H. A. R. Gibb의 *The Encyclopaedia of Islam*(Leiden, 1969, 제2쇄)도 이슬람의 모든 영역을 총망라하고 있다. 그리고 유용한 지도책으로는 다음의 세 권을 추천한다. R. Roolvink의 *Historical Atlas of the Muslim Peoples*(Amsterdam, 1957), F. Robinson의 *Atlas of the Islamic World since 1500*(Oxford,1982), 그리고 J. L. Bacharach의 *A Middle East Studies Handbook*(Seattle, 1984)이 바로 그것이다.

글을 시작하며

M. G. S. Hodgson이 쓴 *The Venture of Islam*(Chicago, 1974, 3권)와 I. M. Lapidus의 *A History of Islamic Societies*(Cambridge, 1988)는 이슬람 역사책 중에서 뛰어난 개괄서이다. 그리고 이슬람 문명을 세계 역사의 기초 구조 속에 자리매김시켜 놓은, Hodgson의 글들인 *Rethinking World History : Essays on Europe*와, Edmund Burke III의 *Islam and world History*(Cambridge, 1993)는 꼭 읽어 볼 만한 책이다. 이슬람에 대해 서구의 선구자적인 작업이 이루어진 것은 N. Daniel이 쓴 다음 두 책에서였다. *Islam and the West : the Making of an Image*(Edinburgh, 1960)와 *Islam, Europe and Empire*(Edinburgh, 1966)가 그것인데 이 주제는 또 R. W. Southern의 *Western Views of Islam in the Middle Ages*(Cambridge, 1962)와 M. Rodinson의 *Europe and the Mystique of Islam*(Seattle, 1987) 그리고 A. Hourani의 *Islam in European Thought*(Chicago, 1991)에서도 잘 나타난다. 또한 동방에 대한 서구 연구에 강력하게 비판을 가한 책이 있다. 그것이 E. Said의 *Orientalism*(London, 1978)이다. 1800년 이전 시대, 무슬림을 알기 위한 최고 입문서로는 B. Lewis의 *The Muslim Discovery of Europe*(London, 1982)가 있다. 그리고 *Disorienting Encounters : Travels of a Moroccan Scholar in France in 1845-1846*는 S. C. Miller가 번역해서 1992년 버클리에서 출간했다. 이 책은, 19세기에 서구로 여행을 한 무슬림이 쓴 흥미로운 기록들인데 이것들 또한 이 주제의 좋은 본보기이다. 서구에 대한 무슬림의 반감과 분노의 관점들은 다음의 책들에서 찾아볼 수 있다. M. Iqbal의 *Javid-nama*를 A. J. Arberry가 번역해서 1966년 런던에서 발간했으며, S. A. A. Maududi의 *Purdah and the Status of Women in Islam*는 al-Ashari가 번역해서 1974년 델리에서 나왔다. 그리고 J. Al-i Ahmed의 *Occidentosis : A Plague from the West*는 R. Campbell가 번역해 1984년 버클리에서 빛을 보게 되었다.

이슬람 문명이 유럽에 미친 영향에 대해 알고 싶다면 W. M. Watt의 *The Influence of Islam on Medieval Europe*(Edinburgh, 1972)와 G. Makdisi가 쓴 다음의 두 중요한 저서 *The Rise of Colleges : Institutions of Learning in Islam and the West*(Edinburgh, 1981)와 *The Rise of Humanism in Classical Islam and the Christian West*(Edinburgh, 1990)를 보라. 서구와 이슬람의 상호 의존 관계를 알고 싶으면 *Akbar Ahmad*의 *Postmodernism and Islam : Predicament and Promise*(London, 1992)를 보라. 아타튀르크의 연설은 B. Lewis의 *The Emergence of Modern Turkey*(Oxford, 1968, 제2쇄)에 들어 있고, 마우두디의 말은 위에서 언급한 *Purdah and the Status of Women in Islam*에 있다.

1. 이슬람의 발흥

이슬람 이전 시대의 중동을 알기 쉽게(아름다운 그림들과 함께 꾸며진) 기술한 입문서로는 P. Brown의 *The World of Late Antiquity*(London, 1971, 제2쇄)가 있고, 아라비아에 관한 기록은 *Cambridge History of Islam*(Cambridge, 1970, 1권)에서 I. Shahid이 쓴 장에 잘 나타나 있다. 그리고 I. Goldziher의 *Muslim Studies*는, S. M. Stern이 번역해 1967년 런던에서 출간했다(1889년 초판). 이 책은 독자들에게 많은 도움을 줄 것이다. 이슬람의 기원에 관해서는 M. A. Cook의 소책자 *Muhammad*(Oxford, 1983, 제2쇄)가 유용하게 읽혔지만 담겨 있는 내용이 단편적이라 한계점을 쉽게 찾아볼 수 있다. 하지만 다각적인 시각을 독자들에게 보여 주므로 추천할 만하다. 독자들은 아마도 W. M. Watt의 *Muhammad, Prophet and Statesman*(Oxford, 1961, 제2쇄), 또 아랍 정복에 관한 쉬운 입문서이기도 한 F. Gabrieli의 *Muhammed and the Conquests of Islam*(London, 1968)과 같은 종래의 몇몇 문헌들을 먼저 읽어본 후에 이 책을 읽어 보면 이 책의 장점을 쉽게 알 수 있을 것이다. P. Crone이 쓴 *Meccan Trade and the Rise of Islam*(Princeton, 1987)에서 마지막 두 장에 담긴 내용이 내 견해와 근접하다.

최근 들어 이슬람의 정복에 관한 저서들이 많이 출간되었다. 그중 F. M. Donner의 *The Early Islamic Conquests*(Princeton, 1981)과 W. E. Kaegi의 *Byzantium and the Early Islamic Conquests*(Cambridge, 1992) 두 권 모두 비옥한 초승달 지역에 관해 집중적으로 연구해 놓았다. 이슬람 문명의 출현에 관해서는 M. A. Cook의 The Origins and Diversity of Axial Age Civilizations(S. N. Eistenstadt와 Albany의 1986년 N.Y.판)가 그 개요를 명확하게 담고 있다.

우마이야 왕조 시대의 정치적, 사회적 역사에 대해서는 G. R. Hawting의 *The first Dynasty of Islam*(London, 1986)이 잘 기술해 놓았는데 이 책은 내용이 짧으면서도 매우 명료하다. 종파들의 발전과 초기 종교 사상에 대한 것으로는 최근의 연구서인 W. M. Watt의 *The Formative Period of Islamic Thought*(Edinburgh, 1973)가 있고, 또 이마미파 쉬아만을 다루고 있긴 하지만 M. Momen의 *An Introduction to Shi'i Islam*(New Haven and London, 1985)도 매우 유용한 책이다. V. Sehacht가 쓴 *An Introduction to Islamic Law*(Oxford, 1964)의 처음 몇 장들은 독자들에게 이슬람법과 전승주의 둘 다를 소개하고 있다. 하디스의 연대 측정을 간략하게 개관하는 것은 P. Crone 의 *Roman, Provincial and Islamic Law*(Cambridge, 1987)에서 제2장이다. 압바스 왕조 혁명에 대해서는 E. L. Daniel이 쓴 *The Political and Social History of Khurasan under Abbasid rule, 747 – 820*(Minneapolis and Chicago, 1979)의 제1장을 참고하면 많은 도움을 얻을 수 있을 것이다. 칼리파 알 마아문까지 압바스 왕조의 정치사에 관해서는 H. Kennedy의 *The Early Abbasid Caliphate*(London, 1986)가 입적할 만한 가치를 지닌 책이다. 슈우비야 운동에 대한 최고의 입문서는 Goldziher의 *Muslim Studies*(1권, 위에 이미 언급한 바 있음)이다. 그리고 이 운동에 대한 최고의 해설은 H. A. R. Gibb의 *Studies in the Civilization of Islam*(London, 1961)에서 찾을 수 있다. 맘루크 조직에 관해서는 독자는 D. Pipes의 *Slave Soldiers and Islam*(New Haven and London, 1981)과 P. Crone의 *Slaves on Horses, the Evolution of the Islamic Polity*(Cambridge, 1980)에서 유용한 내용을 발견할 수 있는데 Crone의 책에서 우마이야 왕조인들과 압바스 왕조인들에 대한 평가를 주로 뽑아서 이 책에 인용했다. 그러나 독자가 읽기에는 Pipes의 책이 더 쉬울 것이다.

F. Daftary의 *The Isma'ilis*(Cambridge, 1992)는 쉬아 이스마일파의 출현부터 오늘날까지의 역사와 교리에 관해 설명한 유용한 연구서이다. 그리고 10세기와 11세기의 정치 역사에 대한 가장 정확한 평가를 담고 있는 책은 Kennedy의 *The Prophet and the Age of the Caliphates*(London and New York, 1986)이다. 이 책은 6세기에서 11세기까지

의 전 기간을 다루고 있다. 이슬람의 정복에서 투르크인들의 침입까지 이란 역사에 대한 모든 양상을 고찰하기 위해서는 아마도 독자는 *The Cambridge History of Iran*(Cambridge, 1975, 4권)을 참고하는 것이 필수적이라 할 수 있겠다. 이 책은 정말 우수한 내용을 담고 있다. 10세기와 11세기의 사회와 문화에 대한 고찰은 아직까지 A. Mez의 *The Renaissance of Islam, Patna, 1937*(German Original, 1922)을 능가하는 책이 없다.

2. 이슬람 세계 체제의 출현

P. M. Holt의 *The Age of Crusades : The Near East from the eleventh century to 1517*(London, 1986)은 수단과 아나톨리아를 포함하는 아랍 영토에서의 정치사를 담고 있다. 이라크 동부 지역의 역사를 알고 싶다면 D. Morgan의 *Medieval Persia 1040 - 1517*(London, 1988)을 보라. R. S. Humphreys의 *Islamic History : A Frame work for Inquiry*(London, 1991, 제2쇄)는 이 기간 동안에 일어난 역사적 문제들을 사상적, 문헌적으로 접근한 책이다.

C. E. Bosworth의 두 권의 책 *The Ghaznavids : Their Empire in Afghanistan and Eastern Iran 994 - 1040*(Edinburgh, 1963)과 *The Later Ghaznavids*(Edinburgh, 1977)는 책의 제목들이 시사하고 있는 것 이상으로 광범위한 주제들을 다루고 있다. 특히 이 책들은 초기 셀주크의 역사와 중세 이슬람 군사 조직을 연구하기 위해서는 꼭 읽어야 하는 책이다. 후자의 주제를 깊게 알고 싶다면 Bosworth를 비롯한 여러 학자들이 집필한 *War, Technology and Society in the Middle East*를 참고하기 바란다(V. J. Parry and M. E. Yapp가 1975년 런던에서 발간했다). S. D. Goitein의 박식하고 불후의 기념비적인 저서인 *A Mediterranean Society : The Jewish Communities of the Arab World as Portrayed in the Cairo Geniza*(Berkeley and Los Angeles, 1967-1988, 5권)는 역사적 저술로 인정받고 있는 걸작이다. 이 책은 유대인 근거 자료를 바탕으로 기초하고 있지만 11세기와 12세기의 무슬림 경제와 사회를 이해하는 데는 손색이 없다.

십자군의 역사는 Setton이 엮은 *A History of the Crusades*(Madison, 1969-1989, 개정판)에 충분히 다루어져 있다. 또 B. Lewis, H. A. R. Gibb와 C. Cahen이 쓴 이슬람 관련 글들이 매우 유익하다. 무슬림의 반(反) 십자군 운동을 더 깊게 알고 싶다면 F. Gabrieli가 번역해서 1969년 런던에서 출간된 *Arab Historians of the Crusades*를 참고하는 것이 좋다. 또 M. C. Lyons and D. E P. Jackson의 *Saladin, the Politics of Holy War*(Cambridge, 1982)를 참조하기 바란다. 무슬림과 그리스도교인이 교전했던 지역을 더 알기

를 원한다면 R. Fletcher의 *Moorish Spain*(London, 1992) 을 읽기 바란다. 스페인 무슬림 역사의 전문적인 지식을 얻고 싶다면 Fletcher의 *The Quest for El Cid*(London, 1989)를 참고하기 바란다. 또 S. K. Jayyusi가 엮은 엄청난 분량의 책인 *The Legacy of Muslim Spain*(Leiden, 1992)에도 수록돼 있다. E. W. Bovill의 *The Golden Trade of the Moors*(Oxford, 1968, 개정판)는 알 모라비조와 알 모하조인들뿐만이 아니라 사하라 사막 이남 아프리카의 무슬림 침입에 대해서도 논의하고 있다.

M. Dols의 *The Black Death in the Middle East*(Princeton, 1977)는 중세 말 경제적, 정치적 어려움을 갖게 했던 요인들을 집중적으로 조명하고 있다. 이집트와 시리아의 맘루크 왕조에 대해서는 *Studies on the Mamluks of Egypt, 1250-1517*(London, 1977)과 D. Ayalon의 The Mamluk Military Society(London, 1979)를 살펴보기 바란다. 마찬가지로 R. Irwin의 *The Middle East in the Middle Ages : The Early Mamluk Sultanate 1250-1382*(Beckenham, 1986)도 참조하라. 맘루크 통치하의 문화적, 사회적 양상에 대한 연구는 E. Atil의 *The Renaissance of Islam : Art of the Mamluks, Washinton*(D.C. 1981)에 잘 소개되어 있고 Mugarnas의 *vol. 2 of The Art of the Mamluks*(New Haven and London, 1984)에서도 찾아볼 수 있다. 또한 R. Irwin의 *The Arabian Nights : A Companion*(Harmondsworth, 1994)은 중세 아랍 문학, 대중 문화, 성, 신비적 밀교, 범죄와 같은 주제들을 다루고 있다.

D. Morgan의 *The Mongols*(Oxford, 1986)는 맘루크들의 적대자들이었던 몽골의 역사를 냉철하게 소개하고 있다. 그리고 그들의 이란과 이라크 점령의 영향에 대해서도 평가를 내리고 있다. 몽골 이후 시대의 이란과 티무르인들의 발흥에 관한 최고의 안내서는 P. Jackson and L. Lockhart의 *The Cambridge History of Iran*(Cambridge, 1986, 6권) 중 H. R. Roemer가 쓴 장(章)이다. 오스만 제국의 발흥까지 아나톨리아의 이전 역사는 C. Cahen의 *Pre-Ottoman Turkey*(London, 1971)를 필독해야 한다. H. Inaleik의 *The Ottoman Empire : The Classical Age 1300-1600*(London, 1973)는 단지 정치사라기보다는 그 이상의 가치를 지닌 명료한 저술이다. F. Babinger가 쓴 *Mehmed the Conqueror and his Time*(Princeton, 1978)는 미국인 편집자 R. Mannheim이 각주들을 달고 새롭게 개정한 덕분에 원저서보다 읽기가 쉽다. K. N. Chaudhuri의 *Trade and Civilization in the Indian Ocean : An Economic History from the Rise of Islam to 1750*(Cambridge, 1985)와 *Asia before Europe : Economy and Civilization of the Indian Ocean from the Rise of Islam to 1750*(Cambridge, 1990)은 주제를 다루면서 브로델파(프랑스의 역사학자로 지

리, 기후를 비롯하여 모든 인간 활동을 넓은 시각으로 관찰하는 역사학을 전개함)의 접근 방식을 취하고 있다. 아마도 그 시대의 정취를 그대로 느끼고 맛볼 수 있는 최선의 길은 그 시대의 몇몇 기초적인 자료들을 읽는 것이다. Usamah ibn Munqidh의 *An Arab-Syrian Gentleman and Warrior in the Period of the Crusades*(New York, 1929)는 주목할 만한 생생한 자료이다. 한 스페인 무슬림 순례자에 의해 쓰여진 *The Travels of Ibn Jubayr*는 R. J. C. Broadhurst가 번역해서 1952년 런던에서 발간되었는데 이 책은 그라나다에서 메카에 이르는 그의 여정을 잘 그려 내고 있고, 살라딘의 지배지와 압바스 칼리파의 통치 영토들에 대해 상세하게 묘사하고 있다. 이븐 바투타는 아프리카와 아시아의 폭넓은 지역을 여행했다. 이제까지 그의 여행기 중 세 권의 책만이 H. A. R. Gibb(Hakluyt Series, Cambridge, 1958-1971)에 의해 번역되었지만, R. E. Dunn의 *The Adventures of Ibn Battuta : A Muslim Traveller of the Fourteenth Century*(Beckenham, 1986)은 그의 여행기를 '중세 이슬람 세계가 어떻게 작용하고 움직여 갔는가' 하는 것에 대해 개괄적으로 설명하고 있다.

3. 유럽 팽창 시대의 이슬람권

1500년에서 1800년까지는 이슬람 역사의 초기 시대들에 비해 문서화 작업이 어느 정도 잘 이루어진 시기였다. 실제로 네 개의 주요 투르크, 몽골 국가들에서 특히 그러했다. 공문서, 역사 사료, 문학 작품들, 종교 논문들을 모아 놓은 제1의 자료 보관소는 오스만 기록 문서국이다. 이곳에는 아랍어를 사용하던 오스만 통치하의 아랍 지역 여러 주(州)들을 비롯하여 이란과 동유럽에 관련된 많은 자료들이 소장되어 있다. 사파비 왕조, 우즈베크, 무굴 국가들을 위해 유사하게 수집해 놓은 자료들은 현존하는 것이 없다. 아프리카와 동남아시아 이슬람 국가들의 출현에 관련된 사료도 현존하지 않는다. 그러나 전통적 구전의 역사 이야기들, 종교적 문헌들의 모음집, 전기와 자서전들 그리고 유럽 여행가들의 평론들이 이러한 국가들 및 지역들에 대한 방대한 자료를 제공하고 있다. 비록 오스만인들의 기록이 풍부한 물적 자료를 포함하고는 있지만 사실 전체 무슬림 지역의 사회적, 경제적 역사에 대한 자료는 찾아보기 힘들다. 다만 주화들과 와끄프(Waqf) 실행 증서들이 당시의 경제적 동향과 가격, 임금 등을 짐작할 수 있게 한다. 이 시기의 이슬람 지역들을 깊게 알고 싶다면 F. Robinson의 *Atlas of the Islamic World since 1500*(Oxford, 1982)를 참조하라. 이 책은 본 장에 서술되고 있는 내용과 똑같은 정보를 담고 있을 뿐 아니라 나아가 더 깊고 많은 지식을 얻게 해 줄 것이다. 두 번째로 표본적인 주석이 달린 일반적 연구물은 I. M. Lapidus의 *A History of the Islamic Societies*(Cambridge, 1988)이다.

투르코 · 몽골 국가들이나 오스만 영토와 오스만 제국의 역사에 대한 지식은 일련의 글들과 논문들로 지속적으로 충족되어지고 있다. H. Inaleik의 *The Ottoman Empire : The Classical age, 1300-1600*(London, 1973)은 이 주제를 가장 명료하게 서술한 책이다. 오스만 제국사의 개관을 알기를 원한다면 S. Show의 *History of the Ottoman Empire and Modern Turkey*(Cambridge, 1976)을 보라. B. Lewis는 *Istanbul and the Civilization of the Ottoman Empire*(Norman, Okla., 1963)에서 오스만 제국의 수도, 이스탄불의 역사를 고찰하고 있다. C. Fleischer는 *Mustafa Ali : Ottoman Bureaucrat and Intellectual*(Princeton, 1986)에서 16세기 지적, 문화적 역사를 총괄적으로 제시하고 있다. 오스만 제국의 종교적 계층에 대한 것은 H. A. R. Gibb과 H. Bowen이 공동 집필한 *Islamic Society and the West*(Oxford, 1950-1957)과 J. Birge의 *The Bektashi Order of Dervishes*(London, 1937)를 보라. 사회, 경제, 역사 학자로는 M. Cook와 S. Faroghi를 꼽을 수 있는데 그들의 저서 *Population Pressure in Rural Anatolia, 1450-1600*(London, 1972)와 *Towns and Townsman in Ottoman Anatolia, Trade, Craft and Food Production in an Urban Setting*(Cambridge, 1984)를 살펴보기 바란다. 사파비 왕조의 역사는 오스만 제국사에 비해 기록된 문서들이 빈약하다. 사파비 왕조의 티무르계 조상들과 사파비 왕조를 알기 위한 최고의 입문서는 J. A. Boyle가 엮은 *The Cambridge History of Iran*(Cambridge, 1968, 5권)이다. 이란에서의 티무르 왕조에 펼쳐졌던 예술적 양상들을 고찰하기 위해서는 T. W. Lentz와 G. D. Lowrey의 *Timur and the Princely Vision*(Los Angeles, 1979)을 보라. 이란의 정치적, 종교적 역사에 대해서 독일인이 집필한 것이 있는데 그 책이 H. R. Roemer의 *Persian Auf dem Weg in die Neuzeit : Iranische Geschichte von 1350-1750*(Beirut, 1968)이다. 경제사에 대해서 알고 싶다면 다음 두 권을 읽는 것이 필수적이라 할 수 있다. M. Keyvani가 쓴 *Artisans and Guild Life in the Later Safavid Period*(Berlin, 1982)와 J. Quiring-Zoche의 *Isfahan im funfzehnten und sechzehnten Jahrundert*(Freiburg, 1980)이다. 이란에서의 국가와 종교라는 주제는 학술지의 논문과 글들에서 폭넓게 논의되어 왔다. 이 주제를 위해서는 Lapidus의 인용들을 보라. 또한 F. Rahman의 *The philosophy of Mulla Sadra(Sadr al-Din al-Shirazi), Albany*(N.Y., 1976)을 보라. 사파비 왕조의 몰락에 대해서는 다음 두 권의 책을 참고하라. L. Lockhart의 *The Fall of the Safavi Dynasty and the Afghan Occupation of Persia*(Cambridge, 1958)과 Nadir Shah의 *A Critical Study*(London, 1938)이다.

무굴 제국에 대한 입문서로는 J. F. Richards의 *The Mughal Empire*(Cambridge, 1992)를 보라. 이란과 같이 무굴의 기록 문서들은 18세기에 심하게 파기되었다. 그러나 무굴 역사가들은 그나마 많은 자서전들, 당시의 역사 기록들, 행정 조직 연구물들 —— 특히 16세기, 17세기와 관련된 —— 을 갖고 있어 다행이다. 이러한 것들 중의 제일인 것은 이 왕조 창건자의 자서전적 회고록인, A. S. Beveridge가 번역한 *The Babur-nama*(London, 1969)이다. 바부르의 딸들 중 한 명이 자신의 회상록인 *Humayun-nama*를 남겼는데 그것은 A. S. Beveridge가 번역해서 1972년 델리에서 출간되었다. 이 책은 여인들의 궁정 생활을 상세하게 묘사해 놓았다. 바부르의 손자인 아크바르는 제국을 결속시키고 중흥시키는 책임을 맡았다. 그는 배우지 못했던 반면, 그의 친구이자 관료인 아불 파즐(Abul Fazl)은 아크바르의 재임 시절을 잘 기록해서 두 권의 책을 남겼다. 하나는 *The Akbar Nama*(Delhi, 1987)이고, 다른 하나는 어떤 것으로도 가치를 판단할 수 없는, 귀중한 16세기 말 제국의 지명 사전인 *Ain-i Akbari*(Delhi, 1988)이다. 그의 아들 자한기르 역시 그의 통치에 대한 회고록을 남겼는데, 특별히 여기서는 궁정 생활과 예술에 대한 묘사가 많다. A. Rodgers가 번역한 *Tuzuk-i-Jahangiri*(Delhi, 1978)가 바로 그것이다. 무굴 인도의 사회사와 경제사는 하비브(I. Habib)가 이끌던 알리 가르흐 학파의 시각을 그대로 담은 *The Agrarian System of Mughal India, 1556-1707*(Bombay, 1963)을 보라. 인도 · 무슬림의 지적, 종교적 삶에 대한 입문서는 A. Ahmad의 *Islamic Culture in the Indian Environment*(Oxford, 1969)이다. M. Alam은 무굴 제국의 쇠퇴 요인을 *The Crises of Empire in Mughal North India, Oudh and the Punjab, 1707-1746*(Delhi, 1986)에서 분석하고 있다. 우즈베크 투란의 역사를 재구성해 낸다는 것은 쉽지 않은 일이다. 하지만 그 역사적 배경에 대해서는 사파비 왕조의 역사를 다룰 때 인용되었던 티무르 왕조 역사에 관한 책들을 다시 보라. 러시아인 학자들이 이 지역에 대한 많은 연구를 해 왔다. 그러나 이러한 전 시기를 개괄적으로 서술한 최고의 입문서는 R. D. McChesney가 저술한 *Waqf in Central Asia*(Princeton, 1973)이다.

아프리카와 동남아시아의 이슬람 연구는 방대한 지역과 다양한 문화적 요인으로 인해 연구자들이 연구하기에 역부족이다. 라피두스의 인용들은 별도로 하고, 아프리카에 관한 연구는 다음 문헌들을 읽는 것이 바람직하다. P. E. Ofori, *Islam in Africa South of the Sahara : A Select Bibliographic Guide*(Mendelin, 1977)과 S. M. Zoghby의 *Islam in Subsaharan Africa : A Partially Annotated Guide, Washington*(D. C., 1978), 그리고 *Cambridge History of Africa*(Cambridge, 1975, 현재까지 계속 출간

되고 있음)가 이 주제와 관련된 책들이다. 인도네시아의 이슬람을 소개하는 비교 문헌적 안내서는 B. J. Boland와 I. Farjon이 공저로 펴낸 *Islam in Indonesia, A Bibliographic Survey, Dordrecht*(The Netherlands, 1983)이다. 이슬람에 대한 많은 정보를 담고 있으며 브로델파의 시각을 그대로 고찰한 개괄서로는 A. Reid의 *Southeast Asia in the Age of Commerce,1450~1680*(New Haven, 1988, 현재까지 계속 출간되고 있음)가 있다. 또 라피두스가 언급한 저서 외에 M. Majul의 *Muslim in the Philippines, Quezon City*(the Philippines, 1973)를 참고하기 바란다.

4. 서구 지배 시대의 이슬람 세계

무슬림 역사의 입문서로는 M. G. S. Hodgson의 *The Venture of Islam : Conscience and History in a World Civilization*(Chicago, 1974, 3권)가 있다. 세 권으로 구성된 이 책은 제3권인 *The Gunpowder Empires and Modern Times*의 후반부에서 18세기 말 이래 이슬람 세계 체제와 이슬람 사상의 발전상을 노련하게 분석하고 있다. 이 분야의 연구는 최근 들어 F. Robinson의 *Atlas of the Islamic Societies World Since 1500*(Oxford, 1982), J. O. Voll의 *Islam, Continuity and Change in the Modern World*(Boulder, Colorado, 1982), I. M. Lapidus의 *A History of Islamic Societies*(Cambridge, 1988)등 책들에 의해 더욱 보완되었다. A. Hourani의 *A History of the Arab Peoples*(Cambridge, Mass, 1991)는 무슬림 세계 중에서도 가장 의미심장한 분야인 아랍의 역사만을 다루고 있지만 필독해야 할 필요는 없는 듯하다.

19세기로 전환된 이래 이슬람 사회의 개혁과 부흥을 부르짖는 운동들이 매우 넓은 지역에서 일어났는데 이와 관련된 기록이 *The Cambridge History of Islam*(Cambridge, 1970, 2권)에 담겨 있다. 그리고 다음의 저작들은 이 분야 연구의 기본적인 참고 문헌들이다. G. Rentz의 'Wahhabism and Saudi Arabia' in *The Arabian Peninsula*를 D. Hopwood가 엮어서 1972년 런던에서 발간했다. P. Hardy의 *The Muslims of British India*(Cambridge, 1972), M. Ahmed의 *Saiyid Ahmad Shahid*(Lucknow, 1965), Q. Ahmad의 *A History of the Fara'idi Movement in Bengal, 1818~1906*(Karachi, 1965), R. Israeli의 *Muslims in China : A Study of Cultural Confrontation*(London, 1980), B. G. Martin의 *Muslim Brotherhoods in Nineteenth Century Africa*(Cambridge, 1976), J. Abun Nasr의 *The Tijaniyya : a Sufi Order in the Modern World*(Oxford, 1960), M. Hiskett의 *The Sword of Truth : The Life and Times of Shehu Usuman dan Fodio*(New York, 1973), E. E. Evans-Pritchard의 *The Sanusi of Cyrenaica*(Oxford, 1949), D. B. Cruise O'Brien and C. Coulon가 엮은 *Charisma and Brotherhood in African Islam*(Oxford, 1988)이 바로 그것이다.

유럽의 발흥과 그것이 불러 일으킨 다양한 무슬림의 반응에 대해서는 위에서 언급한 입문서뿐만 아니라 F. Rahman의 *Islam and Modernity : Transformation of an Intellectual Tradition*(Chicago, 1974)와 H. Enayat의 *Modern Islamic Political Thought*(Austin, Texas, 1982), 그리고 J. P. Piscatori의 *Islam in a World of Nation states*(Cambridge, 1986)를 참고하기 바란다. 이 책들은 근대 국가와 서구 지식을 힘의 새로운 골격으로 갖는 이슬람의 도전을 중요 주제로 삼고 있는 책들이다. 특별한 무슬림 사상가들의 반응들에 대해 알고 싶다면 다음의 책들을 보라. N. R. Keddie의 *An Islamic Response to Imperialism : Political and Religious Writing of Sayyid Jamal ad-Din "al-Afghai"*(Berkeley, 1968), M. Abduh의 *The Theology of Unity*(London, 1966), C. Troll의 *Sayyid Ahmad Khan : A Reinterpretation of Muslim Theology*(New Delhi, 1978), M. Iqbal의 The Reconstruction of Religious Thought in Islam(Oxford, 1934)이 바로 그것이다.

마찬가지로 무슬림 세계의 여러 다른 지역들에서 일어난 다양한 반응들에 대해서는 다음의 책들을 보라. B. Lewis의 *The Emergence of Modern Turkey*(London, 1968, 제2쇄), Lord Kinross의 *Attaturk : The Rebirth of a Nation*(London, 1964), P. J. Vatikotis의 *The History of Egypt*(London, 1980, 제2쇄), T. Mitchell의 *Colonising Egypt*(Cambridge, 1988), V. A. Martin의 Islam and Modernism(London, 1989), H. E. Chehebi의 *Iranian Polities and Religious Modernism*(London, 1990), H. Carrere d'Encausse의 *Reforme at revolution chez les Musulmans de l'empire Russe Bukhara 1867~1924*(Paris, 1964), A. Ahmed의 *Islamic Modernism in India and Pakistan 1857~1964*(London, 1967), E. Robinson의 *Separatism among Indian Muslims : The Polities of the United Provinces' Muslims 1860~1923*(Cambridge, 1974), B. Metcalf의 *Islamic Revival in British India : Deoband, 1860~1900*(Princeton, 1982), A. Jalal의 The Sole Spokesman : Jinnah, the Muslims League and the Demand For Pakistan(Cambridge, 1990), J. L. Peacock의 *Purifying the Faith : the Muhammadiyah Movement in Indonesian Islam, Menlo Park*(California, 1978), M. K. Hassan의 *Muslim Intellectual Responses to New Order Modernization in Indonesia*(Kuala Lumpur, 1980), M. Nakamura의 *The*

Crescent Arises over the Banyan Tree(Yogyakarta, 1983), A. Benningsen와 S. Enders Wimbish의 *Mystics and Commissars : Sufism in the Soviet Union*(Berkeley, 1985), P. B. Clarke의 *West Africa and Islam*(London, 1982), D. B. Cruise O'Brien의 *The Mourids of Senegal : The Political and Economic Organisation of an Islamic Brotherhood*(Oxford, 1971).

이슬람주의에 대한 개론서는 R. M. Burrell가 엮은 *Islamic Fundamentalism*(London, 1989), R. P. Mitchell 의 *The Society of Muslim Brothers*(London, 1969), G. Kepel의 *The Prophet and Pharaoh : Muslim Extremism in Egypt*(London, 1985), A. Weiss의 *Islamic Reassertion in Pakistan : The Application of Islamic Laws in a Modern State*(New York, 1986), N. Keddie가 엮은 *Religion and Politics in Iran : Shí ism from Quietism to Revolution*(New Haven, 1983) 등이 있다. 이 책들이 '원리주의자' 이슬람의 발생과 중요성, 영향 등을 탐구하고 있다. Abul A'la Maududi의 *Towards Understanding Islam* (Karachi, 1960), C. Wendell의 *Five Tracts from Hasan al-Banna(1906-1949) : A Selection From the Majmu' at Rasa' il al-Imam al-Shahid Hasan al-Banna*(Berkeley, 1978), 그리고 H. Algar의 *Islam and Revolution : Writing and Declarations of Imam Khomeini*(Berkeley, 1981)는 '이슬람주의자' 사상가들의 주된 사상에 대한 통찰력을 제공해 준다. 정치적 영향력과 결합한 그들의 사상은 J. L. Esposito의 *The Islamic Threat : Myth or Reality*(New York, 1992)에서 고찰된 바와 같이 서구의 정치적 헤게모니에 대한 도전으로 여기고 있다. 나세르에 대한 인용은 M. E. Yapp이 쓴 *The Near East since the First World War*(Harlow, 1991)에서 따온 것이다.

5. 무슬림 사회의 경제

이슬람이 출현한 622년부터 오늘날까지 이슬람의 경제적, 사회적 역사를 완벽하게 아우르는 책은 아직까지 나온 것이 없다. 다음에 소개되는 책들은 무슬림과 그들의 경제, 그들의 사회적 역사에 관해 알고 싶은 사람이라면 꼭 한 번은 읽어 두어야 할 책들이다.

F. Aalund의 *Islamic Cairo : Architectural Conservation and Urban Development of the Historic Centre*, Art and Archacology Research Papers, M. Mcineeke(London, 1978)와, Al-Abbas와 Al-Malik Al-Afdal ibn Ali의 *Bughyat al-Fallahin*를 R. B. Serjeant가 번역해서 선보였다. *Arabian Studies*(vol. 1, 1974. R. MeC. Adams), *Heartland of Cities : Surveys of Ancient Settlements and Land Use on Central Floodplains of the Euph-*

rates(Chicago and London, 1981), *The Evolution of Urban Society*(London, 1966), *Land beyond Baghdad : A History of Settlement on the Diyala Plains*(Chicago and London, 1965), W. E. D. Allen의 *Problems of Turkish power in the Sixteenth Century*(London, 1963), E. S. Hills의 *Arid Lands : A Geographical Appraisal. ed* (London, 1966), D. Ayalon의 *Gunpowder and Firearms in the Mamluk Kindom : A Challenge to a Medieval Society*(London, 1955), Khatib al-Baghdadi의 *The Topography of Baghdad*(Detroit, 1970), Al-Baladhuri 의 *The Origins of the Islamic State*를 P. H. Hitti가 번역해서 1916년 출간했다. Ziya al-Din Barani의 *The History of India as Told By its Own Historians*(London, 1866-1877, 3권) 중 "Ta'rikh-i Firuz Shahi"를 H. M. Elliott와 Dowson를 번역해서 출간했다. K. Barbir의 *Ottoman Rule in Danascus 1708-1758*(Princeton, 1980), R. Brunschvig의 *La Berberie orientale sous les Hafsides : Des Origines à la fin du XV siecle*(Paris, 1940-1947, 2권), K. N. Chaudhuri의 *Trade and Civilisation in the Indian Ocean from the Rise of Islam to 1750*(Cambridge, 1985), *Asia before Europe : The Economy and Civilization of the Indian Ocean from the Rise of Islam to 1750*(Cambridge, 1990), K. A. C. Creswell의 *Early Muslim Architecture*(Oxford, 1969, 2권), C. Nelson가 엮은 *The Desert and the Sown : Nomads in the Wider Society*(Berkeley and Los Angeles, 1973), T. Asad와 F. Barth. S. Digby의 *War-horse and Elephant in the Delhi Sultanate : A study of Military Supplies*(Oxford, 1971), P. W. English의 *City and VilLage in Iran : Settlement ane Economy in the Kirman Basin*(Madison, 1966), H. Gaube의 *Iranian Cities*(New York, 1979), R. Gazzard의 'The Arab house its form and spatial distribution.' A. D. C. Hyland and A. al-Shahi가 엮은 *The Arab House*(Newcastle, 1986), S. D. Goitein의 *Studies in Islamic History and Institutions*(Leiden, 1966), L. Golvin and M. C. Fromont의 *Thula : Architecture et urbanisme d' une cite de haute montagne en republique arabe du Yemen*(Paris, 1984), J. Goody의 *Technology Tradition and the State in Africa*(London, 1971), N. Hanna의 *Construction Work in Ottoman Cairo 1517-1798. Supplement aux Annales Islamologiques, Cahier 4*(Cairo, 1984), H. Helback의 Iraq 22 권 중 "Ecological effects of irrigation in ancient Mesopotamia"를 1960년에 출간했다. D. Hill의 *A History of Engineering in Classical and Medieval Times*(London, 1984), L. D. Stamp가 엮은 *A History of Land Use in Arid Regions*(Paris, 1961), A. H. Hourani and S. M. Stern가 엮은 *The Islamic City : A Colloquium*(Oxford, 1970), G. F. Hourani의 *Arab Seafaring in the Indian Ocean in Ancient and Early Medieval Times*(New York, 1975), al-ldrisi의 *La Geographie d'ldrisi*를 P-A. Jaubert가 번역해서 1836년-1840년 파리에서 출간했다. H. Inalcik의 *Studies in Ottoman Social and Economic History*(London, 1985), A. L. Udovitch가 엮은 *The Islamic Middle East, 700-1900 : Studies in Economic and Social, History*(Princeton, 1981), A. K. S. Lambton and I. M. Lapidus. C. Issawi의 *An Economic History of the Middle East and North Africa*(London, 1982), M. Keyvani의 *Artisans and Guild Life in the Later Safavid Period : Contributions to the Socio-Economic History of Persia*(Berlin, 1982), A. M. Khazanov의 *Nomads and the Outside World, trans. J. Crookenden*(Cambridge, 1984), A. K. S. Lambton의 *State and Government in Medieval Islam*(London, 1981), H. A. R. Gibb가 엮은 *The Encyclopedia of Islam*의 "*Kanat*"는 1960년 라이덴에서 출간돼서 오늘날까지 출간되고 있다. C. J. Lamm의 *Cotton in Mcdieval Textiles of the Near East*(Paris, 1937), H. S. L. Lammens의 *Le Bereean de l'Islam : L'Arabie occidentale a la veille dc l'Hegire, vol. 1, Le Climat-Les Bedouins*(Rome, 1914), T. Khalidi가 엮은 *Land Tenure and Social Transformation in the Middle East*(Beirut, 1984), I. M. Lapidus의 *Muslim Cities in the Later Middle Ages*(Cambridge, 1984, 개정판). J. Lassner의 *The Topography of Baghdad in the Early Middle Ages : Texts and Studies*(Detroit, 1970), G. Le Strange의 *The Lands of the Eastern Caliphate*(London, 1966), Ma Huan의 *Ying-yai Sheng-lan*(*The Overall Survey of the Occan's Shores*)를 J. V. G. Mills가 엮어서 1970년 케임브리지 대학 출판부에서 출간했다. Al-Maqrizi의 *Les Marches du Caire : Traduction annotee du texte de Maqrizi*를 A. Raymond가 번역해서 1979년 카이로에서 출간했다. R. J. C. Broadhurst가 번역한 *A History of the Ayyubid Sultans of Egypt*는 1980년 보스톤에서 출간했다. M. Meyerhof의 *Studies in Medieval Arabic Medicine*를 P. Johnstone가 엮어서 1984년 런던에서 발간되었다. Ibn Miskawaihi의 *The Eclipse of the Abbasid Caliphate*를 H. F. Amedroz and D. S. Margoliouth가 번역해서 1921년 옥스퍼드에서 빛을 발하게 되었다. *M. G. Morony : Iraq after the Muslim Conquest*(Princeton, 1984), Al-Muqaddasi의 *Absanu-t-Taqasim fi Ma'rifati-l-aqal-*

*im*를 G. S. A. Ranking와 R. F Azoo가 번역해서 1901년 캘커타에서 나왔다. A. Musil의 *Arabia Deserta : A Topographical Itinerary*(New York, 1927), *The Manners and Customs of the Rwala Bedouins*(New York, 1928), *The Middle Euphrates : A Topographical Itinerary*(New York, 1927), C. Niebuhr의 *Travels through Arabia and Other Countries in the East*를 R. Heron이 번역해서 1792년 에든버러에서 냈다. R. Owen의 *The Middle East in the World Economy 1800-1914*(London, 1981), *Pastoral Production and Society : Proceedings of the International Meeting on Nomadic Pastoralism*(Paris, 1976)(Cambridge, 1979), C. Pellat의 *Etudes sur l'histoire socio-culturelle de l'Islam*(*VIIe-XVes.*)(London, 1976), W. Irons and N. Dyson-Hudosn가 엮은 *Perspectives on Nomadism*(Leiden, 1972), A. Raymond의 *Artisans et commereants au Caire au XVIII eme siecle*(Damascus, 1974, 2권), ibn Ridwan의 *Medieval Islamic Medicine*와 Ibn Ridwan의 논문 "On the Prevention of Bodily ills in Egypt"를 M. W. Dols가 번역해서 소개했고, 아랍어로는 A. S. Gamal가 번역해서 세상에 선보였다(Berkeley, Los Angeles and London, 1984), M. Rodinson의 *Islam and Capitalism*(London, 1980), F. Rosenthal의 *A History of Muslim Historiography*(Leiden, 1952), R. B. Serjant and R. Lewcock가 엮은 *Sa'na : An Arabian Islamic City* (London, 1983), R. B. serjeant의 *Islamic Textiles*(Beirut, 1972)와 *Material for a History of Islamic Texiles*(London, 1942), A. Sousa의 *Irrigation and Civilization in the Land of the Twin Rivers*(Baghdad, 1969), Ibn Taghri Birdi의 *History of Egypt 1382-1479*는 W. Popper가 번역해 1957-1958년 버클리와 로스앤젤레스에서 출간되었다. A. M. Watson의 "A Medieval Green Revolution"를 Udovitch가 엮었으며 A. L. Udovitch의 *The Islamic Middle East, 700-1900*와 *Agricultural Innovation in the Early Islamic World*(Cambridge, 1983)가 선을 보이게 되었다. G. Wiet의 *Cairo : City of Art and Commerce, trans. S. Feiler*(Oklanhoma, 1964), J. C. Wilkinson의 *Water and Tribal Settlement in South-East Arabia : A Study on the Aflaj of Oman*(Oxford, 1977)가 있다.

6. 무슬림 사회의 질서

일반적으로 근세 무슬림 도시들에 대해 알고 싶다면 I. M. Lapidus의 *Muslim Cities in the Later Middle Ages*(Cambridge, 1967)과 A. H. Hourani and S. M. Stern의 *The Islamic City*(Oxford, 1970)을 보라. 특별히 페즈에 대해서

는 다음 두 권의 책을 참고하라. R. Le Tourneau의 *Fez in the Age of the Marinids, Norman*(Oklahoma, 1991)과 T. Burekhardt의 *Fez, City of Islam*를 W. Stoddart를 번역해서 1992년 케임브리지 대학 출판부에서 나왔다.

다른 도시들에 대해서는 J. Abu Lughod의 *Cairo : 1001 years of the City Victorious*(Princeton, 1971)와 *Alep*(Paris, 1941), M. Burgoyne and D. S. Richards의 *Mamluk Jerusalem : An Architectural Study*(London, 1987), R. B. Serjeant and R. Leweock가 엮은 *San'a, an Arabian Islamic City*(London, 1983)를 참고하기 바란다. S. Blake의 *Shahjahanabad*(New Delhi, 1993), B. Lewis의 *Istanbul and the Civilization of the Ottoman Empire*(Norman, Oklahoma, 1963), 그리고 S. Faroqhi의 *Towns and Townsmen of Ottoman Anatolia*(Cambridge, 1984)를 보라. 도시 생활의 양상에 대해서는 B. Shoshan의 *Popular Culture in Medieval Cairo*(Cambridge 1983), S. D. Goitein의 *A Mediterranean Society*(Berkeley, 1967-1988, 5권), G. Wiet and A. Raymond의 *Les Marches du Caire*(Cairo, 1979), A. L. Udovitch의 *Partnership and Profit in Medieval Islam*을 살펴보라. 무슬림 도시민들의 생활상을 알고 싶다면 Ibn Khaldun의 *The Muqaddimah*를 보라. 이 책은 F. Rosenthal가 번역해서 1958년 런던에서 출간되었다. 이븐 바투타의 여행기를 위해서는 H. A. R. Gibb의 *The Travels of Ibn Battuta*(Cambridge, 1958-1971)과 Leo Africanus의 *The History and Description of Africa*를 참고하기 바란다. Leo Africanus의 책은 J. Pory가 번역해서 1986년 런던에서 발간되었다. 알 가잘리의 생애에 관해서는 W. M. Watt의 *Muslim Intellectual*(Edinburgh, 1963)을 보고, 알 가잘리의 명저들에 관해서는 G. H. Bousquet의 *Ihya ouloum ed-din ou vivifaction des sciences de la foi : analyse et index*(Paris, 1951)와 M. Fazul-ul-Karim, *Imam Gazzali's Ihya Ulum-id-din*(Lahore)을 보라. 개인, 사회, 그리고 국가간의 관계에 대한 다각적인 견해가 소개되는데 그것은 G. E. von Grunebaum의 *Islam : Essays in the Nature and Growth of a Cultural Tradition*(The American Anthroplogist, vol. 57, no. 2, part 2, memoir no. 81, April 1955)에서 많은 영향을 받았으며 특히 이 책의 7장, 8장을 많이 참고했다. 다른 저술들은 다음과 같다. I. M. Lapidus의 'The separation of State and Religion in the Development of Early Islamic Society,' *International journal of Middle Eastern Studies*(vol. 6, 1975. pp. 363-385), J. A. Nawas의 'A Reexamination of Three Current Explantions for Al-Ma'Mun's Introduction of the Mihna *International Journal of Middle Eastern*

Studies(1994, 26권, pp. 615-629)와 M. Hind s article Mihna in *the Encyclopedia of Islam*(신판). 또한 A. K. S. Lambton의 *State and Government in Medieval Islam*(Oxford, 1981). T. Khalidi의 *Arabic Historical Thought in the Classical Period*(Cambridge, 1994), R. P. Mottahedeh의 *Loyalty and Leadership in an Early Islamic Society*(Princeton, 1980), 그리고 A. K. S. Lambton와 C. Hillenbrand이 주석을 단 *Iran*(1988, 26권)도 보라. 히스바에 대해서는 *Encycopledia of Islam*(신판)에 들어 있는 글을 보라. 시장 감독관으로서의 무흐타시브에 대해서는 영어로 내용의 초록이 붙어 있는 Ibn al-Ukhuwwa의 *Ma'alim Al-Qurba Fi Ahkam Al-Hisba*를 보라. 이 책은 R. Levy(E. J. W. Gibb Memorial Series, new series, xii)가 엮어서 1938년 케임브리지에서 출간되었다.

여성에 관련한 문제들의 입문서로는 Leila Ahmed의 *Women and Gender in Islam*(New Haven, 1992)와 W. Walther의 *Women in Islam*를 C. S. V. Salt가 번역한 1981년 런던판이 있다. 그리고 N. R. Keddie and B. Baron이 엮은 *Women in Middle Eastern History : Shifting Boundaries in Sex and Gender*(New Haven, 1991)를 보라. 초기 무슬림 여성에 대해서는 N. Abbott의 *Aishah, the Beloved of Muhammad*(Chicago, 1942)와 *Two Queens of Baghdad : Mother and Wife of Harun al-Rashid*(Chicago, 1946), 그리고 M. Smith의 *Rabi'a the Mystic and her Fellow-Saints in Islam*(Cambridge, 1928)을 보라. 무슬림 중세기의 여성에 대해서는 A. Abd al-Raziq의 *La Femme au temps des Mamlouks en Egypte*(Cairo, 1973, 2권)를 보라. 더 깊이 알고 싶다면 R. Roded의 *Women in Islamic Biographical Dictionaries : from Ibn sa'd to Who's Who, Bounder*(Colorado, 1994)를 보라. 18세기 초 터키의 하렘을 경험한 한 영국 여인의 견해에 관해서는 R. Halsband가 엮은 *The Complete Letters of Lady Mary Wortley Montagu*(Oxford, 1965, 2권)를 살펴보기 바란다. 근대적 변화가 일기 시작한 시대의 카이로의 여성에 대한 것은 E. W. Lane의 *The Manners and Customs of the Modern Egyptians*(London, 1836)를 보라. 이 책은 1978년에 다시 개정판으로 나왔다. 그리고 J. Tucker의 *Women in Nineteenth-Century Egypt*(Cambridge, 1985)를 보라.

중동의 현대사에 관한 최고의 입문서는 A. H. Hourani의 *A History of the Arab Peoples*(London, 1991)이다. 이집트의 근대화에 대해서는 A. Lutfi al-Sayyid Marsot의 *Egypt in the Reign of Muhammad Ali*(Cambridge, 1984), E. R. Toledano의 *State and Society in mid-*

Nineteenth-Century Egypt(Cambridge, 1990), D. Landes의 Bankers and Pashas(London, 1958), R. Hunter의 Egypt under the Khedives(Pittsburgh, 1984), 그리고 T. Mitchell의 Colonising Egypt(Cambridge, 1988)을 보라. 무슬림 도시 중 가장 큰 도시 이스탄불의 새로운 재건에 관한 연구는 Z. Celik의 The Remaking of Istanbul : Portrait of an Ottoman City in the Nineteenth Century (Seattle, 1986)을 보라. 여성에 관계되는 문제들은 위에서 언급한 아흐메드의 책에 잘 다루어져 있다. 한편 산아 제한에 관한 전통적인 무슬림의 태도들은 B. Musallam이 쓴 Sex and Society in Islam(Cambridge, 1983)에 고찰되어 있다.

7. 이슬람 지식의 형성

이슬람과 관련된 유용한 입문서들로는 다음의 책들을 꼭 읽을 만하다.

H. A. R. Gibb의 Islam, Oxford, 1975 ; F. Rahman, Islam(Chicago, 1979, 제2쇄), J. L. Espositpo의 Islam : The Straight Path, New York, 1988와 A. Schimmel의 Islam : An Introduction, Albany(N.Y., 1992)가 있다. 『꾸란』을 영어 번역본으로 나온 책 중에는 A. J. Arberry의 The Koran Interpreted(London 1980)를 꼽을 수 있지만 더 정확하고 치밀한 번역본을 말하라고 하면 사우디아라비아의 공식 번역서인 The Holy Quran: English Translation of the Meanings and Commentar(Al-Madinah Al-Munawarah, 1410/1989/1990)이다. 『하디스』 중 손꼽히는 책은 F. Karim가 번역한 English Translation and Commentary of Mishkat-ul-Masabih(Lahore, 1938, 4권)이다. N. J. Coulson의 A History of Islamic Law(Edinburgh, 1964)는 W. M. Watt의 Islamic Philosophy and Theology(Edinburgh, 1962)와 버금갈 정도로 탁월한 개론서이다. 이슬람 과학의 분야를 위해서는 Seyyed Hossein Nasr가 쓴 Islamic Science : An Illustrated Study(London, 1976)를 보라. 초기 수피즘에 대해 알기를 원한다면 M. G. S. Hodgson의 The Venture of Islam(chicago, 1974, 1권)과 L. Massignon의 The Passion of al-Hallaj를 보라. 이 책은 H. Mason에 의해 번역되어 1982년 프린스턴에서 나왔다. 알 가잘리에 관한 연구는 W. M. Watt의 Muslim Intellectual : A Study of al-Ghazali(Edinburgh, 1963)에서 아주 쉽게 다루고 있다.

울라마와 이슬람 지식의 전달 및 울라마의 사회적 조직에 대해서는 R. P. Mottahedeh의 Loyalty and Leadership in an Early Islamic Society(Princeton, 1980)와 R. W. Bulliet의 The Patricians of Nishapur(Cambridge, 1972)를 보라. 또 그들의 가르침에 관련된 내용을 알고 싶으면 J.

Berkey의 The Transmission of Knowledge in Medieval Cairo : A Social History of Islamic Education(Princeton, 1992), Burhan al-Din al-Zarnuji의 Instruction of the Student : Method of Learning를 보라. 이 책은 G. E. von Grunebaum가 번역해서 1947년 뉴욕에서 출간되었다. 그리고 Ibn Khaldun의 The Muqaddimah : An Introduction to History를 F. Rosenthal와 N. J. Dawood가 번역해서 1967년 뉴욕에서 출간된 책을 보면 많은 도움을 받을 수 있을 것이다. 울라마의 작업을 색다른 시각으로 보기를 원한다면 N. Saad의 Social History of Timbuktu(Cambridge, 1983), J. R. I. Cole의 Roots of North Indian Shi'ism in Iran and Iraq(Berkeley, 1988), 그리고 F. Robinson의 "Problems in the History of the Firangi Mahall Family of Learned and holy Men" in Oxford University Papers in India(New Delhi, 1987, 1권 중 2장)를 보라. 16세기 오스만 제국의 뛰어난 학자의 삶과 세계관을 엿보기를 원한다면 C. H. Fleischer의 Bureaucrat and Intellectual in the Ottoman Empire : The Historian Mustafa Ali(1541-1600)(Princeton, 1986)를 보라.

수피들과 신비적 지식의 전달, 수피즘과 수피즘의 발전상을 기록해 놓은 최고의 입문서로는 A. Schimmel의 The Mystical Dimensions of Islam(N. C., 1975)와 J. S. Trimingham의 The Sufi Orders in Islam(Oxford, 1971)을 꼽을 수 있다. 수피단 체들의 활동과 그들의 영향에 대해서는 L. Fernandes의 The Evolution of a Sufi Institution in Mamluk Egypt : The Khanqah(Berlin, 1998), 그리고 R. M. Eaton가 쓴 두 권의 중요 저서, Sufis of Bijapur 1300-1700 : Social Roles of Sufis in Medieval India(Princeton, 1978)과 The Rise of Islam and the Bengal Frontier 1204-1760(Berkeley, 1993)을 보라. 이븐 아라비를 연구하고 싶다면 R. Mannheim이 번역한 H. Corbin의 Creative Imagination in the Sufism of Ibn 'Arabi(princeton, 1960)과 C. Addas의 Quest for the Red Sulphur : The Life of Ibn 'Arabi를 보는 것이 좋을 것이다. 이 책은 P. Kingsley가 번역해서 1993년 케임브리지에서 나왔다. 수피들을 쉽게 접근하기 위해서는 A. Schimmel의 Dcciphering the Signs of God : A Phenomenological Approach to Islam(Edinburgh, 1994)을 읽어 보는 것도 좋겠다.

울라마, 수피들, 이슬람 부흥 운동과 관련된 입문서로는 F. Robinson의 Atlas of the Islamic World since 1500(Oxford, 1982)와 N. Levtzion and J. O. Voll이 엮은 Eighteenth-Century Revival and Reform in Islam(New York, 1987), B. G. Martin의 Muslim Brotherhoods in Nineteenth-Century Africa(Cambridge, 1976)을 빼놓을 수 없다.

1880년 이래 서구와 서구 지식의 도전에 대한 이슬람의 반응을 엿보기 위해서는 I. M. Lapidus의 *A History of Islamic Societies*(Cambridge, 1988, 3장)과 J. O. Voll의 Islam : Continuity and Change in the Modern World, Boulder(Colorado, 1983)을 보라. 단, 변화들의 성격과 의미, 그리고 무슬림들이 어떻게 그 변화들을 보았는가를 알기 원한다면 R. P. Mottahedeh의 *The Mantle of the Prophet : Religion and Politics in Iran*(London, 1986), T. Mitcahell의 *Colonising Egypt*(Cambridge, 1988), 그리고 S. Mardin의 *Religion and Social Change in Modern Turkey : The Case of Bediuzzaman Said Nursi, Albany*(N. Y., 1989)를 보라.

B. D. Metcalf의 *Islamic Revival in British India : Deoband, 1860-1900*(Princeton, 1982)는 식민주의에 대한 무슬림의 반응들을 다양한 시각으로 선보이고 있다.

R. P. Mitchell의 *The Society of Muslim Brothers*(London, 1969)와 S. V. R. Nasr의 *The Vanguard of the Islamic Revolution : The Jama'at-i Islami of Pakistan*(Berkeley, 1994)은 서구 문명에 대처하는 이슬람주의자의 반응들을 사상적인 근거로 다시 조명해 놓았다. F. Rahman의 *Islam and Modernity : Transformation of an Intellectual Tradition*(Chicago, 1982)은 지식 분야에서 근대성의 도전을 특별하게 다루고 있다. 지식의 전달에 관련된 자료를 얻고 싶으면 F. Robinson의 "Islam and the impact of print in South Asia" in *The Transmission of Knowledge in South Asia : Essays on the Social Agenda*를 보라. 이 책은 N. Crook가 엮어서 1995년 뉴델리에서 출간되었다. B. Messick의 *The Calligraphic State : Textual Domination and History in a Muslim Society*(Berkeley, 1993), D. F. Eickelmann의 *Knowledge and Power in Morocco : The Education of a Twentieth-Century Notable*(Princeton, 1985), 그리고 M. M. J. Fischer and M. Abedi의 *Debating Muslims : Cultural Dialogues in Postmodernity and Tradition*(Madison, 1990)을 보라. 알 샤피에 대한 매력적인 이야기는 위에서 언급한 바 있는 J. Berkey의 책에서 인용되었다.

『꾸란』의 개경장은 사우디아라비아의 공식 번역본(위에서도 언급하였음)에서 옮긴 것이다. 이자자에 관한 내용은 J. Pedersen의 *The Arabic Book*에 잘 나와 있는데 이것은 R. Hillenbrand가 엮어서 1984년 프린스턴에서 출간되었다. 그리고 데카니 여인의 수피 노래는 R. Eaton이 번역한 것이다.

8. 무슬림 사회의 예술 양식
문학 분야에서는 무슬림 시와 산문 선집들이 유용한 것들이 많다. 그중에서도 먼저 R. A. Nicholson의 *Translations of Eastern Poetry and Prose*(London, 1987)을 들 수 있다. 이 책은 15세기까지만을 다루고 있다. 그리고 또 다른 대표적인 저서로 J. Kritzeck가 엮은 *Anthology of Islamic Literature : From the Rise of Islam to Modern Times*(Harmondsworth, 1964)가 있다. 페르시아 시를 연구하고 싶다면 A. J. Arberry가 엮은 *Persian Poems : An Anthology of Verse Translations*(London, 1954)를 보라. 터키 시의 훌륭한 선집으로는 F. Iz의 *The Penguin Book of Turkish Verse*(London, 1978)이 있다. 아랍 문학을 개관하는 매우 훌륭한 연구서는 R. A. Nicholson이 쓴 *A Literary History of the Arabs*(Cambridge, 1953)이다. 초기 아랍 시는 A. F. L. Beeston의 *Arabic Literature to the End of the Umayyad Period*(Cambridge, 1983)에서 논의되고 있다. 중세 문학은 A. Hamori의 *On the Art of Medieval Arabic Literature*(Princeton, 1974)에서 다루고 있다. 현대 아랍 문학의 간명한 입문서는 M. M. Badawi의 *A Short History of Modern Arabic Literature*(Oxford, 1993)이고 현대 아랍 시와, 드라마에 관한 바다위의 다른 저작들도 참고로 하는 것이 좋다. 20세기 아랍 시에 대한 상세한 평가는 S. K. Jayyusi의 *Trends and Movements in Modern Arabic Poetry*(Leiden, 1977, 2권)에 다루어져 있고 한편 현대 이집트 문학과 문학 비평은 J. Brugman의 *An Introduction to the History of Modern Arabic Literature in Egypt*(Leiden, 1984)에서 논의되고 있다. 페르시아 문학은 J. Rykpa의 *History of Iranian Literature, Dordrecht*(The Netherlands, 1968)에 잘 연구되어 있다. 좀더 간략하게 설명된 책은 R. Levy의 *An Introduction to Persian Literature*(New York and London, 1969)와 G. Morrison, J. Baldick, and S. Kadkani의 *History of persian Literature from the Beginning of the Islamic Period to the Present Day*(Leiden, 1981)가 있다. 우르두 문학의 뛰어난 입문서는 A. Sehimmel의 *Classical Urdu Literature from the Beginning to Iqbal*(Wiesbaden, 1975)이다. Schimmel은 또한 이슬람 신비주의시를 *As Through a Veil : Mystical Poetry in Islam*(London, 1978)에서 탐구했다. 오스만 시는 E. J. W. Gibb가 쓴 *A History of Ottoman Poetry*(London, 1958, 6권)에서 연구되었다.

최근에는 이 주제에 대해 Gibb의 접근 방식보다는 쉽게 접근한 책이 소개되었다. W. G. Andrews의 *Poetry's Voice, Society's song*(Seattle and London, 1985)가 바로 그것이다. 현대 터키 문학에 대해서는 T. S. Halman가 엮은 *Contemporary Turkish Literature*(Toronto and Rutherford, 1982)를 보라.

음악 분야에 관련된 책 중 으뜸은 H. G. Farmen의 저작들이다. 그의 저서 중 특히 읽어야 하는 책은 다음의 것이다.

History of Arabian Music to the XIIIth Century (London, 1973), *Historical Facts for the Arabian Musical Influence*(London, 1970), 그리고 *The Sources of Arabian Music*(Leiden, 1965, 제2쇄).

최근에 나온 초기 압바스 왕조 음악에 관한 연구서는 G. D. Sawa의 *Music Performance Practice in the Early Abbasid Era*(Toronto, 1989)이다. 페르시아 음악의 이론과 실제는 E. Zonis의 *Classical Persian Music*(Cambridge, 1973)에서 개관되고 있다. 터키 음악을 위해서는 K. Reinhard와 U. Reinhard이 공저한 *Musik der Turkey*(Wilhelmshaven, 1984, 2권)를 보라. 영어판으로 보기를 원한다면 K. Reinhard의 견해가 적힌 "Turkey" in *the New Grove Dictionary of Music and Musician*(London, 1980)를 참고하라. 터키 민속 악기들에 관한 상세한 연구는 L. Picken의 *Folk Instruments of Turkey*(London, 1975)에 들어 있다. 사피 앗 딘의 이론들은 *O. Wright The Modal System of Arab and Persian Music A.D. 1250- 1300*(Oxford, 1978)에서 논의되고 있다.

건축과 시각 예술 분야에 관련해서는 다음의 책을 필독하기 바란다. R. Euinghausen과 O. Grabar가 공저한 *The Art and Architecture of Islam, 650-1250*(Harmondsworth, 1987)인데 이 책은 S. S. Blair와 J. M. Bloom에 의해 쓰여진 *The Art and Architecture of Islam, 1250-1800*(New Haven and London, 1994)으로 이어진다. 유용하게 간추려진 입문서로는 B. Brend 의 *Islamic Art*(London, 1991)가 있다. 17세기까지의 무슬림 건축에 대해 알기 원한다면 R. Hillenbrand의 *Islamic Architecture* (Edinburgh, 1994)를 보라. 초기 무슬림 건축과 예술의 본질에 관련된 주제들은, O. Grabar가 쓴 *The Formation of Islamic Art*(New Heaven and London, 1973)에서 다루어졌다. 초기 무슬림 건축에 관한 가장 포괄적인 연구는 K. A. C Creswell의 *Early Muslim Architecture*(Oxford, 1969, 1권, 1940, 2권)에서 이루어졌다. 이 저자는 맘루크 시대에 이르기까지 이집트 건축에 관한 기록도 남겼는데 그것이 바로 *Muslim Architecture of Egypt*(Oxford, 1952-1959, 2권)이다. 무슬림 세계의 다른 지역들에 대해서는 그다지 고찰되지 못한 편이다. A. U. Pope와 P. Ackerman이 공동 편집한 *Survey of Persian Art*(London and New York, 1938-1939)(Tokyo, 1964-1965)가 있는데 이 책은 다소 진부한 편이지만 그 안의 도판들이 우리에게 매우 유용하다. 독자는 아마도 D. N. Wilber의 *Persian Gardens and Garden Pavilions, Rutland*(Vermint, 1962)로 한층 유익한 정보를 얻을 수 있을 것이다. 오스만 전통은 G. Goodwin이 쓴 *A History of Ottoman Architecture*(London, 1971)에서 상세하게 연구되어 있다. 한편 서예는 Y. H. Safadi의 *Islamic Cal-*

ligraphy(London, 1978)와 A. Schimmel의 *Calligraphy and Islamic Culture*(New York, 1984)에 잘 개관되어 있다.

이슬람에서 초상화에 대한 합법성 문제는 T. W. Arnold가 쓴 *Painting in Islam*(London, 1965)에서 고찰되었다.

무슬림 회화와 관련된 사진들은 Ettinghausen의 *Arab Painting. Geneva, 1962 : B. Gray's Persian Painting*(London, 1977), G. Renda의 *A History of Turkish Painting*(London and Seattle, 1988)을 참고하는 것이 좋다.

카펫들과 관련된 정보는 K. Erdmann.의 *Oriental Carpets : an Account of their History*에서 얻는 것이 좋다. 이 책은 C. G. Ellis가 번역해서 1960년 런던에서 출간되었다.

금속 세공에 대해서는 J. W. Allan의 *Islamic Metalwork : The Nuhad Es-Said Collection*(London, 1982)와 A. S. Melikian-Chirvani의 *Metalwork from the Iranian World, 8th-18th Centuries*(London, 1982)를 보라. 특히 후자의 책은 런던의 빅토리아와 앨버트 박물관에 있는 품목들과 관련되어 있다.

세라믹 예술과 관련된 자료는 A. Lane의 *Early Islamic Pottery*(London, 1971)에 담겨 있다. 특정한 지역들에서의 도자기 생산에 관한 연구들은 O. Watson의 *Persian Lustre Ware*(London, 1985)와 N. Atasoy와 J. Raby가 그림 도판까지 사용하는 등 심혈을 기울여서 집필한 *Iznik : the Pottery of ottoman Turkey*(London, 1989)를 참고하라. 아부 누와스가 쓴 시와 네딤의 시의 발췌는 K. Bosley가 엮은 The Elek Book of Oriental Verse(1979)에서 따온 것이다. 하피즈의 시는 G. Bell의 *Teachings of Hafiz*(London, 1979)에서 발췌한 것이다.

글을 맺으며

I. M. Lapidus의 *A History of Islamic Societies*(Cambridge, 1988)에서는 무슬림 세계의 최근 상황에 대해 개괄적으로 설명하고 있다. 더욱 냉철한 시각으로 보고 싶다면 M. G. S. Hodgson의 *Rethinking World History : Essays on Europe, Islam and World History*(Cambridge, 1993)를 참고하라. 또 R. W. Bulliet의 *Islam : The View from the Edge*(New York, 1994)에서도 유용한 정보를 얻을 수 있을 것이다. 개혁의 운동은 J. O. Voll의 *Islam : Continuity and Change in the Modern World*(Boulder, Colorado, 1982)에서 통찰력 있게 잘 다루고 있다.

개혁주의 운동과 근대주의자의 주장하는 견해를 알고 싶다면 B. D. Metcalf의 *Islamic Revival in British India : Deoband 1890-1900*(Princeton, 1982), 그리고 새로운 서문을 단 A. Hourani의 *Arabic Thought in the Liberal*

Age, 1789-1939(Cambridge, 1983)를 참고하라. 이슬람주의의 출현에 관한 연구들은 G. Kepel의 *The Prophet and Pharaoh : Muslim Extremism in Egypt*(London, 1985)와 S. V. R. Nasr의 *The Vanguard of the Islamic Revolution : The Jamaat-i Islami of Pakistan*(Berkeley, 1994)에서 찾을 수 있다.

S. Zubaida의 *Islam, The People and the State : Political Ideas and Movements in the Middle East*(London, 1989)는 이슬람주의가 빚어낸 사회적 상황을 잘 묘사한 입문서이다.

이슬람주의의 목적과 제약 사항들을 깊이 있게 연구하고 싶다면 다음의 저서들을 참고하기 바란다. H. Dabashi의 *Theology of Discontent : The Ideological Foundation of the Islamic Revolution in Iran*(New York, 1993), J. L. Esposito의 *The Islamic Threat : Myth or Reality?*(New York, 1992), O. Roy의 *The Failure of Political Islam*(London, 1944), A. al-Azmeh의 *Islams and Modernitics*(London, 1993)와 *A. Ehteshami After Khomeini : the Iranian Seconds Republic*(London, 1995)에서 탐구되어진다.

L. Ahmed의 *Women and Gender in Islam*(New Haven, 1992)과 D. Kandiyoti Basingstoke가 엮은 *Women, Islam and the State*(1991)는 무슬림 여성들의 문제들을 개괄적으로 설명하고 있다. Z. Hasan의 *Forging Identitics : Gender, Communities and the State*는 인도의 특이한 문제점들을 검토하고 있고, M. Alkhami and E. Friedl가 엮은 *In the Eye of the Storm : Women in Post-Revolutionary Iran*(London, 1994)는 이란의 여성 문제를 다루고 있다. 근대의 일부 여성들의 생활에 관련된 자료는 G. Brooks의 *Nine Parts of Desire : the Hidden World of Islamic Women*(London, 1995)와 V. L. Barnes와 J. Boddy가 쓴 *Aman : the Story of a Somali Girl*(London, 1994)을 참고하기 바란다.

A. Ahmed and H. Donnan가 엮은 *Islam, Globalization and Modernity*(London, 1994)는 무슬림 사회에서 세계화 의미를 되새기게 한다.

그림 자료 출처

다음의 약어들이 사용되었다.

APP: Associated Press Photo, London
BM: The Trustees of the British Museum, London
BN: Bibliothèque Nationale, Paris
Bodleian: Bodleian Library, University of Oxford
BL: By permission of the British Library, London
Chester Beatty: Chester Beatty Library, Dublin
Coll: Collection
Harding: Robert Harding Picture Library, London
Hulton: Hulton Deutsch, London
Mary Evans: Mary Evans Picture Library, London

속표지 Mohamid Amin/Harding. 겉표지 Musée d'Art et d'Histoire, Geneva. 9 Gemeentmuseum, The Hague. 14 Escorial Monastery, Mardrid/Oronoz. 18 Mathaf Gallery Ltd., London. 19 Francis Robinson. 22 from Allen Douglas and Fedwa Malti-Douglas : Arab Comic Strips (1994). 24 coll Prince Sadruddin Aga Kham. 26 APP. 27 Stuart Franklin/Magnum. 31 University Museum, University of Pennsylvania. 32 Harding. 34 Middle East Archives, London. 39 Harding. 41 Museo Arqueologico, Madrid. 42 Francis Robinson. 44 American Numismatic Society, New York. 47 Harding(external view) ; Magnum(internal view). 49 Israel Antiquities Authority, Jerusalem. 51 Israel Antiquities Authority, Jerusalem. 54 Israel Antiquities Authority, Jerusalem. 56 Ashmolean Museum, Oxford. 57 Ashmolean Museum, Oxford. 58 Hutchison Library, London. 60 Benedikt Tashen Verlag, Cologne. 61 위, 아래 Benedikt Tashen Verlag, Cologne. 64 Harding. 66 Edinburgh University Library. 69 James H. Morris Picture Library, London. 73 Patrimonio Nacional, Madrid. 74 The Nasser D. Khalili Coll of Islamic Art, London. 80 Dr Hugh Kennedy. 84 Jean Dieuzaide. 87 Topkapi Seray Muscum, Istanbul. 88 Bodleian, MS Pococke 400 fol 48r. 90 Ross Greetham/Harding. 92 Tunney-Lee/Aga Khan Visual Archives. MIT. 94 위 Novosti 94 아래 BM. 1961 2 B.1. 95 Sonia Halliday. 97 위, 아래 Harding. 98 Wellcome Institute, London, MS Per 474 fols 70v-70r. 99 Réunion des Musées Nationaux, Paris. 103 Sonia Halliday. 105 Francis Robinson. 107 Sonia Halliday. 108 BM, 1520-1566. 109 Coll Prince Sadruddin Aga Khan. 111 Al-Sabah Collection, Ministry of Information, Kuwait ; MS 75 fol 82a. 112 Harding. 113 Hasham Khosorovani Coll, Geneva. 114 Momen's Coll. 115 courtesy of S. N. Lambden. 118 Christine Osborne Pictures, London. 119 BL, Add Or 1039. 121 Christina Gascoigne. 122 BM, 1921-10-11-03. 123 Harding. 125 Hulton. 126 Harding. 128 BL. C7392 (1) OPP, Pa 28. 131 Harding. 137 Réunion des Musées Nationaux. Paris. 139 University of Leiden. 140 Hulton. 96 Hulton. 143 위 from Allen Douglas and Fedwa Malti-Douglas : *Arab Comic Strips*(1994) ; 143 아래 from Khalid Kishtainy : *Arab Political Humow*(1985). 144 BL, 14797 d 21. pl. 19. 146 Hulton. 149 Hulton. 151 APP. 153 APP. 154 Popperfoto. 155 APP. 156 APP. 157 Rassol /GAMMA. Frank Spooner Pictures. 159 Makram Karim/AL Akbar/GAMMA. Frank Spooner Pictures. 164 C. Hires/Frank Spooner Pictures. 168 Popperfoto. 122/3 Ellen Barnett Moinard/Aramco. 174 Bodleian. MS Pococke 375. 175 Al-Sabah Collection, Kuwait. 178 Desmond Harney/Harding. 179 BN. Arabe 5847 fol 119v. 180 Hasham Khosrovani Coll, Geneva. 181 왼쪽 Ashmolean Museum, Oxford. 181 중앙 Victoria and Albert Museum. London. 181 오른쪽 BM, OA+6291. 182 T'oung Paa Archives. 183 Mary Evans. 184. BL. Add Or 484. 186 Landesbildstelle Rheinland, Düsseldorf. 188 BN, Arabe 5847 fol 94v. 192 James H. Morris Picture Library, London. 193 Circa Photo Library. Manchester. 195 Jane Taylor/Sonia Halliday Photographers. 197 Mary Evans. 198 Inge Morath/Magnum. 199 BN, Arabe 2964 fol 22. 202 John Hatt/Hutchison Library. 203 Peter Fraenkel. 205 Hulton. 206 Hulton. 207 Mary Evans. 214 Harding. 219 Dr G. Gerster/Comstock. 220 Dr G. Gerster/Comstock. 221 Bruno Barbey/Magnum. 223 Bruno Barbey/Magnum. 224 H. Gruyaert/Magnum. 225 Roland and Sabrina Michaud/ John Hillelson Agency. 227 Chester Beatty, MS 419 fol 310r. 229 Bodleian, MS Ouseley Add 24 fol 55v. 231 BN, Arabe 5847 fol 19. 232 BN, Arabe 5847 fol 138r. 236 BN, Arabe 5847 fol 29v. 243 Chester Beatty, MS 419 fol 40v. 246 Chester Beatty, MS 3 fol 143r. 247 BL, J-13-4. 250 BN, Arabe

5847 fol 21. 251 Bodleian, MS Elliott 189 fol 192. 253 Museum of Fine Arts, Boston. 254 Photographers Library, London. 257 Hulton. 258 from *L'Illustration*, 14th october 1882. 259 Hulton. 260 Mary Evans. 261 Saudi Research and Marketing(UK) Ltd., London. 263 A. Abbas/Magnum. 264 Stuart Franklin/Magnum. 267 BL. MS Or 2165 fol 67b. 269 Harding. 271 BN, Arabe 6094 fol 24r. 273 BL, Or 2784 fol 96r. 275 Freer Gallery of Art, Washington. 277 Edinburgh University Library, ORMS 161 fol 94r. 280 Hashem Khosrovani Coll, Geneva. 282 BN, Arabe 5847, fol 5v. 283 Royal Asiatic Society, MSS 35. 284 Freer Gallery, Washington. 285 Freer Gallery, Washington. 291 A. Abbas/Magnum. 288 BL, Add 23387 fol 28r. 289 위 오른쪽 Edinburgh University Library, ORMS 161 fol 16r. 289 아래 왼쪽 Topkapi Seray Museum, Istanbul. 289 아래 오른쪽 Bodleian. 293 BL, J-7-3. 294 Sarah Ansari. 296 Francis Robinson. 297 Roland and Sabrina Michaud/John Hillelson Agency. 300 BL, J-55-3. 302 Mary Evans. 305 BL, J-1-20. 306 BL, 306 22 D 23. 308 Saudi Research and Marketing(UK) Ltd, London. 315 Chester Beatty, MS 1599 fols 1v-2r. 318 Réunion des Musées Nationaux, Paris. 325 Roland and Sabrina Michaud/John Hillelson Agency. 326 Ernst Herzfeld. 327 Aerofilms. 328 Staatliche Museen zu Berlin/Preussischer Kulturbesitz Museum für Islamische Kunst. 331 Vivienne Sharpe. 332 Josephine Powell. 333 A. F. Kersting. 335 Chester Beatty, MS K16 fol 9v. 337 BM, no. 1948 12-11 025. 338 BM, Or 6810 fol 27v. 339 왼쪽 S. Marco Treasury, Venice. 339 오른쪽 BM, 1848 0805. 2. 340 Staatliche Museen zu Berlin/Preussischer Kulturbesitz Museum für Islamische Kunst. 343 Roland and Sabrina Michaud/John Hillelson Agency. 345 Vivienne Sharpe. 348 By courtesy of the Board of Trustees of the Victoria & Albert Museum, London. 349 The Syndics of the Fitzwilliam Museum, Cambridge. 350 BM. 353 from Sarah Graham-Brown : *The Portrayal of Women in Photography in the Middle East, 1860-1950*(1988). 354 Steve McCurry/Magnum. 356 Stephen Vernoit. 358 BM, Or 4938 no 12. 359 Courtesy of the artist. 363 APP. 366 from *The Graphic Art of the Islamic Revolution*, The Publication Division of the Art Bureau of the Islamic Propagation Organization, N.d., 370 Nacerdine Zebar/GAMMA, Frank Spooner Pictures. 373 APP. 374 Ron Giling/Panos Pictures. 375 Chris Stowers/Panos Pictures.

지도 : 35 The Pre-Islamic Middle East, source, l, M. Lapidus, *A History of Islamic Societies*, Cambridge, 1988. P. 12. 53 The Islamic Middle East, source : I. M. Lapidus, *A History of Societies*, Cambridge, 1988, p. 40, 68 Egypt and Southwest Asia on the Eve of the Mongol Invasions, source : J. Bacharach, *A Middle East Studies Handbook*, Cambridge, 1984. p. 63. 86 Expansion of the Islamic World to 1500, source : F. Robinson, *Atlas of the Islamic World since 1500*, Oxford, 1982. pp. 24-5. 135 Islamic Revival in the Eighteenth and Nineteenth Centuries, source E. Robinson, *Atlas of the Islamic World since 1500*, Oxford, 1982. pp. 118-19. 148 European Imperialism in the Muslim World c. 1920, source : F. Robinson : *Atlas of the Islamic World since 1500*, Oxford, 1982, pp. 134-35. 162-163 The Achievement of Independence in the Muslim World, source : F. Robinson, Atlas of the Islamic World since 1500, Oxford, 1982, pp. 158-59. 173 Trade Routes and Centres 600-1500, source : F. Robinson, *Atlas of the Islamic World since 1500*. Oxford, 1982, p. 88. 218-219 The Travels of Ibn Battuta between 1325 and 1354, source : R. Dunn, *The Adventures of Ibn Battuta*, Berkeley, 1986, pp. 28, 42, 82, 107, 138, 175, 184, 256, 267, 277.

찾아보기

옮긴이 손주영은 한국외국어대학교 아랍어과를 졸업하고 이집트 알 아즈하르 대학교에서 역사와 문명 전공으로 석·박사 학위를 취득했다. 현재 한국 외국어대학교 아랍어과 교수로 재직하고 있으며 한국 외국어대학교 아랍어과 학과장, 중동연구소 소장, 한국 이슬람학회 회장을 역임했다.
저서로는 『이슬람 칼리파 制史』, 『중동의 새로운 이해』, 『이슬람 사상의 형성과 발전』(공저), 『이집트 역사 100장면』(공저) 등이 있다. 주요 논문으로는 "대아랍 비밀 협정," "이슬람 국가의 정치 제도 연구," "신의 대리인 Khalifāh Allāh 칭호론," "이슬람 부흥주의와 이슬람의 이데올로기화," "사이드 꾸틉의 급진 이슬람 원리주의" 등이 있다.

옮긴이 송경근은 한국외국어대학교 아랍어과를 졸업하고 동대학원에서 문학석사 학위를 취득했다. 이집트 알 아즈하르 대학교에서 역사와 문명 전공으로 석·박사 학위를 취득했으며 현재 조선대학교의 아랍어과 부교수로 재직하고 있다.
저서로는 『중동 지역 연구』와 『이집트 역사 100장면』 등이 있으며 주요 논문으로는 "『꾸란』 속의 예수," "히즈라 1-2세기 동안 중국의 이슬람," "몽골의 동부 이슬람 세계 침입(1206-1258)," "이집트의 맘루크 국에 대한 연구" 등이 있다.

옮긴이 황병하는 한국외국어대학교 아랍어과를 졸업했다. 동대학교 동시통역대학원에서 석사 학위를 취득했으며 동대학원에서 문학박사 학위를 취득했다. 사우디아라비아의 킹사우드 대학교와 이집트의 아메리칸 대학교에서 연구 교수로 활동했다. 현재 조선대학교의 아랍어과 교수로 재직하고 있다.
저서로는 『이슬람 사상의 이해』, 『이슬람 사상의 형성과 발전』, 『20세기 중동을 움직이는 50인』(공저), 『이슬람』(공저) 등이 있으며 주요 논문으로는 "무으타질라 사상과 문학," "사우디 이슬람 원리주의 운동의 시대별 변천 과정과 이념적 특성" 등 다수가 있다.